Ensino, formação e supervisão em psicologia

FBTC
Federação Brasileira de Terapias Cognitivas

artmed 50 anos
A Artmed é a editora oficial da FBTC

E59 Ensino, formação e supervisão em psicologia : uma perspectiva baseada em evidências / Organizadoras, Carmem Beatriz Neufeld, Janaína Bianca Barletta. – Porto Alegre : Artmed, 2023.
xvii, 433 p. il. ; 23 cm.

ISBN 978-65-5882-120-5

1. Psicoterapia. 2. Terapia cognitivo-comportamental. 3. Supervisão clínica. I. Neufeld, Carmem Beatriz. II. Barletta, Janaína Bianca.

CDU 159.92:37.04

Catalogação na publicação: Karin Lorien Menoncin – CRB 10/2147

Carmem Beatriz **Neufeld**
Janaína Bianca **Barletta**
(orgs.)

Ensino, formação e supervisão em psicologia

uma perspectiva baseada em evidências

Porto Alegre
2023

© Grupo A Educação S.A., 2023.

Gerente editorial
Letícia Bispo de Lima

Colaboraram nesta edição:
Coordenadora editorial
Cláudia Bittencourt

Capa
Paola Manica | Brand&Book

Tradução da Apresentação
Marcos Viola Cardoso

Preparação de original
Sandra Helena Milbratz Chelmicki

Leitura final
Paola Araújo de Oliveira

Editoração
Ledur Serviços Editoriais Ltda.

Reservados todos os direitos de publicação ao
GRUPO A EDUCAÇÃO S.A.
(Artmed é um selo editorial do GRUPO A EDUCAÇÃO S.A.)
Rua Ernesto Alves, 150 – Bairro Floresta
90220-190 – Porto Alegre – RS
Fone: (51) 3027-7000

SAC 0800 703 3444 – www.grupoa.com.br

É proibida a duplicação ou reprodução deste volume, no todo ou em parte, sob quaisquer formas ou por quaisquer meios (eletrônico, mecânico, gravação, fotocópia, distribuição na Web e outros), sem permissão expressa da Editora.

IMPRESSO NO BRASIL
PRINTED IN BRAZIL

Autores

Carmem Beatriz Neufeld (org.)
Psicóloga. Terapeuta cognitiva certificada pela Federação Brasileira de Terapias Cognitivas (FBTC). Professora associada do Departamento de Psicologia da Faculdade de Filosofia, Ciências e Letras de Ribeirão Preto (FFCLRP) da Universidade de São Paulo (USP). Professora dos Programas de Pós-graduação em Psicobiologia e em Psicologia da FFCLRP-USP. Treinamento em ensino e supervisão pelo Beck Institute, Estados Unidos. Livre-docente em Terapia Cognitivo-comportamental pela FFCLRP-USP. Mestra e Doutora em Psicologia pela Pontifícia Universidade Católica do Rio Grande do Sul (PUCRS). Pós-doutorado em Psicologia na Universidade Federal do Rio de Janeiro (UFRJ). Fundadora e coordenadora do Laboratório de Pesquisa e Intervenção Cognitivo-Comportamental (LaPICC) da USP. Presidente da Federación Latinoamericana de Psicoterapias Cognitivas y Conductuales (ALAPCCO). Presidente da Associação de Ensino e Supervisão Baseados em Evidências (AESBE). Bolsista produtividade do Conselho Nacional de Desenvolvimento Científico e Tecnológico (CNPq).

Janaína Bianca Barletta (org.)
Psicóloga, supervisora clínica e da saúde. Psicoterapeuta certificada pela FBTC. Especialista em Psicologia Clínica pelo Conselho Federal de Psicologia (CFP) e em Psicoterapia Cognitivo-comportamental pelo Centro de Estudos Superiores Silvio Romero/Faculdade de Ciências Médicas de Minas Gerais (CESSR/FCMMG). Mestra em Psicologia pela Universidade de Brasília (UnB). Doutora em Ciências da Saúde pela Universidade Federal do Sergipe (UFS). Pós-doutorado em Psicologia na FFCLRP-USP. Pesquisadora colaboradora do LaPICC-USP. Membro fundadora do Grupo de Estudos e Pesquisa TrimTabPsi. Vice-presidente da AESBE.

Alessandra Kaji-Markenfeldt
Psicóloga clínica da TrimTabPsi. Especialista em Terapia Cognitivo-comportamental pela Universidade Católica de Goiás (UCG). Formação no Beck Institute, Estados Unidos. Mestra em Psicologia pela UnB. Credenciada pela FBTC.

Aline Sardinha
Psicóloga. Coordenadora do Núcleo de Disfunções Sexuais (NUDS) do Instituto de Psiquiatria (IPUB) da UFRJ. Coordenadora do Curso de Formação a Distância em Terapia Cognitiva Sexual. Especialista em Psicoterapia de Casal e Família pela PUC--Rio. Mestra e Doutora em Saúde Mental pelo IPUB/UFRJ.

Altemir José Gonçalves Barbosa
Psicólogo. Professor de Educação Superior da Universidade Federal de Juiz de Fora (UFJF). Mestre em Psicologia Escolar pela PUC-Campinas. Doutor em Psicologia pela PUC-Campinas.

Ana Irene Fonseca Mendes
Psicóloga. Terapeuta cognitivo-comportamental pela FBTC. Mestra e Doutora em Psicobiologia pela FFCLRP-USP.

Ana Karina C. R. de-Farias
Psicóloga clínica analítico-comportamental do Centro de Atenção Multiprofissional (CaMtos). Mestra em Psicologia – Processos Comportamentais – pela UnB.

Andressa Antunes
Psicóloga e neuropsicóloga da Neuropsicoterapia BH. Mestra em Saúde da Criança e do Adolescente pela Universidade Federal de Minas Gerais (UFMG).

Annelise Júlio-Costa
Farmacêutica-bioquímica. Neuropsicóloga e psicóloga da Neuropsicoterapia BH. Mestra e Doutora em Neurociências pela UFMG.

Beatriz de Oliveira Meneguelo Lobo
Psicóloga. Professora do Curso de Psicologia da Estácio – RS. Especialista em Terapias Cognitivo-comportamentais, com formação em Terapia do Esquema pelo Instituto de Terapias Cognitivo-Comportamentais (InTCC). Mestra em Psicologia/Cognição Humana pela PUCRS. Pesquisadora colaboradora do LaPPICC-USP.

Carla Giovanna Belei-Martins
Psicóloga clínica e da saúde. Professora convidada de Psicologia da Faculdade de Medicina de São José do Rio Preto (FAMERP). Mestra em Psicologia e Saúde pela FAMERP. Doutora em Psicologia do Desenvolvimento e Aprendizagem pela Universidade Estadual Paulista (Unesp), Bauru.

Carla Rodrigues Zanin
Psicóloga. Professora adjunta da FAMERP. Especialista em Terapia Clínica: Cognitivo-comportamental pela FAMERP. Mestra e Doutora em Ciências da Saúde pela FAMERP.

Êdela Nicoletti
Psicóloga clínica. Diretora e professora de Pós-graduação do Centro de Terapia Cognitiva Veda (CTC Veda) e da DBT Brasil. Especialista em Terapia Cognitivo-comportamental pelo CTC Veda.

Eduardo Falcão Felisberto
Psicólogo clínico. Professor da Graduação em Psicologia da Faculdade Pernambucana de Saúde (FPS). Mestre em Psicologia da Saúde pela FPS. Doutorando em Saúde Integral no Instituto de Medicina Integral Professor Fernando Figueira (IMIP).

Eduardo Santos Miyazaki
Psicólogo clínico e da saúde. Professor de Psicologia da FAMERP. Mestre em Psicologia e Saúde pela FAMERP. Doutor em Ciências da Saúde pela FAMERP.

Eliza França e Silva
Doutoranda em Psicologia na FFCLRP-USP.

Fabiana Gauy
Psicóloga. Terapeuta cognitivo-comportamental com formação pelo Programa Extramuros do Beck Institute for Cognitive Behavior Therapy, Estados Unidos. Mestra em Psicologia pela UnB. Doutora em Psicologia Clínica pela USP. Membro fundador da AESBE e do Grupo de Estudos e Pesquisa TrimTabPsi.

Fabiana Maris Versuti
Professora e psicóloga. Doutora em Educação para a Ciência pela Unesp. Pós-doutorado em Educação na USP.

Fabiana Romanini
Psicóloga clínica. Supervisora da Habilitá Supervisão em Terapia Cognitiva. Especialista em Terapia Cognitivo-comportamental pelo Instituto de Terapia Cognitiva (ITC). Mestranda em Ensino em Saúde na Faculdade Israelita de Ciências da Saúde Albert Einstein (FICSAE).

Fernando Alves de Lima Franco
Biólogo. Professor de Ensino Superior da FICSAE. Doutor em Ciências – Biologia da Relação Patógeno Hospedeiro – pela USP.

Gabriela de Andrade Reis
Psicóloga. Especialista em Terapia Cognitivo-comportamental pelo Núcleo de Estudos Interdisciplinares em Saúde Mental (Neisme). Mestra em Psicologia pela UFJF.

Isabela Lamante Scotton
Psicóloga e terapeuta cognitivo-comportamental. Psicóloga clínica e colaboradora de pesquisa do LaPICC-USP. Especialista em Terapia Cognitivo-comportamental pelo Instituto de Pesquisa, Educação, Comportamento e Saúde (IPECS). Mestra em Psicologia pela USP.

Isabela Maria Freitas Ferreira
Psicóloga. Formação em Terapia do Esquema pelo LaPICC-USP. Especialista em Neuropsicologia pelo Instituto de Pós-graduação (IPOG). Mestra em Ciências pela USP. Doutoranda em Ciências na USP. Membro do LaPICC-USP.

Isabela Pizzarro Rebessi
Psicóloga. Especialista em Terapia Cognitivo-comportamental pelo Centro de Estudos em Terapia Cognitivo-comportamental (CETCC). Mestra em Psicologia em Saúde e Desenvolvimento pela FFCLRP-USP.

Jaciela Margarida Leopoldino
Psicóloga. Servidora pública e professora do Curso de Psicologia da Fundação Escola de Saúde Pública (FESP) e Centro Universitário Católica do Tocantins (UniCatólica). Especialista em Psicologia da Saúde e Hospitalar e em Processos Educacionais na Saúde com Ênfase em Aprendizagem Significativa pela PUCPR e Instituto de Ensino e Pesquisa do Hospital Sírio Libanês. Mestra em Ciências da Saúde pela Universidade Federal do Tocantins (UFT).

Juliana B. Vilela
Psicóloga clínica. Supervisora da TrimTabPsi. Especialista em Terapia Cognitivo-comportamental pela Faculdade Cambury. Mestra em Ciências do Comportamento pela UnB.

Juliana Maltoni
Psicóloga. Especialista em Terapia Cognitivo-comportamental pela Fadisma. Mestra em Ciências pela USP. Doutoranda no Programa de Psicobiologia da USP. Membro do LaPICC-USP.

Juliana Mendes Alves
Psicóloga e terapeuta cognitivo-comportamental. Diretora do Espaço Integrar Família & Escola, Belo Horizonte. Especialista em Neurociências pela UFMG. Mestra em Psicologia, Cognição e Comportamento pela UFMG.

Karen Priscila Del Rio Szupszynski
Psicóloga. Docente da Graduação e do Programa de Pós-graduação em Psicologia da PUCRS. Professora do Mestrado em Psicologia da Universidade Federal da Grande

Dourados (UFGD). Coordenadora do Grupo de Pesquisa Psicologia, Saúde e Internet (GPPSI). Formação no Beck Institute, Estados Unidos, e em Terapia do Esquema pela International Society of Schema Therapy (ISST)/Wainer Psicologia. Mestra em Psicologia Clínica e Doutora em Psicologia pela PUCRS. Pós-doutorado em Psicobiologia na Universidade Federal de São Paulo (Unifesp).

Laiss Bertola
Psicóloga e neuropsicóloga. Pesquisadora do Projeto Renade (Proadi-Sus) do Hospital Alemão Oswaldo Cruz. Pesquisadora de Pós-doutorado da Unifesp. Mestra e Doutora (com período sanduíche na Columbia University, Estados Unidos) em Medicina Molecular pela UFMG. Pós-doutorado na USP.

Lauriane dos Santos Moreira
Psicóloga. Analista em Saúde da Secretaria Municipal de Saúde de Palmas. Preceptora do Programa de Residência Multiprofissional em Saúde Coletiva da Fundação Escola de Saúde Pública de Palmas (FESP). Especialista em Saúde Pública com Ênfase em Saúde Coletiva e da Família pelo Instituto Tocantinense de Pós-graduação (ITOP) e em Análise Comportamental Clínica pelo Instituto Brasiliense de Análise do Comportamento (IBAC). Mestra em Desenvolvimento Regional pela UFT.

Leandro Fernandes Malloy-Diniz
Neuropsicólogo. Professor associado do Departamento de Psiquiatria da Faculdade de Medicina da UFMG. Mestre em Psicologia Social pela UFMG. Doutor em Farmacologia Bioquímica e Molecular pela UFMG.

Leda Maria Branco
Psicóloga. Professora adjunta de Psicologia da FAMERP. Especialista em Psicologia Clínica Cognitivo-comportamental pela FAMERP. Mestra e Doutora em Ciências da Saúde pela FAMERP.

Leopoldo Barbosa
Psicólogo. Professor da Graduação e da Pós-graduação da FPS. Especialista em Psicologia Hospitalar pela Santa Casa de São Paulo. Mestre em Psicologia Clínica pela Universidade Católica de Pernambuco (Unicap). Doutor em Neuropsiquiatria e Ciências do Comportamento pela Universidade Federal de Pernambuco (UFPE). Pós-doutorado em Ciências da Saúde na Universidade Federal do Rio Grande do Norte (UFRN).

Luciana Carla dos Santos Elias
Psicóloga. Docente da Graduação e Pós-graduação do Departamento de Psicologia da FFCLRP-USP. Especialista em Dificuldades na Aprendizagem pela USP. Mestra em Saúde Mental pela USP. Doutora em Psicologia pela USP.

Marcele Regine de Carvalho
Psicóloga clínica. Docente do Departamento de Psicologia Clínica do Instituto de Psicologia e no Programa de Pós-graduação em Psiquiatria e Saúde Mental do IPUB/UFRJ. Doutora em Saúde Mental pela UFRJ. Coordenadora do Núcleo Integrado de Pesquisa em Psicoterapia nas Abordagens Cognitivo-Comportamentais do IPUB/UFRJ. Membro da Diretoria da FBTC.

Maria Amélia Penido
Psicóloga. Professora da PUC-Rio. Doutora em Psicologia pela UFRJ.

Maria Cristina Miyazaki
Psicóloga clínica e da saúde. Professora Livre-docente da FAMERP. Mestra em Psicologia pela PUC-Campinas. Doutora em Psicologia Clínica pela USP. Pós-doutorado no King's College, Londres.

Marina Greghi Sticca
Professora da FFCLRP-USP. Especialista em Psicologia Organizacional e do Trabalho pela USP. Mestra e Doutora em Engenharia de Produção pela Universidade Federal de São Carlos (UFSCar).

Michella Lopes Velasquez
Psicóloga. Formação em Terapia Cognitivo-comportamental pelo Programa Extramuros do Beck Institute e em Supervisão Clínica pelo Beck Institute e pelo Oxford Cognitive Therapy Centre (OCTC), Reino Unido. Certificada pela Academy of Cognitive and Behavioral Therapies (A-CBT). Especialista em Terapia Cognitiva pelo ITC/SP. Mestra em Saúde Coletiva pela Universidade Federal de Mato Grosso (UFMT). Doutora em Processos Interativos dos Órgãos e Sistemas pela Universidade Federal da Bahia (UFBA).

Neide Micelli Domingos
Psicóloga. Professora adjunta de Psicologia FAMERP. Mestra e Doutora em Psicologia pela PUC-Campinas. Pós-doutorado na PUC-Campinas.

Patricia Oliveira de Lima Bento
Psicóloga. Mestra em Ciências pela FFCLRP-USP.

Ramiro Figueiredo Catelan
Psicólogo. Pesquisador de pós-doutorado do IPUB/UFRJ. Especialista em Terapia Cognitivo-comportamental pelo Centro de Estudos da Família e do Indivíduo (CEFI). Mestre em Psicologia Social e Institucional pela Universidade Federal do Rio Grande do Sul (UFRGS). Doutor em Psicologia pela PUCRS.

Roberta Gonçalves Joaquim

Psicóloga. Terapeuta certificada pela Academy of Cognitive and Behavior Therapies. Proficiente em Terapia Cognitivo-comportamental pela Faculdade Paulista de Serviço Social de São Caetano do Sul (FAPSS). Formação em Facilitador de Simulação Realística no Hospital Albert Einstein; Teaching & Supervising CBT no Beck Institute; Primary Training Course in Rational-Emotive & Cognitive-Behavioral Theory and Techniques no Instituto Albert Ellis; Entrevista Motivacional; Terapia Cognitiva Processual; Terapia Cognitivo-comportamental para Crianças e Adolescentes no CTC Veda. Especialista em Terapia Cognitivo-comportamental pelo ITC. Mestranda em Ensino em Saúde na FICSAE.

Suzana Peron

Psicóloga clínica. Formação em Terapia do Esquema pela Wainer/ISST e em Terapia do Esquema para Casais pelo Instituto de Teoria e Pesquisa em Psicoterapia Cognitivo-Comportamental (ITPC). Mestra em Ciências pela FFCLRP-USP.

Thaís Zerbini

Psicóloga organizacional e do trabalho. Professora associada 2 de Psicologia Organizacional e do Trabalho da FFCLRP-USP. Livre-docente em Psicologia Organizacional e do Trabalho pela USP. Mestra e Doutora em Psicologia pela UnB.

Apresentação

As dificuldades relacionadas à saúde mental e à falta de acesso a tratamento tornaram-se parte central da discussão sobre cuidados de saúde desde o surgimento da pandemia de covid-19. O reconhecimento do sofrimento causado por transtornos mentais em pacientes não tratados era algo esperado há muito tempo. Uma das formas de lidar com a falta de acesso dessas pessoas a tratamento é o aumento do número de profissionais. O treinamento adequado e eficiente dos prestadores desses cuidados e o aumento do acesso à terapia cognitivo-comportamental (TCC) e a outras formas de tratamento baseadas em evidências praticadas competentemente teriam um impacto significativo na saúde global (Patel, Butler, & Wells, 2006).*

Há uma grande necessidade de disseminar e avaliar estratégias para treinamento e supervisão eficientes em psicoterapias baseadas em evidências. Muitos dos profissionais habilidosos em fornecer essas terapias são recrutados como treinadores e supervisores, mas nunca tiveram um treinamento em métodos educacionais apoiados por evidências. Além disso, muitos replicam as experiências que tiveram em seus próprios treinamentos, muitas vezes fazendo com que as técnicas e as estratégias mais atualizadas acabem sendo deixadas para trás. Quando adicionamos as demandas da tecnologia e a necessidade de competência cultural a essa realidade, não surpreende que tenhamos uma necessidade espantosa de informações sólidas sobre o desenvolvimento de programas de treinamento e supervisão robustos.

A supervisão é o herói não reconhecido do treinamento clínico e a pedra angular da tradução das habilidades práticas aprendidas na sala de aula e em simulações para a aplicação de técnicas em cenários reais de atendimento ao paciente. A supervisão prepara o terreno para o aluno desenvolver as habilidades de conceituação e aumenta a capacidade do terapeuta de responder a eventos inesperados com curiosidade e equanimidade. Os supervisores promovem uma aliança de supervisão e atendem às emoções dos supervisionandos a fim de promover seu engajamento

---

* Patel, K. K., Butler, B., & Wells, K. B. (2006). What is necessary to transform the quality of mental health care. *Health Affairs (Millwood)*, 25(3), 681-693.

emocional ideal. Essa carga emocional facilita a aprendizagem, e o iniciante aprende a abordar situações novas com curiosidade e pensamento crítico sob a orientação de um professor que promove o desenvolvimento do pensamento independente com perguntas direcionadas.

É importante notar que há falta de trabalhos acadêmicos sobre o efeito da supervisão e dos mediadores e moderadores na supervisão e no treinamento eficazes. Muitos autores já destacaram a ironia de tal escassez de dados, particularmente considerando a rica tradição de evidências empíricas na TCC. Pesquisas sobre os aspectos da supervisão que impactam mais significativamente a adesão e o resultado de modelos específicos de terapia são limitadas. Existe a necessidade de avaliar as promessas e armadilhas em relação à supervisão da teleterapia e à supervisão que ocorre em espaços virtuais. Há, no entanto, diretrizes práticas que podem ser extraídas das evidências disponíveis. Uma análise cuidadosa da experiência de esforços de treinamento em larga escala pode nos ajudar a preparar a próxima geração de prestadores de TCC de forma mais eficiente e econômica.

Este livro representa um avanço genuíno na literatura sobre supervisão e treinamento. Primeiramente, é organizado para considerar a formação de alunos e professores. Ele incorpora estratégias de treinamento que utilizam tecnologias de ponta, incluindo gamificação, internet e estratégias de simulação. Nenhum desses avanços tecnológicos seria suficiente, no entanto, na ausência de uma aliança de aprendizagem, que também é cuidadosamente considerada. Os capítulos sobre supervisão incluem desde as micro-habilidades de desenvolvimento e avaliação de um relacionamento de supervisão até o nível macro de organização de um programa de supervisão clínica de TCC, aspectos específicos da supervisão em grupo e questões de diversidade e cultura. Por fim, considerando que, para fornecer mais supervisão, precisamos de mais profissionais capazes de exercê-la, aqui também é reanalisado o desenvolvimento do treinamento de supervisores.

A seção final explora a supervisão em vários contextos e analisa suas características únicas em ambientes específicos. Dada a crescente especialização da prática da psicologia, este é um atributo particularmente útil e único deste livro.

Donna M. Sudak
Professora de Psiquiatria
Drexel University

Sumário

Apresentação xiii
Donna M. Sudak

PARTE I – Ensino e formação docente em psicologia baseada em evidências

1. Metodologias ativas no ensino e na aprendizagem para a formação em psicologia 2
   *Leopoldo Barbosa, Fabiana Maris Versuti, Eduardo Falcão Felisberto,
   Isabela Maria Freitas Ferreira, Carmem Beatriz Neufeld*

2. Tecnologias da informação e comunicação no processo de atenção à saúde e no ensino-aprendizagem na formação em psicologia............. 18
   *Karen Priscila Del Rio Szupszynski, Juliana Maltoni,
   Janaína Bianca Barletta, Carmem Beatriz Neufeld*

3. A formação do terapeuta cognitivo-comportamental em nível *lato sensu* 35
   *Fabiana Gauy, Maria Amélia Penido,
   Êdela Nicoletti, Juliana Mendes Alves*

4. *Escape room*: experiência de treinamento de terapeutas com uso do jogo 57
   *Fabiana Gauy, Alessandra Kaji-Markenfeldt,
   Janaína Bianca Barletta, Juliana B. Vilela*

5. Formação como docente e supervisor em psicologia: desafios e possibilidades.. 83
   *Carmem Beatriz Neufeld, Janaína Bianca Barletta,
   Beatriz de Oliveira Meneguelo Lobo, Ana Irene Fonseca Mendes*

6. Estabelecendo relações educativas no processo de formação em psicologia 108
*Carmem Beatriz Neufeld, Janaína Bianca Barletta,
Isabela Pizzarro Rebessi, Isabela Maria Freitas Ferreira*

7. Simulação e telessimulação como estratégia para treinamento de psicoterapia 130
*Janaína Bianca Barletta, Roberta Gonçalves Joaquim,
Fabiana Romanini, Fernando Alves de Lima Franco*

PARTE II – Supervisão clínica baseada em evidências

8. Supervisão baseada em casos *versus* em competências: o equilíbrio entre o ideal e o real 152
*Janaína Bianca Barletta, Michella Lopes Velasquez,
Fabiana Gauy, Carmem Beatriz Neufeld*

9. Pressupostos e instrumentos da avaliação de competências em supervisão clínica 177
Gabriela de Andrade Reis, Altemir José Gonçalves Barbosa

Apêndice 1: Exemplo de item da versão brasileira da CTS-R 197

10. Supervisão clínica e suas possíveis consequências indesejadas 199
*Janaína Bianca Barletta, Marcele Regine de Carvalho,
Carmem Beatriz Neufeld*

11. Gestão como competência do supervisor clínico: organização, sistematização, planejamento e gerenciamento de programa de supervisão em terapia cognitivo-comportamental 225
*Carmem Beatriz Neufeld, Janaína Bianca Barletta,
Suzana Peron, Karen Priscila Del Rio Szupszynski*

12. Supervisão em TCC no formato grupal: o que podemos aprender com os fatores de grupo? 248
*Carmem Beatriz Neufeld, Isabela Lamante Scotton,
Janaína Bianca Barletta*

13. Aspectos culturais na supervisão e treinamento: desenvolvendo competências para abordar gênero e sexualidade 272
*Ramiro Figueiredo Catelan, Aline Sardinha,
Janaína Bianca Barletta, Carmem Beatriz Neufeld*

14. Supervisão da supervisão ou metassupervisão: atividade essencial para a preparação e a lapidação do supervisor clínico 293
    Janaína Bianca Barletta, Fabiana Romanini,
    Roberta Gonçalves Joaquim, Carmem Beatriz Neufeld

PARTE III – Supervisão baseada em evidências em diferentes contextos da formação em psicologia

15. Supervisão em psicologia na saúde pública: do estágio curricular à residência multiprofissional na atenção primária............................ 318
    Lauriane dos Santos Moreira, Ana Karina C. R. de-Farias,
    Jaciela Margarida Leopoldino

16. Supervisão na área educacional: pressupostos e experiências.............. 343
    Fabiana Maris Versuti, Luciana Carla dos Santos Elias,
    Eliza França e Silva, Patricia Oliveira de Lima Bento

17. Supervisão na área de psicologia organizacional e do trabalho baseada em evidências... 356
    Thaís Zerbini, Marina Greghi Sticca

18. Supervisão em psicologia da saúde... 369
    Maria Cristina Miyazaki, Neide Micelli Domingos, Leda Maria Branco,
    Eduardo Santos Miyazaki, Carla Rodrigues Zanin, Carla Giovanna Belei-Martins

19. A prática da supervisão em neuropsicologia..................................... 390
    Andressa Antunes, Annelise Júlio-Costa,
    Leandro Fernandes Malloy-Diniz, Laiss Bertola

20. Supervisão em pesquisa: o que há de relevante? 404
    Janaína Bianca Barletta, Fabiana Gauy,
    Carmem Beatriz Neufeld

Índice 427

PARTE I

Ensino e formação docente em psicologia baseada em evidências

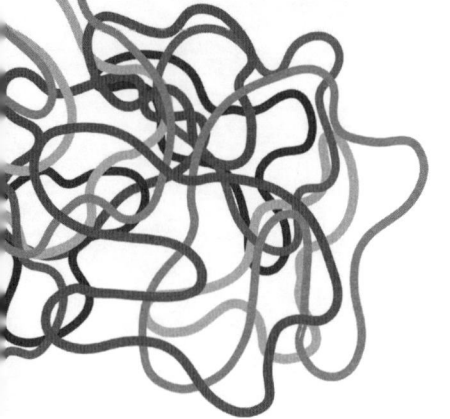

1

Metodologias ativas no ensino e na aprendizagem para a formação em psicologia

Leopoldo Barbosa
Fabiana Maris Versuti
Eduardo Falcão Felisberto
Isabela Maria Freitas Ferreira
Carmem Beatriz Neufeld

Toda mudança de paradigma requer cuidado e atenção. No que se refere aos métodos de ensino e aprendizagem isso não é diferente. A mudança de metodologias tradicionais de ensino focadas no professor e no conteúdo para as metodologias ativas de ensino focadas no aprendiz requer adaptações de forma ampla, sendo reconhecida como bastante desafiadora. Os desafios se expandem não apenas para o ensino universitário, mas também para o treinamento e a formação de profissionais em todos os campos de atuação.

As metodologias ativas têm sua base no princípio teórico significativo da autonomia, com objetivo de motivar o estudante, diante de problemas que lhe são apresentados, a levantar informações para solucionar questões e impasses e, assim, promover o seu desenvolvimento e construir uma aprendizagem significativa (Mitre et al., 2008). Nesse cenário, aprender de modo significativo consiste em assimilar novos conteúdos, complementando conteúdos prévios, de modo organizado e direcionando dentro de um processo de transformação e autoaprendizagem. Trata-se de um contexto complexo, no qual as experiências afetivas e não cognitivas exercem uma influência forte e direta no aprendizado, sendo suficientes para que a pessoa que aprende possa associar um conhecimento anterior com o conhecimento novo (Silva & Schirlo, 2014).

Dessa forma, por meio da interação e da construção coletiva diante de diferentes saberes e cenários de aprendizagem (Mitre et al., 2008), essas metodologias proporcionam leitura e intervenção sobre a realidade. Segundo Cecy et al. (2013), as metodologias de ensino ativas, para serem consideradas métodos adequados, precisam contemplar aspectos construtivistas, colaborativos, interdisciplinares, de contextualização, pensamento crítico, reflexivo e investigativo, além de motivação e estímulo ao aprendizado.

As metodologias ativas nas universidades criam um ambiente propício ao aprendizado. Diferentemente das abordagens tradicionais, nas quais o ambiente era controlado, o aprendizado ativo é caracterizado por maior interatividade entre os participantes, tornando o ambiente motivador, trazendo o foco para a obtenção do conhecimento e habilidades de forma dinâmica (Marques et al., 2021). Assim, aprender ativamente requer mudanças de hábitos de pensar e agir de quem ensina e de quem aprende. Por isso, nessa perspectiva de ensino ativo, em que a atuação prática torna-se foco, a construção do conhecimento representa um grande desafio, já que demanda, das partes envolvidas, competências que abrangem conhecimentos, habilidades e atitudes que vão além do domínio teórico.

A partir disso, este capítulo apresenta as questões que permeiam as metodologias ativas de ensino, contemplando as principais estratégias pedagógicas que podem envolver o estudo ativo e suas características, trazer evidências da implementação dessas metodologias na formação em psicologia e ajudar na reflexão sobre como elas contribuem para o aluno e futuro profissional.

ESTRATÉGIAS PEDAGÓGICAS PARA APRENDIZAGEM ATIVA

O uso de metodologias ativas de ensino iniciou-se em cursos da área da saúde, principalmente medicina e enfermagem. No entanto, diversas áreas atualmente as utilizam, já que esse tipo de metodologia proporciona um estudo mais consistente e dinâmico e busca atender a demandas da profissionalização dos alunos por meio de métodos mais construtivistas de ensino (Marques et al., 2021). É possível verificar as vantagens do uso dessas novas formas de ensino-aprendizagem na formação de profissionais. Os estudos mostram que, em geral, a reação inicial dos alunos a este tipo de metodologia é de entusiasmo e aderência ao processo. Os estudantes dependentes do ensino tradicional podem estranhar e apresentar resistência ao novo método, encontrando dificuldades em organizar seus estudos, pois estão acostumados a esperar os comandos do professor (Marques et al., 2021; Neufeld et al., 2020). No entanto, apesar da estranheza inicial, depois que há adaptação, os alunos percebem que a aprendizagem foi mais efetiva e retêm o conhecimento de maneira mais fácil e duradoura (Neufeld et al., 2020).

As estratégias de aprendizagem ativa envolvem diferentes atividades de ensino que priorizam avaliação, reflexão, análise e síntese (Daouk, Bahous, & Bacha, 2016). Além de englobar e estimular habilidades que não são tão enfatizadas nas estratégias tradicionais, essas metodologias ajudam a manter o interesse e a atenção do estudante por um período maior (Marques et al., 2021).

Nesse contexto, é importante chamar atenção para o conceito da pirâmide de aprendizagem de Dale, em 1969, que propõe a retenção do conhecimento de acordo com as estratégias utilizadas (Camargo & Daros, 2018; Debald, 2020; Masters, 2013). Apesar de questionada (Letrud & Hernes, 2016; Silva & Muzardo, 2018), ela é bastante aceita e difundida na literatura e elenca três tipos de estratégias com índices de retenção igual ou acima de 50%: argumentar/discutir em grupo, praticar o conhecimento e ensinar a outras pessoas. Outras estratégias, como assistir a palestras, fazer leituras, usar recursos audiovisuais e fazer demonstrações, apesar de terem suas aplicações, não têm índices de retenção de conteúdo maiores que 30%, chegando a ser de 5% na atividade de assistir a uma palestra.

Assim, a prática de aprendizagem ativa consiste em uma variedade de ferramentas usadas para envolver os alunos, que acumulam conhecimento e desenvolvem competências de forma a ter mais autonomia sobre a sua aprendizagem (Marques et al., 2021). A partir disso, entende-se a importância de inserir estratégias de ensino ativas no processo de ensino-aprendizagem durante a formação de profissionais. Com relação à área da psicologia, não poderia ser diferente: trata-se de uma maneira de possibilitar maior aquisição de conhecimentos e reflexões acerca do que é aprendido, a fim de tornar o profissional mais qualificado e preparado para as diversas demandas que podem surgir em sua trajetória (ver Caps. 3 e 5 para mais informações sobre a formação profissional). A seguir, serão apresentadas algumas das possibilidades de estratégias de ensino ativas.

Sala de aula invertida

A sala de aula invertida é uma estratégia que se baseia no estudo prévio sobre algum tema a ser debatido em sala de aula. Dessa forma, a aula ganha dinamismo e os participantes trocam experiências, já que entraram em contato previamente com o tema, o que os torna protagonistas do seu aprendizado. Essa estratégia de ensino prioriza a forma individual de estudo e a discussão a partir de cada visão individual sobre o tema (Debald, 2020; Adam et al., 2022).

Segundo o *Guia de sala invertida*, em tradução livre (Adam et al., 2022), as regras básicas para este modelo são: a atividade deve envolver questionamentos e soluções de problemas, fazendo o aluno recuperar, aplicar e ampliar o material estudado; o aluno deve receber *feedback*s constantes, logo após a atividade; o aluno deve ser incentivado a participar de atividades *on-line* e presenciais, sendo avaliado formalmente; e os materiais utilizados devem ser bem estruturados e planejados (Deslauriers et al., 2011).

Nessa estratégia de ensino, o professor expõe em sala de aula o objetivo da atividade e propõe tarefas coerentes, a fim de proporcionar uma aprendizagem significativa. Para tal, pode-se lançar mão de diversos recursos, como leituras, palestras, vídeos, entre outros. O trabalho cognitivo de análise, síntese e avaliação do conhecimento ocorre em sala de aula com o apoio do docente. É importante também manter os *feedback*s constantes, a fim de orientar os alunos, incentivando-os a assumirem a responsabilidade no processo de ensino-aprendizagem (Debald, 2020; Deslauriers et al., 2011). Além disso, a sala de aula invertida deve privilegiar as trocas sociais, que é uma característica ausente na sala de aula tradicional. Essa troca social é resultado de uma atividade dinâmica e com interação entre os alunos e também com os professores (Debald, 2020; Valente, 2014).

Entende-se que o estudo prévio altera a dinâmica em sala de aula, tornando os estudantes mais preparados e, consequentemente, mais participativos nas discussões e debates. Assim, essa metodologia pode reduzir a percepção do aluno sobre a dificuldade, uma vez que o ritmo de trabalho é orientado pelo discente, promovendo seu envolvimento ativo, bem como desenvolvendo sua responsabilidade pelo próprio conhecimento (He et al., 2016).

Aprendizagem em espiral

A aprendizagem em espiral é baseada na histórico-criticidade da apropriação do conhecimento. Essa estratégia é indicada para se trabalhar conteúdos mais complexos, os quais necessitam de organização, sistematização e criticidade (Camargo & Daros, 2018). A aprendizagem em espiral dá-se em quatro momentos. Inicialmente, o professor disponibiliza aos alunos, de forma individual, um texto e questões a serem discutidas sobre o material. No segundo momento, o aluno lê o texto sugerido e responde às questões com base em sua compreensão. No terceiro momento, forma-se um pequeno grupo, de duas a quatro pessoas, para debater as mesmas questões, e o grupo registra por escrito suas percepções. Por último, a discussão é realizada com toda a turma. Dessa forma, cada grupo compartilha suas compreensões e discute as questões com toda a sala. Ao final do processo, os alunos devem registrar a compreensão do grande grupo. É nesta última fase que o professor pode realizar mediações e questionamentos para aprofundar os conhecimentos (Camargo & Daros, 2018).

Este processo de ensino-aprendizagem realizado em fases possibilita que o aprofundamento do estudo seja feito em etapas e seja compatível com o desenvolvimento do conhecimento do aluno, que, aos poucos e por meio desses ciclos, vai avançando em sua aprendizagem. A metodologia, além de valorizar o processo da aprendizagem, também permite que, em cada ciclo, sejam identificadas e corrigidas e/ou sanadas lacunas em relação ao conteúdo da disciplina; assim, o estudante obtém todo o conhecimento que necessita (Freitas, 2014).

A estratégia de aprendizagem em espiral tem como ponto positivo a homogeneidade na oferta de condições de participação, evitando assimetrias no processo de ensino-aprendizagem. Ela também abarca diversas competências, como a ampliação de conceito sobre determinado tópico e o desenvolvimento da capacidade de síntese, da sistematização do conhecimento, do manejo em grupo, das expressões oral e escrita e da associação de ideias (Camargo & Daros 2018).

Aprendizagem baseada em problemas

A aprendizagem baseada em problemas (ABP) é uma estratégia construtivista que também coloca quem aprende no papel de protagonista do processo de ensino-aprendizagem. Nesta metodologia, comumente o estudante é chamado de aprendiz, e o professor assume o papel de tutor. Considerando as diversas metodologias de ensino que incitam a promoção da aprendizagem ativa e o desenvolvimento de competências profissionais, a ABP tem ganhado destaque (Paiva et al., 2016). Trata-se de uma metodologia focada no desenvolvimento e na autonomia do aprendiz, que utiliza recursos de aprendizagem a partir de problemas reais ou simulados, direcionando-o na responsabilidade de resolução desses problemas e, consequentemente, na sua aprendizagem (Casale et al., 2011). Nessa estratégia, o tutor tem o papel de facilitador do processo, indicando fontes didáticas e materiais de estudos (Gil, 2015).

A ABP apoia-se na discussão em grupo, que é composto por oito a 12 estudantes sob supervisão de um tutor que age para facilitar a dinâmica. Nessa estratégia, um problema preestabelecido é apresentado aos estudantes, que buscam, em etapas ou passos, identificar qual é o problema proposto, realizar um levantamento de hipóteses para sua solução por meio de discussão e definir um objetivo de aprendizagem, a fim de aprofundar os estudos e chegar à solução do problema. Após a definição do objetivo de aprendizagem, os estudantes passam para o aprofundamento individual do estudo e retornam posteriormente para o grupo tutorial, para a discussão final com a apresentação de possíveis soluções (Gil, 2015).

Além de ser uma metodologia ativa de ensino-aprendizagem, a ABP traz outros pontos positivos, pois é uma estratégia que estimula a compreensão de conceitos, contribui nas habilidades interpessoais e no trabalho de equipe, desenvolve habilidades de resolução de problemas e auxilia na automotivação para o estudo (Araújo & Sastre, 2009; Gil, 2015).

A ABP considera quatro princípios básicos de aprendizagem. A aprendizagem construtiva direciona o modo ativo de reconstrução do conhecimento, considerando conteúdos prévios e aqueles a serem adquiridos. A aprendizagem colaborativa fomenta interações com os outros aprendizes para estimular o processo. Já a aprendizagem autodirecionada promove planejamento, monitoramento/acompanhamento e avaliação do próprio processo. Por fim, a aprendizagem contextual busca estimular a construção do conhecimento a partir de questões/problemas contextuais. Considerando esses princípios básicos de aprendizagem (construtiva, colaborativa, autodirecionada e contextual), o desenvolvimento do trabalho de quem aprende deve ocorrer a partir de interações coletivas (grupos tutoriais) que fomentam a capacidade de crítica, inovação e aplicação de conhecimentos para atingir os objetivos de aprendizagem previamente determinados (Ribeiro, 2008).

Cabe destacar que o problema apresentado deve ser bem estruturado para auxiliar na motivação do aprendiz, a fim de que ele busque conhecimentos prévios, bem como leituras que fomentem discussões com o grupo, e assim possa ampliar e estimular novos aprendizados (Dolmans et al., 2005). Dessa forma, os problemas devem considerar os objetivos de aprendizagem, ter autenticidade, refletir o contexto real do aprendiz, apresentar pistas na sua escrita, propiciar questionamento e espaço para novas hipóteses, e utilizar verbos indicativos do nível de aprendizagem, podendo ser acompanhados de recursos audiovisuais (imagens, vídeos, músicas) (Azer et al., 2012).

Em relação aos grupos tutoriais, algumas etapas podem ser fundamentais para fortalecer o processo de aprendizagem. De modo mais específico, depois de o problema ter sido preparado pelos tutores, o funcionamento do grupo deve considerar os seguintes passos (Farias & Martin, 2015; Wood, 2003):

1. Identificar os termos desconhecidos apresentados no problema, esclarecer o que for de conhecimento prévio do grupo e listar os termos que permanecerem sem explicação.
2. Definir o(s) problema(s) que será(ão) discutido(s). Neste passo, os aprendizes podem apresentar diferentes pontos de vista sobre as questões levantadas, os quais são registrados na lista de problemas que serão solucionados.
3. Reservar um momento para levantamento e registro de ideias, oportunizando a discussão do(s) problema(s) com as possíveis explicações, com base no conhecimento prévio e na identificação de áreas de conhecimento incompleto.
4. Revisar os passos 2 e 3 e disponibilizar, registrar e organizar as explicações apresentadas, reestruturando o que for necessário.
5. Formular objetivo(s) de aprendizagem. Aqui, o grupo deve trabalhar em busca de consenso sobre os objetivos que irão pautar o desenvolvimento do estudo. O tutor responsável por guiar o grupo deve garantir que os objetivos de aprendizagem estejam claros, factíveis, abrangentes e adequados ao caso.
6. Realizar estudo individual. Neste passo, os aprendizes, individualmente, devem buscar informações a respeito do(s) objetivo(s) de aprendizagem.
7. Retornar para a discussão em grupo considerando os resultados do estudo individual, que deve ser compartilhado em uma discussão coletiva e construtiva. Neste momento, o tutor também deve, além de mediar a discussão, verificar o nível de aprendizagem e avaliação do grupo.

Todos esses passos e cuidados são importantes para tornar a aprendizagem ativa e eficaz. Fica claro que, nesse processo, o conhecimento prévio do aluno e o trabalho nos grupos tutoriais são fundamentais para o levantamento de ideias e etapas para a solução de problemas. Nesse cenário, alguns estudos já mostram que essa metodologia possibilita uma melhor preparação dos alunos para o curso, auxilia nas habilidades de resolução de problemas, no desempenho de avaliações e na percepção sobre motivação para o estudo (Nagge et al., 2018; Neufeld et al., 2020; Yew & Goh, 2016).

Aprendizagem baseada em projetos

Similar à ABP, destaca-se a aprendizagem baseada em projetos (ABPr). Essa estratégia promove a realização contextualizada e planejada de tarefas e tem como objetivo a resolução de problemas ou a criação de serviços ou produtos na vida real (Acosta, 2016).

Uma das diferenças-chave entre a ABP e a ABPr é o caráter geralmente multidisciplinar da segunda, enquanto a primeira foca em um conteúdo mais restrito. Além disso, estratégias de ABPr podem durar semanas ou meses; em contrapartida, na ABP, o ciclo é fechado em um período mais curto, geralmente de alguns dias. Enquanto a ABP segue passos estipulados, e ao final tem-se uma proposta de solução para o problema, a ABPr não tem um passo a passo bem definido e, ao final, entrega uma solução, produto ou serviço no mundo real (Acosta, 2016).

Na ABPr, o trabalho envolve mais tempo, exige que o aluno tome algumas decisões para que o projeto continue em andamento e, com isso, recebe *feedback* do tutor para melhorar seus processos e/ou produtos. Por isso, é uma metodologia que também proporciona o desenvolvimento de uma série de habilidades, como pensamento crítico, resolução de problemas, comunicação eficaz, colaboração e autogestão (Mota & Rosa, 2018).

Aprendizagem baseada em equipes

A aprendizagem baseada em equipes (ABE; ou TBL, do inglês *team-based learning*) é uma estratégia criada nos anos de 1970 para proporcionar a grandes grupos de alunos a experiência de ensino-aprendizagem em pequenas etapas. Ela é recomendada para turmas de 25 a 100 estudantes e tem como objetivo desenvolver competências de responsabilidade, tomada de decisão e trabalho colaborativo em equipe (Bollela et al., 2014; Camargo & Daros, 2018; Krug et al., 2016).

Para colocá-la em prática, é necessário, inicialmente, dividir a turma em grupos de cinco a sete pessoas. A partir desse momento, o método é dividido em três etapas. A primeira delas é a preparação individual, que consiste em estudo individual prévio, incluindo leitura ou filme indicado pelo professor. No segundo momento, já em sala de aula, é realizada a garantia do preparo, ou seja, é aplicado um teste individual (questões fechadas) com o objetivo de avaliar se o estudante realizou uma preparação adequada. Ainda nessa etapa, os grupos são reunidos e respondem às questões novamente, podendo recorrer ao professor caso não concordem com alguma resposta (essa etapa é finalizada com o *feedback* do docente). A última etapa envolve a aplicação de conceitos e tem duas características-chave: 1) o professor deve mostrar um problema real para que as equipes cheguem a uma solução; 2) todas as equipes devem responder ao mesmo problema e mostrar a resposta ao mesmo tempo. A solução de cada equipe deve ser escrita de forma curta, evitando documentos longos (Bollela et al., 2014; Krug et al., 2016).

Para que essa metodologia ocorra de maneira efetiva, é preciso que haja estas quatro premissas essenciais: a formação dos grupos deve ser feita de forma criteriosa; todos os alunos da equipe precisam participar ativamente da aprendizagem (pois um membro que não se envolve ativamente pode prejudicar a equipe como um todo); o *feedback* deve ocorrer imediatamente à execução da tarefa; as tarefas precisam ser estruturadas de forma a promover, além da aprendizagem, o trabalho em equipe (as tarefas não são divididas, e sim construídas de forma colaborativa). Dessa forma, entende-se que, de todas as metodologias ativas, a ABE é a que mais proporciona o trabalho colaborativo, sendo que o aluno é responsável pela sua aprendizagem e a dos membros da sua equipe (Mota & Rosa, 2018).

Gamificação

Com a intensificação do uso da tecnologia, a ideia de integrar jogos com outras áreas foi tomando força e se popularizando; iniciou-se na área de negócios e logo foi expandida para outras utilidades (Fardo, 2013). O termo gamificação, que surgiu do inglês *games*, não implica que se construa um jogo ou se transforme uma atividade em um jogo propriamente dito. A estratégia da gamificação se refere ao uso de estratégias de jogos para outros fins, tal qual a aprendizagem (Kapp, 2012) (ver Cap. 4 para mais informações sobre jogos e gamificação).

No ensino-aprendizagem, a gamificação requer o uso de estratégias, métodos e pensamentos derivados dos jogos com a finalidade de solucionar problemas do mundo real (Fardo, 2013; Kapp, 2012). A gamificação pode utilizar estratégias nas quais os participantes acumulem pontos e medalhas, por exemplo, ou sejam organizados em uma tabela de líderes, em atividades que pressuponham certa liberdade e tenham um tom lúdico, mas mantendo o objetivo de aprendizagem bem definido (Fardo, 2013).

É importante frisar que a proposta da gamificação não é inserir o aluno no mundo fantasioso dos jogos, e sim incorporar as qualidades dos jogos para executar as atividades, motivar o aluno e, assim, promover a aprendizagem. A partir disso, entende-se que a gamificação tem o objetivo de motivar os alunos a se envolverem no processo de ensino-aprendizagem de maneira ativa, para que desenvolvam habilidades e competências e atinjam suas metas (Corrêa, 2019).

Aplicativos

Com o passar dos anos, a acessibilidade da tecnologia e seu uso massivo tornaram a utilização de aplicativos parte do dia a dia de boa parcela da população. Aplicativos são programas de computador, celulares e *tablets* que processam dados eletronicamente (Camargo & Daros, 2018). Esses *softwares* têm como objetivo facilitar tarefas, tornando-as mais rápidas e práticas. Com essa popularização, foram sendo criadas soluções com objetivos pedagógicos ou com possíveis usos pedagógicos, podendo auxiliar em todos os níveis da educação, desde a infantil até à superior (Amorim et al., 2020; Camargo & Daros, 2018).

Segundo Prensky (2001), os alunos mais jovens pensam e processam as informações de modo diferente do que os estudantes das gerações anteriores; eles fazem parte da geração de "nativos digitais" e, por isso, estão muito acostumados ao uso de tecnologias da informação e comunicação (TICs) no seu cotidiano, sendo que sua ausência lhes faz falta. Assim, inserir o uso de aplicativos no processo de ensino-aprendizagem vai ao encontro das características dessa nova geração, corroborando as expectativas dos alunos e provendo interesse e motivação na aquisição de conhecimento.

O uso de aplicativos em ambiente acadêmico pode possibilitar uma aprendizagem significativa. Entretanto, é necessário que isso seja pensado de forma crítica e criativa, e não se perca o objetivo da aprendizagem (Camargo & Daros, 2018). A escolha do aplicativo deve ser avaliada não só de acordo com o objetivo de aprendizagem, mas também com as opções disponíveis no mercado. Frequentemente, com uma busca simples na internet, são encontradas diversas ferramentas, as quais costumam mudar constantemente, já que estão em processo de adaptação, alteração de preços e novos lançamentos. Portanto, é importante sempre buscar soluções atualizadas (ver Cap. 2 para mais informações sobre a mediação da internet como estratégia na formação do psicólogo).

É necessário frisar que o uso de aplicativos é uma ferramenta potencializadora do processo de aprendizagem para complementar as estratégias de ensino. No entanto, por mais automatizados que os aplicativos estejam, e cada vez mais se tornarão assim, eles não substituem o professor, que é quem irá decidir como e quando utilizar essa estratégia no processo de ensino de seus alunos, de maneira que faça sentido para uma aprendizagem ativa e significativa (Corrêa, 2019).

AVALIAÇÃO DO CONHECIMENTO NAS METODOLOGIAS ATIVAS DE ENSINO

A avaliação é um processo complexo e que exige planejamento e coordenação de atividades com base no que se quer avaliar, nos objetivos de aprendizagem alcançados e no que pode ser melhorado. Infelizmente, ainda hoje, a avaliação no Brasil segue sob um estigma negativo e de tensão, por vezes entendida como punitiva. Entretanto, as estratégias avaliativas são excelentes recursos de aprendizagem e desenvolvimento. Por esse motivo, devem ser planejadas considerando diversas possibilidades, como responder questões (simples, complexas, de múltipla escolha, discursivas) e utilizar simulações em ambientes reais e/ou virtuais.

O planejamento de uma avaliação eficaz no cumprimento de suas funções considera objetivos educacionais específicos em cada etapa da formação, de acordo com o perfil profissional desejado no que diz respeito ao desenvolvimento de competências. Assim, a escolha dos métodos deve ser pautada no que se pretende avaliar e nas finalidades da avaliação, considerando validade, fidedignidade, viabilidade, aceitabilidade e impacto educacional como atributos indispensáveis (Panúncio-Pinto & Troncon, 2014).

Desse modo, a avaliação de quem está no processo de treinamento, seja estudante ou profissional, deve considerar três funções principais: avaliação formativa para fomentar o aprendizado, avaliação somativa para subsidiar decisões implicadas no progresso e avaliação informativa, que colabora com o controle de qualidade dos programas de formação educacional (Panúncio-Pinto & Troncon, 2014). A classificação mais tradicional das habilidades, conhecida como taxonomia de Bloom, leva em consideração o tipo de objetivo educacional e inclui três domínios: cognitivo (nível de conhecimento e raciocínio), psicomotor (etapas, sequências e procedimentos) e afetivo (atitudes, relacionamento e opiniões). Embora os três domínios tenham sido amplamente discutidos e divulgados em momentos diversos e por pesquisadores diferentes, o domínio cognitivo é o mais utilizado e acaba por se tornar a base da definição dos planejamentos educacionais, objetivos, estratégias e sistemas de avaliação (Ferraz & Belhot, 2010).

A avaliação do conhecimento deve considerar as habilidades adquiridas na formação, mensuráveis por meio de verbos que as operacionalizam. A taxonomia de Bloom é um dos sistemas que auxiliam nesse processo. Assim, os verbos utilizados na elaboração de objetivos de aprendizagem envolvem processos cognitivos claros que seguem um grau crescente de evolução e ampliação do conhecimento, considerando os níveis lembrar, compreender, aplicar, analisar, avaliar e criar (Ferraz & Belhot, 2010). Essa sequência propicia ao aprendiz transitar entre várias dimensões do conhecimento, como as factuais (conhecer fatos e informações gerais, memorizar informações), as conceituais (relacionar informações ou elementos apresentados em um determinado contexto), as processuais (completar tarefas, executar métodos e usar habilidades, seguir etapas e passos) e as metacognitivas (ter consciência do nível de conhecimento sobre as coisas) (Krau, 2011).

Além da taxonomia de Bloom (Krau, 2011), é importante ressaltar os níveis de aprendizagem propostos por Miller por meio de uma lógica evolutiva. Segundo Miller, são quatro níveis: saber, saber como fazer, mostrar como fazer e fazer. Esse modelo facilita o desenvolvimento de propostas de avaliação adequadas aos níveis de competência esperados para cada etapa da aprendizagem planejada (Harris et al., 2017) e pode facilmente ser adaptado aos cenários de simulação e prática que contribuem para a formação e para o desenvolvimento do aprendiz.

A proposta da avaliação de aprendizagem dentro das metodologias ativas deve ir além de conteúdos memorizados e informações desconectadas; é necessário contemplar uma dimensão complexa do saber, que envolve fazer e demonstrar o conhecimento aprendido. Nesse contexto, as avaliações devem ser adequadas ao nível de aprendizagem requerido por quem está se desenvolvendo e aprendendo. Por isso, as estratégias que fazem parte das metodologias ativas de ensino se utilizam de uma avaliação que tenha efeito e colabore com os propósitos da aprendizagem, como é o caso do *feedback* no acompanhamento e monitoramento de todo o percurso da aprendizagem, que também tem o objetivo de fomentar a motivação e a continuidade do processo (Marriott & Lau, 2008). Mota e Rosa (2018) comentam que a avaliação dentro das metodologias ativas deve ser constante e ocorrer nas diferentes etapas que envolvem a estratégia de ensino escolhida, pois isso norteia o caminho que o aluno deve seguir em seus estudos. Além disso, é necessário que o *feedback* seja rápido e claro, pois ele também auxilia na motivação do aluno.

METODOLOGIAS ATIVAS DE ENSINO NA ÁREA DA PSICOLOGIA

As metodologias ativas são exploradas em diferentes cursos do ensino superior, desde os voltados à área da saúde (Baghcheghi et al., 2011) até os cursos pertencentes às áreas de humanas e exatas (Brunton, 2015; Marques et al., 2021; Roza & Santos, 2020). No que tange à psicologia, ainda há pouco conteúdo na literatura. Os estudos atuais mostram que houve uma adaptação da implementação das metodologias ativas propostas em cursos de medicina, que foram pioneiros, para as demandas e necessidades do curso de psicologia (Kodjaoglanian et al., 2003).

Os estudos relatados na literatura utilizam-se principalmente da problematização para promover a aprendizagem ativa. Assim, a aprendizagem gira em torno da reflexão e discussão de problemas reais ou simulados referentes a diferentes demandas da psicologia. Também é comum a divisão em grupos para que as atividades de problematização sejam resolvidas (Bruhn et al., 2019; Kodjaoglanian et al., 2003; Neufeld et al., 2020). Dessa forma, entende-se que as estratégias de ensino mais frequentemente adotadas na área da psicologia são a ABP e a ABE.

Mais especificamente, Ferreira et al. (no prelo) mostraram em um estudo a implementação de estratégias de ensino utilizando metodologias ativas em duas disciplinas da graduação em psicologia de uma universidade pública do interior de São Paulo. A primeira disciplina contemplava questões teóricas e práticas da terapia cognitivo-comportamental, e a segunda era referente às psicopatologias na infância e na adolescência. Esse processo de implementação passou por diferentes adaptações, levando anos até se chegar a uma versão final (ao longo do processo, foi observado que os estudantes estavam acostumados com a metodologia tradicional de ensino, e, assim, demonstraram estranheza inicial quando tiveram contato com as novas estratégias).

As autoras concluíram que, para a versão final do estudo, era necessário que as disciplinas contassem com uma metodologia mista, isto é, com o uso de estratégias do ensino tradicional (p. ex., algumas aulas expositivas que possibilitassem um contato inicial com os conceitos) antecedendo a aplicação de estratégias de metodologias ativas (p. ex., casos clínicos para problematização, questões para nortear as discussões, trabalho em equipes e monitores para desempenhar o papel de tutores, com *feedback* constante e frequente em cada etapa). Assim, essas disciplinas lançaram mão de estratégias da ABP e da ABE. Além disso, também foram utilizadas estratégias da sala de aula invertida, com momentos de estudos individualizados, nos quais eram disponibilizados materiais (textos, vídeos e apresentações) para que o aluno tivesse o contato inicial com o conteúdo antes da aula e, posteriormente, levasse as dúvidas e os questionamentos para a sala de aula (em um primeiro momento, discutindo com sua equipe e depois explorando novas perspectivas com o grande grupo, ou seja, toda a turma) (Ferreira et al., no prelo; Neufeld et al., 2020).

As disciplinas não contavam apenas com o *feedback* do docente para o aluno, o contrário também ocorria. Por isso, foi possível fazer modificações antes de cada ano em que as disciplinas ocorreriam, sendo que todos os *feedback*s eram considerados (docentes, discentes e monitores). Assim, de forma geral, a percepção dos alunos sobre a implementação dessas estratégias foi positiva, mostrando que a mudança do ensino tradicional para a metodologia ativa possibilitou o desenvolvimento de diferentes competências nos alunos, como a capacidade de formulação e comparação de ideias, reflexão crítica, melhor retenção de conhecimento e capacidade da aplicação dos conceitos na prática profissional (Ferreira et al., no prelo; Neufeld et al., 2020).

CONSIDERAÇÕES FINAIS

As metodologias ativas de ensino têm sido exploradas cada vez mais no processo de ensino-aprendizagem, abarcando desde escolas até instituições de ensino superior. No que se refere a este último ambiente, o alcance dessas metodologias já é explorado em cursos das três grandes áreas (saúde, humanas e exatas), mostrando que é possível adaptar suas estratégias de acordo com as necessidades de cada uma delas. Os estudos mais recentes que utilizam metodologias ativas de ensino, em áreas distintas, têm apontado um campo fértil no que tange a uma formação profissional robusta, resgatando a valorização da aprendizagem, da formação e do aprimoramento continuados ao longo da vida.

Em ambiente educacional guiado por metodologias ativas na formação em psicologia, e considerando o cenário tecnológico e de informação acessível atual, é possível observar alunos que buscam técnicas e assuntos emergentes no mundo e os trazem para a sala de aula. Isso pode ser incômodo para o meio de ensino da psicologia, que tradicionalmente aprofunda-se em métodos de terapias tradicionais e pode apresentar resistência às abordagens emergentes e com graus satisfatórios de evidência científica.

O profissional da psicologia vem sendo cada vez mais solicitado a apresentar a sua forma de trabalho. Considerando as práticas baseadas em evidências, a psicologia tem dado saltos quantitativos e qualitativos na produção de conhecimento das suas técnicas e, do mesmo modo, a formação do profissional deve considerar pressupostos que garantam a melhoria da formação, desde a sua base. Não se trata de diminuir a efetividade das metodologias tradicionais de ensino, mas de buscar novas possibilidades de aprender, de acordo com as características do aprendiz, e no que diz respeito ao cenário atual, que demanda alunos e profissionais críticos e ativos na aquisição de conhecimento.

Por fim, entende-se que o processo de ensino-aprendizagem com metodologias ativas deve ser focado em quem aprende e nas diferentes estratégias de aquisição de conhecimento, levando em conta, inclusive, os métodos de avaliação durante esse processo, os quais também auxiliam na aprendizagem. Assim, considerando a área da psicologia, deve-se escolher a metodologia mais coerente de acordo com as características dos alunos, as demandas e os objetivos de aprendizagem. Essas metodologias têm o potencial de formar estudantes e profissionais críticos e com oportunidades de entender as melhores práticas, considerando os conhecimentos e as experiências prévias dos estudantes na aquisição de novos conteúdos, em um caminho no qual o conhecimento é construído e está sempre sendo aprimorado conforme as evidências em constante atualização.

REFERÊNCIAS

Acosta, O. C. (2016). *Recomendação de conteúdo em um ambiente colaborativo de aprendizagem baseada em projetos* (Tese de doutorado). Universidade Federal do Rio Grande do Sul.

Adam, M.; Boneh's, D.; Fisher's, D.; Klemmer, S.; McFarland, D.; Noor, M.; ... Moses, G. (Eds.). (2022). Flipped, classroom field guide. https://docs.google.com/document/d/1arP1QAkSyVcxKYXgTJWCrJf02NdephTVGQltsw-S1fQ/pub#id.suagqb7wve21.

Amorim, A. N., Jeon, L., Abel, Y., Felisberto, E. F., Barbosa, L. N. F., & Dias, N. M. (2020). Using escribo play video games to improve phonological awareness, early reading, and writing in preschool. *Educational Researcher, 49*(3), 188-197.

Araújo, U. F., & Sastre, G. (2009). *Aprendizagem baseada em problemas no ensino superior* (pp. 163-187). Summus.

Azer, S. A., Peterson, R., Guerrero, A. P. S., & Edgren, G. (2012). Twelve tips for constructing problem-based learning cases. *Medical Teacher, 34*(5), 361-367.

Baghcheghi, N., Koohestani, H. R., & Rezaei, K. (2011). A comparison of the cooperative learning and traditional learning methods in theory classes on nursing students' communication skill with patients at clinical settings. *Nurse Education Today, 31*(8), 877-882.

Bollela, V. R., Senger, M. H., Tourinho, F. S. V., & Amaral, E. (2014). Aprendizagem baseada em equipes: Da teoria à prática. *Medicina (Ribeirão Preto), 47*(3), 293-300.

Bruhn, M. M., Boscolo, K. O., Barboza, R. E., & Cruz, L. R. (2019). Psicologia, palhaçaria e psicodrama: construção coletiva de aprendizados e intervenções. *Revista Brasileira de Psicodrama, 27*(1), 65-74.

Brunton, B. (2015). Learning styles and student performance in introductory economics. *Journal of Education for Business, 90*(2), 89-95.

Camargo, F., & Daros, T. (2018). *A sala de aula inovadora: Estratégias pedagógicas para fomentar o aprendizado ativo*. Penso.

Casale A., Kuri, N. P., & Silva, A. N. R. (2011). Mapas cognitivos na avaliação da aprendizagem baseada em problemas. *Revista Portuguesa de Educação, 24*(2), 243-263.

Cecy C., Oliveira G. A., & Costa, E. M. M. B. (Orgs.). (2013). *Metodologias Ativas: Aplicações e Vivências em Educação Farmacêutica* (2. ed.). Conselho Federal de Farmácia.

Corrêa, C. (2019). A gamificação e o ensino/aprendizagem de segunda língua: Um olhar investigativo sobre o Duolingo. *Revista Linguagem e Ensino, 22*(4), 1020-1039.

Daouk, Z., Bahous, R., & Bacha, N. N. (2016). Perceptions on the effectiveness of active learning strategies. *Journal of Applied Research in Higher Education, 8*(3), 360-375.

Debald, B. (2020). *Metodologias ativas no ensino superior: O protagonismo do aluno*. Penso.

Deslauriers, L., Schelew, E., & Wieman, C. (2011). Improved learning in a large-enrollment physics class. *Science, 332*(6031), 862-864.

Dolmans, D. H. J. M., Grave, W., Wolfhagen, I. H. A. P., & van der Vleuten, C.P. M. (2005). Problem-based learning: Future challenges for educational practice and research. *Medical Education, 39*(7), 732-741.

Fardo, M. L. (2013). A gamificação aplicada em ambientes de aprendizagem. *Renote, 11*(1), 1-9.

Farias, P. A. M., & Martin, A. L. R. C. (2015). Aprendizagem ativa na educação em saúde: Percurso histórico e aplicações. *Revista Brasileira de Educação Médica, 39*(1), 143-158.

Ferraz, A. P. C. M., & Belhot, R. V. (2010). Taxonomia de Bloom: Revisão teórica e apresentação das adequações do instrumento para definição de objetivos instrucionais. *Gestão & Produção, 17*(2), 421-431.

Ferreira, I. M. F., Barletta, J. B., Naegeli, R. O., Rezende, A. L., Versuti, F. M., & Neufeld, C. B. (no prelo). Metodologias ativas no ensino da psicologia: implementação, estratégias de ensino e percepções discentes.

Freitas, D. B. (2014). *Melhoria do ensino e da aprendizagem na disciplina de concreto protendido* (Dissertação de mestrado). Universidade Regional Integrada do Alto Uruguai e das Missões.

Gil, A. C. (2015). *Didática do ensino superior*. Atlas.

Harris, P., Bhanji, F., Topps, M., Ross, S., Lieberman, S., Frank, J. R., ... ICBME Collaborators. (2017). Evolving concepts of assessment in a competency-based world. *Medical Teacher, 39*(6):603-608.

He, W., Holton, A., Farkas, G., & Warschauer, M. (2016). The effects of flipped instruction on out-of-class study time, exam performance, and student perceptions. *Learning and Instruction, 45,* 61-71.

Kapp, K. M. (2012). *The gamification of learning and instruction: Game-based methods and strategies for training and education.* John Wiley & Sons.

Kodjaoglanian, V. L., Benites, C. C. A., Macário, I., Lacoski, M. C. E. K., Andrade, S. M. O., Nascimento, V. N. A., & Machado, J. L. (2003). Inovando métodos de ensino-aprendizagem na formação do psicólogo. *Psicologia Ciência e Profissão, 23*(1), 2-11.

Krau, S. D. (2011). Creating educational objectives for patient education using the new Bloom's Taxonomy. *Nursing Clinics of Nort America, 46*(3), 299-312.

Krug, R. R., Vieira, M. S. M., Maciel, M. V. A., Erdmann, T. R., Vieira, F. C. F., Koch, M. C., & Grosseman, S. (2016). O "Bê-Á-Bá" da aprendizagem baseada em equipe. *Revista Brasileira de Educação Médica, 40*(4), 602-610.

Letrud, K., & Hernes, S. (2016). The diffusion of the learning pyramid myths in academia: An exploratory study. *Journal of Curriculum Studies, 48*(3), 291-302.

Marques, H. R., Campos, A. C., Andrade, D. M., & Zambalde, A. L. (2021). Inovação no ensino: Uma revisão sistemática das metodologias ativas de ensino-aprendizagem. *Revista da Avaliação da Educação Superior, 26*(3), 718-741.

Marriott, P., & Lau, A. (2008). The use of on-line summative assessment in an undergraduate financial accounting course. *Journal of Accounting Education, 26*(2), 73-90.

Masters, K. (2013). Edgar Dale's Pyramid of Learning in medical education: A literature review. *Medical Teacher, 35*(11), e1584-1593.

Mitre, S. M., Siqueira-Batista, R., Girardi-de-Mendonça, J. M., Morais-Pinto, N. M., Meirelles, C. A. B., Pinto-Porto, C., ... Hoffmann, L. M. A. (2008). Metodologias ativas de ensino-aprendizagem na formação profissional em saúde: Debates atuais. *Ciência & Saúde Coletiva, 13*(Suppl 2), 2133-2144.

Mota, A. R., & Rosa, C. T. W. (2018). Ensaio sobre metodologias ativas: Reflexões e propostas. *Espaço Pedagógico, 25*(2), 261-276.

Nagge, J. J., Killeen, R., & Jennings, B. (2018). Using a course pilot in the development of an online problem-based learning (PBL) therapeutics course in a post-professional PharmD program. *Currents in Pharmacy Teaching and Learning, 10*(2), 231-234.

Neufeld, C. B., Ferreira, I. M. F., Caetano, K. A. S., & Versuti, F. M. (2020). Aprendizagem baseada em problemas: Estudo exploratório da percepção de estudantes de Psicologia. *Research, Society and Development, 9*(5), 1-8.

Paiva, M. R., Parente, J. R., Brandão, I. R., & Queiroz, A. H. (2016). Metodologias ativas de ensino-aprendizagem: Revisão integrativa. *Sanare: Revista de Políticas Públicas, 15*(2), 145-153.

Panúncio-Pinto, M. P., & Troncon, L. E. A. (2014). Avaliação do estudante: Aspectos gerais. *Medicina (Ribeirão Preto), 47*(3), 314-323.

Prensky, M. (2001). Digital natives, digital immigrants. *On the Horizon, 9*(5), 1-6.

Ribeiro, L. R. C. (2008). *Aprendizado baseado em problemas.* UFSCAR.

Roza, R. H., & Santos, A. A. A. (2020). Estilos de aprendizagem e desempenho acadêmico de universitários de administração. *Psico, 51*(3), 1-10.

Silva, F. L., & Muzardo, F. T. (2018). Pirâmides e cones de aprendizagem: Da abstração à hierarquização de estratégias de aprendizagem. *Dialogia,* (29), 169-179.

Silva, S. C. R., & Schirlo, A. C. (2014). Teoria da aprendizagem significativa de Ausubel: Reflexões para o ensino de física ante a nova realidade social. *Imagens da Educação, 4*(1), 36-42.

Valente, J. A. (2014). Blended learning e as mudanças no ensino superior: A proposta da sala de aula invertida. *Educar em Revista*, (4), 79-97.

Wood, D. F. (2003). Problem based learning. *BMJ, 326*(7384), 328-30.

Yew, E. H. J., & Goh, K. (2016). Problem-based learning: An overview of its process and impact on learning. *Health Professions Education, 2*(2), 75-79.

2

Tecnologias da informação e comunicação no processo de atenção à saúde e no ensino-aprendizagem na formação em psicologia

Karen Priscila Del Rio Szupszynski
Juliana Maltoni
Janaína Bianca Barletta
Carmem Beatriz Neufeld

Nas últimas décadas, nosso cotidiano foi alterado, em grande parte, devido à presença da tecnologia. É difícil imaginar a maioria de nossas tarefas não sendo mediada pelo uso das tecnologias da informação e comunicação (TICs). Nos últimos anos – e em especial durante a pandemia de covid-19 – observou-se uma transformação no modo de viver e de se comunicar, com a intensificação do uso da internet e de *smartphones* – elementos praticamente "onipresentes" em nossas vidas hoje. No Brasil, 74% da população é usuária da internet e 85% possuem um aparelho celular (Comitê Gestor da Internet no Brasil [CGI], 2020). No entanto, apesar do amplo uso da tecnologia, ainda se caminha de maneira lenta e fragmentada em relação à competência para seu uso na educação/formação de profissionais.

A Biblioteca Virtual em Saúde (BVS) descreve as TICs como "um sistema interconectado que é usado na aquisição, armazenamento, manipulação, movimentação, controle, exibição, intercâmbio, transmissão, roteamento ou recepção de dados ou informações, incluindo computadores, equipamentos auxiliares, *software* de sistema, serviços de suporte e recursos relacionados". Os exemplos de TICs são inúmeros: celulares, computadores, *tablets*, *sites*, redes sociais, *e-mails*, aplicativos, programas, repositórios digitais e televisões digitais. Ou seja, pode-se dizer que as TICs são todas as tecnologias que, combinadas, permitem a interação e a organização das pessoas de alguma forma.

USO DAS TICs EM INTERVENÇÕES EM SAÚDE

Assim como houve grande impacto das TICs no âmbito educacional, o oferecimento de serviços em saúde também foi amplamente afetado por elas. Todos os profissionais da saúde até então eram preparados e treinados para intervenções nas quais imprimiam o contato presencial do paciente como condição essencial. No entanto, além de uma rápida evolução das TICs, a pandemia acelerou, bruscamente, a atenção para as intervenções *on-line* em saúde, em especial na saúde mental. Vale ressaltar que as intervenções realizadas via internet (Andersson, 2022) e a prática baseada em evidências (PBE) (Melnik et al., 2019) existem há décadas e têm crescido consideravelmente no campo da psicologia, em especial nos estudos que se utilizam da terapia cognitivo-comportamental (TCC). O uso das TICs na área da saúde mental tem sido apontado como uma das melhores oportunidades atuais para a superação das barreiras físicas, logísticas, financeiras, de tempo e desigualdade de acesso a tratamento (Harvey & Gumport, 2015; Insel, 2022; Versuti et al., 2019), considerando também a possibilidade de respostas mais efetivas durante epidemias e pandemias (World Health Organization [WHO], 2021).

Serviços de saúde realizados com TICs podem ser definidos como *eHealth* (do inglês *eletronic health*) ou saúde eletrônica (Stein et al., 2022), que engloba atuações da área da saúde envolvendo aspectos como cuidado, processo e resultados, com o uso da tecnologia como ferramenta para expandir, assistir ou desenvolver atividades humanas (Oh et al., 2005). A expressão *digital health* (DH), ou saúde digital (SD), expande o conceito de *eHealth*, sendo utilizada para designar o uso de tecnologias na área da saúde como um todo, incluindo-se neste "guarda-chuva" diversas ferramentas, como telemedicina, sensores de biometria, aplicativos móveis, mensagens de texto ou *e-mail*, programas entregues pela internet, inteligência artificial, entre outras (Aitkin et al., 2017; Maltoni et al., 2023; WHO, 2021). Outro termo utilizado na área é o *mHapps* (abreviação do inglês *mental health apps*), ou aplicativos de saúde mental, para descrever intervenções na área da saúde mental com o uso de aplicativos móveis (Bakker et al., 2016).

A TCC oferecida via internet (TCCI) ou computadorizada (TCCC) é a abordagem mais estudada no campo das TICs e psicoterapias (Hallberg et al., 2015). No entanto, dizer que uma intervenção se utiliza da internet ou de um computador ainda deixa muito imprecisa a compreensão sobre suas características. Da mesma maneira, dizer que o processo de ensino-aprendizagem se utiliza de TICs pode significar muitas coisas. Quando intervenções realizadas pela internet são citadas, por exemplo, podem se referir tanto ao uso de uma plataforma *on-line* de comunicação (p. ex., Zoom ou Google Meet) quanto à própria internet como intervenção (p. ex., *sites* ou aplicativos autoguiados), ou seja, sem o contato com algum profissional. Ainda, pode-se pensar em intervenções mescladas, com a utilização das TICs como complemento dos métodos tradicionais. Também pode-se falar de intervenções síncronas, com cliente e profissional conectados no mesmo momento (p. ex., presencialmente ou por videoconferência), ou assíncronas, na quais as interações ocorrem em momentos distintos (p. ex., por mensagens de texto).

As intervenções *on-line* têm sido estudadas desde a década de 1990 em diferentes países da Europa, além de Estados Unidos e Austrália. Essa modalidade de atendimento vem crescendo no Brasil nos últimos anos, principalmente depois do início da pandemia de covid-19, a qual exigiu que novas formas de atenção em saúde fossem disponibilizadas (Andersson & Hedman, 2013; Vignola & Tucci, 2014).

Conforme mencionado, muitos formatos de intervenções *on-line* podem ser oferecidos como alternativas ao modelo tradicional da psicoterapia. O atendimento síncrono acontece, por exemplo, quando o terapeuta e o paciente se comunicam concomitantemente, seja de maneira presencial ou *on-line*, por meio de videoconferência. Já na proposta assíncrona, a comunicação entre o paciente e o profissional de saúde não acontece de forma imediata; e em alguns tipos de intervenção não há qualquer forma de comunicação com outra pessoa, como nos casos de intervenção autoguiada, em aplicativo ou *site*, nos quais as respostas aos pacientes são fruto de programação/algoritmos de respostas (Lopes & Berger, 2016).

Muñoz et al. (2018) dividem as intervenções face a face e digitais em dois grupos (A – serviços clínicos com contrato terapêutico/profissional; e B – intervenções digitais de autoajuda/autoguiadas) e quatro tipos. No grupo A são descritos serviços tradicionais síncronos (tipo 1) e serviços síncronos otimizados pela tecnologia (tipo 2). Ou seja, o primeiro descreve a terapia tradicional, e o segundo, a terapia *on-line* ou com o uso de aplicativos, por exemplo. Neste grupo, portanto, descrevem-se intervenções realizadas com um contrato profissional estabelecido com um terapeuta, de forma síncrona, que pode utilizar tecnologias como algo adicional. No grupo B são descritos serviços necessariamente digitais de autoajuda, guiados ou com auxílio (tipo 3), ou totalmente automatizados (tipo 4). Neste grupo, descrevem-se as intervenções definidas principalmente por aplicativos e *sites*, sendo o suporte destinado para auxílio quanto a dúvidas, intervenções com níveis baixos de aprofundamento e/ou para aumentar a adesão à intervenção. É importante mencionar que o campo das terminologias em intervenções psicológicas digitais ou com uso da internet é carente de consenso (Smoktunowicz et al., 2020).

Em relação às evidências sobre a TCCI, a recente revisão de Andersson et al. (2019) conclui que esta se trata de um veículo para inovações rápidas na área clínica, dada a possibilidade do seu uso. Para se ter uma ideia, até a publicação do trabalho dos autores, foram encontrados mais de 300 ensaios clínicos. Em relação à eficácia, é considerada tão efetiva quanto a modalidade presencial e mais efetiva que a lista de espera em casos de ansiedade e depressão, além de ter sido testada para diversas condições somáticas e psiquiátricas. O efeito do treinamento *on-line* de terapeutas cognitivos também parece ser promissor.

Assim, pode-se concluir que sempre que falamos de intervenções via internet, necessariamente falamos do uso de uma plataforma de *software* (*site* ou aplicativo) e ferramentas (p. ex., de videoconferência, textos, áudios, mensagens, vídeos) apresentadas com ou sem interações com um terapeuta. No caso de intervenções autoguiadas, por exemplo, as respostas podem ser funções automáticas do programa (Andresson, 2022; Andersson et al., 2019), como é o caso dos *chatbots*.

Vale ressaltar que a transformação de intervenções mediadas pela internet impõe o domínio de estratégias inovadoras e tecnológicas nos atendimentos. Portanto, fundamentalmente, faz-se necessário repensar o ensino e a supervisão clínica, a fim de formar profissionais com condições de utilizar os recursos disponíveis de maneira adequada e promotora de bem-estar, já que, em geral, tais competências não estão inseridas no treinamento dos estudantes de psicologia. Entre a sustentação para incluir as inovações das TICs no aprendizado estão: a) a baixa competência na utilização dos recursos disponíveis, o que pode tornar a intervenção aquém de sua potencialidade, bem como a falta de cuidados éticos de confiabilidade, segurança e guarda de informações; b) a negligência de possíveis consequências inadequadas ou prejudiciais da intervenção e do treinamento (Barletta et al., 2022).

Níveis de intervenção e sua relação com as TICs

Uma forma complementar de compreender a utilidade e o alcance das intervenções *on-line* é o Stepped Care, modelo utilizado em inúmeros países na área de saúde mental. Ele tem como objetivo oferecer intervenções de baixa intensidade (p. ex., psicoeducação, aconselhamento ou tratamento de resolução de problemas) em programas de prevenção ou para pacientes com sintomas leves de alguma psicopatologia. Além disso, o modelo contempla as intervenções de alta intensidade (psicoterapia tradicional ou tratamento medicamentoso) para pacientes com sintomas mais severos/complexos (Franx et al., 2012). A Figura 2.1 mostra o modelo gráfico do Stepped Care.

O Stepped Care foi desenvolvido devido à necessidade de ofertar intervenções de diferentes intensidades para diferentes problemas em saúde e, assim, potencializar recursos dos pacientes, dos profissionais da saúde e dos próprios sistemas de saúde. Adicionalmente, esse modelo propõe a criação de um fluxo de intervenções com dois objetivos principais: 1) que o tratamento recomendado seja minimamente restritivo (com menor impacto de custos e desconforto para o paciente) e com o maior ganho em saúde possível; e 2) que o modelo seja autocorretivo (com acompanhamento e avaliação sistemática e constante), pois o indivíduo avança e recebe gradativamente uma intensidade maior de intervenção para ter suas necessidades sanadas (Bower & Gilbody, 2005).

Intervenções de baixa intensidade

```
[População geral sem sintomas ou problemas psicológicos] → [Risco mínimo – sintomas iniciais de psicopatologias] → [Sintomas leves e sem prejuízos significativos] → [Sintomas moderados e busca de serviços de saúde mental] → [Transtornos mentais complexos e com sintomas severos]
```

Intervenções de alta intensidade

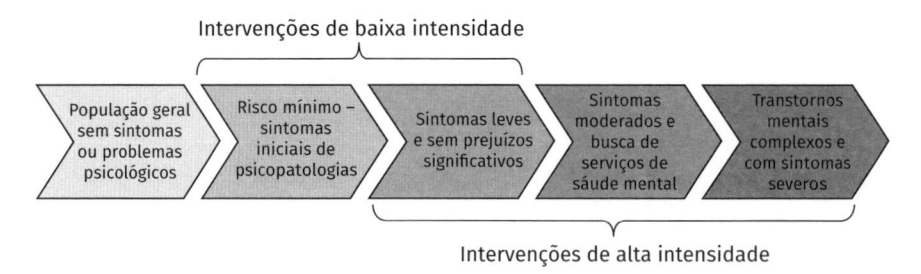

FIGURA 2.1 Modelo Stepped Care.
Fonte: Elaborada com base em Franx et al. (2012).

A associação entre as intervenções *on-line* e a ideia trazida pelo Stepped Care foi contemplada em muitos estudos. Bennett-Levy et al. (2010) propõem a ideia de intervenções com intensidades diferentes, associando-as aos objetivos do tratamento. Diante disso, há intervenções de baixa intensidade (*low intensity intervention*) e de alta intensidade (*high intensity intervention*). Essa nomenclatura passou a ser utilizada nos anos 2000 e pretendia ampliar o acesso à psicoterapia baseada em evidências e o bem-estar em toda a comunidade, além de proporcionar maior acesso a programas preventivos e de intervenção precoce baseados na TCC. As intervenções assíncronas, com ou sem suporte humano, fazem parte das intervenções *on-line* de baixa intensidade, e têm sempre um caráter preventivo. Já as intervenções de alta intensidade são propostas para diagnósticos de maior complexidade e que necessitam de aprofundamento de questões psicológicas, sendo tratadas pela psicoterapia presencial ou na modalidade *on-line*.

O modelo que prevê a ideia de Stepped Care, ou de intensidade das intervenções, é uma forma inovadora de avaliação/intervenção em saúde mental (e geral). Refere-se a um novo paradigma que pode ser avaliado como alternativa de atenção em saúde, frente às práticas atualmente realizadas. Por exemplo, um dos objetivos centrais das intervenções de baixa intensidade é disponibilizar diferentes opções aos pacientes/usuários e, assim, possibilitar que os profissionais da saúde mental ofereçam intervenções de alta intensidade para quem realmente necessita, e não mais como modelo amplamente oferecido sem avaliação de demanda (Kelders et al., 2015).

Essas inovações em saúde têm mostrado como a transformação digital vem ocorrendo há décadas, alterando as relações em todos os aspectos. Os estudos sobre intervenções *on-line* vêm auxiliando na adaptação de uma prática em saúde mental unicamente presencial para uma prática em ciberespaços. Assim como na atenção em saúde a mudança de paradigma foi (e ainda é) necessária, processos que a tangenciam, como a supervisão, também vem sofrendo alterações. Por muito tempo, a supervisão presencial foi encarada como uma condição ideal e necessária para a aprendizagem adequada dos supervisionandos. No entanto, a tecnologia tem proporcionado um fluxo constante de mudanças, de um momento para o outro, e tem sido utilizada como ferramenta para acompanhar transformações sociais. Se antes alguém precisava viajar milhares de quilômetros para encontrar seu supervisor, agora tem a possibilidade de acessar profissionais de referência com apenas um clique de distância. Assim, se a mudança é uma constante em relação à tecnologia, os supervisores precisam compreender qual será a função da tecnologia no processo de supervisão. Isso permitirá que eles sejam flexíveis na incorporação de várias tecnologias na estrutura de supervisão (Luiselli & Fischer, 2016).

Mais uma vez, ressalta-se a ideia de que a formação em psicologia deve ser ampliada para abarcar as intervenções de baixa, média e alta intensidades, com o intuito de preparar os futuros profissionais para essas modalidades de atendimento. O Conselho Federal de Psicologia (CFP), em atenção à ampliação das práticas profissionais ocorridas nos últimos anos e em comemoração aos 60 anos da regulamentação da profissão no Brasil, iniciou a realização de um censo, em 2021, para mapear os profissionais, bem como suas práticas, com o objetivo de identificar as principais características da atuação profissional nos dias atuais (Conselho Federal de Psicologia [CFP], 2021). Esse levantamento é bastante relevante, uma vez que os mapeamentos existentes ainda mantêm a perspectiva de que a principal área de atuação profissional do psicólogo brasileiro é a psicologia clínica individual. Em geral, os estudantes mostram interesse pela área clínica e pela psicoterapia, o que se mantém até o final do curso. Além disso, os cursos de graduação em psicologia têm fortemente a base clínica como norte da formação (Meira & Nunes, 2005; Rechtman, 2014).

TICs COMO FERRAMENTAS PARA ENSINO E SUPERVISÃO BASEADOS EM COMPETÊNCIAS

A popularização das TICs no Brasil já completa mais de 20 anos. Diversas pesquisas foram feitas no campo da educação, mas a dificuldade de adequação ao ensino é fator em destaque na literatura da área. Para além das notórias dificuldades e desigualdades estruturais e socioeconômicas que permeiam a implementação adequadas das TICs no ensino, pode-se citar aspectos políticos, culturais, humanos, relativos à formação e ao trabalho de profissionais, à curva de aprendizagem de novas metodologias, e mesmo o acesso à internet de qualidade, que também podem explicar as dificuldades de integração encontradas (Ribeiro, 2016; Souza et al., 2021). Somada à história de implementação das TICs na educação, a pandemia de covid-19 impôs inúmeras adaptações em relação ao seu uso, acentuando desigualdades, mas certamente também demonstrando como as TICs podem reduzir as lacunas da educação de adultos e enriquecer o processo de ensino-aprendizagem, inclusive no contexto das supervisões embasadas na PBE (Barletta et al., 2021).

A supervisão é um momento essencial na formação profissional do psicólogo. É nela que as competências profissionais podem ser desenvolvidas e/ou aprimoradas. A supervisão pode ser influenciada pela relação estabelecida entre supervisor e supervisionando, pelo tamanho do grupo de alunos e pela abordagem teórica trabalhada, por exemplo (Barreto & Barletta, 2010). Entre os métodos mais utilizados nas supervisões está o relato verbal no atendimento (associado a orientações do supervisor), técnicas de autoprática (com o intuito de gerar reflexões sobre as técnicas que os terapeutas sugerem aos pacientes), leitura e discussão/reflexão de temas relevantes (Bennett-Levy et al., 2009). Assim, escolher um supervisor é um ponto de extrema relevância no processo de aprendizagem de um terapeuta e tem sido o tema de diversos estudos nos últimos anos. No entanto, a maioria das pesquisas realizadas na área concentra-se na supervisão presencial, não acompanhando a transformação digital e seus impactos nessa área.

Desde a década de 1950, inúmeros dispositivos têm sido criados graças à evolução tecnológica em diferentes áreas. Gravadores, aparelhos de fax, computadores pessoais e câmeras de vídeo foram ganhando espaço durante as últimas décadas e alterando diferentes níveis de relações. Assim, a prática da supervisão clínica também foi impactada, visto que essas ferramentas foram sendo usadas para complementar a supervisão presencial, por meio de dispositivos de escuta, consulta por telefone, revisão de fitas de vídeo das sessões e observação por circuito fechado de televisão (Luiselli & Fischer, 2016).

Essa realidade sofreu importantes alterações no final da década de 1990, quando surgiram diferentes tipos de dispositivos de alta qualidade e baixo custo, capazes de compartilhar facilmente informações pela internet. Os *laptops* e as *webcams* começaram a ser amplamente utilizados, aumentando a possibilidade de compartilhar informações e ampliando o interesse no uso dos dispositivos para supervisão. Já na década de 2000, os avanços impactaram os formatos de compartilhamento de dados, com o armazenamento em vários locais, chamados de nuvem. Com o tempo, os dispositivos tornaram-se ainda mais multifuncionais, oferecendo inúmeras possibilidades de interação entre supervisor e supervisionando (Wood et al., 2005).

Algumas instituições internacionais já adotaram a supervisão na modalidade *on-line* em seus cursos de formação profissionais. Em 2001, a American Association for Marriage and Family Therapy (AAMFT) publicou um documento que tratava das características da supervisão *on-line*, visto que diferentes áreas da saúde vinham discutindo os benefícios e desafios tanto das intervenções *on-line* quanto da supervisão realizada de maneira virtual. A partir disso, diferentes formatos de supervisão foram sendo testados, com o uso de alguns recursos tecnológicos ou a total realização a distância. Estudos e opiniões de alunos foram mostrando que os resultados alcançados sobre o aprimoramento de competências dos terapeutas obtinham sucesso na maioria dos casos (Pennington et al., 2019). No Brasil, a modalidade foi autorizada pelo CFP por meio da Resolução nº 011/2012, que regulamenta alguns

Ensino, formação e supervisão em psicologia   25

serviços psicológicos realizados por meio de TICs, entre eles a supervisão clínica (Machado & Barletta, 2015).

Diversas associações internacionais destacam três condições que devem ser atendidas para que a supervisão *on-line* ocorra de forma adequada:

8. Seguir o código de ética profissional e/ou leis/regulamentos da área.
9. Estar em conformidade com a legislação nacional de ensino.
10. O supervisor deve ser competente nesta modalidade de supervisão.

A comissão de acreditação da American Psychological Association estruturou uma definição para o conceito de supervisão *on-line*: "supervisão clínica de serviços psicológicos através de um formato síncrono de áudio e vídeo, no qual o supervisor não está nas mesmas instalações físicas que o estagiário" (Weinberg & Rolnick, 2020).

No entanto, apesar de o avanço tecnológico ter colaborado de forma tão significativa para facilitar o processo de supervisão clínica, é importante ressaltar que não foram apresentados apenas benefícios. Algumas desvantagens têm sido apontadas nos últimos anos, conforme ilustra o Quadro 2.1.

QUADRO 2.1 Vantagens e desvantagens do uso de tecnologia da supervisão clínica

Vantagens da tecnologia associada à supervisão	Desvantagens da tecnologia associada à supervisão
Acesso a bons profissionais	Sujeição à qualidade da internet
Acessibilidade	Facilidade dos alunos para driblar erros/dificuldades
Facilidade em relação aos horários/reagendamento de supervisões	Dificuldade de lidar com plataformas de comunicação (uso adequado das ferramentas disponíveis)
Grande similaridade com os procedimentos de uma supervisão presencial	Questões sobre sigilo e privacidade das informações compartilhadas
Uso do tempo de forma mais efetiva	Custo para utilizar versões pagas das plataformas de comunicação

(Continua)

TABELA 2.1 Vantagens e desvantagens do uso de tecnologia da supervisão clínica *(Continuação)*

Vantagens da tecnologia associada à supervisão	Desvantagens da tecnologia associada à supervisão
Ampliação da visão sobre uma supervisão multicultural, na medida em que supervisor e supervisionando geralmente não estão na mesma cidade	Treinamento dos supervisores sobre ensino a distância e peculiaridades da supervisão *on-line*
Facilidade na gravação das sessões realizadas pelo supervisionando (áudio e vídeo)	

Outro exemplo de desafio encontrado na supervisão *on-line* é a comunicação não verbal e o contato "olho no olho". Sabe-se que, da mesma forma que na psicoterapia, a relação entre supervisor e supervisionando é fundamental para o sucesso da aprendizagem, e isso passa pela captação da comunicação não verbal estabelecida e da demonstração de interesse e atenção. Diferentemente da supervisão presencial, na supervisão *on-line*, o contato "olho no olho" é complicado, pois uma vez que se direciona o olhar para a câmera do computador, pode estar se desviando o olhar da tela, e assim dar a impressão de estar olhando para outro foco que não o supervisionando. Pensando nisso, Tam et al. (2007) estudaram o chamado "ângulo do olhar" – o ângulo que se estabelece entre a câmera e o ponto na tela do computador. Segundo os autores, o "ângulo do olhar", de aproximadamente 5 a 7 graus entre a câmera e a tela, é considerado pequeno o suficiente para que a maioria das pessoas não o perceba. Assim, é importante que o supervisor alinhe a imagem do supervisionando, na plataforma de comunicação, próximo à câmera do computador, minimizando a sensação de que possa não estar focado no conteúdo que está sendo trazido pelo terapeuta sobre seus pacientes. Dessa forma, fica evidente que o uso da tecnologia na área de supervisão pode apresentar alguns problemas, e o supervisor deve estar atento a isso para utilizar a transformação digital a seu favor e ampliar a possibilidade de formação adequada de novos terapeutas.

Nesse sentido, sugere-se um paralelo com as definições apresentadas por Muñoz et al. (2018) para a área de ensino-aprendizagem na formação de psicólogos. No grupo A, conforme descrito, a formação destes profissionais consistiria em encontros síncronos presenciais (tipo 1) ou otimizados pela tecnologia, porém ainda de forma síncrona, ou com o uso complementar da tecnologia a um contato síncrono (tipo 2). No primeiro tipo, estariam as aulas e supervisões face a face/presenciais, enquanto no segundo estaria o ensino a distância, ou com plataformas digitais complementares, e até mesmo a formação com a ajuda de aplicativos, materiais audiovisuais, etc. No grupo B citamos os exemplos de formação completamente digitais e assíncronas, sem a mediação de um profissional, como aulas e materiais disponíveis *on-line*, com assistência assíncrona para dúvidas (tipo 3) ou totalmente autoguiados (tipo 4). No grupo A, o contrato com um profissional apto sempre ocorrerá. No grupo B, podemos falar de instituições de ensino reconhecidas pelo Ministério da Educação, que podem avaliar e atestar as competências e títulos dos alunos ou os conteúdos informais disponibilizados *on-line*. Questões importantes podem ser levantadas quando refletimos sobre a qualidade do ensino disponível e a capacidade de regulamentação sobre conteúdos que, em teoria, estarão formando gerações de psicólogos.

Cooper et al. (2017) realizaram uma pesquisa sobre o efeito do treinamento *on-line* em TCC sobre transtornos alimentares em terapeutas. O treinamento era entregue com ou sem apoio de um assistente não especialista, que apenas encorajava e auxiliava na implementação da TCC em seus casos. Em ambos os grupos, o treinamento *on-line* foi aceitável para os terapeutas e demonstrou ser uma modalidade eficaz para o treinamento em larga escala, não havendo diferenças também quanto ao nível de suporte. Outro grupo de pesquisadores (Kobak et al., 2017) investigou o treinamento otimizado por tecnologias para transtornos de ansiedade. O protocolo consistiu em um treinamento *on-line* assíncrono com suporte via *e-mail* de um instrutor, quando necessário, seguido de treinamentos síncronos por videoconferência, com dramatizações de casos clínicos. O *feedback* ocorria em tempo real pelo instrutor, que também podia responder às questões que surgissem. Os resultados demonstraram que essa metodologia foi aceitável e eficaz no treinamento de terapeutas em TCC para transtornos de ansiedade.

Assim como nas intervenções *on-line*, a supervisão *on-line* pode ser caracterizada como síncrona ou assíncrona. A primeira refere-se à supervisão realizada por videoconferência, na qual o supervisor conecta-se a uma plataforma de comunicação para conversar em tempo real com os supervisionandos. Essa modalidade facilita a compreensão de comunicação não verbal (mesmo que de forma distinta do presencial) e oportuniza a expressão emocional do supervisionando durante seu processo de desenvolvimento. Alguns estudos apontam a importância de realizar a supervisão a distância no formato de videoconferência, e não apenas por áudio, para obter resultados mais satisfatórios entre os supervisionandos (Nelson, Nechter, & Henriksen, 2010). Já a supervisão assíncrona pode ser realizada via *chat/e-mail* ou outro formato no qual a comunicação não é em tempo real. No Brasil, a versão mais comumente utilizada é a supervisão *on-line* síncrona, conectando profissionais de inúmeras regiões.

Apesar dos avanços da tecnologia e do crescimento da psicologia baseada em evidências, globalmente, esse tipo de prática ainda não está ao alcance da maioria das pessoas, especialmente em países com maior vulnerabilidade socioeconômica (Muñoz et al., 2018). No que diz respeito a modelos tradicionais de psicoterapia, a demanda de cuidados em saúde mental é muito maior do que o número estimado de profissionais (Demyttenaere et al., 2004), tornando o uso das TICs um dos elementos essenciais para mudanças na crise de cuidados adequados à saúde mental que vivenciamos. Este também parece ser um problema na área da formação, na qual há escassez de profissionais que prestam serviços de saúde mental baseados em evidências. É necessário, portanto, que mais profissionais tenham acesso fácil e de baixo custo a treinamentos baseados em evidências (National Institute of Mental Health [NIMH], 2006). Considerando o alto custo e a disponibilidade de supervisores treinados para formação e supervisão clínica de terapeutas na América Latina (Neufeld et al., 2021) e o cenário de grande lacuna de investigações na área (Scotton et al., 2021), o uso de TICs se faz ímpar também nesse contexto.

Com a expansão do "mundo virtual" na prática clínica e na vida privada de profissionais, também é urgente refletir sobre os limites do terapeuta e sua vida pessoal e questões de ordem ética e de sigilo (Versuti et al., 2019). Assim como na psicoterapia *on-line*, o supervisor também deve trabalhar garantindo a confidencialidade da supervisão, levantando questões acerca de seu próprio espaço e do supervisionando. Apesar de não ser algo tão novo na prática, questões relativas à troca de informações digitais sobre os casos/pacientes também devem ser levadas em consideração na formação ética profissional. Nesse sentido, o letramento digital ou o desenvolvimento de habilidades digitais parecem ser elementos básicos da educação.

Outro ponto importante sobre o formato da supervisão *on-line* é que ela pode ocorrer de forma individual ou em grupo. Todos os cuidados sobre contrato e sigilo devem ser igualmente tomados nas duas modalidades, com atenção especial à supervisão em grupo, na qual todos os supervisionandos devem ser esclarecidos sobre questões éticas e de sigilo em relação aos casos apresentados e aos cuidados técnicos (p. ex., não gravar ou "printar" informações confidenciais).

A mudança de modelos e propostas didáticas não é um processo simples e exige sair da zona de conforto (Barletta et al., 2021). No entanto, o aprimoramento do ensino baseado em evidências com as TICs parece ser um futuro promissor. Ribeiro (2016) propõe uma interessante reflexão sobre seis elementos ou focos que podem auxiliar o trabalho do supervisor com tecnologias digitais: 1) vontade de aprender, ou seja, o interesse e a necessidade de cada educador; 2) domínio das tecnologias para seu posterior ensino; 3) relação dos objetivos da aula com o conteúdo; 4) experimentação do ensino, para testar possibilidades e aperfeiçoá-las; 5) autoavaliação da experiência para corrigir e melhorar o que for necessário; e 6) gestão do tempo de trabalho, ou seja, reconhecimento dos limites do trabalho com as TICs, que devem servir, em última instância, para melhoria do processo de ensino-aprendizagem, e não como tarefa adicional.

Um exemplo brasileiro de mudança de propostas de intervenção e formação presencial para o formato *on-line* ocorreu no Laboratório de Pesquisa e Intervenção Cognitivo-Comportamental (LaPICC-USP). Para os alunos da graduação em psicologia em estágio curricular supervisionado, foram integrados dois programas de intervenção em TCC, um síncrono e outro assíncrono. Na intervenção síncrona, foram realizados três diferentes programas: atendimentos individuais (oito sessões semanais) e intervenções de grupo (seis sessões semanais), ambos baseados na TCC, e intervenções de grupo (seis sessões semanais) com base na terapia focada na compaixão (TFC). Na intervenção assíncrona, os alunos fizeram as intervenções via Telegram, com quatro módulos semanais, nos quais era realizado o envio de materiais escritos e vídeos e havia um momento de esclarecimento de dúvidas, também por mensagens escritas via Telegram. Os alunos, para tornarem-se aptos para o atendimento nos programas propostos, participaram de um treinamento ao longo do semestre que focava no desenvolvimento de competências em TCC, TFC, TICs e em intervenções de baixa intensidade assíncronas, para além da prática em si e das supervisões clínicas. Na outra ponta, as supervisoras em treinamento, da mesma forma, fizeram a prática supervisionada e participaram de um treinamento para lapidar competências em supervisão em TCC, TFC, TICs, em intervenções de baixa intensidade assíncronas e em aspectos relacionados aos programas de intervenção propriamente ditos (Neufeld et al., 2022).

Diante disso, seguem algumas recomendações para uma boa prática de supervisão na modalidade *on-line* (Pennington et al., 2019):

- **Crenças sobre supervisão *on-line*:** supervisores e supervisionandos devem avaliar se acreditam na modalidade utilizada para supervisão, envolvendo-se adequadamente no processo.
- **Contrato de supervisão:** fazer as combinações sobre horários, honorários, duração, aviso de faltas, organização do material dos pacientes e leituras.
- **Documentação adequada para o processo:** organizar o material do caso clínico a ser discutido.
- **Plataforma de comunicação:** deve ser escolhida e ter seus recursos explorados e estudados, com esclarecimento de dúvidas.
- **Relação com os alunos:** a boa interação precisa ser sempre buscada, destacando-se o desenvolvimento alcançado pelos supervisionandos e avaliando formas de driblar os desafios.
- **Publicações, manuais e ética:** conhecer publicações e manuais sobre supervisão clínica *on-line* e aplicar os aspectos éticos preconizados nesses materiais.
- **Sigilo e privacidade:** devem ser assegurados o sigilo e a privacidade, com a supervisão sendo realizada sempre em local (físico) adequado, que proteja as informações expostas sobre os atendimentos, e por meio de plataformas com senha para acesso, possibilitando a segurança das informações.
- **Dispositivos:** a conexão deve ser feita preferencialmente de um computador, com fones de ouvido, câmera aberta e microfone no silencioso (quando o momento for de escuta).

- **Comunicação:** deve ser aberta, entre supervisionando e supervisor, e baseada na confiança e no caráter colaborativo. Os esclarecimentos sobre como ocorrerá a comunicação entre supervisor e supervisionando também são importantes (p. ex., se será utilizado *e-mail*, aplicativo de comunicação, redes sociais, etc.).

Além da modalidade unicamente *on-line*, o modelo de supervisão híbrido também vem sendo bastante utilizado. Nele, parte do treinamento é realizado de forma presencial e a outra, de forma remota. O modelo de supervisão híbrido tem sido comparado a modelos presenciais, apresentando resultados igualmente satisfatórios (Conn et al., 2009). Outro formato híbrido é aquele que propõe momentos síncronos e assíncronos para a supervisão. Por exemplo, um supervisionando pode enviar o material de um caso que será discutido de forma prévia, por *e-mail* ou mensagem de texto, caracterizando esse contato como assíncrono; o momento pode ser complementado com videoconferência (momento síncrono), na qual supervisor e supervisionando discutem pontos-chave sobre o caso em questão. Esse modelo híbrido amplia o uso do tempo da supervisão, permitindo utilizar todos os recursos propostos pela supervisão baseada em evidências.

Ao lançar esse breve olhar sobre como as TICs se fazem essenciais no processo de ensino-aprendizagem e constituem uma estratégia importante no processo supervisionado, destacamos alguns conceitos-chave.

TICs E ENSINO-APRENDIZAGEM – CONCEITOS-CHAVE

- A formação qualificada na área da saúde mental pode ser beneficiada pelo uso das TICs.
- As TICs podem diminuir as lacunas existentes da formação profissional, como distância, desigualdade econômica e logística, bem como melhorar o processo de ensino-aprendizagem.
- Existe uma escassez de terapeutas com treinamento em PBE, o que configura um agravante do quadro em que a saúde mental se encontra.
- O psicólogo precisa compreender os espaços de transformação na profissão advindos com as TICs, pois os desafios éticos e práticos avançam com a mesma rapidez da tecnologia.
- A área de ensino e supervisão também acompanhou as potencialidades trazidas pela transformação digital e tem se desenvolvido para integrar adequadamente essas mudanças e melhorar a formação de profissionais da área da saúde.

CONSIDERAÇÕES FINAIS

Este capítulo apresentou evidências do crescimento da atenção em saúde mental oferecida por meio das TICs. A evolução da transformação digital proporcionou novos métodos de intervenção em psicologia, com resultados bastante efetivos. Associado a esse fenômeno, a formação de profissionais da saúde também foi afetada pelo uso de tecnologias, trazendo desafios e muitas potencialidades. A supervisão *on-line* tem oportunizado maior disponibilidade de profissionais, tanto dos que buscam supervisão quanto dos que oferecem essa possibilidade a terapeutas de diferentes regiões do País.

Pode-se também constatar que a supervisão *on-line* só é possível quando supervisionandos e supervisores acreditam na modalidade e preocupam-se em compreender as peculiaridades e os cuidados envolvidos. Além disso, é necessário que haja uma familiaridade mínima com as tecnologias e seu uso nas supervisões. Uma vez que todos os cuidados apontados neste capítulo sejam atendidos, supervisores e supervisionandos provavelmente terão uma experiência gratificante e positiva, beneficiando a formação de profissionais de maneira geral.

REFERÊNCIAS

Aitkin, M., Clancy, B., & Nass, D. (2017). *The growing value of digital health in the United Kingdom: Evidence and impact on human health and the healthcare system*. https://www.iqvia.com/insights/the-iqvia-institute/reports/the-growing-value-of-digital-health-in-the-united-kingdom

Andersson, G. (2022). Internet-based psychotherapies. In D. J. Stein, N. A. Fineberg, & S. R. Chamberlain (Eds.), *Mental health in a digital world* (pp. 377-394). Academic.

Andersson, G., & Hedman, E. (2013). Effectiveness of guided internet-based cognitive behavior therapy in regular clinical settings. *Verhaltenstherapie, 23*, 140-148.

Andersson, G., Titov, N., Dear, B. F., Rozental, A., & Carlbring, P. (2019). Internet-delivered psychological treatments: From innovation to implementation. *World Psychiatry, 18*(1), 20-28.

Bakker, D., Kazantzis, N., Rickwood, D., & Rickard, N. (2016). Mental health smartphone apps: Review and evidence-based recommendations for future developments. *JMIR Mental Health. 3*(1), e7.

Barletta, J. B., Versuti, F. M., & Neufeld, C. B. (2021). Do ensino híbrido ao on-line: Relato de experiência docente na disciplina de supervisão baseada em evidências na pós-graduação stricto sensu brasileira. *Revista Brasileira de Terapias Cognitivas, 17*(2), 79-86.

Barletta, J. B., Szupszynski, K. D. R., & Neufeld, C. B. (2022). Formação, treinamento e supervisão clínica remotos. In C. B. Neufeld, & K. D. R. Szupszynski (Orgs.), *Intervenções on-line e terapias cognitivo-comportamentais* (pp. 62-84). Artmed.

Barreto, M. C., & Barletta, J. B. (2010). A supervisão de estágio em Psicologia clínica sob as óticas do supervisor e do supervisionando. *Cadernos de Graduação: Ciências Biológicas e da Saúde, 12*(12), 155-171.

Bennett-Levy, J., Richards, D., Farrand, P., Christensen, H., Griffiths, K., Kavanagh, D., ... Williams, C. (2010). *Low intensity CBT interventions*. Oxford.

Bennett-Levy, J., McManus, F., Westling, B., & Fennell, M. (2009). Acquiring and refining CBT skills and competencies: Which training methods are perceived to be most effective? *Behavioural and Cognitive Psychotherapy*, 37(5), 571-583.

Bower, P., & Gilbody, S. (2005). Stepped care in psychological therapies: Access, effectiveness and efficiency-narrative literature review. *British Journal of Psychiatry*, 186, 11-17.

Comitê Gestor da Internet no Brasil (CGI). (2020). *Pesquisa sobre o uso da internet por crianças e adolescentes no Brasil: TIC Kids On-line Brasil 2019*. https://cetic.br/media/docs/publicacoes/2/20201123093344/tic_kids_online_2019_livro_eletronico.pdf.

Conn, S. R., Roberts, R. L., & Powell, B. M. (2009). Attitudes and satisfaction with a hybrid model of counseling supervision. *Educational Technology and Society*, 12(2), 298-306.

Conselho Federal de Psicologia (CFP). (2021). *Censo da psicologia brasileira: Pesquisa pretende mapear as diversas realidades de atuação profissional da categoria*. https://site.cfp.org.br/censo-da-psicologia-brasileira-pesquisa-pretende-mapear-as-diversas-realidades-de-atuacao-profissional-da-categoria/#:~:text=Para%20o%20Conselho%20Federal%20de,se%20pensar%20tanto%20nas%20a%C3%A7%C3%B5es

Cooper, Z., Bailey-Straebler, S., Morgan, K. E., O'Connor, M. E., Caddy, C., Hamadi, L., & Fairburn, C. G. (2017). Using the internet to train therapists: Randomized comparison of two scalable methods. *Journal of Medical internet Research*, 19(10), e355.

Demyttenaere, K., Bruffaerts, R., Posada-Villa, J., Gasquet, I., Kovess, V., Lepine, J. P., & Kikkawa, T. (2004). Prevalence, severity, and unmet need for treatment of mental disorders in the World Health Organization, World Mental Health Surveys. *Journal of the American Medical Association*, 291(21), 2581-2590.

Franx, G., Oud, M., De Lange, J., Wensing, M., & Grol, R. (2012). Implementing a stepped-care approach in primary care: Results of a qualitative study. *Implementation Science*, 7, 8.

Hallberg, S. C. M, Lisboa, C. S. M., Souza, D. B., Mester, A. B., Zambon, A. Strey, A. M., & Silva, C. S. (2015). Systematic review of research investigating psychotherapy and information and communication technologies. *Trends in Psychiatry and Psychotherapy*, 37(3), 118-125.

Harvey, A. G., & Gumport, N. B. (2015). Evidence-based psychological treatments for mental disorders: Modifiable barriers to access and possible solutions. *Behaviour Research and Therapy*, 68, 1-12.

Insel, T. R. (2022). Preface. In D. J. Stein, N. A. Fineberg, & S. R. Chamberlain (Eds.), *Mental health in a digital world* (pp. 21-22). Academic.

Kelders, S. M., Bohlmeijer, E. T., Pots, W. T., & Van Gemert-Pijnen, J. E. (2015). Comparing human and automated support for depression: Fractional factorial randomized controlled trial. *Behaviour Research and Therapy*, 72, 72-80.

Kobak, K. A., Wolitzky-Taylor, K., Craske, M. G., & Rose, R. D. (2017). Therapist training on cognitive behavior therapy for anxiety disorders using internet-based technologies. *Cognitive Therapy and Research*, 41(2), 252-265.

Lopes, R., & Berger, T. (2016). Intervenções auto-guiadas baseadas na internet: Uma entrevista com o Dr. Thomas Berger. *Revista Brasileira de Terapias Cognitivas*, 12(1), 57-61.

Luiselli, J. K., & Fischer, A. J. (2016). *Computer-assisted and web-based innovations in psychology, special education, and health*. Elsevier Academic.

Machado, G. I. M. S., & Barletta, J. B. (2015). Supervisão clínica presencial e on-line: Percepção de estudantes de especialização. *Revista Brasileira de Terapias Cognitivas*, 11(2), 77-85.

Maltoni, J., Szupszynski, K. P. R., & Neufeld, C. B. (2023). Aplicativos e recursos para intervenções on-line. In C. B. Neufeld, & K. P. R. Szupszynski (Orgs.), *Intervenções on-line e terapias cognitivo-comportamentais* (pp. 299-316). Artmed.

Meira, C. H. M. G., & Nunes, M. L. T. (2005). Psicologia clínica, psicoterapia e o estudante de psicologia. *Paidéia, 15*(32), 339-343.

Melnik, T., Meyer, S. B., & Sampaio, M. I. C. (2019). Relato de experiência docente: A primeira disciplina no Brasil sobre a prática da psicologia baseada em evidências ministrada no Instituto de Psicologia da Universidade de São Paulo. *Psicologia: Teoria e Pesquisa, 35*, 1-5.

Muñoz, R. F., Chavira, D. A., Himle, J. A., Koerner, K., Muroff, J., Reynolds, J., ... Schueller, S. M. (2018). Digital apothecaries: A vision for making health care interventions accessible worldwide. *mHealth, 4*(18), 1-13.

National Institute of Mental Health (NIMH). (2006). *The road ahead: Research partnerships to transform services.* https://nmcdn.io/e186d21f8c7946a19faed23c3da2f0da/5ef2e685c81348acbb22d12524a5a4be/files/road-ahead.pdf.

Neufeld, C. B., Szupszynski, K. P. D. R., Barletta, J. B., Romero, F. A., Rutsztein, G., Airaldi, M. C., ... Keegan, E. (2021). The development of cognitive behavioral therapy: Practice, research, and future directions in Latin America. *International Journal of Cognitive Therapy, 14*(1), 235-246.

Neufeld, C. B., Barletta, J. B., Mendes, A. I. F., Amorim, C. A., Rios, B. F., Ferreira, I. M. F., ... Szupszynski, K. R. (2022). Propostas de intervenção e formação de terapeutas e supervisores: Overview dos programas online do LaPICC-USP. *Revista Brasileira de Terapias Cognitivas, 18*(1), 114-121.

Nelson, J. A., Nechter, M., Henriksen, R. (2010). *On-line supervision and face-to-face supervision in the counseling internship: An exploratory study of similarities and differences.* http://counselingoutfitters.com/vistas/vistasl0/Article_46.pdf.

Oh, H., Rizo, C., Enkin, M., & Jadad, A. (2005). What is eHealth?: A systematic review of published definitions. *Journal of Medical internet Research, 7*(1), 32-40.

Pennington, M., Patton, R., & Katafiasz, H. (2019). *Cybersupervision in psychotherapy.* Routledge.

Rechtman, R. (2014). *A formação do psicólogo para a realidade brasileira: Identificando recursos facilitadores para a atuação profissional* [Dissertação de mestrado não publicada]. Pontifícia Universidade Católica de São Paulo.

Ribeiro, A. E. (2016). Tecnologia digital e ensino: Breve histórico e seis elementos para a ação. *Linguagem & Ensino, Pelotas, 19*(2), 91-111.

Scotton, I. L., Barletta, J. B., & Neufeld, C. B. (2021). Competências essenciais ao terapeuta cognitivo-comportamental. *Psico-USF, 26*(1), 141-152.

Smoktunowicz, E., Barak, A., Andersson, G., Banos, R. M., Berger, T., Botella, C., ... Carlbring, P. (2020). Consensus statement on the problem of terminology in psychological interventions using the internet or digital components. *Internet Interventions, 21*, 10031.

Souza, A. F., Moares, C. G., Souza, M. C., Franco, M. L., Oliveira, L. S. C., da Costa, A. S. V., Silva, M. M., & Pompermayer, R. S. (2021). Acesso às tecnologias educacionais em instituições públicas: os desafios de inovar em tempos de pandemia no Brasil. *Research, Society and Development, 10*(10).

Stein, D. J., Lochner, C., Chamberlain, S. R., & Fineberg, N. A. (2022). Introduction. In D. J. Stein, N. A. Fineberg, & S. R. Chamberlain (Eds.), *Mental health in a digital world* (pp. 23-29). Academic.

Szupszynski, K. P. D. R., Sartes, L. M. A., & Neufeld, C. B. (2023) Fundamentos e questões éticas das intervenções on-line em psicologia. In C. B. Neufeld, & K. P. D. R. Szupszynski (Orgs.), *Intervenções on-line e terapias cognitive-comportamentais* (pp. 20-40). Artmed.

Tam, T., Cafazzo, J. A., Seto, E., Salenieks, M. E., & Rossos, P. G. (2007). Perception of eye contact in video teleconsultation. *Journal of Telemedicine and Telecare, 13*(1), 35-39.

Versuti, F. M., Scotton, I. L., Lisboa, C. S. M., & Neufeld, C. B. (2019). Discutindo os atravessamentos das tecnologias da comunicação na psicoterapia e suas implicações para a terapia cognitivo-comportamental. In FBTC, C. B. Neufeld, E. M. O. Falcone & B. P. Rangé (Orgs.). *PROCOGNITIVA - Programa de Atualização em Terapia Cognitivo-Comportamental: Ciclo 5* (pp. 135-158). Artmed Panamericana. (Sistema de Educação Continuada a Distância, v. 4).

Vignola, R. C., & Tucci, A. M. (2014). Adaptation and validation of the depression, anxiety and stress scale (DASS) to Brazilian Portuguese. *Journal of Affective Disorders, 155*, 104-109.

Weinberg, H., & Rolnick, A. (2020). *Theory and practice of on-line therapy*. Taylor and Francis.

Wood, J. V., Miller, T. W., & Hargrove, D. S. (2005). Clinical supervision in rural settings: A telehealth model. *Professional Psychology: Research and Practice, 36*(2), 173-179.

World Health Organization (WHO). (2021). *Global strategy on digital health 2020-2025*. https://www.who.int/docs/default-source/documents/gs4dhdaa2a9f352b0445bafbc79ca799dce4d.pdf

3

A formação do terapeuta cognitivo-comportamental em nível *lato sensu*

Fabiana Gauy
Maria Amélia Penido
Êdela Nicoletti
Juliana Mendes Alves

Um curso de pós-graduação *lato sensu* tem como propósito oferecer um programa de aprofundamento em uma área, com o objetivo de aumentar a capacitação do profissional para a prática especializada. A legislação brasileira exige que o aluno, candidato do curso, apresente certificado de conclusão da graduação na área ou em área afim para se inscrever nessa modalidade de ensino. Da instituição que oferece esse tipo curso, é exigido que seja ligada a uma Instituição de Ensino Superior (IES) cadastrada no Ministério da Educação; que o corpo docente seja composto por pelo menos 30% de mestres ou doutores, sendo os demais (70%) especialistas; e que a carga horária seja de no mínimo 360 horas-aula (são necessárias 480 horas-aula para validade internacional). A carga-horária pode ser distribuída livremente, entre seis e 18 meses.

Tal modelo de ensino, que dá ao profissional o título de especialista no Brasil, não é o mesmo utilizado em outras partes do mundo. Nos Estados Unidos e no Reino Unido, por exemplo, os treinamentos profissionais na abordagem cognitivo--comportamental, que habilitam o profissional a exercer sua prática clínica, variam de treinamentos curtos, com no máximo 60 horas de duração, a intermediários, com 61 a 137 horas, e intensivos, com carga horária maior que 137 horas (podendo incluir o treino didático e a supervisão clínica, de forma combinada ou separada) (Rakovski & McManus, 2010). Tais treinamentos intensivos são oferecidos por associações, como Academy of Cognitive and Behavioral Therapies (ACBT) (c2022), Beck Institute (c2022) e British Association for Behavioral and Cognitive Psychotherapies (BABCP) (c2022), ou por programas universitários, com duração de nove a 12 meses. A supervisão oferecida nesses treinamentos estrangeiros tem maior destaque e exigências do que nos brasileiros, podendo ter formato individual ou grupal e ser oferecida durante ou após o treinamento instrucional (Ludgate, 2016).

Na defesa de uma melhor formação, os estudos baseados em evidências na área clínica têm demonstrado que a supervisão clínica é a chave para a entrega e governança de um trabalho psicológico eficaz. Observa-se a necessidade urgente de abordagens orientadas empiricamente, para uma prática supervisionada no treinamento de habilidades clínicas de impacto no resultado do atendimento oferecido (Taylor et al., 2012). Apesar de ser inquestionável o papel da supervisão na formação do profissional da psicologia clínica, no Brasil, tal prática é exigida apenas no estágio curricular da graduação, a partir da Lei nº 4119, de 27 de agosto de 1962, art. 16, que normatiza o exercício da profissão. No entanto, ao sair da faculdade, não há uma orientação sobre o processo a ser seguido para um treino de competência, que habilitaria o profissional para sua especialização na área.

Com o objetivo de abordar a formação *lato sensu* do terapeuta cognitivo-comportamental, neste capítulo, apresentaremos reflexões atuais sobre supervisão clínica na formação de especialistas, a partir dos mitos de supervisão de Ellis (2010) e dos relatos de experiência que nortearam a prática clínica supervisionada dos cursos de especialização aqui mencionados.

REFLEXÕES ATUAIS SOBRE SUPERVISÃO CLÍNICA

Há um consenso, independentemente da abordagem, de que a supervisão clínica é central para uma formação de excelência, com forte reconhecimento pedagógico. No entanto, nas últimas décadas, vários estudos têm demonstrado que a supervisão clínica é um fenômeno mais complexo do que avaliado inicialmente, indicando que havia uma falta de rigor conceitual e de evidência empírica que fornecesse suporte ao tema (Accurso et al., 2011; Bell et al., 2017; DePue et al., 2020; Ellis, 2010; Ellis & Ladany, 1997; Ellis et al., 2014, 2015; Falender & Shafranske, 2007; Milne, 2009; Milne et al., 2008; Reichelt & Skjerve, 2002). A partir de tal reflexão, Ellis (2010) apresentou, em um estudo de revisão, alguns mitos sobre supervisão clínica desmascarados por dados empíricos, os quais abordaremos a seguir, com comentários de outras pesquisas e da nossa experiência ao longo dos anos de coordenação em cursos de formação *lato sensu*.

Mito 1 - As teorias capturam com precisão a supervisão clínica

As evidências sugerem que as teorias recorrentes são parcialmente precisas. Há evidências de que modelos de supervisão ainda predominantes, que consideram a supervisão quase como uma extensão natural do atendimento clínico, na qual bons clínicos seriam bons supervisores, não contemplam o exercício profissional.

Em uma tentativa de abordar tais deficiências na literatura de supervisão clínica, em 2008, Milne et al. buscaram construir uma conceitualização básica derivada indutivamente de supervisão eficaz, empiricamente apoiada, com complexidade apropriada. A partir da revisão de 24 artigos, identificaram 32 variáveis contextuais moderadoras de supervisão bem-sucedida, 26 intervenções mediadoras de supervisão e 28 resultados do tratamento/mecanismos de mudança. Entre as variáveis contextuais, o suporte administrativo e a rotatividade de pessoal foram as mais citadas nos estudos. Isso alerta sobre a importância de se dar atenção ao impacto de tais aspectos no contexto da prática da supervisão. Além disso, as intervenções mediadoras de supervisão mais citadas foram o ensino e instrução (75% dos estudos), o uso corretivo de *feedback* (63%), a observação ao vivo ou baseada em vídeo do supervisionando (42%), o estabelecimento de metas (38%) e os métodos de perguntas e respostas (38%). Usadas de forma conjunta, essas intervenções são consistentes com as teorias e os modelos atuais de boas práticas para o desenvolvimento do supervisionando. Em relação aos mecanismos de mudança, que incluíram mudanças nas atitudes dos supervisionandos, aumento da autoconsciência emocional, mudanças na motivação dos supervisionandos e habilidades aprimoradas, 82% dos estudos estavam de acordo com o ciclo de aprendizagem experiencial de Kolb, conforme Figura 3.1. Outro número relevante da revisão aponta que 43% dos estudos usaram a reflexão na supervisão para aumentar a consciência e o conhecimento dos supervisionandos na qualidade do atendimento ao paciente.

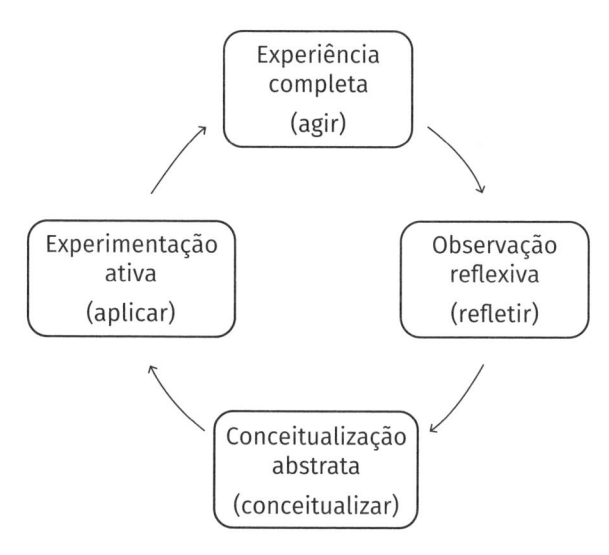

FIGURA 3.1 Ciclo de aprendizagem de Kolb.

Ellis (2010) alerta que os modelos mais tradicionais negligenciam a atenção ao componente de relacionamento/interação no processo de supervisão e as questões de diferenças individuais, como as multiculturais e de diversidade. Posto isso, defendemos aqui a importância da atualização e do treinamento dos supervisores no uso de práticas mais atuais baseadas em evidências, e não apenas na repetição de modelos usuais.

Mito 2 - Os supervisionandos ficam ansiosos com o atendimento e a prática supervisionada, e o uso de avaliação da intervenção e supervisão a partir do monitoramento e da gravação de sessões sobrecarrega e é contraterapêutico

Algumas teorias de supervisão retratam a ansiedade dos supervisionandos com os atendimentos como natural, e justificam que, por isso, usar o monitoramento e o registro das sessões de terapia em vídeo, áudio e/ou transcrição poderiam ser mais uma fonte de estresse, ou até de *burnout* para o terapeuta supervisionando novato, bem como para o cliente. O potencial efeito iatrogênico de tais procedimentos preconizados pela literatura atual é abordado no Capítulo 10. Todavia, trazemos aqui dois pontos para discussão.

O primeiro deles, que observamos em nossos estágios, é que, de fato, os supervisionandos resistiam, inicialmente, a gravar em áudio as sessões, justificando que isso faria o paciente se sentir desconfortável e seria um obstáculo para a triagem dos pacientes, para a adesão ao tratamento e para a aliança terapêutica. Percebemos que os pacientes entendiam e aceitavam o protocolo de acompanhamento mais rapidamente do que os supervisionandos. Ao iniciar o processo e explicar aos terapeutas supervisionandos e pacientes que o propósito das gravações confidenciais era o de treinar o terapeuta e melhorar a qualidade do tratamento, eles passavam a entender a importância de tal procedimento e até a desejá-lo. O protocolo, em curto prazo, aumentava, sim, o estresse, porém, em médio e longo prazos trazia segurança ao supervisionando na sua prática clínica e melhor acompanhamento do supervisor aos déficits do supervisionando; com isso, o terapeuta oferecia ao paciente um melhor tratamento. Isso nos mostrou a importância de defender tais recursos para o treinamento, a partir de uma aliança de trabalho entre supervisor, supervisionando e paciente. O estresse foi diminuindo a partir da segunda turma com a qual usamos o método, uma vez que as demais turmas já entravam no curso sabendo como ele seria (expectativa sobre a prática supervisionada). Corroborando nossa experiência, citamos os estudos de Ellis et al. (2015), DePue et al. (2020) e Watkins (2011).

No estudo de Ellis et al. (2015), a ansiedade do supervisionando estava mais associada com a qualidade da relação com o supervisor do que com os registros dos atendimentos, ou seja, quanto pior a relação, maior a ansiedade. Esse estudo sugere a importância de se esclarecer as expectativas da supervisão, os critérios de avaliação e os papéis e responsabilidades dos supervisionandos para a diminuição da ansiedade. O estudo de DePue et al. (2020) acrescenta que a aliança de trabalho de supervisão (SWA, do inglês *supervision working aliance*) é um elemento da relação de supervisão (RS, do inglês *relationship supervision*) de impacto tanto no supervisionando como no resultado do paciente atendido por ele. Tais pesquisas também demonstram evidências que sugerem, assim como a nossa experiência, que supervisionandos e clientes se adaptam rapidamente ao registro ou observação de suas sessões, sendo importante, para isso, um ambiente acolhedor e seguro. Na Figura 3.2, resumimos os achados desses estudos, ressaltando que a frequência e o que será registrado deve ser norteado pelo bom senso e propósito do treinamento. Lembramos que o foco são os profissionais iniciantes, sem ou com pouca experiência, sendo necessário calibrar o acolhimento das dificuldades dos terapeutas *versus* as demandas de um treino de excelência.

O segundo ponto de discussão é que o gatilho da ansiedade pode estar associado ao autocriticismo, tema que ainda aparece pouco na literatura. O autocriticismo é descrito como responsável por um impacto negativo na supervisão clínica. A autocrítica é o processo de autoavaliação sobre o próprio desempenho, e tem a função de contribuir para nossa adaptação ao ambiente social em casos de falha percebida.

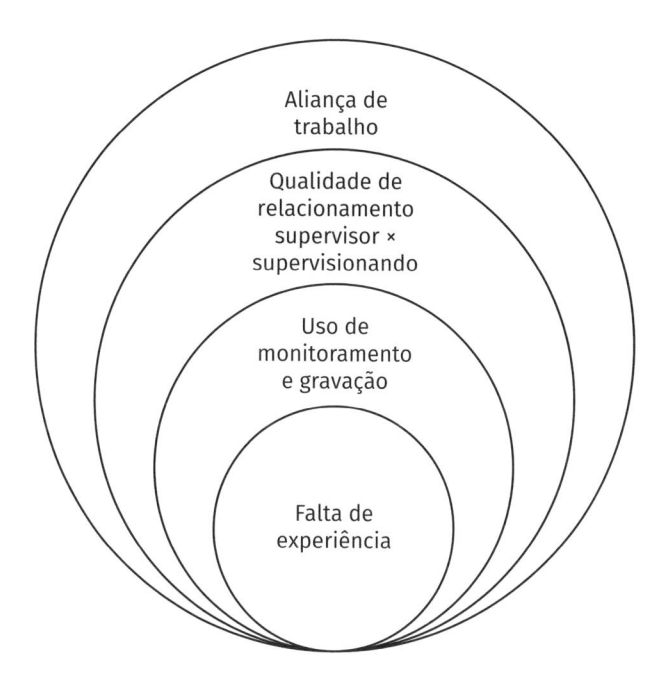

FIGURA 3.2 Fatores associados ao aumento de ansiedade em supervisionandos no processo de supervisão.

É caracterizada por autojulgamento e autoavaliação negativos. Muitas vezes, pode contribuir para reflexão e aprendizagem social, porém, quando se torna excessiva, causa prejuízo no funcionamento do indivíduo.

O autocriticismo (autocrítica punitiva) está associado às emoções negativas, especialmente desprezo e repulsa a si próprio (Gilbert et al., 2004). Alguns estudos com graduandos, investigando o impacto do autocriticismo, encontraram que estudantes autocríticos relatavam mais críticas que as percebidas por outros, menos apoio social, evitação de situações que apresentavam risco de falhar e, em situações sociais, pouca segurança e desvalorização dos efeitos positivos pós-interação (Dunkley et al., 2003; Zuroff et al., 1999). Diante dos achados sobre os efeitos negativos do autocriticismo em estudantes, algumas pesquisas investigaram a relação entre o autocriticismo e a prática clínica de psicólogos iniciantes e seu impacto no treinamento e na supervisão clínica. Os dados encontrados sugerem que o autocriticismo afeta vários aspectos do treinamento e do desenvolvimento da psicoterapia, tanto as experiências de aprendizagem dos supervisionandos quanto a sua capacidade de formar alianças com os clientes. O autocriticismo também aparece associado a uma dificuldade para identificar a emoção dos clientes em sessão, ter atenção e clareza das emoções e identificar e discernir as emoções dos outros (Gnilka et al., 2012; Kannan & Levitt, 2017).

As experiências difíceis para os terapeutas iniciantes podem incluir: regular os medos relacionados ao desempenho, negociar rupturas terapêuticas com os clientes e ajustar um senso exagerado de responsabilidade pelos clientes (Ferreira et al., 2014). As pesquisas nessa área também examinaram o papel da autocrítica na aliança com o supervisor, o estilo do supervisor (Gard & Lewis, 2008) e o processo de desenvolvimento de aprender a ser um terapeuta competente (Aronov & Brodsky, 2009; Mehr et al., 2010). A supervisão pode influenciar a autoavaliação e a confiança dos estagiários emergentes (Falender et al., 2014). Na Figura 3.3, resumimos o impacto do autocriticismo para o supervisionando e para a supervisão.

Assim como os estudos de Ellis et al. (2015), DePue et al. (2020) e Watkins (2011), em uma metanálise de 18 estudos sobre os efeitos da supervisão no resultado da terapia, descobriu-se que a aliança com o supervisor estava relacionada tanto à coerência da orientação teórica entre o supervisor e o supervisionando quanto à satisfação do cliente. Esse corpo de pesquisa sugere que as relações de supervisão fornecem um contexto que pode influenciar a autocrítica do supervisionando e têm implicações no treinamento de terapeutas para trabalhar com sucesso com os clientes. Acessar o autocriticismo em supervisão, aceitando-o como parte natural do processo de aprendizagem, e ensinar as habilidades de compaixão e autocompaixão podem ser importantes ferramentas no treinamento de terapeutas (Kannan & Levitt, 2017).

Ensino, formação e supervisão em psicologia   41

[Autocriticismo (negativo)]   [Supervisão]

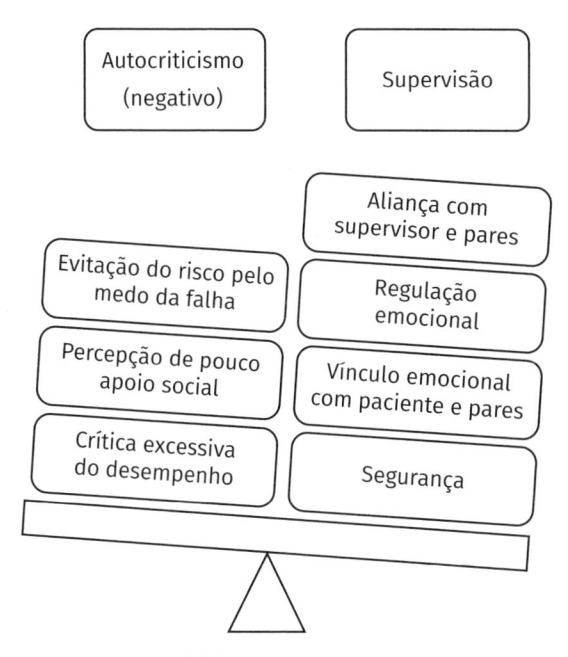

[Evitação do risco pelo medo da falha]   [Aliança com supervisor e pares]
[Percepção de pouco apoio social]   [Regulação emocional]
[Crítica excessiva do desempenho]   [Vínculo emocional com paciente e pares]
                                   [Segurança]

FIGURA 3.3 Impacto do autocriticismo negativo dos supervisionandos na supervisão.

Mito 3 - Supervisores (ou supervisionandos) não precisam observar/monitorar as sessões dos supervisionandos

Este mito complementa o mito 2. Se, por um lado, é comum os supervisionandos terem ativadas suas crenças ansiogênicas associadas à percepção de ameaça e perigo devido ao atendimento clínico e à supervisão, por outro, é comum os supervisores apresentarem crenças de excesso de confiança em sua habilidade pedagógica e percepção do que está acontecendo com os supervisionandos a partir do relato verbal e de sua experiência em supervisão. Por isso, não seria preciso monitorar diretamente o que acontece nas sessões; ainda que monitorar os comportamentos durante a sessão não seja irrelevante, seria ansiogênico demais para o terapeuta e o paciente (mito 2). Ou seja, a prática teria um alto custo e um baixo benefício.

Ellis (2010) cita pensamentos típicos de supervisores, como "tenho um bom relacionamento com meu supervisionando", ou "sei exatamente o que está acontecendo com ele e com o cliente", ou "posso confiar que o supervisionando retrata com precisão suas sessões". Contudo, os dados sugerem o contrário. Reichelt e Skjerve (2002), em um estudo que se propôs a avaliar em que medida as percepções do supervisor e do estagiário sobre os eventos de supervisão se correspondem, demonstram que as percepções dos supervisionandos, a partir do que eles relatam e identificam, não refletem com precisão o que acontece em uma sessão. Um ponto crucial na discussão desse estudo é a relação sobre a ambiguidade de papéis e a falta de clareza na comunicação das expectativas e responsabilidades, o que traz de volta à discussão a importância da aliança de trabalho, com mais atenção às regras de negociação da supervisão e à natureza hierárquica e avaliativa do supervisor.

Para tal monitoramento, Barletta et al. (2021) sugerem a gravação em áudio e vídeo e a transcrição da sessão, na íntegra ou parcialmente, como ferramentas passíveis de utilização ao longo do processo de supervisão. A coleta sistemática e regular de dados pode ter como foco tanto os resultados clínicos dos pacientes dos supervisionandos quanto a avaliação das competências do terapeuta, por meio da observação direta da terapia do supervisionando pelos supervisores (Barletta et al., 2021). Esses dados devem ser revisados regularmente para promover a autoavaliação do supervisionando e o *feedback* formativo fornecido pelo supervisor. Barletta et al. (2012), em um estudo de revisão brasileiro sobre treinamento de competências de terapeutas cognitivo-comportamentais, recomendam o uso da mesma estrutura e das técnicas da terapia cognitivo-comportamental (TCC) na supervisão, para que tais competências sejam consolidadas pela experiência clínica e supervisionada do terapeuta. Por isso, recomenda-se o estabelecimento das metas de supervisão, contrato e monitoramento sistemático a partir de medidas diretas, como escalas de competência clínica, supervisões estruturadas e uso de registro de sessões.

Na nossa experiência, conforme será descrito posteriormente, utilizamos o monitoramento cruzado: **a) supervisor pelo supervisionando; b) supervisionando por autorreflexão, por pares e pelo supervisor; e c) paciente por ele mesmo, pelo supervisor e supervisionando.** Tal procedimento possibilitou avaliar o que acontecia na supervisão e no atendimento, bem como auxiliou na identificação das dificuldades na aliança terapêutica entre paciente e terapeuta e no reconhecimento de comportamentos inadequados por parte do terapeuta, e do paciente em relação ao terapeuta (p. ex., preconceito racial, cultural e de gênero). Da mesma forma, o monitoramento cruzado possibilitou ter mais cuidado em relação à diversidade e às questões multiculturais, muitas vezes negligenciadas, e, ao terapeuta, proporcionou maior segurança e aliança com os pares e supervisor.

Mito 4 - O propósito da supervisão é ensinar como usar a teoria e as técnicas corretas

Uma formulação bastante influente nos modelos de supervisão atual refere-se às funções de supervisão propostas por Proctor (1987). Tal modelo delineou três funções de supervisão: normativa (administrativa/ética); formativa (educacional) – que inclui ensinar teoria e aplicação de técnicas; e restauradora (suporte), conforme demonstrado no Quadro 3.1. A supervisão praticada de forma tradicional pode alcançar tais funções, no entanto, não se propõe e nem se mostra tão atenta e efetiva em todas elas. Milne (2009) sugere que essas funções de supervisão se relacionam e podem ser um tanto conflitantes, e cita que, muitas vezes, a prática de supervisão clínica pode comprometer a função normativa de proteger os clientes e determinar a competência do supervisionando, ao serem exercidas as funções restauradoras e formativas de apoiar e educar os supervisionandos.

QUADRO 3.1 Tarefas e metas de supervisão

Tarefas	Metas intermediárias	Metas finais
Normativa Gerenciar os casos, monitorar e controlar a qualidade Avaliar o desempenho do supervisionando	Garantir que o supervisionando realize um atendimento seguro, ético e eficaz Garantir o bem-estar do cliente Avaliar a adequação da competência do supervisionando	Avaliar a aptidão e/ou prontidão do supervisionando para a prática Certificar-se de que o supervisionando consegue ter independência para oferecer uma terapia segura e eficaz
Restauradora Oferecer suporte emocional e apoio Melhorar o autocuidado do supervisionando	Desenvolver a identidade profissional do supervisionando Aprimorar a resiliência emocional do supervisionando	Aprimorar a capacidade do supervisionando de cuidar de sua própria saúde física e mental e prevenir o *burnout*
Formativa Desenvolver as habilidades e conhecimentos do supervisionando Auxiliar na tomada de decisão clínica Promover a autoavaliação do supervisionando	Desenvolver repertório adequado de conhecimentos e habilidades clínicas Aprimorar habilidades de autorreflexão Orientar a prática profissional do supervisionando	Desenvolver compromisso de longo prazo e estratégias de autoeducação para promover uma prática eficaz e baseada em evidências

Fonte: O'Donovan et al. (2011).

Falender e Shafranske (2007) defendem que a supervisão tem como foco, em sua função formativa, não tanto a teoria e o gerenciamento de casos, mas o treino em competências clínicas. O modelo de supervisão baseada em competências, definido como uma abordagem metateórica, identifica competências essenciais e conhecimentos específicos, necessários para o desenvolvimento de habilidades e atitudes que compõem as competências clínicas, e desenvolve estratégias a serem ensinadas e avaliadas para uma aprendizagem em consonância com as práticas baseadas em evidências. Nesse modelo, a ênfase não está no conteúdo do que é ensinado ou treinado, e sim no que é aprendido e no resultado específico dessa formação. Tal abordagem articula as competências essenciais a serem melhoradas, que são mapeadas e treinadas considerando funções clínicas específicas em casos individuais. Uma abordagem baseada em competências fornece ao supervisor uma orientação das habilidades a serem treinadas, que estão associadas à melhora da *performance* do supervisionando. No que se refere especificamente à formação de terapeutas cognitivo-comportamentais, Roth e Pilling (2008) citam cinco domínios de competências a serem treinadas, incluindo: competências terapêuticas genéricas, como uso de instrumentos e entrevista clínica, comportamento ético e conhecimento sobre psicopatologias; competências básicas de TCC, como conhecimento dos princípios básicos que sustentam a lógica da TCC; competências específicas da TCC, como uso de estratégias de mudança para desenvolver pontos de vista alternativos, mudança nas emoções e comportamentos desadaptativos; e metacompetências, como conceitualização de caso e uso de todas as ferramentas disponíveis para melhor atender o paciente.

No que diz respeito à função restauradora da supervisão, e o seu alcance tanto no bem-estar quanto no dano do terapeuta supervisionando, bem como nos pacientes atendidos por ele, o estudo de Bell et al. (2017) apresenta uma proposta de treinamento que tem por objetivo desenvolver um "supervisor interno compassivo". O conceito de supervisor interno tem sido usado em psicoterapia para descrever o processo de aprendizagem que ocorre em supervisão, a partir do modelo de supervisor que passa a ser utilizado pelo supervisionando, e se baseia na teoria do apego (Bowlby, 1988; Pietromonaco & Barrett, 2000). O supervisor interno favorece a reflexão, a previsão e o *insight* no processo de terapia, e atua para fornecer um espaço mental ou ponto de vista para autorreflexão, exploração e monitoramento (Casement, 1990). Embora não haja pesquisas empíricas sobre esse fenômeno, tal conceito tornou-se influente, com seu desenvolvimento descrito como "o objetivo principal do processo de supervisão" (Gilbert & Evans, 2000).

A partir disso, Bell et al. (2017) desenvolveram um modelo de treinamento para terapeutas cognitivo-comportamentais, aplicando estratégias da terapia focada na compaixão (TFC) para desenvolver um supervisor interno compassivo nos supervisionandos. Para tal, os autores utilizaram técnicas de imagens mentais guiadas, exercícios compassivos e práticas reflexivas para autoprática e autorreflexão. O treinamento teve a duração de quatro semanas, e sete terapeutas cognitivo-comportamentais participaram do estudo. Os resultados encontrados indicaram que: 1) exercícios de imagens mentais compassivas podem ser adaptados especificamente para desenvolver compaixão em psicoterapeutas em treinamento; 2) criar e se envolver com um "supervisor compassivo ideal" em uma forma imaginária pode apoiar os estagiários de psicoterapia na sua prática clínica, supervisão e vida pessoal; 3) cultivar a autocompaixão do terapeuta pode reduzir processos cognitivos negativos, como preocupação, ruminação e autocrítica, enquanto aumenta a autorreflexão e a flexibilidade cognitiva; 4) identificar e trabalhar com os bloqueios à compaixão é importante, ao cultivar a autocompaixão do clínico; e 5) usar a autoprática do terapeuta de exercícios focados na compaixão pode fornecer importantes percepções sobre a natureza da compaixão e seu cultivo nos clientes. A noção de criar um supervisor interno compassivo surgiu da crescente base de evidências para a aplicação clínica da compaixão e seus benefícios relatados para o bem-estar mental. É um campo promissor, que ainda precisa de mais pesquisas.

É fato também que os limites apropriados entre terapia e supervisão precisam ser bastante claros. Assim, o supervisor deve manter registros em formulários de documentação padrão, fornecidos por um treinamento da instituição local ou de própria autoria, e ter toda a sua entrega de supervisão avaliada, sob o ponto de vista dos padrões exigidos (Watkins, 1997). Tal conduta resguarda o supervisor, por documentar o que foi realizado, e também oferece um modelo ético de documentação, parte integrante na formação do supervisionando.

Acrescentamos que na nossa experiência de supervisão grupal foi útil, na função normativa de avaliar a competência dos estagiários, incluir a avaliação dos pares e a autoavaliação, não restringindo a avaliação aos supervisores. E, assim como no estudo de Machado e Barletta (2015), não houve diferença no resultado do treinamento entre a oferta presencial e *on-line* de supervisão.

Mito 5 - Supervisores fazem um bom trabalho, protegendo clientes e supervisionandos de danos

Infelizmente, as evidências sugerem dados desconcertantes, na medida em que muitos supervisores estão fornecendo supervisão inadequada, causadora de danos para supervisionandos e para os pacientes atendidos por eles. A iatrogenia na supervisão consiste em um dano material ou psíquico causado pelo supervisor ao supervisionando e/ou ao paciente. O potencial iatrogênico depende de questões técnicas, educacionais e da relação supervisor-supervisionando.

Em uma investigação de Ellis et al. (2014) desenvolveu-se, a partir de um estudo empírico, uma classificação inicial dos danos causados pela supervisão aos supervisionandos (e seus clientes) por meio de um procedimento de construção de consenso de especialistas. Tal classificação diferencia a supervisão danosa em dois construtos: inadequada e prejudicial. A supervisão inadequada caracteriza-se por práticas ruins, como desinteresse e falta de investimento na supervisão, falha em fornecer *feedback* e/ou avaliação tempestiva do supervisionando, desatenção às preocupações ou dificuldades do supervisionando, falha em trabalhar consistentemente para o crescimento profissional e/ou atender às necessidades de treinamento do supervisionando ou dificuldade em ouvir e manter-se aberto às opiniões ou *feedback* do supervisionando. Já a supervisão prejudicial é caracterizada por práticas que resultam em dano ou trauma psicológico, emocional e/ou físico ao supervisionando (p. ex., intimidade sexual, assédio ou impropriedades sexuais com um supervisionando), comportamento agressivo e abusivo, violação dos limites e microagressões.

Os dados do estudo de Ellis et al. (2014) diferenciaram o trabalho mal feito dos supervisores em dano **autoidentificado**, quando, o supervisionando declara ter sido impactado negativamente pela supervisão, e **de fato**, quando, de forma mais objetiva e definida, há uma comprovação de falha do supervisor em fornecer o nível mínimo de cuidados de supervisão, conforme estabelecido por sua disciplina, profissão, ou por lei, seja por dolo ou negligência.

Segundo Milne (2020), a supervisão inadequada e prejudicial pode levar a *burnout* do supervisionando, gerando esgotamento emocional, aumento de doenças físicas, falhas funcionais e perda de confiança. Tais danos podem ser devido ao desenho de supervisão, ao treinamento, à execução, ao recebimento e à encenação. Entende-se por desenho de supervisão o plano da abordagem a ser usada; por treinamento, a capacitação do supervisor; por execução, a habilidade de aplicação do treinamento, que deve ser observada e monitorada, para avaliar a integridade da intervenção; por recebimento, o quanto a intervenção é fidedigna ao modelo aplicado e produz os efeitos pretendidos, como desenvolvimento de competências do supervisionando; e por encenação, o quanto o supervisionando está obtendo os resultados pretendidos com os clientes, ou seja, um efeito de generalização da supervisão para a terapia.

Nota-se que esse assunto não é muito abordado na área, seja na formação de supervisores, seja no treino de supervisionandos. Observa-se que o treinamento do supervisor, algo ainda não praticado e exigido formalmente no Brasil, é uma forte ferramenta para diminuir a ocorrência de supervisão clínica prejudicial. Mesmo em países onde a capacitação formal para o exercício do treinamento é oferecida e exigida, seu valor não é completamente reconhecido. Em um estudo realizado por Peake et al. (2002), concluiu-se que menos de 20% dos supervisores em TCC relataram ter tido uma formação formal em supervisão na abordagem. Além disso, coordenadores do treinamento dos programas de pós-graduação, também nos Estados Unidos, não consideram o treinamento formal de competências e habilidades em supervisão algo essencial (Kaslow et al., 2005). Assim, recai sobre o supervisor a responsabilidade de ficar atento ao possível dano, não se esquecendo de sua função de poder, por hierarquia e/ou *expertise*, e o impacto de suas ações nos supervisionandos. Como citado no mito 2, esse assunto é abordado com mais detalhes no Capítulo 10.

RELATOS DE EXPERIÊNCIA DE SUPERVISÃO

Nesta seção, relataremos a aplicação dos princípios norteadores da supervisão, trazendo o relato de nossa experiência como coordenadoras de cursos de especialização na abordagem cognitivo-comportamental. Sabemos que a TCC tem sido apoiada por inúmeras pesquisas para diversos problemas e transtornos mentais (Hofmann et al., 2012). Além disso, diferentemente do que ocorre no Brasil, a TCC é a primeira abordagem escolhida de atenção primária nos atendimentos de saúde nos Estados Unidos e em muitos países da Europa (Chorpita et al., 2017; Singla et al., 2017; Wolitzky-Taylor et al., 2018).

Núcleo de Ensino e Pesquisa em Neurociência

A prática profissional supervisionada (PPS) desenvolvida no Núcleo de Ensino e Pesquisa em Neurociência (NEPNEURO), em Goiânia (GO), foi inserida na estrutura curricular do curso de especialização em TCC da instituição, e tinha como objetivo oferecer a oportunidade ao aluno de pós-graduação de realizar atendimentos clínicos individuais a adultos, supervisionados, para o treino de habilidades/competências clínicas. Cada aluno recebia um caso para acompanhar em dupla ou individualmente ao longo de nove meses. Os atendimentos eram acompanhados semanalmente por um supervisor indicado pela coordenação do curso, em um grupo de até dez alunos. Os requisitos necessários eram que o aluno tivesse concluído 50% das disciplinas teóricas, com uma frequência mínima de 75%, e estivesse inscrito e em dia com CRP/CRM. Os alunos podiam atender na instituição ou em consultório particular.

A prática supervisionada envolvia uma série de atividades além do atendimento e supervisão semanal, tendo sido diferenciada em observação clínica, prática clínica e supervisão, conforme descrito a seguir.

11. **Observação clínica:** participação do aluno, como ouvinte, em quatro outras supervisões lideradas por supervisores diferentes do seu, ao longo dos nove meses de PPS, totalizando 8 horas. Para essa atividade, era necessário consultar os professores supervisores para determinar o melhor dia e horário.
12. **Prática clínica:** dividida em **triagem**, que incluía treino na triagem (4 horas), contato (1 hora), entrevista (3 horas), supervisão (1 hora), correção dos instrumentos (30 min), registro (30 min) e retorno (1 hora), totalizando 11 horas; **atendimento clínico**, que se referia ao atendimento individual a adultos na abordagem cognitivo-comportamental, realizado por um terapeuta ou por uma dupla de terapeutas, sendo que cada sessão tinha duração de 50 min e cada paciente era atendido por cerca de 20 semanas, totalizando pelo menos 20 horas; **preparação para as sessões**, que incluía a preparação

de áudio e vídeo (em torno de 30 min por sessão para cada caso atendido) e de material a ser usado na sessão e/ou a ser entregue ao cliente, além de correção de instrumentos aplicados (1 hora por sessão/caso) – no caso da dupla, incluía-se a discussão do caso após a sessão (1 caso/50 horas); **registro dos atendimentos**, que se referia às transcrições das sessões realizadas (4 horas por sessão), avaliação da transcrição dos colegas de supervisão (1,5 horas para cada transcrição), registro do que ocorreu na sessão (1 hora para cada sessão) e preenchimento da Cognitive Therapy Scale-Revised (CTS-R) (1 hora para cada sessão), totalizando 180 horas; e por fim **leitura**, que incluía 2 horas de leitura de textos referentes ao caso ou contexto clínico, indicado pelo supervisor ou buscado pelo aluno, por 36 semanas (nove meses), totalizando 72 horas.

13. **Supervisão**: incluía o tempo com o supervisor (2 horas por semana), preparação das perguntas da supervisão (1 hora por supervisão) e preenchimento da Supervisor Competency Scale (SCS) (30 min por semana), durante 20 semanas, totalizando 70 horas.

Antes dessas atividades, os alunos receberam orientação e treinamento sobre o registro e a execução de cada uma delas. Para ser atendido, o paciente tinha que passar pela triagem, entender como seria o procedimento clínico, concordar e assinar o termo de consentimento. Ao faltar na triagem ou em duas sessões sem justificativa, conforme descrito no contrato de atendimento, o paciente era desligado do atendimento. Assim, um novo atendimento seguia a ordem da lista de espera, de acordo com a data da procura. Após a triagem, atribuía-se um número de registro ao paciente. Os prontuários dos pacientes em atendimento ficavam sob a responsabilidade do aluno, ou dupla, responsável pelo caso.

Cabia ao aluno marcar e realizar as triagens, explicar os procedimentos usados na intervenção (número de sessões, gravação e supervisão), entregar o termo de consentimento – condição para o atendimento ser oferecido – e agendar os atendimentos com o paciente ao longo do processo. As gravações/transcrições eram compartilhadas com o supervisor, e algumas delas eram compartilhadas (total ou parcialmente) com os demais participantes do grupo de supervisão do qual o aluno fazia parte. Os atendimentos eram realizados preferencialmente por dois terapeutas, que se revezavam no papel de terapeuta e coterapeuta.

Além das gravações, transcrições e perguntas de supervisão, o terapeuta e o coterapeuta faziam o registro do seu desempenho na CTS-R (James et al., 2001) para autorreflexão. Esse registro era preenchido no Google Forms e compartilhado com o supervisor, que usava a mesma escala para avaliar o desempenho do terapeuta nos quatro atendimentos transcritos, sendo um da fase inicial, dois da fase intermediária e um da fase final, momento em que o *feedback* era fornecido. Para mais informações a respeito da CTS-R, ver Capítulo 9.

Centro de Terapia Cognitiva Veda

O cuidado meticuloso com a supervisão no Centro de Terapia Cognitiva Veda (CTC Veda), em São Paulo (SP), vem sendo monitorado e acompanhado desde 2010, tanto para os alunos do curso da especialização quanto para os da pós-especialização. Os alunos da especialização, denominada Programa de Proficiência em TCC, iniciam seu treinamento em supervisão clínica no terceiro mês do curso, após terem sido treinados em oficinas práticas na estrutura e modelo da abordagem cognitivo--comportamental. O curso é composto de 300 horas de prática clínica de um total de 500 horas. As supervisões são oferecidas em pequenos grupos, de quatro a cinco alunos, e acompanhadas por um supervisor proficiente na abordagem, além de observadas e avaliadas por um aluno em treinamento da proficiência.

Sob a ótica do supervisor, cada supervisão clínica tem a duração de 4,5 horas e segue quatro eixos de ensino e treinamento prático: 1) fases da terapia dentro do modelo cognitivo-comportamental que o aluno-terapeuta exerce com o seu paciente; 2) intervenções utilizadas pelo aluno-terapeuta; 3) competências terapêuticas a serem desenvolvidas pelo aluno-terapeuta; e 4) capacidade da prática reflexiva desenvolvida pelo aluno-terapeuta. No exercício desse olhar, as supervisões da especialização do CTC Veda são divididas em três grandes ciclos: fase inicial, composta aproximadamente por seis sessões de supervisão, nas quais o foco principal se dá na aquisição do modelo e da estrutura da TCC; fase intermediária, com aproximadamente seis sessões de supervisão, nas quais o foco é a aquisição de competência terapêutica e refinamento das habilidades adquiridas na fase inicial; e fase final, cerca de cinco sessões, nas quais são refinadas as competências e habilidades terapêuticas e a prática reflexiva.

No primeiro ano do treinamento, o aluno leva para as sessões de supervisão o registro dos atendimentos mensais (RAM) e a pasta-prontuário com todas as anotações e intervenções realizadas. No segundo ano de treinamento, além do RAM, é solicitado ao aluno que leve para os encontros mensais 20% dos dados brutos, ou seja, um recorte específico da sessão gravada em áudio (conforme o tema da habilidade solicitada) para análise do supervisor, com a utilização da CTS-R (James et al., 2001). O treino de competências e habilidades do terapeuta também é trabalhado a partir das dúvidas dos alunos diante do caso atendido.

Processo de avaliação da supervisão

A avaliação em supervisão clínica no CTC Veda segue critérios rígidos. Em primeiro lugar, existe a avaliação do aluno-terapeuta em dois momentos diferentes: a avaliação mensal e a avaliação processual.

A avaliação mensal é realizada após cada sessão de supervisão. É uma avaliação de acompanhamento do aluno em suas responsabilidades como terapeuta e como aluno vinculado à instituição. Já a avaliação processual, considerada a mais importante na formação de um especialista em TCC, é realizada ao final de cada um dos três ciclos de supervisão e leva em consideração as competências treinadas de acordo com o processo de aprendizagem. Ao final de cada ciclo, o aluno recebe *feedback* do seu supervisor sobre as competências já atingidas e aquelas que ainda precisam ser desenvolvidas. Para cada um dos critérios, é atribuída uma nota de zero a dez, sendo que a nota final do aluno na avaliação processual é a média da somatória desses pontos divididos pelo número de competências avaliadas naquele ciclo.

Em segundo lugar, existe a avaliação do supervisor pelo aluno da proficiência, utilizando a SCS e uma sessão de *feedback* entre supervisor e aluno, além de uma revisão da supervisão gravada em vídeo pelo coordenador responsável pela supervisão na instituição, utilizando a mesma escala de competência do supervisor (OCTC, 2009). Quando necessário, o supervisor recebe *feedback* por parte da coordenação. Para mais informações a respeito da SCS, ver Capítulo 14.

Pontifícia Universidade Católica do Rio de Janeiro

O curso de especialização em TCC da Pontifícia Universidade Católica do Rio de Janeiro (PUC-Rio) tem o total de 450 horas e ocorre ao longo de 18 meses, divididos em três semestres, com foco no desenvolvimento de habilidades terapêuticas e atendimento clínico. As práticas clínicas supervisionadas são diferenciadas por semestre. A Prática Clínica Supervisionada 1 tem formato de disciplina, com 2 horas semanais e a turma completa com um professor. Nesse momento, os alunos ainda não praticam com casos clínicos, embora a maioria já atue na prática clínica. O objetivo da Prática Clínica Supervisionada 1 é preparar os alunos para os atendimentos clínicos que ocorrem nos dois semestres seguintes, focando no desenvolvimento de habilidades clínicas a partir de leituras, dinâmicas de grupo, *role-plays* e vídeos. Essa disciplina foca inicialmente em definir as habilidades clínicas e a importância de seu treinamento, além de apresentar e treinar o uso da CTS-R (James et al., 2001). No módulo 1 da disciplina, de seis aulas, que tem por objetivo o desenvolvimento de habilidades sociais com foco na prática clínica, ocorre o treinamento nas habilidades empáticas e assertivas, na solução de problemas interpessoais e em questões como valores, ética do terapeuta e autocriticismo e autocompaixão. O módulo 2, com seis aulas, retoma a escala CTS-R para treinar as habilidades técnicas específicas do instrumento: agenda, controle de tempo, habilidades para um estilo socrático, descoberta guiada e dar e receber *feedback*. O módulo 3, com quatro aulas, inicia a discussão de casos clínicos (trazidos pelo professor) para treinar a habilidade de conceitualização cognitiva e desenvolvimento de plano de tratamento. O módulo 4, com duas aulas, tem por objetivo preparar os alunos para a prática clínica supervisionada 3 e 4, ensinando o modelo de relatório construído a partir de um roteiro de perguntas sobre o caso, sobre as habilidades do terapeuta e sobre suas emoções e pensamentos em relação ao caso. O tópico transferência e contratransferência em TCC também é discutido nesse módulo.

Nos dois semestres seguintes, em Prática Clínica Supervisionada 2 e 3, os alunos passam a ser supervisionados em grupos menores, com um supervisor para cada oito alunos, por 2 horas semanais. A frequência é semanal, porém a apresentação de casos é quinzenal, ou seja, a cada 15 dias quatro alunos apresentam o caso para supervisão. O modelo de relatório aprendido na Prática Clínica Supervisionada 1 é utilizado para apresentação dos casos e supervisão. Todos os supervisores participaram do treinamento em supervisão de Donna Sudak no Brasil, com 20 horas de duração, fazendo uso da CTS-R para avaliação dos alunos. Cada supervisor tem liberdade para escolher o método mais específico de supervisão no seu grupo. Ao longo dos dois semestres, os alunos ficam com o mesmo supervisor e podem atuar em um ou dois casos clínicos. Os supervisores são orientados a pedir ao menos uma gravação ou transcrição de sessão em cada semestre, e também é solicitado que abordem o tema da autocrítica e vergonha do terapeuta na relação com o supervisor e colegas, e atentem para os fatores coletivos inerentes ao processo de supervisão grupal. Os supervisores são avaliados pelos alunos em questionário próprio da PUC-Rio.

Espaço Integrar

A prática supervisionada dos cursos de pós-graduação *lato sensu* oferecidos pelo Espaço Integrar, de Belo Horizonte (MG), em parceria com o Instituto de Terapia Cognitivo-Comportamental (InTCC) e a Faculdade Mário Quintana (FAMAQUI), é uma possibilidade de vivência clínica em TCC. Devido à pandemia de covid-19 e à necessidade de distanciamento social, a partir de 2020, foi possibilitada aos alunos da especialização a realização de atendimento *on-line*, seguindo todas as diretrizes do Conselho Federal de Psicologia (CFP, 2005) para essa modalidade. Assim, foi possível ampliar as possibilidades de atendimento a pessoas eletivas para o projeto, uma vez que a barreira geográfica do atendimento presencial não é mais um empecilho.

Os casos clínicos atendidos chegam via Projeto Social Integração, que visa oferecer atendimentos de qualidade e acolher pessoas que, diante das limitações impostas por suas condições sociais, não encontram tais serviços à disposição. Para definir se o paciente pode participar do projeto, é realizada uma avaliação socioeconômica durante a triagem, utilizando-se o Critério de Classificação Econômica Brasil (CCEB), que é um sistema de classificação de preços ao público brasileiro. O encaminhamento de pacientes para os alunos considera a compatibilidade de horário e a faixa etária com a qual o profissional deseja trabalhar.

As supervisões durante a prática supervisionada aos alunos das especializações de TCC (geral ou com ênfase em infância e adolescência) acontecem mensalmente, no formato em grupo. A diretora clínica fica disponível para dar suporte e auxiliar em dúvidas de maneira individual, podendo ser contatada por *e-mail* ou por aplicativos de mensagem.

Durante os encontros de supervisão, a supervisora clínica auxilia no desenvolvimento das habilidades do terapeuta, como a construção da conceitualização cognitiva e do plano de tratamento. Além disso, os encontros são guiados utilizando a proposta da TCC modular, que se subdivide em monitoramento de alvo, psicoeducação, habilidades comportamentais básicas, reestruturação cognitiva e experimentos/exposição (Bakos & Friedberg, 2017).

CONSIDERAÇÕES FINAIS

Este capítulo procurou trazer reflexões sobre a formação do terapeuta cognitivo-comportamental em nível *lato sensu*. O papel da supervisão na formação de profissionais tem norteado muitas pesquisas sobre o tema, tanto internacionalmente quanto no Brasil, principalmente nos últimos anos. A crescente importância da psicologia baseada em evidências também levou ao desenvolvimento de pesquisas para uma supervisão baseada em evidências, o que leva ao seguinte questionamento: qual é o melhor procedimento para a prática da supervisão?

A pesquisa na área tem crescido cada vez mais, descrevendo habilidades clínicas e métodos de ensino e aprendizagem. A supervisão tem um caráter relacional, e cada vez mais os aspectos sobre a relação supervisor/supervisionando aparecem como tópicos importantes de investigação científica. A supervisão é, de fato, um evento de interação, no formato individual ou grupal, portanto, a interação com o supervisor é um aspecto fundamental no processo. Uma boa relação de trabalho é geralmente apreciada, e talvez considerada uma das variáveis mais importantes na supervisão. Mas o que caracteriza uma boa relação de trabalho? Que fatores impedem ou facilitam uma boa relação de trabalho? Como fortalecer essa relação?

Reichelt e Skjerve (2002) consideram que a supervisão tem uma natureza hierárquica e avaliativa. Esses autores realizaram uma pesquisa investigando 16 duplas de supervisão (supervisor/supervisionando), avaliando o conteúdo e o processo em uma sessão de supervisão. A correspondência entre a percepção do supervisor e do supervisionando foi investigada, além do impacto de uma baixa correspondência na experiência de satisfação dos estagiários com a supervisão. Os resultados apontaram que a maioria das díades foi classificada como baixa ou moderada em correspondência. A influência da baixa correspondência na satisfação do estagiário aparece relacionada às intenções do supervisor e às características e estilo da supervisão. Um dos fatores observados na baixa correspondência se refere ao esquecimento ou não consideração do supervisor aos aspectos hierárquicos inerentes ao tipo de relacionamento estabelecido com o supervisionando. Tal hierarquia, ou em alguns casos até reverência, pode levar a dificuldades de comunicação, de desconforto ou divergência por parte do supervisionando. Uma regra típica que parece particularmente difícil de quebrar, e que muitas vezes é mútua, pode ser formulada assim: "Temos um relacionamento muito bom e não queremos dizer ou fazer nada que possa torná-lo menos agradável". Dessa forma, as crenças dos supervisores e supervisionandos sobre a natureza da relação pode ser um fator que contribui para uma pior qualidade dessa relação. A falta de clareza sobre cada um dos papéis da relação, assim como regras pouco claras, pode contribuir para baixa correspondência na díade.

O estudo de Reichelt e Skjerve (2002) aponta para a importância da clareza das regras que regem a relação de supervisão, assim como a possibilidade de renegociação ao longo do processo. A metacomunicação sobre o processo de supervisão e as reflexões compartilhadas sobre como proceder de forma mais produtiva podem ser ferramentas inestimáveis nesse sentido. Além dessa pesquisa, podemos destacar outras, com o foco na importância da relação entre supervisor e supervisionando, que trazem elementos como o autocriticismo dos supervisionandos também impactando na qualidade da relação (Gnilka et al., 2012; Kannan & Levitt, 2017) e mitos sobre a supervisão (Ellis, 2001). Identificar quais fatores têm influência nessa relação é importante para direcionar o treino de supervisores e chegar a modelos mais eficazes de supervisão.

Os mitos aqui apresentados estão ancorados principalmente na supervisão focada no gerenciamento de casos, e no relato verbal do supervisionando, o que sugere a necessidade de pararmos para refletir sobre o papel e o objetivo de tal modelo de supervisão na formação profissional. Não pretendemos definir qual modelo deve ser desprezado ou deixar de ser utilizado, mas queremos propor uma reflexão sobre os objetivos da supervisão, tanto do supervisor como do supervisionando, e apresentar os modelos vigentes que trazem premissas antes desconsideradas. Uma coisa é seguir um caminho já percorrido, outra é poder escolher o caminho a ser seguido. Um segundo ponto é a importância da supervisão no papel do treino do terapeuta cognitivo-comportamental, como assinatura técnica profissional de maior importância do que apenas o conhecimento técnico. Estimulamos aqui a discussão sobre como esses profissionais estão sendo formados, bem como sobre certificação de especialistas que muitos recebem sem que tenham passado um tempo mínimo em supervisão.

REFERÊNCIAS

Academy of Cognitive and Behavioral Therapies (ACBT). (c2022). https://www.academyofct.org/.

Accurso, E. C., Taylor, R. M., & Garland, A. F. (2011). Evidence-based practices addressed in community-based children's mental health clinical supervision. *Training and Education in Professional Psychology*, 5(2), 88-96.

Aronov, N. E., & Brodsky, S. L. (2009). The river model: A metaphor and tool for training new psychotherapists. *Journal of Contemporary Psychotherapy*, 39(3), 187-195.

Bakos, D. S., & Friedberg, R. (2017). Atualização em terapia cognitivo-comportamental com crianças e adolescentes. In R. M. Caminha, M. G. Caminha, & C. A. Dutra (Orgs.), *A prática cognitiva na infância e na adolescência* (pp. 25-44). Sinopsys.

Barletta, J. B., Fonseca, A. L. B., & Delabrida, Z. N. C. (2012). A importância da supervisão de estágio clínico para o desenvolvimento de competências em terapia cognitivo-comportamental. *Psicologia: Teoria e Prática, 14*(3), 153-167.

Barletta, J. B., Gauy, F. V., Velasquez, M. L., & Neufeld, C. B. (2021). Estratégias pedagógicas para fomentar o desenvolvimento de competências do terapeuta cognitivo-comportamental. In FBTC, C. B. Neufeld, E. M. O. Falcone, & B. P. Rangé (Orgs.). *PROCOGNITIVA - Programa de Atualização em Terapia Cognitivo-Comportamental: Ciclo 8.* (pp. 115-168). Armed Panamericana. (Sistema de Educação Continuada Distância, v. 2).

Beck Institute. (c2022). https://www.beckinstitute.com/.

Bell, T., Dixon, A., & Kolts, R. (2017). Developing a compassionate internal supervisor: Compassion-focused therapy for trainee therapists. *Clinical Psychology and Psychotherapy, 24*(3), 632-648.

Bowlby, J. (1988). *A secure base: Parent-child attachment and healthy human development.* Basic Books.

British Association for Behavioral and Cognitive Psychotherapies (BABCP). (c2022). https://www.babcp.com/.

Casement, P. (1990). *Further learning from the patient: The analytic space and process.* Tavistock.

Chorpita, B. F., Daleiden, E. L., Park, A. L., Ward, A. M., Levy, M. C., Cromley, T., ... Krull, J. L. (2017). Child STEPs in California: A cluster randomized effectiveness trial comparing modular treatment with community implemented treatment for youth with anxiety, depression, conduct problems, or traumatic stress. *Journal of Consulting and Clinical Psychology, 85*(1), 13-25.

Conselho Federal de *Psicologia* (CFP). (2005). *Código de ética* profissional do *psicólogo*. http://www.crpsp.org.br/portal/orientacao/codigo/fr_codigo_etica_new.aspx.

DePue, M. K., Liu, R., Lambie, G. W., & Gonzalez, J. (2020). Examining the effects of the supervisory relationship and therapeutic alliance on client outcomes in novice therapists. *Training and Education in Professional Psychology, 16*(3), 253-262.

Dunkley, D. M., Zuroff, D. C., & Blankstein, K. R. (2003). Self-critical perfectionism and daily affect: Dispositional and situational influences on stress and coping. *Journal of Personality and Social Psychology, 84*(1), 234-252.

Ellis, M. V. (2001). Harmful supervision, a cause for alarm: Commentary on Nelson & Friedlander (2001) and Gray et al. (2001). *Journal of Counseling Psychology, 48*(4), 401-406.

Ellis, M. V. (2010). Bridging the science and practice of clinical supervision: Some discoveries, some misconceptions. *The Clinical Supervisor, 29*(1), 95-116.

Ellis, M. V., Berger, L., Hanus, A. E., Ayala, E. E., Swords, B. A., & Siembor, M. (2014). Inadequate and harmful clinical supervision: Testing a revised framework and assessing occurrence. The Counseling Psychologist, 42, 434–472.

Ellis, M. V., & Ladany, N. (1997). Inferences concerning supervisees and clients in clinical Supervision: An integrative review. In C. E. Watkins, Jr. (Org.), *Handbook of psychotherapy supervision* (pp. 447-507). Wiley.

Ellis, M. V., Hutman, H., & Chapin, J. (2015). Reducing supervisee anxiety: Effects of a role induction intervention for clinical supervision. *Journal of Counseling Psychology, 62*(4), 608-620.

Falender, C. A., & Shafranske, E. P. (2007). Competence in competency-based supervision practice: Construct and application. *Professional Psychology: Research and Practice, 38*(3), 232-240.

Falender, C. A., Shafranske, E. P., & Olek, A. (2014). Competent clinical supervision: Emerging effective practices. *Counseling Psychology Quarterly, 27*(4), 393-408.

Ferreira, V. S., Oliveira, M. A., & Vandenberghe, L. (2014). Efeitos a curto e longo prazo de um grupo de desenvolvimento de habilidades sociais para universitários. *Psicologia: Teoria e Pesquisa, 30*(1), 73-81.

Gard, D. E., & Lewis, J. M. (2008). Building the supervisory alliance with beginning therapists. *The Clinical Supervisor, 27*(1), 39-60.

Gilbert, M., & Evans, K. (2000). *Psychotherapy supervision: An integrative rational approach to psychotherapy supervision*. Open University Press.

Gilbert, P, Clarke, M., Hempel, S., Miles, J. N. V, & Irons, C. (2004). Criticizing and reassuring oneself: An exploration of forms, styles and reasons in female students. *British Journal of Clinical Psychology, 43*(1), 31-50.

Gnilka, P. B., Chang, C. Y., & Dew, B. J. (2012). The relationship between supervisee stress, coping resources, the working alliance, and the supervisory working alliance. *Journal of Counseling and Development, 90*(1), 63-70.

Hofmann, S. G., Asnaani, A., Vonk, I. J., Sawyer, A. T., & Fang, A. (2012). The efficacy of cognitive behavioral therapy: A review of meta-analyses. *Cognitive Therapy and Research, 36*(5), 427-440.

James, I. A., Blackburn, I. M., & Reichelt, F. K. (2001). *Manual for the revised cognitive therapy scale (CTS-R)* (2nd ed.). https://www.ed.ac.uk/files/atoms/files/ctsrmanual.pdf.

Kannan, D., & Levitt, H. M. (2017). Self-criticism in therapist training: A grounded theory analysis. *Psychotherapy Research, 27*(2), 201-214.

Kaslow, N. J., Pate, W. E., & Thorn, B. E. (2005). Academic and internshipdirectors' perspectives on practicum experiences: Implications for training. *Professional Psychology: Research and Practice, 36*(3), 307-317.

Lei nº 4119, de 27 de agosto de 1962. (1962). Parte vetada pelo Presidente da República e mantida pelo Congresso Nacional, do Projeto que se transformou na Lei nº 4.119,de 27 de agôsto de 1962 (que dispõe sôbre os cursos de formação em Psicologia e regulamenta a profissão de Psicologista. https://www.planalto.gov.br/ccivil_03/leis/1950-1969/l4119.htm#:~:text=LEI%20N%C2%BA%204.119%2C%20DE%2027%20DE%20AGOSTO%20DE%201962.&text=Disp%C3%B5e%20s%C3%B4bre%20os%20cursos%20de,regulamenta%20a%20profiss%C3%A3o%20de%20psic%C3%B3logo.&text=Art.,de%20bacharelado%2C%20licenciado%20e%20Psic%C3%B3logo.

Ludgate, J. (2016). Cbt training and supervision: an overview. In D. Sudak, R.T. Codd, J. Ludgate, R. J. Reiser, D. Milne, L. Sokol, & M. Fox, *Teaching and Supervising Cognitive Behavioral Therapy* (pp. 1-24). John Wiley & Sons.

Machado, G. I. M. S., & Barletta, J. B. (2015). Supervisão clínica presencial e online: percepção de estudantes de especialização. *Revista Brasileira de Terapias Cognitivas, 11*(2), 77-85.

Mehr, K. E., Ladany, N., & Caskie, G. L. (2010). Trainee nondisclosure in supervision: What are they not telling you? *Counselling and Psychotherapy Research, 10*(2), 103-113.

Milne, D. (2020). Preventing harm related to CBT supervision: A theoretical review and preliminary framework. *The Cognitive Behaviour Therapist, 13*, E54.

Milne, D. (2009). *Evidence-based clinical supervision: Principles and practice*. Blackwell.

Milne, D., Aylott, H., Fitzpatrick, H., & Ellis, M. V. (2008). How does clinical supervision work? Using a "Best Evidence Synthesis" approach to construct a basic model of supervision. *The Clinical Supervisor, 27*(2), 170-190.

OCTC (2009). *Supervisor Competency Scale (SCS): A tool for fostering good practice in CBT supervision*. OCTC. https://www.octc.co.uk/wp-content/uploads/2017/11/SCS-July-2014.pdf

O'Donovan, A., Halford, W. K., & Walters, B. (2011). Towards best practice supervision of clinical psychology trainees. *Australian Psychologist, 46*(2), 101-112.

Peake, T. H., Nussbaum, B. D., & Tindell, S. D. (2002). Clinical and counseling supervision references: Trends and needs. *Psychotherapy: Theory, Research, Practice, Training, 39*(1), 114-125.

Pietromonaco, P. R., & Barrett, L. F. (2000). Internal working models: What do we really know about the self in relation to others? *Review of General Psychology, 4*(2), 155-175.

Proctor, B. (1987). Supervison: A co-operative exercise in account- ability. In M. Marken, & M. Payne (Orgs.), *Enabling and ensuring supervision in practice*. National Youth Bureau and Council for Education and Training in Youth and Community Work.

Rakovshik, S. G., & McManus, F. (2010). Establishing evidence-based training in cognitive behavioral therapy: A review of current empirical findings and theoretical guidance. *Clinical Psychology Review, 30*(5), 496-516.

Reichelt, S., & Skjerve, J. (2002). Correspondence between supervisors and trainees in their perception of supervision events. *Journal of Clinical Psychology, 58*(7), 759-772.

Roth, A. D., & Pilling, S. (2008). Using an evidence-based methodology to identify the competences required to deliver effective cognitive and behavioural therapy for depression and anxiety disorders. *Behavioural and Cognitive Psychotherapy, 36*(2), 129-147.

Singla, D. R., Kohrt, B. A., Murray, L. K., Anand, A., Chorpita, B. F., Patel, V. (2017). Psychological treatments for the world: Lessons from low- and middle-income countries. *Annual Review of Clinical Psychology, 13*, 149-181.

Taylor, K., Gordon, K., Grist, S., & Olding, C. (2012). Developing supervisory competence: Preliminary data on the impact of CBT supervision training. *The Cognitive Behaviour Therapist, 5*(4), 83-92.

Watkins, C. E. (Ed.). (1997). *Handbook of psychotherapy supervision*. Wiley.

Watkins, E. C. (2011). Does psychotherapy supervision contribute to patient outcomes? Considering thirty years of research. *The Clinical Supervisor, 30*(2), 235-256.

Wolitzky-Taylor, K., Chung, B., Bearman, S. K., Arch, J. J., Grossman, J., Fenwick, K., ... Miranda, J. (2018). Stakeholder perceptions of the barriers to receiving and delivering exposure-based cognitive behavioral therapy for anxiety disorders in adult community mental health settings. *Community Mental Health Journal, 55*(1), 83-99.

Zuroff, D. C., Moskowitz, D. S., & Cote, S. (1999). Dependency, self-criticism, interpersonal behaviour and affect: Evolutionary perspectives. *The British Journal of Clinical Psychology, 38*(3), 231-250.

4

Escape room
Experiência de treinamento de terapeutas com uso do jogo

Fabiana Gauy
Alessandra Kaji-Markenfeldt
Janaína Bianca Barletta
Juliana B. Vilela

Desde os mais remotos tempos é possível notar as manifestações lúdicas nas mais variadas sociedades. Os jogos apareceram junto às primeiras civilizações e acompanharam todo o desenvolvimento humano. Embora a brincadeira seja uma atividade praticamente universal, em cada cultura é expressa de forma peculiar. Podemos considerar que a atividade lúdica sempre esteve presente em todas as formas de organização social, das mais primitivas e simples às mais sofisticadas e complexas.

Huizinga (2012) talvez seja o estudioso mais citado historicamente no universo do estudo de jogos, sendo pioneiro ao demonstrar a importância exercida pelos jogos no desenvolvimento da sociedade, da cultura e do estreitamento de laços coletivos. No seu trabalho filosófico e antropológico do final da década de 1930, chamado *Homo ludens*, defende o papel fundamental do jogo para a cultura humana. Elkonin (2019), outro estudioso do assunto, propõe que a etimologia do jogo e da brincadeira está ancorada em uma vasta complexidade de significados, os quais podem estar relacionados a diversão, passatempo, manipulação, resultados indefinidos/presença de riscos, além de inúmeros outros elementos. O autor diferencia as brincadeiras, definidas como atividades regulamentadas essencialmente por regras implícitas (que se manifestam explicitamente), dos jogos, definidos por regras explícitas (que se manifestam implicitamente). Quanto mais desenvolvidos são os jogos, maiores e mais complexas são suas regras, e, com isso, menor é a liberdade imaginativa oferecida aos participantes, pois eles ficariam cada vez mais submetidos às regras da própria atividade.

Deterding et al. (2011), apresentando as definições clássicas em estudos de jogos, caracterizam os jogos (*ludus*) como sistemas estruturados por regras explícitas e competição ou conflito em direção a objetivos ou resultados, enquanto brincar (*paidia*) denota uma atividade mais livre, espontânea, expressiva e improvisada. Os jogos foram inicialmente desenvolvidos para fins de entretenimento. Contudo, têm sido utilizados hoje como coadjuvantes valiosos na educação, em empresas, para intervenções clínicas em saúde mental, para treinamento, entre outros usos, diferenciados em jogos sérios (*serious games*) e gamificação.

O objetivo deste capítulo é apresentar os fundamentos dos jogos aplicados (jogos sérios e gamificação), a aplicação destes na educação, na saúde mental, e, em destaque, no treinamento de terapeutas cognitivo-comportamentais a partir de um relato de experiência para ilustrar os elementos do jogo.

JOGOS APLICADOS: JOGOS SÉRIOS E GAMIFICAÇÃO

Os jogos sérios são definidos como um tipo específico de jogo em que o objetivo principal é ensinar conhecimentos ou habilidades de treinamento. Já a gamificação é definida como o uso de elementos dos jogos em contexto de não jogo, estabelecendo uma relação direta entre o jogo e a vida real. Nesse sentido, a proposta da gamificação é tanto motivar o envolvimento da pessoa como incentivar que comportamentos desejados (ou comportamentos-alvo da atividade) sejam emitidos, a partir de elementos comprovados dos jogos. A gamificação pode ser facilmente adaptada ao contexto e condições ambientais, ao nível de habilidade e desenvolvimento (comportamental, emocional, cognitivo) da pessoa que executará a tarefa e ao objetivo proposto, ou seja, customizada e personalizada às necessidades da demanda (Rubio & Olmedilla, 2021). Embora a esmagadora maioria dos exemplos atuais de "gamificação" sejam digitais, o termo não deve se limitar à tecnologia digital (Deterding et al., 2011; Studart, 2022; Yusof & Rias, 2014). Tais ferramentas possibilitam maior engajamento e motivação e têm sido cada vez mais utilizadas em contextos educacionais, clínicos e empresariais.

O conceito de prática usando a mecânica do jogo foi mais amplamente difundido a partir de 2010, sendo caracterizado por um processo que faz uso do conhecimento e de estratégias do *design* de jogos para modificar ou potencializar outros processos já existentes. Tem como foco entender como influenciar de forma efetiva comportamentos, atitudes e outros estados humanos, com intervenções derivadas dos jogos, ativadoras de processos psicológicos sociais poderosos, como autoeficácia, identificação de grupo e aprovação social, que são fontes de recompensas sociais (Deterding et al., 2011; Landers et al., 2018).

Observa-se que no início do século XX já havia algumas ações com características iniciais da gamificação no comércio, como a da empresa Cracker Jack, em 1912, que incluiu um brinquedo surpresa dentro das embalagens da pipoca caramelizada que comercializava para aumentar as vendas dos produtos (Navarro, 2013). Outro exemplo é o da S&H, empresa que criou um sistema de recompensa para a venda de seus produtos e fidelização dos compradores, em 1930 (Christians, 2018). De lá para cá, o modelo de negócio que utiliza elementos da gamificação popularizou-se no mundo inteiro, associando prêmios/recompensas à aquisição de produtos, mudando a relação do cliente com a mercadoria ofertada. Acrescenta-se ainda o impacto da evolução dos meios de comunicação na época, com o desenvolvimento tecnológico impulsionando os jogos e a gamificação.

De acordo com Navarro (2013), a televisão, que desde a década de 1920 passou a transmitir imagem e som simultaneamente, pode ser considerada responsável por uma importante mudança atitudinal do indivíduo em relação à informação. Os jogos logo se adaptaram à televisão e deram vazão ao desenvolvimento do *videogame*. A rápida transformação e difusão tecnológica, incluindo os dispositivos eletrônicos móveis, permitiu o desenvolvimento de várias plataformas de jogos eletrônicos, chamados de *games*, como também da gamificação. Tal mudança acentuou-se ainda mais na década de 1980, quando os jogos e a gamificação passaram a ser fortemente utilizados pelo comércio, tanto com funcionários quanto com clientes, para aumentar a fidelização, as vendas e/ou a produtividade. Nessa mesma década, especialmente em consequência do impacto da Nintendo, os jogos eletrônicos foram amplamente divulgados. Com sua popularidade, passaram a ser reconhecidos em âmbito acadêmico e mais estudados. A esse exemplo, Thomas Malone, nos anos 1980, publicou um artigo investigando e refletindo sobre a possibilidade da aprendizagem infantil por meio de *videogames*. Recentemente, os aplicativos e dispositivos móveis facilitaram o uso dos recursos em todo lugar, em diferentes horários, com informações expandidas e cruzadas, favorecendo intervenções gamificadas e o desenvolvimento de jogos sérios nos mais diversos ambientes e contextos (Navarro, 2013).

Segundo Kapp (2012), são elementos dos jogos aplicados:

n. Sistema ecológico, que se refere à composição dos diferentes elementos conectados que se influenciam. Por exemplo, as ações de um jogador podem dificultar ou facilitar as atividades de outro jogador, e o resultado pode ser consequência de uma combinação de ações.
o. Jogador, que se refere à pessoa que está em interação com o jogo, seja sozinho ou juntamente com outro jogador (p. ex., um aluno, um empregado ou um cliente), e pode ter uma relação de competição conflito e/ou cooperação com o jogo ou com os outros jogadores.
p. Abstrato, que se refere ao espaço do jogo que tenta representar situações reais ou a essência delas, de forma menos complexa.

q. Desafio, que se refere à função do sistema do jogo que desafia progressivamente o jogador a cumprir tarefas, objetivos ou missões, apresentados de forma clara ao jogador e subdivididos em pequenos passos ou níveis.

r. Regras, que se referem a estruturas que definem as ações do jogador dentro do sistema e espaço do jogo, para que o desafio seja alcançado no tempo estabelecido.

s. *Feedback*, que se refere ao retorno contínuo ao jogador sobre suas ações, seja mediante o uso de pontos ou avaliação, e mostram sua situação em relação ao objetivo do jogo.

t. Recompensa, que pode se referir a pontuação, habilidades ou prêmios, servindo como estímulo para a motivação, intrínseca ou extrínseca, e para a realização das tarefas (desafios).

u. Resultado, que se refere ao fim do processo e à totalização da pontuação e do alcance do objetivo final.

v. Reação emocional, que se refere à ativação emocional disparada pelo jogo – do triunfo à derrota.

Segundo Fardo (2013), os elementos dos jogos são como ferramentas em uma caixa, que podem ser utilizados por diferentes combinações. Werbach e Hunter (2012) diferenciam essa caixa de ferramentas por combinações de diferentes dinâmicas, mecânicas e componentes. A **dinâmica de jogo** diferencia-se em restrições (regras), emoções evocadas (diversão, alegria, frustração), narrativa (história do jogo), progressão (evolução do jogador) e relacionamento (interações). A **mecânica de jogo** se refere aos procedimentos e regras existentes, ou seja, como o jogo pode ser jogado. Pode se diferenciar em desafios (quebra-cabeças a serem resolvidos), sorte (elementos aleatórios que podem influenciar os resultados), competição (quando há jogadores ou times que disputam o prêmio), cooperação (quando o objetivo e o prêmio são compartilhados entre os jogadores), *feedback* (retorno aos jogadores sobre as habilidades/pontuações obtidas), aquisição de recursos (que podem auxiliar na progressão do jogo), recompensas (benefícios/prêmios associados ao desempenho do jogador), transações (troca entre jogadores), turnos (participação sequencial entre os jogadores) e estado de vitória (resultado final de vitória ou derrota). E, por último, os **componentes de jogo** diferenciam-se entre conquistas (objetivos alcançados), avatares (personagens), insígnias (símbolos de conquista), desafios de nível (progressão de complexidade), coleção (conjunto de itens ou insígnias conquistadas), combate (embate de jogadores em uma competição), desbloqueio de conteúdos (liberados a partir de conquistas de objetivos), doação (oferta de recursos a outro jogador), tabelas de líderes (representações visuais de progressão de jogadores), níveis (etapas de progressão), pontos (representação numérica de progressão), missões (objetivos a serem conquistados) e times (grupos de jogadores). A Figura 4.1 ilustra esses elementos e sua relação.

```
        Dinâmicas
   (Aspectos principais
     da gamificação)

       Mecânicas
(Promove as ações e a participação
        dos jogadores)

          Componentes
(Elementos específicos das dinâmicas e mecânicas)
```

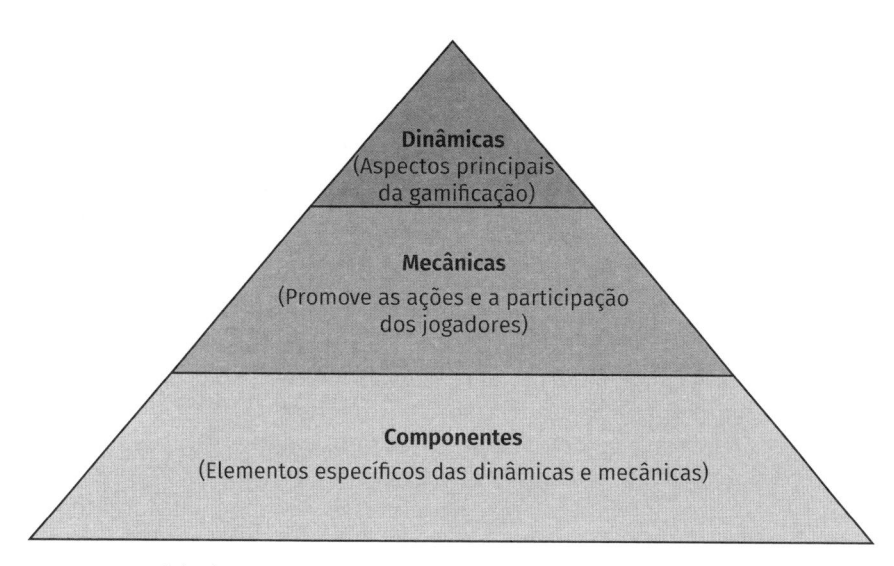

FIGURA 4.1 Pirâmide dos elementos dos *games*.
Fonte: Elaborada com base em Werback e Hunter (2012).

Aplicação no ensino

Para Campos (2005), além da diversão, os jogos propiciam, no processo de ensino-aprendizagem, o desenvolvimento de **habilidades do pensamento**, como a imaginação, a interpretação, a tomada de decisão, a criatividade, o levantamento de hipóteses, a obtenção e organização de dados e a aplicação dos fatos e dos princípios a novas situações que, por sua vez, acontecem quando jogamos, obedecemos a regras ou vivenciamos conflitos em uma competição, por exemplo. Por isso, os jogos têm sido cada vez mais utilizados como estratégia educativa. Para esse fim, precisam ter objetivos de aprendizagem bem definidos, com foco nos conteúdos das disciplinas ou na promoção do desenvolvimento de estratégias ou habilidades (Savi & Ulbricht, 2008).

Como estratégia educativa formal, os jogos sérios e a gamificação ganharam força apenas no século XXI, apesar de existirem há mais tempo. Em 2002, com o objetivo de educar e conscientizar a população sobre diversos assuntos, incluindo política, ambientalismo e saúde, por meio de jogos e de reunir pesquisadores, alunos e empresas que utilizavam jogos para treinamento e formação, foi lançada a Serious Games Initiative. Nos Estados Unidos, por exemplo, o próprio exército incorporou essa estratégia. Ainda entre os anos de 2002 e 2003, o termo gamificação foi criado por um *designer* de jogos chamado Nick Pelling e logo incorporado em diferentes áreas. A primeira plataforma de gamificação com o objetivo de engajar funcionários foi criada em 2005 (Christians, 2018; Navarro, 2013; Studart, 2022).

Podem-se destacar oito principais elementos e características dos jogos gamificados: 1) a participação é voluntária; 2) é considerada uma distração e não uma tarefa, porém, pode impactar no desenvolvimento sensorial, psicomotor ou cognitivo do indivíduo; 3) é uma fuga da realidade, isto é, não faz parte de situações cotidianas; 4) requer espaço e duração delimitados; 5) tem objetivo definido e claro; 6) apresenta regras determinadas; 7) utiliza um sistema de *feedback* e/ou resultados de alcance dos objetivos e, portanto, usa um sistema de pontos ou avaliação; e 8) sempre tem um fim, um término. Como fatores motivacionais, os jogos contam com os desafios, que promovem a vontade de superação a fim de alcançá-los. Portanto, é um processo de competitividade, no qual também pode haver cooperação, cuja experiência é enriquecedora e interessante de ser usada como metodologia de ensino (Navarro, 2013).

Todas as ferramentas e métodos que proporcionam interatividade no contexto de aprendizagem têm potencial para o alcance das metas educativas e são bem-vindos, porém, é necessário conhecer seus alcances, focos e propósitos a fim de fazer a melhor escolha. A gamificação é uma alternativa pedagógica eficaz quando o tempo de duração da experiência é maior, assim como para fortalecer a adesão e o envolvimento dos participantes. Já os jogos sérios têm sido a proposta de escolha para o ensino de conceitos e imersão em um conteúdo (Boller & Kapp, 2018). Uma vez que os jogos sérios não representam uma ligação com o cotidiano ou mesmo uma réplica da situação real, podem ser utilizados algumas vezes para iniciar um processo educativo e, sequencialmente, utiliza-se a gamificação em atividades e tarefas aplicadas no cotidiano, com o intuito de favorecer a prática e a solução de problemas naquele contexto.

Nos últimos anos, o interesse pelo tema aumentou significativamente, em especial na área da educação, na qual foram conduzidas inúmeras pesquisas sobre gamificação (Sailer & Homner, 2020). Nesse contexto, a gamificação pode ser entendida como uma tentativa de transformar a experiência de aprendizagem em algo mais motivador e lúdico, facilitando a aprendizagem de conteúdos mais por motivação intrínseca do que por extrínseca, pelo engajamento na atividade e pela melhora dos resultados acadêmicos, usando, para isso, elementos e mecanismos dos jogos (Dicheva et al., 2018; Kim & Castelli, 2021; Landers, 2014; Sailer & Homner, 2020).

A literatura da área diferencia os conceitos aprendizagem gamificada e aprendizagem baseada em jogos. A **aprendizagem gamificada** altera apenas parte de um processo existente, acrescentando a ele elementos dos jogos. Já a **aprendizagem baseada em jogos** implica um *design* mais completo da experiência de jogo, bem mais próximo de um produto na íntegra. Apesar de fazerem uso dos mesmos elementos, esses dois tipos de aprendizagem os aplicam de formas diferentes, e o processo pelo qual afetam a aprendizagem também difere (Landers, 2014). Segundo Deterding et al. (2011), a aprendizagem baseada em jogos implica a criação de um jogo completo, com todos os elementos e mecanismos característicos. Por sua vez, a aprendizagem gamificada altera um processo de aprendizagem ao inserir nele alguns elementos e mecanismos dos jogos, criando uma experiência de jogo no contexto da aprendizagem.

Buscando explicar como a gamificação e os processos de aprendizagem se influenciam, Landers (2014) propõe uma teoria da aprendizagem gamificada, que parte do princípio de que a gamificação não afeta diretamente a aprendizagem. Ele propõe que o objetivo da aprendizagem gamificada é afetar comportamentos e atitudes (p. ex., engajamento, tempo na tarefa), e que estes, por sua vez, afetarão o aprendizado. Segundo o autor, a aprendizagem gamificada é formada por quatro componentes: 1) conteúdo instrucional; 2) características do jogo; 3) comportamentos e atitudes; e 4) resultados da aprendizagem. Dois deles, o conteúdo instrucional e os comportamentos e atitudes, teriam um efeito direto sobre a aprendizagem. Os elementos e mecânicas dos jogos, por sua vez, influenciam a aprendizagem apenas de forma indireta, podendo ter um papel moderador ou mediador a depender dos comportamentos e atitudes que se busca influenciar.

É possível falar de um efeito moderador quando a mudança de comportamento ou atitude promovida pela gamificação melhora de alguma forma o aproveitamento de um conteúdo instrucional prévio. Landers (2014) dá como exemplo a modificação de uma aula ou um texto com a inclusão de um elemento narrativo, na busca de aumentar a motivação do aluno. Já o efeito mediador ocorre quando a mudança de comportamento ou atitude promovida pela gamificação altera um comportamento ou atitude que por si só potencializa a aprendizagem. Por exemplo, se, ao incluir o elemento narrativo, o aluno passa a se dedicar à aula ou ao texto por mais tempo, esse aumento de tempo (mudança de comportamento) promoverá diretamente um maior aprendizado.

A gamificação pode modificar diretamente apenas comportamentos e atitudes, portanto, um bom conteúdo instrucional é pré-requisito para que haja resultados positivos de aprendizagem. Além disso, é essencial que os comportamentos e as atitudes que o processo de gamificação busca influenciar sejam relevantes para os resultados de aprendizagem desejados (Fig. 4.2).

O uso de elementos do jogo, como regras explícitas, desafios, conquistas/missões, objetivos/metas, recompensas/pontos/conquistas, estrutura, diversão, progressão, *ranking* e simulação de situações reais, sem fins apenas de entretenimento doméstico, pode ser uma eficiente ferramenta mediadora, apresentando conteúdos de forma menos árida, facilitando, assim, o aprendizado e aumentando a motivação e o engajamento nos comportamentos/atitudes-alvo.

Ao pensar nos elementos importantes tanto dos jogos quanto da gamificação tem-se o reforço. Segundo Menezes et al. (2014), o sistema de reforço utilizado no jogo e na estrutura gamificada, que tem como consequência a emissão e/ou o aumento de comportamentos, é essencial para auxiliar na mudança. Os jogos, por exemplo, utilizam consequências reforçadoras de maneira bastante intensa e contígua às ações jogadas, aumentando a probabilidade de que o jogador execute nova-

```
         ┌─────────────┐         ┌──────────────┐
         │  Conteúdo   │         │Comportamentos/│
         │instrucional │         │ atitudes (C) │
         │     (A)     │         │              │
         └──────┬──────┘         └──────┬───────┘
                │    ┌──────────────┐   │
                └───▶│Características│◀──┘
                     │  do jogo (B) │
                     └───────┬──────┘
                             ▼
                     ┌──────────────┐
                     │ Resultados da│
                     │aprendizagem(D)│
                     └──────────────┘
```

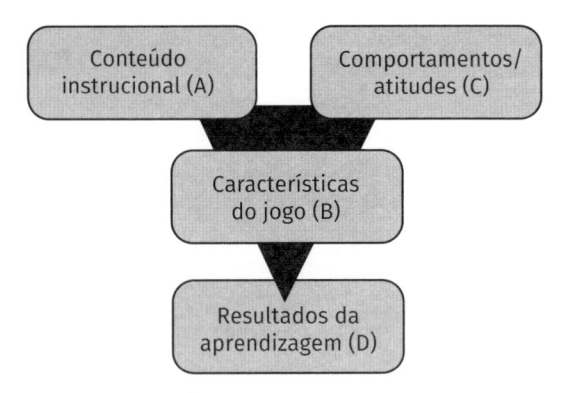

FIGURA 4.2 Teoria da aprendizagem gamificada.
Fonte: Elaborada com base em Landers (2014).

mente aquela ação (Azobel & Pergher, 2017). Assim, é possível ver o uso do reforço em estratégias como a de economia de fichas, bastante utilizada em gamificações, e atividades de ensino, uma vez que é possível reorganizar de maneira prazerosa as contingências de reforço em um processo de gamificação (Fieldkircher & Souza, 2022). Segundo essas autoras, é nesse contexto que a aprendizagem baseada em jogos e a gamificação se tornaram ferramentas importantes no contexto de ensino, ganhando força com o uso da tecnologia. Ressalta-se, ainda, que os elementos são utilizados de forma combinada (e diversificada) em situações cotidianas ou de contextos reais, como proposta para realizar uma tarefa. Navarro (2013) destaca que o *game thinking*, ou pensamento baseado em estrutura e dinâmica dos jogos, é provavelmente o elemento mais importante da gamificação, responsável por converter uma atividade do cotidiano em uma atividade que agregue elementos de competição, cooperação e narrativa.

Com o intuito de identificar o uso de jogos e da gamificação em intervenções da análise do comportamento para aumento de comportamentos, Azobel e Pergher (2017) fizeram uma busca em artigos publicados no *Journal of Applied Behavior Analysis* (JABA). Foram selecionados 17 trabalhos, a maior parte deles com o uso de gamificação. Após análise, verificou-se que eles apresentaram em maior destaque os seguintes elementos de jogos em suas intervenções: consequência grupal para respostas individuais (9 estudos), competição entre os grupos (9), regras (8) e acúmulo de pontos (8). Outros elementos também identificados nos artigos, mas com menor ênfase, foram: sinalização de sucesso (2) e exposição do nome dos vencedores (1) e *feedback* de desempenho (1). Foram adaptados tabuleiros, baralhos, brinquedos (cordas, bolas) e jogos eletrônicos nas atividades gamificadas. Ressalta-se, ainda, que a maior parte das intervenções aconteceu em ambiente escolar (12), nos diversos níveis de formação e em instituições de saúde mental (3).

A motivação é um processo mental essencial para a aprendizagem e para a aquisição de conhecimento, uma vez que provoca e mantém ações orientadas para objetivos. No entanto, observa-se um imediatismo, uma pulverização da atenção e do processamento de informação, devido ao uso das tecnologias. A internet inegavelmente mudou a forma como aprendemos. Tal fenômeno tem efeitos positivos, como o acesso a informações/entretenimento e a autonomia na busca do conhecimento, mas também acarretou maior exigência para manutenção da motivação e do engajamento exclusivo. Hoje, já há uma geração inteira nativa digital, ou *Homo zappiens*, nascida a partir de 1980, para a qual o processo de aprendizagem foi afetado pelo uso da tecnologia no que diz respeito à capacidade de processamento simultâneo de vários canais de informação. O ambiente de "dieta digital" contínua, fomentado pelo acesso crescente da tecnologia, gera necessidade e provoca tarefas simultâneas ou multitarefas, sendo muito mais comum as pessoas estarem engajadas em várias atividades ao mesmo tempo, como trabalho/estudo, redes sociais, YouTube, WhatsApp e jogos eletrônicos (Kim & Castelli, 2021; Kirschner & Karpinski, 2010).

Nesse contexto, a aprendizagem gamificada pode ser uma estratégia motivacional na educação, e como a gamificação está relacionada com a motivação e o desempenho do aluno, merece uma investigação mais aprofundada. A pesquisa empírica é essencial para determinar os possíveis efeitos da gamificação no aumento da motivação dos alunos. Deci et al. (1999) observaram, em uma metanálise de 128 estudos, que o uso de motivação extrínseca por recompensas tangíveis pode se diferenciar entre estudantes mais jovens e universitários. A pesquisa usou o construto teórico da teoria da autodeterminação, que diferencia o processo de motivação em três estados emocionais: motivação intrínseca, motivação extrínseca e amotivação. A teoria fundamenta-se em três necessidades psicológicas humanas essenciais: competência, que pode ser aprimorada a partir do *feedback*; autonomia, que se refere à autorresponsabilidade; e relacionamento, que se refere às conexões estabelecidas pela rede com outras pessoas e com o mundo social em geral. Os resultados demonstram que as estratégias de motivação devem ser adequadas ao público para que se alcance o objetivo pretendido.

Fleming et al. (2017), em uma revisão com metanálise para quantificar os efeitos das intervenções gamificadas na mudança comportamental dos alunos, observaram que intervenções breves entregues em poucos dias ou em menos de uma semana foram significativamente mais eficazes do que intervenções com duração de até 20 semanas. Já as intervenções que incorporam elementos de gamificação ao longo dos anos foram negativamente associadas à mudança comportamental. Kim e Castelli (2021), em outra metanálise para quantificar os efeitos das intervenções gamificadas na mudança comportamental em alunos, mostram como um efeito de recompensa da gamificação pode variar de acordo com a fase do desenvolvimento do indivíduo. Nesse estudo, observou-se maior efeito com universitários do que com alunos dos ensinos fundamental e médio.

Uma recente revisão da literatura sobre jogos sérios mostra que, especialmente a partir de 2015, o número de estudos empíricos nessa área vem aumentando (Zhonggen, 2019). Ao contrário do que se pensava anteriormente, de acordo com as pesquisas, o prazer e a motivação não foram considerados fatores influenciadores, mas fatores resultantes para os melhores resultados de aprendizagem (All et al., 2015). Entre as estruturas utilizadas nos jogos sérios, observou-se que os atributos de aprendizagem e a mecânica do jogo são aspectos críticos para a qualidade do *design* instrucional (jogo) e para os resultados de aprendizagem desejados (p. ex., Hainey & Connolly, 2010; Mayer et al., 2013). As dimensões relatadas para os processos de aprendizagem que precisam ser consideradas no *design* de jogo são: modelagem e perfil do aluno, incluindo controle do aluno; abordagem pedagógica de apoio aos alunos; representação do jogo; e contexto em que o jogo ocorre, incluindo a autenticidade do ambiente de aprendizagem e das tarefas. O suporte e a avaliação incorporados (também chamados de avaliação interna ou furtiva) como parte da jogabilidade foram considerados particularmente importantes para a aquisição de habilidades (p. ex., Caballero-Hernández et al., 2017).

Aplicação no ensino na área da saúde mental

Com o rápido desenvolvimento de jogos aplicados, incluindo jogos sérios e gamificação, profissionais da saúde mental passaram a explorar tais ferramentas para melhorar a qualidade dos tratamentos, com menor custo. O modelo de *design* de jogo fornece conceitos básicos que ajudam a pensar, analisar e projetar um jogo terapêutico de forma estruturada (Flemming et al., 2017; Li et al., 2014, 2016; Merry et al., 2012; Yusof & Rias, 2014).

Os jogos sérios e a gamificação aplicados à internet têm potencial de aumentar o impacto das intervenções de saúde mental por meio de três processos (Flemming et al., 2017). Primeiro, o alcance dos programas *on-line* é maior para aqueles que, de outra forma, não teriam acesso a eles. Segundo, as dinâmicas motivacionais baseadas em jogos favorecem o engajamento. Terceiro, são utilizados mecanismos variados de mudança, incluindo processos terapêuticos e recursos de jogos. É importante lembrar, no entanto, que nem todo jogo ou aplicativo utilizado em saúde mental apresenta a dinâmica, a mecânica e os componentes dos jogos aplicados. Por exemplo, aplicativos como Daylio, Cogni ou Tools4life, usados como estratégias assíncronas, não podem ser considerados jogos.

Segundo a literatura, os pontos fortes do uso dos jogos em psicoterapia são a possibilidade de: a) aumentar a acessibilidade e a conveniência, por permitir que o paciente jogue em qualquer lugar e a qualquer hora, mantendo, ao mesmo tempo, a fidelidade do tratamento; b) reduzir o estigma do tratamento psicológico; c) facilitar a identificação do repertório do paciente e de suas habilidades durante o jogo;

d) aumentar o engajamento dos pacientes à intervenção, principalmente dos jovens; e e) treinar habilidades, ao usar cenários e situações de jogo similares à realidade e às dificuldades do paciente (Henning et al., 2021; Knox et al., 2011; Kühne et al., 2018; Li et al., 2014, 2016; Menezes et al., 2014; Starks, 2014; Merry et al., 2012; Rubio & Olmedilla, 2021; Yusof & Rias, 2014).

No entanto, existem poucos ensaios independentes sobre o tema, bem como poucos estudos controlados com jogos sérios e gamificação para fins terapêuticos e comparações diretas de intervenções baseadas em jogos *versus* intervenções não baseadas em jogos. Estudos recentes também revelaram que há problemas no *design* e na metodologia do uso de jogos sérios e de gamificação nos tratamentos, por falta de diretrizes para esse fim, o que pode levar ao fracasso do processo terapêutico. Outro fator que contribui para tais limitações é que os especialistas em *design* de jogos não estão familiarizados com os métodos apropriados usados no contexto de saúde e saúde mental (Flemming et al., 2017; Yusof & Rias, 2014).

Exemplo de categorias de jogos aplicados em saúde mental

A título de ilustração, Flemming et al. (2017) apresentam seis categorias principais de jogos aplicados em saúde mental:

a. *Exergames* (p. ex., Wii ou Wii Fit, da Nintendo) são jogos baseados em esportes ou movimentos, desenvolvidos para fins comerciais/de entretenimento, que têm tido um efeito significativo sobre os sintomas depressivos, principalmente em idosos (Li et al., 2014, 2016).
b. Realidade virtual (RV) e realidade aumentada (RA), que podem oferecer interatividade imersiva em um mundo virtual e têm sido indicadas como estratégia de exposição (Li et al., 2014).
c. Jogos baseados em terapia cognitivo-comportamental (TCC) (p. ex., SPARX e SuperBetter, voltados para crianças ou jovens). O SPARX oferece atividades para quebrar pensamentos negativos e encontrar joias para restaurar o equilíbrio do mundo virtual (Merry et al., 2012), enquanto o SuperBetter oferece uma abordagem mais gamificada, com pontuação e recompensas (Roepke et al., 2015).
d. Jogos de entretenimento, que se referem aos *videogames* de entretenimento testados, podem ter efeitos favoráveis no humor, por meio de regulação emocional, liberação de estresse ou vias de apoio social (Li et al., 2014).
e. *Biofeedback* (p. ex., The Journey to Wild Divine, Freeze-Framer 2.0), no qual os jogadores ensaiam habilidades de relaxamento enquanto recebem *feedback* visual em indicadores fisiológicos (medidos por sensores presos ao lóbulo da orelha ou ponta dos dedos). Em um pequeno estudo, os jovens que receberam a intervenção tiveram níveis pós-intervenção de depressão e ansiedade

menores em comparação com aqueles em um grupo-controle de lista de espera (Knox et al., 2011).
f. Jogos de treinamento cognitivo, como os estudados por Álvarez et al. (2008), que avaliaram o uso dos jogos em homens deprimidos e com comprometimento cognitivo. Os resultados no comprometimento cognitivo foram positivos, mas não foram testados os efeitos diretos no humor.

Li et al. (2014) realizaram uma revisão sistemática da literatura sobre intervenções digitais baseadas em jogos para depressão e examinaram sua eficácia por meio de uma metanálise de ensaios clínicos randomizados (ECRs). Os 19 estudos utilizados nessa revisão incluíram quatro tipos de intervenções de jogos (psicoeducação e treinamento, terapia de exposição à realidade virtual, exercícios e entretenimento), com vários tipos de apoio e populações-alvo. As intervenções baseadas em psicoeducação e treinamento tiveram um efeito menor do que aquelas baseadas em outras formas, e as intervenções de autoajuda produziram melhores resultados do que as intervenções de apoio. Os resultados encontrados ainda são limitados e exigem pesquisas adicionais para responder às diversas necessidades e preferências do usuário em ambientes diferentes e em rápida mudança.

Exemplo de modelo de design *de jogo terapêutico*

Yusof e Rias (2014) propuseram um modelo de *design* integrando elementos centrais da TCC infantojuvenil, a partir de um estudo comparativo de dez modelos de *design* de jogos, que detalhamos a seguir a fim de exemplificar o processo de construção do jogo. O modelo se fundamenta em duas camadas principais: **perspectiva de jogo**, como camada externa, e **perspectiva terapêutica**, como camada interna. Ambas se relacionam no desenvolvimento do modelo de *design* de jogo (Fig. 4.3).

A camada externa de perspectiva de jogo consiste em cinco processos: análise, elementos do jogo, estética do jogo, experiência do jogador e avaliação. Os autores referem que essas informações são essenciais e sugerem que, antes de projetar um jogo, elas devem ser obtidas por meio da realização de uma série de análises sobre os elementos do jogo (dinâmica, mecânica e componentes). Na análise, inclui-se o perfil do jogador — no caso de uma intervenção clínica, é importante incluir faixa etária, transtorno e estratégias de intervenção para tornar a experiência atraente e clinicamente efetiva. No caso do modelo de Yusof e Rias (2014), o objetivo da história do jogo era dar mais emoção aos adolescentes (perfil do jogador em questão), para isso, foi apontado como essencial a adequação do jogo à realidade do cotidiano dos jovens, para que eles tivessem maior nível de engajamento. Projetar elementos claros pode ajudar os adolescentes a atingirem o objetivo do jogo ou o objetivo terapêutico e, em seguida, motivá-los a jogar até o fim. A partir dessa perspectiva, constrói-se a estética do jogo (*design*, cores, imagens), que pode afetar a experiência

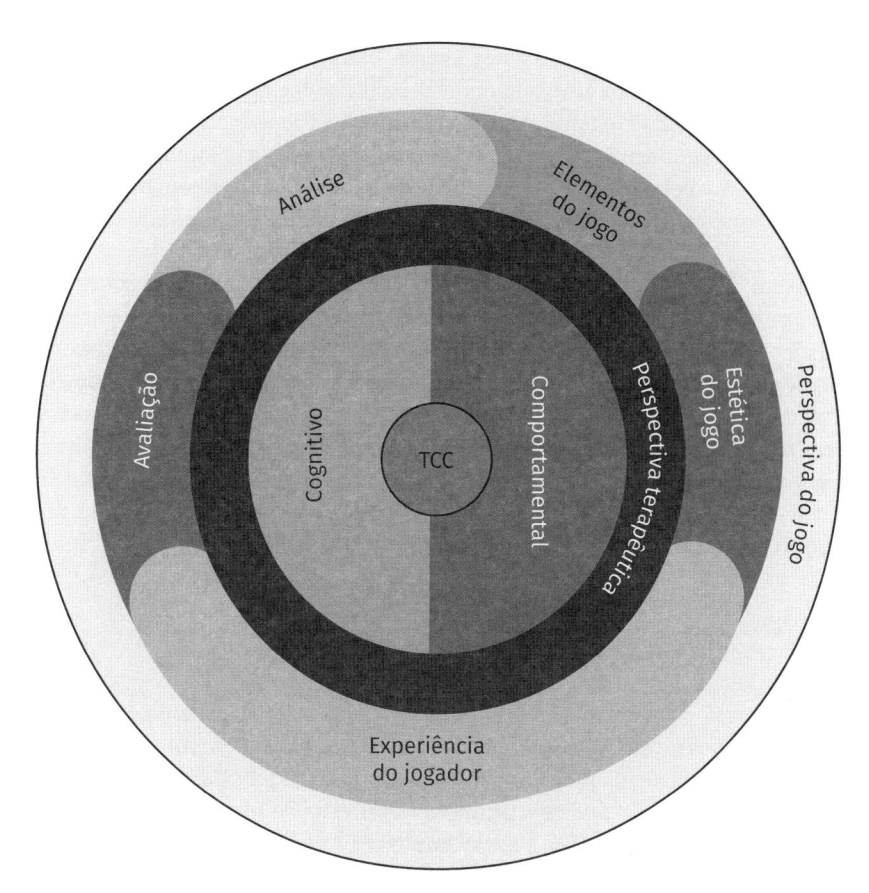

FIGURA 4.3 Exemplo de modelo de *design* de jogo terapêutico.
Fonte: Elaborada com base em Yusof e Rias (2014).

do jogador de maneira positiva e promover maior engajamento. Para envolver os adolescentes no tratamento, a experiência do jogador é um elemento crucial, uma vez que, na psicoterapia, o envolvimento do paciente é essencial para garantir o sucesso do tratamento. Vários elementos da experiência do jogador podem ser aplicados no jogo, como imersão, diversão e presença social. Para o processo final, de avaliação, as informações devem ser coletadas de forma contínua durante a análise dos jogadores. Assim, um *designer* deve sempre avaliar se o processo de *design* pode atender aos requisitos do adolescente; para a satisfação do paciente, o projetista deve esclarecer quaisquer problemas existentes após a conclusão do processo de projeto.

A camada interna baseia-se na teoria da TCC, escolhida para esse modelo por ser uma das abordagens mais eficazes para tratar a maioria dos transtornos e a mais praticada atualmente no mundo todo. A camada seguinte, chamada de perspectiva terapêutica, divide-se em dois elementos principais: cognitivo e comportamental. Nesse modelo, o cognitivo refere-se aos pensamentos automáticos negativos específicos a determinada situação ou evento, que são ativados por crenças disfuncionais, que ativam reações negativas (emoção, resposta fisiológica e comportamental). O papel dos *designers* é identificar os pensamentos automáticos negativos do paciente e alterá-los para pensamentos automáticos positivos, para que, assim, os pacientes possam desenvolver/chegar a um comportamento funcional. Esse processo de mudança envolve os aspectos cognitivo e comportamental, uma vez que qualquer mudança na cognição refletirá em alterações no comportamento, e vice-versa. Técnicas cognitivas, como descoberta guiada, e comportamentais, como ensaio comportamental e relaxamento, são utilizadas para garantir que as mudanças positivas no comportamento ocorram após a modificação do aspecto cognitivo. Tais técnicas podem orientar os *designers* de jogos para projetar a história do jogo de acordo com os requisitos da TCC, de maneira que os terapeutas possam planejar o tratamento com base nos experimentos da abordagem clínica (Fig. 4.3).

Aplicação em treino de terapeutas cognitivo-comportamentais

Tanto a aprendizagem baseada em jogos como a gamificação têm sido utilizadas em processos de treinamento. A literatura vem descrevendo que ambientes e contextos educativos divertidos e interativos favorecem a aprendizagem, o interesse e a taxa de retenção do conteúdo em relação a métodos didáticos passivos (Christians, 2018). Nesse processo, o *feedback*, principal ferramenta de aprendizagem do adulto, pode ser feita de maneira individual, customizada e personalizada. Entende-se que o *feedback* de desempenho promove o retorno da informação à própria pessoa, de maneira descritiva e operacionalizada sobre a qualidade da execução do comportamento. Assim, pode-se lapidar as habilidades almejadas (Sudak, 2016), e a aprendizagem é orientada para as necessidades de desenvolvimento do indivíduo.

Ressalta-se que as metodologias ativas, a partir do momento em que propõem uma mudança de paradigma, tornam-se essenciais para a formação profissional, permitindo a pedagogia do *empowerment*, que exige mais tanto do aprendiz quanto do professor/facilitador, além de requerer mudança de postura e comportamento frente ao processo de aprendizagem. Uma vez que o ensino passivo não permite a lapidação de habilidades e poucas vezes fornece elementos para a reflexão, baseando-se apenas nos conteúdos e teorias, sem, necessariamente, propiciar a construção de sentidos (Sperhacke et al., 2016), deixa-se uma lacuna no desenvolvimento de competências profissionais. Entende-se que as competências profissionais são baseadas em três dimensões: os conhecimentos, as habilidades e as atitudes (CHA). Os conhecimentos são importantes, sustentados pelas bases teóricas necessárias para a construção do saber, mas também se soma o saber fazer, isto é, as habilidades, a parte aplicada, a execução prática na situação específica. Por último, como uma liga que amarra esses dois elementos (CH), dando sentido e permitindo a avaliação, a reorganização, a acomodação e o aperfeiçoamento do desempenho de maneira flexível, está a atitude (A) (Barletta, no prelo). Logo, a gamificação e os jogos sérios são metodologias ativas utilizadas na educação de maneira planejada para o fomento e a ampliação de conhecimentos, desenvolvimento de habilidades e criatividade, bem como favorecimento da atitude e reflexão, já que se utiliza de *feedback* e proporciona diminuição da ansiedade e aumento da adesão e do engajamento em ambiente lúdico (Henning et al., 2021).

A gamificação, por apresentar um formato mais lúdico, com elementos de jogos no contexto real, torna o processo de aprendizagem mais leve e tem sido, por isso, uma estratégia utilizada em diferentes treinamentos. Ao incentivar engajamento e criar experiências mais divertidas e ricas em eventos cotidianos, seu uso em treinamentos e contextos de aprendizagem tornou-se uma ferramenta alternativa, com uma imensidão de possibilidades (Rubio & Olmedilla, 2021). Assim como em outras propostas de metodologias ativas (já expostas anteriormente), o *feedback* é fundamental para aprimoramento das habilidades e estratégias, bem como para a reflexão. Ressalta-se ainda que, para a elaboração de um processo gamificado, é importante estabelecer a relação temporal, os recursos e situações diversificadas (Azobel & Pergher, 2017).

RELATO DE EXPERIÊNCIA DA CONSTRUÇÃO E DO USO DE UMA ESTRATÉGIA DE ENSINO BASEADA NO MODELO DE *ESCAPE ROOM*

Com o objetivo de criar atividades baseadas em metodologias ativas para potencializar o treino de terapeutas iniciantes em pós-graduação, a equipe TrimTabPsi, composta pelas autoras deste capítulo, buscou ideias de modelos que pudessem ter sido implementados. Como não foram encontradas pesquisas e modelos de jogos de treinamento de terapeutas cognitivo-comportamentais, optou-se pela utilização do *design* de jogos cognitivo-comportamentais (CBGD, do inglês *cognitive behavioral game design*). Trata-se de uma nova estrutura que incorpora a teoria social cognitiva de Bandura à teoria das inteligências e elementos de *design* de jogos em um modelo unificado que orienta os *designers* a partir de um processo de criação de jogos para aprendizado e mudança comportamental, a fim de criar experiências de aprendizagem envolventes e imersivas que aumentem o desempenho.

Stark descreve um conjunto de cinco elementos da teoria social cognitiva utilizados no CBGD:

a. **Conhecimento**, representa o objetivo geral do jogo, mas nem sempre é o objetivo principal. Por exemplo, os *exergames* geralmente têm o objetivo principal de estimular o condicionamento físico usando o movimento físico, em vez de fornecer conhecimento sobre saúde.
b. **Metas**, são duplas no CBGD. Embora a maioria dos jogos CBGD seja de jogos sérios, com um objetivo além do entretenimento, esse objetivo pode ou não ser usado. Outra aplicação da definição de metas baseada em CBGD nos jogos é criar uma sensação mais realista de conclusão de metas, com elementos visuais que simulam a passagem do tempo, como medidores de barras usados para mostrar quanto tempo resta a uma pessoa antes de obter uma pontuação no nível do jogo, evidenciando quanto tempo precisa transcorrer antes que ela possa realizar a ação novamente ou para mostrar a duração da atividade em si.
c. **Expectativas de resultados**, assim como as metas, têm uma expressão dupla no CBGD, uma vez que um conjunto de expectativas de resultados desencadeia ações dentro do jogo. Por exemplo, se um jogador resolve um quebra-cabeça, uma expectativa de resultado pode ser o desboqueio de uma nova área de jogo.
d. **Facilitadores e/ou apoio social** refere-se aos fatores ambientais e sociais que podem auxiliar no alcance das metas. No contexto do CBGD, a facilitação é chamada de encorajamento e geralmente é realizada dentro do jogo, por meio de sons, elogios (p. ex., uma frase como "bom trabalho!", quando uma missão ou quebra-cabeça é concluído) ou até mesmo personagens não jogadores atuando como treinadores e tutores durante as fases de aprendizagem e dando dicas e reforçando tentativas de sucesso.
e. **Impedimentos**, que são o contrário dos facilitadores. Refere-se aos fatores que dificultam o alcance das metas, podendo ser ambientais e sociais. Nos jogos, os impedimentos são representados por barreiras físicas, como cercas e pedras para pular, ou quebra-cabeças que devem ser resolvidos antes que o jogador possa passar para o próximo nível. Estes também podem ser usados como avaliações se exigirem que o jogador demonstre conhecimento que deveria ter sido aprendido no início. Em jogos de simulação, as barreiras (p. ex., expectativas de resultados) podem ser projetadas para imitar situações da vida real, que podem ajudar o jogador a pensar em maneiras de superá-las. Os impedimentos baseados em jogos precisam ser projetados de forma a desenvolver as habilidades de enfrentamento do jogador, em vez de desencorajar o jogo.

O CBGD também se utiliza, além destes cinco elementos, do conceito de autoeficácia, que consiste na capacidade de alguém acreditar ser capaz de atingir objetivos. Quando a autoeficácia é alta, as pessoas estabelecem metas mais desafiadoras, e vice-versa. A autoeficácia também pode ser aumentada pela aprendizagem observacional, que é um processo intrínseco no qual uma pessoa aprende via observação das ações e resultados dos outros ou por modelos. No CBGD, relacionamentos e modelos de papéis foram incorporados à seção de mecanismos porque o jogo pode facilitar relacionamentos da vida real se for jogado ou discutido com outros. As habilidades de enfrentamento, com foco no aumento da capacidade de superar barreiras, foram incorporadas ao processo associando persistência a resultado. No CBGD, a persistência é um resultado motivado internamente de engajamento, desafio e fluxo; os jogadores são persistentes porque querem completar o jogo. O domínio, descrito anteriormente como a conclusão de vários objetivos dentro do mesmo domínio cognitivo ou comportamental, é frequentemente acompanhado por um sentimento de realização e aumento da autoeficácia (que pode ser um resultado subjacente ou primário do jogo).

Já o segundo conjunto de elementos do CBGD é baseado na teoria das inteligências múltiplas de Howard Gardner (1995), uma teoria de aprendizagem multifacetada que integra a aprendizagem com atividades projetadas para envolver os alunos na solução de problemas. Dentro desse conjunto de elementos, a informação é apresentada em uma situação do mundo real e com propósito de aprendizado, incorpora os interesses do aluno e permite que ele use suas melhores habilidades. Os alunos aprendem de forma mais produtiva quando o ambiente é específico para a habilidade aprendida e quando eles têm tempo para se concentrar em uma única atividade.

Considerando o princípio da teoria social, da teoria de múltiplas inteligências e da teoria dos elementos do jogo, as autoras deste capítulo utilizaram com um grupo de alunos a dinâmica dos **jogos de fuga**, também conhecidos como *escape rooms* ou *exit games*, para construir um jogo sério de treinamento de terapeutas cognitivo-comportamentais.

Dinâmica do jogo

O modelo de *escape room* apresenta desafios que devem ser resolvidos em um período limitado. A cada desafio resolvido descobre-se uma senha para a próxima atividade, que ao final levará à saída da sala. Assim, no modelo criado, o objetivo foi promover o engajamento dos participantes, a colaboração e o aprendizado pelos erros. O público-alvo era de alunos de uma pós-graduação em TCC que estavam utilizando o jogo como uma ferramenta educativa preparatória para a etapa de prática clínica, por meio do incentivo ao espírito de equipe (coesão grupal) e consolidação de um conhecimento apresentado previamente aos jogadores.

Mecânica do jogo

Os alunos foram divididos em quatro equipes, de seis a oito integrantes, distribuídos em quatro salas, nas quais estavam todos os enigmas/missões. Os times foram formados de acordo com a composição dos grupos de supervisão já estabelecida ao longo do curso. Os grupos trabalhavam em cooperação para a solução dos enigmas e em competição com os demais, uma vez que o time vencedor seria aquele que saísse da sala primeiro. Com os grupos formados, os alunos foram direcionados para suas respectivas salas; eles tinham 90 minutos para resolver os cinco enigmas e encontrar a chave que abriria a porta da sala. Após transcorrido esse tempo, caso algum grupo ainda não tivesse finalizado as missões e estivesse preso na sala, a porta era aberta por fora. As quatro salas tinham os mesmos desafios, e todas as salas tinham duas chaves – uma ficava com a professora supervisora, fora da sala, e outra ficava escondida dentro da sala. A história do jogo começava com a entrega da primeira pista, que após resolvida levava ao primeiro enigma.

Ao encontrar o **Enigma 1**, os alunos tinham que decodificar cinco distorções cognitivas, a partir de uma chave de codificação. Após a decodificação, era preciso desembaralhar as letras, destacadas em cinza, para encontrar a dica de onde estava a próxima pista. Nessa atividade era exigida apenas a decodificação do código. Os alunos com mais conhecimento sobre o tema do enigma terminavam mais rápido, por não precisarem decodificar todas as letras (Fig. 4.4).

Ao descobrir o local onde estava a próxima pista, os alunos encontravam o **Enigma 2,** que consistia em um envelope com dois conjuntos de óculos de papel, um envelope com frases e outro com a distorção cognitiva a que se referia cada frase. O desafio era descobrir a senha da próxima pista a partir da combinação das frases com as respectivas distorções cognitivas. Os óculos com as frases tinham números, e os óculos com as distorções tinham uma ou duas letras em vermelho.

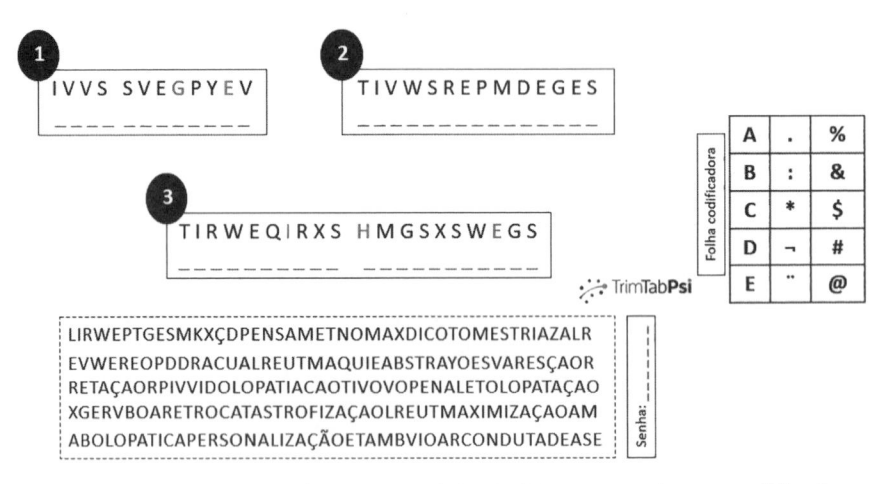

FIGURA 4.4 Exemplo do Enigma 1 – modelo da folha com palavras codificadas e chave decodificadora.

A combinação dos números com as letras na ordem correta formava a senha (Fig. 4.5).Era necessário conhecimento prévio dos alunos sobre as distorções cognitivas para que a combinação fosse realizada, aumentando, assim, a complexidade do quebra-cabeça.

Descoberta a senha, os alunos passavam para o **Enigma 3**, que consistia em um caso clínico fictício, no qual era preciso identificar e registrar por escrito três situações-problema e os pensamentos/emoções/comportamentos associados (Fig. 4.6). A partir da combinação de letras entre situação, pensamento automático, emoção e comportamento, os alunos encontravam a próxima senha. Nessa missão, mais do que decodificação (Enigma 1) e associação (Enigma 2), o aluno tinha que iniciar o raciocínio clínico para a construção do diagrama cognitivo.

Encontrado o **Enigma 4**, os alunos tinham que montar o diagrama cognitivo a partir das informações descritas no caso clínico. Para isso, tinham que retomar o Enigma 3 e completar as informações necessárias para o diagrama; após, teriam que encontrar a senha para a última missão (Fig. 4.7).

Encontrada a senha, os alunos seguiam para a última missão, o **Enigma 5**, que consistia em fazer os registros no modelo de formulação do caso fictício. Para isso, novamente era necessário consultar o caso dos Enigmas 3 e 4 e, após, propor hipóteses/metas de trabalho e levantar possíveis dificuldades. Novamente, isso só era possível com o uso das informações dos enigmas anteriores; caso os jogadores não tivessem resolvido adequadamente os Enigmas 3 e 4, ou tivessem demorado muito em sua resolução, não conseguiriam terminar este enigma a tempo.

FIGURA 4.5 Exemplo do Enigma 2 – modelo dos conjuntos de óculos com as frases e com as distorções cognitivas.

Caso 5 - José

Situação clínica: José, 37 anos, solteiro, sem filhos, médico, mora sozinho em uma cidade pequena no Distrito Federal (DF), próxima da capital do país, há nove anos. Nasceu e morou em Salvador (BA), onde viveu até se mudar para o DF a trabalho, mas sua família ainda reside na cidade de origem. É o terceiro filho de uma prole de cinco. Queixa-se de estar sentindo-se bastante deprimido, saindo pouco de casa, sem ânimo para o trabalho há algum tempo, como se estivesse esgotado, mas que essa falta de motivação aumentou com o excesso de cobrança e demanda de trabalho desde que iniciou a pandemia da covid-19. Relata que sempre trabalhou se sentindo exausto e que em todos os lugares por onde passou foi considerado perfeccionista pelos colegas, o que muitas vezes implicava significados pejorativos, sendo referenciado como exagerado e chato. Ele mesmo concorda com título de perfeccionista, reforçando que, por lidar com vidas, tudo tem que sair exatamente como planejado e da melhor forma.

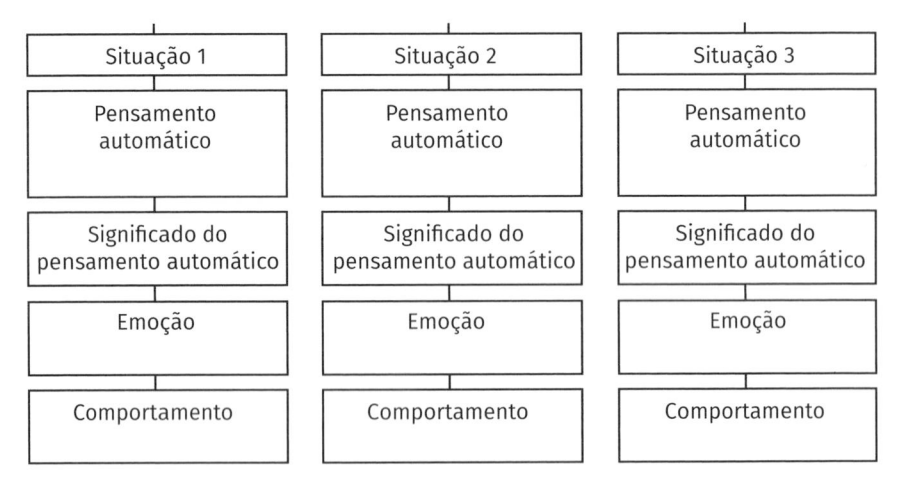

Situação 1	Situação 2	Situação 3
Pensamento automático	Pensamento automático	Pensamento automático
Significado do pensamento automático	Significado do pensamento automático	Significado do pensamento automático
Emoção	Emoção	Emoção
Comportamento	Comportamento	Comportamento

FIGURA 4.6 Exemplo do Enigma 3 – caso clínico.
Fonte: Barletta et al. (2022, p. 45) e Beck (2021, p. 221).

Ensino, formação e supervisão em psicologia 77

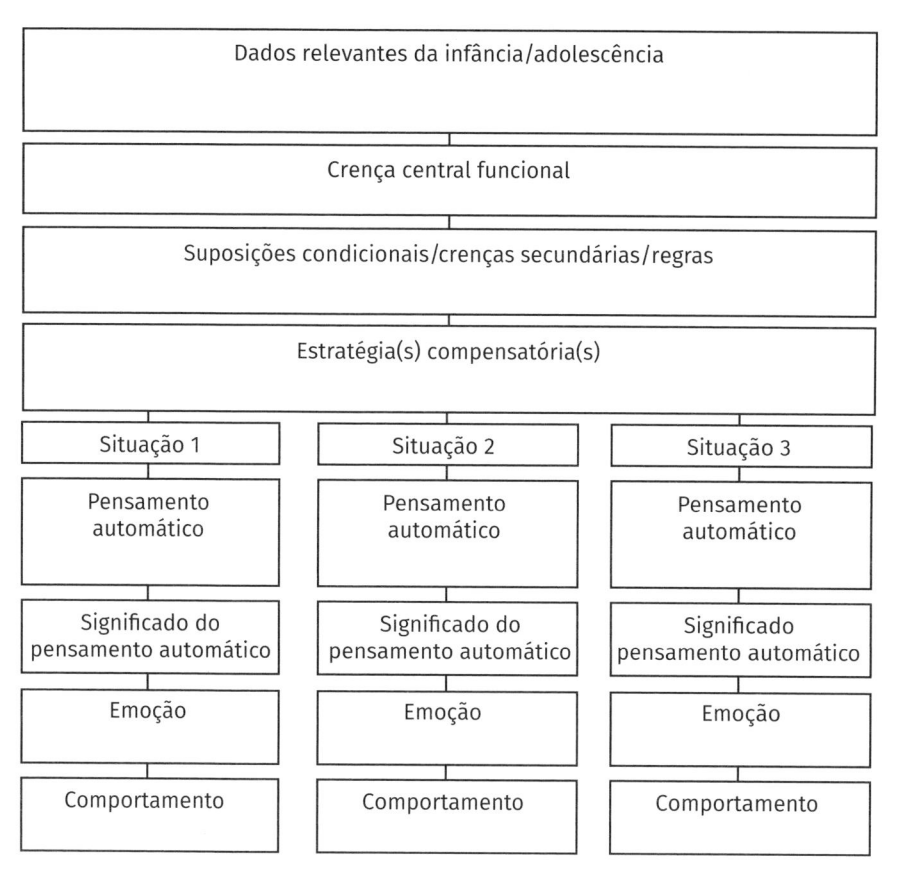

```
┌─────────────────────────────────────────────────────────┐
│         Dados relevantes da infância/adolescência        │
└─────────────────────────────────────────────────────────┘
                              │
┌─────────────────────────────────────────────────────────┐
│                  Crença central funcional                │
└─────────────────────────────────────────────────────────┘
                              │
┌─────────────────────────────────────────────────────────┐
│      Suposições condicionais/crenças secundárias/regras  │
└─────────────────────────────────────────────────────────┘
                              │
┌─────────────────────────────────────────────────────────┐
│                 Estratégia(s) compensatória(s)           │
└─────────────────────────────────────────────────────────┘
```

Situação 1	Situação 2	Situação 3
Pensamento automático	Pensamento automático	Pensamento automático
Significado do pensamento automático	Significado do pensamento automático	Significado pensamento automático
Emoção	Emoção	Emoção
Comportamento	Comportamento	Comportamento

FIGURA 4.7 Exemplo do Enigma 4 – diagrama cognitivo.
Fonte: Beck (2021, p. 221).

Componentes do jogo

Os componentes do jogo, conforme descrito no Quadro 4.1, incluem: proximidade com a realidade, meta, desafios/missões com progressão de dificuldade, reforço, expectativa de resultado, cooperação/competição, facilitadores, barreiras, *feedback* e premiação. A proximidade com a realidade, no exemplo apresentado na seção anterior, esteve representada no desenvolvimento do raciocínio clínico a partir da apresentação dos desafios, com dificuldade crescente, que eram resolvidos com a associação do conhecimento, do trabalho em equipe e da comunicação entre os jogadores. O conhecimento e a equipe poderiam caracterizar um facilitador/apoio social ou uma barreira. A equipe que saía primeiro da sala ganhava livros e jogos da área. Ao final, as equipes compartilhavam a experiência, reconhecendo seus pontos fortes

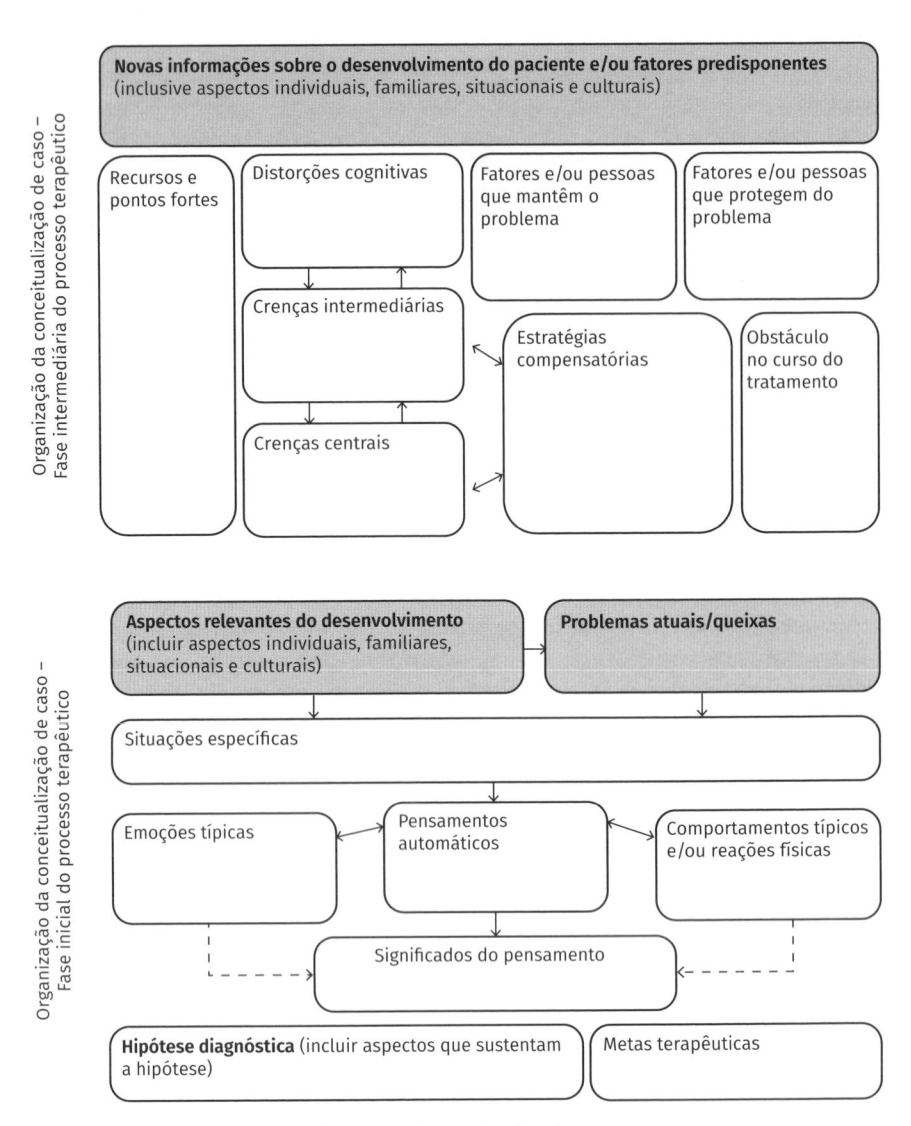

Organização da conceitualização de caso –
Fase intermediária do processo terapêutico

Novas informações sobre o desenvolvimento do paciente e/ou fatores predisponentes
(inclusive aspectos individuais, familiares, situacionais e culturais)

- Recursos e pontos fortes
- Distorções cognitivas
- Fatores e/ou pessoas que mantêm o problema
- Fatores e/ou pessoas que protegem do problema
- Crenças intermediárias
- Estratégias compensatórias
- Obstáculo no curso do tratamento
- Crenças centrais

Organização da conceitualização de caso –
Fase inicial do processo terapêutico

Aspectos relevantes do desenvolvimento
(incluir aspectos individuais, familiares, situacionais e culturais)

Problemas atuais/queixas

- Situações específicas
- Emoções típicas
- Pensamentos automáticos
- Comportamentos típicos e/ou reações físicas
- Significados do pensamento

Hipótese diagnóstica (incluir aspectos que sustentam a hipótese)

Metas terapêuticas

FIGURA 4.8 Exemplo do Enigma 5 – formulação de caso.
Fonte: Barletta et al. (2022, p. 31).

e fracos (conhecimento e habilidades clínicas). Elas também trabalhavam as habilidades de enfrentamento e/ou o aumento da capacidade de superar barreiras e de pedir e aceitar ajuda, desenvolvendo a autoeficácia e a persistência.

QUADRO 4.1 Componentes do jogo

Componente	Descrição no *escape room*
Proximidade com a realidade	As atividades foram contruídas para o treino do raciocínio clínico necessário para prática clínica a ser iniciada.
Meta	A meta do jogo era concluir todos os enigmas em 90 minutos, para conseguir sair da sala.
Desafios/missões com progressão de dificuldade	O jogo foi construído com cinco desafios, com enigmas complementares e progressão de complexidade. O primeiro enigma era o mais fácil do que o segundo, e assim por diante.
Reforço	A cada solução de enigma, os jogadores recebiam um cartão parabenizando-os pela tarefa: "Parabéns! Vocês resolveram o primeiro *escape room*! Vamos passar agora para..."
Expectativa de resultado	A expectativa era tanto de conclusão do jogo a tempo quanto de aprendizagem.
Cooperação/ competição	O uso do tempo para conclusão do jogo era um incentivo para a cooperação entre os jogadores do mesmo time, uma vez que juntos eles resolveriam mais rápido o enigma e passariam para o próximo. O tempo também criava uma competição entre os times, para que saíssem mais rápido da sala e ganhassem a premiação.
Facilitadores	Os temas dos desafios tinham sido explicados e trabalhados previamente ao longo do curso.
Barreiras	A solução dos enigmas exigia dos jogadores múltiplas competências e habilidades, em razão de sua complexidade progressiva e combinação entre eles.
Feedback	Ao final do tempo, todos os alunos foram encaminhados para a sala de aula, quando os enigmas foram resgatados e discutidos, incentivando a troca de experiência com o jogo e com o conteúdo.
Premiação	Todos os jogadores (times) que solucionaram os enigmas a tempo receberam prêmios individuais.

CONSIDERAÇÕES FINAIS

É notório que a forma de ensinar convencional não exige o engajamento e a participação ativa do aluno. A experiência imersiva similar à prática possibilitada pelo ambiente do jogo cria oportunidades para que os jogadores-alunos, ou pacientes, adquiram conhecimento (ou ampliem repertório, com conteúdo instrucional prévio), apoio social e autoeficácia, incorporando as várias inteligências em dicas, quebra-cabeças e desafios do jogo, a partir de uma aprendizagem gamificada, geradora de mudança de comportamento ou atitude. Observa-se que, apesar do aumento do uso de jogos aplicados na educação e em tratamentos, ainda há um campo enorme para aplicação dessa metodologia e para o campo da pesquisa.

Uma vez que o objetivo deste capítulo era apresentar, de forma geral, a possibilidade do uso de jogos e da gamificação para o treinamento de habilidades terapêuticas de psicólogos como uma alternativa de estratégia de ensino, buscou-se fundamentar histórica e teoricamente os conceitos e elementos de jogo e gamificação, bem como descrever a experiência das autoras para formar terapeutas em TCC. As atividades descritas são exemplos de como usar o modelo de *game* como uma prática de ensino no treino de competências, que deve ser aplicada como um método de consolidação de um conhecimento apresentado previamente aos jogadores. Ou seja, a atividade de *escape room* descrita faz parte de um treinamento mais amplo, com diversas outras atividades educativas, desde mais tradicionais a mais inovadoras, bem como antecede a supervisão e a prática clínica. Ressalta-se que o uso de jogos e gamificação, ainda que seja uma estratégia pedagógica com muitos alcances e possibilidades, deve ser planejada, sistematizada e organizada a fim de se alcançar os objetivos educativos propostos no treinamento ou supervisão. Esperamos que este capítulo possa incentivar colegas a utilizarem metodologias ativas e estratégias de jogos e gamificação para o desenvolvimento de terapeutas.

REFERÊNCIAS

All, A., Castellar, E. P. N., & Looy, J.V. (2015). Towards a conceptual framework for assessing the effectiveness of digital game-based learning. *Computers & Education, 88,* 29-37.

Álvarez, L., Stores, J., León, S., Estrella, J., & Sosa J. (2008). Computer program in the treatment for major depression and cognitive impairment in university students. *Computers in Human Behavior, 24*(3), 816-826.

Azobel, M. S., & Pergher, N. K. (2017). Levantamento sobre a utilização de jogos na análise do comportamento aplicada. *Revista Perspectivas, 8*(2), 215-225.

Barletta, J. B. (no prelo). Competências clínicas essenciais em psicoterapia e a necessidade do aprimoramento continuado. *PROPSICO.*

Barletta, J. B., Santana, E. P., & Gauy, F. V. (2022). *Baralho para treinamento de terapeutas cognitivo-comportamentais: Desenvolvendo competências e metacompetências.* Sinopsys.

Beck, J. (2021). *Terapia cognitivo-comportamental* (3. ed.). Artmed.

Boller, S., & Kapp, K. (2018). *Jogar para aprender: Tudo o que você precisa saber sobre o design de jogos de aprendizagem eficazes*. DV.

Caballero-Hernández, J. A., Palomo-Duarte, M., & Dodero, J. M. (2017). Skill assessment in learning experiences based on serious games: A Systematic Mapping Study. *Computers & Education, 113*(1), 42-60.

Campos, D. A. (2005). *A importância do lúdico na construção dos conceitos matemáticos* [Dissertação de mestrado não publicada]. Centro Federal de Educação Tecnológica.

Christians, G. (2018). *The origins and future of gamification* [Senior theses]. University of South Carolina. https://scholarcommons.sc.edu/senior_theses/254

Deci, E. L., Koestner, R., & Ryan, R. M. (1999). A meta-analytic review of experiments examining the effects of extrinsic rewards on intrinsic motivation. *Psychological Bulletin, 125*(6), 627-668.

Deterding, S., Dixon, D., Khaled, R., & Nacke, L. (2011). From game design elements to gamefulness: defining "gamification". *Proceedings of the 15th International Academic MindTrek Conference: Envisioning future media environments (MindTrek '11)*. Association for Computing Machinery.

Dicheva, D., Irwin, K., & Dichev, C. (2018). Motivational factors in educational gamification. In The Institute of Electrical and Electronics Engineers (IEEE). *Proceedings IEEE 18th International Conference on Advanced Learning Technologies (ICALT 2018)* (pp. 408-410). IEEE.

Elkonin, D. B. (2019). *Psicologia do jogo* (2. ed.). Martins Fontes.

Fardo, M. L. (2013). A gamificação aplicada em ambientes de aprendizagem. *Renote, 11*(1).

Fleming, T. M., Bavin, L., Stasiak, K., Hermansson-Webb, E., Merry, S. N., Cheek, C., ... Hetrick, S. (2017). Serious games and gamification for mental health: Current status and promising directions. *Frontiers in Psychiatry, 7*, 215.

Fieldkircher, F. P., & Souza, S. R. (2022). Capacitação de professores em gamificação e em aprendizagem baseada em jogos: Uma revisão integrativa da literatura. *Revista Brasileira de Terapia Comportamental e Cognitiva, 4*(1), 1-26.

Gardner, H. (1995). *Inteligências múltiplas: A teoria na prática*. Artes Médicas.

Hainey, T., & Connolly, T. M. (2010). Evaluating games-based learning. *International Journal of Virtual and Personal Learning Environments, 1*(1), 57-71.

Henning, G., Benevides, R. R., & Andrade, T. (2021). Psicoterapia de adolescentes usando games e aplicativos: É possível? In A. E. A. Antúnez, & N. H. L. P. Silva (Orgs.), *Consultas terapêuticas on-line na saúde mental* (pp. 91-102). Manole.

Huizinga, J. (2012). *Homo ludens: O jogo como elemento da cultura* (7. ed.). Perspectiva.

Kim, J., & Castelli, D. M. (2021). Effects of gamification on behavioral change in education: A meta-analysis. *International Journal of Environmental Research and Public Health, 18*(7), 3550.

Kirschner, P., & Karpinski, A. C. (2010). Facebook® and academic performance. *Computers in Human Behavior, 26*(6), 1237-1245.

Knox, M., Lentini, J., Cummings, T. S., McGrady, A., Whearty, K., & Sancrant, L. (2011). Game-based bio*feedback* for paediatric anxiety and depression. *Mental Health in Family Medicine, 8*(3), 195-203.

Kapp, K. M. (2012). *The gamification of learning and instruction: Game-based methods and strategies for training and education*. Pfeiffer/ iley & Sons.

Kühne, F., Ay, D. S., Otterbeck, M. J., & Weck, F. (2018). Standardized patients in clinical psychology and psychotherapy: A scoping review of barriers and facilitators for implementation. Academic Psychiatry.

Landers, R. N. (2014). Developing a theory of gamified learning. *Simulation & Gaming, 45*(6), 752-768.

Landers, R. N., Auer, E. M., Collmus, A. B., & Armstrong, M. B. (2018). Gamification science, its history and future: Definitions and a research agenda. *Simulation and Gaming, 49*(3), 315-337.

Li, J., Theng, Y. L., & Foo, S. (2014). Game-based digital interventions for depression therapy: A systematic review and meta-analysis. *Cyberpsychology, Behavior and Social Networking, 17*(8), 519-27.

Li, J., Theng, Y. L., & Foo, S. (2016). Effect of exergames on depression: A systematic review and meta-analysis. *Cyberpsychology, Behavior and Social Networking, 19*(1), 34-42.

Mayer, I. S., Warmelink, H. J. G., & Bekebrede, G. (2013). Learning in a game-based virtual environment: A comparative evaluation in higher education. *European Journal of Engineering Education, 38*(1), 85-106.

Menezes, G. S., Tarachucky, L., Pellizzoni, R. C., Perassi, R. L., Gonçalves, M. M., Gomez, L. S. R., & Fialho, F. A. P. (2014). Reforço e recompensa: A gamificação tratada sob uma abordagem behaviorista. *Projetica, 5*(2), 9-18.

Merry, S. N., Stasiak, K., Shepherd, M., Frampton, C., Fleming, T., & Lucassen, M. F. (2012). The effectiveness of SPARX, a computerised self-help intervention for adolescents seeking help for depression: Randomised controlled non-inferiority trial. *BMJ, 344*, e2598.

Navarro, G. (2013). *Gamificação: A transformação do conceito do termo jogo no contexto da pós-modernidade*. [Trabalho de conclusão do curso de especialização]. Universidade de São Paulo.

Roepke, A., Jaffee, S., Riffle, O., McGonigal, J., Broome, R., & Bez, M. (2015). Randomized controlled trial of SuperBetter, a smartphone-based/Internet-based self-help tool to reduce depressive symptoms. *Games for Health Journal, 4*(3), 235-246.

Rubio, V., & Olmedilla, A. (2021). Gamifying app-based low-intensity psychological interventions to prevent sports injuries in young athletes: A review and some guideline. *International Journal of Environmental Research and Public Health, 18*(24), 12997.

Sailer, M., & Homner, L. (2020). The gamification of learning: A meta-analysis. *Educational Psychology Review, 32*(1), 77-112.

Savi, R., & Ulbricht, V. U. (2008). Jogos digitais educacionais: Benefícios e desafios. *Novas Tecnologias na Educação, 6*(2), 1-10.

Sperhacke, S. L., Hoppe, L., & Meirelles, M. (2016). *Metodologias ativas: Ludificação de conteúdo e uso de jogos em sala de aula*. Cirkula.

Starks, K. (2014). Cognitive behavioral game design: A unified model for designing serious games. *Frontiers in Psychology, 5*, 28.

Studart, N. (2022). A gamificação como design instrucional. *Revista Brasileira de Ensino de Física, 44*, e20210362.

Sudak, D. M. (2016). Feedback in cognitive behavioral therapy training. In D. M. Sudak Trent Codd III, J. Ludgate, L. Sokol, M. G. Fox, R. Reiser, & D. L. Milne (Orgs.), *Teaching and supervising cognitive behavioral therapy* (pp. 85-95). John Wiley & Sons Inc.

Werback, K., & Hunter, D. (2012). *For the win: How game thinking can revolutionize your business*. Wharton Digital.

Yusof, N., & Rias, R. M. (2014). Serious game based therapeutic: Towards therapeutic game design model for adolescence. In The Institute of Electrical and Electronics Engineers. (IEEE). *2014 IEEE Conference on e-Learning, e-Management and e-Services (IC3e)* (pp. 40-45). IEEE.

Zhonggen, Y. (2019). A meta-analysis of use of serious games in education over a decade. *International Journal of Computer Games Technology*, ID 4797032.

5

Formação como docente e supervisor em psicologia
Desafios e possibilidades

Carmem Beatriz Neufeld
Janaína Bianca Barletta
Beatriz de Oliveira Meneguelo Lobo
Ana Irene Fonseca Mendes

O início do ensino superior no Brasil, considerado tardio em relação a outros países da América Latina, foi impulsionado pela mudança da corte portuguesa para a colônia, a qual criou a necessidade de profissionais qualificados no mercado de trabalho (Neves & Martins, 2016; Stallivieri, 2007). Portanto, desde o começo, seguiu-se a lógica da pedagogia tradicional, com o intuito de fomentar a mão de obra técnica e especializada. Os estudiosos apontam que o sistema de educação superior no País apresentava disciplinas desarticuladas e pouco relacionadas entre si, com conteúdos fragmentados e sem a preocupação da construção de significados pelo aluno, tampouco de uma lógica de raciocínio coerente e contextualizada (Lacerda & Santos, 2018). Essas autoras apontam que o sistema nacional de educação superior foi fortemente influenciado pelos modelos francês, jesuíta e alemão de aprendizagem, nos quais o professor era quem tinha o conhecimento e a responsabilidade do ensinar, ou seja, transmitir sua sapiência para o aluno. Na outra ponta, o discente tinha por dever aprender, portanto, apresentava uma postura passiva, de observador, receptor, com o intuito de receber e adquirir o conhecimento repassado pelo professor sem questionamentos.

Nesse sentido, o ensino tradicional ancora-se em uma relação hierarquizada (Menezes & Menezes, 2014) e, por vezes, autoritária, centrada no docente especialista e tendo como principal estratégia pedagógica a exposição de conteúdos de forma quase dogmática, isto é, sem a possibilidade de ser contestada. Para avaliar a aquisição de conhecimento no modelo tradicional de educação, o mais comum era o uso de uma prova pautada na reprodução e memorização do conteúdo aprendido

(Lacerda & Santos, 2018). Segundo as mesmas autoras, no século XX, houve a ampliação da oferta de cursos de graduação, incluindo instituições de ensino superior (IES) sob a gerência da iniciativa privada, movimento intensificado a partir dos anos de 1980. A entrada na universidade passou a ser encarada como prestígio, ascensão social e preparação profissional para o mercado. Contudo, para muitas IES, o processo de ensino ainda era pautado no modelo tradicional, e a proposta educacional era "meramente operacional, alheia ao conhecimento" (Lacerda & Santos, 2018, p. 614).

Nos anos 1970, a pedagogia tecnicista ganhou força e espaço na educação superior brasileira, independentemente do curso ou área em que estava inserida. Por pedagogia tecnicista, entende-se uma educação pautada na racionalidade, produtividade, eficiência e objetividade, para uma aprendizagem do fazer laboral, com foco exclusivo no mercado de trabalho, e não nas mudanças e relações sociais (Menezes & Menezes, 2014; Thiengo, 2018). Alberto et al. (2020, p. 1653), ao retratarem a educação superior no Brasil, enfaticamente apontam que "tais concepções foram, não raras vezes, abraçadas em caráter quase soteriológico, ao invés de metodológico, sobretudo quando motivadas ou guiadas em perspectiva reprodutivista da sociedade e do mundo do trabalho".

Ao vislumbrar esse cenário da educação superior, muitas lacunas são encontradas, em especial na formação do educador. Partindo da necessidade de responder ao mercado de trabalho na formação profissional, pode-se entender que o professor ideal seria aquele que ensinasse a atividade laboral com afinco, isto é, o profissional da prática seria o ideal para o papel de educador. Somado a isso, nas universidades, a função de pesquisador sobressaía-se em importância à atividade de professor, não sendo exigido dos profissionais uma forte relação com a prática docente, mas uma sólida formação de investigador. Portanto, entendia-se que a competência didática era consequência da competência prática profissional e/ou de pesquisa/acadêmica (Batista & Silva, 1998; Costa, 2007; Cunha, 2009). Ao retratar esse contexto, Pereira e Behrens (2010) reforçam que a preparação formal do docente (para o ensino superior) estava, em geral, circunscrita à experiência advinda das disciplinas de didática do ensino superior e/ou suas correlatas, com exceção daqueles que cursaram licenciaturas. Essas autoras ainda apontam que era muito comum tornar-se professor repentinamente, ou seja, que os profissionais e pesquisadores das mais distintas áreas, de uma hora para outra, "acordavam professores", pois eram contratados por IES para ministrar aulas e supervisionar estágios em sua área de especialidade.

Logo, entre os critérios para a contratação de professores estavam o domínio do conteúdo, a titulação e a produção científica, mas pouco se considerava sua formação pedagógica (Batista & Silva, 1998; Costa, 2007; Cunha, 2009), tampouco havia um acompanhamento institucional da atividade de ensino e/ou apoio das instituições para os professores (Costa et al., 2012). Nessas condições, o professor aprendia a didática durante o trabalho docente em sala de aula e baseava-se nos modelos prévios que teve sobre essa atuação durante sua vida estudantil (Batista & Silva, 1998; Costa, 2007). Pode-se dizer que a identidade do docente de ensino superior, por muito tempo, construiu-se ao longo do desempenho como educador, durante as atividades de ensino (Pereira & Behrens, 2010).

Esse entendimento, ainda que costumeiro, trouxe implicações equivocadas para o processo de ensino e aprendizagem (Falender, 2018), já que, a partir desse ponto de vista, perpetuou-se a premissa de que a experiência prática profissional é suficiente para ensinar com competência (Barletta, Rodrigues, & Neufeld, 2021; Cunha, 2009). Ao entender que a competência didática estava assegurada pela competência técnica profissional (Costa, 2007), podemos compreender o motivo pelo qual, a título de exemplo, na medicina, a escolha do professor da disciplina de cirurgia pautava-se nas suas habilidades como cirurgião – da mesma forma, na psicologia, a escolha para exercer a supervisão baseava-se na atuação clínica do profissional em uma dada linha teórica. Nessa mesma linha de pensamento, ao elencar a supervisão da prática psicoterápica, em especial no Brasil, pouco se descreve sobre a formação para essa função, que também está ligada ao processo de ensino e aprendizagem. Por exemplo, em uma pesquisa com 180 supervisores de terapia cognitivo-comportamental (TCC), Barletta et al. (no prelo) identificaram que a principal via de acesso ao ensino da prática clínica supervisionada se dá pelo convite ao profissional que já é docente da disciplina teórica na IES ou que é um clínico da área. Desse total, menos de 28% fizeram alguma formação, sendo que menos de 24% dessas formações estava diretamente relacionada com a atividade supervisionada em si.

De forma geral e resumida, a educação superior corrobora a perspectiva do ensino tradicional, na qual o prático da área com titulação acadêmica é quem mais teria condições para ensinar. Outro agravante, somado ao pouco reconhecimento da formação pedagógica e à intensa (quase exclusiva) valorização da produção científica na função docente, é a representação desta atividade como secundária. Esse contexto leva a outra dificuldade, que também tem sido reconhecida, de maneira assistemática, entre alguns educadores universitários, que é o caráter essencialmente acadêmico de alguns profissionais, os quais construíram sua formação e carreira na pesquisa, com nenhuma ou pouca experiência prática. Assim, a pesquisa é a atuação central, a atividade prioritária de sua profissão (pesquisador), porém, ao adentrar na universidade como docente, os pesquisadores são requeridos a lecionar disciplinas, por vezes, da prática profissional, e seu domínio ocorre apenas em termos teóricos.

Em ambos os casos (profissionais advindos da prática profissional e profissionais essencialmente pesquisadores), a profissão acaba por ser a atividade matriz e, de forma suplementar, ministram-se aulas, resultando na falta de profissionalização docente (Costa, 2007). Nesse sentido, Souza (2014) apontou que entre 1988 e 2001, a escolha da prática clínica representou a maioria, enquanto a prática docente diminuiu de 6,6 para 2,2%, semelhante aos resultados obtidos em pesquisas e revisões mais atuais (Barletta et al., no prelo; Rechtman & Bock, 2019). De maneira confirmatória, além de vislumbrar a falta de escolha da docência como atuação prioritária, Souza (2014) também ressaltou que essa atividade ainda é vista como complementar à atividade principal da profissão, corroborando outros colegas:

> Historicamente, a docência tem sido assumida como profissão genérica e não como ofício, por ser considerada socialmente uma semiprofissão, com alguns traços característicos, como o predomínio do conhecimento objetivo, ou seja, o conteúdo específico de disciplinas (Costa, 2007, p. 24).

A pouca escolha da docência como prática prioritária também foi impactada pela retirada da licenciatura dos cursos de psicologia, embora essa habilitação estivesse presente desde a primeira proposta de curso, em 1932 (Oliveira et al., 2017). Desde a regulamentação da psicologia como profissão, em 1962, eram oferecidas três habilitações: bacharelado, formação de psicólogo (atuação do psicólogo em diversas áreas) e licenciatura, que formava professores de psicologia para trabalhar no ensino médio. No entanto, nas diretrizes curriculares de 2004, a licenciatura passou a ser um projeto complementar, o que resultou na importante redução da oferta e, consequentemente, na baixa procura dos alunos para essa formação (Kohatsu, 2013; Oliveira et al., 2017).

TRANSFORMAÇÕES NA REPRESENTAÇÃO DA DOCÊNCIA

Com a compreensão de que a atividade docente é uma prática social, isto é, intervém na realidade social e só pode ser analisada a partir dela, incluindo os contextos histórico, econômico, social, cultural e institucional na qual está inserida (Gemelli & Closs, 2022), é necessário reconhecer a atuação e as características atuais da função do professor do ensino superior. Ao longo dos anos, muitas transformações ocorreram na educação, e o processo de ensino e aprendizagem foi se reorganizando, a fim de dar vazão às necessidades de uma busca mais construtivista do saber centrado no estudante (Costa et al., 2012; Neufeld et al., 2020). Essa mudança, que vem ocorrendo especialmente nos últimos anos, além de favorecer uma transição paradigmática (Gemelli & Closs, 2022), leva em consideração alguns aspectos fundamentais do ensino superior, entre eles:

a. A docência é uma função complexa e distinta de outras atividades profissionais, exigindo uma preparação, desde o desenvolvimento de competências pedagógicas até uma multiplicidade de saberes relacionados, para além da atividade especializada. Isto é, a lógica das especialidades profissionais não permite vislumbrar a dimensão total do ensino e aprendizagem no processo de formação (Cunha, 2009). Gemelli e Closs (2022) apontam

que a atividade docente envolve práticas educativas com especificidades relacionadas ao momento universitário, saberes interligados e múltiplos.
b. O ensino de adultos pauta-se na andragogia que, por sua vez, apresenta alguns elementos distintos da pedagogia com foco em crianças e adolescentes. Entre eles, podemos destacar a dependência *versus* a autonomia na aprendizagem, o *background* variado e já estabelecido, de onde surgem novas perspectivas e onde ancoram-se outras, e a motivação da aprendizagem (Cunha, 2009).
c. Algumas ferramentas de ensino para adultos, como o *feedback*, são fundamentais. Pode-se dizer que o *feedback* é o momento em que são fornecidas informações sobre a *performance* do estudante no processo de aquisição de novas habilidades e tem sido reconhecido como uma ferramenta eficaz para o aprendizado de adultos (Thurlings et al., 2013). Seu efeito depende de algumas variáveis, como a qualidade, os objetivos de aprendizagem, a motivação dos estudantes, o contexto de aprendizagem e a relação entre ensinante e aprendente (ver Cap. 6 para mais informações sobre relações educativas). O *feedback* impacta, dessa forma, diferentes fatores nas esferas cognitiva (atenção, estratégias de resolução de problemas, memória, etc.), motivacional e afetiva, podendo ter efeitos duradouros no autoconceito de quem o recebe, impactando na autoestima, por exemplo (Vollmeyer & Rheinberg, 2005) (ver Cap. 7 para mais informações sobre *feedback*).
d. Outro aspecto essencial para o ensino e o desenvolvimento de adultos é a prática experiencial. O aprendizado experiencial consiste na construção do conhecimento a partir de experiências da vida real e está constituído em perspectivas teóricas construcionistas, que apontam que as interações sociais e interpessoais são fundamentais no processo de aprendizagem (Yardley et al., 2012). Na aprendizagem experiencial e prática, aqueles que aprendem precisam estar engajados ativamente em seu ambiente, a fim de adquirir conhecimentos aplicados. Ao incentivar a ligação de novas experiências com experiências anteriores (assimilando ou acomodando novos conhecimentos), os educadores têm o papel de orientar os estudantes para compreender suas atividades atuais e futuras de formas pessoalmente significativas (Moon, 2004; Yardley et al., 2012).

Ademais, o aprendizado experiencial é recomendado como uma forma de aumentar o pensamento crítico e o engajamento, desenvolver uma prática teoricamente embasada e melhorar a preparação para a prática e a compreensão multicultural dos estudantes (Moon, 2004). A literatura aponta que estudantes que se dedicam à aprendizagem experiencial relatam maior autoconfiança e capacidade profissional do que aqueles que não o fazem (Kim et al., 2019). Assim, aprendizes expostos à aprendizagem experiencial diretamente relacionada com sua prática futura são capazes de aprimorar as habilidades necessárias para desempenhar responsabilidades profissionais, favorecendo o desenvolvimento de competências profissionais em um ambiente seguro (Clem et al., 2014) (ver Cap. 7 para mais informações sobre aprendizagem experiencial).

Atualmente, tem-se nas metodologias ativas uma alternativa didático-pedagógica que favorece a construção do conhecimento de maneira experiencial e participativa, bem como contextualizada e promotora do pensamento crítico. Contudo, ao fazer uma mudança no processo de ensino e aprendizagem, os papéis, as funções, as responsabilidades, a participação direta e o dinamismo também são revistos (ver Cap. 1 para mais informações sobre metodologias ativas), sendo necessária, mais do que nunca, a formação do educador para que sejam desenvolvidas competências educativas que permitam aplicar e potencializar o ensino, facilitando a aprendizagem (Costa et al., 2012; Neufeld et al., 2020).

Se, por um lado, é necessário conhecer e lapidar o desempenho profissional, por outro, entende-se que as competências profissionais ultrapassam a questão meramente técnica, visto que, juntamente com outras dimensões (p. ex., competências sociais, atitudes e valores éticos), constituem a formação necessária (Barletta, Rodrigues, & Neufeld, 2021). Os 53 professores de medicina que participaram da pesquisa qualitativa de Costa et al. (2012) descreveram elementos técnico-científicos, pedagógicos e humanísticos como necessários para a formação docente de qualidade. Os autores dessa pesquisa entenderam esse resultado como uma conscientização da complexidade e da importância da profissionalização da docência para além de uma atividade genérica, e sugerem que haja mais investimentos institucionais para formação de futuros professores, em especial no que tange a aspectos didático-pedagógicos.

Sabe-se da complexidade que envolve a docência no ensino superior, tendo em vista que abrange a capacidade de lidar com diferentes contextos culturais, políticos e pedagógicos envolvidos no processo de ensino e aprendizagem. Com as mudanças no cenário social nacional, instalou-se a urgência de inovação nas práticas pedagógicas e do fortalecimento da formação e treinamento continuado dos docentes. Essa transformação pode facilitar a aprendizagem significativa, atingir uma ampla gama de estudantes que acessam a universidade e diminuir a evasão escolar. Ao repensar a mudança no processo de ensino e aprendizagem no ensino superior, pode-se incluir a discussão do insucesso acadêmico como resultante da relação educativa na qual docente e discente estão envolvidos (Xavier et al., 2019) (ver Cap. 6 para mais informações sobre relações educativas).

Apesar disso, ainda que hoje tenha havido uma mudança no cenário do ensino superior e que haja clareza da necessidade de sua reestruturação, sabe-se que a formação e o treinamento dos educadores ainda não são uma constante (Xavier et al., 2019), e que o método tradicional de ensino ainda persiste como uma proposta de educação bastante utilizada (Lacerda & Santos, 2018). Ou seja, ainda que atualmente se questione o papel do professor e sua formação, sabe-se que em alguns cenários educativos não houve uma distinção desse raciocínio.

Partindo desse entendimento, o objetivo deste capítulo é refletir sobre as possibilidades e os desafios da formação de educadores na área da psicologia. Ao trazermos o foco para a psicologia, assumimos duas funções educativas que têm intersecções, mas são, de alguma forma, distintas: a dos docentes, que são fundamentais ao longo do curso de graduação (e outras etapas do ensino), e a dos supervisores, essenciais no desenvolvimento da prática profissional. Para tanto, inicialmente apresentaremos a importância e os aspectos fundamentais da formação para exercer a função de docente e de supervisor em TCC e, na sequência, exemplificaremos com atividades, programas e treinamentos para a função docente e de supervisão em TCC do Laboratório de Pesquisa e Intervenção Cognitivo-Comportamental (LaPICC-USP), a partir das experiências vivenciadas nesse processo de formação.

FORMAÇÃO DOCENTE

A formação do professor pode ser considerada um dos investimentos na educação com maior sustentabilidade em longo prazo e com maior benefício, mesmo em curto prazo. O contrário também se faz verdadeiro, ou seja, a falta de investimento na formação mantém o "mau" professor, que, por sua vez, pode gerar um impacto negativo, com muitos custos e poucos benefícios, em curto, médio e longo prazos (Mello, 2009). No Brasil, o antigo curso normal, que visava à formação de professores para a educação infantil e os anos iniciais do ensino fundamental e era concluído como grau de ensino médio, deu lugar a cursos de graduação. A formação como docente no ensino superior concentra-se nas licenciaturas, como os cursos de química, física, letras e pedagogia, os quais têm um forte viés para formar docentes que atuem na educação infantil e nos ensinos fundamental e médio, não incluindo o professor universitário (Brasil, c2011).

Entre as críticas apresentadas por Mello (2009) sobre o modelo utilizado na formação universitária em educação está a escassa relação com a prática, o que o torna uma construção teórica da pedagogia com uma intensa segmentação entre o ensinar e o aprender. Somando a falta de valorização da profissão docente, duas preocupações têm sido expostas: a qualidade da formação docente e a falta de profissionais interessados nesta atividade. A esse exemplo, Esquinsani e Esquinsani (2018) ressaltaram o cuidado com o possível "apagão" docente, que seria resultado de um déficit de profissionais que tem sido constatado ao longo dos últimos anos, em especial na educação básica. Os autores apresentaram dados que indicam a baixa procura por cursos de licenciatura e pedagogia, além de haver mais professores se aposentando do que em início de carreira. Como exposto anteriormente, no âmbito do ensino superior, o fim da licenciatura em psicologia pode ser outro indicativo nesse sentido. Entre as possibilidades de enfrentamento está a importância de fortalecer a formação docente, visando sua qualidade e valorização. Com inquietude semelhante, Chamlian (2009) questiona sobre como valorizar a formação do docente universitário e a atividade de ensino nas IES.

A pós-graduação *stricto sensu* em educação tem sido um dos caminhos para a formação do professor universitário. Cunha (2009) destacou que esse percurso pode cumprir dois critérios importantes para o docente do ensino superior: a aquisição de conhecimentos, habilidades e atitudes da função de professor e o grau acadêmico de mestre ou doutor. Os resultados da pesquisa qualitativa dessa autora, que incluiu 12 profissionais de distintas áreas que também eram docentes universitários e realizaram seus estudos *stricto sensu* na área de educação, apontaram que a motivação para escolher o curso foi a vontade de compreender melhor a atividade docente, a insatisfação com sua *performance* como professor ou o sentimento de que essa função era a parte mais fragilizada de seu conhecimento e domínio. A autora considerou que houve conscientização dos participantes de que a base profissional não é suficiente para tornar alguém competente na atividade educacional e de que o estudo e a pesquisa sobre educação são espaços importantes para a formação docente.

Ainda nessa perspectiva, o mestrado profissional em educação também tem sido respaldado como um excelente caminho de formação docente, uma vez que coloca a prática profissional (de ensinar) em igualdade com a pesquisa, embora inicialmente tenha sido visto com reticências. O mestrado profissional propõe o estudo e a pesquisa da própria atividade, isto é, oportuniza-se a análise da prática docente, suas competências, necessidades e contextos (André & Princepe, 2017). A esse exemplo, esses autores apontam que as disciplinas e pesquisas do mestrado profissional em educação giram em torno de áreas de concentração, como formação de formadores, desenvolvimento profissional do educador, práticas educativas e intervenções avaliativas. Outra atividade que compõe a pós-graduação é a tutoria, na qual doutorandos auxiliam mestrandos, de maneira planejada e sistematizada, na produção de textos e pesquisas durante o primeiro ano do curso. O mestrado profissional em psicologia tem sido apontado como uma possibilidade para a formação docente na área em nível superior, respondendo às necessidades sociais de capacitação profissional que, diferentemente do mestrado acadêmico, enfatiza estudo e técnica voltados ao desempenho em alto nível de qualificação profissional, além da habilitação para a docência (Coordenação de Aperfeiçoamento de Pessoal de Nível Superior [CAPES], 2019). Vale ressaltar que o próprio Ministério da Educação descreve como requisito mínimo para exercer a função de professor assistente nas universidades federais o grau de mestre (Lei n° 12.863, 2013), o que favorece a busca de educadores para a formação em pós-graduações *stricto sensu* diversas.

Para além da graduação específica na área de ensino e pós-graduação *stricto sensu*, uma alternativa para ampliar o acesso a atividades de formação docente são as monitorias acadêmicas ofertadas em diversos cursos de bacharelado. Elas servem como auxílio ao docente titular, mas também permitem ao estudante monitor aprofundar o conhecimento no conteúdo e aprender a prática pedagógica de maneira aplicada e experiencial. Os discentes da disciplina também ganham, uma vez que o monitor, por também ser um aluno (mesmo que de outra turma/estágio), tem uma relação mais próxima com o restante da turma, podendo facilitar a comunicação e/ou o manejo de possíveis rupturas relacionais (Nascimento & Barletta, 2011). Assim, pode-se dizer que a monitoria é caracterizada por um processo fundamentado e organizado nos objetivos de aprendizagem dos discentes e dos docentes em formação, envolvendo atividades nas diferentes dimensões relativas à docência, e que perpassa todo o processo da prática andragógica.

O monitor participa diretamente do planejamento da disciplina, desde a compreensão dos objetivos de aprendizagem até as questões mais operacionais (p. ex., selecionar textos, propor atividades pedagógicas, construir critérios de aprovação, reconhecer normas de faltas e participação, elaborar provas e outras atividades avaliativas). Nesse processo, também observa as aulas do docente (aprendizagem por modelação) e pode participar de atividades de ensino (aprendizagem por modelagem) propriamente ditas, sendo recomendada a discussão após as atividades, além de *debriefing* e/ou *feedback* para reflexão dos pontos favoráveis e daqueles a serem repensados para a função docente. Entende-se que, durante a monitoria, o aluno monitor acompanha o docente responsável em suas atividades docentes e/ou recebe sua orientação para aplicá-las. Entre as habilidades a serem desenvolvidas estão o conteúdo e especificidade da disciplina (teórico-técnico), os aspectos didático-pedagógicos (estratégias de ensino e cenários de aprendizagem) e a postura profissional e ética (organização, responsabilidade e habilidades relacionais) (Nascimento & Barletta, 2011). Contudo, em pesquisa qualitativa realizada por essas autoras com cinco docentes universitários do curso de psicologia que ofertavam monitoria, identificou-se algumas barreiras, entre as quais destacam-se o baixo interesse entre os discentes, a falta de investimento institucional para fomentar a atividade, o forte incentivo à pesquisa e à extensão em detrimento à monitoria e o baixo interesse dos professores em responsabilizar-se por mais uma tarefa.

A depender das normas e das políticas estabelecidas pela IES, a monitoria pode ser voluntária ou remunerada, com pagamento de bolsa ao aluno monitor (Nascimento & Barletta, 2011). Por exemplo, Krasilchik (2009) aponta o Programa de Aperfeiçoamento de Ensino (PAE) da Universidade de São Paulo (USP). O PAE promove o engajamento e a inserção dos alunos de pós-graduação em atividades de ensino junto aos alunos de graduação, com a orientação de um professor mais experiente, efetivo da universidade, e que podem ocorrer em duas etapas: 1) preparação pedagógica, momento em que o estudante de pós-graduação envolve-se com o estudo sobre didática e com o planejamento da disciplina, incluindo, por exemplo, elaboração de materiais e ementa; e 2) estágio supervisionado em docência, no qual há a participação direta do estudante de pós-graduação em atividades de ensino, sempre na companhia do docente (Universidade de São Paulo [USP], c2022). Os programas de pós-graduação *stricto sensu* vem sendo cada vez mais incentivados a ofertar disciplinas de formação docente tanto para o nível de mestrado quanto para o nível de doutorado. Essas iniciativas são fundamentais, uma vez que os futuros docentes de cursos de graduação estão realizando seu treinamento para a docência, além de sua formação para pesquisa, nos programas de pós-graduação.

Outro desafio importante na formação docente é o uso das tecnologias da informação e comunicação (TICs), que promoveu a renovação das práticas pedagógicas e na atuação de diversos profissionais, como os da psicologia. O desafio se dá na aplicabilidade das TICs como ferramentas que possam incrementar as metodologias ativas e servir para um processo facilitador do desenvolvimento e da aprendizagem. Especialmente após o início da pandemia de covid-19, quando a tecnologia passou a ser essencial nas relações interpessoais e de aprendizagem, houve o crescimento da inclusão tecnológica na atividade docente. No entanto, a literatura aponte que a inclusão das TICs não garantiu o seu uso adequado na educação, mantendo-se como ferramentas para a transmissão de conteúdo na lógica tradicional de ensino (Chamlian, 2009; Versuti et al., 2016). Logo, parte-se do entendimento de que a formação de docentes, além de contemplar a questão pedagógica (p. ex., elaboração da disciplina, materiais, objetivos, estratégias de ensino e de avaliação), as relações interpessoais educativas e a gestão do processo de ensino e aprendizagem, necessariamente deverá passar pela apreensão e aquisição de competências para uso das TICs (ver Cap. 2 para mais informações).

A esse exemplo, Barletta, Versuti e Neufeld (2021) descreveram dois momentos da disciplina Supervisão Baseada em Evidências, ofertada para alunos dos cursos de pós-graduação *stricto sensu* em psicobiologia e em psicologia da USP. No primeiro momento, antes da pandemia, a proposta era a de uma disciplina híbrida, que pudesse ter atividades presenciais e *on-line*, com base em metodologias ativas, com o intuito de fundamentar a utilização de diversas estratégias pedagógicas na formação, incluindo diferentes ferramentas das TICs. No segundo momento, a disciplina foi reorganizada de forma totalmente *on-line*, em função de ocorrer durante a pandemia. Para tanto, novas ferramentas virtuais compuseram a proposta de ensino, sempre com participação ativa dos alunos, incluindo possibilidades de uso das TICs para promover aprendizagem clínica em supervisão. Uma monitora com maior *expertise* em TICs esteve presente nesse segundo momento da disciplina, auxiliando na inclusão de novos recursos, bem como a respeito de seu uso pelos docentes e discentes.

FORMAÇÃO DO SUPERVISOR CLÍNICO

Em psicologia, a figura do supervisor clínico perpassa todos os profissionais que pretendem atuar como psicoterapeutas, tanto os que estão na graduação quanto os que estão se especializando em pós-graduação *lato sensu* ou *stricto sensu*, bem como os pares, durante a jornada laboral. O supervisor clínico tem por função facilitar o desenvolvimento de competências profissionais do psicoterapeuta, portanto, também é considerado um educador. Em geral, muitos supervisores clínicos iniciam sua prática nessa atividade por dois motivos: ou porque são clínicos experientes ou porque já são docentes universitários (Barletta et al., no prelo). Conforme discutido anteriormente, partindo da premissa equivocada de que um terapeuta experiente é o suficiente para ser um educador da prática clínica (Falender, 2018), somado à pouca ênfase na formação do docente, em especial do professor universitário (Alberto et al., 2020; Batista & Silva, 1998; Costa, 2007; Cunha, 2009), vê-se outra vez uma lacuna para o exercício da função de ensino. Esse entendimento torna-se ainda mais crítico quando se trata de supervisão clínica, já que há apenas pouco tempo busca-se compreender como ocorre o desenvolvimento de competências clínicas (Velasquez et al., 2015) – e há menos tempo ainda enfatiza-se a necessidade da formação do supervisor (Milne & Reiser, 2017).

Ao redor do mundo, já existem alguns critérios estabelecidos para a atuação como supervisor clínico, bem como credenciamento para essa prática. Ao refletir sobre o credenciamento de supervisores, estamos falando de um processo de profissionalização da função, em que o treinamento e a formação para supervisionar tornam-se essenciais. Por mais que essa proposta esteja sendo mais aceita e disseminada, chamam atenção os poucos treinamentos de supervisores ofertados e suas intensas distinções (Newman & Kaplan, 2016), o ainda razoável conhecimento das competências essenciais necessárias, as poucas orientações para a supervisão (Corrie & Lane, 2015; Velasquez et al., 2015) e a diversidade nas legislações dos diferentes países para certificar essa prática (Ferreira et al., 2021), fatores que dificultam a uniformização de modelos norteadores de treinamento de supervisores e da própria supervisão clínica.

Em geral, as instituições que credenciam supervisores clínicos em TCC apresentam como critérios o treinamento em terapia e em supervisão, a experiência clínica como terapeuta e como supervisor e o recebimento da supervisão da prática clínica e da metassupervisão da prática supervisionada. Vale ressaltar que, para candidatar-se a supervisor, é necessário que o profissional seja previamente credenciado como terapeuta, com variação da exigência do tempo conforme a instituição acreditadora (Ferreira et al., 2021). Entre as competências para exercer a função de supervisor, destacamos a necessidade de domínio de alguns conhecimentos, habilidades e atitudes (CHA), apresentados no Quadro 5.1.

QUADRO 5.1 Conhecimentos, habilidades e atitudes para a função de supervisor

CHA	Descrição
Habilidades educativas	Aspecto relacionado ao professor, que abarca metodologias ativas, estratégias pedagógicas para desenvolvimento de competências clínicas, uso das TICs e gestão educativa.
Habilidades de avaliação e *feedback*	O *feedback* e a mensuração de competências favorecem o acompanhamento da aprendizagem e são ferramentas cruciais da andragogia.
Habilidades interpessoais	As relações educativas baseadas no empirismo colaborativo e na descoberta guiada são necessárias para o encorajamento e o bem-estar na participação ativa na aprendizagem significativa. Portanto, além de estabelecer relações educativas, o supervisor deve manejar as rupturas e as relações de poder.
Protocolos clínicos e modelos de supervisão	Com base nas evidências e melhores práticas, é fundamental que o supervisor conheça os protocolos clínicos e os tratamentos empiricamente sustentados, relacionados à problemática do paciente que será apresentada em supervisão, ou saiba onde buscar esse conhecimento. Também é necessário que conheça e utilize modelos de supervisão que promovam as funções formativa, normativa e restauradora no processo de ensino e aprendizagem.
Formulações clínicas de caso e da supervisão	Com o intuito de favorecer o levantamento das características e necessidades individuais, bem como das culturais, o supervisor deve trabalhar com base em formulações de caso, a fim de auxiliar a compreensão do atendimento (tanto para o terapeuta como para o próprio supervisor). Da mesma forma, é necessário que o supervisor possa formular os problemas de supervisão e as peculiaridades dos supervisionandos.

Ao analisar as informações do Quadro 5.1, alguns aspectos devem ser destacados. No que tange às habilidades educativas, é necessário que o supervisor se calque em estratégias pedagógicas e andragógicas, promovendo a facilitação da aquisição de CHAs específicos e genéricos aos profissionais em formação, destacando o uso de metodologias ativas, TICs e gestão de ensino (Barletta, Versuti, & Neufeld, 2021).

Ao promover a aquisição de competências, torna-se crucial que o supervisor desenvolva habilidades de avaliação e *feedback*, uma vez que a mensuração de competências facilita o acompanhamento do desenvolvimento dos profissionais em formação de maneira objetiva. As habilidades interpessoais circundam o manejo da relação supervisor-terapeuta em formação, que deve seguir o pressuposto da descoberta guiada e do empirismo colaborativo, ou seja, as mesmas práticas que sustentam a relação terapêutica na TCC e impactam diretamente no desenvolvimento de aprendizagens significativas (Cummings et al., 2015) (ver Cap. 6 para mais informações sobre relações educativas).

Quanto às competências específicas ao supervisor em TCC, inclui-se o conhecimento de protocolos clínicos e modelos de supervisão, fundamentados em práticas baseadas em evidências e no uso de modelos de supervisão amparados nas funções formativa, normativa e restauradora. Conhecimentos e habilidades relativas às formulações de caso e de supervisão são cruciais ao supervisor em TCC, que conduz o entendimento clínico dos casos atendidos com base nas conceituações de caso. Destaca-se a importância de o supervisor formular as dificuldades encontradas no próprio processo de supervisão, a fim de torná-lo formativo e restaurador aos supervisionandos. O estabelecimento de agenda, as habilidades de resolução de problemas e o *feedback* formativo são destacados na literatura (Barletta, Rodrigues, & Neufeld, 2021; Cummings et al., 2015) (ver Caps. 8 e 14 para mais informações sobre supervisão clínica em TCC e formação do supervisor, respectivamente).

FORMAÇÃO DOCENTE E DE SUPERVISOR: A EXPERIÊNCIA DO LAPICC-USP

Desde a sua criação, em 2008, o LaPICC-USP tem por objetivo proporcionar o desenvolvimento de profissionais da psicologia (Neufeld et al., 2014), principalmente nas atuações clínicas e educativas, com atividades de pesquisa, extensão e formação, com enfoque nas teorias cognitivas e comportamentais. No que diz respeito à formação, destacam-se atividades voltadas para docência (monitoria voluntária e PAE), para organização e gestão de eventos, para atendimentos clínicos e para supervisores. Na Figura 5.1 estão representadas as atividades do laboratório realizadas antes da pandemia de covid-19.

A pandemia impôs algumas mudanças no formato das atividades de ensino, pesquisa, extensão e intervenção do LaPICC-USP, que adaptou suas atividades a fim de abarcar as demandas surgidas no momento pandêmico, por meio do uso das TICs. Nesse sentido, pode-se identificar que os ramos apresentados na Figura 5.1 continuaram a ser desenvolvidos, porém com algumas alterações. As atividades de organização de eventos, por exemplo, exigiram aumento do conhecimento e manejo de TICs, bem como parcerias que pudessem favorecer a entrega de jornadas e simpó-

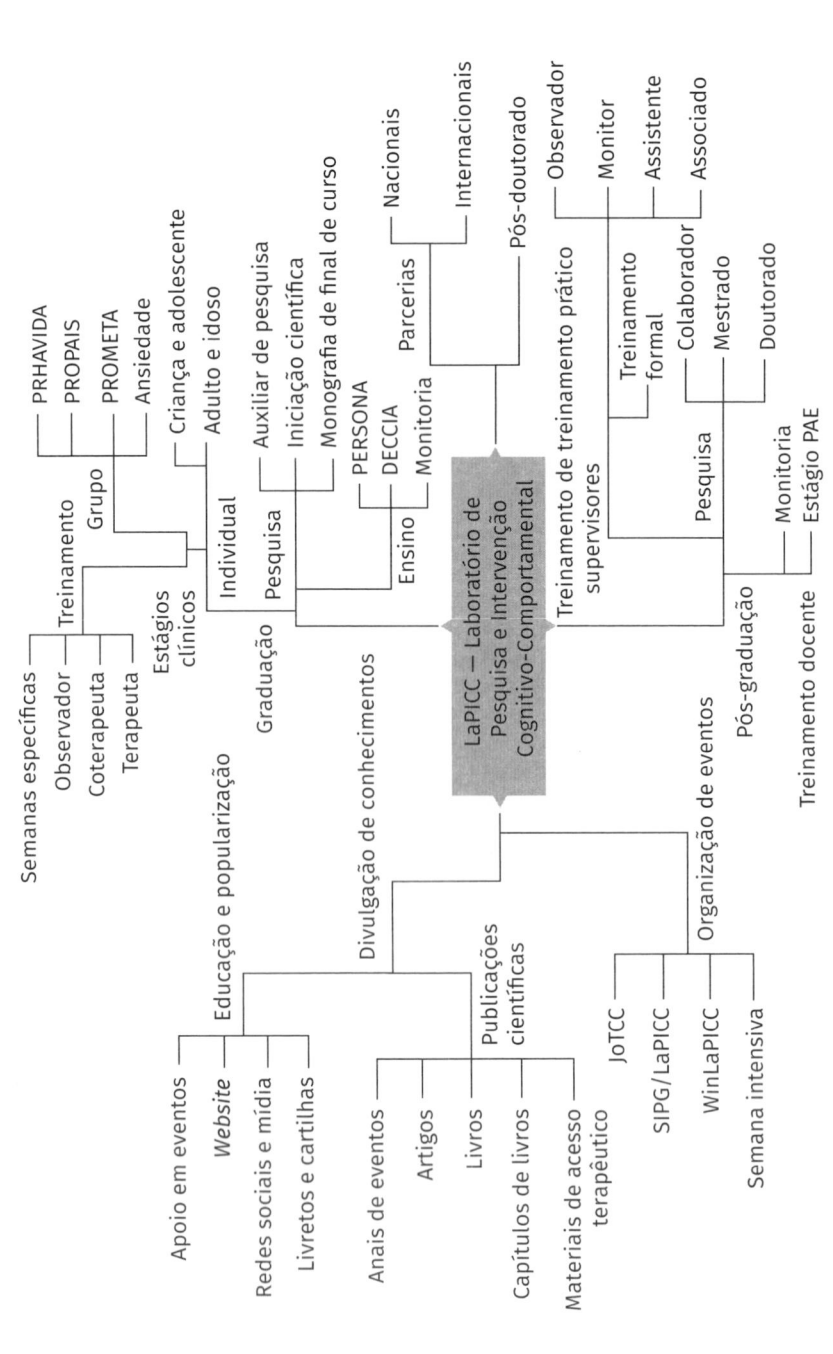

FIGURA 5.1 Atividades do LaPICC-USP antes da pandemia de covid-19.
PRHAVIDA: Programa Cognitivo-comportamental de Habilidades de Vida para Crianças e Adolescentes; PROPAIS: Programa de Orientação de Pais; PROMETA: Programa Cognitivo-comportamental de Educação Alimentar em Grupo; Persona: disciplina - Psicologia da Personalidade; DECCIA: disciplina - Distúrbios Emocionais, Cognitivos e Comportamentais na Infância e na Adolescência; JOTCC - Jornada de Terapias Cognitivo-comportamentais; SIPG/LAPICC: Seminário Internacional de Pós-graduação do LaPICC; WINLAPICC: Workshop Internacional do LaPICC.

sios virtuais com amplo alcance de público e palestrantes de diferentes localidades geográficas. Já nas atividades clínicas, foi estabelecido o programa "LaPICC contra covid-19", uma experiência-piloto conduzida pelos psicoterapeutas vinculados ao laboratório, que consistiu em intervenções grupais *on-line*. Por meio do programa, foi possível verificar a viabilidade da condução das intervenções obtendo-se promissores resultados, o que embasou o planejamento e a estruturação dos programas de baixa e média intensidades para intervenções em grupo e individuais no formato *on-line*, bem como propostas de intervenções assíncronas. As atividades de formação foram igualmente adaptadas para o formato *on-line*, sendo oferecidas capacitações e encontros supervisionados de forma síncrona (para uma descrição detalhada desse processo, ver Neufeld et al., 2022).

Sobre a formação de supervisores clínicos no LaPICC-USP também podem ser apontadas algumas alterações. Entre as atividades formativas, a parte que se manteve sem alterações diz respeito à aprendizagem por modelação, sistematizada em níveis desenvolvimentais e de objetivos de aprendizagem de acordo com o momento de cada profissional em formação, na qual supervisores iniciantes na prática acompanham os encontros supervisionados de colegas que já estão há mais tempo em treinamento e são orientados ao longo do processo pelos supervisores titulares (Barletta, Rodrigues, & Neufeld, 2021; Neufeld et al., 2014). Desde 2009, foram implementadas atividades formativas para supervisores no LaPICC-USP, porém, ao longo dos anos, várias mudanças foram necessárias para acompanhar a trajetória e o aumento da equipe. Entre elas, desde 2018, está a inclusão de treinamento formal para a função de supervisor, concebido a partir das necessidades desenvolvimentais da equipe de supervisores em treinamento.

Cabe ressaltar que durante a pandemia mudanças nos programas *on-line* de intervenção e formação de terapeutas e supervisores se fizeram necessárias. Assim, houve a alteração dos programas de intervenção individual infantil, que foram desativados, e para adultos, os quais tinham uma média de 30 sessões e passaram a ser de oito sessões, com foco em ansiedade e depressão. Os programas de grupo (PRHAVIDA, PROPAIS, PROMETA e de ansiedade), por sua vez, foram modificados para intervenções breves de seis sessões *on-line*. Além disso, houve a inclusão da intervenção assíncrona com quatro módulos. Para tanto, as supervisoras foram treinadas de forma que pudessem lapidar CHAs para as intervenções *on-line*, uso das TICs, formulações de casos e planejamento dos programas (Neufeld et al., 2022).

Além do uso das TICs, também houve mudança de disciplinas ofertadas nas atividades de formação docente. Atualmente as monitorias encontram-se em duas disciplinas da graduação: Teorias e Práticas em Psicologia Clínica: Abordagem Cognitivo-Comportamental, cujo objetivo é apresentar as principais contribuições teóricas e práticas da abordagem cognitivo-comportamental (com enfoque na TCC), e Psicopatologia da Infância e Adolescência, que tem por finalidade discutir os principais transtornos mentais que ocorrem ao longo do desenvolvimento infantojuvenil.

Esse breve panorama do processo e das alterações que ocorreram na formação docente e de supervisores no LaPICC-USP visa oferecer uma ideia da importância da adaptação e constante revisão das práticas de formação pedagógica, levando em consideração o contexto e o momento histórico no qual eles se inserem (para saber mais sobre o desenvolvimento dos programas de formação pedagógica [docente e supervisor] do LaPICC-USP, ver também Neufeld et al., 2014, Neufeld et al., 2018, e Neufeld et al., 2022). Partindo do objetivo deste capítulo, a seguir serão descritos dois exemplos de formação para essas atividades educativas: a monitoria que constitui a formação docente e o treinamento de supervisores.

Monitoria como estratégia da formação docente

O programa de monitoria voluntária ou estágio PAE, que funcionam de forma conjunta, do LaPICC-USP existe desde 2010. A equipe de monitores, que se organizam em duplas, é formada por mestrandos e doutorandos, alunos da graduação e colaboradores de pesquisa em estágio probatório para seleção de mestrado/doutorado. As duplas são cuidadosamente formadas por um monitor mais experiente e um monitor menos experiente, para que possam desenvolver algumas das atividades em conjunto, o que facilita a integração da equipe e a aquisição de aprendizagens, as quais se dão também em nível vicário, por meio da observação de um modelo, além da aquisição de conhecimentos em níveis práticos e teóricos (Neufeld et al., 2011).

As monitorias são iniciadas antes do começo das aulas, com uma reunião na qual toda a equipe é apresentada e integrada. Aos docentes em formação são apresentados os objetivos da disciplina e os objetivos de aprendizagem da monitoria, que incluem o desenvolvimento da prática docente e o aperfeiçoamento dos conhecimentos teóricos da abordagem cognitivo-comportamental. Os docentes em formação conhecem o funcionamento da disciplina e são inseridos em atividades nas múltiplas dimensões relacionadas à docência, em suas esferas organizativa, técnica, didático-pedagógica, relacional e avaliativa (Quadro 5.2). Além disso, são apresentados e discutidos conceitos-chave relacionados à metodologia empregada na disciplina, ao ensino-aprendizagem e ao processo de educação de adultos.

Os monitores assistem a todas as aulas da disciplina e participam de reuniões semanais após as aulas, com objetivo de planejar, orientar e supervisionar as atividades e fornecer *debriefing*. Durante os momentos de *debriefing*, são discutidos temas como o andamento da disciplina e as relações professor-aluno-monitores, e proporcionadas reflexões sobre os aspectos favoráveis e aqueles a serem desenvolvidos na prática docente. Cada dupla de monitores é responsável por uma tarefa ao longo da disciplina e, nelas, cada um deles recebe uma atribuição mais específica, além de atividades pertinentes à organização e à condução da disciplina. As tarefas e atividades pertinentes à monitoria estão descritas no Quadro 5.2.

QUADRO 5.2 Dimensões relacionadas à docência e às atividades desenvolvidas na monitoria

Dimensões relacionadas à docência na monitoria		Atividades desempenhadas pelos monitores
Organizativa	Organização dos conteúdos curriculares e seleção da bibliografia, recursos didáticos e outros materiais de apoio.	Organização do cronograma da disciplina. Atualização das bibliografias da disciplina. Distribuição dos casos em grupos, na metodologia da aprendizagem baseada em problemas. Seleção de intervenções terapêuticas (com referencial bibliográfico) a serem dramatizadas pelos discentes. *Upload* de materiais na plataforma. Gerenciamento da lista de chamada.
Técnica	Acompanhamento das atividades didáticas, práticas e teóricas.	Acompanhamento e observação das aulas. Condução de monitorias em pequenos grupos de alunos para suporte na resolução do caso clínico.
Didático-pedagógica	Organização e desenvolvimento das aulas e utilização do espaço-tempo das atividades didáticas.	Construção de disparadores para as aulas (estímulos como vídeos, notícias, cenas de filmes ou séries, vinhetas clínicas, personagens). Construção de casos clínicos. Construção de material visual (*slides*) e apresentação dos casos clínicos à turma em seminário.
Relações professor/aluno	Organização da participação dos alunos nas aulas e de atividades e iniciativas que facilitem a interlocução entre o docente e os estudantes.	Participação em reuniões de *debriefing* para reflexão a respeito da condução e andamento das aulas, bem como diálogo sobre as relações estabelecidas em sala de aula.

Fonte: Elaborado com base em USP (c2022).

Na disciplina Teorias e Práticas em Psicologia Clínica: Abordagem Cognitivo-Comportamental (conforme mencionado na seção anterior), dividida em módulos (ver Quadro 5.2), a atuação dos monitores também se organiza da seguinte forma:

a. O módulo I tem um enfoque teórico, com objetivo de introduzir conceitos-chave da TCC beckiana, no que tange a aspectos teóricos e relacionados a estratégias de intervenção. São aulas que fazem uso, majoritariamente, de metodologias ativas, como construção de mapas conceituais, discussão em pequenos e grandes grupos e realização de estudos dirigidos com enfoque em resolução de problemas. Para os monitores, observar e assistir às aulas é uma importante atividade, para que retomem conceitos teóricos e possam se integrar com a turma, desenvolvendo habilidades relacionais e atitudinais da prática docente. Os monitores também podem se familiarizar com as metodologias empregadas, usando a observação como uma forma de aprendizagem por modelação.
b. O módulo II é marcado pelo uso predominante de metodologias ativas, com ênfase na aprendizagem baseada em problemas (PBL, do inglês *problem based learning*) (Gorghiu et al., 2015), na qual são trabalhados casos clínicos a serem solucionados pelos discentes em pequenos grupos. O objetivo é identificar os tópicos de aprendizagem desenvolvidos no módulo I e trabalhar em resolução de problemas, processo no qual o discente integra os conhecimentos adquiridos previamente com novos conhecimentos, por meio da busca de informações e da aplicação dos conhecimentos para a resolução de um problema real ou simulado. Essa metodologia foi investigada previamente em um estudo, conduzido pela primeira autora deste capítulo, sobre a percepção discente quanto às habilidades adquiridas com a PBL, com resultados indicando uma percepção positiva dos alunos na aplicação dessa metodologia, com potencialidade para o desenvolvimento de aprendizagens significativas (Neufeld et al., 2020). A equipe de monitores constrói os casos clínicos em conjunto, em um processo dinâmico e integrado, sempre orientada e supervisionada pelo docente responsável. Inicialmente, é conduzido um *brainstorming* com diferentes possibilidades de queixas e demandas clínicas, e o docente responsável direciona os pontos que os casos precisam abranger, como dados relevantes de história de vida, contexto sociocultural, problemas e demandas, abrangência de queixas relacionadas a estresse de minorias (p. ex., diversidade cultural, étnica, religiosa, regional, de gênero, raça e orientação sexual). Logo, o caso se torna semelhante aos atendimentos cotidianos da clínica em saúde pública em TCC. Em seguida, o caso é escrito pelas duplas de monitores e estruturado como sessões de psicoterapia na abordagem cognitivo-comportamental, com todas as informações necessárias para a construção de uma conceitualização de caso, elaboração de um plano

de tratamento e seleção de uma intervenção psicoterapêutica. Em seguida, os casos são revisados por outra dupla, conduzindo, assim, uma revisão por pares. Todo o processo é acompanhado ativamente e supervisionado pela docente titular da disciplina. Ao todo, são construídos quatro casos clínicos que serão trabalhados em oito grupos, para que tanto a turma como os monitores tenham acesso à produção e à discussão de diferentes casos e estratégias terapêuticas. Durante o módulo, são conduzidos encontros de monitoria em pequenos grupos. Os discentes recebem os casos clínicos construídos pelos monitores, nos quais devem ser trabalhados os conceitos teóricos apresentados nas aulas anteriores e presentes na bibliografia da disciplina. Cada monitor fica responsável por um grupo e, ao longo de três encontros, discute e auxilia os discentes na resolução do caso clínico, visando elaborar a conceitualização cognitiva e o plano de tratamento, bem como articular o raciocínio clínico no entendimento do caso.

c. No terceiro e último módulo da disciplina, são discutidos aspectos relacionados às intervenções e técnicas terapêuticas da TCC. Cada grupo, sob orientação dos monitores, recebe uma técnica terapêutica para aplicar ao caso clínico, para o qual já se construiu a conceitualização cognitiva e o plano de tratamento. A seleção de técnicas terapêuticas a serem distribuídas e posteriormente dramatizadas pelos alunos é feita em reuniões entre os monitores e o docente titular, em uma discussão dinâmica na qual é praticado tanto o raciocínio clínico quanto a docência – esta última desenvolvida ao se pensar em conjunto as bibliografias adequadas para o embasamento das técnicas a serem indicadas aos discentes. Quando essas escolhas são definidas, cada dupla de monitores fica responsável pela busca e seleção da bibliografia, e o monitor responsável publica os textos na plataforma de aprendizagem Moodle.

Nos últimos dois encontros da disciplina, é conduzida a discussão dos casos clínicos no grande grupo. Eles são apresentados pelos monitores com auxílio de recursos visuais e, em seguida, é realizada a discussão em seminário, com ênfase na conceitualização cognitiva e no plano de tratamento. O objetivo do último encontro é a dramatização (ao vivo ou por meio de gravação de vídeos) e discussão das intervenções em TCC, além da avaliação e encerramento da disciplina com *feedback* 360º.

Após o último encontro, a equipe de monitores atua no encerramento da disciplina, ao avaliar, em conjunto com o docente titular, os trabalhos realizados e as autoavaliações dos discentes, desenvolvendo habilidades referentes à avaliação da aprendizagem, discutindo a atribuição de notas. A monitoria se encerra com um *debriefing* final, com reflexões sobre o andamento da disciplina, os pontos fortes e os pontos a serem desenvolvidos, bem como acerca dos objetivos de aprendizagem. A equipe de monitores também é convidada a fazer uma autoavaliação, de forma reflexiva, quanto ao seu desenvolvimento como docentes em formação, às competências adquiridas e aos objetivos de aprendizagem atingidos.

De forma semelhante, a disciplina Psicopatologia na Infância e Adolescência, que objetiva trabalhar os principais transtornos mentais que ocorrem nessas fases do desenvolvimento por meio de uma ótica desenvolvimental e das relações entre fatores de proteção e de risco, é dividida em módulos e trabalha majoritariamente com metodologias ativas, com ênfase na PBL. A cada três aulas, os estudantes recebem casos clínicos, que são trabalhados em etapas e em pequenos grupos, perguntas norteadoras para discussão e possíveis hipóteses diagnósticas para cada caso – no terceiro encontro há uma discussão geral entre a turma, com o levantamento das hipóteses diagnósticas, o diagnóstico final e os possíveis encaminhamentos. A equipe de monitores acompanha todas as aulas, auxilia na preparação das atividades e executa o papel de tutoria/monitoria nos pequenos grupos de trabalho (Neufeld et al., 2020), seguindo um modelo semelhante, porém adaptado, do descrito anteriormente.

Formação de supervisor clínico

A formação para a prática supervisionada no LaPICC-USP foi ganhando contornos mais delimitados ao longo de sua história. Essa atividade teve início em 2009, com a abertura do estágio em TCC focado no atendimento de indivíduos e grupos. Naquele momento, contava-se com dez estagiários e uma supervisora em treinamento. Inicialmente, o treinamento em supervisão se dava por meio da observação das supervisões de atendimentos com adultos, crianças e adolescentes, ofertadas pela coordenadora do laboratório, com o objetivo de promover aprendizagem por modelação e atividades formativas de *debriefing* posteriores. Além disso, com o intuito de abarcar a teoria, havia grupos de estudos em TCC e uma disciplina de terapia cognitiva ofertada na pós-graduação (Neufeld et al., 2011, 2014). Com o passar dos anos, e com o aumento da procura tanto de alunos de graduação para os estágios de TCC quanto de estudantes de pós-graduação, a formação em supervisão foi se estruturando, sendo que em 2018, além de atividades formativas e por modelação, passou a contar com um treinamento formal de supervisores.

De forma geral, a formação de supervisores no LaPICC-USP ocorre em diferentes níveis de aprofundamento: os supervisores iniciantes, chamados de supervisores observadores, acompanham as supervisões realizadas pelos supervisores assistentes ou pelos supervisores associados, com o objetivo de conhecer o processo e passar por uma aprendizagem vicária. Entre esses dois momentos de desenvolvimento, à medida que o supervisor iniciante vai ganhando experiência, assumindo responsabilidades e aumentando suas habilidades supervisionadas, pode exercer um papel de nível intermediário, chamado de supervisor monitor. Ressalta-se que em todo esse processo sempre há o suporte do supervisor titular (Barletta, Rodrigues, & Neufeld, 2021; Neufeld et al., 2014). Paralelamente ao treinamento específico para a atividade supervisionada, a formação também é seguida pelo desenvolvimento no atendimento clínico. Logo, os supervisores em treinamento (alunos de pós-graduação vinculados ao LaPICC-USP) também realizam atendimentos clínicos, sendo supervisionados pela supervisora titular ou por supervisores associados. Outro pilar que se manteve complementar à formação é a solidificação do conhecimento teórico, sendo constantemente ofertado pelo laboratório de diferentes cursos de atualização em paralelo às atividades de pesquisa, como terapia cognitiva processual (com Prof. Dr. Irismar de Oliveira), terapia do esquema (com Profa. Dra. Aline Henriques Reis), atualização em DSM-5 (com Prof. Dr. Wilson Vieira), treinamento de regulação infantil – T.R.I. (com Prof. Renato Caminha e sua equipe), além dos treinamentos em TCC ofertados anualmente em colaboração com todos os supervisores e a supervisora titular.

Em 2018, o LaPICC-USP ampliou sua oferta de formação de supervisores, a partir do primeiro trabalho de pós-doutorado vinculado ao laboratório, com ênfase no estudo de desenvolvimento de supervisores clínicos em TCC (Barletta, Rodrigues, & Neufeld, 2021). Assim, manteve-se o que já estava em prática, isto é, as atividades formativas e a aprendizagem por modelação, com o aumento gradual das responsabilidades em níveis desenvolvimentais de supervisão. Também foram incorporados a aprendizagem experiencial e o treinamento de competências, tanto clínicas como de supervisão (ver Cap. 8 para mais informações sobre aprendizagem experiencial e treinamento de competências em supervisão). Dessa forma, a supervisão passou a incorporar elementos como observação direta dos atendimentos e seu uso para discussão e autorreflexão.

Em 2019, o laboratório promoveu o primeiro curso de formação de supervisores com foco no desenvolvimento de competências essenciais de supervisão em encontros presenciais ao longo do ano. Essas atividades se mantiveram nos anos seguintes, até o presente momento, de maneira adaptada às necessidades dos supervisores em treinamento, ao contexto pandêmico e aos novos programas de atendimento ofertados pelo LaPICC-USP (Neufeld et al., 2022). Com o intuito de estimular e ampliar o alcance do conhecimento sobre supervisão para além dos mestrandos e doutorandos vinculados diretamente ao laboratório, foi ofertada a disciplina Supervisão Baseada em Evidências em dois programas de pós-graduação da USP (Barletta, Versuti, & Neufeld, 2021).

CONSIDERAÇÕES FINAIS

Tivemos como perspectiva iluminar a importância da formação pedagógica para docentes de ensino superior, bem como a da formação para exercer a função de supervisor clínico, que também perpassa o desenvolvimento didático-pedagógico. Assim, apresentamos um panorama geral para contextualizar o tema, passando pelas transformações do desenvolvimento da função do educador e refletindo sobre os desafios atuais da formação de docentes e de supervisores clínicos, em específico os de TCC.

Ao resgatar o cenário brasileiro sobre a formação em educação para a função de docente (do ensino superior) e de supervisores, verifica-se que essa formação ainda tem sido escassa na oferta cotidiana de treinamentos, bem como tem havido pouca ênfase em sua representatividade para fundamentar sua qualidade profissional. Destaca-se a importância de formar e treinar profissionais que possam ser educadores competentes, especialmente quando se trata da formação de supervisores clínicos em psicologia. Outro fator importante na transformação paradigmática é o entendimento das metodologias ativas, da aprendizagem experiencial e significativa e da participação colaborativa na construção do conhecimento como estratégias que fomentam o desenvolvimento. Para tanto, além dos novos papéis exercidos pelos educadores, apontamos os exercidos pelos alunos, que também têm sua responsabilidade nessa nova proposta.

Nesse sentido, procuramos provocar novas possibilidades para o leitor, para que as práticas educativas possam ser, cada vez mais, evidenciadas como uma proposta fundamental e legítima de profissionalização para todos, tanto os que estão no papel de educador quanto os que estão no papel de educandos. Consideramos que as reflexões sobre as mudanças paradigmáticas para esse fazer são necessárias para sua aplicabilidade e efetividade, o que, por sua vez, é crucial para o desenvolvimento da sociedade.

Com o intuito de apresentar um modelo prático e possível de ser organizado, no final do capítulo descrevemos duas propostas de formação da prática educativa com pós-graduandos de psicologia vinculados ao LaPICC-USP: a) de docentes, para exemplificar as atividades e o uso das metodologias ativas e da interação monitor-aluno de graduação; e b) de supervisores clínicos em TCC, perpassando pelas transformações do treinamento e sistematização que ocorreram ao longo dos anos, pela proposta de aprendizagem por modelação e desenvolvimento de competências supervisionadas e pela adaptação ao cenário da pandemia de covid-19. Portanto, entendemos que alcançamos nosso objetivo: plantar e regar a semente da importância da formação como educador.

REFERÊNCIAS

Alberto, S., Placido, R. L., & Placido, I. T. M. (2020). A formação docente e o tecnicismo pedagógico: Um desafio para a educação contemporânea. *Revista Ibero-Americana de Estudos em Educação*, 15(esp2), 1652-1668.

André, M., & Princepe, L. (2017). O lugar da pesquisa no mestrado profissional em educação. *Educar em Revista*, (63), 103-117.

Barletta, J. B., Araújo, B. M., & Neufeld, C. B. (no prelo). Survey of cognitive-behavioral therapy clinical supervisors' profile in Brazil. *Revista Estudos de Psicologia (Campinas)*.

Barletta, J. B., Rodrigues, C. M. L., & Neufeld, C. B. (2021). Formação de supervisores em terapia cognitivo-comportamental. *Revista Brasileira de Orientação Profissional*, 22(1), 61-72.

Barletta, J. B., Versuti, F. M., & Neufeld, C. B. (2021). Do ensino híbrido ao on-line: Relato de experiência docente na disciplina de supervisão baseada em evidências na pós-graduação stricto sensu brasileira. *Revista Brasileira de Terapias Cognitivas*, 17(2), 79-86.

Batista, N. A., & Silva, S. H. S. (1998). A função docente em medicina e a formação/educação permanente do professor. *Revista Brasileira de Educação Médica*, 22(2-3), 31-36.

Coordenação de Aperfeiçoamento de Pessoal de Nível Superior (CAPES). (2019). *Mestrado profissional: O que é?* https://www.gov.br/capes/pt-br/acesso-a-informacao/acoes-e-programas/avaliacao/sobre-a-avaliacao/avaliacao-o-que-e/sobre-a-avaliacao-conceitos-processos-e-normas/mestrado-profissional-o-que-e

Chamlian, H. C. (2009). A formação de professores para o ensino superior é possível e desejável? In S. Z. Pinho (Org.), *Formação de professores: O papel do educador e sua formação* (pp. 215-230). UNESP.

Clem, J. M., Mennicke, A. M., & Beasley, C. (2014). Development and validation of the experiential learning survey. *Journal of Social Work Education*, 50(3), 490-506.

Corrie, S., & Lane, D. A. (2015). *CBT supervision*. SAGE.

Costa, N. M. S. C. (2007). Docência do ensino médico: Por que é tão difícil mudar? *Revista Brasileira de Educação Médica*, 31(1), 21-30.

Costa, N. M. S. C., Cardoso, C. G. L. V., & Costa, D. C. (2012). Concepções sobre o bom professor de medicina. *Revista Brasileira de Educação Médica*, 36(4), 499-505.

Cummings, J. A., Ballantyne, E. C., & Scallion, L. M. (2015). Essential processes for cognitive behavioral clinical supervision: Agenda setting, problem-solving, and formative feedback. *Psychotherapy*, 52(2), 158-163.

Cunha, M. I. (2009). O lugar da formação do professor universitário: O espaço da pós-graduação em educação em questão. *Revista Diálogo Educacional*, 9(26), 81-90.

Esquinsani, R. S. S., & Esquinsani, V. A. (2018). O apagão docente: Licenciaturas em foco. *Contrapontos*, 18(3), 258-269.

Falender, C. A. (2018). Clinical supervision: The missing ingredient. *American Psychologist*, 73(9), 1240-1250.

Ferreira, I. M. F., Almeida, N. O., Barletta, J. B., Versuti, F. M., & Neufeld, C. B. (2021). Critérios para acreditação/certificação e formação do supervisor de terapia cognitivo-comportamental ao redor do mundo e as implicações para o contexto brasileiro. *Revista Brasileira de Terapias Cognitivas*, 17(1), 48-57.

Gemelli, C. E., & Closs, L. Q. (2022). Trabalho docente no ensino superior: Análise da produção científica publicada no Brasil (2010-2019). *Educação e Sociedade*, 43, e246522.

Gorghiu, G., Drăghicescu, L. M., Cristea, S., Petrescu, A. M., & Gorghiu, L. M. (2015). Problem-based learning: An efficient learning strategy in the science lessons context. *Procedia Social and Behavioral Sciences*, 191, 1865-1870.

Kim, Y., Jeong, K. H., & Kim, E. (2019). A nationwide cross-sectional survey of student experiential practice at community pharmacies in South Korea. *BMC Medical Education*, 19(1), 445.

Kohatsu, L. N. (2013). O ensino de psicologia no ensino médio: Relatos de professores da rede pública do Estado de São Paulo. *Psicologia Ensino & Formação*, 4(2), 34-64.

Krasilchik, M. (2009). Docência no ensino superior. In S. Z. Pinho (Org.), *Formação de professores: O papel do educador e sua formação* (pp. 231-239). UNESP.

Lacerda, F. C. B., & Santos, L. M. (2018). Integralidade na formação do ensino superior: Metodologias ativas de aprendizagem. *Avaliação*, 23(3), 611-627.

Lei nº 12.863, de 24 de setembro de 2013. (2013). Altera a Lei no 12.772, de 28 de dezembro de 2012, que dispõe sobre a estruturação do Plano de Carreiras e Cargos de Magistério Federal e dá outras providências. Diário Oficial da União, 24 set. 2013. http://www.planalto.gov.br/ccivil_03/_ato2011-2014/2013/Lei/L12863.htm#art1

Mello, G. N. (2009). Formação de professores. In S. Z. Pinho (Org.), *Formação de professores: O papel do educador e sua formação* (pp. 251-255). UNESP.

Menezes, T. S., & Menezes, A. P. S. (2014). As tendencias pedagógicas e as práticas educativas na saúde. *Revista da Universidade Vale do Rio Verde, 12*(2), 216-226.

Milne, D. L., & Reiser, R. P. (2017). *A manual for evidence-based CBT supervision*. John Wiley & Sons.

Moon, J. A. (2004). *A handbook of reflective and experiential learning: Theory and practice*. Routledge.

Nascimento, F. B., & Barletta, J. B. (2011). O olhar do docente sobre a monitoria como instrumento de preparação para a função de professor. *Revista Cereus, 5*(1), 1-12.

Neufeld, C. B., Mendes, A. I. F., Pavan, C. C., Gorayeb, R. P., & LaPICC. (2011). Laboratório de Pesquisa e Intervenção Cognitivo-Comportamental (LaPICC): Ensino-pesquisa-extensão no dia a dia da formação de psicólogos. *Revista Brasileira de Psicoterapia, 13*(3), 50-62.

Neufeld, C. B., Mendes, A. I. F., Pavan-Candido, C. C., Gorayeb, R. P., Palma, P. C., Nardi, P. C., ... Cavenage, C. C. (2014). Do atendimento à população à formação de terapeutas, supervisores e pesquisadores: A implementação de um laboratório de pesquisa e intervenção. In C. B. Neufeld (Org.), *Intervenções e pesquisas em terapia cognitivo-comportamental com indivíduos e grupos* (pp. 25-41). Sinopsys.

Neufeld, C. B., Peron, S., Palma, P. C., Ferreira, I. M. F., Maltoni, J., Scotton. I., ... Mendes, A. I. F. (2018). LaPICC-USP: Contribuições para a formação profissional de psicólogos no atendimento em terapia cognitivo-comportamental com indivíduos e grupos. In Elias, L. C. S., Corradi-Webster, C. M., Oliveira-Cardoso, E. A., Barrera, S. D., Santos, M. A. *Formação profissional em psicologia: Práticas comprometidas com a comunidade* (pp 200-221). Sociedade Brasileira de Psicologia.

Neufeld, C. B., Ferreira, I. M. F., Caetano, K. A. S., & Versuti, F. M. (2020). Problem-based learning: exploratory study of perception of psychology students. *Research, Society and Development, 9*(5), e48952109.

Neufeld, C. B., Barletta, J. B., Mendes, A. I. F., Amorim, C. A., Rios, B. F., Ferreira, I. M. F., ... Szupszynski, K. R. (2022). Propostas de intervenção e formação de terapeutas e supervisores: Overview dos programas online do LaPICC-USP. *Revista Brasileira de Terapias Cognitivas, 18*(1), 114-121.

Newman, C. F., & Kaplan, D. A. (2016). *Supervision essentials for cognitive-behavioral therapy*. APA.

Neves, C. E. B., & Martins, C. B. (2016). Ensino superior no Brasil: Uma visão abrangente. In T. Dwyer, E. L. Zen, W. Weller, J. Shuguang, & G. Kaiyuan (Orgs.), *Jovens universitários em um mundo em transformação: Uma pesquisa sino-brasileira*, (pp. 95-124). IPEA.

Oliveira, I. T. D., Soligo, A., Oliveira, S. F. D., & Angelucci, B. (2017). Formación en psicología en Brasil: Aspectos históricos y desafíos contemporáneos. *Psicologia Ensino & Formação, 8*(1), 3-15.

Pereira, L., & Behrens, M. A. (2010). Desenvolvimento docente no ensino superior: Visibilidade e atuação profissional. *Práxis Educativa, 5*(1), 39-46.

Rechtman, R., & Bock, A. M. B. (2019). Formação do psicólogo para a realidade brasileira: Identificando recursos para atuação profissional. *Psicologia: Teoria e Pesquisa, 35*, 1-10.

Souza, V. L. T. (2014). A constituição identitária do professor de psicologia: Quem forma o formador? *Psicologia Ensino & Formação, 5*(1), 64-82.

Stallivieri, L. (2007). O sistema de ensino superior do Brasil: Características, tendencias e perspectivas. In D. R. Unión de Universidades de América Latina y el Caribe (Org.), *Educación superiro en América Latina y el Caribe: Sus estudiantes hoy* (pp. 79-100). Ortíz.

Thiengo, L. C. (2018). A pedagogia tecnicista e a educação superior brasileira. *Cadernos UniFOA, 13*(38), 59-68.

Thurlings, M., Vermeulen, M., Bastiaens, T., & Stijnen, S. (2013). Understanding feedback: A learning theory perspective. *Educational Research Review, 9*(1), 1-15.

Universidade de São Paulo (USP). (c2022). Programa de Aperfeiçoamento de Ensino (PAE). https://www.prpg.usp.br/pt-br/pae/o-que-pae

Velasquez, M. L., Thomé, C. R., & Oliveira, I. R. (2015). Reflexões sobre a prática clínica supervisionada em cursos de especialização em terapia cognitivo-comportamental no Brasil. *Revista de Ciências Médicas e Biológicas, 14*(3), 331-337.

Versuti, F. M., Scotton, I. L., Lisboa, C. S. M., & Neufeld, C. B. (2016). Tecnologias da informação e comunicação e formação do psicólogo clínico. *Revista Brasileira de Terapias Cognitivas, 12*(2), 91-99.

Vollmeyer, R., & Rheinberg, F. (2005). A surprising effect of feedback on learning. *Learning and Instruction, 15*(6), 589-602.

Xavier, A. R. C., Azevedo, M. A. R., & Carrasco, L. B. Z. (2019). Inovação curricular e inovação pedagógica: Mudanças paradigmáticas na formação do professor universitário. *Boletim Técnico do Senac: A Revista da Educação Profissional, 45*(3), 75-87.

Yardley, S., Teunissen, P. W., & Dornan, T. (2012). Experiential learning: Transforming theory into practice. *Medical Teacher, 34*(2), 161-164.

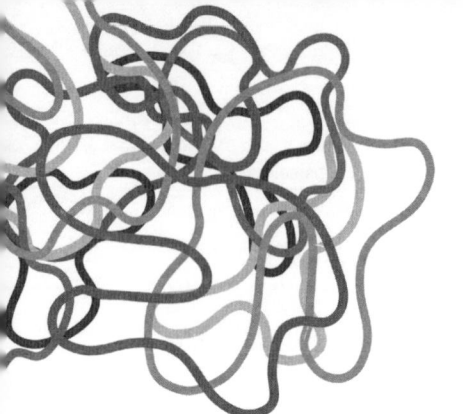

6

Estabelecendo relações educativas no processo de formação em psicologia

Carmem Beatriz Neufeld
Janaína Bianca Barletta
Isabela Pizzarro Rebessi
Isabela Maria Freitas Ferreira

O que é ser educador? O que são relações educativas? Visando lançar luz sobre essas perguntas, e conhecedoras da importância das relações educativas no processo de ensino-aprendizagem e de desenvolvimento, buscaremos refletir, com base em autores diversos, sobre esses importantes aspectos, frequentemente negligenciados na literatura de educação de adultos. Para nós, pais, cuidadores, terapeutas, supervisores e professores estão envolvidos no papel de educador. Ao falarmos de relações educativas, podemos ampliar para qualquer tipo de relação que envolva a construção de conhecimentos e/ou valores e facilitação de desenvolvimento em contextos informais, incluindo as relações entre pessoas que exercem cuidados sobre outras, como os pais (Friedberg & McClure, 2019) e cuidadores de idosos (Dourados, 2016), e até em contextos mais formais, como os de terapia (Beck, 2022) e supervisão (Barletta et al., 2021).

Cabe ressaltar, no entanto, que os contextos informais e formais possibilitam níveis distintos de aprofundamento das relações educativas que serão estabelecidas. Naturalmente, o aprofundamento na relação entre pais e filhos é muito diferente daquele que existe em uma relação psicoterápica ou de supervisão clínica, ou mesmo na relação professor-aluno. Porém, tomaremos emprestados alguns conceitos desses diferentes tipos de relações educativas para auxiliar as pessoas envolvidas no processo de formação profissional a construírem elementos que possam ser úteis para o estabelecimento de relações significativas e educativas que facilitem o processo de ensino-aprendizagem de adultos.

RELAÇÕES EDUCATIVAS NO ENSINO SUPERIOR

Durante muitos anos, a educação, de forma geral, baseou-se em uma relação hierarquizada e assimétrica, na qual o professor era detentor do conhecimento e tinha por função transmitir o conteúdo para o aluno, o qual tinha pouco ou nenhum contato com o assunto e apenas recebia passivamente os conhecimentos. Nesse cenário, o processo de ensino era centrado no professor, detentor da verdade absoluta, que se utilizava de sua autoridade (de forma autoritária) para impedir erros ou falhas na reprodução do saber (Almeida, 2014). Esse autor realizou uma análise de fotografias de salas de aula feitas a partir da década de 1950, e alguns aspectos que reforçam o tipo de relação estabelecida podem ser destacados em sua pesquisa: alunos com expressões sérias, comportamentos rígidos, posturas eretas, com os braços cruzados ou em cima das carteiras, sugerindo ordenamento, disciplina e obediência. Mesmo nas fotos mais recentes, em que são observados sorrisos e posturas descontraídas, há outros elementos que denotam características semelhantes, de hierarquia e controle, às das fotos anteriores.

Essa conjuntura estabelece o chamado ensino tradicional ou método tradicional de ensino, com foco na produtividade em detrimento da criatividade, baseado na transmissão de conhecimento e na relação assimétrica (Lacerda & Santos, 2018; Menezes & Menezes, 2014; Santos et al., 2021) (ver Cap. 5 para mais informações sobre ensino tradicional e formação do educador). De acordo com Almeida (2014), a educação ocorria por meio da repetição da informação fornecida pelo professor, sem que houvesse necessariamente a compreensão ou a construção do entendimento, uma vez que estava baseada na memorização. Logo, os mecanismos de avaliação de conteúdo desse formato educacional tinham caráter punitivo, de controle e de manutenção da hierarquia. Nesse contexto, é fácil identificar a relação de poder desigual.

Ao refletir sobre a relação de poder no contexto educacional, verifica-se que vários autores e pesquisas, de diferentes áreas, têm apontado o quanto esse modelo relacional pode ser iatrogênico, mantendo o educador em um pedestal egocentrado do conhecimento e afastando o aluno de uma aprendizagem mais aprofundada e significativa. Isso pode ser observado inclusive no ensino e orientação de pesquisa (Eriksson, 2019), na docência do ensino superior (Lacerda & Santos, 2018; Menezes & Menezes, 2014) e ensino de séries anteriores à graduação (Almeida, 2014; Anastasiou, 2015) e na supervisão clínica em psicoterapia (Barletta et al., 2021; Corrie & Lane, 2015). Entre os efeitos indesejados da relação educativa assimétrica e baseada na hierarquia estão a dificuldade de aprendizagem significativa e mais aprofundada, a eliciação de emoções desagradáveis de sentir (p. ex., medo, irritabilidade, raiva e chateação), os pensamentos disfuncionais, autocríticos e/ou acusatórios, os comportamentos de esquiva e procrastinação (p. ex., pouco envolvimento e/ou responsabilidade na aprendizagem ou, no extremo oposto, comportamento perfeccionista), a emissão de pouco afeto, a apatia, a passividade, a desconexão com outros e o distanciamento.

Com uma mudança conceitual e paradigmática na educação, as relações interpessoais educativas foram revistas. Ao se entender que a aprendizagem ocorre quando é significativa e, para tanto, o aprendente precisa implicar-se no processo de construção do saber, sendo valorizado como parte responsável pelo próprio desenvolvimento (Matusov, 2021), as relações rigidamente assimétricas e hierárquicas passaram a ser vistas como menos eficientes no processo educativo. A motivação, o envolvimento e o estabelecimento de ligações com as experiências prévias da pessoa tornam-se o alicerce da aprendizagem, portanto, a participação direta do aprendente é a base do processo de ensino. Ou seja, as configurações ganham novos contornos, com colaboração entre educador e educando, estabelecendo-se uma relação colaborativa na qual a função do docente é facilitar o contexto de aprendizagem, e a do aluno é implicar-se na própria elaboração do conhecimento.

Na revisão de Santos et al. (2021), ao vislumbrar as mudanças na perspectiva tradicional, dois grandes influenciadores são apresentados: a) Freire (1983), que, entre várias críticas feitas e novos caminhos apresentados, ressaltou que o educador tem por essência fomentar o pensamento crítico e o desenvolvimento do aluno atuante na sociedade; e b) Montessori (2017), que frisou a importância da contribuição direta do educador para a aquisição da liberdade, da autonomia e da responsabilidade do aluno. Para dar vazão às novas possibilidades e trajetos educacionais, Santos et al. (2021) reconheceram o afeto na relação educador-educando como uma variável crucial para a conexão e facilitação da aprendizagem.

Considerando esse cenário, as metodologias ativas de ensino vêm sendo implementadas cada vez mais nos cursos de ensino superior, com o objetivo de dar mais autonomia ao aluno e possibilitar uma postura ativa no seu processo de aprendizagem. Assim, professor e aluno criam parcerias e são corresponsáveis pela aprendizagem. Além disso, há uma ressignificação do processo de avaliação, no qual o *feedback* torna-se uma ferramenta importante e contínua em ambos os lados (Massetto, 2020). O aprendizado ativo é mais eficaz do que os métodos tradicionais, pois possibilita diferentes ferramentas para que o aluno tenha uma compreensão mais abrangente dos conceitos (Daouk et al., 2016; Gusc & Veen-Dirks, 2017).

A percepção dos alunos também é positiva em relação às metodologias ativas, pois eles entendem que os conhecimentos são adquiridos e retidos mais facilmente, assim como o desenvolvimento de habilidades de estudo e a aplicação dos conteúdos aprendidos na prática profissional são favorecidos (Neufeld et al., 2020). Por parte dos professores, que também passam a ter um novo papel, tem sido exigido o desenvolvimento de novas habilidades para facilitar a aprendizagem ativa. Nesse método, o professor abandona a postura de único detentor e transmissor do conhecimento e passa a desempenhar um papel de orientador da aprendizagem. Assim, professor e aluno atuam em parceria sobre o conhecimento (Anastasiou, 2015; Masetto, 2003) (ver Cap. 1 para mais informações sobre metodologias ativas).

Com essas inovações no processo de aprendizagem, o professor precisa desenvolver a capacidade de identificar, usar e avaliar os efeitos de diferentes estratégias de ensino, empregando-as de acordo com as necessidades e características dos alunos e do conteúdo que está sendo abordado (Masetto, 2003). Além disso, as metodologias ativas abarcam a articulação entre ensino superior e comunidade, pois as estratégias de ensino são organizadas muitas vezes com o intuito de identificar, avaliar e solucionar os problemas e cenários da realidade, preparando o aluno para se tornar um profissional apto a aprender sempre mais, com visão crítica, reflexiva e prontidão para tomar decisões (Roman et al., 2017). Para ilustrar como tais pontos podem se materializar na prática na docência no ensino superior, apresentamos uma vinheta fictícia de uma situação que poderia ocorrer em qualquer curso de graduação e com qualquer docente.

VINHETA 6.1

Moana é docente de um curso de graduação, recentemente contratada em uma universidade. Na quinta semana de aula, ela é surpreendida com o pedido da representante de uma turma para conversar sobre a insatisfação da maioria dos alunos com a metodologia utilizada na disciplina. Imediatamente Moana questiona-se sobre o que pode estar fazendo de errado, já que planejou tudo com tanta dedicação, buscou literatura internacional e atualizada para embasar o conteúdo e utiliza a exposição oral dialogada como metodologia de ensino, conforme instruída pela coordenação do curso. Apesar de se sentir muito desconfortável com o pedido da aluna, ela aceita marcar uma reunião para logo após a aula.

Na reunião, Moana inicia sua fala defendendo-se, dizendo que não entende o que pode estar errado, considerando toda a dedicação e os cuidados tomados com a disciplina. A aluna explica que a turma tem características muito heterogêneas e que eles preferem o uso de metodologias diversas, pois apesar de haver várias pessoas que gostam das aulas expositivas dialogadas, mais de 40% da turma aprende mais com atividades reflexivas, seminários, exercícios e estudos de casos.

Moana pensa que é um absurdo que a turma esteja pedindo isso a ela, pois ela está seguindo as instruções da coordenação e, em última instância, da universidade. A docente se sente demandada em excesso com o pedido da turma e também fica frustrada, ao interpretar que seus esforços não são reconhecidos. Logo relembra que nas reuniões de planejamento vários outros professores mencionaram que a atual geração de alunos é cheia de "mimimi" e que nunca estão satisfeitos com nada. Ela também pensa que eles estão se aproveitando dela, por ser recentemente contratada, e que não pode deixá-los decidirem como ela dará suas aulas, pois com isso correria o risco de ser constantemente desautorizada e ficar sem liderança perante a turma.

> Moana então diz para a representante que não tem como "agradar" a todos, e, portanto, ela seguirá com o seu planejamento, já que mais da metade da turma prefere a metodologia adotada e indicada pela coordenação. A representante tenta negociar, explicando que o pedido não é para mudar todo planejamento, mas para que sejam utilizadas metodologias variadas para beneficiar a todos os alunos da sala. A reunião entre as duas termina com a representante bastante frustrada, ameaçando conversar com a coordenação sobre a intransigência da professora, e com a docente se sentindo irritada e frustrada por ter que passar por aquela situação desgastante.

Apesar de fictício, o exemplo da vinheta guarda relação com experiências provavelmente já vivenciadas pela maioria dos docentes de graduação. Tanto a postura da coordenação quanto a da docente ainda refletem uma visão tradicional do processo de ensino-aprendizagem, na qual o professor decide a metodologia e apresenta seu planejamento, sem estar atento às necessidades e realidades dos estudantes.

Outro ponto importante refere-se às habilidades educativas, principalmente a de receber *feedback* e a de abertura ao diálogo, que parecem pouco desenvolvidas na instituição fictícia. Isso pode ser observado na reação da professora, porém, também é possível depreender que tais habilidades sejam escassas na relação da coordenação com os docentes, já que é a coordenação que decide a metodologia de ensino adotada em todas as disciplinas, sem abertura ao diálogo e às diferenças individuais, tanto no processo de ensino quanto no de aprendizagem.

Por fim, cabe ressaltar os pensamentos e emoções eliciados nessa situação, bem como o desgaste da relação interpessoal entre a professora e a representante de turma. Provavelmente, ambas estão seguras de que suas posições estão corretas e estão seguindo o que é melhor para o processo. Porém, como o foco está mais em quem tem a razão do que no estabelecimento de uma relação educativa, na qual ambos os lados são abertos ao diálogo, que por sua vez está dirigido ao processo de potencialização do ensino-aprendizagem, os afetos presentes na interação estão no espectro das emoções desagradáveis de sentir, aumentando o desgaste da relação e afastando a professora e a representante do que deveria ser o ponto principal da reunião.

RELAÇÕES EDUCATIVAS NA PRÁTICA CLÍNICA E SUPERVISIONADA

As mudanças nas relações educativas, conforme destacado anteriormente, também impactaram a prática clínica e a prática supervisionada, que percorreram caminhos similares, revisitando os papéis e as relações estabelecidas. A esse exemplo, na prática psicoterápica, a relação terapêutica é considerada um fator comum a todas as orientações teóricas (Isolan et al., 2008), ainda que as mais importantes variáveis relacionadas ao seu estabelecimento possam ser diferentes. Enquanto a psicanálise aponta a transferência como um dos elementos centrais da relação estabelecida (Fochesatto, 2011; Marcos & Parreiras, 2022), a terapia cognitivo-comportamental (TCC) reforça a aliança terapêutica como aspecto central (Barletta et al., 2022; Kazantzis et al., 2017). Esses pontos impactam de maneira diferente as propostas terapêuticas e as relações estabelecidas.

De acordo com a literatura, nos primeiros modelos de psicoterapia, o psicanalista assumia um papel de "suposto saber", permanecendo em um patamar diferenciado. Os pacientes, em um processo transferencial, garantiam o lugar do suposto saber ao psicanalista. Dessa forma, o profissional era envolto em uma "aura médica" que lhe garantia o poder de melhorar o outro (Marcos & Parreiras, 2022). Podemos dizer que os conhecimentos apresentados pelo profissional eram entendidos como verdades, estavam baseados nas suas interpretações e, com isso, mantinha-se uma relação educativa assimétrica. Vale ressaltar que, segundo essas autoras, à semelhança do que foi indicado nas relações professor-aluno, as relações na psicanálise têm se transformado pelo impacto das dinâmicas do mundo contemporâneo, permitindo novos contornos interpessoais.

Na perspectiva da TCC, os axiomas essenciais que a sustentam caracterizam a proposta como uma terapia educativa e baseada na relação terapêutica. Por terapia educativa, queremos dizer que o tratamento psicoterápico tem por objetivo desenvolver novas habilidades, ressignificar percepções, modificar estratégias de enfrentamento de forma contextualizada ao funcionamento do paciente e ambiente em que está inserido, sempre em colaboração com o terapeuta. Ou seja, faz-se uma psicoeducação com o paciente que favoreça o autoconhecimento sobre sua maneira de funcionar, a leitura ambiental dos gatilhos precipitantes, as influências familiares e culturais e os impactos de seu comportamento. Além disso, procura-se, na relação terapêutica, desenvolver no paciente novas formas de lidar com o próprio funcionamento (p. ex., manejo da regulação emocional, ressignificação cognitiva e alternativas comportamentais), na busca do bem-estar e da qualidade de vida.

Destaca-se também que a relação terapêutica em TCC tem como fundamento a postura cooperativa e colaborativa (Beck & Alford, 2000; Wenzel, 2018), pilar de uma proposta educativa. Para tanto, "[...] é baseada no empirismo colaborativo, na troca de conhecimentos para construção conjunta de solução de problemas em terapia, imprimindo a participação ativa tanto do paciente quanto do terapeuta" (Barletta et al., 2022, p. 50). Ou seja, algumas variáveis possibilitam a construção e reconstrução de significados, com base na ciência e na vivência (Kazantzis et al., 2017). São elas:

a. **Empirismo colaborativo:** processo que explora e avalia, de maneira conjunta e participativa, a experiência vivenciada. Novos elementos são visua-

lizados, ressignificados e reorganizados a partir dos indicativos empíricos, tornando possível a mudança (Barletta et al., 2022).
b. **Diálogo socrático:** questionamentos colaborativos de memória, tradução, interpretação, aplicação, análise, síntese e avaliação que facilitam a identificação de informações que foram ignoradas ou de elementos novos, para o alcance de diferentes possibilidades. Requer escuta empática, resumos e reflexões (Stallard, 2008).
c. **Escuta ativa:** processo de interação, com atenção e foco na conversação, nos significados e nos conteúdos, etc. Para tanto, é muito importante parafrasear, resumir, reorganizar entendimentos e fazer devolutivas de forma cuidadosa e afetuosa (Kazantzis et al., 2017), na busca da compreensão única de cada paciente e de sua própria maneira de vivenciar seus processos.

No que tange à prática clínica, ressaltam-se outras relações de cuidado, que partem de princípios semelhantes. A esse exemplo, Barletta et al. (2015) resgatam que a qualidade da relação interpessoal entre clínico e paciente é identificada, em especial, quando ambos se tornam parceiros no tratamento, com uma aliança sólida e compartilhada. Porém, os autores destacam que, no contexto da prática clínica, a relação hierárquica e assimétrica tende fortemente a se instalar, sendo considerada uma barreira no estabelecimento de uma relação interpessoal colaborativa. Entre as habilidades interpessoais que facilitam as relações horizontalizadas, três são destacadas pelos autores supracitados:

a. **Comunicação:** pode aumentar a compreensão da mensagem, bem como diminuir ruídos existentes, já que tem como função fomentar o entendimento de todos os participantes (Phaneuf, 2005; Stefanelli, 2005), proporcionando maior percepção de que as dúvidas foram sanadas e assimiladas (Grosseman & Stol, 2008). Pinheiro-Carozzo et al. (2020) ressaltam que essa habilidade tem sido considerada um elemento do tratamento humanizado. Destacam-se alguns comportamentos incluídos nessa classe: perguntar e responder; iniciar, continuar/manter e finalizar uma conversa; e fornecer e pedir *feedback* (Del Prette & Del Prette, 2010).
b. **Assertividade:** permite que discordâncias sejam expostas com respeito e sem agressividade, possibilitando interações justas e éticas. Portanto, também é considerada uma classe de defesa de direitos e cidadania (Soares & Del Prette, 2013). Logo, comportamentos como expressar opinião, concordar e discordar de outra pessoa, pedir desculpas, aceitar ou recusar pedidos, expressar emoções desagradáveis de sentir, pedir mudança de comportamento, finalizar relações interpessoais e lidar com críticas (Del Prette & Del Prette, 2010) são habilidades assertivas. Por sua vez, para colocá-las em prática, exige-se uma gama de outros comportamentos, desde ouvir o outro com

atenção, estar sensível às variações ambientais e sociais, reconhecer limites e estar aberto a receber *feedback* (Conte & Brandão, 2007). Ressalta-se que a assertividade não se propõe a ser um "sincericídeo", uma desculpa para emitir opiniões a qualquer custo, mas a olhar para o que "for digno de nota" com o objetivo de estabelecer relações saudáveis.

c. **Empatia:** fundamental para relações salutares e educativas e descrita como a tomada de perspectiva da outra pessoa. Inclui os componentes cognitivos de colocar-se na situação do outro, os componentes afetivos de conexão com as emoções eliciadas e os componentes comportamentais de demonstração de apoio (Soares & Del Prette, 2013). Assim, a empatia "[...] pode ser vista como complementar à assertividade, já que equilibra e suaviza a interpretação das situações" (Barletta et al., 2015, p. 46). Entre os comportamentos que expressam empatia estão parafrasear a outra pessoa, refletir os sentimentos e expressar apoio e solidariedade (Del Prette & Del Prette, 2010).

Ou seja, na relação educativa, a assertividade garante o próprio direito de opinar (sem ofender), enquanto a empatia garante o olhar do outro e para o outro, em uma comunicação permeada por afeto, gentileza e limites. Nesse contexto de ajuda, seja na psicologia da saúde (com a relação médico-paciente), seja na relação psicoterápica (com a relação terapeuta-paciente), as relações educativas nos termos descritos trazem à tona a permissão à diversidade de entendimentos e perspectivas, a tolerância às dificuldades e divergências, a reflexão sobre sentimentos, tensões e desagrados, os ajustes das distorções e a busca de soluções adaptadas às necessidades e demandas (Barletta et al., 2015). Ressaltamos que, por vezes, essas relações não são simples ou fáceis (em especial quando se trata de limites, divergências ou pedidos de mudança de comportamento), porém são respeitosas, agregadoras, construtivas e afetuosas.

A proposta de relações educativas diferentes, em cenários em que as pessoas envolvidas têm saberes distintos, distancia-se de uma imposição de entendimento, de uma interpretação ou significação baseada em um único lado. É importante que haja contribuição, em uma relação ganha-ganha, de lapidação e crescimento para todos os envolvidos. Sabe-se que umas das dificuldades nesse processo é que não há uma única forma de fazer ou de se comportar para que as relações interpessoais sejam desempenhadas adequadamente, uma vez que, de acordo com Del Prette e Del Prette (2008), as habilidades sociais estão diretamente relacionadas ao contexto situacional e cultural no qual são aplicadas. Isso significa dizer que, a depender da conjuntura, será importante lançar mão de uma dose maior de empatia ou de assertividade, por exemplo. Assim, a leitura ambiental é fundamental para essa distinção.

A relação na supervisão em psicologia também se transformou ao longo dos anos e parte desse mesmo entendimento: por mais que os papéis de supervisor e de terapeuta em supervisão sejam diferentes, eles são complementares e estabelecem uma relação educativa de construção conjunta, baseada no empirismo colaborativo e na descoberta guiada. Tais elementos, como descrito anteriormente, promovem a lapidação de desempenho de maneira gentil e cuidadosa, sem deixar de considerar os limites de cada um (ver Cap. 8 para mais informações sobre relações interpessoais na supervisão clínica). Para exemplificar, será apresentada a seguir uma vinheta fictícia de supervisão clínica.

VINHETA 6.2

Patrícia é professora de uma instituição de ensino superior particular, local onde também supervisiona estágio há anos. Todo início de ano ela faz um contrato colaborativo com seus estagiários sobre regras importantes a serem cumpridas, como a pontualidade nas supervisões, o comprometimento com os documentos do estágio, os atendimentos e os estudos. Atualmente, porém, ela está com um problema sério: um de seus alunos, Vitor, se atrasa sistematicamente em toda supervisão.

A professora já conversou com o aluno algumas vezes, abordando os problemas que o atraso acarreta – inclusive porque a supervisão é em grupo e isso pode reforçar a ideia de que os outros estagiários também podem faltar ou se atrasar. Vitor sempre dá uma justificativa, seja a demora do ônibus, seja o despertador que não toca, seja a chuva que acabou gerando trânsito, seja a confusão com os papéis que precisava trazer. Patrícia, depois de tantos pedidos feitos sobre a importância de cumprimento do horário, já está muito irritada e impaciente.

Outros comportamentos de Vitor também foram questionados por Patrícia ao longo do semestre, tais como a falta de entrega dos materiais pedidos, incluindo a formulação de caso, a entrega dos resumos de sessão sem as correções solicitadas, a recusa em participar de algumas atividades educativas em supervisão (p. ex., gravação de sessão e *role-play*). Na última semana de estágio, quando estava corrigindo o relatório final, Patrícia identificou plágio no trabalho de Vitor, o que realmente a deixou com bastante raiva, sentindo-se injustiçada, já que, na sua percepção, o aluno demonstrou não ter responsabilidade e não conseguir cumprir as regras e combinados. A professora pensou em reprová-lo (assim, Vitor não poderia manter-se com ela no segundo semestre de estágio) ou mesmo em pedir para que ele desistisse da prática supervisionada por ela e mudasse de estágio.

Ainda que a situação apresentada na vinheta seja fictícia, circunstâncias semelhantes corriqueiramente ocorrem nos encontros educativos. No exemplo, ficou representado o quanto alguns problemas nas relações interpessoais podem gerar desfechos indesejados e rupturas importantes. No caso de Vitor, talvez seja possível pensar que existam dificuldades na resolução de problemas, que, por sua vez, geram atrasos, por exemplo. Além disso, é possível imaginar que Vitor pode estar extremamente desmotivado, e que isso seja a causa de sua desconexão ou falta de envolvimento no próprio processo de aprendizagem. O aluno também pode ter dificuldades de seguir instruções, de perceber que seu comportamento tem impacto sobre o grupo ou mesmo de entender que seu comportamento pode ser visto como antiprofissional. A grande questão é: diante dessa situação, que acontece sistematicamente, como estabelecer uma relação verdadeiramente educativa, que consiga trazer os limites necessários de forma afetuosa para que a aprendizagem seja realmente facilitada?

É importante diferenciar situações que refletem desrespeito com o educador de situações nas quais são necessários limites com afeto para que um objetivo específico de aprendizagem seja alcançado. O profissional deve reconhecer seus limites e ter clareza dos seus valores para que as relações sejam estabelecidas de uma forma saudável. Pensando nos valores como construções de consequências almejadas na vida (Saban, 2015), é essencial que o educador conheça seus valores pessoais e relacionados ao ato de educar para que consiga se comportar de acordo com eles nas suas relações educativas.

Entre os aspectos que podem ser desafiadores no estabelecimento de relações educativas estão:

- a contratransferência envolvida no processo;
- as habilidades educativas deficitárias;
- a falta de envolvimento do educando.

Retornando ao caso fictício de Vitor, pode-se levantar outra questão importante, e desafiadora, na construção de relações educativas: as reações esquemáticas, também chamadas de contratransferência, ou seja, as distorções do próprio educador no processo. No processo supervisionado (ou educativo, no geral), também é importante que os educadores estejam atentos a seus pensamentos possivelmente distorcidos, que podem gerar contratransferência, a qual, por sua vez, pode impactar na relação. Para que a contratransferência não seja prejudicial na relação educativa, é necessário que o educador esteja atento às suas reações esquemáticas e seja capaz de manejá-las de forma adequada, fornecendo *feedback* sempre que necessário (Barletta et al., 2022; Pugh & Margetts, 2020). Na vinheta apresentada, é possível que Patrícia já tenha pensamentos distorcidos a respeito de Vitor, como:

- "Ele faz isso propositalmente";
- "Ele não consegue se planejar direito porque não se importa com a supervisão";
- "Ele é negligente e displicente com minha disponibilidade".

Avaliando tais distorções e relacionando-as com o princípio básico de relações colaborativas na TCC, seria necessário que Patrícia reconhecesse e trabalhasse suas distorções para que pudesse continuar estabelecendo uma relação educativa saudável com Vitor. Isso faria com que a supervisão continuasse vislumbrando aprendizagem para autonomia por meio do envolvimento ativo de todos no processo, que houvesse o reestabelecimento de um convívio saudável e que fosse viabilizada a emissão de *feedbacks*, por parte de Patrícia, com o objetivo de auxiliar Vitor no seu crescimento profissional. Nota-se que o comportamento de Vitor é inadequado e precisa ser discutido para que mudanças sejam pensadas em conjunto, porém, é possível que isso seja feito de forma saudável e acolhedora, mesmo impondo limites, visando tornar a relação entre a supervisora e seu supervisionando, de fato, educativa.

Entende-se que uma das formas pelas quais a supervisão clínica exerce sua função é por meio do estabelecimento de relações educativas, com uma proposta de horizontalidade e trabalho em equipe e por meio da descoberta guiada, ainda que cada um, seja supervisor, seja terapeuta em supervisão, tenha suas responsabilidades e papéis específicos (Barletta et al., 2012; Beckert, 2002). Pode-se afirmar que as relações educativas, quando estabelecidas de forma coesa e com base na confiança e no desenvolvimento de potencialidades do aluno, contribuem enormemente para o processo de aprendizagem. Quando a supervisão se torna um ambiente no qual o supervisor consegue cumprir suas funções de orientação, encorajamento e avaliação, além de acolhimento, o processo de aprendizagem é facilitado.

A supervisão não deve ser confundida com o processo terapêutico, entretanto, o supervisor assemelha-se a um terapeuta no que tange ao auxílio no desenvolvimento da autonomia e de habilidades de relacionamentos interpessoais. O elo entre esses papéis é o fato de que todos (professores, supervisores, terapeutas, cuidadores e pais) são educadores. É de suma importância levar em consideração dificuldades e competências individuais, em um ambiente no qual o erro seja reconhecido sem punições, com vistas à superação de dificuldades do aluno. Para tanto, o supervisor deve procurar apontar aspectos técnicos e éticos, incentivando também a criatividade e as potencialidades do aluno. Assim, espera-se a criação de uma relação de confiança e de vínculos positivos entre supervisores e supervisionandos, facilitando o processo de ensino e aprendizagem por meio de relações educativas, afetuosas e habilidosas (Barletta et al., 2012).

RELAÇÕES EDUCATIVAS PARENTAIS

Movimentos nas práticas parentais, a exemplo do que ocorreu na educação formal e nas relações de supervisão e de psicoterapia ao longo dos últimos anos, também podem ser observados. Um desafio adicional nesse tipo de relação educativa é que, apesar da importância dos pais no desenvolvimento e em qualquer intervenção infantil, eles geralmente recebem pouca preparação para educar e criar os filhos, muitas vezes construindo sua experiência por meio de uma aprendizagem feita por tentativa e erro (Olivares et al., 2005) e baseada em suas experiências como filhos. Considerando as rápidas transformações nas dinâmicas familiares, a exemplo do que ocorreu na relação professor-aluno, a relação entre pais e filhos foi mudando e passando de uma lógica hierárquica, rígida e verticalizada para uma lógica mais horizontal e educativa (Dattilio, 2010) baseada em práticas parentais positivas e mais acolhedoras. Nesse modelo de educação, que é diferente daquele aprendido no passado, os pais ficaram mais carentes de orientações científicas, as quais seriam benéficas, tendo em vista o aumento da angústia com questões relativas ao modo de educar e de preparar adequadamente crianças e adolescentes para os desafios da vida (Biasoli-Alves, 2005; Weber et al., 2006).

Uma das alternativas que auxiliou na mudança das relações parentais foi o advento da psicologia positiva, da parentalidade positiva e da disciplina positiva, que viabilizaram novos comportamentos, mais acolhedores e favoráveis, a serem adotados pelos cuidadores (Pureza et al., 2018). Práticas parentais com foco na promoção de saúde, bem-estar, segurança e autoconfiança dos filhos estão sendo cada vez mais adotadas, criando ambientes de desenvolvimento saudáveis e adequados. Além de consequências relativas a comportamentos inadequados nos filhos, a psicologia positiva aludiu também à importância da validação emocional das crianças; assim, tornou-se foco validar a emoção, mas não o comportamento (Pureza et al., 2018). Outra questão importante é que o afeto, o acolhimento e o amor direcionados aos filhos são oferecidos de forma incondicional, ou seja, independem dos comportamentos serem adequados ou não. Isso auxilia na construção de relações educativas porque permite a expressividade emocional e uma via de diálogo aberta para possíveis *feedbacks*, respeitando a singularidade de cada indivíduo. Essa é uma reflexão válida para a construção de relações educativas, uma vez que elas são únicas — as necessidades a serem atendidas são diferentes de pessoa para pessoa, ou de filho para filho. Logo, cada relação também será única, uma vez que as necessidades são diferentes. Pode-se pensar também no conceito de necessidades básicas a serem atendidas pelos cuidadores na infância, de Young et al. (2008), a saber: aceitação e conexão, autonomia e desempenho, responsabilidade e padrões equilibrados, limites realistas e expressividade emocional.

Um dos grandes desafios trazidos pelos pais é justamente esse, o de conseguir colocar limites realistas de forma afetuosa. Por meio das relações hierárquicas e autoritárias de antes, criou-se uma percepção de que limites e afeto não caminham juntos. Porém, partindo do entendimento das necessidades básicas, nota-se que limites e afeto não são "concorrentes", pelo contrário, ambos são necessidades a serem atendidas de diferentes formas e em diferentes intensidades, a depender de cada pessoa, de cada relação. Ou seja, isso pode ser generalizado para qualquer relação educativa. É possível dar limites a comportamentos inadequados ou disfuncionais e, ainda assim, fazê-lo de forma a validar as emoções de maneira empática e afetuosa com os envolvidos.

Com o intuito de exemplificar as relações educativas no contexto de pais e filhos, apresentamos a seguir uma vinheta hipotética, com nomes fictícios e que não representa uma situação real específica.

VINHETA 6.3

João é pai de Augusto, um adolescente de 15 anos. Com o início da adolescência, João percebeu que seu filho ficou um pouco ausente das interações familiares e passou a conversar menos em casa. Disposto a saber mais sobre a vida do filho, João começou a perguntar mais ativamente sobre as atividades de Augusto, com quem saía e o que fazia. Toda vez que Augusto relatava, João se mostrava surpreso com algumas questões, como, por exemplo, o fato de o filho estar pensando em experimentar bebidas alcoólicas, e acabava fazendo duras críticas.

Isso frequentemente acarretava brigas entre os dois, e o distanciamento de Augusto ficava cada vez maior. Ao chegar em casa, ele logo se trancava no quarto para jogar *videogame* e não contava mais nada de sua vida para o pai. João, muito chateado com esses comportamentos do filho, resolveu tirar o dinheiro da mesada e o *videogame*, além de proibir Augusto de sair aos finais de semana. O propósito de João ao fazer essas restrições era aumentar o comportamento do filho em estar mais presente e contar para o pai exatamente o que fazia.

A vinheta de João e Augusto apresenta uma relação de desconexão e traz à tona como é desafiador lidar com certos problemas na interação entre pais e filhos. Há alguns elementos-chave na construção de boas relações educativas no que tange à parentalidade, como a percepção de acolhimento e a via aberta de diálogo (Bi et al., 2021), a supervisão parental adequada e positiva (Micalizzi et al., 2019) e o apoio (Jiménez-Iglesias et al., 2017). Tais dimensões podem ser extrapoladas para outras relações educativas de qualidade, como no caso de professores, supervisores e terapeutas.

Ainda sobre práticas parentais positivas que favorecem relações educativas de qualidade, a monitoria positiva figura na literatura como importante parte desse processo. Segundo Sampaio e Gomide (2006), a monitoria positiva é um estilo parental saudável e envolve atenção e engajamento dos pais sobre onde o filho está, com quem anda e o que está fazendo. Pais que têm esse estilo de educar também são afetuosos e prezam pelo diálogo na hora da tomada de decisões, sem prejudicar sua autoridade. O suporte parental é uma das práticas que constitui tal estilo. Nota-se que a prática de suporte parental pode ser facilmente generalizada para relações educativas como um todo, com a presença e monitoria adequada de professores supervisores e terapeutas para entender o andamento do processo de aprendizagem e envolvimento do aprendente.

A prática de via aberta de diálogo – claramente deficitária entre João e Augusto – concretiza-se na comunicação entre pais e filhos e pode afetar indiretamente a percepção da qualidade de vida, podendo aumentar a autoestima e diminuir sentimentos de solidão, uma vez que os filhos se sentem mais ouvidos, validados e compreendidos por seus pais (Cava et al., 2014). Ainda sobre a generalização desse conceito para as relações educativas de qualquer espécie, é possível depreender que uma comunicação aberta e fluida entre educador e educando facilita enormemente o processo, não só da aprendizagem em si, mas também das relações saudáveis.

No exemplo, caso João continue privando e punindo o filho em demasia, a tendência de Augusto será de se fechar cada vez mais, provavelmente omitindo comportamentos inadequados do pai e não dialogando sobre qualquer dificuldade que possa ter. Além disso, cria-se um ambiente aversivo e invalidante, difícil de ser recuperado caso práticas saudáveis não sejam adotadas. Esses fatores podem ser aplicados para a compreensão de relações educativas de diferentes aprofundamentos e modalidades entre educador e educando.

ESTABELECENDO RELAÇÕES SIGNIFICATIVAS E EDUCATIVAS

No contexto do estabelecimento de relações significativas e educativas, abordam-se as habilidades sociais educativas, que se referem aos comportamentos sociais que objetivam o desenvolvimento e a aprendizagem das pessoas envolvidas na interação, em qualquer contexto, seja de educação formal ou não (Del Prette & Del Prette, 2010). Esses autores propuseram sete grandes classes que compõem as habilidades sociais; três delas já foram anteriormente destacadas (comunicação, assertividade e empatia), e as demais abrangem a civilidade, a expressão dos sentimentos positivos, a automonitoria e a de trabalho – nessa última é que está inserida a subclasse das habilidades sociais educativas (Vieira-Santos, A. Del Prette, & Del Prette, 2018). Elas têm caráter intencional de promover condições que facilitem a aprendizagem tanto de conteúdos acadêmicos como de comportamentos sociais desejáveis de interação com outras pessoas (Del Prette & Del Prette, 2010; Manolio, 2009). Dessa forma, Del Prette e Del Prette (2008) as sistematizaram nas quatro categorias descritas a seguir.

a. Proporcionar contextos socialmente interativos e educativos, nos quais o educador potencializa a interação por meio da organização do ambiente físico e dos materiais e estratégias pedagógicas a serem utilizados. Além disso, o educador trabalha para alterar as distâncias entre as pessoas, distribuir a quantidade de participantes em grupos e mediar as interações com o intuito de favorecê-las.

b. Apresentar conteúdos relacionados às habilidades sociais, com o objetivo de disseminar a compreensão e o conhecimento da temática. Para tanto, alguns comportamentos são indicados, como fazer perguntas, lançar desafios, parafrasear, resumir, relacionar tópicos, consequências e comportamentos, apresentar modelos, instruções e dicas e explorar recursos lúdicos e atividades.
c. Estipular limites dentro do ambiente acadêmico, com o estabelecimento de normas, regras, valores e combinados. Nessa categoria, encontram-se comportamentos como descrever o que é esperado e desejável, deixar claramente expresso o que não é tolerado, negociar as regras possíveis, apontando as que são previamente estabelecidas (e, em geral, que não estão sob controle do educador), solicitar mudanças de comportamento, bem como de interrupção de comportamentos. É importante lembrar que o estabelecimento de limites deve estar sempre acompanhado de afeto, o qual balizará o processo.
d. Realizar monitoria positiva, incluindo tanto reforçar os comportamentos desejáveis como consequenciar os comportamentos indesejáveis. Ou seja, prestar atenção ao relato do outro, solicitar informações, concordar e discordar, dar *feedback*, ser empático, incentivar e solicitar e proporcionar a autoavaliação. A monitoria positiva pressupõe envolvimento comportamental e afetivo na relação ensino-aprendizagem; assim, para estabelecê-la, o educador precisa se "importar" com o desenvolvimento do educando, e o afeto assume, outra vez, papel fundamental no processo.

As habilidades sociais são recíprocas, isto é, se um indivíduo recebe uma resposta negativa, ele reagirá de acordo com suas experiências prévias em situações similares. No meio acadêmico, isso também está presente, pois quando um professor apresenta um baixo repertório de habilidades sociais educativas e tem comportamentos pouco assertivos, os alunos podem reagir de forma similar (Gasparim & Wagner, 2020; Skalická et al., 2015). No caso exemplificado na vinheta sobre a relação entre supervisor e aluno, se Patrícia respondesse aos atrasos de Vitor de forma punitiva (p. ex., não deixando-o participar da sessão de supervisão no dia em que ele se atrasa, sem nenhuma comunicação anterior ou combinado sobre as consequências de se atrasar), provavelmente geraria irritabilidade e mais desmotivação por parte do aluno, diminuindo seu envolvimento com as atividades de estágio. Dessa forma, ele poderia até chegar no horário para não ser punido, porém possivelmente seria pouco ativo em seu processo de aprendizagem, não realizaria suas atividades ou as faria apenas por obrigação, perdendo o objetivo de tornar a aprendizagem ativa e eficaz. Quando o educador/supervisor não exerce suas habilidades sociais educativas (p. ex., não tem uma escuta ativa, não abre espaço para *feedback* e se porta como único detentor do saber), o educando pode acabar se afastando, dificultando uma postura ativa no seu processo de aprendizagem. Assim, as habilidades sociais educativas favorecem o diálogo assertivo, oportunizam a participação ativa dos alunos e aumentam a frequência de expressões afetivas dos docentes para com os alunos, e vice-versa. Considera-se que essas habilidades podem contribuir de forma efetiva tanto na qualidade da relação professor-aluno como também no propósito de o educador servir de modelo para o educando e para as relações entre pares de alunos (Vieira-Santos, Z. A. P. Del Prette et al., 2018).

Além disso, as habilidades sociais igualmente estão presentes no ambiente profissional; então, as habilidades sociais educativas também contribuem para que os professores incorporem a ética e os valores essenciais para a prática profissional (Del Prette & Del Prette, 2017), requisitos fundamentais para que o profissional saiba atuar para além da técnica e do conhecimento científico. As habilidades sociais educativas também contribuem para o desenvolvimento de profissionais mais críticos, confiantes e responsáveis (Vieira-Santos, Z. A. P. Del Prette et al., 2018). Assim, como tais habilidades buscam proporcionar contextos socialmente interativos, é necessário o uso de diferentes ferramentas para tornar o processo ensino-aprendizagem dinâmico – como desafios, reflexões, questionamentos, entre outros aspectos abarcados pelas quatro categorias propostas por Del Prette e Del Prette (2008) –, as quais estimulam o profissional a desenvolver posturas críticas e responsáveis, empoderando sua atuação.

Segundo Lock (2005), estabelecer relações verdadeiramente educativas demanda assumir três papéis fundamentais, de forma intercambiável a depender do momento e do contexto: 1) o papel de educador, no qual o foco está na aprendizagem, nos conhecimentos declarativos, procedurais ou reflexivos que são as metas e objetivos da interação; 2) o papel de consultor, no qual o foco está na tomada de decisão do educando, e o mentor tem o papel de aparar arestas e oferecer informações baseadas em sua experiência, focando, no entanto, na autonomia do educando para tomada de decisões e responsabilidades; e 3) o papel de avaliador, no qual o foco está na *performance* e nos resultados, e o mentor assume a responsabilidade de guiar e orientar o educando, por vezes até impedindo-o de seguir determinadas direções, uma vez que é seu papel salvaguardar o educando de envolver-se em práticas danosas ou perigosas para si e para outros.

Avaliando os tipos de relações educativas citadas anteriormente, é possível notar características comuns. Entre elas, cita-se o investimento que o educador precisa fazer para que a relação seja construída de forma saudável. Alguns elementos que fazem parte desse esforço são a necessidade de autoconhecimento, valores e limites do educador, o nível de desenvolvimento do educando (seja ele filho, paciente, supervisionando ou aluno), as expectativas atribuídas de ambas as partes e a disponibilidade interna para que a relação seja horizontal e alcance seus objetivos. Tomando por base esses elementos e demais aspectos tratados ao longo deste capítulo, nota-se que para se estabelecer relações educativas há uma série de componentes, habilidades e ferramentas necessárias.

Como uma forma de sintetizar e facilitar a compreensão dos aspectos que são importantes para a relação educativa estabelecida, independentemente do tipo (filho, paciente, supervisionando ou aluno), propõe-se o acrônimo ESPECIAL, conforme o Quadro 6.1.

QUADRO 6.1 Elementos necessários para auxiliar no estabelecimento de relações educativas

> **E – Engajamento e prazer:** busca por fazer da aprendizagem e do desenvolvimento um processo envolvente, agradável, interessante, comprometido e motivador.
>
> **S – Significado e sentido:** preocupação com a compreensão e o compartilhamento dos objetivos da aprendizagem e do significado idiossincrático dos conteúdos, deixando o educando ciente das metas e da importância do processo no qual está envolvido.
>
> **P – Parceria:** ênfase na natureza colaborativa e não hierárquica da relação educativa, na qual educador e educando assumem papéis ativos.
>
> **E – Empatia:** desenvolvimento e manutenção de uma relação baseada em cordialidade, preocupação genuína e respeito, buscando apreender a perspectiva do outro.
>
> **C – Criatividade:** necessidade de ser flexível e criativo no uso de estratégias, sintonizado com os interesses e as vivências do educando.
>
> **I – Investigação:** postura curiosa, aberta, encorajando perguntas e testagem de hipóteses e promovendo uma postura socrática frente ao processo de ensino-aprendizagem.
>
> **A – Autoeficácia e autonomia:** estímulo à reflexão e à descoberta, incentivando a resolução de problemas e o desenvolvimento de diferentes estratégias.
>
> **L – Limites:** estabelecimento de limites realistas para a relação, para os processos de ensino-aprendizagem e para a díade educador-educando.

CONSIDERAÇÕES FINAIS

É desafiador promover um ambiente que acolha e ao mesmo tempo oriente o aluno. Em muitos momentos, corre-se o risco de assumir uma postura estritamente de ensino teórico e técnico, à semelhança da prática docente da educação tradicional; em outros, o problema está em assumir uma postura exclusivamente terapêutica, confundindo os limites da relação educador-educando. As habilidades requeridas de um terapeuta em TCC exigem de seu supervisor treinamento e formação abrangentes, que possibilitem abarcar todas essas demandas de forma a atender aos requisitos teóricos, práticos e relacionais.

Assim como em qualquer relação que se proponha a ser efetiva e saudável, é necessário estar aberto à interação, e isso não é diferente nas relações educativas. Essa abertura envolve ambas as partes, inicialmente com o docente mostrando que a díade professor-aluno é uma relação colaborativa a ser construída aos poucos, de acordo com as individualidades. Nesse início, o professor deve se apresentar e introduzir seu plano de ensino, bem como explicar os objetivos e as avaliações previstas. Ao longo de todo o processo, é importante inserir o aluno de forma ativa, por meio da solicitação de *feedback* (incluindo a própria disposição para ouvir) e da contribuição para a criação dos componentes que envolvem o curso. Rogers (1986) indica qualidades do docente que facilitam a relação e a aprendizagem: 1) autenticidade, que denota que o facilitador do ensino é um ser humano real, com emoções e necessidades; 2) apreço pelo estudante, incluindo a consideração e o respeito pelas suas emoções e opiniões; e 3) compreensão empática, com a demonstração de uma consciência sensível da posição do estudante. Posteriormente, cabe ao aluno também estar aberto e adotar uma postura ativa, fornecendo *feedback,* questionando, sugerindo, refletindo e solicitando mudanças, tudo isso de forma colaborativa para favorecer sua aprendizagem.

Essa mesma abertura ocorre na relação supervisor-supervisionando, na qual as mesmas etapas podem ser estabelecidas, porém com as adaptações devidas (p. ex., fazer um contrato da supervisão, estipular metas, que vão desde conhecimento teórico e técnico até o desenvolvimento de competências terapêuticas, e manter uma postura colaborativa ao longo da prática supervisionada). O supervisionando também deve adotar uma postura ativa, em vez de apenas absorver e aceitar as orientações, e estar aberto para refletir em conjunto com o supervisor e o grupo e se envolver nas trocas de conhecimento (Barletta et al., 2022). Ainda, é importante ressaltar que a qualidade da relação em supervisão faz parte de um dos domínios das diretrizes da supervisão clínica segundo a American Psychological Association (APA) (2014).

Nas relações educativas, assim como em qualquer outra relação, também é necessário impor limites — os papéis de cada um precisam estar bem estabelecidos e não devem ser ultrapassados. Dessa forma, torna-se uma competência do educador estabelecer uma relação educativa colaborativa, amistosa, afetiva e que não ultrapasse a díade educador-educando. Entende-se, ainda, que, para construir relações educativas significativas, é necessário que o educador esteja disposto a investir em si mesmo. A disponibilidade interna para pensar em suas distorções, manejar emoções ativadas e observar a outra ponta da relação (seja com o filho, o aluno, o supervisionando ou o paciente) para além da hierarquia é essencial.

A Organização Mundial da Saúde (World Health Organization [WHO], 1997) propôs em uma diretriz as chamadas 10 habilidades para a vida — conjunto de habilidades que auxiliam o indivíduo a lidar com os desafios da vida cotidiana de forma positiva e eficaz (autoconhecimento, comunicação eficaz, pensamentos criativo e crítico, resolução de problemas, tomada de decisão, manejo de emoções e de estresse, empatia e relacionamento interpessoal). Transpondo as habilidades para a vida para o cenário das relações educativas, percebe-se que é necessário que o educador tenha desenvolvido um repertório rico dessas competências, as quais podem facilitar o estabelecimento dessas relações. Assim, a partir do momento que o educador se reconhece, compreende suas emoções, necessidades e fontes de estresse, adquire habilidades interpessoais para resolver problemas e fazer escolhas e consegue desenvolver uma capacidade reflexiva e autorreflexiva, está mais preparado para utilizar essas habilidades em suas relações educativas, facilitando, assim, o processo de ensino-aprendizagem.

O processo educativo é desafiador, pois permeia vivências e metas a serem alcançadas, e, em muitos momentos, pode sofrer interferência de crenças e distorções do educador. Dessa forma, é inevitável que ele seja ativado emocionalmente durante o processo de educar, uma vez que as relações educativas também suscitam dificuldades. Podem surgir pensamentos distorcidos difíceis de flexibilizar e que acabam influenciando no ato de educar (Barletta et al., 2022). Por isso, a autorreflexão, a autoprática e o investimento em si mesmo que o educador precisa fazer na tentativa de construir relações educativas são constantes.

REFERÊNCIAS

Almeida, W. R. A. (2014). Relações de poder no cotidiano escolar: Análise e reflexões da relação aluno-escola. *Educação por Escrito, 5*(2), 274-285.

American Psychological Association (APA). (2014). *Guidelines lot clinical supervision in health service psychology.* hltp://apa.org/aboul/policy/guidelines-supervision.pdf

Anastasiou, L. G. C. (2015). Ensinar, aprender e processos de ensinagem. In L. G. C. Anastasiou, & L. P. Alves (Org.), *Processos de ensinagem na universidade: Pressupostos para as estratégias de trabalho em aula* (10. ed., pp. 16-44). Univille.

Barletta, J. B., Fonseca, A. L. B., & Delabrida, Z. N. C. (2012). A importância da supervisão de estágio clínico para o desenvolvimento de competências em terapia cognitivo-comportamental. *Psicologia: Teoria e Prática, 14*(3), 153-167.

Barletta, J. B., Gennari, M. S., Murta, S. G., & Cipolotti, R. (2015). Situações consideradas difíceis no atendimento médico e as habilidades sociais: Reflexões sobre o ensino e a formação profissional. In Z. A. P. Del Prette, A. B. Soares, C. S. Pereira-Guizzo, M. F. Wagner, & V. B. R. Leme (Orgs), *Habilidades sociais: Diálogos e intercâmbios sobre pesquisa e prática* (pp. 44-71). Sinopsys.

Barletta, J. B., Rodrigues, C. M. L., Neufeld, C. B. (2021). A formação de supervisores em terapia cognitivo-comportamental. *Revista Brasileira de Orientação Profissional, 22*(1), 61-72.

Barletta, J. B., Rebessi, I. P., & Neufeld, C. B. (2022). A contratransferência no processo supervisionado em terapia cognitivo comportamental. *Revista Brasileira de Psicoterapia, 24*(1), 49-62.

Beck, J. S. (2022). *Terapia cognitivo-comportamental: Teoria e prática.* 3. ed. Artmed.

Beckert, M. (2002). Relação supervisor-supervisionando e a formação do terapeuta: Contribuições da psicoterapia analítico-funcional (FAP). In H. J. Guilhardi (Org.), *Sobre comportamento e cognição: Contribuições para a construção da teoria do comportamento* (pp. 245-256). Esetec.

Beck, A. T., & Alford, B. A. (2000). *O poder integrador da terapia cognitiva*. Artes Médicas Sul.

Biasoli-Alves, Z. M. M. (2005). Orientação de pais: Partilhar conhecimentos sobre desenvolvimento e práticas de educação como estratégia de intervenção. *Texto & Contexto Enfermagem, 14*(Esp), 64-70.

Bi, S., Stevens, G. W. J. M., Maes, M., Boer., M., Delaruelle, K., Eriksson., C., ... Finkenauer, C. (2021). Perceived social support from different sources and adolescent life satisfaction across 42 countries/regions: The moderating role of national-level generalized trust. *Journal of Youth and Adolescence, 50*(7), 1384-1409.

Cava, M., Buelga, S., & Musitu, G. (2014). Parental communication and life satisfaction in adolescence. *The Spanish Journal of Psychology, 17*, E98.

Conte, F. C. S., & Brandão, M. Z. S. (2007) Quero ser assertivo! Buscando um posicionamento sincero entre a passividade e a agressividade nos relacionamentos interpessoais. In F. C. S. Conte, & M. Z. S. Brandão (Orgs.), *Falo ou não falo? Expressando sentimentos e comunicando ideias* (2. ed., pp. 1-14). Mecenas.

Corrie, S., & Lane, D. A. (2015). *CBT supervision*. SAGE.

Dattilio, F. (2010). *Manual de terapia cognitivo comportamental para casais e famílias*. Artmed.

Daouk, Z., Bahous, R., & Bacha, N. N. (2016). Perceptions on the effectiveness of active learning strategies. *Journal of Applied Research in Higher Education, 8*(3), 360-375.

Del Prette, Z. A. P., & Del Prette, A. (2008). Um sistema de categorias de habilidades sociais educativas. *Paideia, 18*(41), 517-530.

Del Prette, A., & Del Prette, Z. A. P. (2010). *Psicologia das relações interpessoais: Vivências para o trabalho em grupo*. Vozes.

Del Prette, A., & Del Prette, Z. A. P. (2017). *Competência social e habilidades sociais: Manual teórico-prático*. Vozes.

Dourados, M. C. N. (2016). Intervenção com cuidadores de idosos: Contribuições da TCC. In E. R. Freitas, A. J. G. Barbosa, & C. B. Neufeld (Orgs.), *Terapias cognitivo-comportamentais com idosos* (pp. 429-444). Sinopsys.

Eriksson, M. (2019). Research supervision as a mutual learning process: Introducing salutogenesis into supervision using 'The Collegial Model'. *Health Promotion International, 34*(6), 1200-1206.

Fochesatto, W. P. F. (2011). A cura pela fala. *Estudos de Psicanálise*, (36), 165-171.

Freire, P. (1983). *Educação e mudança*. Paz e Terra.

Friedberg, R. D., & McClure, J. M. (2019). *A prática clínica da terapia cognitiva com crianças e adolescentes* (2. ed.). Artmed.

Gasparim, M. F., & Wagner, M. F. (2020). Habilidades sociais educativas e sintomas clínicos em professores do ensino fundamental. *Contextos Clínicos, 13*(3), 922-944.

Grosseman S., & Stol, C. (2008). O ensino-aprendizagem da relação médico-paciente: Estudo de caso com estudantes do último semestre do curso de medicina. *Revista Brasileira de Educação Médica, 32*(3), 301-308.

Gusc, J., & Van Veen-Dirks, P. (2017). Accounting for sustainability: An active learning assignment. *International Journal of Sustainability in Higher Education, 18*(3), 329-340.

Isolan, L., Pheula, G., & Cordioli, A. V. (2008). Fatores comuns e mudança em psicoterapia. In A. V. Cordioli (Org.), *Psicoterapias: Abordagens atuais* (pp. 58-73). Artmed.

Jimézes-Iglesias, A., García-Moya, I., & Moreno, C. (2017). Parent-child relationships and adolescents' life satisfaction across the first decade of the new millennium. *Family Relations, 66*(Suppl 2), 512-526.

Kazantzis, N., Dattilio, F. M., & Dobson, K. S. (2017). *The therapeutic relationship in cognitive-behavioral therapy a clinician's guide*. Guilford.

Lacerda, F. C. B., & Santos, L. M. (2018). Integralidade na formação do ensino superior: Metodologias ativas de aprendizagem. *Avaliação, 23*(3), 611-627.

Lock, J. (2005). Adjusting Cognitive Behavior Therapy for adolescents with Bulimia Nervosa: Results of case series. *American Journal of Psychotherapy, 59*(3), 267-281.

Manolio, C. L. (2009). *Análise das habilidades sociais educativas na interação professor-aluno* [Dissertação de mestrado não publicada]. Universidade Federal de São Carlos.

Marcos, C. M., & Parreiras, L. S. (2022). A modificação do saber e suas implicações para a transferência. *Psicologia em Estudo, 27*, e48165.

Masetto, M. T. (2003). *Competência pedagógica do professor universitário*. Summus.

Masetto, M. T. (2020). Exercer a docência no ensino superior brasileiro na contemporaneidade com sucesso (competência e eficácia) apresenta como um grande desafio para o professor universitário. *Revista Diálogo Educacional, 20*(65), 842-861.

Matusov, E. (2021). The relationship between education and learning and its consequences for dialogic pedagogy. *Dialogic Pedagogy: An International Online Journal, 9*, E1-E19.

Menezes, T. S., & Menezes, A. P. S. (2014). As tendencias pedagógicas e as práticas educativas na saúde. *Revista da Universidade Vale do Rio Verde, 12*(2), 216-226.

Micalizzi, L., Sokolovsky, A. W., Janssen, T., & Jackson, K. M. (2019). Parental social support and sources of knowledge interact to predict children's externalizing behavior over time. *Journal of Youth and Adolescence, 48*(3), 484-494.

Montessori, M. A. (2017). *Descoberta da criança: Pedagogia científica*. Kírion.

Neufeld, C. B., Ferreira, I. M. F., Caetano, K. A. S., & Versuti, F. M. (2020). Aprendizagem baseada em problemas: Estudo exploratório da percepção de estudantes de psicologia. *Research, Society and Development, 9*(5), 1-8.

Olivares, J., Méndez, F. X. & Ros, M. C. (2005). O treinamento de pais em contexto clínicos e da saúde. In V. E. Caballo, & M. A. Simon (Orgs.), *Manual de psicologia clínica infantil e do adolescente: transtornos específicos* (pp. 365-385). Santos.

Phaneuf, M. (2005). *Comunicação, entrevista, relação de ajuda e validação*. Lusociência.

Pinheiro-Carozzo, N. P., Cardoso, B. L. A., Teixeira, C. M., Haidar, F. C., & Sousa, J. M. (2021). Habilidades sociais e satisfação profissional de médicos que atendem em contexto ambulatorial. *Revista Psicologia e Saúde, 12*(4), 27-40.

Pugh, M., & Margetts, A. (2020). Are you sitting (un)comfortably? Action-based supervision and supervisory drift. *The Cognitive Behaviour Therapist, 13*(e17), 1-19.

Pureza, J. R., Lindern, D., & Ribeiro, A. O. (2018). A psicologia positiva no dia a dia em família. In D. C. Fava, M. Rosa, & A. D. Oliva (Orgs.), *Orientação para pais: O que é preciso saber para cuidar dos filhos*. Artesã.

Rogers, C. (1986). *Liberdade de aprender em nossa década*. Artmed.

Roman, C., Ellwanger, J., Becker, G. C., Silveira, A. D., Machado, C. L. B., & Manfroi, W. C. (2017). Metodologias ativas de ensino-aprendizagem no processo de ensino em saúde no Brasil: Uma revisão narrativa. *Revista Clinical & Biomedical Research, 37*(4), 349-357.

Saban, M. T. (2015). *Introdução à terapia de aceitação e compromisso*. Artesã.

Sampaio, I. T. A., & Gomide, P. I. C. (2006). Inventário de Estilos Parentais (IEP): Gomide (2006) percurso de padronização e normatização. *Psicologia Argumento, 25*(48), 15-26.

Santos, H. S., Pinho, J. Q., & Otaviano, R. A. P. (2021). Um estudo da relação hierárquica entre professor-aluno estabelecida em sala de aula. *Revista Inova Ciência & Tecnologia, 7*, e211121.

Skalická, V., Stenseng, F., & Wichstrøm, L. (2015). Reciprocal relations between student-teacher conflict, children's social skills and externalizing behavior: A three-wave longitudinal study from preschool to third grade. *International Journal of Behavioral Development, 39*(5), 413-425.

Soares, A. B., & Del Prette, Z. A. P. (2013). *Guia teórico-prático para superar dificuldades interpessoais na universidade*. Appris.

Stallard, P. (2008). *Guia do terapeuta para os bons pensamentos, bons sentimentos: Utilizando a terapia cognitivo-comportamental com crianças e adolescentes*. Artmed.

Stefanelli, M. C. (2005). Conceitos teóricos sobre comunicação. In M. C. Stefanelli, & E. C. Carvalho (Orgs.), *A comunicação nos diferentes contextos de enfermagem* (pp. 28-46). Manole.

Vieira-Santos, J., Del Prette, A., & Del Prette, Z. A. P. (2018). Habilidades sociais de docentes universitários: Uma revisão sistemática da literatura. *Acta Scientiarum Education, 40*(3), e35253.

Vieira-Santos, J., Del Prette, Z. A. P., & Del Prette, A. (2018) Habilidades sociais educativas: Revisão sistemática da produção brasileira. *Avances em Psicología Latinoamericana, 36*(1), 45-63.

Weber, L. N. D., Brandenburg, O. J., & Salvador, A. P. V. (2006). Programa de Qualidade na Interação Familiar (PQIF): Orientação e treinamento para pais. *Psico, 37*(2), 139-149.

Wenzel, A. (2018). *Inovações em terapia cognitivo-comportamental: Intervenções estratégicas para uma prática cognitiva*. Artmed.

World Health Organization (WHO). (1997). *Promoting health through schools: Report of a WHO Expert Committee on Comprehensive School Health Education and Promotion*. https://apps.who.int/iris/handle/10665/41987

Young, J. E., Klosko, J. S., & Weishaar, M. E. (2008). *Terapia do esquema: Guia de técnicas cognitivo-comportamentais inovadoras*. Artmed.

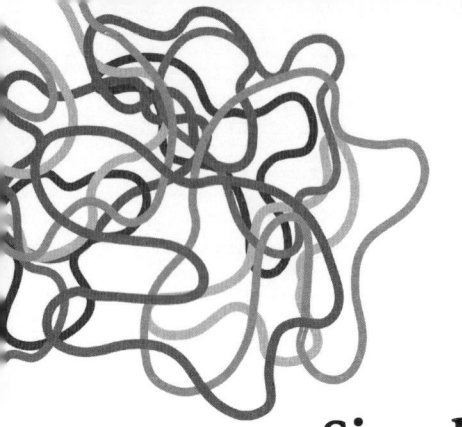

7

Simulação e telessimulação como estratégia para treinamento de psicoterapia

Janaína Bianca Barletta
Roberta Gonçalves Joaquim
Fabiana Romanini
Fernando Alves de Lima Franco

Modelos educacionais vêm sofrendo transformações nas últimas décadas, assim como os currículos pedagógicos, resultando na diminuição da ênfase centrada em conteúdos e no docente, e tornando o protagonismo do aprendiz o foco principal. Essa mudança tem possibilitado o desenvolvimento de competências e a capacidade de aplicabilidade do conhecimento em contextos reais como elementos essenciais do processo de ensino e aprendizagem (Zabalu & Arnau, 2020). Nesse mesmo entendimento, Tempski e Martins (2020), ao fazerem uma breve revisão dos modelos de aprendizagem, ressaltam que no ensino de adultos os modelos interacionistas, construtivistas e cognitivistas são bastante utilizados, já que permitem a construção do conhecimento de maneira participativa e contextualizada, baseada no repertório prévio do aluno. Somado a isso, o ensino de adultos tem como proposta fortalecer a autonomia e a aplicabilidade do novo conhecimento. Partindo dessa concepção, o aluno assume um papel mais ativo e relaciona-se com os temas estudados, desempenhando uma série de atividades, como exploração de problemas, levantamento de hipóteses, busca de soluções, compartilhamento e construção de conhecimento com os pares (Lovato et al., 2018).

Dessa forma, as metodologias ativas, consideradas inovadoras e motivadoras, têm sido reconhecidas como estratégias necessárias para o aumento do engajamento dos profissionais em formação, garantindo apropriação do conhecimento e tornando-o aplicável ao cotidiano (Camargo, 2020; Daros, 2018). Ou seja, elas têm como proposta a promoção de uma aprendizagem significativa, na qual o aluno se envolve no próprio processo de desenvolvimento de maneira participativa, ocupando-se de tarefas educacionais cada vez mais complexas, utilizando análise, síntese, avaliação e aplicação constantes (Barletta, Versuti et al., 2021; Mota & Rosa, 2018). A esse exemplo, Neufeld et al. (2020) propuseram o uso de metodologias ativas, em especial a aprendizagem baseada em problemas (PBL), nas disciplinas de psicopatologia infantojuvenil e de personalidade de um curso de graduação em uma universidade cujo ensino tradicional era a base. Ao final das disciplinas, foram levantadas as percepções dos alunos sobre o processo; eles indicaram positivamente a relação com o desenvolvimento de competências e o envolvimento no próprio aprendizado (ver Cap. 1 para mais informações sobre metodologias ativas).

Atualmente, sabe-se que novos desafios têm sido impulsionados pelo acesso à informação de forma rápida, promovendo mudanças radicais na sociedade e exigindo cada vez mais práticas pedagógicas que respondam a essas demandas. Com a pandemia de covid-19, atividades virtuais de ensino e treinamento passaram a ser uma necessidade, e não mais uma opção. Logo, as tecnologias da informação e comunicação (TICs), que já haviam alcançado o âmbito educacional desde os anos 1990, foram rapidamente aprimoradas, e novas ferramentas foram lançadas, favorecendo as estratégias didáticas para além da exposição de conteúdos e a utilização das metodologias ativas no contexto virtual (Barletta, Versuti et al., 2021). Versuti et al. (2016) ressaltam que as TICs, por si só, não promovem a aprendizagem mais interativa e dinâmica, sendo necessário o uso de estratégias didático-pedagógicas diversas e específicas para que se possa promover a participação ativa dos alunos e a sua colaboração na construção do próprio conhecimento. Para haver um ensino efetivo com aprendizagem significativa, de acordo com a andragogia, Tempski e Martins (2020) apontam que alguns elementos não podem faltar, independentemente do uso das TICs, seja no ensino totalmente virtual, híbrido ou presencial. São eles: basear-se no repertório prévio do aprendiz, fortalecer a motivação, promover a autonomia do aluno, contextualizar o aprendizado, proporcionar a aplicabilidade do conhecimento, fornecer *feedback* constante (p. ex., devolutivas durante a atividade, monitoramento e avaliações de desenvolvimento) e permitir a colaboração e o compartilhamento de experiências na elaboração do saber.

Uma das abordagens mais influentes, conhecida como ciclo de aprendizagem experiencial, corrobora o papel ativo do aprendiz. Essa teoria enfatiza a visão central que a experiência tem nesse processo, sendo o conhecimento criado a partir da transformação das vivências (Kolb, 2015). Segundo o autor, isso acontece de acordo com um ciclo de quatro etapas: 1) experiência concreta, em que há a primeira experiência e ação vivenciadas no ciclo de aprendizagem; 2) observação reflexiva, em que se pode ponderar a experiência concreta, examinando-a, refletindo sobre ela e repercutindo-a, estabelecendo associações entre as percepções e os fatos; 3) conceituação abstrata, estágio em que se pode reorganizar e relacionar os elementos da experiência, teorizando-a, desenvolvendo um raciocínio e explicação lógica, em um modelo plausível, de elaboração de conceitos, hipóteses e sínteses; e 4) experimentação ativa, etapa em que, após reestabelecer significados sobre a experiência concreta nas etapas da observação reflexiva e conceituação abstrata, é possível aplicar as mudanças e aprendizagens de forma prática e experimentando novas situações (Pimentel, 2007).

Nesse ciclo, a aprendizagem é considerada um processo em que a ressignificação da experiência passa pela vivência, pela reorganização de sentidos, sustentada pelos conhecimentos e subjetividade, planejamento e monitoração, tomada de decisões e solução de problemas. Portanto, a teoria da aprendizagem experiencial possibilita uma aprendizagem duradoura, por fortalecer a relação significativa entre desenvolvimento pessoal, educação e trabalho (mundo real) a partir de um sistema de aprimoramento de competências aplicadas que interliga as três instâncias. Para tanto, o ajuste no papel e na postura ocorre não apenas para o aprendiz, mas também para o educador, uma vez que durante as diferentes etapas do ciclo de aprendizagem experiencial pode haver estratégias pedagógicas que favoreçam os diferentes estilos e necessidades dos aprendizes (Kolb, 2015).

De acordo com Piot et al. (2021), essa teoria influenciou significativamente o uso da simulação como estratégia de ensino. A simulação e, mais recentemente, a telessimulação são estratégias pedagógicas baseadas nos preceitos das metodologias ativas de ensino, já que possibilitam uma aprendizagem significativa, de maneira interativa, com promoção de competências clínicas e do raciocínio crítico. No ensino em saúde, ambas as modalidades permitem que o aprendiz vivencie um contexto similar à realidade, com a vantagem de não colocar o paciente em risco. Entre as diferentes possibilidades para esse tipo de metodologia está tanto o uso de pacientes simulados quanto de simuladores que reproduzem a realidade e/ou o cotidiano, com o intuito de aumentar a experiência do aluno em um contexto interativo e o mais realista possível (Boller & Kapp, 2018). Além disso, de forma planejada, essa estratégia permite que os cenários utilizados sejam adequados para o nível de desenvolvimento do aluno, possibilitando o alcance dos objetivos de aprendizagem, com situações de atendimento de maior ou menor complexidade e gravidade. Ou seja, exige-se do aluno diferentes manejos e aplicabilidade de conhecimentos, habilidades e atitudes, lapidando-os à medida que o ciclo de aprendizagem experiencial ocorre (Generoso & Brandão, 2020). Apesar do uso dessa estratégia de ensino já estar consolidado na medicina e na enfermagem, isso ainda não ocorre na psicologia (Kühne et al., 2020).

Partindo do exposto sobre metodologias ativas, TICs, ciclo de aprendizagem experiencial e simulação (e telessimulação), este capítulo tem por objetivo apresentar possibilidades para o uso desses recursos na psicologia. Assim, inicialmente, será feito um breve histórico da simulação como estratégia de ensino e, na sequência, serão apresentados conceitos gerais para compreensão de sua definição, bem como suas vantagens e possíveis barreiras de aplicação. A fim de promover maior apropriação da temática, serão descritos elementos essenciais para sua implementação, bem como diversas modalidades de simulação, cenários e avaliação, incluindo *debriefing* e *feedback*. Por último, serão propostas oportunidades para seu uso na psicologia, com exemplos e dicas, bem como sugestões, possibilidades e desafios.

BREVE HISTÓRICO, DEFINIÇÃO E CONCEITOS FUNDAMENTAIS

O uso da simulação para o ensino de habilidades não é recente. De acordo com Generoso e Brandão (2020), seu surgimento ocorreu na área de aviação em 1920. Nessa época, foi desenvolvido o primeiro simulador com o objetivo de treinar pilotos, estratégia muito utilizada na Segunda Guerra Mundial e que permaneceu como ferramenta de ensino na formação de aviadores até hoje. O campo da segurança nuclear também é relacionado aos primórdios da simulação, pois a área é considerada de alto risco, assim como a aviação; em ambas é fundamental aprimorar habilidades específicas com o intuito de minimizar erros humanos (Piot et al., 2021).

Essa forma de treinamento foi expandida para o ensino em saúde a partir dos anos 1970 (Piot et al., 2021), mais fortemente na década de 1980, especialmente na educação médica (Generoso & Brandão, 2020). Segundo Piot et al. (2021), as áreas da medicina em que era necessário um trabalho em equipe mais intenso em função da necessidade de controle e gestão de risco, como o campo da emergência e da terapia intensiva, logo adotaram a simulação como estratégia de ensino.

Para além do desenvolvimento de habilidades técnicas (*hard skills*), as habilidades interpessoais (*soft skills*) também eram fundamentais para profissionais dessas áreas (p. ex., manejo de estresse, frustração e cansaço, tomada de decisão, gerenciamento e planejamento, habilidades sociais) (Piot et al., 2021). Assim, ancorada na andragogia e em diferentes modelos teóricos de ensino-aprendizagem, a simulação busca a segurança de todos os envolvidos, o desenvolvimento de competências essenciais (técnicas e não técnicas, incluindo manejos individuais, cognitivos e sociais) de maneira eficaz, bem como a qualidade no ensino e a ética profissional. A simulação, por permitir o alcance de diferentes objetivos de aprendizagem, integra diversos fatores no processo de ensino, como aspectos relativos ao curso, à instituição, ao professor, aos alunos e aos recursos disponibilizados (Generoso & Brandão, 2020).

De forma geral, pode-se definir a simulação como uma ferramenta educativa em que o aluno participa de um atendimento de sua área de atuação e em cenários específicos relativos ao contexto da profissão. O aluno tem a oportunidade de vivenciar uma experiência profissional em ambiente controlado e seguro, com possibilidades de avaliação da *performance* e de competências essenciais (Generoso & Brandão, 2020). Dessa forma, a simulação possibilita o aprendizado específico por ser baseada em um ambiente de aprendizado imersivo (Chiniara et al., 2013), cujo grau de imersão pode ser variado e está focado na aprendizagem experiencial. Entre as estratégias de ensino que tem por base as metodologias ativas, a simulação apresenta uma série de vantagens, descritas a seguir, para sua inclusão no ensino de disciplinas da saúde.

    a. Quando há a escolha de incluir um paciente simulado, por se utilizar ator ou pessoa cuidadosamente treinada para fazer as vias do paciente, o processo pode abranger a sintomatologia, as queixas, os comportamentos, as características emocionais e a história de vida com precisão, variabilidade, maior ou menor complexidade e gravidade, conforme necessário ao objetivo e problemática do ensino (Kühne et al., 2020; Piot et al., 2021). Assim, a situação e o cenário tornam-se mais específicos e conectados com o paciente real. Portanto, tem-se uma vantagem em relação ao *role-play* utilizado sem o paciente simulado, que também é uma estratégia segura e eficaz para desenvolvimento de habilidades. Isso se dá pois, a depender de como é realizado, o *role-play* pode se tornar apenas intelectual e/ou pouco experiencial de fato, minimizando assim a possibilidade de aplicabilidade no contexto real (Friedberg & Brelsford, 2013), bem como limitando o desenvolvimento (Piot et al., 2021). Nesse sentido, a simulação amplifica experiências de maneira semelhante às vivências do cotidiano profissional. Ou seja, por ser uma experiência guiada, permite evocar aspectos fundamentais de uma situação real, com a complexidade necessária para o desenvolvimento do aluno e o manejo do atendimento e da demanda (Generoso & Brandão, 2020; Peres et al., 2020). Nas simulações em que se utilizam pacientes simulados, tem-se a segurança do cuidado, uma vez que o aprendiz tem menos chances de cometer algum dano ou prejuízo a quem está recebendo o atendimento, mesmo quando o repertório clínico necessário ainda está em desenvolvimento (Generoso & Brandão, 2020).

    b. Além de pacientes simulados com atores, também é possível o uso da tecnologia (p. ex., simuladores inanimados com uso de bonecos e manequins, *softwares* e sistemas computadorizados). A tecnologia usada na simulação permite o treinamento de técnicas mais invasivas, bem como a reprodução de situações de risco, fomentando a experiência prática de maneira segura e eficaz. A esse exemplo, podemos destacar atividades cirúrgicas, de anestesias, de partos, de ressuscitação cardiovascular, entre outras (Brandão et al., 2020; Piot et al., 2021). A simulação virtual, com uso de *games*, jogos sérios *(serious games)* e *softwares* educacionais, como espaço protegido e bastante interativo, permite a testagem de ações alternativas (Chiniara et al., 2013; Peres et al., 2020) e tem impacto importante no desenvolvimento de habilidades de comunicação, trabalho em equipe, tomada de decisão e raciocínio clínico (Piot et al., 2021). Também permite respostas imediatas, como respostas fisiológicas e emocionais, bem como seu manejo. Na psicologia, tem-se o uso da realidade virtual com simuladores, por exemplo, para o manejo do medo de avião e/ou medo de altura (Oliveira, 2017).

c. Por ser completamente interativa, seja com pacientes simulados ou não, a técnica exige que o aluno lance mão de seus conhecimentos previamente aprendidos e de suas habilidades de maneira contextualizada e de acordo com a necessidade da situação. Logo, para executar o papel profissional, o aluno toma decisões, emite comportamentos e resolve problemas (Brandão et al., 2020; Generoso & Brandão, 2020). Ou seja, integra conhecimentos teóricos, habilidades práticas e atitudes, elementos da competência profissional.
d. Além disso, a simulação favorece o trabalho em equipe, fomentando a construção conjunta de diferentes colegas e/ou diversas profissões. Por exemplo, habilidades de liderança, orientação e gerenciamento de equipe, bem como as de comunicação e tomada de decisão conjunta podem ser desenvolvidas em simulações virtual e presencial (Piot et al., 2021; Zucatti et al., 2019).
e. Por ocorrer em ambiente controlado, a simulação permite que as metas educativas estabelecidas no processo de ensino e aprendizagem sejam possíveis de serem alcançadas, sem colocar em risco o próprio aluno (Generoso & Brandão, 2020). Por ser um processo educativo planejado, entende-se que há uma minimização de impactos emocionais intensos, como a regulação do nível de ansiedade e pensamentos autocríticos exacerbados dos alunos. Assim, há mais segurança para o aluno e maior possibilidade de um desfecho de ensino adequado (Barletta, Gauy et al., 2021). Além disso, o uso de pacientes padronizados (simulados) fortalece a replicabilidade do treinamento e, portanto, em situações de risco, pode-se melhorar o desenvolvimento, a fidelidade e a equidade entre os aprendizes (Piot et al., 2021).
f. Por possibilitar a avaliação por observação direta, incluindo o *feedback* e o *debriefing* da atuação profissional, promove-se a reflexão e a autorreflexão adequadas (Barletta, Gauy et al., 2021; Generoso & Brandão, 2020), que, por sua vez, impulsionam o sistema declarativo e procedural, bem como apuram a metacompetência (Barletta & Neufeld, 2020; Bennett-Levy, 2006). Assim, esse processo auxilia na generalização e na aplicação da aprendizagem para novos contextos. Ou seja, é uma estratégia que permite a formação de profissionais críticos, reflexivos e aptos para a atuação em cenário cotidiano e real (Kaneco & Lopes, 2019; Pinot et al., 2021).

Ressalta-se, ainda, que essa estratégia de ensino possibilita a realização de uma atividade de simulação híbrida, combinando diferentes modalidades, como a simulação assistida por computador (incluindo a realidade virtual), a simulação processual (cujo foco está nas habilidades técnicas), a imersão clínica simulada (em que o cenário é semelhante ao contexto real, com atores e/ou pacientes padronizados), a simulação *in situ* (considerado de alta fidelidade, já que os cenários simulados ocorrem em locais e ambientes reais da atuação clínica e com a equipe multidisciplinar) e o uso de manequins (para treinar habilidades específicas) (Chiniara et al., 2013). Portanto, a simulação pode ser planejada utilizando-se uma variedade de caminhos, cuja escolha vai depender do objetivo da aprendizagem.

Diante disso, verifica-se que essa estratégia permite que as etapas do ciclo experiencial de aprendizagem propostas por Kolb (2015) sejam, de fato, aplicadas. Contudo, para que a simulação ocorra de forma adequada e seja realmente uma estratégia que fomente o desenvolvimento e o aprendizado, o educador que está à frente da atividade deve ser treinado (Barletta & Neufeld, 2020). Assim como em qualquer outra atividade de metodologia ativa, a simulação por si só não terá o efeito esperado se não for aplicada por alguém ou uma equipe capacitada para tal. Nesse sentido, Versuti et al. (2016) ressaltam que as TICs não representaram, *a priori*, uma lógica de atividade educacional baseada nas metodologias ativas, e sim, que serviram como mais uma ferramenta para exposição de conteúdo, reforçando o ensino tradicional. Isso se deve à falta de treinamento e capacitação dos educadores, bem como a uma menor disseminação das metodologias ativas à época.

Portanto, pode-se considerar que uma das barreiras para o uso do método simulado é o treinamento dos educadores que o utilizarão. Entre outros obstáculos, a principal desvantagem da proposta é seu custo elevado – o que pode ocorrer em razão da necessidade de treinamento da equipe técnica e de professores, da contratação de atores, do ambiente educativo (cenários) ou da tecnologia a ser utilizada (Domingues et al., 2021). A esse exemplo, Piot et al. (2021) ressaltam que, logo no início da inclusão da simulação como estratégia de ensino, ela foi rapidamente aplicada na neurologia, porém, também foi bastante questionada em função do alto custo financeiro e da viabilidade de incluir pacientes simulados (atores) no treino de profissionais. A sua inserção nessa área não foi logo aceita como unanimidade e/ou com consistência das equipes docentes.

TELESSIMULAÇÃO

A telessimulação foi definida por McCoy et al. (2017) como um processo educacional, de treinamento e de avaliação inovador, que faz uso da tecnologia de comunicação e plataformas de videoconferência para conectar simuladores, instrutores, equipe e profissionais em formação que estão distantes fisicamente. Uma vez que a telessimulação tem por base os mesmos princípios e objetivos da simulação, ela também garante a aprendizagem experiencial.

Apesar de as barreiras descritas anteriormente também se aplicarem à telessimulação, esta prática educativa tem ganhado destaque atualmente. Isso porque, além de todas as vantagens igualmente descritas, outros benefícios podem ser elencados, como a diminuição das distâncias geográficas (tanto de quem recebe quanto de quem fornece o treinamento) e dos custos, o aumento da colaboração interinstitucional e a rápida disseminação de conhecimento (McCoy et al., 2017). Com isso, há a ampliação do acesso a profissionais de localidades diversas, aumentando a qualidade da formação para pessoas que tinham maior dificuldade de deslocamento até os centros específicos que ofertam a simulação. Consequentemente, tem-se o melhor uso do tempo, a economia financeira e o aumento de *network*.

Esse entendimento foi corroborado em um estudo recente de Thomas et al. (2021), que, a partir de sua experiência na utilização da telessimulação, destacaram orientações acerca de sua implementação: a) a importância de avaliar recursos remotos disponíveis; b) a adaptação de objetivos de aprendizagem e cenário; c) a importância de pautar a intervenção em um objetivo de aprendizagem; d) a necessidade de identificar materiais complementares para aumentar o realismo; e) a preparação do corpo docente e equipe participante; f) a necessidade de preparação dos alunos, chamado de *pré-briefing*; g) a importância de considerar a inclusão de tempo de intervalo ao longo da aplicação; h) a necessidade de considerar antecipadamente o estabelecimento de papéis da equipe e estratégias de comunicação; i) a importância de preparar o ambiente para a realização do *teledebriefing*; j) o cuidado em envolver todos os participantes, inclusive os mais reservados, no *debriefing*; k) a utilidade em compartilhar recursos adicionais de aprendizagem; e l) a precisão em realizar *feedback* para ter o retorno do processo e poder (re)considerar melhorias. Portanto, se reconhece a necessidade de aperfeiçoamento do facilitador e/ou educador que utilizará a telessimulação com os recursos tecnológicos para melhor uso das ferramentas disponíveis (Barletta, Versuti et al., 2021).

PLANEJAMENTO: CONSTRUÇÃO E CENÁRIO

Com o intuito de facilitar o uso da estratégia de simulação e telessimulação no ensino de competências na área da saúde, a International Nursing Association for Clinical Simulation and Learning's ([INACSL], 2016) lançou uma diretriz que descreve uma estrutura para melhores práticas educativas em simulação. O documento evidencia a importância do planejamento e preparação da simulação, a fim de fomentar um processo educativo intencional, sistemático, flexível e cíclico. Assim, a etapa anterior à aplicação da simulação em si torna-se essencial.

A etapa prévia inicia-se pelo levantamento de necessidades, contemplando o problema e a avaliação de sua causa. Ela engloba, portanto, a instituição e/ou organização, a entrevista com os envolvidos (pacientes, profissionais, etc.), a avaliação de pilotos realizados anteriormente, os levantamentos comportamentais anteriores, incluindo avaliações de competências, assim como documentos, diretrizes e protocolos (Kaneco & Lopes, 2019). Para a composição do cenário, as autoras ressaltam a importância do diagnóstico *in loco* para identificar aspectos da prática e lacunas baseadas na atuação profissional, aproximando-se da realidade e garantindo a fidelidade do ambiente. Destaca-se que a avaliação inicial de necessidades (Barletta, Versuti et al., 2021) permite traçar uma linha de base. Ou seja, é importante identificar o conhecimento, as habilidades e atitudes prévias dos alunos, o contexto e a problemática, com o intuito de aumentar a adequabilidade do planejamento às necessidades, dificuldades e potencialidades dos participantes.

Outro aspecto crítico é a elaboração prévia dos objetivos de aprendizagem pautados na taxonomia de Bloom e inseridos no cenário apresentado. A taxonomia de Bloom é a descrição de seis ações (lembrar, compreender, aplicar, analisar, avaliar e criar) organizadas em uma estrutura hierárquica de objetivos educacionais. Os objetivos de aprendizagem devem ser específicos, mensuráveis, possíveis de serem atingidos, relevantes e adequados ao tempo disponível (Generoso & Brandão, 2020). Esses autores reforçam outros pontos essenciais para a preparação da simulação: a) disponibilizar os materiais e recursos para que os alunos possam se preparar para o processo educativo de maneira prévia; b) estruturar o formato de acordo com a modalidade que melhor responda ao propósito e à teoria que se tem por base; c) construir o cenário com *design* adequado para o treinamento ofertado; e d) usar diversos tipos de fidelidade para criar a percepção de realismo necessária. Salienta-se que a fidelidade se relaciona com a proximidade da realidade, com os objetivos de aprendizagem e com a complexidade do cenário (Escudero & Azul, 2020), assim como permite o estabelecimento do público-alvo do treinamento (Kaneco & Lopes, 2019). As autoras reforçam que o estabelecimento de objetivos gerais deve estar relacionado ao propósito das instituições e/ou organizações. Além disso, é importante informar previamente aos participantes o objetivo geral do cenário, porém, sem fornecer um direcionamento à solução do problema.

Para que a escolha da modalidade de simulação (estrutura e formato) se torne mais eficaz, leva-se em consideração os objetivos, o conhecimento prévio dos participantes e o planejamento do cenário. Sabe-se que a perícia do facilitador do cenário, isto é, seu conhecimento sobre as funcionalidades dos simuladores e dos outros equipamentos integrantes do cenário, assim como da elaboração e condução de cenários que usam pacientes padronizados, é um requisito importante para o processo de ensino-aprendizagem. O número de participantes e a inclusão ou não de participantes durante o cenário, bem como a definição da(s) categoria(s) profissional(is) também devem fazer parte do planejamento. Outro aspecto é a descrição do caso, ponto inicial do cenário, que deve considerar as progressões das ações e atividades em sua condução, o tempo necessário para sua aplicação, o planejamento dos recursos materiais que serão utilizados e a identificação de pontos críticos que farão parte do acompanhamento e avaliação de desempenho do participante (Kaneco & Lopes, 2019).

Por último, Brandão et al. (2020) destacam a necessidade de se realizar testes-piloto antes de utilizar a simulação como estratégia educativa. Essa etapa possibilita levantar falhas e corrigi-las, a fim de potencializar a adequação da simulação e o sucesso da aprendizagem. A fidelidade dos cenários será determinada pelo ambiente, pelos recursos e pela tecnologia, além de fatores como elaboração e planejamento prévios e capacitação da equipe e do docente. Além disso, como citado anteriormente, as simulações podem ser desenvolvidas considerando níveis distintos de complexidade, com maior ou menor grau de dificuldade e de profundidade. Dessa forma, os simuladores podem ser de baixa, média e alta fidelidade, assim como podem ser de alta ou baixa complexidade (Neves et al., 2020).

A fidelidade também corresponde aos elementos do ambiente, de equipamentos e de aspectos psicológicos. Partindo dessa lógica, é importante considerar a direção em que o cenário deve evoluir, quando ele deve terminar e qual o final determinado ao paciente (quando se faz uso de paciente padronizado). A utilização de atores e/ou docentes para desempenhar o papel de paciente padronizado requer um roteiro que impõe dados e intensidade para atuação (p. ex., estado emocional, nível de dor, etc.). Da mesma forma, o ambiente físico em que a simulação ocorre deve ser cuidadosamente preparado para impor níveis de realidade (Alinier, 2011; Neves et al., 2020).

BRIEFING, DEBRIEFING, FEEDBACK E AVALIAÇÃO

O uso do *briefing* (ou pré-briefing) como aquecimento e preparação, bem como do *debriefing* para desaquecimento (Generoso & Brandão, 2020) são dois elementos que podem tornar a aprendizagem ativa mais efetiva, uma vez que proporcionam ao participante preparar-se para entrar na atividade e rever o que foi realizado, refletindo sobre dificuldades e acertos, ressignificando conceitos e modelando comportamentos (Coutinho et al., 2020). Ao iniciar o aquecimento (pré-briefing), é feito um levantamento das expectativas dos participantes e são passadas orientações acerca do ambiente de aprendizagem, como a modalidade de simulação da qual irão participar. Esse momento estimula a confiança entre os participantes e voluntários, facilitando a interação e adesão no momento posterior, o *debriefing* (Portela & Barletta, 2022).

O *briefing* corresponde à oportunidade de relembrar aspectos práticos e processos que irão auxiliar no momento da intervenção, enquanto o *debriefing* é a parte reflexiva do exercício experiencial que promove a generalização do aprendizado para outras situações e para o ambiente profissional real (Kaneco & Lopes, 2019; Portela & Barletta, 2022). Portanto, o *debriefing* é considerado o coração da simulação, pois é nessa etapa que o profissional em formação usa competências cognitivas, afetivas e psicossociais, fortalecendo e transferindo a aprendizagem adquirida em simulação para a prática profissional (Coutinho et al., 2020). A comunicação aberta e reflexiva, realizada em conjunto e guiada pelo facilitador, tem por objetivo recriar experiências a partir da exploração das emoções e dos significados aludidos à vivência (Bradley, 2019). Esse autor aponta que o questionamento socrático é uma das estratégias utilizadas para favorecer a comunicação durante o *debriefing*, já que expõe a relação entre pensamento e ação, estimula a autodescoberta, favorece a participação e a coesão do grupo, reforça a busca de evidências e discrimina as consequências das competências entregues na simulação. Waltman (2021) reforça que as estratégias socráticas estão diretamente associadas tanto ao que se considera boa prática clínica quanto à base em evidências que a torna eficaz. Para tanto, baseiam-se no empirismo colaborativo, que é o processo de construção do conhecimento de maneira conjunta a partir da aplicabilidade da curiosidade científica, o que, por sua vez, promove a possibilidade de mudança.

O *feedback* sobre o desempenho, amplamente fornecido e recebido no processo de *debriefing* (Generoso & Brandão, 2020; Portela & Barletta, 2022), possibilita a identificação de hiatos no processo de aprendizagem (Coutinho et al., 2020) e organiza os entendimentos do grupo, revisitando as incoerências encontradas, reavaliando as soluções de problemas, refinando e reestruturando conhecimentos prévios, validando e reforçando as potencialidades. Portanto, o *feedback* facilita a reflexão e a ressignificação da aprendizagem, fortalece a busca de mudanças e favorece a aquisição e a lapidação de repertório (Barletta & Neufeld, 2020). Newman (2013) aponta que, ao discriminar as diferenças e semelhanças entre a competência executada e a almejada, o *feedback* de desempenho passa a ser uma das estratégias mais importantes na aprendizagem de adultos, pois possibilita vislumbrar os passos para a melhoria do desempenho (Bennett-Levy, 2006) (para saber mais sobre *feedback*, ver Cap. 20). Ao incluir o *feedback* como uma estratégia no *debriefing*, a possibilidade de fornecê-lo de maneira constante e adequada ao propósito da aprendizagem é ampliada. Dessa forma, entende-se que o *debriefing* permite o avanço na assimilação e apreensão do conhecimento, bem como na sua generalização para outras situações (INACSL, 2016).

Outro aspecto indispensável é a inclusão de uma avaliação dos participantes (aprendiz e educador) sobre a experiência baseada em simulação e sobre a instalação e a equipe de suporte. A etapa avaliativa garante a eficácia dos processos e resultados da simulação, especialmente quando é mais abrangente (em termos de respondentes), já que traz mais fidedignidade com relação às melhorias necessárias (Kaneco & Lopes, 2019). Entre as possibilidades de avaliação, encontra-se a observação direta, com base no vídeo da atividade e foco no desempenho. O uso da gravação e sua revisão diminuem o viés quando há somente o relato da experiência e potencializam o *feedback* formativo e a qualidade da orientação fornecida (Barletta, Gauy et al., 2021). Elaborar uma guia atribuída a um programa de simulação pode facilitar o monitoramento do processo e a evolução do ensino com o uso dessa estratégia (Escudero & Azul, 2020), assim como uma *checklist* e instrumentos de observação já estabelecidos (Brandão et al., 2020). Coutinho et al. (2020) apontam que a elaboração de um roteiro ou um guia pode ser útil para abordar os pontos críticos e o direcionamento da discussão no *debriefing*, como também a replicabilidade do cenário.

Existem algumas *checklist* e ferramentas já estabelecidas e que têm sido usadas para avaliar e acompanhar o desempenho em simulações e em outras estratégias de ensino experienciais. Uma das ferramentas mais utilizadas para a avaliação do participante na medicina é o Objective Structured Clinical Examination (OSCE) (Kaneco & Lopes, 2019; Piot et al., 2021). Traçando um paralelo com a prática de supervisão e ensino baseados em competências terapêuticas em terapia cognitivo-

-comportamental (TCC), algumas medidas objetivas são utilizadas para a reflexão e o monitoramento de conhecimentos, habilidades e atitudes na psicoterapia. Dessa forma, têm potencial para serem aplicadas em cenários de simulação os seguintes instrumentos: Cognitive Therapy Scale (CTS) (Young e Beck, 1980), sua versão revisada (CTS-R) (Blackburn et al., 2001) e Assessment of Core CBT Skills (ACCS) (Muse et al., 2017).

De forma geral, pode-se resumir que o *feedback* é uma estratégia avaliativa que pode ajudar a identificar aspectos da competência almejada já desenvolvidos conforme esperado e aqueles que podem necessitar de maior investimento. Além disso, favorece a elaboração de caminhos de aprendizagem e soluções de problemas. Para tanto, diferentes recursos podem ser utilizados, como instrumentos objetivos, observação direta e discussão reflexiva, fomentando os *feedbacks* somativo e formativo (Barletta, Gauy et al., 2021). Eppich et al. (2015) reforçam que o *feedback* está inserido em um processo mais abrangente, que é o *debriefing*, e potencializa o alcance do aprendizado na simulação. De maneira didática, esses autores apresentam uma estrutura organizativa com quatro classes que precisam ser planejadas para atingir as metas educativas. Ou seja, trata-se de uma organização que prevê as pautas e determina as perguntas e reflexões do *debriefing*, a depender da meta educativa final do processo de aprendizagem da simulação: a) fontes de *feedback*, isto é, quem o fornece e com base em quê (autoavaliação, por pares, pelo especialista, pela gravação, pelos dados do simulador, com uso de instrumentos objetivos, etc.); b) tempo em que o *feedback* é fornecido em relação à execução do comportamento/desempenho/cenário (síncrono, simultâneo ou durante a atividade, imediatamente ao final do comportamento, retardado ou ao final de todo o cenário); c) realização de *microdebriefing*, dentro do evento, para uma reflexão em ação; e d) realização de um *microdebriefing* pós-evento, rebobinando o que foi realizado com pausas para discussão, para uma reflexão sobre a ação.

Diferentes modelos de *debriefing*

Para a aprendizagem de competências profissionais em saúde, o *debriefing* pode ser utilizado de diferentes formas, porém, em geral é realizado ao final da simulação, pós-cenário, guiado pelo facilitador e composto por diferentes fases, variando entre três e sete, com focos específicos em cada uma delas (Menezes & Hashimoto, 2020). Essas autoras exemplificam modelos de três fases, no qual a primeira abrange uma rememoração sobre o que foi vivenciado e uma exploração de como os participantes se sentiram. Dessa forma, é possível elaborar um consenso e resgatar elementos importantes para reflexão, que é realizada na segunda fase, considerada de análise das ações e desempenhos. A fase final faz um resumo com os principais aprendizados. Um desses modelos trifásicos bastante conhecido é chamado de Gather-Analyze-Summarize (GAS).

Eppich et al. (2015) propõem uma maneira de implementar estratégias de ensino na simulação, para que seja oportunizada a prática deliberada com *feedback* e reflexão durante o *debriefing*. A prática deliberada de ciclo rápido considera pequenas interrupções, conhecidas como *time out*, para fornecer *feedback* específico e direcionado. Na sequência, a prática é retomada até que os participantes realizem a atividade corretamente. Posteriormente, o facilitador promove o *microdebriefing* para o momento de reflexão sobre a prática deliberada e retoma a prática. Desse modo, o caso clínico é discutido pelo grupo repetidas vezes no mesmo cenário, até que o objetivo de aprendizagem (a competência desejada) seja alcançado. À medida que os objetivos vão sendo contemplados, novas dificuldades são inseridas no cenário com o intuito de aprofundar a complexidade, iniciando um novo ciclo. Os autores ressaltam quatro aprendizados cruciais a partir dos seus achados: 1) a prática deliberada utilizando *debriefing* e *feedback* promove competência e aumenta a motivação; 2) a reflexão é fundamental para o aprendizado e a prática deliberada, podendo ser realizada por *microdebriefing* e pelo *debriefing* tradicional; 3) a aprendizagem pode ser proporcionada pela observação e *feedback* entre pares, e não apenas pela via do facilitador; 4) medidas de resultados e fontes de dados fidedignas aumentam as chances de que o *feedback*, o *microdebriefing* e o *debriefing* sejam sustentados em observações do desempenho, com maior precisão e menor viés. Esses aprendizados são corroborados pela literatura de treinamento e avaliação de competências em TCC (Barletta & Neufeld, 2020; Bennett-Levy, 2006; Muse et al., 2017; Newman, 2013).

Entre as consonantes que existem na literatura sobre treinamento e desenvolvimento de competências profissionais de áreas distintas, está a necessidade do treinamento dos facilitadores. Na literatura de supervisão em TCC, há sempre o apontamento sobre as competências do supervisor e como desenvolvê-las, bem como da crucial necessidade de que seja entregue um treinamento de terapeutas baseado em estratégias empiricamente sustentadas, com o intuito de aumentar a eficácia e o sucesso do desfecho (Barletta & Neufeld, 2020; Bennett-Levy, 2006; Muse et al., 2017; Newman, 2013). Na mesma direção, os *guidelines* de ensino em saúde evidenciam a importância de basear o treinamento em *debriefing* em um modelo estruturado advindo de teorias baseadas em evidências. A esse exemplo, Bradley (2019) fornece uma explanação, ainda inicial, do efeito do treinamento de facilitadores em um método de *debriefing* e ressalta a importância desse processo no modelo específico pela base em evidências conhecido como Debriefing for Meaningful Learning (DML). A autora chama a atenção para a dose certa de treinamento desses facilitadores a fim de alcançar resultados positivos, mas salienta que ainda são necessários mais estudos sobre o treinamento. Vale destacar que esse modelo de *debriefing* utiliza o questionamento socrático como forma de guiar a reflexão e, assim, relacionar o pensamento e a ação, desafiando as suposições tidas como verdadeiras (Dreifuerst, 2015).

Leign et al. (2017) debruçaram-se sobre o modelo facilitado pelos membros da equipe designados como observadores durante a simulação. Os autores propõem que a observação seja feita de forma ativa, com o intuito de aumentar a probabilidade de absorção, retenção e recordação das informações, exigindo assim atenção e esforço conscientes. Os observadores são preparados pelos facilitadores para realizar o *debriefing*. Para ajudá-los nesse processo, os facilitadores podem dar exemplos de perguntas para que o *debriefing* seja conduzido de maneira segura, esteja relacionado aos objetivos de aprendizagem e proporcione o alcance desejado. Sugere-se a utilização de *checklist* com perguntas abertas, a fim de aprimorar habilidades de autoavaliação, revisão profissional por pares, comunicação e trabalho em equipe e aumento da satisfação dos observadores.

Um dos modelos de *debriefing* amplamente utilizado em contexto mundial é o Promoting Excellence and Reflective Learning in Simulation (PEARLS), o qual serviu para a elaboração de uma ferramenta estruturada em cinco fases. A primeira fase está relacionada a articulação e compartilhamento das regras e objetivos do *debriefing* e ao estabelecimento de um ambiente emocionalmente seguro para melhor autorrevelação e exposição dos participantes. Na sequência, além das três fases tradicionalmente usadas no *debriefing* (GAS), acrescenta-se a descrição dos principais problemas e barreiras enfrentados na simulação. Isso se dá em função de o foco não estar exclusivamente no desempenho dos participantes individualmente, mas também no trabalho em equipe, incluindo as relações interpessoais estabelecidas. São cinco fases que, de forma nominal, foram intituladas da seguinte maneira: preparando o terreno, reação, descrição, análise e aplicação ou resumo (Menezes & Hashimoto, 2020). Essas autoras enfatizam que na fase de análise podem ser explorados diversos domínios, incluindo as *soft* e as *hard skills* (tomada de decisão, utilização de recursos, trabalho em equipe, liderança, comunicação, habilidades técnicas, consciência e leitura situacional).

Ao se utilizar da descoberta guiada, do empirismo colaborativo e da comunicação empática e assertiva (Waltman, 2021), o educador que guia o *debriefing* pode, na fase de análise e com base na ferramenta PEARLS, partir de três diferentes abordagens (Menezes & Hashimoto, 2020): a) autoavaliação do participante, a qual visa promover a reflexão sobre o próprio desempenho; b) facilitação focada, cujo objetivo é aprofundar os principais elementos que interferiram no desempenho; e c) fornecimento de informações, cujo foco está na lapidação dos déficits com base em *feedback*. Ressalta-se a necessidade de validação do que foi considerado adequado, de suporte e apoio que fortalece a segurança emocional e de foco no comportamento e desempenho, sem adjetivar ou personalizar a avaliação, a fim de potencializar o processo educativo e o desenvolvimento de competências com menor chances de efeitos indesejados, invalidantes ou extremamente autocríticos que possam surgir (Barletta, Gauy et al., 2021).

Com o intuito de contribuir para o acesso dos facilitadores a esse modelo, a ferramenta PEARLS Healthcare Debriefing Tool foi revisada, traduzida para diversos idiomas e disponibilizada gratuitamente pelo ambiente virtual debrief2learn.org, que compartilha recursos para educadores em saúde em parceria com a Academic

Medicine. A versão em português foi traduzida por Couto et al. (2021), uma equipe de especialistas em simulação, e a ferramenta pode ser encontrada no *site* https://debrief2learn.org/pearls-debriefing-tool/. Além disso, existem alguns instrumentos que possibilitam a avaliação de habilidades em *debriefing*, entre os quais três já estão traduzidos, adaptados e disponíveis em língua portuguesa: Debriefing Experience Scale (Almeida et al., 2016), Escala de Avaliação do Debriefing Associado à Simulação (Coutinho et al., 2014) e Debriefing Assessment for Simulation in Healthcare (DASH) (Couto et al., 2021). O estudo de validação e adaptação da DASH abrangeu as três versões: a DASH Rater Version, na qual avaliadores treinados examinaram os instrutores, a DASH Versão do Aluno, em que os próprios estudantes avaliaram seus instrutores, e a DASH Versão do Instrutor, em que o instrutor se autoavaliou. Os autores ressaltaram que a vantagem da DASH é proporcionar o *debriefing* por diversas perspectivas, e sua aplicação se faz de forma abrangente e independentemente da disciplina em que a simulação for usada.

É interessante observar que, na realização desse procedimento tão complexo, o *debriefing* apoia-se em diversas competências, potencializando a capacidade do aluno na escolha das melhores intervenções para determinado cenário, considerada a metacompetência (Barletta & Neufeld, 2020). Assim, entende-se que a metacompetência envolve a inter-relação de aspectos de habilidades motoras, resolução de problemas, pensamento crítico, julgamento e raciocínio clínicos, demonstrando, assim, a complexidade desse aprendizado (INACSL, 2016).

SIMULAÇÃO NO ENSINO DA PSICOLOGIA E DAS PSICOTERAPIAS

A simulação, e mais atualmente a telessimulação, é amplamente utilizada na educação em saúde, mas seu uso no ensino da psicologia ainda é escasso, sendo poucas as pesquisas que discorrem sobre esse método no ensino e treinamento de psicólogos clínicos (Kühne et al., 2020). O ensino e a avaliação de habilidades terapêuticas do psicólogo são, de forma geral, desenvolvidos por meio de cursos, *workshops* e supervisões clínicas, todos de grande importância no desenvolvimento profissional contínuo. Atualmente, as pesquisas a respeito de modelos de supervisão clínica vêm sendo expandidas, o que torna possível um diálogo mais abrangente entre teoria, prática e desenvolvimento de competências profissionais. Esses novos estudos vêm, cada vez mais, considerando métodos de ensino experienciais e reflexivos para a promoção do aprendizado (Barletta, Gauy et al., 2021; Milne & Reiser, 2017; Velasquez et al., 2015).

A simulação demonstra um grande potencial como estratégia de ensino-aprendizagem em psicologia clínica, exatamente por sua característica experiencial e reflexiva. Melluish et al. (2007), a partir da utilização de grupos focais, propuseram a simulação como método de ensino da avaliação inicial em TCC e como avaliação formativa das habilidades clínicas. O treinamento foi realizado na University of Leicester, sendo os participantes estagiários do segundo e terceiro anos de doutorado, funcionários do programa e supervisores clínicos. A primeira etapa do treinamento foi dividida em dois *workshops* ministrados em dois dias diferentes. No primeiro dia, o objetivo foi analisar as habilidades para realizar a entrevista inicial e, no segundo dia, foi a avaliação da relação interpessoal e do engajamento terapêutico. Em ambos os encontros, foi realizada simulação com paciente padronizado, isto é, com um ator treinado no papel de paciente. A função dos participantes consistia em representar o papel de terapeutas, revezando-se na condução da entrevista. Como procedimento, os autores da pesquisa desenvolveram um guia de entrevistas que abordava o desempenho dos participantes com relação a: a) avaliação sobre a introdução da simulação com pacientes padronizados como parte do programa de doutoramento; b) benefícios e obstáculos em relação ao uso da simulação; e c) experiências de uso de pacientes simulados na prática e ideias futuras para utilização do treinamento. Os autores concluíram que a estratégia de simulação auxiliou no desenvolvimento de habilidades de autorreflexão, do aprendizado e da generalização (transferência) de habilidades clínicas para a prática cotidiana dos estagiários.

Outro grupo de pesquisadores, composto por Kühne et al. (2020), ressaltou a lacuna de estudos em relação ao processo de desenvolvimento de competências psicoterapêuticas com uso de cenários simulados e pacientes padronizados. Esses autores apontaram que essa pode ser uma estratégia promissora para o treinamento e supervisão de psicoterapia, uma vez que a estratégia ativa é considerada mais eficaz para o desenvolvimento de competências abertas, como as de psicoterapia. Eles propuseram a utilização da dramatização com pacientes simulados como forma de avaliação nesse contexto, apresentada em um protocolo de pesquisa que concilia a simulação, o treinamento, a supervisão clínica e as escalas para avaliação de competências terapêuticas, colaborando para o desenvolvimento nesse campo.

Uma revisão de escopo (*scoping review*) sobre o uso da simulação em psicologia com pacientes padronizados colocou em pauta a discussão sobre as barreiras e os facilitadores das implementações desse tipo de prática para treinamento na psicoterapia. Após varredura nas bases de dados MEDLINE, PsycINFO e Web of Science, foram incluídas 41 publicações e, a partir da análise de conteúdo, foram extraídas as barreiras e os facilitadores categorizados em quatro grandes classes e organizados em uma matriz de interconexões. As categorias resultantes foram as seguintes: aspectos organizacionais e econômicos, escolha dos pacientes padronizados, desenvolvimento adequado de cenários, e fidelidade e autenticidade em retratar pacientes de saúde mental. Entre as principais dificuldades, destacaram-se o desafio sobre como evocar empatia nos educandos e os aspectos econômicos e formativos. Esses resultados possibilitaram o desenvolvimento de indicativos e recomendações para treinamento, monitoramento e apoio contínuos durante atividades com uso de pacientes padronizados (Kühne et al., 2018).

Como visto, o uso da simulação e/ou telessimulação na psicologia clínica, psicoterapia e saúde mental ainda é incipiente, mas alguns autores já têm apresentado os primeiros passos nessa direção. Alguns países, como a Alemanha, têm repensado o treinamento em psicoterapia, fortalecendo a inclusão de novos métodos de educação e avaliação, bem como fomentando o uso de pacientes padronizados na formação, na aquisição e na demonstração de competências terapêuticas (Kühne et al., 2021). Esses autores reforçam que para o sucesso da prática educativa (de simulação e telessimulação) há necessidade de uma preparação cuidadosa, desde a seleção adequada de pacientes padronizados, passando pela elaboração de roteiros detalhados de funções, até o treinamento dos facilitadores da simulação, incluindo o treino de *feedback* e *debriefing*. Na mesma direção, Barletta e Neufeld (2020) apontam que os supervisores clínicos precisam ser treinados para fornecer as melhores possibilidades de desenvolvimento do terapeuta. Talvez seja importante incluir metodologias ativas, como a simulação, no treinamento de profissionais para exercer essa função.

CONSIDERAÇÕES FINAIS

Como foi visto ao longo do capítulo, a simulação e a telessimualção mostram-se promissoras no ensino de competências do terapeuta em TCC por apresentar características que dialogam com a andragogia e com o modelo declarativo-procedural-reflexivo (DPR), fomentando a elaboração, o refinamento e a prática das competências e metacompetências necessárias, sem colocar em risco o paciente. Ou seja, as práticas têm potencial de aprimorar o conhecimento, a habilidade e a atitude do terapeuta em treinamento, ao mesmo tempo que diminuem a probabilidade de consequências indesejadas ao paciente; logo, é possível ter mais segurança na formação e desenvolvimento de profissionais. Contudo, na psicologia clínica, a simulação e a telessimulação ainda são estratégias pouco utilizadas na formação e treinamento de psicoterapeutas.

Os autores deste capítulo optaram por apresentar elementos essenciais para que o leitor ampliasse o conhecimento sobre a simulação e a telessimulação. Assim, ao longo do texto, foram percorridos conceitos fundamentais da simulação e telessimulação, ressaltando-se a importância do cuidado no planejamento do cenário de simulação e da avaliação de competências (incluindo o *feedback* e o *debriefing*).

Com foco na supervisão clínica em TCC, existem desafios a serem considerados na utilização de metodologias ativas, em especial na simulação com pacientes padronizados. Isso ocorre primeiramente pela escassez de pesquisas que relacionem esse método de ensino-aprendizagem com o ensino em psicoterapia, principalmente no Brasil. Outro desafio consiste na formação de supervisores clínicos em psicologia que, por vezes, se mostra escassa ou ausente. Atualmente, existe um movimento crescente no olhar da formação do supervisor clínico no Brasil, aventando a possibilidade de mais pesquisas para o tema e mais avanço em utilização de metodologias ativas, incluindo a simulação e a telessimulação.

REFERÊNCIAS

Alinier, G. (2011). Developing high-fidelity health care simulation scenarios: A guide for educators and professionals. *Simulation & Gaming, 42*(1), 9-26.

Almeida, R. G. S., Mazzo, A., Martins, J. C. A., Coutinho, V. R. D., Jorge, B. M., & Mendes, I. A. C. (2016). Validation to Portuguese of the debriefing experience scale. *Revista Brasileira de Enfermagem, 69*(4), 658-664.

Barletta, J. B., & Neufeld, C. B. (2020). Novos rumos na supervisão clínica em TCC: Conceitos, modelos e estratégias baseadas em evidências. In FBTC, C. B. Neufeld, E. M. O. Falcone, & B. P. Rangé (Orgs.), *PROCOGNITIVA - Programa de Atualização em Terapia Cognitivo-Comportamental: Ciclo 7* (pp. 119-158). Artmed Panamericana. (Sistema de Educação Continuada a Distância, v. 2).

Barletta, J. B., Gauy, F. V., Velasquez, M. L., & Neufeld, C. B. (2021). Estratégias pedagógicas para fomentar o desenvolvimento de competências do terapeuta cognitivo-comportamental. In FBTC, C. B. Neufeld, E. Falcone, & B. P. Rangé (Orgs.), *PROCOGNITIVA - Programa de Atualização em Terapia Cognitivo-Comportamental: Ciclo 8* (pp. 115-168). Armed Panamericana. (Sistema de Educação Continuada a Distância, v. 2).

Barletta, J. B., Versuti, F., & Neufeld, C. B. (2021). Do ensino híbrido ao on-line: Relato de experiência docente na disciplina de supervisão baseada em evidências na pós-graduação stricto sensu brasileiro. *Revista Brasileira de Terapias Cognitivas, 17*(2), 79-86.

Bennett-Levy, J. (2006). Therapist skills: A cognitive model of their acquisition and refinement. *Behavioural and Cognitive Psychotherapy, 34*(1), 57-78.

Blackburn, I. M., James, I. A., Milne, D. L., Baker, C., Standart, S., Garland, A., & Reichelt, F. K. (2001). The revised cognitive therapy scale (CTS-R): Psychometric properties. *Behavioural and Cognitive Psychotherapy, 29*(4), 431-446.

Boller, S., & Kapp, K. (2018). *Jogar para aprender: Tudo o que você precisa saber sobre o design de jogos de aprendizagem eficazes*. DVS.

Bradley, C. S. (2019). Impact of training on use of debriefing for meaningful learning. *Clinical Simulation in Nursing, 32*, 13-19.

Brandão, C. F. S., Collares, C. F., & Cecilio-Fernandes, D. (2020). Simuladores, Pacientes Padronizados e híbridos. In A. S. Neto, A. S. Fonseca, & C. F. S. Brandão (Orgs.), *Simulação clínica e habilidades na saúde* (2. ed., pp. 41-52). Atheneu

Camargo, F. (2020). Desenvolvimento de competências por meio de estratégias pedagógicas de aprendizagem ativa. In B. Debald (Org.), *Metodologias ativas no ensino superior: O protagonismo do aluno* (pp. 76- 86). Penso.

Chiniara, G., Cole, G., Brisbin, K., Huffman, D., Cragg, B., Lamacchia, M., ... Canadian Network For Simulation in Healthcare & Guidelines Working Group (2013). Simulation in healthcare: A taxonomy and a conceptual framework for instructional design and media selection. *Medical Teacher, 35*(8), e1380-e1395.

Coutinho, V. R. D., Martins, J. C. A., & Pereira, M. F. R. (2014). Construção e validação da Escala de Avaliação do Debriefing associado à Simulação (EADaS). *Revista de Enfermagem Referência, 4*(2), 41-50.

Coutinho, V., Martins, J. C. A., Pereira, M. F., & Mazzo, A. (2020). Feedback e debriefing. In A. S. Neto, A. S. Fonseca, & C. F. S. Brandão (Orgs.), *Simulação clínica e habilidades na saúde* (2. ed., pp. 149-159). Atheneu

Couto, T. B, Matos, F. M., Rodovalho, P. D. T., Fey, M., Simon, R., & Muller-Botti, S. (2021). Translation of the debriefing assessment for simulation in healthcare in Portuguese and cross-cultural adaptation for Portugal and Brazil. *Advances in Simulation, 6*(25), 1-7.

Daros, T. (2018). Por que inovar na educação? In F. Camargo, & T. Daros (Orgs.), *A sala de aula inovadora: Estratégias pedagógicas para fomentar o aprendizado ativo* (pp. 3-7). Penso.

Domingues, I., Martins, E., Almeida, C. L., & Silva, D. A. (2021). Contribuições da simulação realística no ensino-aprendizagem da enfermagem: Revisão integrativa. *Research, Society and Development, 10*(2) 1-9.

Dreifuerst, K. T. (2015). Getting started with debriefing for meaningful learning. *Clinical Simulation in Nursing, 11*(5), 268-275.

Eppich, W. J., Hunt, E. A., Duval-Arnould, J. M., Siddall, V. J., & Cheng, A. (2015). Structuring feedback and debriefing to achieve mastery learning goals. *Academic Medicine, 90*(11), 1501-1508.

Escudero, E., & Azul, M. A. B. (2020). Construção de guias para baixa fidelidade. In A. S. Neto, A. S. Fonseca, & C. F. S. Brandão (Orgs.), *Simulação clínica e habilidades na saúde* (2. ed., pp. 53-69). Atheneu.

Friedberg, R. D., & Brelsford, G. M. (2013). Training methods in cognitive behavioral therapy: Tradition and invention. *Journal of Cognitive Psychotherapy: An International Quarterly, 27*(1), 19-29.

Generoso, J. R., Jr., & Brandão, C. F. S. (2020). Simulação: conceitos básicos. In A. S. Neto, A. S. Fonseca, & C. F. S. Brandão (Orgs.), *Simulação clínica e habilidades na saúde* (2. ed., pp. 25-31). Atheneu.

International Nursing Association for Clinical Simulation and Learning's (INACSL). (2016). INACSL standards of best practice: Simulation^{SM} simulation design. *Clinical Simulation in Nursing, 12*(S), S5-S12.

Kaneco, R. M. U., & Lopes, M. H. B. M. (2019). Cenário em simulação realística em saúde: O que é relevante para a sua elaboração? *Revista da Escola de Enfermagem da USP, 53*, e03453.

Kolb, A. D. (2015). *Experiential learning: Experience as the source of learning and development* (2nd ed.). Pearson Education.

Kühne, F., Ay, D. S., Otterbeck, M. J., & Weck, F. (2018). Standardized patients in clinical psychology and psychotherapy: A scoping review of barriers and facilitators for implementation. *Academic Psychiatry, 42*(6), 773-781.

Kühne, F., Maaß, U., & Weck, F. (2021). Standardized patients in clinical psychology: From research to practice. *Verhaltenstherapie.* https://www.karger.com/Article/Pdf/510049

Kühne, F., Heinze, P. E., & Weck, F. (2020). Standardized patients in psychotherapy training and clinical supervision: Study protocol for a randomized controlled trial. *Trials, 21*(276), 2-7.

Leigh, G., Miller, L. B., & Ardoin, K. B. (2017). Enhancing observers' learning during simulations. *The Journal of Continuing Education in Nursing, 48*(10), 454-457.

Lovato, F., Michelotti, A., & Loreto, E. (2018). Metodologias ativas de aprendizagem: Uma breve revisão. *Acta Scientiae, 20*(2), 154-171.

McCoy, C. E., Sayegh, J., Alrabah, R., & Yarris, L. M. (2017). Telesimulation: An innovative tool for health professions education. *AEM Education and Training, 1*(2), 132-136.

Melluish, S., Crossley, J., & Tweed, A. (2007). An evaluation of the use of simulated patient role-plays in the teaching and assessment of clinical consultation skills in clinical psychologists' training. *Psychology Learning and Teaching, 6*(2), 104-113.

Menezes, P. D. T. R., & Hashimoto, P. C. (2020). Debriefing. In Conselho Regional de Enfermagem (São Paulo). (Org.), *Manual de simulação clínica para profissionais de enfermagem* (pp. 73-84). CoREn.

Milne, D. L., & Reiser, R. P. (2017). *A manual for evidence-based CBT supervision.* John Wiley & Sons.

Mota, A. R., & Rosa, T. W. (2018). Ensaio sobre metodologias ativas: Reflexões e propostas. *Pedagógico, 25*(2), 261-276.

Muse, K., McManus, F., Rakovshik, S., & Thwaites, R. (2017). Development and psychometric evaluation of the Assessment of Core CBT Skills (ACCS): An observation-based tool for assessing cognitive behavioral therapy competence. *Psychological Assessment, 29*(5), 542.

Neufeld, C. B., Ferreira, I. M. F., Caetano, K. A. S., & Versuti, F. M. (2020). Aprendizagem baseada em problemas: Estudo exploratório da percepção de estudantes de Psicologia. *Research, Society and Development*, 9(5),1-22.

Neves, F. F., Iglesias, A. G., & Pazin-Filno, C. F. S. (2020). Construção de cenários simulados. In A. S. Neto, A. S. Fonseca, & C. F. S. Brandão (Orgs.). *Simulação clínica e habilidades na saúde* (2. ed., pp. 125- 142). Atheneu.

Newman, C. F. (2013). *Core competencies in cognitive-behavioral therapy*. Routledge.

Oliveira, M. C. (2017). *A realidade virtual como recurso para terapia comportamental do medo de altura* [Dissertação de mestrado]. Universidade Estadual de Londrina.

Peres, H. H. C., Tobase, L., Almeida, D. M., Tomazini, E. A. S., & Prado, C. (2020). Simulação virtual e objetos de aprendizagem: Integrando saberes. In A. S. Neto, A. S. Fonseca, & C. F. S. Brandão (Orgs.). *Simulação clínica e habilidades na saúde* (2. ed., pp. 201-218). Atheneu.

Pimentel, A. (2007). A teoria da aprendizagem experiencial como alicerce de estudos sobre desenvolvimento profissional. *Estudos de Psicologia (Natal)*, 12(2), 159-168.

Piot, M. A., Attoe, C., Billon, G., Cross, S., Rethans, J. J., & Falissard, B. (2021). Simulation training in psychiatry for medical education: A review. *Frontiers in Psychiatry*, 12, 658967.

Portela, C. E., & Barletta, J. B. (2022). Uso do baralho da sexualidade no treinamento de terapeutas cognitivo-comportamentais para o manejo da contratransferência. In A. Sardinha (Org.), *Aplicações práticas do baralho da sexualidade* (pp. 38-44). Sinopsys.

Tempski, P. Z., & Martins, M. A. (2020). Modelos teóricos do processo ensino-aprendizagem aplicados às estratégias educacionais de simulação. In A. S. Neto, A. S. Fonseca, & C. F. S. Brandão (Orgs.), *Simulação clínica e habilidades na saúde* (2. ed., pp. 1-9). Atheneu.

Thomas, A., Burns, R., Sanseau, E., & Auerbach, M. (2021). Tips for conducting telesimulation-based medical education. *Cureus*, 13(1), e12479.

Velasquez, M. L., Thomé, C. R., & Oliveira, I. R. (2015). Reflexões sobre a prática clínica supervisionada em cursos de especialização em terapia cognitivo-comportamental no Brasil. *Revista de Ciências Médicas e Biológicas*, 14(3), 331-337.

Versuti, F. M., Scotton, I. L., Lisboa, C. S. M., & Neufeld, C. B. (2016). Tecnologias da informação e comunicação e formação do psicólogo clínico. *Revista Brasileira de Terapias Cognitivas*, 12(2), 91-99.

Waltman, S. H. (2021). Why use Socratic questioning? In S. H. Waltman, R. Trend Codd III, L. M. McFarr, & B. R. Moore (Eds.), *Socratic questioning for therapists and counselors: Learn how to think and intervene like a cognitive behavior therapist* (pp. 1-7). Routledge.

Young, J., & Beck, A. (1980). *Cognitive therapy scale: Rating manual*. Center for Cognitive Therapy.

Zabala, A., & Arnau, L. (2020). *Métodos para ensinar competências*. Penso.

Zucatti, A. P. N., Silveira, L. M. O. B., Abbad, G. S., & Flores, C. D. (2019). Criação de uma simulação para o desenvolvimento de competências em um hospital. *Psicologia: Ciência e Profissão*, 39, e181204, 1-15.

PARTE II

Supervisão clínica baseada em evidências

8

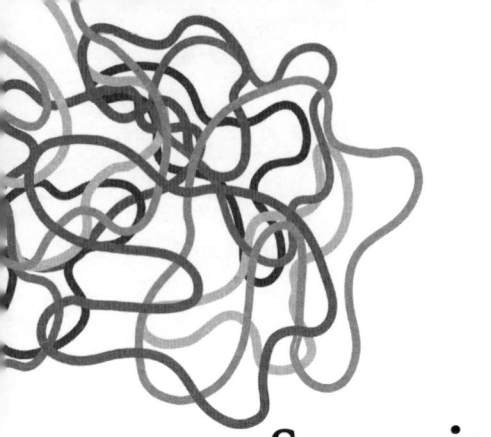

Supervisão baseada em casos *versus* em competências
O equilíbrio entre o ideal e o real

Janaína Bianca Barletta
Michella Lopes Velasquez
Fabiana Gauy
Carmem Beatriz Neufeld

A supervisão clínica é unanimemente considerada um pilar essencial para a formação de psicoterapeutas e profissionais da saúde mental, sendo uma estratégia característica no ensino da psicoterapia e, portanto, de acordo com Watkins (2020), chamada de assinatura pedagógica da área. Porém, nas últimas décadas, tem-se estabelecido fortemente a necessidade do desenvolvimento de competências profissionais para a entrega das atividades laborais com eficácia e efetividade, baseadas no compromisso ético e científico. Esse movimento, no contexto da psicologia clínica, tem levado ao questionamento dos mecanismos empregados para favorecer a construção de competências profissionais, refutando-se como estratégia primária, por exemplo, o treinamento no trabalho para o desenvolvimento do clínico, que, por sua vez, é bastante divulgado na prática cotidiana. Por treinamento no trabalho entende-se, aqui, que o aprendizado e o desenvolvimento profissional acontecem durante a prática psicoterápica com o paciente, sem outras atividades pedagógicas associadas (Barletta & Neufeld, 2020; Newman, 2013). Falender e Shafranske (2017) ressaltam que não se pode assumir que o aumento de competência clínica em psicologia seja uma resultante natural da rotina e experiência de atendimento do terapeuta. Para se alcançar as metas e níveis de desenvolvimento esperados no treinamento clínico, é necessário que haja um processo intencional e estruturado, que pode ser viabilizado pela experiência da supervisão clínica.

É interessante notar, entretanto, que não há uma única forma de fazer supervisão. Existem vários modelos e propostas diferentes, com alcances e objetivos também diversos, diretamente ligados à meta de aprendizagem (Barletta & Neufeld,

2020). Independentemente do modelo utilizado, cada vez mais o desenvolvimento de competências clínicas se torna um guia para a supervisão (Watkins, 2020), fazendo-se necessário conhecer minimamente o que a literatura descreve como competências centrais a serem desenvolvidas e quais são os modelos de supervisão e as estratégias didáticas que melhor atingem essas metas quando se considera a formação de terapeutas cognitivo-comportamentais.

Partindo dessa ideia, este capítulo tem por objetivo apresentar elementos específicos de modelos de supervisão que focam no desenvolvimento de competências clínicas em terapia cognitivo-comportamental (TCC). Para tanto, inicialmente, será apresentada uma breve revisão da supervisão focada no caso clínico, considerada tradicional e comumente utilizada no Brasil. Em seguida, serão abordadas as mudanças no cenário mundial que favoreceram a transição de modelos, bem como a supervisão focada em competências e os aspectos fundamentais de sua implementação no treinamento de terapeutas. Atividades e dicas práticas também serão propostas com o intuito de contribuir para o maior alcance da experiência de supervisão baseada em competências para terapeutas e supervisores.

SUPERVISÃO FOCADA EM CASOS

Ao resgatar o histórico da supervisão clínica, Milne (2018) aponta que as primeiras atividades supervisionadas realizadas, datadas do século XVIII, eram voluntárias, com cunho filantrópico e moral, em atividades de caridade. Apenas no século XIX a supervisão aparece relacionada com o treinamento clínico em psicologia, com um formato instrucional e orientativo nos casos atendidos, não sistemático e calcado no *background* do profissional que fornecia a supervisão. Nesse sentido, há sugestões de que os primeiros exemplos de supervisão clínica em saúde mental remetam a Freud, no início dos anos de 1900. Ainda no contexto psicanalítico, por volta de 1922, ficou estabelecido que, para exercer psicanálise, o profissional deveria ter sido submetido ao processo de análise pessoal realizada por um psicanalista aprovado pela sociedade de psicanálise da época. Assim, foi iniciada a ênfase no sistema de treinamento do analista, que incluía 150 horas de supervisão de um ou dois casos, realizada por um colega sênior, com intuito de tornar o terapeuta júnior eficaz na psicanálise, para o benefício dos pacientes.

Foi apenas em 1945, nos Estados Unidos, que o treinamento em psicologia clínica foi formalizado nos programas de doutoramento nas universidades, tornando a supervisão um requisito para a formação de terapeutas (Milne, 2018). Esse autor, em sua revisão, observa que as primeiras pesquisas sobre terapia são de 1940, enquanto as de supervisão são de 1950. Ao longo dos anos, a supervisão foi oferecida de maneiras diversificadas e até hoje podem ser encontradas diferenças importantes e uma enorme variedade de práticas supervisionadas. Essas características, associadas à falta de precisão na definição do processo supervisionado, dificultaram tanto a interpretação de dados de pesquisas quanto a possibilidade de testar e replicar protocolos, bem como a disseminação das implicações práticas, consolidando a heterogeneidade observada.

Ainda partindo de um olhar histórico, a psicologia no Brasil teve, desde seu início, dois fortes pilares: a psicologia experimental, com foco em pesquisas básicas e aplicadas, e a atividade clínica, ressaltando a forte presença da teoria psicanalítica (Neufeld & Carvalho, 2017; Pavan-Cândido, 2019). De acordo com Zaslavsky et al. (2003), e de maneira condizente ao exposto por Milne (2018), o supervisor em uma perspectiva psicanalítica utiliza-se do papel de professor, didaticamente propondo-se a explicar, orientar, sugerir e corrigir o terapeuta em aprendizagem, no que se considera a maneira clássica de supervisão. Nesse contexto, entende-se que é uma supervisão centrada no caso, com foco na escuta para auxiliar o manejo clínico (Mendes, 2012). Esse autor fez uma analogia da supervisão psicanalítica como uma **superaudição**, na qual o supervisor, a partir da escuta do relato clínico, indica as falhas na conduta terapêutica no *setting* e na fala do analista aprendiz, favorecendo a elaboração do saber. Ou seja, o aluno terapeuta descreve o caso atendido e suas aflições ao supervisor, que, por sua vez, faz as correções necessárias e indica caminhos a serem percorridos. O supervisor também analisa a transferência e contratransferência da relação terapêutica nos termos psicanalíticos, isto é, o deslocamento de processos inconscientes do paciente e/ou do analista para o outro, considerando os saberes teórico e técnico da psicanálise. Assim, o processo de supervisão psicanalítica está diretamente ligado à experiência clínica do supervisor e seu estilo pessoal de ensino, sendo pouco sistematizado na literatura (Zaslavsky et al., 2003).

Ressalta-se também que, como o modelo supervisionado psicanalítico é baseado na própria psicoterapia, reproduzindo em supervisão elementos, interações e técnicas do processo terapêutico (Bernard & Goodyear, 2014; Smith, 2009), tem-se como principal fonte de referência a fala (Fochesatto, 2011), isto é, o relato verbal do supervisionando, que descreve o caso para que o supervisor possa auxiliá-lo. Uma vez que a psicanálise tem sido historicamente a abordagem mais disseminada na psicologia clínica no Brasil, é plausível considerar que a forma mais divulgada de supervisão no País seja a focada em casos, com o relato verbal do terapeuta utilizado como a principal e, por vezes, a única, estratégia de ensino (Barletta & Neufeld, 2020). Consequentemente, grande parte dos profissionais brasileiros recebeu esse tipo de supervisão clínica em algum momento de sua formação. E aqueles terapeutas que foram essencialmente expostos a esse modelo, desconhecendo outra forma de supervisão, tendem a reproduzi-lo quando assumem a função de supervisor.

Ainda que esse formato de supervisão clínica, doravante chamado de (modelo de) supervisão tradicional, possa ser excelente para o desenvolvimento de psicanalistas, entende-se que a oferta de TCC exige uma série de competências específicas que não são contempladas nessa proposta. Como exemplo, podemos elencar as próprias características da TCC, que é uma abordagem estruturada, fundamentada no empirismo colaborativo, educativa, baseada em metas e solução de problemas, com planos de ação extras às sessões, uso de medidas e de *feedback*, calcada na descoberta guiada e na postura interativa do terapeuta (Kennerley, 2021). Somado a isso, na TCC são utilizadas desde técnicas para identificação, avaliação e ressignificação de cognições até àquelas de intervenções orientadas para o manejo e tolerância de emoções e para a mudança de comportamentos; todas elas devendo ser incorporadas ao repertório do terapeuta em supervisão. Por último, entende-se ainda que a tomada de decisão clínica em TCC parte da leitura ambiental e das características do paciente, assim como da base científica das intervenções (Barletta, no prelo). Logo, torna-se fundamental utilizar estratégias de ensino em supervisão que permitam desenvolver tanto a fidelidade à proposta terapêutica, mantendo a estrutura consistente e colaborativa, quanto a flexibilidade para personalizar e adaptar a intervenção às necessidades do paciente (Boswell & Constantino, 2022).

A supervisão tradicional também pode oferecer algumas barreiras para o desenvolvimento do terapeuta, com base nos axiomas da TCC e nas competências necessárias para colocá-la em prática de maneira adequada. Entre elas está a relação interpessoal estabelecida em supervisão. Na proposta tradicional, fortemente centrada no supervisor e em sua *expertise*, é estabelecida uma relação mais hierarquizada, ou seja, parte-se da sapiência do terapeuta mais experiente, que está no papel de supervisor e que tem por função direcionar e indicar os próximos passos da intervenção. Na outra ponta, conforme apontam Martin e Turner (2020), estão os terapeutas aprendizes, muitas vezes inseguros, que buscam orientações a respeito do que fazer na sessão seguinte (Fig. 8.1). O que se percebe é que há aprendizagem e reflexão, mas com limites que não permitem alcançar o esperado em TCC.

Considerando-se que a TCC parte de uma construção colaborativa entre terapeuta e paciente, sendo essa uma premissa fundamental para o alcance de metas terapêuticas, entende-se que na supervisão clínica este também é um elemento essencial. Corrie e Lane (2015), ao fazerem uma descrição dos elementos da supervisão clínica em TCC, salientam a importância do cuidado com a relação interpessoal colaborativa em supervisão e do manejo de possíveis rupturas devido às diferenças de poder entre o supervisor e o terapeuta aprendiz. Equilibrar a autoridade e hierarquia com o trabalho em equipe, por mais que haja diferenças nas funções exercidas, favorece a autonomia na construção do saber e no desenvolvimento de competências (Milne, 2018). Esse autor também enfatiza que o uso de metodologias ativas e experienciais (para mais informações, ver Cap. 1), bem como de estratégias de ensino apropriadas, favorece a participação de todos e consolida a proposta supervisionada em busca do desenvolvimento de competências.

Outro aspecto da supervisão tradicional que não é condizente com a proposta da TCC refere-se ao uso do relato verbal sobre o atendimento como estratégia principal ou única no processo de ensino. Ao relatar verbalmente o caso, é muito comum que o terapeuta deixe de descrever alguns elementos, como variáveis si-

Supervisão tradicional	

	• Supervisor
	  • *Expertise* devido ao tempo de atuação como psicoterapeuta
	  • Centrado no seu conhecimento
	  • Direciona o que deve ser feito no atendimento
	
	• Supervisionando
	  • Relata verbalmente o caso clínico
	  • Espera receber respostas e direcionamentos sobre o que fazer

Supervisão baseada em competências	

• Supervisor
  • *Expertise* pela competência e treinamento em supervisão
  • Centrado na necessidade de desenvolvimento profissional do terapeuta
  • Uso de estratégias pedagógicas ativas
	• Supervisionando
	  • Postura ativa e participativa na lapidação de competências
	  • (Co)responsável pelo próprio aprendizado
	  • Atitude aberta para (auto)avaliação, reflexão, revisão de caminhos

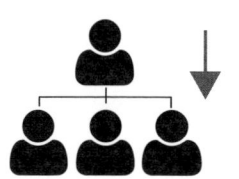

FIGURA 8.1 Relação interpessoal em supervisão.

tuacionais, comportamentos emitidos por ele ou pelo paciente, tom de voz e conteúdos específicos. A omissão pode ocorrer em situações em que o terapeuta não está ciente de determinado aspecto, isto é, por desconhecimento, e, portanto, pouca ou nenhuma atenção é dada aquele elemento. O terapeuta também pode não querer relatar algo ao supervisor, seja por acreditar que tal aspecto é irrelevante ou por não desejar apresentar algo que acredita ter sido inadequado, correndo o risco de ser julgado. Em outras palavras, uma supervisão baseada exclusivamente no caso, segundo o relato verbal do terapeuta, não permite ao supervisor vislumbrar o desempenho do aluno durante a sessão, tampouco elucidar o encontro terapêutico (Cook et al., 2020; Gonsalvez et al., 2016; Mehr et al., 2010). Em consequência disso, o *feedback* do supervisor pode não ser apropriado, modelando comportamentos inadequados, ou ser pouco descritivo, comprometido pelas possíveis distorções do relato verbal (Barletta et al., 2012).

SUPERVISÃO BASEADA EM COMPETÊNCIAS

A mudança paradigmática, com iniciativas em direção a uma pedagogia e cultura de competências, é mais recente, ainda que a preocupação com bons padrões da prática psicológica sempre tenha acompanhado educadores, supervisores e profissionais da área. Anteriormente, o que se observava era a oferta de supervisão sem uma definição precisa de competência, com ensino e treinamento sustentados por atividades intuitivas ou baseadas apenas na experiência do supervisor, o que, por sua vez, era considerado suficiente para qualificar o profissional (Gonsalves & Calvert, 2014). Como resultado, muitas vezes a psicoterapia não favorecia a mudança e melhora na qualidade de vida, ou mesmo causava danos ao paciente (Carvalho & Paveltchuk, 2021). Da mesma forma, o treinamento de terapeutas e a prática supervisionada não necessariamente alcançavam os propósitos formativos, normativos e restauradores, levando a efeitos prejudiciais e inadequados (Barletta & Neufeld, 2020) (para mais informações sobre efeitos indesejados da supervisão clínica, ver Cap. 10).

Ao longo dos últimos anos, agências reguladoras e órgãos normativos da profissão ao redor do mundo passaram a influenciar e promover o ensino em psicologia alicerçado em competências, mudando o conceito, a forma e o padrão do treinamento. Esse processo está assentado em pesquisas e sustentado por equipes de forças-tarefa para a elaboração de diretrizes com o intuito de minimizar o fenômeno de deriva na supervisão e na prática terapêutica (Gonsalves & Calvert, 2014), que pode ser compreendido como a falha ou inadequação na entrega de elementos centrais da intervenção (Pugh & Margetts, 2020; Waller & Turner, 2016). Progressivamente, houve um grande avanço científico em diferentes áreas, como a supervisão, a educação e a própria TCC, resultando no delineamento de recursos mais eficazes para o treinamento e o desenvolvimento profissionais. Com efeito, atualmente tem-se maior compreensão sobre distintos métodos de ensino e seus alcances na construção de conhecimentos, habilidades e atitudes (Barletta et al., 2021; Corrie & Lane, 2015), sobre modelos teóricos de aquisição de competências clínicas, como o declarativo-procedural-reflexivo (DPR) de Bennett-Levy (2006), o ciclo da aprendizagem experiencial de Kolb (2015) e o ciclo da prática deliberada, proposto por Ericsson et al. (1993). Além disso, tem-se a própria evolução da TCC, considerada um grande guarda-chuva que abarca princípios da cognição, do comportamento e da emoção, direcionando-se cada vez mais para a interlocução e a integração do processo terapêutico (Boswell & Constantino, 2022). Tais avanços levaram ao entendimento de que uma alternativa à proposta supervisionada tradicional, que permita o desenvolvimento do repertório e raciocínio clínico baseado em evidências, e condizente com os princípios da TCC, é a supervisão baseada em competências (Falender, 2018; Falender & Shafranske, 2017).

Esse movimento, com especial atenção à busca de marcadores para a supervisão em TCC de alta qualidade, pode ser entendido como uma resposta a lacunas encontradas no modelo tradicional e também como alternativa a uma proposta supervisionada puramente reflexiva (Roscoe et al., 2022). Esses autores ressaltam a importância de marcadores como:

a. Mapeamentos de competências em supervisão desenvolvidos a partir do *zeitgeist* da base em evidências, como os propostos por Roth e Pilling (2008), pelas diretrizes da American Psychological Association ([APA], 2014) e da British Association for Counselling and Psychotherapy ([BACP], 2021) e pelo modelo cristal de competências, elaborado por Gonsalvez e Calvert (2014).
b. Estrutura da sessão de supervisão similar à de uma sessão em TCC (Gordon, 2012; Milne, 2018; Newman, 2013) e modelos específicos e integrativos de supervisão em TCC, como o Tandem, de Milne e Dunkerley (2010).
c. Avaliações e medidas de competência em supervisão, como a Supervisor Competency Scale (SCS) (Kennerley et al., 2010) e a Supervision: Adherence and Guidance Evaluation (SAGE) (Milne & Reiser, 2014), escalas ainda sem tradução oficial e adaptação no Brasil, mas frequentemente referenciadas por sua importância no treinamento de supervisores.

Entre as mudanças ocorridas no cenário mundial a partir desse novo olhar para as competências, estão as exigências específicas para o credenciamento de programas de educação e treinamento profissional. Em diversos países, como Estados Unidos, Canadá, Austrália e Inglaterra, é necessário que a instituição de ensino que oferta o curso de formação tenha recebido a acreditação e, para tanto, deve: a) demonstrar a capacidade do curso ofertado de promover o desenvolvimento das competências essenciais; b) descrever com clareza as competências a serem alcançadas pelos terapeutas que participam do curso; c) delinear e apresentar a mensuração das competências e os modelos de avaliação utilizados no treinamento; e d) ofertar estágios de prática clínica (Gonsalvez & Calvert, 2014). Vale destacar que em outros países o treinamento e a supervisão clínica ocorrem durante o doutorado e pós-doutorado, diferentemente do que acontece do Brasil, onde o treinamento para a prática psicoterápica é iniciado durante a graduação (Barletta, no prelo; Rubin et al., 2007). Além disso, nos países em que o processo de formação está mais sistematizado, após passar pelo treinamento em programas credenciados, o terapeuta também precisa cumprir outras exigências, como comprovar desenvolvimento continuado e supervisão periódica com um supervisor também credenciado. Para ser um supervisor credenciado, além do treinamento específico para o exercício desta prática, o profissional, de forma similar ao terapeuta, precisa comprovar formação continuada e prática de metassupervisão, assim como cumprir as etapas de recredenciamento sempre que for necessário (Ferreira et al., 2021; Gonsalvez & Calvert, 2014).

Por fim, vale salientar que, quando se utiliza no texto o termo **supervisão baseada em competências**, adota-se uma definição de competência fundamentada em aspectos já consolidados, amplamente divulgados e adotados pelas comunidades acadêmica e profissional. Desse modo, competência refere-se ao desempenho adequado em uma situação específica (Del Prette & Del Prette, 2017), sendo diretamente ligada aos conceitos de conhecimento, habilidade e atitude (Sudak, 2016). Compreende-se que é a inter-relação entre o conhecimento (aspectos analíticos, teóricos e informativos), a habilidade (execução, aplicação, prática) e a atitude (abertura e predisposição a análise, reflexão e ação) que permite ao profissional a maior possibilidade de ser competente em sua prática clínica (Barletta, no prelo). Logo, pode-se dizer que, em psicoterapia, competência clínica é a execução apropriada da melhor intervenção para as necessidades do paciente, levando a diminuição do sofrimento, melhor qualidade de vida e alcance das metas terapêuticas (Sburlati et al., 2011). Boswell e Constantino (2022), na mesma linha de pensamento, definem competência clínica como a habilidade de desempenhar a TCC de forma flexível e responsiva às demandas e necessidades do paciente.

É importante frisar que executar adequadamente um comportamento não significa olhar de maneira exclusiva para sua topografia, mas para sua funcionalidade, a partir das necessidades e objetivos apresentados no contexto específico do atendimento, uma vez que se entende que competência clínica está associada ao conceito de habilidades abertas e complexas (Barletta, no prelo; Sudak, 2016). Trata-se, portanto, de executar intervenções complexas com uma ampla variedade de aplicações. Com esse conceito em vista, Gonsalves e Calvert (2014) reforçam que, para se implementar uma supervisão baseada em evidências, é necessário que o supervisor esteja ciente do objetivo final, lembrando que o resultado é medido por critérios objetivos e válidos, e não por um padrão normativo estrito de competência. Além disso, considerando o conceito de competência clínica e os critérios estabelecidos para acessá-la, pode-se entender competência como um comportamento observável, que pode ser avaliado e dimensionável, logo, passível de ser ensinado e aprimorado (Barletta et al., 2021; Del Río et al., 2013).

Modelos e estratégias para o desenvolvimento de competências

Nos anos 1990, um modelo considerado relevante para a aprendizagem progressiva de habilidades em medicina foi a pirâmide de competências clínicas de Miller (1990). Ao descreverem esse modelo como base conceitual para a avaliação de competências clínicas em estudantes, Sim et al. (2015) destacaram a presença de quatro níveis. A camada de base da pirâmide, nomeada como **saber**, é ligada aos conceitos básicos factuais; a segunda, chamada **saber como**, trata do raciocínio aplicado, da construção e compreensão desses conceitos básicos. Os dois níveis são associados ao conhecimento, à teoria, à racionalidade (ou razão), e o objetivo de ambos consiste em favorecer a compreensão da teoria, considerada a base da competência clínica. Os dois níveis seguintes, que constituem as camadas mais altas da pirâmide, estão ligados ao procedimental e objetivam integrar a teoria e a prática. A camada **mostrar como** está relacionada aos comportamentos e habilidades colocadas em prática, enquanto o nível mais alto é o **fazer**, ligado ao desempenho (Fig. 8.2).

Vale destacar que, nessa perspectiva, o processo de construção de competências é hierárquico e sequencial, de modo que o nível mais básico deve ser ensinado primeiro até haver a progressão para o nível mais alto. Assim, os profissionais desenvolvem conhecimentos, habilidades e atitudes desde os níveis iniciais (momento em que começam a desenvolver o conhecimento teórico na base da pirâmide) até alcançarem a *expertise* (momento em que já desempenham adequadamente o seu fazer na prática, com habilidades e atitudes lapidadas) (Sim et al., 2015). Porém, nem todos os modelos têm o mesmo entendimento sobre a hierarquia da aprendizagem; o modelo DPR (Bennett-Levy, 2006), por exemplo, faz uma analogia ao sistema de engrenagem, em que três tipos de aprendizagem (declarativo, procedural e reflexivo), por meio de estratégias distintas, precisam ocorrer para a aquisição de competências.

Na concepção de Gonsalvez e Calvert (2014), o desenvolvimento de competências não é necessariamente linear, pois a trajetória percorrida pode ser diferente para cada pessoa, conforme a necessidade e o contexto em que sua prática está inserida. Esses autores, com base no modelo tridimensional conhecido como Cubo de Competências (Rodolfa et al., 2005), que articula domínios de competências fundamentais e funcionais, inerentes ao exercício do psicólogo e desenvolvidas ao longo das diferentes etapas da vida profissional, elaboraram o modelo cristal de competências para supervisão clínica. Inicialmente, os autores simplificaram o modelo original, mantendo-o tridimensional, porém, reorganizaram seus três eixos: as dimensões ou tipos de

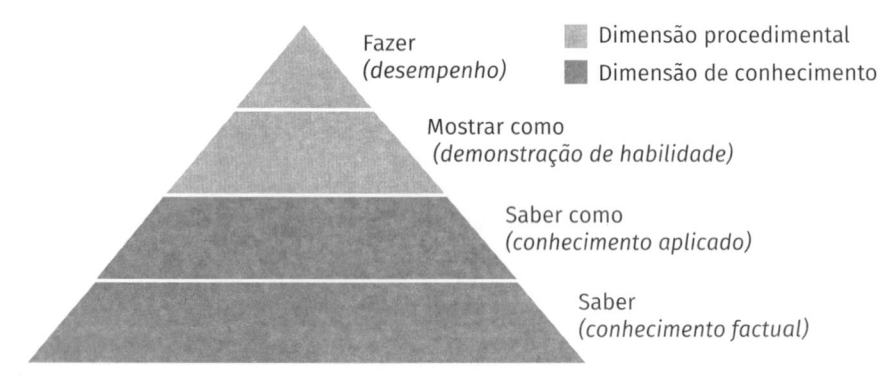

FIGURA 8.2 Pirâmide de competências clínicas de Miller.
Fonte: Adaptada de Sim et al. (2015).

competências, (conhecimento, habilidades, atitudes/valores e relação interpessoal), os domínios de competência da atividade de supervisão (avaliação, intervenção e questões profissionais) e os estágios de desenvolvimento (desde as experiências de estágio clínico até a proficiência como especialista). O segundo passo foi a evolução da representação do cubo para o cristal, a partir da perspectiva de que as competências não são ensinadas, aprendidas ou mesmo aplicadas isoladamente, mas que sua inter-relação favorece o desenvolvimento da metacompetência (Fig. 8.3), que pode ser compreendida como a capacidade de promover o crescimento de outras competências. Segundo a revisão de Barletta (no prelo), a metacompetência é essencial para o desenvolvimento do terapeuta (e do supervisor), por permitir a utilização das diversas competências clínicas concomitantemente, de forma maleável, flexível, adequada à demanda, sem perder fidelidade e qualidade da intervenção.

Os modelos descritos anteriormente são interessantes por apontarem que as competências clínicas são multidimensionais, isto é, compostas por diversas dimensões e domínios que, por sua vez, são inter-relacionados e coexistentes. Além disso, as propostas de aquisição, lapidação e fortalecimento de competências favorecem o planejamento de metas de treinamento, bem como direcionam os métodos e estratégias de ensino e de supervisão a serem utilizados conforme o resultado almejado. O que se entende é que cada dimensão de competência demanda tempo diferente para ser apreendida e acomodada, assim como são distintas as estraté-

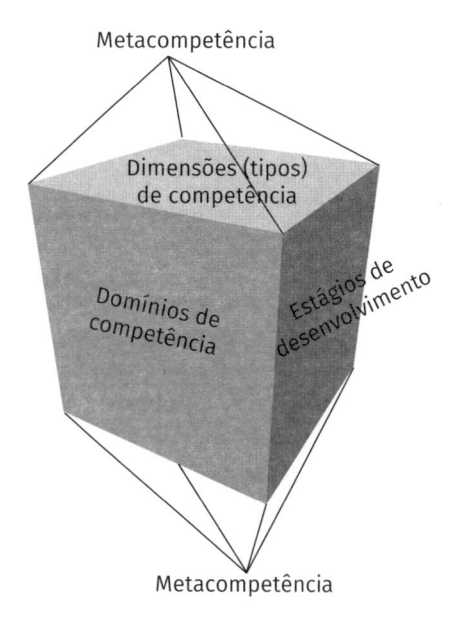

FIGURA 8.3 Representação do modelo cristal de competências de supervisão.
Fonte: Elaborada com base em Gonsalvez e Calvert (2014); Gonsalvez (2017).

gias pedagógicas específicas para desenvolver cada uma delas (Barletta & Neufeld, 2020). Nesse sentido, Corrie e Lane (2015) reforçam que estratégias como leitura, participação em palestras e/ou aulas ou mesmo a análise e interpretação de estudos de casos favorecem o conhecimento, enquanto a prática clínica, o *role-play* e as atividades experienciais desenvolvem as habilidades do terapeuta. Para desenvolver a atitude, é fundamental a exposição a atividades reflexivas, supervisões socráticas e atividades de autoprática e autorreflexão.

Uma vez que o sistema reflexivo é essencial para manter a engrenagem da aprendizagem em pleno vapor, Bennett-Levy e Haarhorff (2019) ressaltam que a aprendizagem autodirigida, com exercícios de autoprática e autorreflexão, pode ser considerada essencial na supervisão clínica para o desenvolvimento do terapeuta (Goodyear, 2014). Esse tipo de aprendizagem proporciona uma vivência pessoal da aplicabilidade da TCC, das dificuldades de colocá-la em prática e das soluções para efetivá-la, bem como a compreensão das mudanças resultantes desse processo, favorecendo a identificação de recursos pessoais e do contexto. Além disso, a partir da reflexão é possível explorar e estabelecer novas conexões entre as variáveis, levando ao potencial desenvolvimento de habilidades metacognitivas (Bennett-Levy, 2006), assim como à amplificação da metacompetência, com uso simultâneo dos diversos domínios de competência, de forma coerente e fidedigna, adaptada e flexível, de maneira ética e científica (Barletta, no prelo).

Para além das estratégias pedagógicas, outra observação importante para os supervisores diz respeito ao uso dos métodos de ensino. As atividades educativas em uma supervisão baseada em competências podem ser planejadas e sistematizadas em conjunto, de maneira combinada, com o uso de mais de uma estratégia, ou organizadas sequencialmente a depender do objetivo almejado (Barletta et al., 2021). Para Friedberg e Brelsford (2013), a maneira como as estratégias e os métodos pedagógicos são aplicados pode gerar diferentes níveis de desenvolvimento, alcances de aprendizagem e conexões entre variáveis. Em outras palavras, conforme a atividade e uso da estratégia de ensino, a engrenagem da aprendizagem pode impactar distintivamente as dimensões de competência. Logo, entre as competências necessárias ao supervisor, pode-se elencar: a) o domínio de diversas estratégias pedagógicas e métodos de ensino baseados em evidências, com reconhecimento de suas potencialidades e limites; b) a identificação de variáveis do contexto que possibilitam ou dificultam a aplicação de estratégias específicas; e c) a sensibilidade em relação às necessidades do terapeuta e ao seu repertório cognitivo, emocional e comportamental para a prática clínica (Barletta & Neufeld, 2020; Corrie & Lane, 2015; Padesky, 2004). Esses três elementos podem facilitar a escolha de caminhos educativos que favoreçam o desenvolvimento de competências e amenizem possíveis efeitos indesejados (para mais informações sobre estratégias de ensino, ver Cap. 1, e sobre a formação do supervisor, ver Cap. 5).

Como implementar uma supervisão baseada em competências?

O anseio pela identificação e construção de competências clínicas tem como intuito aumentar a qualidade da entrega do processo terapêutico e diminuir possíveis desfechos indesejados da terapia (Fouad et al., 2009). É com essa perspectiva que a supervisão baseada em competências busca, intencionalmente, e por meio de uma diversidade de estratégias pedagógicas, desenvolver conhecimentos, habilidades e atitudes clínicas no repertório do terapeuta em treinamento. Para tanto, são estabelecidas metas educativas que objetivam atender aos padrões mínimos de competência necessários, bem como são utilizados procedimentos avaliativos para mensurar o alcance do desenvolvimento e nortear o processo de aprendizagem (Barletta et al., 2021; Falender & Shafranske, 2017; Kennerley et al., 2010; Milne, 2018; Newman, 2013; Sudak, 2016). É importante ressaltar que, ao estabelecer as metas de aprendizagem, o supervisor leva em consideração as necessidades dos terapeutas em treinamento e o nível em que se encontram no início do processo supervisionado, assim como as competências essenciais para a prática clínica, as competências fundamentais para responder à demanda dos atendimentos, o contexto em que a atividade clínica será aplicada e o tempo previsto de supervisão (em termos de encontro e de processo).

Durante o planejamento do processo supervisionado, princípios centrais da supervisão baseada em competências, também considerada uma supervisão ativa ou baseada na ação, devem ser observados: a) ter clareza das competências a serem alcançadas pelos terapeutas em treinamento, com o intuito de identificar as metas educativas distais e proximais; b) delinear como será realizada a mensuração das competências e os modelos de avaliação utilizados para monitoramento dos resultados de aprendizagem; c) utilizar estratégias pedagógicas adequadas para fortalecer o desenvolvimento dos conhecimentos, habilidades e atitudes; e d) realizar *feedback* mútuo (Gonsalvez & Calvert, 2014; Pugh & Margetts, 2020; Roscoe et al., 2022). A atenção a esses componentes, entre outros, pode facilitar o planejamento do processo supervisionado, favorecendo o vislumbre da melhor proposta de desenvolvimento, os objetivos distais, o caminho pedagógico a ser seguido e as possíveis barreiras à efetivação da supervisão clínica. O Quadro 8.1 apresenta um passo a passo com objetivos e perguntas-chave para orientar o supervisor no planejamento da supervisão baseada em competências.

QUADRO 8.1 Orientação para o planejamento da supervisão baseada em competências

Passos	Objetivos e perguntas	Etapas
1º passo	Objetivo: estabelecer a linha de base Qual o nível de treinamento prévio do terapeuta em supervisão? Quais os conhecimentos, as habilidades e as atitudes já desenvolvidos? Quais as dificuldades percebidas?	Etapa inicial do planejamento da supervisão
2º passo	Objetivo: estabelecer a meta de aprendizagem e as prioridades Qual o próximo domínio a ser desenvolvido? Qual a meta do terapeuta? Qual o elemento/a questão mais importante, urgente ou básico a ser trabalhado?	
3º passo	Objetivo: reconhecer o tempo hábil de trabalho Qual a duração dos encontros supervisionados? Quantas pessoas estarão em supervisão? Qual o tempo de duração do processo de supervisão?	
4º passo	Objetivo: eleger e traçar o caminho de desenvolvimento a ser percorrido Quais estratégias pedagógicas podem ser utilizadas para essa demanda? Como utilizar as estratégias escolhidas para esse grupo de supervisão? Quais atividades podem ser escolhidas como alternativas?	Planejamento e execução prévios e ao longo da supervisão
5º passo	Objetivo: definir a estrutura da supervisão Como estruturar os encontros supervisionados para que seja possível alocar o planejamento e as demandas do terapeuta?	
6º passo	Objetivo: mensurar e avaliar competências O que será avaliado? Quais competências serão avaliadas? Quais instrumentos serão utilizados para mensurar as competências? Quem irá avaliar o desenvolvimento (supervisor, pares, terapeuta)? Os avaliadores estão treinados para usar os instrumentos escolhidos?	

(Continua)

QUADRO 8.1 Orientação para o planejamento da supervisão baseada em competências *(Continuação)*

Passos	Objetivos e perguntas	Etapas
7° passo	Objetivo: avaliar o desempenho e o resultado Quem irá avaliar o supervisor (autoavaliação, avaliação dos terapeutas, avaliação por pares)? Como e quais instrumentos podem ser utilizados (inventários, *feedback*, escalas, observação direta, etc.)? Como o processo supervisionado será avaliado?	Reflexão final e fechamento da supervisão
8° passo	Objetivo: finalização e *feedback* final Como finalizar o processo de supervisão? Como identificar o que foi alcançado, o que mudou e o que ainda precisa ser revisto? Como traçar um planejamento para manutenção dos ganhos em supervisão?	

O planejamento prévio e sua revisão ao longo da supervisão permitem que o processo, de fato, favoreça o desenvolvimento do terapeuta para o alcance das competências clínicas essenciais. Dessa forma, a supervisão ocorre em um ambiente seguro e motivador, em que as propostas educativas não são aquém ou além da capacidade de desenvolvimento do aprendiz. Quando as propostas estão aquém, geram desinteresse por serem demasiadamente fáceis e sem desafios; quando estão além, levam à percepção de impossibilidade devido à dificuldade extrema. Em ambos os casos, as intervenções propostas desmotivam, tornam o processo insatisfatório e não promovem o desenvolvimento de competências. Nesse sentido, Gordon (2012) ressalta a importância de monitorar, rever e avaliar a supervisão, com o intuito de mantê-la dentro da zona de aprendizado, com desafios motivadores e possíveis para o terapeuta, além de efetiva (formativa, normativa e restauradora) e baseada em competências.

Conforme mencionado anteriormente, o termo **supervisão à deriva** ou **desvio da supervisão** (Pugh & Margetts, 2020) tem sido utilizado na literatura para descrever o que ocorre quando componentes centrais do processo supervisionado são desconsiderados ou deixados de lado, uma vez que o foco se perde, comprometendo o desenvolvimento de competências. Roscoe et al. (2022), em sua busca para compreender os fatores que contribuem para uma supervisão à deriva, disfuncional, ou mesmo com consequências inadequadas ou prejudiciais, fizeram um estudo qualitativo com 10 supervisores e terapeutas supervisionandos. Entre as perguntas norteadoras da investigação, os pesquisadores questionaram sobre o impacto e/ou significado das diretrizes e da acreditação do supervisor para a prática supervisionada, a tomada de decisão a respeito do que é importante na supervisão e a interferência, ou não, da narrativa dos terapeutas na deriva da supervisão. Como resultado, foram encontrados aspectos relacionados ao supervisor e ao terapeuta. No que diz respeito ao supervisor, podem ser destacados: a) variabilidade importante na estrutura de supervisão, levando ao entendimento de uma inconsistência com a proposta da supervisão em TCC; b) falta de familiaridade em relação aos modelos de supervisão; c) reconhecimento dessa falta de entendimento sobre os modelos de supervisão e relutância em aprender sobre eles e/ou colocar em prática os conhecimentos a seu respeito; d) rigidez na forma de oferecer a supervisão e responder ao terapeuta, levando a uma postura de "tudo ou nada", isto é, não permitindo outras possibilidades, caminhos ou mesmo flexibilidade em relação à demanda. Sobre os fatores relativos ao terapeuta, podem ser identificados: a) expectativa de que o supervisor dissesse o que eles deveriam fazer na próxima sessão; b) falta de engajamento, em especial os mais experientes, nas atividades propostas (p. ex., leitura) e de corresponsabilidade pelo próprio aprendizado no processo de desenvolvimento profissional.

Roscoe et al. (2022) também destacam que outro aspecto importante para a ocorrência do desvio da supervisão estava ligado à relação de poder estabelecida. Um exemplo disso é que os terapeutas que participaram do estudo não tinham coragem de perguntar se o supervisor era ou não credenciado. Ainda no que se refere à aliança de supervisão, a exposição dos terapeutas à gravação de sessões foi pontuada como desconfortável, sendo uma atividade que causava insegurança, medo de julgamento e pensamento autocrítico excessivo. Em contrapartida, um dos fatores de equilíbrio do desconforto na percepção dos respondentes foi a postura do supervisor e a aliança estabelecida. Se o supervisor consegue manter uma relação colaborativa, fomenta um ambiente emocionalmente seguro e permite que a dificuldade apresentada seja refletida sem julgamento de valor, mas de maneira descritiva e potencializadora de aprendizagem, bem como torna o uso de estratégias de observação direta mais palatáveis e úteis (Barletta et al., 2021).

Roscoe et al. (2022) mencionam também as características da relação interpessoal estabelecida na supervisão em TCC, com base no empirismo colaborativo, e a necessidade do uso de outras formas pedagógicas para além do relato verbal, o que evidencia a mudança no papel e na expectativa de participação tanto do supervisor quanto do supervisionando. Nessa proposta, a função do supervisor contempla: a) criar condições que permitam promover o desenvolvimento do repertório clínico do terapeuta; b) fortalecer o entendimento e a conduta ética, cuidando da qualidade da terapia oferecida, com o intuito de minimizar efeitos negativos da prática clínica; e c) cuidar do bem-estar do terapeuta, isto é, proporcionar um ambiente emocionalmente seguro em que possa haver *feedback* corretivo, reflexões (por vezes, difíceis), expressão de afetos e fortalecimento de recursos pessoais que permitam e promovam o crescimento do profissional (Barletta & Neufeld, 2020; Corrie & Lane, 2015; Falender & Shafranske, 2017; Milne, 2018; Newman, 2013).

Dito de outro modo, sugerir uma mudança de comportamento ou de olhar para elementos que podem ser modificados para melhorar o desempenho do terapeuta não é, necessariamente, algo que o deixará feliz, porém, essa iniciativa não precisa resultar em descrédito, desaprovação, julgamento ou autocrítica excessiva. O que se propõe é o uso de estratégias adequadas de ensino em um ambiente no qual seja possível reforçar o que está congruente e tomar consciência do que pode ser modificado, bem como o que vislumbra o crescimento profissional de maneira saudável, equilibrando os pensamentos autocrítico e autocompassivo. De acordo com Penido e Rocha (2022), a autocompaixão tem um impacto importante na diminuição da crítica pessoal exacerbada, da ruminação e da preocupação demasiadas do terapeuta, bem como favorece a flexibilidade cognitiva e a reflexão. Ademais, esses autores apontam que o autocriticismo influencia negativamente o terapeuta, desde seu desenvolvimento em supervisão até a qualidade da intervenção terapêutica. Portanto, uma das formas de cuidado com o bem-estar do terapeuta em supervisão é o uso de estratégias pedagógicas adequadas e, se cabível, a reflexão sobre o autocriticismo associada ao desenvolvimento de habilidades autocompassivas.

Assim, para além da *expertise* clínica e de atendimento terapêutico, o supervisor precisa desenvolver competências de supervisão, como: a) conhecimento teórico e científico sobre supervisão clínica; b) habilidade na utilização de estratégias de ensino adequadas para a promoção do repertório clínico considerado aberto e complexo; e c) atitude de rever, refletir, receber *feedback* e realizar autoavaliações que possibilitem refinar a supervisão oferecida. Ou seja, nessa perspectiva, ser um terapeuta com experiência é fundamental, porém, isso não basta para qualificar o profissional como supervisor. Pela importância e especificidade da função do supervisor, o profissional deve receber treinamento específico para desenvolver competências em supervisão (Barletta & Neufeld, 2020).

Ressalta-se que a pouca atenção dada ao treinamento de supervisores no Brasil, levando muitos profissionais a exercerem a atividade sem a devida formação, abre mais espaço para efeitos indesejados e iatrogênicos da prática supervisionada (para mais informações, ver Cap. 10), uma vez que se aumenta a chance de negligenciar as funções normativas, formativas e/ou restauradoras da supervisão clínica (Roscoe et al., 2022). Esses autores reforçam que a pouca uniformidade da supervisão ofertada em TCC, especialmente pela falta de conhecimento de base e formação insuficiente para exercer essa prática, favorece inconsistências, inobservância de elementos relevantes, ações inadvertidas e displicência, com variáveis emocionais apresentadas pelos terapeutas e pelos próprios supervisores, gerando potenciais desfechos prejudiciais ou danosos para os pacientes e/ou para os profissionais em treinamento.

Na outra ponta do processo de supervisão estão os supervisionandos; e pode-se esperar que seu papel também mude em relação ao modelo de supervisão tradicional. Para que haja uma aprendizagem significativa e as metas de desenvolvimento na proposta da TCC sejam alcançadas, o supervisionando deixa seu papel de aprendiz passivo, tornando-se totalmente ativo nesse processo. Embora o terapeuta em supervisão possa ser um profissional iniciante (ou graduando), com menor tempo de atuação clínica do que o supervisor, ele tem participação direta no seu processo de construção do saber. Uma das formas de atuar nessa construção é preparar-se para a supervisão, um investimento central para o maior aproveitamento da oportunidade de aprendizagem. Uma maneira de fazer isso é refletir antes do encontro de supervisão sobre alguns pontos importantes, como: a) definir a agenda de supervisão ("Em que a supervisão de hoje pode me ajudar?"); b) rever as dificuldades ("Qual conhecimento e/ou habilidade preciso lapidar?"); c) fazer o plano de ação/tarefa de casa ("O que posso aproveitar e aplicar da leitura realizada entre as supervisões?"); d) preparar o caso clínico ("Preparei ou revi a conceitualização cognitiva ou formulação do caso supervisionado?"). Adicionalmente, perguntas exploratórias como as sugeridas por Padesky (2004), no Quadro 8.2, podem facilitar a elaboração da pergunta de supervisão, prática que não só permite o melhor uso do tempo durante a supervisão, como também fortalece a habilidade reflexiva, objetividade e independência do terapeuta aprendiz que, com o tempo, passa a compreender mais profundamente suas necessidades de aprendizagem e aprimoramento.

QUADRO 8.2 Questões para elaboração da pergunta de supervisão

1. Existe um modelo cognitivo para compreender e tratar o problema do paciente?
2. Minha intervenção é orientada pela conceituação do caso e plano de tratamento?
3. Tenho conhecimento e habilidades para implementar adequadamente o tratamento?
4. A resposta terapêutica está dentro do esperado?
5. O que mais pode estar interferindo no sucesso do tratamento?

Fonte: Adaptado de Padesky (2004).

Espera-se ainda que o supervisionando esteja aberto a participar das atividades de supervisão (p. ex., *role-plays*), a permitir-se olhar para si (p. ex., com o uso da observação direta), a receber *feedback* do supervisor ou de pares (sem personalização ou ativação do autocrítico) e a colocar em prática alternativas comportamentais (após treinar e refletir sobre impactos no desempenho clínico) (Barletta & Neufeld, 2020). De acordo com Roscoe et al. (2022), tanto o supervisor sem treinamento quanto o supervisionando despreparado para a supervisão podem acarretar uma supervisão restritiva ou desfocada, com a evitação de atividades desconfortáveis ou indesejáveis, ou mesmo a manutenção do nível de discussão e reflexão superficial, sem o devido aprofundamento.

PAPEL ATUAL DO CASO CLÍNICO EM SUPERVISÃO

Então agora não se fala mais sobre o caso clínico em supervisão? Na vivência das autoras do capítulo, essa pergunta é realizada constantemente pelo supervisor que começa a utilizar a proposta da supervisão baseada em competências. Pode-se dizer que este é um pensamento equivocado do estilo dicotômico, de tudo ou nada, do tipo **"ou a supervisão ocorre exclusivamente com foco no caso clínico, ou este aspecto não pode ser abordado"**. Na verdade, o caso clínico é um elemento importante no processo supervisionado, de modo que não o expor na sessão de supervisão pode gerar insegurança no terapeuta e deixá-lo à deriva, uma vez que acarreta dúvidas sobre qual caminho tomar. Além disso, ao não abordar o caso clínico, o supervisor corre o risco de ser no mínimo imprudente, chegando ao ponto de negligenciar algum comportamento, intervenção e/ou estratégia inadequada do terapeuta, de não o ajudar a seguir daquele ponto em diante ou de ignorar qualquer consequência iatrogênica para o paciente e para o próprio terapeuta. Inclusive, Roth e Pilling (2008) incluíram o gerenciamento de casos no mapeamento de competências do supervisor, o que reforça a sua relevância.

No entanto, no modelo de supervisão baseado em competências, as diferenças estão na forma como é realizada a apresentação e a elaboração sobre o atendimento, o que inclui: a) preparação do supervisionando, que apresenta o atendimento a partir da formulação de caso; b) supervisão baseada em ação, isto é, com o uso de estratégias ativas de ensino, como revisão, avaliação e reflexão a partir da gravação de sessão (Barletta et al., 2021), *role-plays* (Friedberg & Brelsford, 2013) e técnica da cadeira vazia (Pugh & Margetts, 2020), entre outras; c) propostas avaliativas e reflexivas, como *feedback* e *debriefing* (Newman, 2013); d) supervisão baseada em uma proposta de prática deliberada (Boswell & Constantino, 2022); e) supervisão socrática, na qual supervisor e terapeuta buscam soluções de forma conjunta (Waltman & Codd 2021); e f) atividades de autoprática e autorreflexão (Bennett-Levy, 2006).

Torna-se evidente, portanto, que a mudança de perspectiva impacta tanto no papel do supervisor quanto no do supervisionando. Para ambos, a participação ativa no processo supervisionado, a responsabilidade e a proatividade na busca pelo desenvolvimento, bem como a abertura para refletir sobre o próprio desempenho, são essenciais. Isso ajuda a deixar de lado a relação calcada na hierarquia e no poder das atribuições, na qual de um lado está a sapiência e responsabilidade de ensino e do outro, a aprendizagem passiva e receptividade inerte.

A PRÁTICA DELIBERADA

A prática deliberada é considerada um método educativo baseado em evidências, capaz de favorecer o desempenho clínico com eficácia e confiabilidade ao abordar lacunas no treinamento, em especial em habilidades discretas e relevantes para a prática psicoterápica, fortalecendo a confiança, o senso de autoeficácia e o alcance de competências essenciais. De modo geral, o objetivo da prática deliberada é mover as habilidades clínicas do terapeuta para a sua memória de trabalho, tornando-as de fácil acesso, mesmo em contextos mais complexos (Boswell & Constantino, 2022).

Ericsson e Harwell (2019) descreveram como a *expertise* é desenvolvida a partir da prática deliberada e intencional, tornando o desempenho específico eficaz e consistente. A repetição da habilidade em um contexto de treinamento estruturado, com objetivos claros e *feedback* específico, elemento crucial na aprendizagem (Newman, 2013), permite que a competência seja aplicada, revista e novamente praticada. Isso significa que a prática deliberada não é apenas mera repetição, e sim uma repetição com lapidação, oportunizando que o terapeuta em treinamento identifique acertos, erros e o que pode fazer para aproximar-se dos objetivos de aprendizagem antes de praticar novamente.

Em outras palavras, a proposta da prática deliberada não é a automatização, isto é, tornar o comportamento mecânico, o que seria uma **sentença de morte** do progresso profissional em psicoterapia. Em consonância com o modelo DPR (Bennett-Levy, 2006) de aquisição de competências, a proposta é refletir sobre o que foi feito, bem como analisar e ajustar as ações. Entende-se que o sistema reflexivo é a força motriz que faz a engrenagem da aprendizagem se mover, sendo considerada o foco central do processo, a partir de uma proposta experiencial (Barletta et al., 2021). Logo, a prática deliberada em TCC permite ganhos marginais (Mehta, 2021; Walton et al., 2018), termo utilizado no esporte que reflete as pequenas mudanças nas habilidades, que ocorrem de maneira gradual, até o alcance dos objetivos maiores de aprendizagem. Aos poucos, o somatório dessas pequenas diferenças passa a compor a competência clínica, levando a um alcance desenvolvimental mais amplo e profundo.

Partindo desse entendimento, é possível dizer que quando há uma competência clínica, com desempenho especializado, há uma construção árdua anterior, uma vez que o processo de aprendizado é trabalhoso, de longo prazo, algumas vezes difícil e exige empenho do terapeuta em formação. A prática deliberada permite a passagem do "acerto ao acaso" para a tomada de decisão e execução da intervenção conscientes. Em termos práticos, o ciclo da prática deliberada contempla cinco atividades-chave (Ericsson et al., 1993), descritas a seguir.

1. Observar o próprio trabalho. Por meio da auto-observação, é possível identificar o que está de acordo com o esperado e as falhas e/ou dificuldades. Quan-

to mais seguro e respeitoso emocionalmente for o ambiente de supervisão e quanto maior a abertura e permissão do terapeuta de olhar para si próprio, maior a possibilidade de refletir sobre seu desempenho. Caso contrário, o autocrítico elevado e os pensamentos distorcidos de julgamento podem dificultar ou impedir esse passo.
2. Receber *feedback* de profissionais especialistas (p. ex., supervisores). O objetivo, nesse caso, é favorecer a lapidação do que foi realizado e a busca de alternativas. É a partir desse retorno que o terapeuta pode tomar consciência do que está fazendo, o que lhe possibilita a prática (repetição) da habilidade com maior qualidade.
3. Estabelecer pequenas, porém desafiadoras, metas de desenvolvimento. Elas devem alcançar a zona de aprendizagem, conforme sugere Gordon (2012), uma vez que permanecer na zona de conforto não instiga ou leva ao esforço de mudança. Dessa forma, é possível elencar metas específicas para a melhoria de algum aspecto do desempenho-alvo e não uma melhoria vaga ou geral. Se a competência a ser treinada envolve um conjunto de diferentes domínios e habilidades, essa tarefa pode ser dividida em pequenos passos, elementos e metas proximais (Beck, 2021).
4. Realizar ensaios comportamentais repetitivos de habilidades específicas. A literatura recomenda o uso de diversas estratégias baseadas na ação, como o *role-play* padronizado e a simulação, sempre seguidos da avaliação de desempenho direcionada, *debriefing* e *feedback*. As estratégias ativas que permitem a revisão do que foi realizado, seu refinamento e repetição, de maneira semelhante ao cotidiano, são essenciais na aprendizagem (Barletta et al., 2021; Milne, 2018; Newman, 2003; Sudak, 2016).
5. Avaliar continuamente o desempenho. A prática deliberada passa a ser um contexto em que revisar a falha torna-se um processo de aprendizagem, e não de julgamento. Por isso, é importante retirar o adjetivo da avaliação, ou seja, não classificar em termos de bom ou mau, certo e errado, mas descrever o comportamento e refletir sobre seus impactos e alcances, avaliando alternativas.

ATIVIDADES E DICAS PRÁTICAS

Preparação para supervisão (terapeuta)

Essa atividade é um convite à reflexão sobre o papel do terapeuta que busca, em sua própria aprendizagem, uma supervisão baseada em competências. O intuito desse exercício de autoprática e autorreflexão é que você possa experimentar a preparação para um encontro de supervisão. Para tanto, pedimos que você responda as perguntas a seguir da maneira mais honesta e descritiva possível. Ao final, releia suas respostas e pense em estratégias que poderiam ser colocadas em prática com a contribuição de seu supervisor.

1. Você já identificou o que deseja e/ou precisa desenvolver como terapeuta no próximo encontro de supervisão (para além da dúvida de atendimento do caso)?
2. Independentemente de sua resposta ter sido positiva ou negativa, experimente escrever sobre o que você gostaria de desenvolver como terapeuta. Quanto mais detalhada a lista, mais fácil identificar os pontos essenciais.
    2.1. Pense em você como terapeuta e registre:
    - O que você faz que considera adequado?
    - O que você faz com dificuldade ou considera que poderia fazer diferente?
    - O que você deixa de fazer, ou ainda não faz, e gostaria de fazer?
    2.2. Avalie sua lista e anote:
    - O que você quer e/ou pode priorizar no seu desenvolvimento como terapeuta?
    - Como você pode saber se está evoluindo em competências? Você possui ferramentas para a avaliar seu desempenho clínico?
    - Quais das estratégias a seguir poderiam facilitar o refinamento de suas competências clínicas?
    ( ) Leituras específicas
    ( ) Participação em *workshops*
    ( ) Autoprática/autorreflexão
    ( ) Observação de intervenções ou demonstrações técnicas conduzidas por terapeutas mais experientes
    ( ) Recebimento de *feedback* após a observação direta de seu desempenho
    ( ) Outra. Qual? _____
    2.3. A partir do respondido anteriormente, como você pode pensar no que levar para a supervisão (seus objetivos proximais e distais)? Responda a essa pergunta antes da supervisão, com o intuito de ajustar a agenda da sessão em relação aos seus propósitos:
    - Como a supervisão de hoje pode me ajudar?

Preparação para a supervisão (supervisor)

Se você atua como supervisor, é possível que as perguntas acima também contribuam para a sua reflexão sobre como melhor auxiliar o terapeuta em supervisão. Além disso, experimente utilizar as sugestões a seguir e avalie as possibilidades de contribuição para o desenvolvimento do terapeuta em supervisão.

1. Como supervisor, existem diferentes maneiras de favorecer a aprendizagem dos terapeutas em treinamento:
   - Refletir e elaborar a lista daquilo que o aluno considera que faz adequadamente, tem dificuldade para fazer e/ou não faz.
   - Desenvolver as habilidades elencadas pelo aluno.
   - Aumentar a atitude em prol da avaliação/autoavaliação, de maneira ética, restauradora, compassiva e promotora de desenvolvimento.
   - Identificar as dificuldades e potencialidades no conhecimento declarativo, procedimental ou reflexivo para ajustar a agenda e planejar atividades que possam facilitar a realização dos propósitos estabelecidos em supervisão.

CONSIDERAÇÕES FINAIS

A perspectiva de uma supervisão baseada em competências na prática cotidiana, infelizmente, ainda é uma realidade distante. Vimos que a discussão de casos continua sendo o método mais utilizado, senão o único, nos contextos de supervisão em TCC (Weck et al., 2017), limitando a qualidade do treinamento oferecido. No Brasil, o treinamento de supervisores ainda é escasso, embora crescente, o que, por sua vez, mantém a comunidade de supervisores em TCC reproduzindo o modelo tradicional de supervisão. Além disso, sem treinamento específico e compromisso com a prática deliberada, a implementação das melhores estratégias pedagógicas em supervisão, como observação direta, estratégias experienciais e avaliação de competências, torna-se ainda menos provável.

Diante de um cenário em que o equilíbrio entre o real e o ideal de uma supervisão baseada em evidências parece tão difícil de ser alcançado, torna-se relevante que o supervisor possa analisar o contexto em que a supervisão ocorre, refletir sobre como realiza a oferta de supervisão, avaliar o quão distante a proposta encontra-se do ideal e planejar o que pode ser feito para progredir em direção a esse ideal. Qual passo a mais em direção ao ideal é possível aplicar no meu real?

REFERÊNCIAS

American Psychological Association (APA). (2014). *Guidelines for clinical supervision in health service psychology*. http://apa.org/about/policy/guidelines-supervision.pdf

Barletta, J. B. (no prelo). Competências clínicas essenciais em psicoterapia e a necessidade do aprimoramento continuado. In: SBP, R. Gorayeb, M. C. Miyazaki, & M. Teodoro (Orgs.), *PROPSICO: Programa de Atualização em Psicologia Clínica e da Saúde*. Artmed Panamericana.

Barletta, J. B., Fonseca, A. L. B., & Delabrida, Z. N. C. (2012). A importância da supervisão de estágio clínico para o desenvolvimento de competências em terapia cognitivo-comportamental. *Psicologia: Teoria e Prática, 14*(3), 153-167.

Barletta, J. B., Gauy, F. V., Velasquez, M. L., & Neufeld, C. B. (2021). Estratégias pedagógicas para fomentar o desenvolvimento de competências do terapeuta cognitivo-comportamental. In FBTC, C. B. Neufeld, E. Falcone, & B. Rangé (Orgs.). *PROCOGNITIVA - Programa de Atualização em Terapia Cognitivo-Comportamental: Ciclo 8* (pp. 115-168). Artmed Panamericana. (Sistema de educação continuada, v. 2).

Barletta, J. B., & Neufeld, C. B. (2020). Novos rumos na supervisão clínica em TCC: Conceitos, modelos e estratégias baseadas em evidências. In: FBTC, C. B. Neufeld, E. M. O. Falcone, & B. P. Rangé (Orgs.), *Procognitiva - Programa de Atualização em Terapia Cognitivo-Comportamental: Ciclo 7* (pp. 119-158). Artmed Panamericana. (Sistema de educação continuada, v. 2).

Beck, J. (2021). *Terapia cognitivo-comportamental: TEORIA e prática* (3. ed.). Artmed.

Bennett-Levy, J. (2006). Therapist skills: A cognitive model of their acquisition and refinement. *Behavioural and Cognitive Psychotherapy, 34*(1), 57-78.

Bennett-Levy, J., & Haarhorff, B. (2019). Why therapists need to take a good look at themselves: SP/SR as an integrative training strategy for evidence-based practices. In S. Dimidjian (Ed.), *Evidence-based practice in action: Bridging clinical science and intervention* (pp. 380-394). Gilford.

Bernard, J. N., & Goodyear, R. K. (2014). *Fundamentals of clinical supervision* (5. ed.). Pearson Education.

Boswell, J. F., & Constantino, M. J. (2022). *Deliberate practice in cognitive behavioral therapy*. American Psychological Association.

British Association for Counselling and Psychotherapy (BACP). (2021). *BACP supervision competence framework: User guide*. https://www.bacp.co.uk/media/10931/bacp-supervision-competence-framework-user-guide-feb21.pdf

Carvalho, M. R., & Paveltchuk, F. O. (2021). Psicoterapia e efeitos negativos. In FBTC, C. B. Neufeld, E. M. O. Falcone, & B. P. Rangé (Orgs.), *PROCOGNITIVA - Programa de Atualização em Terapia Cognitivo-Comportamental: Ciclo 8* (pp. 9–56). Artmed Panamericana. (Sistema de educação continuada, v. 2).

Cook, R. M., Welfare, L. E., & Jones, C. T. (2020). Incidence of intentional nondisclosure in clinical supervision by prelicensed counselors. *The Professional Counselor, 10*(1), 25-38.

Corrie, S., & Lane, D. A. (2015). *CBT supervision*. SAGE.

Del Prette, A., & Del Prette, Z. A. P. (2017). *Competência social e habilidades sociais: Manual teórico-prático*. Vozes.

Del Río, P. A., Delgado I. R., & Castejón, F. S. (2013). Evidencias y competencias en psicoterapias. *Revista de la Asociación Española de Neuropsiquiatría, 33*(118), 301-322.

Ericsson, K. A., Krampe, R. T., & Tesch-Römer, C. (1993). The role of deliberate practice in the acquisition of expert performance. *Psychological Review, 100*(3), 363-406.

Ericsson, K. A., & Harwell, K. W. (2019). Deliberate practice and proposed limits on the effects of practice on the acquisition of expert performance: Why the original definition matters and recommendations for future research. *Frontiers in Psychology, 10*, 2396.

Falender, C. A. (2018). Clinical supervision: The missing ingredient. *American Psychologist, 73*(9), 1240-1250.

Falender, C. A., & Shafranske, E. P. (2017). *Supervision essentials for the practice of competency-based supervision*. American Psychological Association.

Ferreira, I. M. F., Almeida, N. O., Barletta, J. B., Versuti, F. M., & Neufeld, C. B. (2021). Critérios para acreditação/certificação e formação do supervisor de terapia cognitivo-comportamental ao redor do mundo e as implicações para o contexto brasileiro. *Revista Brasileira de Terapias Cognitivas, 17*(1), 48-57.

Fochesatto, W. P. F. (2011). A cura pela fala. *Estudos de Psicanálise*, (36), 165-171.

Fouad, N. A., Grus, C. L., Hatcher, R. L., Kaslow, N. J., Hutchings, P. S., Madson, M. B., ... Crossman, R. E. (2009). Competency benchmarks: A model for understanding and measuring competence in professional psychology across training levels. *Training and Education in Professional Psychology, 3*(4S), S5-s26.

Friedberg, R. D., & Brelsford, G. M. (2013). Training methods in cognitive behavioral therapy: Tradition and invention. *Journal of Cognitive Psychotherapy: An International Quarterly, 27*(1), 19-29.

Gonsalvez, C. J., & Calvert, F. L. (2014). Competency-based models of supervision: Principles and applications, promises and challenges. *Australian Psychologist, 49*(4), 200-208.

Gonsalvez, C. J., Brockman, R. N., & Hill, H. R. M. (2016). Video *feedback* in CBT supervision: Review and illustration of two specific techniques. *The Cognitive Behaviour Therapist, 9*(e24), 1-15.

Gonsalvez, C. J. (2017). *Assessment of supervisee competence: Progress, pitfalls and promises.* https://www.westernsydney.edu.au/__data/assets/pdf_file/0004/1354522/Gonsalvez-Plenary-Address_IICSC-2017.pdf

Goodyear, R. K. (2014). Supervision as pedagogy: Attending to its essential instructional and learning process. *The Clinical Supervisor, 33*(1), 82-89.

Gordon, K. P. (2012). Ten steps to cognitive behavioural supervision. *The Cognitive Behaviour Therapist, 5*(4), 71-82.

Kennerley, H. (2021) *The ABC of CBT.* SAGE

Kennerley, H., Butler, G., & Clohessy, S. (2010). Supervisor competency scale. In Westbrook D. (Org.), *The Oxford guide to surviving as a CBT therapist.* Oxford University.

Kolb, A. D. (2015). *Experiential learning: Experience as the source of learning and development* (2nd ed.). Pearson Education.

Martin, F., & Turner, J. (2020). *Clinical supervision in the real world: A practical guide to ethics, legal issues, and personal development.* Routledge.

Mehr, K. E., Ladany, N., & Caskie, G. I. (2010). Trainee nondisclosure in supervision: What are they not telling you? *Counselling and Psychotherapy Research, 10*(2), 103-113.

Mehta, K. (2021). *The exceptionals: How the best become the best and how you can too.* River Grove Books

Mendes, E. R. P. (2012). Sobre a supervisão. *Reverso, 34*(64), 49-55.

Miller G. E. (1990). The assessment of clinical skills/competence/performance. *Academic Medicine, 65*(9 Suppl), S63-S67.

Milne, D. (2018). *Evidence-based CBT supervision: Principles and practice* (2nd ed.). Wiley.

Milne, D., & Dunkerley, C. (2010). Towards evidence-based clinical supervision: The development and evaluation of four CBT guidelines. *The Cognitive Behaviour Therapist, 3*(2), 43-57.

Milne, D. L., & Reiser, R. P. (2014). SAGE: A scale for rating competence in CBT supervision. In C. E. Watkins, & D. L. Milne (Eds.), *The Wiley international handbook of clinical supervision* (pp. 403–415). Wiley.

Neufeld, C. B., & Carvalho, A. V. (2017). Latin America. In S. G. Hofmann (Ed.), *International perspectives on psychotherapy* (pp. 121-137). Springer.

Newman, C. F. (2013). Training cognitive behavioral therapy supervisors: Didacts, simulated practice, and meta-supervision. *Journal of Cognitive Psychotherapy, 27*(1), 5-18.

Padesky, C. A. (2004). Desenvolvendo a competência do terapeuta cognitivo: Modelos de ensino e supervisão. In P. M. Salkovskis (Org.), *Fronteiras da terapia cognitiva* (pp. 235-256). Casa do Psicólogo.

Penido, M. A., & Rocha, L. F. D. (2022). Compaixão e psicoterapias: Desafios e evidências científicas. In FBTC, C. B. Neufeld, E. Falcone, & B. Rangé (Orgs.), *PROCOGNITIVA - Programa de Atualização em Terapia Corgnitivo-Comportamental: Ciclo 8* (pp. 88-139). Artmed Panamericana. (Sistema de educação continuada, v. 2).

Pugh, M., & Margetts, A. (2020). Are you sitting (un)comfortably? Action-based supervision and supervisory drift. *The Cognitive Behaviour Therapist, 13*, e17.

Rodolfa, E., Bent, R., Eisman, E., Nelson, P., Rehm, L., & Ritchie, P. (2005). A cube model for competency development: Implications for psychology educators and regulators. *Professional Psychology: Research and Practice, 36*(4), 347-354.

Roscoe, J., Taylor, J., Harrington, R., & Wilbraham, S. (2022). CBT supervision behind closed doors: Supervisor and supervise reflections on their expectations and use of clinical supervision. *Counselling and Psychotherapy Research, 22*(4), 1056-1067.

Roth, A. D., & Pilling, S. (2008). *A competence framework for the supervision of psychological therapies.* http://www.ucl.ac.uk/CORE/

Rubin, N. J., Bebeau, M., Leigh, I. W., Lichtenberg, J. W., Nelson, P. D., Portnoy, S., ... Kaslow, N. J. (2007). The competency movement within psychology: An historical perspective. *Professional Psychology: Research and Practice, 38*(5), 452-462.

Sburlati, E. S., Schniering, C. A., Lyneham, H. J., & Rapee, R. (2011). A model of therapist competencies for the empirically supported cognitive behavioral treatment of child and adolescent anxiety and depressive disorders. *Clinical Child and Family Psychology Review, 14*(1), 89-109.

Sim, J. H., Aziz, Y. F. A., Mansor, A., Vijayananthan, A., Foong, C. C., & Vadivelu, J. (2015). Students' performance in the different clinical skills assessed in OSCE: What does it reveal? *Medical Education Online, 20*, 26185.

Smith, K. L. (2009). *A brief summary of supervision models.* http://www.gallaudet.edu/Documents/Department-of-Counseling/COU_SupervisionModels_Rev.pdf

Sudak, D. (2016). Core competencies in cognitive behavioral therapy training. In: Sudak, D. M., Codd, R. T., III, Ludgate, J., Sokol, L., Fox, M. G., Reiser, R., & Milne, D. L. (Orgs.), *Teaching and supervising cognitive behavioral therapy* (pp. 25- 36). Wiley.

Waltman, S. H., & Codd, Trend, III (2021). Socratic strategies for teaching Socratic strategies. In S. H. Waltman, R., Codd, T. III, L. M., McFarr, & B. A. Moore (Eds.), *Socratic questioning for therapists and counselors: Learn how to think and intervene like a cognitive behavior therapist* (pp. 256-265). Routledge.

Waller, G., & Turner, H. (2016). Therapist drift redux: Why well-meaning clinicians fail to deliver evidence-based therapy, and how to get back on track. *Behaviour Research and Therapy, 77*, 129-137.

Walton, C. C., Keegan, R. J., Martin, M., & Hallock, H. (2018). The potential role for cognitive training in sport: More research needed. *Frontiers in Psychology, 9*, 1-7.

Watkins, E. C., Jr. (2020). Psychotherapy supervision: An ever-evolving signature pedagogy. *World Psychiatry, 19*(2), 244-245.

Weck, F., Kaufmann, Y. M., & Witthöft, M. (2017). Topics and techniques in clinical supervision in psychotherapy training. *The Cognitive Behaviour Therapist, 10*, e3.

Zaslavsky, J., Nunes, M. L. T., & Eizirik, C. L. (2003). A supervisão psicanalítica: revisão e uma proposta de sistematização. *Revista de Psiquiatria do Rio Grande do Sul, 25*(2), 297-309.

9

Pressupostos e instrumentos da avaliação de competências em supervisão clínica

Gabriela de Andrade Reis
Altemir José Gonçalves Barbosa

A supervisão como parte da preparação profissional em psicologia é uma empreitada recente. Não obstante a existência de experiências embrionárias nos anos 1890 (p. ex., consulta entre pares de Breuer e Freud), a supervisão assumiu uma forma educacional mais sistematizada graças ao pioneirismo de Max Eitingon na Policlínica de Berlim nos anos 1920 (Watkins et al., 2021). Assim, de fato, são aproximadamente 100 anos de experiência acumulada. Como parte do amadurecimento do processo de supervisão, nos últimos 10 anos, a ênfase em competências de supervisores e supervisionandos tem se sobressaído (Watkins et al., 2021).

Embora multifacetado, o conceito de competência pode ser entendido como um conjunto de atributos que possibilitam ao indivíduo realizar determinado trabalho (Alves, 2016). Em psicologia, e mais especificamente em terapia cognitivo-comportamental (TCC), competência é entendida como a extensão em que a pessoa – terapeuta ou aprendiz (p. ex., estagiário) – possui e integra conhecimentos, habilidades e atitudes necessários para realizar um tratamento que atinja os padrões necessários para obter os efeitos esperados (American Psychological Association [APA], 2014; Fairburn & Cooper, 2011). A competência é julgada em relação a um padrão ou a um conjunto de critérios de desempenho (APA, 2014). Logo, a supervisão baseada em competências é uma abordagem metateórica que identifica explicitamente os conhecimentos, as habilidades e as atitudes que compreendem as competências clínicas, informa as estratégias de aprendizagem e os procedimentos de avaliação e atende aos padrões de competência referenciados em critérios consistentes com as práticas baseadas em evidências e com o contexto (p. ex., cultura) clínico (APA, 2014).

Transcorridos cerca de 100 anos, a supervisão tornou-se parte essencial da formação inicial e da formação continuada de terapeutas (Alfonsson et al., 2018, 2020; Pretorius, 2006). No primeiro caso, há que se mencionar que, no Brasil, as Diretrizes Curriculares Nacionais (DCNs) para os cursos de graduação em psicologia (Conselho Nacional de Educação [CNE], 2019) estabelecem que, pelo menos, 20% da carga horária efetiva global seja destinada a estágios supervisionados. No segundo caso, a supervisão pode ser tanto parte de processos de educação formal em cursos de especialização quanto não formal; ou seja, não é incomum psicoterapeutas recém-formados não se vincularem a um curso formal e contratarem profissionais autônomos para supervisioná-los. Um estudo com egressos de cursos de graduação em psicologia (Souza & Mattos, 2020) revelou que mais da metade deles (53,4%) se sentem seguros para atuação profissional, desde que sob supervisão. De maneira preocupante, 35% dos egressos têm segurança para atuação sem esse acompanhamento; o restante não se sente seguro para atuar em qualquer condição. A supervisão, portanto, perpassa diferentes áreas da psicologia e se estende para além da formação inicial nos cursos de graduação.

Supervisão tem sido definida de maneiras bastante distintas. Uma das mais tradicionais é a apresentada em APA Guidelines for Clinical Supervision in Health Service Psychology (APA, 2014), que a define como uma prática profissional distinta, baseada em uma relação colaborativa e constituída tanto por componentes facilitadores quanto avaliativos. Estende-se ao longo do tempo e tem como objetivos promover a competência profissional e a prática baseada em ciência por parte do supervisionando. Ademais, monitora a qualidade dos serviços prestados, protegendo o público, e constitui uma "porta" de entrada para a profissão. Essa definição considera, ainda, que o termo supervisão se refere à supervisão clínica, bem como àquela realizada por psicólogos em serviços de saúde em outros contextos, como de psicologia escolar.

Um exame das práticas de supervisão adotadas em sete países (China, Coreia do Sul, Emirados Árabes Unidos, Estados Unidos, Guatemala, México e Turquia) (Falender et al., 2021) constatou que há importantes diferenças culturais nas formas de comunicação (direta, implícita e explícita), na hierarquia na supervisão, nas manifestações de respeito, poder e relevância cultural da regulação, no controle, na avaliação e no *feedback*. Não obstante as especificidades culturais, é proposta, com base nas diretrizes da APA (2014), uma definição com caráter transnacional: a supervisão clínica é uma prática profissional distinta que emprega uma relação colaborativa que se estende ao longo do tempo, é facilitadora e tem como objetivos aprimorar a competência profissional e a prática baseada em ciência do supervisionando, monitorar a qualidade dos serviços prestados e proteger o público.

Ainda que o foco principal deste capítulo seja principalmente as competências em TCC dos supervisionandos, há que se destacar uma série de competências que também são necessárias para os supervisores, uma vez que competência gera competência. Importantes descrições de competências gerais e específicas são apresentadas por instituições de referência na área, e aqui relacionamos algumas delas. Por exemplo, as diretrizes propostas em Psychology Board of Australia's Supervisor Guidelines (Australian Health Practitioner Regulation Agency [AHPRA], c2022) salientam que supervisores devem ter a capacidade de monitorar, medir e avaliar com eficácia as competências dos supervisionandos de forma contínua. Destacam também a necessidade de incentivar a autorreflexão e de voltar a atenção dos supervisionandos para a própria prática, promovendo o desenvolvimento da metacompetência. Asseveram, ainda, que é imperativo fornecer *feedback* eficaz e resolver problemas relacionados à ausência de competências essenciais mínimas por parte dos aprendizes. Já as Guidelines for Clinical Supervision in Health Service Psychology (APA, 2014) assinalam que a avaliação da competência de supervisionandos deve considerar medidas de resultados realizadas por múltiplos supervisores. Ademais, destacam a necessidade de realizar tanto a avaliação somativa quanto a avaliação formativa e de utilizar estratégias para avaliar competências.

Outro programa importante no que se refere às competências do supervisor é o Improving Access to Psychological Therapies (University College London [UCL], 2022). O documento apresenta um detalhamento sobre as capacidades necessárias para aferir adequadamente o nível de competência dos supervisionandos. São propostas as seguintes capacidades gerais:

1. Desenvolver critérios de aferição de competência, abrangendo:
   a. Capacidade de desenvolver critérios de avaliação de competências fidedignos e adaptados para considerar o nível de experiência do supervisionando, geralmente nos domínios
      i. do conhecimento factual,
      ii. das habilidades clínicas gerais,
      iii. das habilidades clínicas específicas do modelo teórico,
      iv. da capacidade de implementar intervenções de forma a demonstrar compreensão da lógica da intervenção, ou seja, ser capaz de fazer ligações entre teoria e prática,
      v. capacidade de refletir com precisão sobre o progresso das habilidades interpessoais,
      vi. da capacidade de trabalhar de forma eficaz com outros profissionais,
      vii. da capacidade de adotar padrões éticos e profissionais na prática.
   b. Capacidade de relacionar critérios de competência com padrões relevantes (p. ex., aqueles estabelecidos por órgãos de regulamentação profissional ou por currículos de cursos importantes).
2. Usar uma variedade de métodos para avaliar a competência, notadamente:
   a. Capacidade de usar e reunir diversos métodos de avaliação para avaliar a competência, como

i. observação,
ii. autorrelato do supervisionando,
iii. *feedback* de medidas objetivas e padronizadas,
iv. *feedback* de autorrelato do cliente,
v. *feedback* de colegas profissionais que trabalharam/observaram o supervisionando.

Adicionalmente, no Improving Access to Psychological Therapies, são apresentadas capacidades relacionadas ao controle de possíveis vieses na avaliação de supervisionandos. Alerta-se que o processo avaliativo pode ser enviesado pela dificuldade dos casos atendidos, sendo necessário cuidado para que aqueles que atendem casos considerados mais difíceis não sejam considerados menos competentes. Outro viés pode ser decorrente da tendência apresentada pelos supervisores de avaliarem mais positivamente os supervisionandos de que "gostam" e mais negativamente aqueles que "não gostam". Pode haver enviesamento devido à propensão de alguns profissionais que realizam supervisão serem mais lenientes, ou mais severos, que o recomendado ao realizarem a avaliação. As avaliações mais brandas podem refletir falta de critérios claros para avaliar competência, dificuldade com padrões de comparação devido à falta de experiência como supervisor, medo do impacto de avaliações negativas na relação supervisor-supervisionando e preocupação com possíveis implicações na carreira dos supervisionandos, bem como apreensão em relação a possíveis reclamações dos aprendizes decorrentes de avaliações negativas e, quando há contestação, à consequente necessidade de se defender e à falta de apoio institucional. Por sua vez, avaliações severas demais podem ser reflexo de expectativas irreais e deslocamento de frustração por parte do profissional que realiza a supervisão.

Por se propor a ser uma prática psicoterápica baseada em evidências e empiricamente testada para diversos transtornos e demandas, a TCC surpreendentemente tem dedicado pouca atenção a pesquisas empíricas relacionadas à supervisão clínica, que ocupa um lugar importante na prática psicoterápica, assim como nos treinamentos (Alfonsson et al., 2018; Reis & Barbosa, 2018). É recente o interesse de programas de pesquisa em delinear os principais elementos necessários para uma supervisão eficaz e em identificar as competências que os supervisores precisam adquirir mediante treinamento (Newman, 2013). No Brasil, essas investigações são ainda mais incipientes. Dada a relevância do campo, há que se investigar mais profundamente os modelos de supervisão e o perfil dos supervisores brasileiros, assim como as estratégias avaliativas por eles utilizadas.

Sugere-se, por exemplo, que o modelo de supervisão seja semelhante à estrutura clínica adotada em TCC, ou seja, com a utilização de questionamento socrático, técnicas experienciais, descoberta guiada e outros recursos terapêuticos que familiarizem os terapeutas em formação com a prática na abordagem, além de fortalecer a relação entre supervisor e supervisionando (Barletta et al., 2011). Este modelo é facilitado quando o supervisor é um psicólogo docente e atuante na clínica (Figueredo et al., 2017). A obrigatoriedade de atuação na área que supervisiona é correntemente discutida nos conselhos regionais de psicologia (Gauy et al., 2015). Em pesquisa com 129 supervisores clínicos no Brasil, identificou-se que 64,4% tinham mais de 10 anos de atuação clínica e que não havia, no País, até 2015, nenhum curso de formação de supervisores (Gauy et al., 2015). As supervisões geralmente são feitas de forma livre e assistemática (Gauy et al., 2015), comumente empregando-se somente o relato oral dos atendimentos (Machado & Barletta, 2015), embora já se saiba que determinados modelos de supervisão, como os que utilizam gravação de vídeos e *feedback*, são mais efetivos no desenvolvimento de competências e de melhores resultados da terapia (Alfonsson et al., 2018). Há evidências de que os supervisionandos não descrevem de forma acurada suas habilidades terapêuticas em seus relatos, uma vez que são constantes as divergências entre avaliações realizadas pelos próprios terapeutas supervisionandos, pelos supervisores e pelos clientes (Lewis et al., 2014). Isso coloca em dúvida a efetividade dos relatos orais. Em pesquisa feita com residentes em psiquiatria, identificou-se que 54% dos temas observados nos vídeos de psicoterapia foram omitidos nos relatados em supervisão, bem como que 6% dos assuntos relatados apresentavam algum tipo de distorção (Muslin et al., 1981).

Para além da discussão sobre o material utilizado para o acesso ao conteúdo das sessões psicoterápicas durante a supervisão (vídeos ou relatos orais), não há consenso na literatura sobre quem deve avaliar competências em TCC, se supervisor, supervisionando (autoavaliação) ou avaliador externo (Muse & McManus, 2016). Comparando as três formas de avaliação, Mathieson et al. (2008) identificaram que não houve correlação entre elas. Apesar disso, asseveram que a autoavaliação pode ter um papel importante no desenvolvimento profissional, fomentando o desenvolvimento da confiança e a identificação de pontos fortes e fracos. Esclarecem, ademais, que a relação próxima entre supervisor e supervisionando pode influenciar nas avaliações, em virtude de o primeiro considerar, entre outros aspectos, a experiência do segundo em outras áreas, realizando avaliações mais "favoráveis". Parece que a intenção da avaliação é que determina quem a realizará (Muse & McManus, 2016). Em avaliações formativas, o supervisor seria mais vantajoso por ter informações contextuais adicionais e por ter uma relação pedagógica com o supervisionando. Já em avaliações somativas, um avaliador externo seria mais vantajoso devido à objetividade da avaliação. Apesar da crítica apresentada por Mathieson et al. (2008), sabe-se que a relação supervisor-supervisionando é importante no processo de supervisão e se assemelha à existente no processo terapêutico (Machado & Barletta, 2015; Oliveira et al., 2014), sendo uma fonte de apoio aos aprendizes, desde que suas respostas cognitivas e emocionais sejam respeitadas (Machado & Barletta, 2015).

Em uma investigação sobre cursos de especialização em TCC (Velasquez et al., 2016), observou-se que, das 27 instituições credenciadas pelo Ministério da Educação, 15 ofereciam prática supervisionada com ênfase nesta abordagem. Destas, 61,54% não têm uma estrutura de supervisão que oriente a prática do supervisor. A avaliação do aluno é feita, em 84,62% dos cursos, com base em critérios quantitativos (assiduidade, número de pacientes atendidos e atendimentos realizados) e qualitativos (iniciativa, participação na supervisão, condução e conhecimento do caso e aplicação de técnicas descritas ou demonstradas por *role-play*), além de relatórios dos casos. A avaliação do desempenho do supervisor ocorre em 53,85% dos casos de forma menos estruturada, com uso de questionários periódicos, ficha de satisfação com o curso ou mesmo *feedback* informal. Quanto à contratação e ao desenvolvimento de supervisores clínicos, 92,31% das instituições os selecionam a partir da formação acadêmica e do tempo de experiência em TCC. Algumas ainda consideram o tempo de docência e a experiência prévia de supervisão; apenas três instituições, porém, consideram a prática de cosupervisão e observação de supervisores mais experientes como preparação para atuação como supervisor. A maioria das supervisões ocorre mensalmente, em grupo, e em 61,54% das instituições a carga horária mínima do curso dedicada à supervisão é de 75 horas.

Embora o uso de sessões gravadas em psicoterapia seja recomendado e associado ao aumento de competências em TCC, essa prática não integra a supervisão em TCC das especializações do Brasil (Velasquez et al., 2016). Apesar do extenso uso dessa estratégia em pesquisas, poucos programas de formação a utilizam, principalmente por falta de tempo e de recursos (Lewis et al., 2014). Uma possível solução para a falta de recursos é o ensaio comportamental, isto é, uma interação simulada entre o supervisionando e um indivíduo, cuja recomendação é de que seja um ator (Lewis et al., 2014). Outros motivos comumente apresentados são a vulnerabilidade dos supervisionandos a críticas e a ansiedade perante as gravações, porém essas preocupações devem ser explicitadas, avaliadas e corrigidas (Pretorius, 2006).

Considerar a efetividade de diferentes formatos de supervisão de TCC requer, como destacado por Lewis et al. (2014), a existência de maneiras padronizadas de avaliar os resultados de modo objetivo. Porém, os autores alertam que essas formas padronizadas raramente são aplicadas de forma sistemática. É imperativo, portanto, que supervisores, pesquisadores e supervisionandos tenham acesso a instrumentos com evidências de validade e estimativas de fidedignidade que avaliem competências em TCC para acompanhar a formação, permitindo *feedback* frequente, e para propiciar ao próprio supervisionando a possibilidade de refletir a respeito de sua prática (Muse et al., 2017). O uso de instrumentos que avaliam competências em TCC também é indicado durante o treinamento dos supervisores, pois, desse modo, eles aprendem a observar, instruir, facilitar e avaliar os supervisionandos (Newman, 2013). Identificar e refletir sobre as competências de terapeutas cognitivo-

-comportamentais representam uma importante forma de aumentar a qualidade da formação desses profissionais, baseando-a em teoria e evidências (Alves, 2016; Loades & Armstrong, 2016).

Ainda que existam competências terapêuticas gerais, como as relacionadas à ética profissional, que perpassam várias abordagens terapêuticas, elas não serão aprofundadas neste capítulo. Ressalva-se que mesmo no caso dessas competências mais amplas que devem ser promovidas pela supervisão, a forma como elas são desenvolvidas variará de acordo com a abordagem psicoterápica (p. ex., ver a revisão sistemática de Barlow e Brown [2020] sobre avaliação de competência terapêutica em modelos psicodinâmicos, relacionais e/ou interpessoais) adotada pelo supervisor (Oliveira et al., 2014).

Com base em Miller (1990), Muse e McManus (2013) agruparam os métodos de avaliação de competência terapêutica em TCC em quatro níveis hierárquicos: 1) saber (há domínio de conhecimento relevante?), que pode ser avaliado por meio de questões de múltipla escolha e/ou ensaios; 2) saber como (sabe aplicar o conhecimento?), sendo possível avaliá-lo recorrendo a questões de múltipla escolha, ensaios, relatos de casos e questões sobre vinhetas clínicas; 3) mostrar como (consegue demonstrar como deve ser feito?), a avaliação com *role-play* padronizado é recomendada; e 4) fazer (utiliza as habilidades na prática?), incluindo avaliações de sessões de tratamento realizadas por consultores e supervisores, autoavaliações dos supervisionandos, relatos de clientes e resultados atingidos no trabalho com estes. As estratégias propostas para os diferentes níveis não são excludentes, porém, evidentemente, o 4º nível deve ser o almejado, pois, em se tratando de uma prática profissional, são os métodos que medem competência de fato.

Apesar das possíveis contribuições que diferentes estratégias podem propiciar, o padrão-ouro para avaliação de habilidades e competências terapêuticas – em supervisão ou em pesquisa – é a avaliação do desempenho na sessão, com instrumentos que operacionalizam as habilidades envolvidas na atuação competente (Muse et al., 2017). O uso competente desses dispositivos é implícita ou explicitamente recomendado pelas diretrizes da APA, em Guidelines for Clinical Supervision in Health Service Psychology, e da Psychology Board of Australia's Supervisor Guidelines e pelo programa Improving Access to Psychological Therapies. Porém, é indispensável, quando se trata de uma prática que se propõe baseada em evidências, como as TCCs, o uso de medidas com robustas propriedades psicométricas (Beale et al., 2021; Schmidt et al., 2018).

Como parte essencial dos processos formativos, as competências devem ser avaliadas em diferentes momentos do treinamento e da supervisão (Lewis et al., 2014). Dessa forma, ao se avaliar competências dos supervisionandos, avalia-se o conhecimento sobre o tratamento e seu uso, assim como as habilidades para implementá-lo (Fairburn & Cooper, 2011).

Os instrumentos mais usados para avaliar o desempenho do terapeuta em TCC individual na sessão são a Cognitive Therapy Scale (CTS), construída por Young e Beck (1980) e traduzida e adaptada para a língua portuguesa do Brasil por Moreno e Sousa (2020), e sua versão revisada, a Cognitive Therapy Scale Revised (CTS-R), desenvolvida por Blackburn, James, Milne, Baker et al. (2001) (Lewis et al., 2014; Loades & Armstrong, 2016; Muse et al., 2017; Pretorius, 2006; Roth, 2016). Outros recursos para avaliar competência em TCC estão em desenvolvimento no Brasil. Menciona-se, como exemplo, a Escala de Competência do Terapeuta em TCC em Grupos (ECTCCG) (I. L. Scotton & C. B. Neufeld, comunicação pessoal, 2022). Neste capítulo, o foco principal é a CTS-R, descrita a seguir.

COGNITIVE THERAPY SCALE REVISED

A CTS-R é considerada padrão-ouro para avaliar competência clínica nas TCCs (Beale et al., 2021; Kelleher et al., 2015). É uma das medidas de integridade do tratamento mais utilizadas na área (Kazantzis et al., 2018; Loades & Armstrong, 2016; Muse & McManus, 2016; Muse et al., 2017), seja como referência na obtenção de evidências de validade para outros instrumentos que avaliam competências, seja em programas de treinamento (p. ex., Hardy et al., 2021; Impala et al., 2019; Liness et al., 2019), e para garantir a integridade do tratamento em ensaios clínicos randomizados (p. ex., Beck et al., 2021; Freeman et al., 2021).

Essa escala foi desenvolvida por professores e pesquisadores do Newcastle Cognitive and Behavioural Therapies (CBT) Centre, do Reino Unido (Blackburn, James, Milne & Reixhelt, 2001), que estavam insatisfeitos com o uso da CTS (Young & Beck, 1980) em seus treinamentos. A CTS foi desenvolvida por Young e Beck (1980) para avaliar a competência dos terapeutas em implementar os protocolos da TCC. É uma escala de 11 itens que devem ser pontuados por um avaliador externo e se divide em duas subescalas, habilidades gerais e habilidades específicas (Vallis et al., 1986). Todavia, pesquisas não têm dado suporte para essa divisão, revelando que se trata de um instrumento unidimensional (Dobson et al., 1985; Vallis et al., 1986). Assim, os pesquisadores britânicos procuraram superar as limitações da CTS estabelecendo descrições dos itens e um sistema de pontuação mais específicos, incorporando a adesão, enfatizando expressão emocional e reduzindo a sobreposição entre itens (Muse & McManus, 2013). Outro aprimoramento foi estabelecer que, além da adesão aos métodos da TCC e das habilidades na sua aplicação, o instrumento consideraria um componente panteórico, que é a aliança terapêutica (Blackburn, James, Milne, Baker et al., 2001).

Blackburn, James, Milne, Baker et al. (2001) relatam que o processo de desenvolvimento da CTS-R teve início com sugestões de alteração da CTS feitas por dois avaliadores independentes que não praticavam TCC, sendo um deles um psicólogo clínico e o outro um educador. Ambos assistiram a vídeos de terapia de terapeutas experientes e concluíram que a escala não enfatizava suficientemente a eliciação e o uso de emoções em terapia e que o sistema de pontuação não estava adequadamente definido, requerendo diferentes níveis de inferência pelos avaliadores. O sistema de avaliação poderia ser melhorado usando um modelo de aquisição de habilidades que varia de iniciante a competente. Nesse processo, a CTS também foi analisada e revisada por quatro terapeutas do CBT Centre, proficientes em TCC e experientes no uso da escala, para que pudessem incorporar as recomendações realizadas pelos dois avaliadores iniciais.

Inicialmente, os autores do CBT Centre acrescentaram três itens à escala: carisma, para avaliar aspectos da aliança terapêutica; facilitação de expressão emocional; e comportamentos não verbais. Para evitar a sobreposição entre itens, agruparam habilidades empáticas, eficiência interpessoal e profissionalismo em um mesmo item, isto é, efetividade interpessoal. Assim, de acordo com a forma de registro das sessões de TCC, a CTS poderia ser usada com 13 itens (sessões registradas em áudio) ou 14 itens (sessões registradas em vídeo). Para melhorar a consistência e o poder discriminatório do sistema de pontuação, os pesquisadores definiram cada ponto da escala Likert.

Para análise das propriedades psicométricas, os autores gravaram em vídeo 102 sessões – início, meio e fim da psicoterapia – de 34 clientes atendidos por 21 terapeutas. Quatro especialistas foram recrutados, sendo formadas duplas para avaliar separadamente cada vídeo. O alfa de Cronbach foi calculado para cada avaliador, considerando 13 ou 14 itens, sendo que no primeiro caso os coeficientes foram 0,92, 0,95, 0,97 e 0,95 e no segundo, 0,75, 0,78, 0,85 e 0,86, que indicam, respectivamente, consistência interna alta ($\geq 0,8$) ou moderada ($< 0,8$). Ao analisar a confiabilidade interexaminadores, foram obtidos coeficientes de correlação intraclasse (CCI) que variaram entre 0,86 ($p < 0,001$) e 0,40 (não significativo [NS]) para os pares de avaliadores da versão de 13 itens, e entre 0,79 ($p < 0,001$) e 0,34 (NS) para a versão com 14 itens. O CCI médio entre avaliadores foi 0,63 (13 itens) e 0,57 (14 itens), ambos significativos para $p < 0,01$. A correlação de Pearson variou entre 0,87 ($p < 0,0001$) e 0,40 (NS) para a versão de 13 itens e entre 0,79 ($p < 0,001$) e 0,48 (NS) para a versão de 14 itens. A correlação média para os quatro avaliadores foi 0,66 (13 itens) e 0,63 (14 itens), com $p < 0,001$. Na análise da confiabilidade interexaminadores para itens individuais, a média de correlações produto-momento variou entre 0,42 ($gl = 49$; $p < 0,01$), em "integração conceitual", e 0,67 ($gl = 49$; $p < 0,01$), em "descoberta guiada", indicando que todas as médias de correlação para itens singulares foram significativas. Não obstante os resultados satisfatórios, os autores alertaram que a confiabilidade interexaminadores do instrumento poderia ser melhorada após o treinamento dos supervisores, o que foi confirmado por Reichelt et al. (2003) após realizarem uma preparação desses profissionais para utilizarem a escala.

Blackburn, James, Milne, Baker et al. (2001) obtiveram evidências de validade discriminante para a versão revisada ao constatar que os escores aumentaram significativamente do início ao fim do treinamento. Também observaram que 11 terapeutas exibiram mais competência no início do atendimento de um segundo cliente, pois a pontuação média na versão de 13 itens foi de 35,1 (DP = 7,2) no atendimento do primeiro cliente para 38,9 (DP = 5,9) no caso do segundo cliente.

Após análises, os autores retiraram o item "comportamento não verbal" devido à impossibilidade de ser utilizado em avaliações de áudio. Removeram, também, o item "carisma", pois havia sido introduzido como um possível teste para qualidades gerais "inatas" do terapeuta; como isso não foi demonstrado, uma vez que as pontuações mudaram significativamente com o treinamento, o item foi excluído.

A escala com 12 itens, CTS-R, configura-se, então, como uma medida transdiagnóstica de competência e adesão ao tratamento em TCC (Muse & McManus, 2013). Apesar de avaliar uma única abordagem psicoterápica, inclui habilidades terapêuticas gerais (*feedback*, colaboração, uso distribuído e eficiente do tempo e efetividade interpessoal), habilidades específicas em TCC (eliciação de expressão emocional adequada, de cognições-chave e de comportamentos, descoberta guiada, integração conceitual, aplicação de métodos de mudança e definição do plano de ação) e um item restante (definição e adesão à agenda), que pode ser incluído em ambas as subescalas (Blackburn, James, Milne, Baker et al., 2001).

É preciso esclarecer que os itens de aplicação de métodos de mudança cognitiva e de aplicação de técnicas comportamentais, que aparecem nos dois principais artigos (Blackburn, James, Milne, Baker et al., 2001; Reichelt et al., 2003) sobre o desenvolvimento da CTS-R e de suas evidências de validade e estimativas de fidedignidade, não constam no manual da CTS-R (James et al., 2001) e no instrumento (Blackburn, James, Milne & Reichelt, 2001). Apesar de ser datado como 2001, ocorreram modificações no manual e no instrumento, sendo esses itens agrupados em "aplicação de métodos de mudança"; além disso, o item "eliciação de comportamentos" foi acrescentado. A pontuação da CTS-R varia de 0 a 72. A pontuação mínima adotada na área para que o terapeuta seja considerado competente em TCC tem sido 36 (James et al., 2001), ou seja, uma média de três pontos por item.

VERSÃO BRASILEIRA DA COGNITIVE THERAPY SCALE REVISED (CTS-R)*

Tradução e adaptação para língua portuguesa do Brasil

O processo de elaboração da versão brasileira da CTS-R seguiu os procedimentos aceitos internacionalmente para medidas da área da saúde (p. ex., Beaton et al.,

---

* A versão brasileira da CTS-R foi traduzida e adaptada para o contexto brasileiro pelos autores deste capítulo. Resultados detalhados são apresentados por Reis (2018).

2000). A escala foi traduzida por tradutores independentes e com domínio da língua inglesa. As traduções foram comparadas, analisadas e sintetizadas em uma primeira versão traduzida. Nessa primeira etapa, constatou-se a necessidade de modificar a designação do item "definição da tarefa de casa" para "definição do plano de ação", pois uma atualização conceitual foi recomendada por Beck e Broder (2016). As autoras consideram que a nova terminologia remete à proatividade e à tomada de controle, necessárias para as atividades entre as sessões, enquanto a anterior estaria mais associada a árduas tarefas realizadas por obrigação para a escola.

Em seguida, a síntese da versão traduzida foi submetida a uma análise de seis juízes, terapeutas experientes em TCC, com doutoramento em psicologia e conhecimento de língua inglesa. De modo geral, ela foi considerada equivalente do ponto vista idiomático, semântico, conceitual e cultural pelos avaliadores. No entanto, algumas sugestões foram apresentadas pelos especialistas (p. ex., detalhar pensamentos quentes e acrescentar pensamentos repetitivos e intrusivos), sendo a maioria delas incorporadas ao instrumento.

Para verificar a compreensão dos itens e das instruções em autoavaliação por parte de terapeutas com pouca experiência, a versão alterada da CTS-R em língua portuguesa do Brasil foi submetida a uma aplicação-piloto em estudantes, sendo a maioria formada por alunos de especialização em TCC. Poucas dúvidas foram apresentadas por alguns participantes; nenhuma delas era referente a problemas de tradução e/ou adaptação da escala, e sim decorrentes de idiossincrasias de alguns desses colaboradores. Como os estudantes conseguiram compreender adequadamente a CTS-R, apesar de terem apenas formação inicial em TCC, o instrumento não foi alterado.

Na etapa seguinte, a CTS-R brasileira foi alvo de uma retrotradução, realizada por um profissional fluente em português e inglês e que desconhecia a escala no idioma original. A versão retrotraduzida foi encaminhada aos autores da escala original para apreciação, sendo devidamente analisada e aprovada para uso. O Apêndice 1 apresenta um exemplo de um item da versão brasileira da CTS-R.

Propriedades psicométricas: evidências de validade e estimativas de fidedignidade

Como ressaltado anteriormente, é mister que medidas usadas em práticas baseadas em evidências, como as TCCs, apresentem propriedades psicométricas robustas (Beale et al., 2021; Schmidt et al., 2018). As evidências de validade baseadas na estrutura interna e a fidedignidade estimada a partir da consistência interna representam dois requisitos-chave para medidas psicológicas (American Educational Research Association [AERA] et al., 2014).

Assim, foi conduzido um estudo com 40 estagiários em TCC e seus supervisores clínicos (n = 7). Os supervisores avaliaram seus estagiários com a versão brasileira da CTS-R após ouvir o relato de cada deles sobre a última sessão que conduziram com cada cliente. Essas avaliações e as autoavaliações por parte dos estagiários ocorreram no início (sessões de 1 a 4) dos atendimentos. Ao considerar separadamente os dados coletados com as duas subamostras, observou-se, por meio de análises fatoriais exploratórias, que a versão brasileira da CTS-R é unidimensional. O fator extraído com os dados dos estagiários explica 60,58% da variância dos escores, sendo que, para os supervisores, a variância é ainda maior (69,29%). A despeito da importância das evidências de validade baseadas na estrutura interna, parece que somente esse estudo e o de Beale et al. (2021) analisaram a dimensionalidade da CTS-R. Em ambos, a solução com um fator demonstrou ser a mais adequada.

Os valores dos alfas de Cronbach calculados com os dados dos estagiários e dos supervisores foram, respectivamente, 0,94 e 0,96. Desse modo, a versão em português do Brasil da CTS-R apresentou boas estimativas de fidedignidade, mais precisamente boa consistência interna, tanto ao ser preenchida por supervisores quanto aos ser respondida por estagiários-terapeutas (autoavaliação). Os alfas de Cronbach da CTS-R obtidos com as amostras brasileiras são semelhantes aos obtidos por Blackburn, James, Milne, Baker et al. (2001) para a versão original da CTS-R. Ademais, são bem mais altos do que o valor que o Conselho Federal de Psicologia ([CFP], 2003) considera suficiente, isto é, 0,6. Também são mais elevados que os observados (0,88 – 0,90) por Beale et al. (2021).

A confiabilidade interexaminadores e as evidências de validade baseadas na relação com variáveis externas foram investigadas em um estudo que contou com a participação de terapeutas experientes (n = 4), com 10 ou mais anos de atuação em TCC. Duas eram doutoras em psicologia ou área afim (p. ex., saúde) com experiência em formação de terapeutas (supervisão de estágio em graduação, supervisão em especialização, etc.). As outras duas eram mestres em psicologia ou área afim (p. ex., saúde) e também tinham experiência em formação de terapeutas (supervisão de estágio em graduação, supervisão em especialização, etc.). As avaliadoras (terapeutas experientes) utilizaram a CTS-R brasileira para analisar dois vídeos de psicoterapia. Um deles era de um terapeuta iniciante, graduando em psicologia, estagiário em seu primeiro ano de contato com a TCC, e o outro era de uma terapeuta experiente, graduada em psicologia, especialista e proficiente em TCC e com 10 anos de atuação na área. No caso do terapeuta iniciante, o vídeo era de um atendimento da fase intermediária do processo psicoterápico de uma mulher de 30 anos que apresentava queixa de ciúme patológico. Quanto ao vídeo da terapeuta experiente, o cliente era um homem com diagnóstico de ansiedade generalizada e transtorno da personalidade paranoide, e a sessão era da fase final do tratamento. A ordem de avaliação dos vídeos foi randomizada. Observou-se que, tanto no que se refere à avaliação geral (escore total) da competência dos dois terapeutas quanto no que diz respeito a habilidades específicas (itens específicos), a pontuação da CTS-R tende a ser significativamente maior para o vídeo da terapeuta experiente. Foram obtidas, portanto, evidências de validade baseadas na relação com variáveis externas (experiência em TCC) para a versão brasileira da escala. A versão brasileira da CTS-R é capaz de discriminar diferentes níveis de competência. Com relação à confiabilidade interexaminadores, os CCIs foram iguais a 0,954 para o vídeo do terapeuta iniciante e 0,715 para o vídeo da terapeuta experiente. Eles podem ser classificados, respectivamente, como excelente e moderado, e são superiores aos observados por Blackburn et al. (2001a). Desse modo, a CTS-R brasileira tende a apresentar resultados equivalentes independentemente dos avaliadores. Ainda assim, recomenda-se que seu uso seja precedido por treinamento dos avaliadores.

Propriedades psicométricas: avaliação ao longo do tempo e uso em autoavaliação e avaliação por supervisores

Como descrito anteriormente, a CTS-R brasileira possui tanto evidências de validade baseadas na estrutura interna (unidimensional) e na relação com outras variáveis quanto estimativas de fidedignidade (consistência interna). Essas propriedades psicométricas foram obtidas com dados oriundos da avaliação da competência em TCC por especialistas (supervisores de estágio) e de autoavaliação, bem como da avaliação por especialistas de vídeos de sessões conduzidas por terapeutas com e sem experiência em TCC.

Para evidências de validade adicionais para a versão brasileira da CTS-R, os escores provenientes de autoavaliação e avaliação por supervisores obtidos em três momentos – início, meio e fim – do processo psicoterápico foram comparados (Tab. 9.1). Eles foram obtidos a partir da amostra apresentada na seção anterior, dos 40 estagiários e seus supervisores. Há que se esclarecer que a amostra de estagiários diminuiu ao longo do tempo, uma vez que nem todos permaneceram no estudo devido à desistência por parte dos clientes. Assim, na primeira avaliação eles eram 40, passaram para 29 na segunda avaliação e, na terceira, eram somente nove. Não foram obtidas diferenças significativas entre os escores de autoavaliação e avaliação por especialistas na primeira e na segunda avaliações. Na terceira avaliação, especialistas tenderam a avaliar de modo mais positivo a competência dos estagiários do que eles próprios.

TABELA 9.1 Médias (M) e desvios-padrão (DP) apresentados pelos subgrupos de estagiários-terapeutas (autoavaliação) e de supervisores

Avaliações	Subgrupos de participantes			
	Estagiários-terapeutas		Supervisores	
	M	DP	M	DP
Primeira avaliação[a]	50,26	11,82	50,17	14,12
Segunda avaliação[b]	54,98	10,39	58,66	12,01
Terceira avaliação[c]	59,81	8,78	68,05	4,46

Nota. [a]n = 40; [b]n = 29; [c]n = 9.

Ao considerar a autoavaliação longitudinal somente com os dados dos nove participantes que realizaram as três medidas (Fig. 9.1), notou-se que esses estagiários perceberam um aumento da competência em TCC ao longo do tempo, sendo observadas diferenças significativas tanto entre a primeira e a segunda avaliação quanto entre a segunda e a terceira. Os resultados obtidos na avaliação longitudinal dos especialistas também indicaram incremento das habilidades dos estagiários em TCC ao longo do tempo.

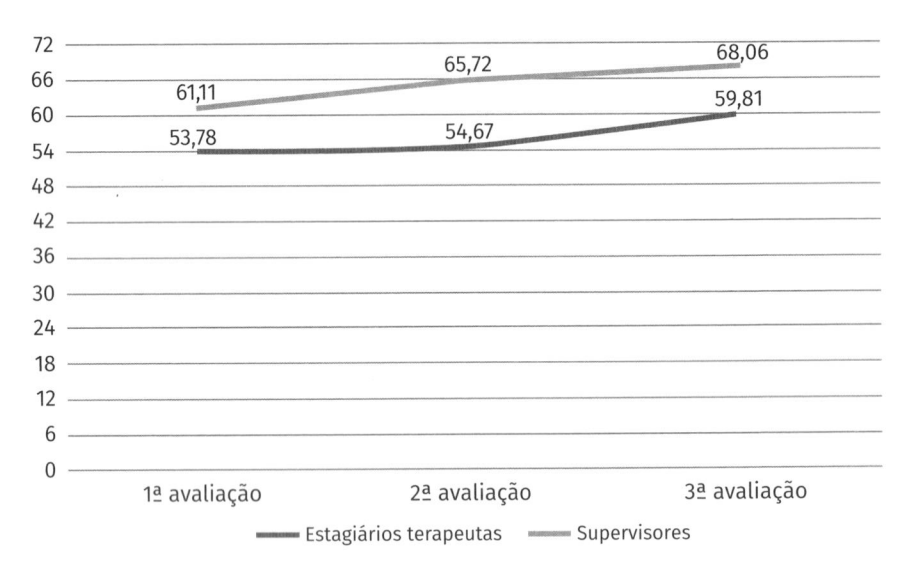

FIGURA 9.1 Pontuações obtidas com a versão brasileira da CTS-R em três momentos de avaliação da competência de estagiários em TCC.

Constatou-se, por meio da avaliação de competência dos participantes dessa pesquisa, que, mesmo na primeira coleta, que corresponde ao início dos estágios, os escores totais das avaliações realizadas por supervisores e das autoavaliações não correspondem a "sem competência", "novato" ou "iniciante com alguma competência". A média de 61,11 (42,00 ≤ 71,50) obtida com a avaliação dos supervisores e a média de 53,77 (38,00 ≤ 68,00) resultante da autoavaliação dos estagiários-terapeutas são superiores a 36, escore recomendado por Blackburn, James, Milne & Reichelt, 2001) para que um terapeuta seja considerado competente. De fato, as médias dos subgrupos, assim como todas as avaliações individuais, estão acima desse ponto de corte. Na terceira avaliação, as médias de cada participante, sejam elas aferidas por supervisor ou por autoavaliação, correspondem à classificação *"expert"*. Tal pontuação também não converge com o que é previsto para a CTS-R. Prevê-se uma média de três pontos por item, com poucos terapeutas pontuando nas extremidades (Blackburn, James, Milne & Reichelt, 2001).

Quatro hipóteses podem ser arroladas para explicar os altos níveis de competência relatados. A primeira delas seria que aprendizagens declarativas e procedurais de qualidade por parte dos alunos precederam o início dos atendimentos, justificando as avaliações "generosas" por parte dos supervisores e dos próprios supervisionandos. Segundo Bennett-Levy e Beedie (2007), o saber, o saber como e o mostrar como, ou seja, os três primeiros níveis da classificação de Muse e McManus (2013), podem ser desenvolvidos por meio de aulas, *workshops*, leituras e estudos de caso. Como evidenciado anteriormente, esses níveis de competência podem ser avaliados sem que o supervisor tenha necessariamente acesso ao que de fato foi feito no processo terapêutico, ou seja, no 4º nível (fazer). Todavia, esse nível não pode ser avaliado apenas com base no relato oral da sessão.

Uma segunda hipótese concebe que supervisionandos e supervisores não tenham entendido o instrumento ou não tenham seguido à risca as orientações referentes ao sistema de pontuação. Ainda que eles tenham recebido esclarecimentos antes de iniciar as avaliações, não passaram por um treinamento. Assim, estariam despreparados para utilizar um instrumento (CTS-R) de direto acesso à competência. A importância dessa preparação é ressaltada por Loades e Armstrong (2016) e Reichelt et al. (2003), que sugerem um aumento na confiabilidade interexaminadores no treinamento para o uso da CTS-R na confiança e na familiaridade com o método avaliativo.

Como assinalado anteriormente, é possível ainda que os supervisores tenham realizado avaliações brandas por desconhecerem o que realmente ocorre nas sessões, uma vez que se basearam exclusivamente no que era relatado oralmente pelos estagiários supervisionados. É preciso reiterar que o relato oral dos atendimentos é pervasivo nas supervisões de práticas terapêuticas realizadas no Brasil (Machado & Barletta, 2015) e que, nesse formato de supervisão, poucos temas são relatados e alguns deles ainda são distorcidos (Muslin et al., 1981). Esta hipótese apresenta fragilidades se considerada isoladamente, pois não se aplica à autoavaliação realizada pelos supervisionandos.

Como quarta hipótese, há que se considerar, ainda que pouco provável, que os estagiários supervisionados apresentaram, de fato, competência em TCC, pois os resultados foram obtidos com aqueles que conseguiram participar dos três momentos de avaliação, ou seja, cujos clientes não evadiram. É possível que sejam mais dedicados aos estudos da abordagem e que a continuidade dos atendimentos seja decorrente da alta competência apresentada desde o início.

É preciso alertar, mais uma vez, que supervisores precisam desenvolver competência para controlar vieses na avaliação de supervisionandos. Reitera-se que o programa Improving Access to Psychological Therapies apresenta uma série de vieses que explicam avaliações muito brandas. Contudo, no caso da investigação aqui descrita, parece que a dificuldade com padrões de comparação para competência não é decorrente de falta de experiência profissional, mas da falta de familiaridade com medidas como a CTS-R.

Blackburn, James, Milne, Baker et al. (2001) também utilizaram a CTS-R para avaliar o desenvolvimento de competências de terapeutas participantes de um programa de pós-graduação em TCC. Esses terapeutas eram psicólogos, psiquiatras e enfermeiros, e a avaliação ocorreu por meio de vídeos de sessões de terapia. A média obtida pelos participantes para o primeiro cliente atendido foi 31,02 no primeiro momento de avaliação (sessões de 1 a 4), 34,07 na segunda avaliação (sessões de 5 a 8) e 39,32 na terceira avaliação (sessões de 9 a 12). Após a terceira avaliação, iniciou-se o atendimento de um novo cliente; nesse caso, a média obtida na primeira avaliação foi 38, na segunda, 37,09 e na terceira, 40,66, seguindo o mesmo número de sessões do caso anterior. Apesar de se tratar de supervisionandos de pós-graduação, os escores são inferiores aos dos graduandos brasileiros, evidenciando que ocorreu uma avaliação muito leniente na amostra nacional, especialmente por parte dos supervisores.

A despeito de possíveis vieses, o aumento do nível de competência reportado ao longo do tempo, tanto na avaliação dos supervisores quanto na autoavaliação dos supervisionandos, constitui uma evidência de validade baseada na relação com variáveis externas, mais especificamente discriminante (American Educational Research Association [AREA] et al., 1999) da versão brasileira da CTS-R. Como esperado, a escala discriminou diferentes níveis de competência nos três momentos da avaliação.

A ausência de diferença entre a autoavaliação dos estagiários supervisionados e a avaliação dos supervisores nas duas primeiras avaliações (Tab. 9.1) está em consonância com os resultados obtidos por Rozek et al. (2018) com a CTS, que também não identificaram diferença significativa entre autoavaliações de terapeutas e avaliações realizadas por supervisores. Quanto à terceira medida, os resultados convergem com os obtidos por Muse e McManus (2016), que utilizaram a CTS-R, e Mathieson et al. (2009), que adotaram uma análise qualitativa, isto é, supervisores avaliam competência terapêutica de forma mais positiva do que os supervisionandos. Segundo Mathieson et al. (2009), a avaliação realizada pelos primeiros tende a ser mais favorável do que a autoavaliação devido à relação estabelecida entre supervisor e supervisionando.

CONSIDERAÇÕES FINAIS

A versão brasileira da CTS-R possui propriedades psicométricas, notadamente consistência interna, e evidências de validade baseadas na estrutura interna e na relação com outras variáveis, que franqueiam seu uso para avaliar competência em TCC. No entanto, há que se alertar que parece existir uma tendência de supervisores e supervisionandos brasileiros sobrestimarem o desempenho dos aprendizes dessa modalidade terapêutica.

Apesar de não ser o objetivo do instrumento original, a versão brasileira da CTS-R mostrou-se adequada para avaliação de competência em TCC por supervisores e autoavaliação por estagiários. Reitera-se que, originalmente, ela foi desenvolvida para ser preenchida por examinadores externos. Contudo, utilizá-la neste formato no atual cenário de formação de terapeutas cognitivo-comportamentais no Brasil é uma empreitada bastante difícil, uma vez que há incontáveis barreiras para tanto, como falta recursos financeiros e humanos.

O uso da CTS-R para autoavaliação representa um importante meio de automonitoramento de forças e fragilidades do terapeuta. Quando utilizada por supervisores, contribui para a realização de avaliações formativas e somativas. Se combinadas, essas duas estratégias podem colaborar substancialmente para melhorar a qualificação de terapeutas cognitivo-comportamentais brasileiros, que é um requisito fundamental para maior utilização de práticas baseadas em evidências em TCC.

A avaliação de competências não apenas desempenha um papel-chave na integridade do tratamento em geral, mas também promove qualidade durante o treinamento, certificação profissional e prática do dia a dia (Muse & McManus, 2013). Salienta-se, por fim, que, para avaliar competência de estagiários, há que se contar com supervisores competentes e equipados com medidas que apresentem propriedades psicométricas robustas, como a CTS-R.

REFERÊNCIAS

Alfonsson, S., Lundgren, T., & Andersson, G. (2020). Clinical supervision in cognitive behavior therapy improves therapists' competence: A single-case experimental pilot study. *Cognitive Behaviour Therapy*, 49(5), 425-438.

Alfonsson, S., Parling, T., Spännargård, Å., Andersson, G., & Lundgren, T. (2018). The effects of clinical supervision on supervisees and patients in cognitive behavioral therapy: A systematic review. *Cognitive Behaviour Therapy*, 47(3), 206-228.

Alves, S. D. C. O. (2016). Competências do terapeuta cognitivo-comportamental. *Revista Psicologia em Foco*, 8(12), 51-66.

American Educational Research Association, American Psychological Association, National Council on Measurement in Education. (AERA, APA, NCME). (1999). *Standards for educational and psychological testing*. American Educational Research Association.

American Educational Research Association, American Psychological Association, & National Council on Measurement in Education. (AERA, APA, NCME). (2014). *Standards for educational & psychological testing*. American Educational Research Association.

American Psychological Association (APA). (2014). *Guidelines for clinical supervision in health service psychology*. Retrieved from http://apa.org/about/policy/guidelines-supervision.pdf

Australian Health Practitioner Regulation Agency. (AHPRA). (c2022). *Psychology Board of Australia - Guidelines and policies*. Ahpra. https://www.psychologyboard.gov.au/Standards-and-Guidelines/Codes-Guidelines-Policies.aspx

Barletta, J. B., Delabrida, Z. N. C., & Fonsêca, A. L. B. (2011). Knowledge, skills and attitude in CBT: Perceptions of new therapists. *Revista Brasileira de Terapias Cognitivas*, 7(1), 21-29.

Barlow, I., & Brown, R. J. (2020). A systematic review of measures of therapist competence in psychodynamic, interpersonal, and/or relational models. *Psychology and Psychotherapy: Theory, Research and Practice*, 93(2), 408-427.

Beale, S., Vitoratou, S., & Liness, S. (2021). An investigation into the factor structure of the Cognitive Therapy Scale-Revised (CTS-R) in a CBT training sample. *Behavioural and Cognitive Psychotherapy*, 49(6).

Beaton, D. E., Bombardier, C., Guillemin, F., & Ferraz, M. B. (2000). Guidelines for the process of cross-cultural adaptation of self-report measures. *Spine*, 25(24), 3186-3191.

Beck, A. K., Baker, A. L., Carter, G., Robinson, L., McCarter, K., Wratten, C., ... Britton, B. (2021). Is fidelity to a complex behaviour change intervention associated with patient outcomes? Exploring the relationship between dietitian adherence and competence and the nutritional status of intervention patients in a successful stepped-wedge randomised clinical trial of eating as treatment (EAT). *Implementation Science*, 16(1), 46.

Beck, J. S., & Broder, F. R. (2016). *The new "homework" in cognitive behavior therapy*. https://beckinstitute.org/the-new-homework-in-cognitive-behavior-therapy

Bennett-Levy, J., & Beedie, A. (2007). The ups and downs of cognitive therapy training: What happens to trainees' perception of their competence during a cognitive therapy training course? *Behavioural and Cognitive Psychotherapy*, 35(1), 61-75.

Blackburn, I. M., James, I. A., Milne, D. L., Baker, C., Standart, S., Garland, A., & Reichelt, F. K. (2001). The Revised Cognitive Therapy Scale (CTS-R): Psychometric properties. *Behavioural and Cognitive Psychotherapy*, 29(4), 431-446.

Blackburn, I. M., James, I. A., Milne, D. L., & Reichelt, F. K. (2001). *Cognitive Therapy Scale – Revised (CTS-R)*. https://psychosisresearch.com/wp-content/uploads/2022/01/CTS-R.pdf

Conselho Federal de Psicologia (CFP). (2003). *Anexo 1 da Resolução CFP N° 002/2003: Critérios de avaliação da qualidade de testes psicológicos*. https://site.cfp.org.br/wp-content/uploads/2003/03/formulário-anexo-res-02-03.pdf

Conselho Nacional de Educação (CNE). (2019). *Revisão das Diretrizes Curriculares Nacionais (DCNs) dos cursos de graduação em psicologia e estabelecimento de normas para o Projeto Pedagógico Complementar (PPC) para a formação de professores de psicologia*. http://portal.mec.gov.br/index.php?option=com_docman&view=download&alias=139201-pces1071-19&category_slug=dezembro-2019-pdf&Itemid=30192

Dobson, K. S., Shaw, B. F., & Vallis, T. M. (1985). Reliability of a measure of the quality of cognitive therapy. *British Journal of Clinical Psychology*, 24(4), 295-300.

Fairburn, C. G., & Cooper, Z. (2011). Therapist competence, therapy quality, and therapist training. *Behaviour Research and Therapy*, 49(6-7), 373-378.

Falender, C., Goodyear, R., Duan, C., Al-Darmaki, F., Bang, K., Çiftçi, A., ... Partridge, S. (2021). Lens on international clinical supervision: Lessons learned from a cross-national comparison of supervision. *Journal of Contemporary Psychotherapy, 51*(3), 181-189.

Figueredo, P. M. V., Duarte, M. S. S., & Santos, R. B. (2017). Professor, psicólogo e supervisor: Motivação, influências e contribuições na dinâmica entre as três áreas de atuação. *Revista Presença, 2*(6), 36-54.

Freeman, D., Emsley, R., Diamond, R., Collett, N., Bold, E., Chadwick, E., ... Twivy, E. (2021). Comparison of a theoretically driven cognitive therapy (the Feeling Safe Programme) with befriending for the treatment of persistent persecutory delusions: A parallel, single-blind, randomised controlled trial. *The Lancet Psychiatry, 8*(8), 696-707.

Gauy, F. V., Fernandes, L. F. B., Silvares, E. F. M., Marinho-Casanova, M. L., & Löhr, S. S. (2015). Perfil dos supervisores de psicologia em serviços-escola brasileiros. *Psicologia: Ciência e Profissão, 35*(2), 543-556.

Hardy, K., Espil, F., Smith, C., Furuzawa, A., Lean, M., Zhao, Z., ... Loewy, R. (2021). Training early psychosis community clinicians in CBT for psychosis: Implementation and feasibility. *Early Intervention in Psychiatry, 15*(3), 697-704.

Impala, T., Burn, K., & Kazantzis, N. (2019). To what extent are cognitive behaviour therapy competencies incorporated into clinical psychology training? A national survey of Australian universities. *Australian Psychologist, 54*(5), 402-414.

James, I. A., Blackburn, I. M., & Reichelt, F. K. (2001). *Manual of the Revised Cognitive Therapy Scale (CTS-R)*. https://www.ed.ac.uk/files/atoms/files/ctsrmanual.pdf

Kazantzis, N., Clayton, X., Cronin, Timothy. J., Farchione, D., Limburg, K., & Dobson, Keith. S. (2018). The Cognitive Therapy Scale and Cognitive Therapy Scale-Revised as measures of therapist competence in cognitive behavior therapy for depression: Relations with short and long term outcome. *Cognitive Therapy and Research, 42*(4), 385-397.

Kelleher, E., Hayde, M., Tone, Y., Dud, I., Kearns, C., McGoldrick, M., & McDonough, M. (2015). Cognitive-behavioural therapy by psychiatric trainees: Can a little knowledge be a good thing? *BJPsych Bulletin, 39*(1), 39-44.

Lewis, C. C., Scott, K. E., & Hendricks, K. E. (2014). A model and guide for evaluating supervision outcomes in cognitive-behavioral therapy-focused training programs. *Training and Education in Professional Psychology, 8*(3), 165-173.

Liness, S., Beale, S., Lea, S., Byrne, S., Hirsch, C. R., & Clark, D. M. (2019). The sustained effects of CBT training on therapist competence and patient outcomes. *Cognitive Therapy and Research, 43*(3), 631-641.

Loades, M. E., & Armstrong, P. (2016). The challenge of training supervisors to use direct assessments of clinical competence in CBT consistently: A systematic review and exploratory training study. *The Cognitive Behaviour Therapist, 9*, e27.

Machado, G. I. M. S., & Barletta, J. B. (2015). Supervisão clínica presencial e online: percepção de estudantes de especialização. *Revista Brasileira de Terapias Cognitivas, 11*(2), 77-85.

Mathieson, F. M., Barnfield, T., & Beaumont, G. (2008). Are we as good as we think we are? Self-assessment versus other forms of assessment of competence in psychotherapy. *Cognitive Behaviour Therapist, 2*(1), 43-50.

Mathieson, F. M., Barnfield, T., & Beaumont, G. (2009). Are we as good as we think we are? Self-assessment *versus* other forms of assessment of competence in psychotherapy. *The Cognitive Behaviour Therapist, 2*(1), 43-50.

Miller, G. E. (1990). The assessment of clinical skills/competence/performance. *Academic Medicine, 65*(9), 63-67.

Moreno, A. L., & Sousa, D. A. D. (2020). Adaptação transcultural da Cognitive Therapy Rating Scale (escala de avaliação em terapia cognitivo-comportamental) para o contexto brasileiro. *Revista Brasileira de Terapias Cognitivas, 16*(2), 92-98.

Muse, K., & McManus, F. (2013). A systematic review of methods for assessing competence in cognitive-behavioural therapy. *Clinical Psychology Review, 33*(3), 484-499.

Muse, K., & McManus, F. (2016). Expert insight into the assessment of competence in cognitive-behavioural therapy: A qualitative exploration of experts' experiences, opinions and recommendations: Expert insight into the assessment of competence in CBT. *Clinical Psychology & Psychotherapy, 23*(3), 246-259.

Muse, K., McManus, F., Rakovshik, S., & Thwaites, R. (2017). Development and psychometric evaluation of the Assessment of Core CBT Skills (ACCS): An observation-based tool for assessing cognitive behavioral therapy competence. *Psychological Assessment, 29*(5), 542-555.

Muslin, H. L., Thurnblad, R. J., & Meschel, G. (1981). The fate of the clinical interview: An observational study. *American Journal of Psychiatry, 138*(6), 822-825.

Newman, C. F. (2013). Training cognitive behavioral therapy supervisors: Didactics, simulated practice, and "meta-supervision". *Journal of Cognitive Psychotherapy, 27*(1), 5-18.

Oliveira, M. S., Pereira, R. F., Peixoto, A. C. A., Rocha, M. M., Oliveira-Monteiro, N. R., Macedo, M. M. K., & Silvares, E. F. M. (2014). Supervisão em serviços-escola de psicologia no Brasil: Perspectivas dos supervisores e estagiários. *Psico, 45*(2), e1-e9.

Pretorius, W. M. (2006). Cognitive behavioural therapy supervision: Recommended practice. *Behavioural and Cognitive Psychotherapy, 34*(4), 413.

Reichelt, F., James, I., & Blackburn, I. (2003). Impact of training on rating competence in cognitive therapy. *Journal of Behavior Therapy and Experimental Psychiatry, 34*(2), 87-99.

Reis, G. A. (2018). *Competência em terapia cognitivo-comportamental: Propriedades psicométricas de uma medida e seu uso em estágio supervisionado* [Dissertação, de mestrado]. https://repositorio.ufjf.br/jspui/handle/ufjf/6912

Reis, G. A., & Barbosa, A. J. G. (2018). Formação de terapeutas cognitivo-comportamentais: Um estudo sobre o estado da arte. *Revista Brasileira de Terapia Comportamental e Cognitiva, 20*(1), 72-85.

Roth, A. D. (2016). A new scale for the assessment of competences in cognitive and behavioural therapy. *Behavioural and Cognitive Psychotherapy, 44*(5), 620-624.

Rozek, D. C., Serrano, J. L., Marriott, B. R., Scott, K. S., Hickman, L. B., Brothers, B. M., ... Simons, A. D. (2018). Cognitive behavioural therapy competency: Pilot data from a comparison of multiple perspectives. *Behavioural and Cognitive Psychotherapy, 46*(2), 244-250.

Schmidt, I. D., Strunk, D. R., DeRubeis, R. J., Conklin, L. R., & Braun, J. D. (2018). Revisiting how we assess therapist competence in cognitive therapy. *Cognitive Therapy and Research, 42,* 369-384.

Souza, G. A., & Mattos, V. D. B. (2020). Satisfação, formação e inserção profissional de egressos de uma universidade pública. *Psicologia Revista, 29*(2), 489-518.

University College London (UCL). (2022). Supervision of psychological therapies. https://www.ucl.ac.uk/pals/research/clinical-educational-and-health-psychology/research-groups/core/competence-frameworks-8

Vallis, T. M., Shaw, B. F., & Dobson, K. S. (1986). The cognitive therapy scale: Psychometric properties. *Journal of Consulting and Clinical Psychology, 54*(3), 381-385.

Velasquez, M. L., Thomé, C. R., & Oliveira, I. R. (2016). Reflexões sobre a prática clínica supervisionada em cursos de especialização em terapia cognitiva-comportamental no Brasil. *Revista de Ciências Médicas e Biológicas, 14*(3), 331.

Watkins, C. E., Vîşcu, L. I., & Cadariu, I. E. (2021). Psychotherapy supervision research: On roadblocks, remedies, and recommendations. *European Journal of Psychotherapy & Counselling, 23*(1), 8-25.

Young, J. E., & Beck, A. T. (1980). *Cognitive therapy scale.* https://beckinstitute.org/wp-content/uploads/2021/06/CTRS-Manual-2020.pdf

Apêndice 1

Exemplo de item da versão brasileira da CTS-R

ITEM 1
DEFINIÇÃO E ADESÃO À AGENDA

Características-chave: abordar adequadamente os tópicos que foram acordados e defini-los de forma apropriada. Isso envolve a definição de metas delimitadas e realistas de forma colaborativa. O formato para definir a agenda pode variar de acordo com o estágio da terapia.

Três características devem ser consideradas para pontuar os itens:

i. Presença/ausência de uma agenda explícita, acordada e priorizada, e possível no tempo disponível;
ii. Adequação do conteúdo da agenda (para o estágio da terapia, as preocupações atuais etc.), sendo que a revisão do plano de ação (anteriormente denominado tarefa de casa) definido anteriormente é um item permanente;
iii. Adesão apropriada à agenda.

Marque com um X na linha vertical o nível que você considera que o terapeuta tenha cumprido a incumbência central. As características descritas à direita devem guiar sua decisão.

Observação: A definição da agenda requer colaboração e a apreciação disso deve ser feita aqui, somente aqui. A colaboração ocorrida em outras fases da sessão deve ser pontuada a seguir no Item 3 (Colaboração).

Nível de competência	Exemplos Atenção: pontue de acordo com as características e não com os exemplos!
⓪	Sem definição da agenda, definição de agenda é muito inapropriada ou não há adesão à agenda.
①	Definição inapropriada de agenda (por exemplo, falta de foco, irrealista, não considera a contribuição do cliente, plano de ação não revisado).
②	Uma tentativa de agenda é feita, mas com grandes dificuldades evidentes (por exemplo, definição unilateral). Baixa adesão.
③	A agenda é apropriada, bem definida, mas com algumas dificuldades evidentes (por exemplo, pouca colaboração). Alguma adesão.
④	A agenda é apropriada, pequenas dificuldades são evidentes (por exemplo, sem priorização), mas com presença de características apropriadas (por exemplo, revisão do plano de ação). Adesão moderada.
⑤	Agenda apropriada é definida com metas delimitadas e prioritárias e revisada no final. Adesão à agenda. Problemas mínimos.
⑥	Excelente definição de agenda ou alta efetividade na definição da agenda em face de dificuldades.

10

Supervisão clínica e suas possíveis consequências indesejadas

Janaína Bianca Barletta
Marcele Regine de Carvalho
Carmem Beatriz Neufeld

A atividade psicoterápica, por si só, é complexa e de grande responsabilidade. Espera-se do terapeuta a sensibilidade às peculiaridades do paciente e um desenvolvido nível de competências clínicas para ajudá-lo da melhor forma na busca por qualidade de vida em seu cotidiano. O terapeuta, para estar sensível ao sofrimento de outra pessoa, que por vezes tem uma realidade muito diferente, precisa ter uma atitude aberta, uma postura de não julgamento, uma escuta ativa, uma aliança terapêutica colaborativa. Para ajudar no manejo emocional, cognitivo e comportamental em situações de vida consideradas difíceis, é necessário que o terapeuta tenha embasamento conceitual, teórico e científico apurados, bem como habilidades procedimentais desenvolvidas e raciocínio clínico e ético adequados. Conforme elucidado por Carvalho e Paveltchuk (2021), a terapia cognitivo-comportamental (TCC) ressalta os aspectos descritos, uma vez que é uma prática baseada em evidências, isto é, busca intervenções efetivas e eficazes que possam ser úteis e adequadas para quem as recebe, bem como devem ser aplicadas de forma competente, ética e sensível. Ao focar na TCC, soma-se ainda a necessidade de considerar as características próprias dessa perspectiva no repertório do terapeuta, como, por exemplo, a relação terapêutica baseada no empirismo colaborativo (Kazantzis et al., 2017), a estrutura, o foco no presente, a descoberta guiada e a resolução de problemas (Newman & Kaplan, 2016).

Para tanto, é fundamental que o terapeuta tenha um treinamento que potencialize essas competências, a fim de que possa exercer a psicoterapia de maneira ética e eficaz. Ao vislumbrar que a supervisão clínica tem funções específicas – formativa, normativa e restauradora –, entende-se que esta é uma prática essencial na formação de terapeutas e na lapidação do repertório clínico (Barletta & Neufeld, 2020; Falender & Shafranske, 2004; Milne & Watkins, 2014). Partindo desse entendimento, ressoa na literatura o quanto a supervisão clínica é um pilar de extrema relevância na formação profissional. Conforme definição da American Psychological Association ([APA], 2014), a supervisão é uma atividade profissional com características específicas, o que a torna diferente de outras práticas do psicólogo.

Entende-se que a supervisão em psicologia emprega uma relação colaborativa que tem componentes facilitadores e avaliativos, estende-se ao longo do tempo e tem como objetivos aumentar a competência profissional e a prática cientificamente informada do supervisionando. Para tanto, a supervisão clínica tem como uma de suas funções o monitoramento da qualidade dos serviços prestados, o que favorece a entrega de intervenções efetivas por profissionais mais qualificados, desde o início da carreira, e protege o público que recebe o tratamento psicoterápico (APA, 2014). A revisão de Hill et al. (2017) aponta que a supervisão vai além da aquisição de habilidades, favorecendo a tomada de consciência e o senso de autoeficácia que, por sua vez, tonificam as atitudes e reflexões que geram desenvolvimento profissional. Outro aspecto levantado na revisão desses autores foi o entendimento de que a supervisão pode, de forma direta, impactar nos resultados do tratamento psicoterápico. Informações detalhadas sobre o modelo de supervisão baseada em competências e suas implicações para o desenvolvimento do terapeuta cognitivo-comportamental estão descritas no Capítulo 8.

A supervisão clínica que não é realizada de maneira adequada e, por conseguinte, não cumpre suas funções essenciais pode resultar em prejuízo no desenvolvimento do psicoterapeuta, ou mesmo em dificuldades para o profissional e/ou paciente (Barletta & Neufeld, 2020). Portanto, a capacitação para oferecer supervisão clínica é uma competência que requer treinamento específico, embora, na maioria das vezes, esse treinamento não esteja presente no currículo de psicologia e nem seja tema de pesquisas clínicas (mais informações sobre a formação de supervisores estão descritas nos Caps. 5 e 14). Conforme descrito por Reiser e Milne (2017), o treinamento sistematizado para atuação em supervisão e as práticas que poderiam garantir a qualidade das supervisões ainda carecem de verificações. Sabe-se, por exemplo, que os estudos sobre supervisão em TCC iniciaram com a descrição de especialistas sobre sua prática, como nos clássicos textos de Padesky (1996) e Liese e Beck (1997); da mesma forma, foram incorporados conhecimentos de áreas vizinhas, porém, ainda faltam estudos com delineamentos mais específicos (Reiser & Milne, 2017). Ainda que essa lacuna seja uma realidade tanto nos países com maior tradição de práticas baseadas em evidências quanto no Brasil, há maior interesse nessa temática atualmente (Barletta, Rodrigues et al., 2021).

Um engano comum em relação à supervisão clínica diz respeito à dificuldade de distinção entre a prática de supervisão e a prática psicoterápica. A transferência de conhecimento sobre habilidades de psicoterapia para a prática de supervisão não ocorre de forma linear. Barletta, Rodrigues et al. (2021) ressaltam que a formação e a prática em psicoterapia são elementos importantes para a função de supervisor clínico, mas não são as únicas condições necessárias.

Outro elemento apresentado na literatura é a ideia de que ter sido supervisionado não habilita um profissional para oferecer supervisão clínica (Falender, 2018). De acordo com essa autora, algumas dificuldades são impostas nesses casos, como: a) o aprendizado fica mais dependente dos problemas que os pacientes apresentam para tratamento do que das necessidades de desenvolvimento de competências para a profissão; e b) o terapeuta encontra-se dependente da orientação e instrução do supervisor, o que dificulta a tomada de decisão clínica, uma vez que seu repertório próprio ainda não foi desenvolvido. Em condições de supervisão como essas é comum focar no caso em si, de forma quase exclusiva, ajudando o terapeuta a seguir naquele atendimento, mas não a aperfeiçoar o raciocínio e as competências clínicas de forma geral. Com isso, entende-se que supervisores que não tiveram treinamento formal em supervisão também podem ter mais dificuldade de basear sua prática em direcionamentos de pesquisas e estratégias mais indicadas para a evolução de um repertório clínico. Como consequência, há maior probabilidade desses profissionais não serem bons modelos em relação a componentes essenciais da prática de supervisão, incluindo aspectos éticos, procedimentais e atitudinais. No entanto, uma vez que os terapeutas estão recebendo orientações do que fazer, imediatamente, no atendimento, eles podem ter dificuldades em reconhecer quando a supervisão tem alta possibilidade de culminar em riscos para os pacientes e para si mesmos (Ellis, 2017).

Para exemplificar os efeitos da supervisão considerados indesejados, elencamos pesquisas que têm apontado a ocorrência de supervisão inadequada e prejudicial (Ladany, 2014). De forma mais contundente, os relatos têm mostrado uma incidência alta de efeitos indesejados de supervisões clínicas e em saúde mental, apontando que eles são comuns cotidianamente (Ammirati & Kaslow, 2017; Ellis et al., 2014, Ellis, 2017; McNamara et al., 2017; Reiser & Milne, 2017). Entre os dados revisados, Ellis et al. (2014) fizeram uma pesquisa com 363 terapeutas, na qual perguntaram sobre experiências em supervisão e, em seguida, identificaram se os participantes haviam recebido uma supervisão inadequada ou prejudicial. Como resultados, a maioria (93,0%) estava recebendo, no momento da pesquisa, uma supervisão inadequada, enquanto 35,3% recebiam uma supervisão prejudicial. Os resultados são mais surpreendentes ao se identificar que mais de 50% já havia recebido uma supervisão prejudicial em algum momento da sua carreira. Com objetivo de aprofundar-se nesse fenômeno, Ellis (2017) apresentou 11 narrativas de terapeutas que vivenciaram supervisões prejudiciais, nocivas e antiéticas, oriundos de quatro continentes distintos, com relatos intensos de suas experiências e respectivas consequências claramente danosas.

A literatura tem definido a supervisão inadequada como aquela que não exerce minimamente a função formativa, ou seja, não promove competências clínicas no terapeuta que a recebe, e a supervisão prejudicial como aquela que causa algum dano para o terapeuta ou para o paciente, implicando diretamente na falta de alcance da função restauradora. Em ambas as situações, a função normativa da supervisão tampouco é exercida (Barletta & Neufeld, 2020; Barletta, Rodrigues e Neufeld, 2021a; Ellis, 2017; Falender, 2018; Reiser & Milne, 2017). Reforça-se a ideia de que qualquer supervisor pode, na sua prática, causar alguma consequência indesejada, mesmo sem intenção, mas aqueles que não tiveram uma formação para esta função podem tornar-se potencialmente mais danosos (Ammirati, & Kaslow, 2017). As autoras deste capítulo acreditam que aumentar a consciência sobre o assunto, assim como rever a própria atividade supervisionada, pode potencializar o cuidado e a formação em práticas mais adequadas, e a qualidade da supervisão ofertada.

Partindo desse entendimento, este capítulo tem por objetivo apresentar, descrever e refletir sobre as supervisões com efeitos indesejados e seus desdobramentos. Inicialmente, serão descritos o que se espera de uma supervisão considerada adequada e o entendimento de supervisão iatrogênica. Para tanto, além das considerações teóricas e conceituais, será apresentada uma vinheta hipotética de supervisão inadequada e prejudicial com consequências iatrogênicas como forma de ilustrar e exemplificar essa prática e facilitar a construção de sentidos. Por último, as autoras propõem direcionamentos práticos e princípios éticos sobre supervisão clínica e indicam formas de prevenção e perspectivas futuras em relação à temática.

ASPECTOS DA SUPERVISÃO CLÍNICA CONSIDERADA ADEQUADA

Acredita-se que a supervisão clínica, historicamente, é realizada desde que a prática clínica foi iniciada e, assim como as psicoterapias foram evoluindo e modificando-se ao longo dos anos, a supervisão clínica também vem passando por um processo de mudanças e evolução semelhante (Creaner, 2021). Portanto, não há uma única definição para supervisão clínica, mas entre as definições propostas nas últimas décadas, alguns elementos comuns são identificados: a) é um processo educativo, cujo um dos propósitos é desenvolver conhecimentos, habilidades e atitudes clínicas em quem recebe a supervisão; b) há mensuração da evolução, isto é, utiliza-se diferentes formas de avaliação ao longo do processo, como observação direta, *feedbacks* verbal e escrito, escalas e instrumentos específicos, autoavaliação e avaliação por pares; c) é um processo formal, com regras e acordos previamente estabelecidos; d) baseia-se nas normas éticas que regem a profissão, portanto, há monitoramento da qualidade dos serviços ofertados, visa promover o bem-estar e salvaguardar todos os envolvidos; e) utiliza-se da base em evidências, incluindo aspectos relacionados ao tratamento psicoterápico, aos processos de ensino e aprendizagem e às questões culturais e individuais do terapeuta e do paciente; e f) requer treinamento específico e formação para exercer a prática supervisionada (Barletta & Neufeld, 2020; Bernard & Goodyear, 2009; Ellis et al., 2014; Falender & Shafranske, 2004; Milne & Watkins, 2014; Silvares et al., 2016; Stilita, 2021).

Entre as discordâncias estão, por exemplo, os aspectos relacionais no processo supervisionado. Enquanto alguns autores ressaltam a relação hierárquica da supervisão como uma característica importante (Bernard & Goodyear, 2009; Silvares et al., 2016), outros autores discordam dessa ideia, ressaltando que nem sempre há uma distância na experiência prática do supervisor e do terapeuta que recebe a supervisão, especialmente ao se tratar de supervisão por pares (Stilita, 2021). Há ainda outros autores que apontam para uma relação interpessoal em supervisão mais horizontal, com papéis diferentes de cada um, mas colaborativa e partilhada para uma construção comum (Barletta et al., 2022; Milne, 2018). Entende-se que essas diferenças estão diretamente relacionadas com as propostas educativas que vêm se modificando ao longo dos anos, reforçando o discurso de Creaner (2021) ao apontar que o modelo inicial de ensino-aprendizagem utilizado no processo supervisionado baseava-se na experiência e sapiência transmitida pelo profissional mais experiente para aquele que estava aprendendo. Atualmente, entende-se que o mais experiente e o aprendiz formam uma equipe que trabalha conjuntamente e que ambos são corresponsáveis para o desenvolvimento e para a busca de autonomia (Mota & Rosa, 2018). É consenso que a relação estabelecida é importante para a qualidade da supervisão clínica, bem como seu impacto na relação de poder (Creaner, 2021; Corrie & Lane, 2015; Ladany, 2014). Entre aspectos pouco falados estão, por exemplo, os valores que sustentam a prática do supervisor e do terapeuta (Corrie & Lane, 2015), as questões contextuais e institucionais em que a supervisão ocorre (Barletta, Rodrigues, & Neufeld, 2021) e o suporte fornecido ao supervisor (Milne & Reiser, 2016).

Outro elemento que merece destaque por sua unanimidade ao se referenciar supervisão clínica adequada, independentemente de sua ênfase teórica, diz respeito a três funções desse processo, fortemente descrito na literatura especializada da área, cujos principais alvos são (Barletta & Neufeld, 2020; Creaner, 2021; Ellis et al., 2014; Falender & Shafranske, 2004; Milne & Watkins, 2014): 1) desenvolver o repertório clínico do terapeuta que recebe a supervisão, com aquisição e aperfeiçoamento de competências clínicas, podendo utilizar diferentes recursos pedagógicos pertinentes à proposta educativa e ao modelo de supervisão seguido; 2) promover a qualidade da intervenção ofertada com base nos princípios éticos e normativos para que se alcance o bem-estar do paciente e evite-se os malefícios que a prática psicoterápica pode causar quando mal aplicada, ou seja, fiscalizando, monitorando e avaliando o andamento da atividade clínica; e 3) ofertar o cuidado ao terapeuta, para que o processo de ensino seja positivo e não punitivo, fomentando e investindo no bem-estar e crescimento do profissional supervisionado, estando sensível e atento aos aspectos multiculturais e diversidades que aparecerem, mantendo o respeito, a confidencialidade, o afeto e os limites dessa relação. O Capítulo 8 apresenta mais detalhes sobre supervisão baseada em competências.

ASPECTOS DA SUPERVISÃO CLÍNICA CONSIDERADA INADEQUADA E/OU PREJUDICIAL

Ao entender que a supervisão é uma atividade essencial para o desenvolvimento profissional, equivocadamente cresce a noção de que toda a supervisão é, inevitavelmente, positiva e agregadora. Porém, relatos de experiências e publicações científicas têm apontado possíveis consequências indesejadas de supervisões, seja por serem processos supervisionados sem base em evidências, por serem realizadas sem o cuidado devido com o supervisionando e suas necessidades, por serem antiéticas, abusivas e autoritárias, ou mesmo por não proporcionarem o desenvolvimento do repertório e do raciocínio clínico.

A falta de treinamento do supervisor e a valorização da formação para exercer esse papel têm sido consideradas questões críticas na área, podendo resultar no acirramento de dilemas e pressões em supervisão, perpassando por falta ou lacunas na competência, problemas de relacionamento, estilo e métodos de supervisão inadequados, dificuldade de comunicação e esgotamento emocional (Milne & Reiser, 2023). Com esse vislumbre, a seguir serão destacados aspectos da supervisão clínica inadequada e/ou prejudicial.

Definições e conceitos de uma supervisão com consequências indesejadas

Ao se vislumbrar as possíveis consequências indesejadas ocasionadas pela supervisão clínica, é importante circunscrever e conceituar o que exatamente está sendo falado. Porém, o primeiro entrave no estudo de supervisões que podem causar algum dano ou efeito inesperado diz respeito aos diferentes termos e construtos ainda não bem definidos que são utilizados para descrevê-las (Ellis et al., 2014). Na revisão desses autores, eles exemplificam alguns termos encontrados na literatura: experiências de supervisão negativa, má supervisão, supervisão ineficaz, supervisão prejudicial, supervisão inadequada, comportamentos de supervisão malsucedidos, entre outros. Essa falta de entendimento e clareza sobre o construto dificulta sua sistematização e síntese, bem como a comparação dos achados dos estudos. Portanto, não há uma taxonomia bem delineada e operacionalizada sobre os construtos. Somado a isso, outras dificuldades dizem respeito ao desenho das pesquisas sobre a temática, que são, em sua maioria, qualitativas, o que diminui o poder de generalização dos achados, bem como à dispersão dos dados, que é mais uma barreira para a sistematização e organização conceitual.

Carvalho e Paveltchuk (2021) se depararam com uma dificuldade parecida ao organizar e descrever o que denominaram de efeitos negativos da psicoterapia. As autoras também encontraram falta de consenso e sistematização dos termos e construtos relacionados a essa temática, porém, basearam-se na classificação que aponta que os efeitos indesejados podem estar diretamente relacionados ao tratamento, seja como efeito colateral do tratamento correto, seja como resultante da má prática pela aplicação do tratamento incorreto. Essa classificação ainda apresenta o efeito indesejado que não está diretamente relacionado ao tratamento, por ser natural ao curso do desenvolvimento ou por uma causa externa que ocorre de maneira contígua à psicoterapia. Além da dificuldade em descrever as muitas variações que podem ser englobadas, entende-se também que há o impacto no desenvolvimento de medidas para avaliar os efeitos negativos em psicoterapia. Assim, percebe-se que a pesquisa dos efeitos negativos ou indesejados na atividade clínica, seja na psicoterapia, seja na supervisão, ainda precisa de mais investimento e interesse em estudos, embasamentos teóricos e sistematização do campo.

Ellis et al. (2014), na tentativa de organizar a temática, renomearam os termos a fim de favorecer o entendimento conceitual. Os autores mantiveram o conceito de supervisão prejudicial e renomearam o que antes havia sido descrito como supervisão ruim para supervisão inadequada, distanciando-se da adjetivação e aproximando-se das mudanças entendidas nas funções da supervisão, como um processo educativo e potencializador do desenvolvimento de competências clínicas. Os termos "supervisão inadequada" e "supervisão prejudicial" têm sido adotados na literatura atual (Barletta & Neufeld, 2020; Falender, 2018; Reiser & Milne, 2017). Ellis et al. (2014) deixaram em aberto a ideia desses conceitos serem dois polos de um mesmo *continuum* ou de serem construtos em separado, mas propuseram critérios e definições mais operacionais.

De forma geral, esses autores assumem que uma supervisão prejudicial é aquela nas quais as práticas aplicadas no processo resultam em algum malefício, dano, trauma e/ou prejuízo para o terapeuta, relacionados com os aspectos físicos, psicológicos e/ou emocionais. Os autores ressaltam, ainda, que a definição de supervisão prejudicial está na consequência danosa ou traumática, seja pela ação ou pela falta de ação (como a omissão) do supervisor. Para exemplificar, descrevem relações de supervisão que ultrapassam os limites e os propósitos da atividade profissional, resultando em assédio sexual e comportamentos agressivos e maliciosos, incluindo entre as consequências danosas as microagressões, como também aquelas em que há negligência ou violação de padrões éticos e de boas práticas e cuidados que podem genuinamente gerar prejuízos. Ellis et al. (2014) ainda pontuam que a supervisão prejudicial pode consistir em um ou mais incidentes ou pode ser uma situação contínua. Os efeitos da experiência nociva podem ter curta duração ou persistir por meses ou anos, mesmo depois da busca por psicoterapia; além disso, podem ser generalizados para diferentes contextos da vida do terapeuta. Alguns autores ainda chamam atenção para efeitos altamente traumáticos, que podem ter consequências de gravidade persistente, gerando dúvidas sobre competência, sentimentos de insegurança e vergonha, comportamentos de isolamento e até abandono da profissão (Falender, 2018; Reiser & Milne, 2017). As práticas de supervisão prejudiciais também podem afetar, por conseguinte, os pacientes do terapeuta em supervisão (Ellis et al., 2014).

Ressalta-se que há uma diferença em gerar prejuízo e trazer à tona questões difíceis, delicadas e dolorosas de um atendimento clínico. Ellis et al. (2014) salientam que a supervisão prejudicial deve ser distinguida de ações do supervisor que respeitam os limites do terapeuta e estão focadas no desenvolvimento do profissional em supervisão ou na proteção de seu paciente. Assim, em vários momentos, o supervisor fornece um *feedback* que foca na mudança ou ilumina a possível consequência indesejada de um comportamento do terapeuta em sessão. Entende-se que se um impasse potencialmente danoso e resolvido com sucesso entre supervisor e terapeuta não é considerado um episódio de supervisão prejudicial. Ou seja, permitir que questões dolorosas, desagradáveis e incômodas ao terapeuta surjam em supervisão é fundamental para que elas possam ser revistas, repensadas e tomadas decisões clinicamente adequadas. Isso não significa prejuízo, e sim favorece o manejo de emoções, a abertura à autorreflexão e o aumento de repertório. Para tanto, é fundamental que o supervisor tenha amplo conhecimento, habilidade e atitude sobre estratégias pedagógicas apropriadas e cabíveis, avaliando ganhos e cuidados, e como utilizá-las, promovendo um ambiente emocionalmente seguro para exposição e reflexão (Barletta, Gauy et al., 2021).

Já a supervisão inadequada é aquela em que há falta de desenvolvimento profissional do terapeuta, que não apresenta evolução em competências clínicas necessárias para a efetiva entrega de uma psicoterapia apropriada (Ellis et al., 2014). Os autores ressaltam exemplos que dizem respeito ao supervisor em si, como desinteresse e falta de investimento no próprio treinamento para exercer essa prática, falta de abertura para fornecer *feedbacks* e avaliações, bem como lacuna na atitude de olhar para si e manejar a contratransferência em supervisão (Barletta et al., 2022). Por exemplo, supervisões dessa natureza podem não utilizar estratégias e recursos pedagógicos necessários para sanar demandas e dificuldades do terapeuta, sendo ineficazes e inócuas em termos de evolução do repertório e competências profissionais. Dessa forma, não há desenvolvimento do terapeuta, tampouco o supervisor monitora a qualidade dos serviços oferecidos aos pacientes. Assim, de acordo com Ellis et al. (2014), o construto supervisão inadequada pode incluir, mas não se limita, os comportamentos e descritores delineados na definição de supervisão ruim proposta por Ellis (2001). Ainda que as relações interpessoais sejam agradáveis e amigáveis e o terapeuta finalize o atendimento sentindo-se temporariamente seguro, já que teve instruções de como agir na próxima sessão, as supervisões podem ser consideradas inadequadas, pois isso o torna demasiadamente dependente de orientações de terceiros. O impacto disso pode estar na entrega de uma terapia também inadequada, que não ajuda o paciente a lidar efetivamente com sua demanda, bem como na manutenção da falta de qualidade na intervenção psicoterápica (Barletta & Neufeld, 2020).

Na tentativa de elucidar os componentes que fortalecem uma supervisão inadequada, Creaner (2021) apresenta seis princípios relacionados com o comportamento do supervisor: a) quando o supervisor não dá atenção aos principais elementos da supervisão, levando a um desequilíbrio; b) quando o supervisor não promove atividades que respondem às necessidades de mudança do terapeuta, gerando uma lacuna desenvolvimental; c) quando o supervisor reproduz a regra aprendida, sem permitir que novos tópicos sejam vistos, ou que mingue a iniciativa e participação do terapeuta, sendo intolerante às diferenças; d) quando o supervisor viola limites, não promove a confiabilidade e segurança e não demonstra atributos éticos profissionais e/ou pessoais, sendo um modelo inadequado para o terapeuta; e) quando o supervisor não tem formação, não foi treinado para a atividade supervisionada e não desenvolveu maturidade profissional para esta prática, apresentado uma lacuna nas competências em supervisão; f) quando não há compromisso e envolvimento do supervisor com o terapeuta, com a profissão e mesmo com o paciente, demonstrando apatia profissional. Ladany (2014) faz uma ressalva no sentido de que o supervisor pode vir a ter um comportamento não considerado o melhor, mas que essa ocorrência não necessariamente condenaria a supervisão por completo. Além disso, é sempre possível reavaliar o processo supervisionado, encontrando novos caminhos e soluções para mudar o seu rumo. A problemática é estabelecida quando há manutenção de comportamentos danosos ou inadequados em supervisão que perpetuam as consequências indesejadas.

Para exemplificar as supervisões inadequadas, é apresentada a seguir uma vinheta que narra a prática supervisionada de Josefina, personagem fictícia. A vinheta foi elaborada exclusivamente com o intuito de clarear os pontos levantados ao longo do capítulo e não representa uma vivência real.

> **VINHETA 10.1 - PARTE 1**
>
> Josefina é psicoterapeuta há mais de 20 anos e supervisora clínica com experiência de 10 anos com alunos de graduação em psicologia. Assim como uma grande parte de seus colegas, iniciou as supervisões a convite de um curso de graduação em psicologia sem nunca ter exercido a atividade anteriormente ou ter tido algum treinamento para tal. Em seu trabalho como supervisora, sempre esteve aberta e atenta para sanar as maiores dificuldades de seus alunos e, com isso, as turmas geralmente a consideram uma supervisora receptiva, empática e atenciosa. Na universidade em que leciona e supervisiona, ao final do ano letivo, é

> comum que ela receba bons retornos nas avaliações de satisfação dos supervisionandos sob sua responsabilidade.
>
> Na instituição atual em que Josefina supervisiona o estágio da prática clínica em TCC, ela tem três turmas, sendo que cada uma delas tem 16 alunos e cada encontro supervisionado ocorre uma vez por semana, com duração de 2 horas. Como regra institucional, cada aluno atende um ou dois pacientes, individualmente. Pelas regras da instituição, não é permitida a gravação de sessão, mas o uso da sala de espelho unilateral, ainda que Josefina nunca tenha utilizado esse recurso. Como avaliação do estágio clínico, os alunos fazem duas provas teóricas e, ao final do semestre, entregam um relatório do caso atendido. Por serem alunos do último ano do curso, em geral, os estudantes têm mais de um estágio supervisionado, podendo estar em dois ou até em três diferentes campos de estágio, e cumprem três disciplinas teóricas restantes. Nesse contexto, Josefina tem bastante dificuldade para passar atividades que não sejam feitas durante o encontro supervisionado, incluindo a leitura, que muitas vezes não é realizada pelos alunos com a justificativa da escassez de tempo.
>
> Com base na duração de cada supervisão, na quantidade de alunos, nos recursos disponíveis e nas barreiras impostas pela instituição, Josefina foca sua atenção para as possibilidades de ensino durante o encontro supervisionado. Além disso, ela fornece a supervisão clínica de acordo com o seu repertório, aprendido ao longo da sua experiência à época em que era aprendiz, e sua vivência relacionada às supervisões que recebeu. Isso implica dizer que Josefina repete o modelo de supervisão baseado exclusivamente no relato verbal dos supervisionandos. Para dar voz a todos eles, em cada encontro supervisionado, quatro deles, em esquema de rodízio, relatam seus casos em 30 minutos, e Josefina debate com eles suas principais dúvidas ou dificuldades. Ainda que ela se esmere e esteja bastante comprometida com o processo de ensino-aprendizagem, relata que se sente exaurida e tem a percepção de que, ao final do ano, os alunos não se desenvolveram como deveriam. Contudo, reconforta-se com a situação, pois reconhece que é uma boa supervisora, orientando e instruindo todos os alunos em supervisão da melhor forma possível, baseada em toda sua *expertise* como psicoterapeuta, o que garante uma excelente formação clínica.

Nessa vinheta, é perceptível a boa vontade em supervisionar de Josefina, mas também sua falta de treinamento para a função, o que a faz repetir o mesmo modelo, sem uso de estratégias pedagógicas que poderiam proporcionar o desenvolvimento do aprendiz com foco no aperfeiçoamento de competências clínicas. A falta de preparação para exercer a supervisão pode levar à negligência em fornecer um ambiente promotor de repertório e raciocínio clínico para o supervisionando. Para além dos princípios elencados por Creaner (2021), alguns descritores identificados por Ellis et al. (2014), que compreendem uma supervisão inadequada, também podem ser observados nessa vinheta, como a falta de aprimoramento de habilidades em supervisão de Josefina, levando-a a manter o que está sendo executado mesmo que sem efeito para o aperfeiçoamento de competências clínicas ou deixando-a sem saber o que fazer em alguns momentos. A falta de *feedback* avaliativo em supervisão para monitoramento do desenvolvimento do aprendiz, bem como a não utilização de observação direta das sessões clínicas também são observadas.

Os aspectos considerados administrativos (Creaner, 2021), como fatores que impactam na supervisão inadequada, são igualmente observados nessa vinheta, como o número de alunos supervisionados (três grupos com 16 alunos cada, totalizando 48 aprendizes de terapia), a duração de cada encontro supervisionado (2 horas por semana), a intensa demanda de alunos em formação (até dois casos por aluno e mais de um estágio concomitantemente) e o tipo de avaliação requerido (prova). Assim, verifica-se a ausência de um esclarecimento de expectativas, de uma avaliação de necessidades do terapeuta aprendiz, de uma corresponsabilidade pelo processo de aprendizagem, o que fortalece uma relação hierárquica, e de um ambiente equitativo na supervisão do grupo, ou seja, elementos que culminam em uma supervisão inadequada. Além disso, Josefina conforta-se na perspectiva de que a experiência prévia como psicoterapeuta é suficiente para exercer o papel de supervisora e mantém a mesma proposta de supervisão.

Efeitos iatrogênicos de supervisões prejudiciais e inadequadas

Uma vez que a falta de competência clínica resultante de uma supervisão inadequada pode gerar algum impacto no atendimento, seja pelo profissional não ser eficaz na sua proposição, seja por causar um dano decorrente de insensibilidade à demanda, ou mesmo no uso errado de um procedimento pela falta de repertório profissional, considera-se que os construtos "prejudicial" e "inadequado" são relacionados, ainda que distintos. Nessa direção, Ellis et al. (2014) assumem que toda supervisão prejudicial é, por definição, uma supervisão inadequada. Com entendimento similar, Barletta, Rodrigues e Neufeld (2021) apontam, de forma geral, como supervisões iatrogênicas aqueles processos supervisionados que causam impactos negativos e indesejados ao desenvolvimento do psicoterapeuta, seja por não proporcionar a lapidação de competências clínicas, seja por causar qualquer dano tanto ao aprendiz em treinamento quanto ao paciente que recebe a intervenção. Isto é, essas autoras indicam e englobam como supervisões iatrogênicas os efeitos indesejados tanto das supervisões prejudiciais quanto das supervisões inadequadas, sem necessariamente unificar os conceitos (prejudicial e inadequado).

Iatrogenia é um termo bastante utilizado na área da saúde para indicar efeitos colaterais inesperados, deteriorações e complicações resultantes de um tratamento medicamentoso, mesmo quando, *a priori*, a intervenção está potencialmente correta (Tavares, 2007), aproximando-se da ideia de prejuízos sofridos pelo paciente decorrentes do atendimento. Porém, de acordo com esse autor e com base na origem epistemológica da palavra, esta pode ser entendida como qualquer efeito (ou falta de efeito) produzido por qualquer ação (ou falta de ação) do médico no tratamento do paciente. Ao apresentar esse entendimento, expõe-se que, mesmo com suporte tecnológico e terapêutico, ainda é possível ter efeitos iatrogênicos em uma intervenção, reforçando a perspectiva de que todo médico deve considerar o possível efeito de suas ações ao tratar outra pessoa. Akimoto e Moretto (2016) corroboram essa ideia ao destacar que toda intervenção que pode causar benefícios também tem o potencial de gerar malefícios ou não ter alcance benéfico.

Ao longo do tempo, o uso do termo iatrogenia foi ampliado para abranger as consequências adversas das ações de diferentes profissionais na área da saúde, não apenas do tratamento médico ou medicamentoso, incluindo a psicologia e suas intervenções (Akimoto & Moretto, 2016). Assim, para além dos efeitos iatrogênicos ocasionados por intervenções de saúde distintas ou por interações medicamentosas (Tavares, 2007), outros elementos podem ser: a negligência profissional, a falha procedimental, a má caligrafia, a relação interpessoal inadequada, a falta de suporte emocional e validação e o déficit em habilidades sociais (p. ex., comunicação, empatia, assertividade) em situações de atendimento (Barletta, 2018). Alamy (2007) destaca que, geralmente, o efeito iatrogênico é resultante de uma ação cujo intuito era positivo, isto é, ajudar, orientar, tratar, porém, de alguma forma, gerou consequências negativas inesperadas. Quando o profissional tem uma lacuna em conhecimentos, habilidades e atitudes, amplia-se a possibilidade de sua intervenção ter efeitos indesejados.

Nesse sentido, as competências clínicas essenciais, que incorporam desde aspectos teóricos, técnicos, procedimentais e protocolares até aspectos relacionais, sociais, éticos, de suporte emocional e de sensibilidade ao outro, são aspectos a serem intencionalmente desenvolvidos em supervisão. A metacompetência, isto é, o uso de todos esses elementos juntos para tomada de decisão da melhor intervenção, torna-se fundamental (Barletta & Neufeld, 2020), minimizando a possibilidade de efeitos iatrogênicos. Segundo Barletta (2018, p. 371), o desenvolvimento de competências do profissional aumenta a possibilidade de suporte emocional a quem recebe o atendimento, bem como potencializa o desempenho eficaz e diminui a probabilidade de "efeitos iatrogênicos ou desrespeitosos da relação interpessoal no contexto da saúde".

Ao ser transposto para a supervisão clínica, esse entendimento indica que tanto a supervisão prejudicial quanto a inadequada podem gerar algum efeito indesejado, com maior ou menor intensidade, para o terapeuta em supervisão, podendo ecoar para o paciente. Por exemplo, em uma supervisão inadequada, na qual o comportamento do supervisor é de passividade e falta de correção, ou ele faz somente elogios constantes e preocupa-se excessivamente em agradar (e, portanto, não modela o repertório clínico), ou deixa de utilizar estratégias de ensino ativas, os terapeutas podem ter percepções e sensações de abandono, insegurança, insatisfação e falta de cuidado (Barletta et al., 2022). Além disso, a partir do exposto, as autoras do capítulo levantam a hipótese de que, *a priori*, alguns procedimentos e/ou intervenções em supervisão não são positivos ou negativos em si, mas dependem de como estão sendo aplicados, em qual contexto, com qual propósito, podem tornar-se potencialmente ineficazes e/ou danosos (Fig. 10.1). Em contrapartida, quando se trata de supervisão prejudicial, há comportamentos que podem ser danosos em si, como os agressivos ou de desrespeito do supervisor.

A esse exemplo, pode-se pensar na importância da mensuração e avaliação de competências como uma forma de monitoramento do desenvolvimento do terapeuta em supervisão e acompanhamento de sua evolução, proposto fortemente como um dos aspectos essenciais para uma supervisão adequada (Barletta & Neufeld, 2020; Bernard & Goodyear, 2009; Ellis et al., 2014; Falender & Shafranske, 2004; Milne & Watkins, 2014; Silvares et al., 2016). Ainda que a autoavaliação e avaliação por pares sejam bem-vindas no processo de aprendizagem, em especial para aumento da abertura ao processo avaliativo, sabe-se que a fidedignidade à mensuração de competências aumenta a partir do olhar (treinado) do supervisor pela observação direta (Barletta, Gauy et al., 2021). Por observação direta, essas autoras apresentam algumas possibilidades, como gravação e transcrição da sessão, acompanhamento do atendimento na sala de espelho unilateral ou coterapia, tanto nas intervenções

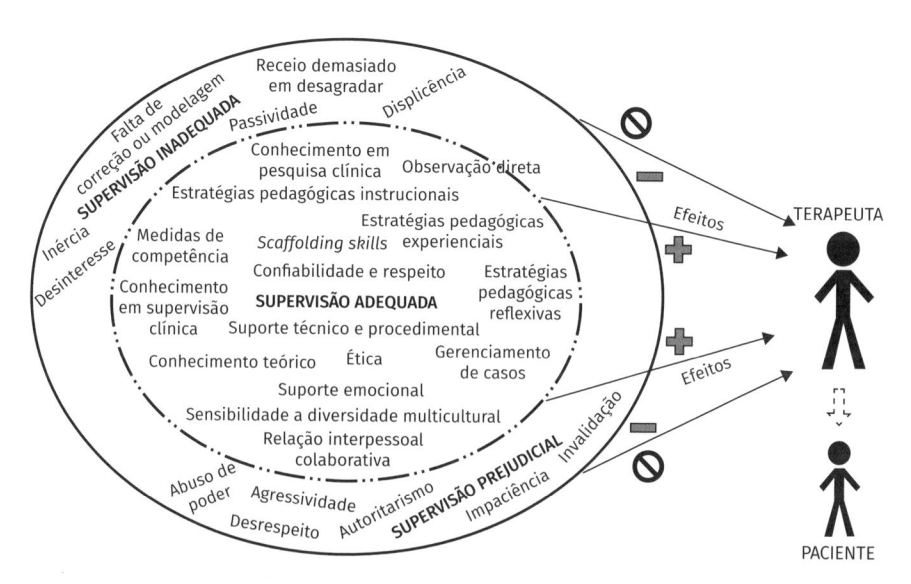

FIGURA 10.1 Nuanças entre a supervisão adequada, inadequada e prejudicial.
+ = efeitos positivos ou desejados; - = efeitos negativos ou indesejados; ⊘ = sem efeito

presenciais como virtuais. De todo modo, por mais que essa estratégia pedagógica possa ser considerada padrão-ouro para o aperfeiçoamento de competências clínicas, alguns pontos precisam ser levados em conta: a) abertura para exposição do terapeuta frente ao grupo de supervisão e/ou ao supervisor; b) cultura brasileira perpetuada de que a avaliação é um processo de julgamento (de valores) quase pessoal; e c) possibilidade de eliciação de emoções desagradáveis, como medo sobre o julgamento de sua conduta clínica, que pode fortalecer pensamentos autocríticos demasiados e foco excessivo nos erros. O supervisor que, por exemplo, impõe o uso de observação direta e mensuração de competências sem levar em consideração outros fatores situacionais pode causar mais efeitos inesperados e iatrogênicos do que obter os benefícios esperados dessa atividade pedagógica, conforme demonstrado na Figura 10.1.

> **VINHETA 10.1 – PARTE 2**
>
> Josefina foi convidada, na mesma instituição, a iniciar a supervisão do estágio clínico de terapeutas que estão no curso de especialização em TCC. Ainda que estivesse se sentindo cansada devido à intensa demanda de trabalho na graduação de psicologia, sentiu-se extremamente feliz por "avançar para o degrau seguinte" (sic) e iniciar o processo supervisionado com profissionais já formados. Pensou: "Agora será mais fácil, uma vez que eu não precisarei ensinar tudo, ser responsável por tudo; afinal, estarei com colegas e com um grupo menor!" (sic). Nesse novo contexto, o encontro supervisionado ocorria quinzenalmente, com 2 horas de duração e um grupo formado por nove terapeutas.
>
> Logo no primeiro encontro, Josefina identificou que vários terapeutas eram recém-formados, ou seja, não tinham experiência clínica, e nem todos tiveram contato prévio com a TCC, seja em disciplinas ou estágios na graduação. Os que já tinham experiência eram também novatos, com no máximo dois anos de prática clínica, e não necessariamente na perspectiva da TCC. Essa foi a primeira frustração de Josefina, pois impactou diretamente sua expectativa: "Nossa, será igualzinho na graduação, serei responsável por todo o ensinamento desde o bê-á-bá, terei que guiá-los" (sic). No segundo encontro supervisionado, Josefina sugeriu iniciar as triagens da fila de espera de pacientes inscritos na clínica-escola. Uma das recomendações da supervisora, como critério de inclusão para ser atendido, foi que o nível de gravidade dos problemas não fosse intenso. Portanto, a seleção dos pacientes dependeria da avaliação realizada na triagem, incluindo anamnese, entrevista inicial e testagem.
>
> Já nas primeiras supervisões, Ronaldo, um dos terapeutas sem experiência clínica prévia, falou que gostaria muito de atender a pessoa que ele triou. Ao relatar a triagem, Ronaldo indicou que a pessoa atendida apresentava intensa tristeza, pouca vontade de fazer as atividades cotidianas, com histórico de três tentativas de suicídio, sendo a última há um mês, bem como relatou vontade de morrer. Conforme solicitado por Josefina, Ronaldo aplicou o Inventário de Depressão de

> Beck (BDI-II), cujo escore total foi de 42. A pessoa triada por Ronaldo ainda afirmou que deixou de tomar o medicamento psiquiátrico porque não acreditava no seu uso e não gostaria de ficar intoxicada. Ao relatar a história de vida e as situações da dinâmica familiar da paciente, Ronaldo relatou que sentiu muita pena e disse que identificou muitas similaridades com sua própria história, portanto, entendeu que era seu dever ajudá-la a qualquer custo.
>
> Josefina apontou aspectos sobre o atendimento: a dificuldade de adesão da paciente, os comportamentos de risco, a falta de apoio social e familiar, a gravidade do adoecimento, a falta de experiência de Ronaldo e o tipo de atendimento ofertado (*on-line*). Josefina afirmou que a paciente deveria ser encaminhada para um serviço que pudesse dar melhor apoio nessa situação específica; Ronaldo, porém, disse que queria atendê-la de qualquer forma, pois percebeu uma conexão da sua história pessoal com a dela. Além disso, reforçou que já era profissional e que poderia decidir sobre seus atendimentos. Nesse momento, tomada de raiva, Josefina retrucou de forma mais enfática, agressiva, sarcástica e com o tom mais elevado: "Você está achando que tem condições de cuidar dela? Ou você quer ser o tutor de vida dela e levá-la para sua casa? Você só deve fazer o que eu disser!". Todos na supervisão ficaram quietos no restante do encontro, com falas evasivas, pouco precisas e evitando exposição. Josefina não tocou mais no assunto e seguiu impositiva, pois considerou esse comportamento mais eficaz para a organização da supervisão, bem como para fortalecer a importância de seus direcionamentos e instruções serem seguidos.

Nessa vinheta, é possível reparar como a relação interpessoal estabelecida pode representar um aspecto a ser repensado. De acordo com Ladany (2014), a relação interpessoal pode proporcionar um contexto de excelência para a supervisão adequada e promotora de desenvolvimento, mas também pode ser a base para falhas e problemas na supervisão, tornando-a potencialmente danosa. Esse autor retoma a aliança estabelecida em supervisão como fundamental, incluindo a colaboração no processo de aprendizagem, o acordo mútuo entre supervisor e terapeuta para estabelecimento de objetivos e atividades em supervisão e o vínculo emocional que proporciona segurança e apoio – reforçando o entendimento de Kazantzis et al. (2017). Quando a aliança em supervisão não está bem estabelecida, torna-se fraca (Ladany, 2014). Se, somado a isso, há uma intensa relação de poder e, consequentemente, autoritarismo (Corrie & Lane, 2015) de quem manda e assume a posição de detentor do saber, para quem passivamente ouve e está na posição de aprendiz, de maneira verticalizada, há uma tendência, por parte dos terapeutas, a: a) menor exposição e revelação em supervisão; b) maior sensação de ansiedade e medo; c) maior conflito de papéis; d) percepção mais intensa de julgamento, audiência aversiva e supervisão considerada negativa; e e) menor abertura a receber *feedbacks* e avaliações de desempenho.

Na vinheta, pode ser observado que Josefina respondeu com raiva, ironia e autoritarismo à colocação de Ronaldo, e, na sequência, os outros colegas mantiveram-se mais quietos ou evitaram se expor. Esse tipo de comportamento enfraquece a aliança em supervisão, podendo causar prejuízos ao terapeuta e ao grupo, bem como para a continuidade do processo supervisionado. Além disso, perde-se a chance de ser empático e sensível à necessidade de desenvolvimento apresentada pelo terapeuta. Ladany (2014) aponta que comportamentos como críticas em excesso, foco exclusivamente no erro, comportamentos agressivos, hostis e irônicos e falta de respostas ao terapeuta (p. ex., ignorando-o ou permanecendo em silêncio), bem como comportamentos não verbais compatíveis ao desdém, indiferença e distanciamento, são prejudiciais ao terapeuta, podendo minar o senso de autoeficácia, promover insegurança e, dependendo da intensidade do impacto, culminar com a desistência da prática clínica. Ressalta-se que tanto a aliança positiva em supervisão quanto a percepção de autoeficácia do terapeuta são diretamente relacionadas com o processo de avaliação, ou seja, com a abertura em estabelecer metas de desenvolvimento e *feedback* sobre desempenhos, seja formativo ou somativo.

Por último, destaca-se que a falta de treinamento e de preparação de Josefina pode ter contribuído para o pouco manejo de suas próprias reações esquemáticas, também conhecidas como contratransferência (Barletta et al., 2022). Entende-se que essa lacuna no reconhecimento de seu funcionamento como supervisora pode ter dificultado a tomada de perspectiva e o processo empático com o terapeuta, prejudicando o olhar para os pontos fundamentais a serem desenvolvidos, com a consequente falha na avaliação de seu próprio comportamento como supervisora e do efeito gerado no grupo de terapeutas. Dessa forma, corre-se o risco de reagir prematura e intempestivamente, de ter uma conduta que ultrapassa os limites da supervisão e de emitir comportamentos rígidos, antiéticos e contraproducentes.

Supervisão inadequada e prejudicial: desdobramentos para terapeutas

Sabe-se que a experiência de supervisão clínica danosa pode ter efeitos deletérios para os terapeutas, incluindo transtornos psicológicos, estresse, perda de autoconfiança, diminuição da capacidade de funcionamento em contextos profissionais e pessoais, deterioração no estado mental geral e bem-estar físico (Ellis et al., 2014). Um exemplo mais antigo, mas que representa esse quadro, é o trabalho de Unger (1999), no qual foi verificado que 7% de terapeutas supervisionados que receberam supervisão iatrogênica decidiram deixar o campo de atuação.

No trabalho de Ellis (2017), verificou-se, em geral, que os supervisionandos que participaram das narrativas relataram sentir emoções intensas e desconfortáveis ao longo da experiência de supervisão prejudicial. Houve muitos relatos de terapeutas que se sentiam deprimidos ou ansiosos, ou até traumatizados; alguns reportaram sensação de pavor quando entravam na supervisão. A experiência de supervisão prejudicial frequentemente esteve atrelada a problemas significativos de saúde física (p. ex., fadiga, perda de peso, dores de cabeça, problemas digestivos). Sentimentos de impotência e de desamparo foram citados, assim como o de incerteza profissional desencadeada pela supervisão prejudicial. Foi verificado também que alguns supervisionandos internalizavam a culpa por suas experiências negativas de supervisão – por exemplo, alguns relataram que reconheciam o comportamento do supervisor como indicativo do próprio fracasso como aprendizes. Além disso, é possível que, inicialmente, os terapeutas tendam a internalizar as ocorrências em supervisões danosas, o que pode aumentar os níveis de ansiedade, depressão e sintomas somáticos e resultar em insegurança persistente e baixa autoestima, influenciando no desempenho clínico (Kiewitz et al., 2016).

Outro sentimento referido nas narrativas de Ellis (2017) foi o de isolamento, que, por sua vez, favorecia o silenciamento sobre a experiência danosa tanto na vida pessoal como na profissional. Esse silenciamento pode advir do medo de consequências profissionais, da dificuldade em compartilhar a intensa experiência dolorosa e do temor de julgamento e culpabilização. Como uma das consequências em alguns terapeutas supervisionados, foi identificada uma desconfiança significativa em relação a futuros supervisores. Somado a isso, o abuso de poder por parte dos supervisores foi uma preocupação ressaltada, tendo em vista suas consequências incômodas e humilhantes. Salienta-se que as instituições nas quais as supervisões ocorreram foram citadas como contribuintes ou exacerbadoras das experiências prejudiciais, havendo apontamentos de que elas não responderam quando o terapeuta compartilhou a experiência prejudicial de supervisão (Ellis, 2017).

Ética e formulação dos efeitos iatrogênicos em supervisão

Considerar a prática baseada em evidências no repertório profissional pode ser concebida uma forma ética de atuação. Em supervisão, o supervisor precisa prover treinamento suficiente ao terapeuta supervisionado para garantir que os pacientes recebam o melhor atendimento possível e que os riscos de danos sejam minimizados para todos os envolvidos (Falender & Shafranske, 2004). Todavia, na relação de supervisão e nas interações entre os supervisionandos e seus pacientes podem aparecer questões éticas desafiadoras (Barnett & Molzon, 2014).

Barnett e Molzon (2014) destacaram posturas profissionais do supervisor clínico que compõem uma supervisão ética e competente e que são congruentes com a prática baseada em evidências, como competência e atenção às necessidades do terapeuta em treinamento, atenção à relação profissional, uso de contrato e consentimento informado, *feedback* e avaliações adequados, competência multicultural, autocuidado e promoção de bem-estar. Assim, entende-se que o próprio supervisor deve ser modelo para a futura conduta ética do terapeuta em treinamento e, para tanto, seis princípios podem embasar a prática profissional ética em saúde mental (Barnett & Molzon, 2014): a) beneficência, associada a comportamentos de ajuda e de fazer o bem por meio das decisões e ações profissionais; b) não maleficência, que diz respeito a não causar mal, seja nas atividades, seja nas relações estabelecidas na prática profissional; c) fidelidade, que implica agir de maneira correta e apropriada, isto é, honrar as obrigações para com os outros, sejam elas explícitas, com base no consentimento informado, sejam implícitas, como ser honesto e atencioso; d) autonomia, relativa à promoção de independência de cada paciente ou terapeuta em treinamento; e) justiça e equidade, ao proporcionar oportunidade e acesso aos cuidados em saúde mental necessários a cada pessoa; e f) autocuidado, ligado ao cuidado de si próprio de maneira contínua como forma de promover o bem-estar psicológico e de prevenir o *burnout* do profissional.

A fim de favorecer o manejo do supervisor clínico e potencializar o uso da ética no processo supervisionado, Reiser e Milne (2017) apontaram como um caminho a formulação dos efeitos iatrogênicos e potencialmente danosos em supervisão clínica. Para tanto, sugeriram que, inicialmente, deve-se examinar o problema e identificar quais fatores contribuem para sua manutenção. Nesse processo, leva-se em consideração o contexto e as questões individuais e relacionais, levanta-se hipóteses sobre o que aconteceu e avalia-se as opções de intervenção que sejam mutuamente benéficas. Ao final, é necessário avaliar os resultados do manejo e as ações realizadas.

Esses autores reforçam que a supervisão que causa danos tem como principais fatores o produto da interação entre supervisores e supervisionandos integrada a outros aspectos ambientais relevantes, como o apoio social (suporte de colegas e familiares, ações coletivas em prol do terapeuta) e o sistema institucional (*guidelines* disponíveis, avaliações de ambas as partes). Dessa forma, ainda que a relação interpessoal preconizada em supervisão seja colaborativa, não se pode desconsiderar a influência (positiva e negativa) do supervisor sobre os terapeutas, nem a qualidade da supervisão ofertada. Logo, todos esses aspectos devem ser contextualizados na formulação do problema, adicionalmente aos princípios da ética profissional (Reiser & Milne, 2017) citados anteriormente. Os autores ainda relacionaram o supervisor com o princípio de fidelidade, o terapeuta, com o princípio da autonomia, o apoio social, com o princípio do respeito ao bem-estar coletivo, e a instituição, com o princípio de justiça (Fig. 10.2).

Uma vez que a literatura faz um paralelo entre supervisão e prática clínica no entendimento de alguns processos semelhantes em ambos os contextos, entende-se que, para a formulação do problema, é importante reagir às narrativas dos terapeutas da mesma forma que se reagiria à narrativa de um paciente: de maneira compassiva, validando o relato, mas também realizando avaliação minuciosa em busca de soluções (Reiser & Milne, 2017). Assim como na TCC é enfatizado que a avaliação se baseie em múltiplas perspectivas, utilizando-se das percepções de diferentes supervisores ou terapeutas sobre o mesmo acontecimento, e que sejam combinadas com

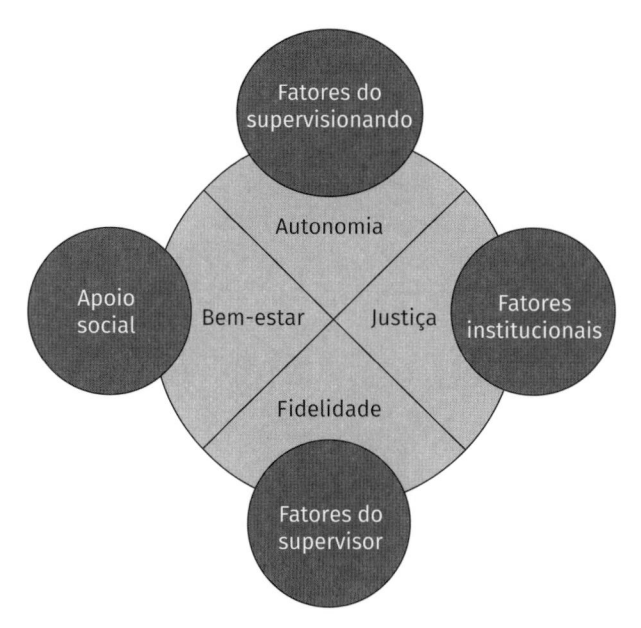

FIGURA 10.2 Principais fatores a serem considerados em relação a danos na supervisão.
Fonte: Elaborada em base com Reiser e Milne (2017).

métodos de coleta de dados, incluindo observação direta, *feedback*, autorrelatos e questionários (Barletta, Gauy et al., 2021; Bernard & Goodyear, 2009; Corrie & Lane, 2015), entende-se que na formulação do problema em supervisão a mesma lógica deve ser seguida. Reiser e Milne (2017) reforçam que a ideia de usar métodos mais objetivos na formulação do problema não implica invalidar o relato sobre prejuízo, e sim complementar os dados de autorrelato com informações mais imparciais ou objetivas que possam fundamentá-lo. Além disso, reagir com base apenas nas narrativas individuais poderia violar um princípio ético, então, é necessário que os supervisores sejam informados e tenham oportunidade para responder, bem como ajudar a resolver as rupturas geradas.

Prevenção de efeitos negativos em supervisão

Além dos cuidados éticos e da formulação dos efeitos de supervisão, as estratégias para prevenção de implicação iatrogênica em supervisão se mostram ainda mais significativas quando se tem em vista os dados da literatura que apontam que tais efeitos podem se generalizar para diferentes domínios do funcionamento dos terapeutas, incluindo algumas consequências persistentes, graves e de longo prazo, assim como experiências que podem ser consideradas altamente traumáticas (Reiser & Milne, 2017). Soma-se a esse contexto que grande parte das supervisões iatrogênicas podem não ser identificadas, o que as tornam, portanto, mais difíceis de serem abordadas (Ellis et al., 2014; Ellis et al., 2015).

Segundo Ammirati e Kaslow (2017), o primeiro passo na prevenção de supervisões iatrogênicas é reconhecer que todos os supervisores podem se envolver em práticas de supervisão prejudiciais e/ou inadequadas. Esses autores afirmam que a educação pode ser um diferencial em relação à prevenção. Portanto, pode ser útil educar os terapeutas, no início de seus treinamentos, sobre os sinais de alerta de supervisão inadequada e/ou prejudicial e como responder de forma efetiva a possíveis ocorrências. Para os supervisores, é estimulada a participação em atividades de desenvolvimento profissional contínuo, incluindo treinamento em diretrizes de supervisão, prática ética, comportamentos de supervisão eficazes e ineficazes, formas de evitar danos, supervisão baseada em competências e em evidências e estratégias para resolução adequada de eventuais situações prejudiciais (Barletta & Neufeld, 2020; Ellis, 2001; Falender & Shafranske, 2012; Ladany et al., 2013; Milne, 2018; Milne & Reiser, 2012).

Além disso, é desejável que os supervisores se envolvam em processos de autorreflexão contínuos e sistemáticos sobre questões pessoais e profissionais, e que estas últimas também possam envolver reflexões sobre sua interação com os terapeutas supervisionados (Ammirati & Kaslow, 2017; Barletta, Gauy et al., 2021; Barletta, Rodrigues, & Neufeld, 2021; Ellis et al., 2014). A literatura ainda chama atenção para que os supervisores estejam cientes do poder inerente ao seu papel, sendo sensíveis às suas posições de poder, possibilitem que os supervisionandos usufruam de uma relação de supervisão mais profissional e colaborativa e possam se desenvolver profissionalmente (Corrie & Lane, 2015; McNamara et al., 2017). Nessa mesma linha de raciocínio, Ladany (2014) sugeriu alguns comportamentos inadequados em supervisão: a) macular a relação de supervisão; b) demonstrar incompetência multicultural; c) tornar-se modelo antiético; d) utilizar instrumentos de avaliação inadequados; e) fazer autorrevelações inadequadas; f) aplicar modelos de psicoterapia na supervisão; g) infantilizar o terapeuta; h) fazer conluio com o terapeuta, seja esquivando-se de sua responsabilidade no processo de ensino, seja utilizando o poder para não ser questionado ou punir algum comportamento; i) ter dificuldade em confiar no terapeuta supervisionado; e j) envolver-se de maneira pessoal com o supervisionando. Entende-se que essa lista pode ser útil para a autorreflexão do supervisor a fim de prevenir efeitos negativos em sua prática, para a elaboração de atividades de desenvolvimento de competência em supervisão e para o planejamento da metassupervisão (para mais informações sobre o treinamento do supervisor, ver Cap. 14).

Logo, entende-se que prevenir danos implica criar uma cultura que reconheça o potencial das consequências indesejadas resultantes das ações profissionais, tanto no trabalho clínico quanto na supervisão (Castonguay et al., 2010). O estabelecimento dessa cultura incluiria também o papel dos programas de treinamento, agências e organizações profissionais a evitar/prevenir a prática de supervisão clínica inadequada e/ou prejudicial. A proposta é uma mudança de paradigma para que seja instituída uma abordagem baseada em competências, especialmente para treinamento de supervisores e prática de supervisão (Falender & Shafranske, 2004; McNamara et al., 2017; Falender, 2018).

Outro possível elemento de prevenção é disponibilizar uma estrutura adequada nas inter-relações em supervisão que abrange um modelo de trabalho para guiar a relação com base nas diretrizes e nos padrões apropriados para supervisão clínica. Inclui também a utilização de consentimento informado e contratos de supervisão (Ammirati & Kaslow, 2017), já que esses elementos podem facilitar esclarecimentos sobre expectativas, funções, responsabilidades e confidencialidade. Além disso, os contratos podem gerar conversas sobre metas, competências, critérios de avaliação, políticas e procedimentos relativos a possíveis reclamações (McNamara et al., 2017). Portanto, recomenda-se que os supervisores monitorem o processo de supervisão, a forma como estão reagindo aos terapeutas e sua própria contratransferência, além de como os supervisionandos estão reagindo à supervisão e ao supervisor (Barletta et al., 2022).

Sugere-se, assim, a solicitação frequente de *feedback* dos terapeutas e a responsividade a esse retorno, para que se estabeleça abertamente a discussão e a reflexão, bem como a condução de avaliações formais do processo supervisionado em diferentes momentos (Reiser & Milne, 2017). Uma das possibilidades é o supervisor perguntar com regularidade aos terapeutas em treinamento sobre a experiência de supervisão, questionar sobre até que ponto suas necessidades de desenvolvimento estão sendo atendidas e sobre medidas que possam melhorar a experiência de supervisão. Ao receber *feedback*, é essencial que o supervisor se esforce para ouvir ativamente os terapeutas supervisionados e verifique se compreendeu o que eles pretendiam expressar. Também é importante que o supervisor pratique automonitoramento, a fim de não ficar na defensiva e de realmente aproveitar de forma útil o *feedback* recebido. Ao oferecer *feedback*, é necessário adaptá-lo às características únicas de cada terapeuta supervisionado, como, por exemplo, nível de experiência, áreas de competência e deficiências, habilidades relacionais e nível de defensividade (Barletta & Neufeld, 2020; Corrie & Lane, 2015; McNamara et al., 2017).

A sensibilidade às questões multiculturais é mais um ponto que merece atenção do supervisor. É necessário estar atento às identidades culturais, áreas de privilégio e experiências de opressão (incluindo a própria supervisão), expressões e falas de desconfortos. Compreender como essas questões de diversidade se entrecruzam com as percepções dos supervisores, dos terapeutas e dos pacientes é fundamental para um processo de ensino e de aprendizagem seguro e confortável (McNamara et al., 2017; Hardy & Bobes, 2016). Para informações mais detalhadas sobre diversidade e competências multiculturais em supervisão, ver Capítulo 13.

E quando o dano na supervisão já ocorreu?

A literatura ainda carece de delineamentos práticos em relação ao manejo de danos em supervisão. Alguns autores da área sugerem caminhos possíveis, que incluem o supervisor, o terapeuta e a instituição. Por parte do supervisor, demonstrar comprometimento com o bem-estar do terapeuta supervisionado e com a relação de supervisão é primordial. Entende-se que a função restauradora está diretamente relacionada com o bem-estar do terapeuta em treinamento (Barletta et al., 2022). Na mesma perspectiva, Corrie e Lane (2015) apontam que uma das quatro grandes classes para treinamento do supervisor, de acordo com modelo The PURE Supervision Flower, é exatamente a importância da relação interpessoal e do manejo das rupturas. Responsabilizar-se pelas atitudes que causaram danos, desculpar-se genuinamente e com humildade, além de realizar as ações corretivas necessárias para prevenir que o problema aconteça novamente são posturas recomendadas ao supervisor (McNamara et al., 2017; Reiser & Milne, 2017).

Em relação ao terapeuta supervisionado, pode ser importante que ele discuta sua situação com um profissional de confiança, para que possa receber outra perspectiva sobre sua experiência de forma segura e confortável. Conversar com o supervisor e discutir suas preocupações, defendendo suas necessidades profissionais, é o caminho mais previsível, porém, quando isso não for seguro ou possível, é importante buscar outros profissionais capazes de ajudar. Documentar o acontecido pode ser útil, embora muitas vezes seja impossível. Nesse cenário, seria desejável a tentativa, embora se compreenda que possa ser bastante difícil, de agir de forma profissional, pois o comportamento do supervisionando pode aumentar a credibilidade do seu relato e mostrar comprometimento ético e profissional (McNamara et al., 2017; Reiser & Milne, 2017).

Em relação à instituição, é necessário que seus administradores e os do programa de treinamento considerem e levem a sério as afirmações dos supervisionandos, voltem-se para buscar evidências confirmatórias do comportamento antiético e prejudicial do supervisor, investiguem a situação sistematicamente e, conforme necessário, tomem as medidas apropriadas para remediar a situação (Reiser & Milne, 2017). Se as situações prejudiciais não se resolverem rapidamente, os supervisionandos devem receber opções e ser encaminhados para treinamento com outro profissional, se possível; os supervisores devem ser removidos de sua função de supervisão; e, se necessário, reclamações formais podem ser apresentadas (McNamara et al., 2017).

PERSPECTIVAS E PESQUISAS FUTURAS

Tendo em vista o cenário apresentado neste capítulo, investir em treinamento para que a supervisão clínica siga o movimento de sistematização, avaliação/*feedback* e de base em competências é fundamental, assim como conduzir pesquisas para que os treinamentos e as supervisões estejam adequadamente embasados (Falender, 2018). Quando se trata de pesquisa sobre experiências negativas na supervisão clínica, os achados ainda são dispersos e restritos a pequenas amostras (Ellis et al., 2014). Sobre as supervisões inadequadas e/ou prejudiciais, é preciso investir em diversas lacunas, como delinear mais precisamente os construtos, elaborar instrumentos de medidas válidas e confiáveis, identificar fatores preditores da ocorrência e verificar os respectivos contextos, elaborar e testar métodos para prevenir e manejar tais ocorrências, aprimorar diretrizes de treinamento formal que incluam educação na identificação de ações e inações possivelmente danosas, identificar fatores de equilíbrio do bem-estar de supervisionandos e supervisores, avaliar o impacto em longo prazo para os terapeutas aprendizes, verificar se há diferenças em relação a supervisionandos mais e menos experientes em relação aos danos sofridos e estudar tais diferenças sob o ponto de vista deles (Ammirati & Kaslow, 2017; Ellis et al, 2017).

CONSIDERAÇÕES FINAIS

Este capítulo teve como propósito ressaltar as consequências indesejadas e iatrogênicas de supervisões inadequadas e prejudiciais, a fim de iniciar uma discussão e aumentar a reflexão sobre esses efeitos. Almeja-se que, com a leitura, supervisor e terapeuta fiquem mais atentos às questões levantadas e olhem com mais seriedade para o processo supervisionado e com maior compassividade e responsabilidade para o contexto de desenvolvimento profissional.

As autoras deste capítulo reiteram e reforçam a necessidade de treinamento do profissional para exercer o papel de supervisor. A lapidação de competências em supervisão pode favorecer a tomada de decisões clínicas adequadas e minimizar efeitos iatrogênicos. Ainda, sugerem algumas perguntas que podem ajudar na reflexão sobre a prática supervisionada, na busca de soluções e estratégias mais pertinentes e adequadas e de treinamentos para aprimorar a prática do supervisor. São elas:

- Como você acha que sua proposta e seu modelo de supervisão afetam os terapeutas aprendizes?
- Como a sua prática educativa (a forma como você a aplica) repercute no desenvolvimento de competências clínicas dos terapeutas?
- Como você avalia o impacto da sua prática supervisionada no tratamento psicoterápico ofertado? Como ela impacta os pacientes?
- Você avalia que a relação interpessoal estabelecida em supervisão favorece a autonomia do terapeuta ou fortalece a relação de poder nesse processo?
- Como você pode gerenciar sua forma de supervisionar quando identifica uma consequência iatrogênica no terapeuta e/ou paciente?

- Onde é possível buscar informações baseadas em evidências sobre supervisão?
- Como você avalia sua formação em supervisão? Onde é possível buscar essa formação?

REFERÊNCIAS

Akimoto, C. K., Jr., & Moretto, M. L. T. (2016). Reflexões acerca do potencial iatrogênico das psicoterapias no campo da saúde mental. *Revista da SBPH, 19*(1), 76-102.

Alamy, S. (2007). Do efeito iatrogênico da palavra. In S. Alamy (Org.), *Ensaios de psicologia hospitalar: A ausculta da alma* (2. ed., pp. 111-115). Psicopio.

American Psychological Association (APA). (2014). *Guidelines for clinical supervision in health service psychology.* http://apa.org/about/policy/guidelines-supervision.pdf

Ammirati, R. J., & Kaslow, N. J. (2017). All supervisors have the potential to be harmful. *The Clinical Supervisor, 36*(1), 116-123.

Barletta, J. B. (2018). A terapia cognitivo-comportamental e a psicologia da saúde: Reflexões da atuação em contexto hospitalar a partir do filme Um Golpe do Destino. In B. L. A. Cardoso, & J. B. Barletta (Orgs.), *Terapias cognitivo-comportamentais: Analisando teoria e prática por meio de filme* (pp. 351-377). Sinopsys.

Barletta, J. B., & Neufeld, C. B. (2020). Novos rumos na supervisão clínica em TCC: conceitos, modelos e estratégias baseadas em evidências. In FBTC, C. B. Neufeld, E. M. O. Falcone, & B. P. Rangé (Orgs.), *PROCOGNITIVA - Programa de Atualização em Terapia Cognitivo-Comportamental: Ciclo 7* (pp. 119-158). Artmed Panamericana. (Sistema de Educação Continuada à Distância, v. 2).

Barletta, J. B., Gauy, F. V., Velasquez, M. L., & Neufeld, C. B. (2021). Estratégias pedagógicas para fomentar o desenvolvimento de competências do terapeuta cognitivo-comportamental. In FBTC, C. B. Neufeld, E. M. O. Falcone, & B. P. Rangé (Orgs.), *PROCOGNITIVA - Programa de Atualização em Terapia Cognitivo-Comportamental: Ciclo 8* (pp. 115-168). Armed Panamericana. (Sistema de Educação Continuada à Distância, v. 2).

Barletta, J. B., Rodrigues, C. M. L., & Neufeld, C. B. (2021). A formação de supervisores em terapia cognitivo-comportamental. *Revista Brasileira de Orientação Profissional, 22*(1), 61-72.

Barletta, J. B., Rebessi, I. P., & Neufeld, C. B. (2022). A Contratransferência no processo supervisionado em terapia cognitivo-comportamental. *Revista Brasileira de Psicoterapia, 24*(1), 49-62.

Bernard, J. M., & Goodyear, R. K. (2009). *Fundamental of clinical supervision*. Pearson Education.

Barnett, J. E., & Molzon, C. H. (2014). Clinical supervision of psychotherapy: Essential ethics issues for supervisors and supervisees. *Journal of Clinical Psychology, 70*(11), 1051-61.

Carvalho, M. R., & Paveltchuk, F. O. (2021). Psicoterapia e efeitos negativos. In FBTC, C. B. Neufeld, E. M. O. Falcone, & B. P. Rangé (Orgs.), *PROCOGNITIVA - Programa de Atualização em Terapia Cognitivo-Comportamental: Ciclo 3* (pp. 9-56). Artmed Panamericana. (Sistema de Educação Continuada à Distância, v. 2).

Castonguay, L. G., Boswell, J. F., Constantino, M. J., Goldfried, M. R., & Hill, C. E. (2010). Training implications of harmful effects of psychological treatments. *American Psychologist, 65*(1), 34-49.

Corrie, S., & Lane, D. A. (2015). *CBT supervision*. SAGE.

Creaner, M. (2021). *Getting the best out of supervision in counselling & psychotherapy: A guide for the supervisee.* SAGE.

Ellis, M. V. (2001). Harmful supervision, a cause for alarm: Comment on Gray et al. (2001) and Nelson and Friedlander (2001). *Journal of Counseling Psychology, 48*(4), 401-406.

Ellis, M. V. (2017). Narratives of harmful clinical supervision. *The Clinical Supervisor, 36*(1), 20-87.

Ellis, M. V., Berger, L., Hanus, A. E., Ayala, E. E., Swords, B. A., & Siembor, M. (2014). Inadequate and harmful clinical supervision: Testing a revised framework and assessing occurrence. *The Counseling Psychologist, 42*(4), 434-472.

Ellis, M. V., Hutman, H., & Chapin, J. (2015). Reducing supervisee anxiety: Effects of a role induction intervention for clinical supervision. *Journal of Counseling Psychology, 62*(4), 608-620.

Falender, C. A. (2018). Clinical supervision: The missing ingredient. *American Psychologist, 73*(9), 1240-1250.

Falender, C. A., & Shafranske E. P. (2004). *Clinical supervision: A competency-based approach*. American Psychological Association.

Falender, C. A., & Shafranske, E. P. (2012). The importance of competency-based clinical supervision and training in the twenty-first century: Why bother? *Journal of Contemporary Psychotherapy, 42*(3), 129-137.

Hardy, K. V., & Bobes, T. (2016). Core competencies for executing culturally sensitive supervision and training. In K. V. Hardy, & T. Bobes (Eds.), *Culturally sensitive supervision and training: Diverse perspectives and practical applications* (pp. 11-15). Routledge.

Hill, C. E., Spiegel, S. B., Hoffman, M. A., Kivlighan, D. M., Jr., & Gelso, C. J. (2017). Therapist expertise in psychotherapy revisited. *The Counseling Psychologist, 45*(1), 1-47.

Kazantzis, N., Dattilio, F. M., & Dobson, K. S. (2017). *The therapeutic relationship in cognitive-behavioral therapy a clinician's guide*. The Guilford.

Kiewitz, C., Restubog, S. L. D., Shoss, M. K., Garcia, P. R. J. M., & Tang, R. L. (2016). Suffering in silence: Investigating the role of fear in the relationship between abusive supervision and defensive silence. *Journal of Applied Psychology, 101*(5), 731-742.

Ladany, N. (2014). The ingredients of supervisor failure. *Journal of Clinical Psychology: In Session, 70*(11), 1094-1103.

Ladany, N., Mori, Y., & Mehr, K. E. (2013). Effective and ineffective supervision. *The Counseling Psychologist, 41*(1), 28-47.

Liese, B. S., & Beck, J. S. (1997). Cognitive therapy supervision. In C. E. Watkins, Jr. (Ed.), *Handbook of psychotherapy supervision* (pp. 114-133). John Wiley & Sons.

McNamara, M. L., Kangos, K. A., Michael, D. A. C., Ellis, V., & Taylor, E. J. (2017). Narratives of harmful clinical supervision: Synthesis and recommendations. *The Clinical Supervisor, 36*(1), 124-144.

Milne, D. L. (2018). *Evidence-based CBT supervision: Principles and practice* (2nd ed.). Wiley-Blackwell.

Milne, D. L., & Reiser, R. P. (2012). A rationale for evidence-based clinical supervision. *Journal of Contemporary Psychotherapy, 42*(3), 139-149.

Milne, D. L., & Reiser, R. P. (2016). Supporting our supervisors: Sending out an SOS. *The Cognitive Behaviour Thearpist, 9*(e19), 1-12.

Milne, D. L., & Reiser, R. P. (2023). *Resolving Critical Issues in Clinical Supervision: A Practical, Evidence-based Approach*. Wiley Blackwell.

Milne, D. L., & Watkins, C. E., Jr. (2014). Defining and understanding clinical supervision: A functional approach. In C. E. Watikins, Jr., & D. L. Milne (Eds.), *The Wiley International handbook of clinical supervision* (pp. 3-19). Wiley Blackwell.

Mota, A. R., & Rosa, T. W. (2018). Ensaio sobre metodologias ativas: Reflexões e propostas. *Pedagógico, 25*(2), 261-276.

Newman, C. F., & Kaplan, D. A. (2016). *Supervision essentials for cognitive-behavioral therapy*. American Psychological Association.

Padesky, C. A. (1996). Developing cognitive therapist competency: Teaching and supervision models. In P. M. Salkovskis (Ed.), *Frontiers of cognitive therapy* (p. 266-292). The Guilford.

Reiser, R. P., & Milne, D. L. (2017). A CBT formulation of supervisees' narratives about unethical and harmful supervision. *The Clinical Supervisor, 36*(1), 102-115.

Silvares, E. F. M., Gauy, F. V., & Peixoto, A. C. A. (2016). Supervisão: questões conceituais, metodológicas e práticas. In E. F.M. Silvares, M. H. S. Melo, & S. S. Löhr (Orgs.). *Supervisão e formação em psicologia* (pp. 13-32). Juruá.

Stilita, G. (2021). *Fundamentos de supervisão em psicologia*. Sinopsys.

Tavares, F. M. (2007). Reflexões acerca da iatrogenia e educação médica. *Revista Brasileira de Educação Médica*, 31(2), 180-185.

Unger, D. (1999). Core problems in clinical supervision: Factors related to outcomes. In M. L. Friedlander (Ed.), *Psychotherapy supervision: For better or for worse*. Symposium conducted at the 107th Annual Convention of the American Psychological Association, Boston, MA.

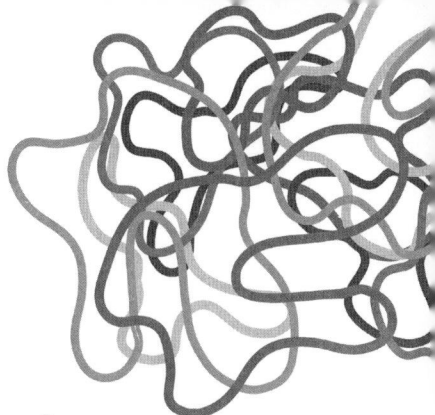

11

Gestão como competência do supervisor clínico
Organização, sistematização, planejamento e gerenciamento de programa de supervisão em terapia cognitivo-comportamental

Carmem Beatriz Neufeld
Janaína Bianca Barletta
Suzana Peron
Karen Priscila Del Rio Szupszynski

A proposta da supervisão baseada em competências e em evidências tem fortalecido a necessidade de treinamento de supervisores clínicos para uma entrega eficaz de capacitação profissional. Ainda assim, há uma escassez de disposições sobre os pré-requisitos necessários para efetivar o desenvolvimento do supervisor (Barletta & Neufeld, 2020). O que tem se apresentado com maior frequência na literatura são questões relativas aos encontros supervisionados e sobre como o supervisor precisa ser preparado para executar essa atividade nos preceitos da terapia cognitivo-comportamental (TCC); porém, há uma diversidade de propostas e treinamentos para tal, com pouco consenso sobre elementos centrais. Ferreira et al. (2021) fizeram um levantamento documental para identificar, nas diretrizes existentes no cenário mundial, os principais elementos do treinamento de supervisores de TCC. Embora cada país tenha diferentes exigências, essas autoras encontraram alguns aspectos em comum nas diretrizes estudadas.

De forma geral, conforme os resultados encontrados por Ferreira et al. (2021), nos contextos em que o papel de supervisor encontra-se instituído, antes de se candidatar à função de supervisor, o profissional deve ser credenciado como terapeuta por uma associação da área que tenha a prerrogativa e acreditação para tal. No caso específico da TCC, para obter a acreditação como terapeuta, o profissional deve ter tido treinamento na prática clínica, ter recebido supervisão por um profissional gabaritado para esse fim, ter um mínimo de experiência como psicólogo clínico e estar registrado no órgão profissional de seu país. Somente depois de dois a cinco anos como terapeuta certificado, o profissional pode se candidatar à função de supervisor. Após isso, também deve passar por um treinamento teórico e prático específico de supervisão, que inclui, por exemplo, capacitação em aspectos didático-pedagógicos e em medidas de competência clínica e orientação com supervisão da supervisão. Para mais informações sobre a supervisão da supervisão, ver Capítulo 14.

No Brasil, o Conselho Federal de Psicologia (CFP) é o órgão que rege a classe profissional, e a Federação Brasileira de Terapias Cognitivas (FBTC), o que certifica terapeutas em TCC. Segundo Barletta et al. (no prelo), que realizaram um levantamento com 180 supervisores de TCC no Brasil, apenas 27,8% indicaram ter recebido algum treinamento específico para ser supervisor, sendo que nenhum respondente mencionou qualquer tipo de treinamento para supervisões remotas. Em nosso País, são ofertadas poucas oportunidades de treinamento de supervisores e não existem legislações específicas sobre critérios de quem pode ocupar esse importante papel, com exceção da exigência de o profissional estar registrado no Conselho Regional de Psicologia. No mais, é delegado às instituições de ensino determinar os critérios de seleção de supervisores, tanto nos cursos de graduação quanto nos de pós-graduação. Nesse sentido, em 2020, foi criada a Associação de Ensino e Supervisão Baseados em Evidências (AESBE), cujo objetivo é investir na formação para o ensino e a supervisão. Uma das proposições da organização é a criação de uma certificação para supervisores.

Para além da capacitação e do aumento de competências na prática supervisionada em TCC, outros elementos importantes têm sido pouco relatados na literatura específica da área. Para que um programa de supervisão seja adequado às demandas e possível de ser operacionalizado no contexto institucional em que se encontra, é necessário que o supervisor tenha papel na organização e no gerenciamento do programa, levando em consideração o funcionamento e os valores da instituição. Ou seja, fazendo um paralelo com a descrição proposta por Antunes e Carvalho (2008) para o gestor escolar e o cenário atual, entende-se que é necessário que o supervisor clínico conheça o espaço geográfico (físico e/ou virtual) da instituição, os aspectos sócio-políticos que a contingenciam, sua dinâmica e as relações internas e com outras instituições, bem como seus recursos materiais, financeiros e pedagógicos.

Ao entender a gestão educacional como "sinônimo de ambiente autônomo e participativo, o que implica trabalho coletivo e compartilhado por várias pessoas para atingir objetivos comuns" (Antunes & Carvalho, 2008, p. 14), reflete-se sobre sua relação na formação do supervisor. De acordo com a definição apresentada, a gestão escolar diz respeito ao planejamento do programa educativo, à clareza dos objetivos de aprendizagem, a interação e relacionamento entre os envolvidos e à criação de uma cultura de pertencimento, autonomia, corresponsabilidade e colaboração na construção do próprio saber. Ou seja, o supervisor é quem faz a gestão do programa supervisionado e, portanto, tem como propósito articular possibilidades, pessoas e recursos para dar vazão a um processo de ensino-aprendizagem profissional de qualidade, com a devida segurança para o terapeuta aprendiz e para quem recebe a terapia, sem descuidar de si mesmo e mantendo a coerência com o ambiente/contingências no qual a supervisão está inserida. Dessa forma, existem vários aspectos administrativos e organizativos para o gerenciamento, a sistematização e a execução de programas de supervisão clínica. Além disso, ao gerenciar e executar um programa de supervisão levando em consideração o psicodiagnóstico institucional (Doca & Costa, 2006), é possível criar estratégias para que o sistema organizacional aumente o apoio e o suporte à supervisão e ao supervisor (Milne & Reiser, 2016).

Ainda fazendo um paralelo com a gestão educacional e sua adaptação para a supervisão clínica, as autoras deste capítulo entendem que todo programa de supervisão precisa ser planejado previamente, devendo abarcar os valores, a missão e a visão que sustentam o processo educativo a ser implementado. Corrie e Lane (2015, p. 19, tradução nossa) reforçam que "a supervisão também é uma atividade carregada de valores, moldando o ambiente de aprendizagem que o supervisor procura oferecer e servindo de filtro para os métodos educativos e avaliativos empregados". Tais valores também devem ser compatíveis e coerentes com os valores da instituição em que a atividade supervisionada ocorre. Segundo esses autores, independentemente do foco e das metas de aprendizagem estabelecidas entre o supervisor e o terapeuta aprendiz, o programa de supervisão e o trabalho estabelecido sofrerão influência de fatores contextuais e ambientais. Por exemplo, sabe-se que, a depender da instituição, pode haver dificuldades em lançar mão de estratégias didático-pedagógicas consideradas de excelência, como a observação direta. Isso pode acontecer se, na instituição, como valor central, não for permitido gravar a sessão de terapia ou não houver disponibilidade de sala de espelho unilateral. Ou seja, fatores ambientais e valores institucionais podem potencializar ou restringir atividades, que, por sua vez, impactam no aprendizado.

Outro aspecto destacado no estudo de Barletta, Paixão et al. (2012) é a necessidade de registro, documentos e procedimentos administrativos fundamentais, exigidos tanto pela instituição de ensino como pelo órgão de classe, que podem tornar uma parte da função do supervisor mais ou menos burocrática e impactar na natureza da relação de supervisão. Logo, torna-se necessário acomodar elementos do processo de ensino-aprendizagem para que o programa de supervisão seja compatível com expectativas da instituição, dos supervisores e dos terapeutas.

Além disso, é importante incluir no planejamento a possibilidade de continuidade do programa, com os recursos disponíveis, ou o período durante o qual ele será ofertado. Para que o planejamento e a execução funcionem da melhor forma possível, o supervisor deve gerir, gerenciar e organizar todos os elementos que o impactam. É papel da gestão identificar os problemas e as dificuldades que surgem, os equívocos cometidos na aplicação de um programa educativo, a partir de análises e avaliações que permitem o redirecionamento de estratégias com foco no que se pretende alcançar, reorganizando as ações e definindo os melhores caminhos. Mill et al. (2010) reforçam que a administração no contexto educacional é um processo de tomada de decisão e implementação prática dos recursos disponíveis para alcançar os objetivos educativos. Para tanto, apontam quatro processos principais: a) planejamento, que diz respeito à escolha das metas, objetivos e recursos; b) organização, que envolve a distribuição de atividades, tarefas e responsabilidades no processo de ensino e aprendizagem; c) coordenação e execução, que compreende a função de orientar, organizar e mediar as ações executadas e os processos coletivos para alcançar o objetivo de aprendizagem; e d) controle, que envolve a avaliação entre as metas e objetivos traçados e o resultado atingido.

As autoras deste capítulo, baseando-se na proposta da gestão educacional, fizeram uma adaptação do organograma do ciclo dinâmico da gestão de projetos (Mill et al., 2010), com o intuito de facilitar a visualização sobre a administração e as atividades laborais no contexto da supervisão clínica (Fig. 11.1). Partiu-se do entendimento de que se faz necessário desenvolver competências de gestão para o supervisor clínico que envolvam as ações relativas à administração do processo supervisionado, integrando áreas e recursos disponíveis a fim de alcançar os objetivos planejados. São exemplos dessas atividades as ações de organização da própria supervisão, como o uso de formulários, notas de supervisão e de sessão, avaliações 360° e instrumentos de avaliação, bem como as ações que integrem a supervisão às contingências institucionais, seus valores e possibilidades. Além disso, também inclui a gestão da equipe e de conflitos, por exemplo, de vários supervisores, ou supervisor/terapeuta ou entre terapeutas em um mesmo espaço institucional. No Capítulo 6, há mais informações sobre relacionamento interpessoal e relações educativas.

Assim como nos atendimentos e supervisões presenciais, o processo *on-line* apresenta algumas especificidades e aspectos administrativos que precisam ser considerados. Desse modo, este capítulo tem por objetivo apresentar alguns desses aspectos relativos ao gerenciamento e planejamento de programas de supervisão que fazem parte das competências do supervisor clínico. O texto é dividido em duas partes principais: a primeira trata do psicodiagnóstico institucional, a fim de ilustrar a importância do contexto institucional e os fatores ambientais na gestão e planejamento de um programa de supervisão, e a segunda, das questões organizativas e operacionais do processo supervisionado. Ao longo do capítulo, alguns exemplos e uma vinheta serão fornecidos, com o intuito de demonstrar o raciocínio utilizado e fomentar reflexões a respeito da importância da gestão do processo supervisionado como competência do supervisor clínico. Entre os exemplos, em especial a partir da seção "Aspectos organizativos da supervisão", serão

Ensino, formação e supervisão em psicologia **229**

Recursos humanos e técnicos

- ✓ Distribuição de papéis e responsabilidades
- ✓ Distribuição de atividades e tarefas
- ✓ Alocação de recursos
- ✓ Busca de suporte institucional e operacional

- ✓ Gestão da execução do processo supervisionado
- ✓ Coordenação e busca por ativar o comportamento das pessoas por meio de direcionamentos para tomadas de decisão por conta própria
- ✓ Tarefas burocráticas da atividade supervisionada
- ✓ Treino de supervisores e terapeutas

Objetivos

Organização — Coordenação e execução

Supervisor(a)

Planejamento — Controle

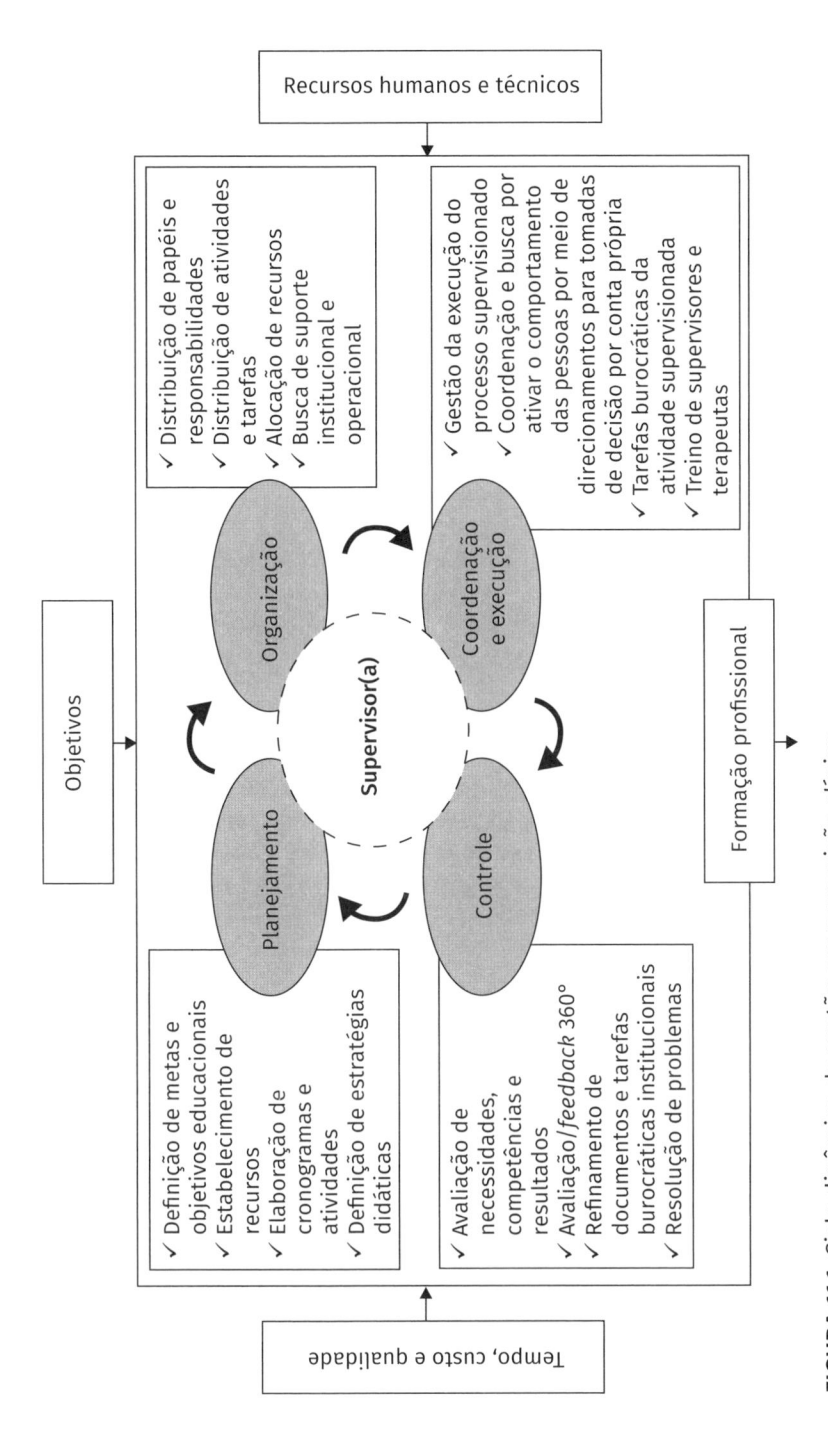

Formação profissional

- ✓ Definição de metas e objetivos educacionais
- ✓ Estabelecimento de recursos
- ✓ Elaboração de cronogramas e atividades
- ✓ Definição de estratégias didáticas

- ✓ Avaliação de necessidades, competências e resultados
- ✓ Avaliação/*feedback* 360°
- ✓ Refinamento de documentos e tarefas burocráticas institucionais
- ✓ Resolução de problemas

Tempo, custo e qualidade

FIGURA 11.1 Ciclo dinâmico da gestão em supervisão clínica.
Fonte: Elaborada com base em Mill et al. (2010).

apresentadas as mudanças, em função do momento da pandemia de covid-19, no gerenciamento, planejamento e instrumentação ocorridas no Laboratório de Pesquisa e Intervenção Cognitivo-Comportamental (LaPICC) do Departamento de Psicologia da Faculdade de Filosofia, Ciências e Letras de Ribeirão Preto (FFCLRP) da Universidade de São Paulo (USP). O LaPICC-USP oferta o treinamento de terapeutas cognitivo-comportamentais em diferentes níveis de desenvolvimento, bem como o treinamento de supervisores clínicos, desde a graduação à pós-graduação (Neufeld et al., 2014, 2022).

DIAGNÓSTICO INSTITUCIONAL PARA PLANEJAMENTO E GERENCIAMENTO DA SUPERVISÃO

Pouco se tem falado sobre a importância de conhecer o contexto institucional no qual a supervisão é ofertada, o qual contempla os valores que sustentam a proposta educativa, os recursos e as barreiras para implementação das práticas pedagógicas e os aspectos administrativos fundamentais. Tais elementos gerenciais também perpassam pela função de supervisor, que, por sua vez, precisa estar capacitado para manejá-los.

Para semear a reflexão sobre a temática, buscou-se na literatura de psicologia da saúde (Doca & Costa, 2006) um instrumento para elucidar aspectos ambientais e contextuais relativos à instituição na qual a supervisão está inserida, chamado de psicodiagnóstico institucional. Entende-se que, a partir dessa análise, o supervisor pode conhecer mais sobre aspectos estruturais e dinâmica institucionais, permitindo o planejamento de um programa de supervisão que corresponda às expectativas educativas de todos os envolvidos, passando por professores, supervisores, diretores, terapeutas em formação e comunidade beneficiária do serviço. Além disso, ele pode identificar as limitações institucionais e barreiras impostas para o processo supervisionado, o que permite realizar um planejamento e adequar a proposta do programa de supervisão. Doca e Costa (2006) sugerem que para o psicodiagnóstico institucional sejam levantados aspectos referentes a:

- Estrutura:
  - aspectos estruturais físicos e de funcionamento;
  - setores institucionais relacionados ao programa a ser ofertado;
  - tradições, valores e cultura organizacional;
  - relação da instituição com a comunidade;
  - tipo de instituição e tipo de atendimento ofertado.

- Dinâmica institucional:
  - tipo de relações interpessoais (mais ou menos autoritárias, rígidas, hierárquicas, punitivas, amistosas, etc.);
  - papéis e funções (definidos e explícitos ou ambíguos e implícitos);
  - qualidade da comunicação;
  - expectativas e sentimentos, de alunos, funcionários e comunidade, com a instituição;
  - jornada de trabalho (rígida, com rotina, com valorização, com pressão/tensão, etc.);
  - presença de conflitos, consistência e possibilidades de resolução;
  - relações com outras instituições;
  - recursos humanos e vínculos laborais;
  - normas institucionais, implícitas e explícitas;
  - estilo e perfil dos aprendizes.
- Aspectos administrativos:
  - trajetória do paciente, desde acesso ao serviço ofertado até encaminhamento;
  - aspectos documentais, trâmites institucionais e arquivamentos;
  - aspectos avaliativos, desde avaliação de necessidades para o trabalho (no caso, a supervisão clínica) ofertado e critérios avaliativos, até entrega dos resultados (e para quem serão apresentados) e possibilidade de mudanças;
  - expectativa quanto ao que se espera da supervisão.

A partir da análise desses elementos, pode-se questionar se a supervisão clínica a ser ofertada é uma disciplina ou um estágio em uma instituição de ensino superior. Em caso positivo, quantos alunos são recebidos para a supervisão e qual a sua duração (por encontro e por processo)? Qual é o nível dos alunos (graduação, especialização, mestrado ou doutorado)? A supervisão é presencial ou realizada de forma *on-line*? Se for presencial, existe um local próprio para ocorrer, como um serviço-escola, ou essa atividade é realizada em sala de aula? Precisa de agendamento de sala ou já há um espaço previamente garantido ao longo do ano? Se for *on-line*, a instituição fornece uma plataforma específica? A captação de pacientes, a triagem e o tipo de atendimento são fornecidos pela instituição ou dependem da busca exclusiva do supervisor e dos alunos? Quais são os trâmites para o atendimento e encaminhamento? Responder a essas perguntas assim que o trabalho é iniciado pode ajudar o supervisor a elaborar um programa supervisionado com mais chances de êxito.

Para exemplificar a importância de se conhecer os elementos institucionais para o planejamento e o gerenciamento de um programa de supervisão clínica, a vinheta a seguir descreve uma situação hipotética.

VINHETA 11.1

Juanito, recém-chegado de sua formação em supervisão clínica realizada em Oxford, mudou-se para um centro urbano maior do que sua cidade natal e logo foi chamado para ser supervisor no primeiro curso de pós-graduação *lato sensu* de TCC em uma instituição privada. Por ser o primeiro curso, a turma era relativamente grande, com 42 alunos. O curso tinha duração de dois anos, com um encontro mensal às sextas-feiras à noite e outro aos sábados durante o dia, e já estava no sexto encontro. As supervisões estavam previstas para iniciar a partir do sétimo mês.

Para elaborar o planejamento da supervisão, Juanito precisou conhecer algumas características da instituição. Tomando por base o seu conhecimento em psicodiagnóstico institucional, descobriu que a instituição era conhecida na cidade por ofertar muitos cursos de pós-graduação *lato sensu* em diversas áreas e, portanto, reconhecida na comunidade como de excelência. Como tradição institucional, sempre eram ofertados estágios práticos no seu currículo, aspecto enfocado em suas propagandas e *marketing*. A instituição não disponibilizava espaço físico ou virtual para a prática profissional, ou seja, não havia nenhum setor específico ou serviço-escola. Partia-se do princípio de que era dever do estudante buscar meios de colocar em prática os aprendizados, e que a instituição deveria ofertar a supervisão. Apesar de haver um discurso que destacava a supervisão como um diferencial do curso, a atividade era pouco valorizada e mal remunerada.

Além disso, a supervisão, conforme delineado pela própria instituição, ocorria em sala de aula, com todos os alunos juntos, ao final de cada módulo, isto é, nas duas últimas horas de aula do sábado. Em cada encontro, um ou dois alunos relatavam um caso clínico que estavam atendendo, em forma de seminário. Durante a apresentação do caso, o supervisor poderia orientar condutas, questionar intervenções e sugerir os próximos passos. O supervisor, ao final de cada supervisão, deveria entregar uma ficha avaliativa contendo as seguintes informações: quem apresentou o caso, quais as dificuldades apresentadas e quais os encaminhamentos sugeridos. Também era tarefa do supervisor anotar os nomes dos colegas que deram sugestões ou participaram com algum comentário.

Partindo de seu *background* e sua formação de supervisor clínico, Juanito trazia uma perspectiva de desenvolvimento de competências em TCC do aluno terapeuta, porém, em um primeiro momento, pensou ser impossível colocar em prática um programa de supervisão que considerasse adequado. Para que ele pudesse ajustar sua proposta às possibilidades e barreiras apresentadas pela instituição, precisou abrir mão e adequar de forma criativa algumas atividades supervisionadas, a fim de adequar o eixo de ensino. Uma vez que não conseguiria, de maneira ideal, fazer uma supervisão nos moldes apresentados na literatura da área, Juanito precisou identificar aquilo que, minimante, não poderia deixar de lado e quais seriam as metas possíveis de serem alcançadas. Além disso, Juanito preparou uma apresentação de seu programa de supervisão para a diretoria da instituição e para a coordenadora do curso, a fim de mostrar o impacto da proposta de supervisão vigente para os alunos e para a organização. A apresentação

> também tinha como intuito identificar a expectativa em relação ao seu trabalho de supervisor e a abertura da instituição para a mudança.

A partir da vinheta, percebe-se que as características e a dinâmica institucionais podem afetar o programa de supervisão e o que se espera desse processo educativo e de formação. Ao identificar as áreas que concentram os problemas mais graves ou imperativos, o supervisor pode partir para soluções mais viáveis e restruturações que visem à mudança de propostas, equilibrando o ideal a ser feito com o que realmente pode ser realizado.

ASPECTOS ORGANIZATIVOS DA SUPERVISÃO

Entre os aspectos organizativos que passam pelo gerenciamento do supervisor clínico estão as atividades inerentes ao funcionamento do processo clínico supervisionado em si e que também abarcam o funcionamento da prática psicoterápica dos supervisionandos. Trata-se de características que compreendem a captação de pacientes, a seleção de alunos-terapeutas, o treinamento a ser ofertado aos alunos-terapeutas e aos supervisores (caso haja mais de um supervisor no programa), as anotações de atendimentos e de supervisão e os documentos que precisam ser entregues às clínicas-escolas e/ou mantidos pelo próprio supervisor responsável.

Em alguns contextos, não há seleção de terapeutas ou alunos que participarão da supervisão. A título de exemplo, tem-se os terapeutas que buscam supervisão individual e particular ou os alunos de pós-graduação *lato sensu* que estão em um curso de TCC e necessariamente receberão supervisão nessa abordagem. Porém, existem outros contextos em que os alunos, de graduação, por exemplo, precisam cumprir a etapa do estágio supervisionado clínico e podem escolher a abordagem ou tipo de atendimento. Em geral, esses alunos passam por um processo seletivo para poderem iniciar em determinado estágio inicialmente escolhido, uma vez que há limite de vagas. Nesse caso, o supervisor responsável precisa gerenciar a seleção, basear-se em critérios para escolha do aluno e o tipo de avaliação a ser realizado e estabelecer (ou não) pré-requisitos para a candidatura às vagas. No contexto da busca privada de profissionais por supervisão, também pode haver um processo de entrevista, a depender do perfil de casos e de terapeutas que um determinado supervisor aceita supervisionar. Caso haja uma equipe de supervisores para aquele estágio clínico, também é parte da organização do supervisor responsável a condução da equipe no processo de seleção, com a delegação de quais alunos-terapeutas, ou terapeutas-especializandos, que comporão as equipes de supervisão de cada supervisor.

Para exemplificar, citamos uma característica da época em que os atendimentos clínicos eram ofertados majoritariamente de forma presencial pelo LaPICC-USP:

para o aluno se candidatar à vaga de estágio clínico supervisionado em TCC, era esperado que ele tivesse cursado alguma disciplina da área. Como critério obrigatório, o aluno precisava participar de um treinamento prévio com duração de três dias, ofertado pelo laboratório, geralmente no mês de setembro, para conhecimento básico sobre a TCC. Somente quem participasse desse treinamento poderia se candidatar ao estágio. A seleção consistia na análise de currículo, histórico e memorial descritivo, além de uma entrevista coletiva de seleção. Os alunos selecionados, antes de iniciar o estágio propriamente dito no início do ano seguinte, participavam de outro treinamento intensivo de cinco dias, para aprofundar conhecimento sobre a TCC, treinar algumas habilidades necessárias nos estágios com *role-plays* e práticas experienciais e conhecer os programas de atendimentos ofertados pelo laboratório. A organização, o gerenciamento, o planejamento e a execução da seleção dos estagiários e dos treinamentos eram de responsabilidade da equipe de supervisoras em treinamento do LaPICC-USP, composta pelas alunas de mestrado e doutorado, pesquisadoras colaboradoras e de pós-doutorado vinculadas ao laboratório, que, por sua vez, eram diretamente orientadas e supervisionadas pela supervisora titular responsável pelo processo (Neufeld et al., 2022). Trata-se de atividades de gestão e gerenciamento de um programa de supervisão que fazem parte do treinamento e formação de supervisores em aprendizagem.

Com a mudança de cenário imposta pela pandemia de covid-19, a seleção de estagiários e os treinamentos precisaram ser revistos, adaptados e reorganizados para manter seu propósito e qualidade. A seleção continuou sendo realizada de forma similar, porém, a entrevista coletiva passou a ser realizada por encontro síncrono *on-line*. A mudança nos treinamentos ofertados impactou, por exemplo, no critério obrigatório para participar da seleção, uma vez que a oferta no mês de setembro deixou de ser realizada.

O treinamento intensivo para os alunos selecionados antes do início dos atendimentos foi remanejado para ser ofertado ao longo do semestre letivo, já que as condições e o contexto de aprendizagem haviam mudado, impactando diretamente nas estratégias de ensino e na duração das atividades, considerando que tarefas imersivas no ambiente virtual tendem a ser exaustivas e pouco produtivas. Além da mudança no treinamento, os programas de atendimento clínico ofertados também tiveram de ser reestruturados, incluindo a duração, a documentação, o público-alvo e as atividades executadas (Neufeld et al., 2022). Esse processo de planejamento e adequação às demandas do cenário, a revisão de atividades, as formas de aplicação e os objetivos de desenvolvimento também fazem parte das ações administrativas e de gerenciamento do supervisor.

A seleção, distribuição, perfil dos supervisionandos, bem como seu planejamento e o treinamento que será ofertado a eles é uma atividade fundamental de gestão do supervisor. Conhecer as demandas, assim como o nível de desenvolvimento profissional, e reconhecer as lacunas na formação dos supervisonandos é parte integrante da supervisão, o que fornece base para todo o processo (Barletta, Fonseca, & Delabrida, 2012). Adicionalmente, o treinamento oferecido ao supervisor também exerce papel fundamental na implantação de um programa de supervisão. O conhecimento sobre o nível de desenvolvimento na função de supervisor, os procedimentos adotados pela instituição e o desenvolvimento de competências educacionais e gerenciais não podem ser desconsiderados ao longo de todo o processo (Neufeld et al., 2022). Para mais informações sobre treinamento de supervisores, ver Capítulos 8 e 14.

Geração de demanda e captação de pacientes

A busca de pacientes também é uma atividade relacionada à gestão da supervisão. Quando se trabalha com consultório particular ou clínicas particulares, a demanda é espontânea, isto é, o próprio paciente busca por atendimento; porém, as pessoas que precisam nem sempre têm condições financeiras de arcar com o tratamento. Assim, serviços-escolas com programas de atendimentos sociais são bem-vindos, e para que esses atendimentos sejam acessíveis é preciso que supervisores ou uma equipe específica (geralmente coordenada pelo supervisor) possam buscar e atingir o público-alvo. Essas ações, que fazem parte das atividades do supervisor, podem ser englobadas no conceito de gestão de *marketing*.

Ainda que seja uma atividade inicialmente relacionada ao comércio, o conceito de gestão de *marketing* tem evoluído e está sendo aplicado a uma diversidade de contextos e objetivos (Ferreira, 2017). De acordo com esse autor, o conceito atual diz respeito ao equilíbrio entre o que o público-alvo almeja e os objetivos institucionais, com ações que incluem criação, comunicação, divulgação, entrega e oferta de produtos/atividades que possam solidificar valores para o público-alvo, parceiros e sociedade. Ao transportar esse conceito, entende-se que os pacientes buscam atendimento de qualidade e a baixo custo, para que tenham mais chances de aderir ao tratamento. Na outra ponta, um programa de estágio supervisionado de uma instituição de ensino tem por objetivo capacitar o estudante na atividade profissional, ou seja, na formação do psicoterapeuta ou supervisor clínico. Logo, nesse contexto, pode-se entender que ações planejadas com objetivo de mediar o acesso, a entrada e a relação entre serviço e público, realizada pelo supervisor e equipe de apoio (ou de supervisores), é uma atividade dessa função.

A importância dessas ações está na tomada de decisão de estratégias que podem impactar no fluxo, acesso e desempenho do serviço prestado (Stecca & Avila, 2015). Esses autores reforçam que a gestão de *marketing* é fundamental quando a demanda é negativa, inexistente, latente, em declínio, irregular, excessiva ou até mesmo indesejada. Isso implica dizer que se o serviço prestado não é benquisto pela comunidade, se o público-alvo não conhece o serviço, se não há demanda, se há uma diminuição ou mesmo uma variação sazonal na busca pelo atendimento ou se a demanda é maior do que a suportada pela oferta, haverá dificuldade de execução e manutenção da qualidade do atendimento psicológico prestado, que pode inclusive impactar em descrédito por parte do próprio serviço. Deseja-se uma demanda plena, compatível entre o serviço de atenção mental e a busca e o alcance de pessoas atendidas.

Ressalta-se que o psicodiagnóstico institucional (Doca & Costa, 2006) favorece o reconhecimento da necessidade de lançar mão de estratégias e ações mais efetivas para identificação da demanda e captação de pacientes. Como exemplo, ilustra-se a mudança ocorrida em função do contexto pandêmico na entrada de pacientes para atendimento psicoterápico no serviço-escola da universidade. Os pacientes foram captados pelos próprios laboratórios que oferecem estágios clínicos, uma vez que os atendimentos eram realizados de forma *on-line*, com realização das triagens pelo próprio laboratório. Dessa forma, o LaPICC-USP precisou replanejar a forma de busca de pacientes para atendimento individual e grupal, utilizando-se da metodologia bola de neve, na qual são feitos convites de participação para algumas pessoas e, a partir disso, novas indicações de mais pessoas interessadas no atendimento. Já para as intervenções assíncronas em que havia mais vagas para atendimento, o processo de divulgação se deu pelas redes sociais do LaPICC-USP, uma vez que era possível atender a uma maior demanda. Entende-se que essa é uma atividade que precisa ser planejada para que os pacientes cheguem aos programas de atendimento ofertados pelo laboratório, porém, o planejamento não deve se tornar excessivo a ponto de não se dar vazão às necessidades apresentadas e causar uma fila de espera. Para tanto, as formas de divulgação, de busca, de triagem e de parcerias para encaminhamentos, se necessário, são elementos que o supervisor deve observar.

Formulários e avaliações 360°

Uma ferramenta bastante utilizada na gestão de pessoas é a avaliação 360°, também conhecida por *feedback* 360°, que tem por objetivo incorporar o *feedback* de múltiplas fontes. Esse processo de avaliação em rede permite incluir diferentes percepções sobre o desempenho de uma pessoa, o que, por sua vez, auxilia o profissional a identificar seus recursos e dificuldades com maior clareza e, consequentemente, a traçar metas de desenvolvimento e solução de problemas mais efetivas. Em termos de grupo, o *feedback* 360° potencializa a gestão por competências e serve de suporte para estabelecer as mudanças organizacionais necessárias (Santos, 2017). Esse entendimento aplicado ao processo supervisionado favorece a autorreflexão do terapeuta em treinamento e o estabelecimento de objetivos de desenvolvimento individuais, já que é uma forma de deixar a avaliação mais precisa.

Partindo de uma visão múltipla de *feedback* para além do resultado individual de cada terapeuta em supervisão, o planejamento do treinamento adequado ao grupo específico é potencializado, permitindo a alocação de estratégias didáticas pertinentes que possibilite a lapidação de competências previamente estabelecidas. Esse tipo de avaliação, além de auxiliar na solução de problemas de treinamento, também reforça os recursos e pontos positivos de cada terapeuta e do grupo supervisionado como um todo. Nesse sentido, a avaliação 360° equilibra o olhar avaliativo sem direcionar apenas para o que precisa ser revisto, mas também valorizando aquilo que está adequado (Barletta et al., 2021).

Além de diferentes participantes (supervisor, terapeutas, paciente, instituição), pode-se utilizar diferentes ferramentas e instrumentos. Inventários, questionários e escalas são os mais objetivos, e entre eles podemos citar a Cognitive Therapy Scale Revised (CTS-R), Depression and Anxiety and Stress Scale (DASS-21) e Supervisor Competency Scale (SCS). Também podem ser usados instrumentos clínicos (p. ex., réguas, baralhos, formulários, lista de comportamentos) e atividades avaliativas (p. ex., *role-play*, gravação de sessões e supervisões, sala de espelho unilateral, vinhetas). Nesse sentido, para um *feedback* 360° em supervisão, pode-se sugerir que o supervisor utilize uma escala de competências para avaliar o terapeuta a partir da gravação da sessão. Da mesma gravação, com o uso do mesmo instrumento, pode-se pedir que o próprio terapeuta faça uma autoavaliação, e que os pares (p. ex., outros terapeutas do mesmo grupo de supervisão) também o façam. A partir desses resultados, é possível promover uma discussão dos pontos mais relevantes, entregar um *feedback* redigido, utilizar o *role-play* baseado em partes da gravação para instalar novas habilidades/lapidar as já apresentadas ou elaborar metas específicas de treino, entre outras alternativas (Barletta et al., 2021). Também pode ser válido utilizar uma avaliação sobre a relação terapêutica a ser respondida pelo terapeuta, pelo paciente, pelos pares e pelo supervisor ou usar uma escala de satisfação, respondida pelo paciente e pela instituição. É possível, ainda, avaliar os resultados e o alcance do processo psicoterápico com instrumentos objetivos e clínicos. Ou seja, em uma avaliação 360°, pode-se utilizar uma série de recursos, instrumentos, atividades e respondentes, a depender do objetivo de aprendizagem e do aspecto a ser avaliado.

Como exemplo, no LaPICC-USP, no contexto pandêmico e de atendimentos *on-line*, os estagiários entravam em contato telefônico com os interessados e, a partir da confirmação de interesse, enviavam um *link* para preenchimento de um formulário de avaliação inicial (o questionário de triagem DASS-21), que busca mapear sintomas de ansiedade, depressão e estresse, e o Termo de Consentimento Livre e Esclarecido (TCLE). Esses formulários são importantes para que se verifique a adequabilidade da demanda para a intervenção oferecida, bem como para que a pessoa conheça a proposta de atendimento. Ao longo do atendimento, semanalmente, era solicitado que o paciente preenchesse uma escala visual analógica (EVA) ou réguas de avaliação de emoções (ansiedade, tristeza, estresse, esperança e tranquilidade) a fim de acompanhar o processo de evolução. Os formulários são estratégias para a avaliação dos pacientes e do atendimento, pois caso o indivíduo tivesse um histórico de diagnósticos mais graves ou que a pontuação nos formulários sinalizasse gravidade na sintomatologia de ansiedade, depressão e estresse, era feito o encaminhamento para serviços específicos, uma vez que os atendimentos oferecidos durante a pandemia foram intervenções breves de manejo de ansiedade e estresse.

Esse encaminhamento era realizado à medida que se entendia que a intervenção proposta não conseguiria ajudar da forma como esses casos requeriam e que eles precisariam de intervenções de maior intensidade ou de outra especificidade. Caso fosse avaliado que os indivíduos poderiam ter benefícios com a intervenção proposta, era feito o contato para agendar o início das sessões de atendimento. Os pacientes passavam pelo processo de avaliação antes do início do atendimento e após o encerramento, para que houvesse um marcador de resultado da intervenção psicoterápica, além de *follow-up* de três meses. As réguas preenchidas semanalmente podem ser consideradas marcadores de processo clínico, utilizadas para tomada de decisão durante o tratamento psicológico. É importante que o supervisor ou o grupo de supervisores guardem os documentos avaliativos de maneira adequada. O LaPICC-USP optou pelo Research Electronic Data Capture (REDCap), plataforma criada em 2004 pela Vanderbilt University, dos Estados Unidos, para auxílio tanto na coleta quanto no gerenciamento e armazenamento de dados eletrônicos com a segurança necessária (para mais informações sobre o REDCap, acessar https://redcapbrasil.com.br/).

Além das avaliações dos atendimentos, com as quais se pode ter a medida de resultados das intervenções, no LaPICC-USP também se utiliza a autoavaliação do terapeuta sobre o desenvolvimento e as competências alcançadas, com um formulário específico, somada à avaliação do grupo e a do supervisor. Há, ainda, a possibilidade de avaliação por observação direta, uma vez que os atendimentos são gravados e utilizados como recurso para explorar o ensino, como suporte para atividades reflexivas e *role-plays*. São utilizadas as CTS-R e Escala de Competências de Terapia Cognitivo-comportamental em Grupos (ECTCCG). (escalas de avaliação da sessão) como instrumentos de autoavaliação e heteroavaliação (para mais informações sobre estes instrumentos, ver Cap. 9). No início e no final do processo supervisionado (primeira e última semanas), o terapeuta aprendiz também responde sobre uma lista de competências em TCC, como forma de aumentar a auto-observação e a autoconsciência em seu processo de aprendizagem. Essa lista é uma das resultantes da proposta de avaliação baseada em evidências da força-tarefa da American Association of Directors of Psychiatric Residency Training (AADPRT) intitulada AADPRT Cognitive Behavioral Therapy Competencies (Mellman, 2003). Os treinamentos também são avaliados por todos os envolvidos, portanto, ao final do processo supervisionado, há uma discussão sobre as estratégias de ensino utilizadas, os resultados da terapia, as dificuldades e barreiras encontradas na aprendizagem e na prática, bem como as mudanças alcançadas e o repertório clínico desenvolvido. Essa avaliação ainda é feita na forma escrita, no mesmo momento em que o terapeuta responde à lista da AADPRT.

Como não poderia deixar de acontecer, já que estamos tratando de uma avaliação 360°, os supervisores também são avaliados por instrumentos e atividades que permitem autoavaliação e heteroavaliação. Para tanto, respondem à SCS (Kennerley et al., 2009) de duas formas diferentes: a) no início e ao final da prática supervisionada, de maneira similar aos terapeutas em treinamento, com o intuito de fortalecer a auto-observação, tornando-os mais atentos a seu desempenho em supervisão e aos aspectos que podem reconhecer como adequados e àqueles que gostariam de lapidar; e b) a partir da avaliação dos supervisores observadores, que dão *feedback* sobre a supervisão com base na escala.

Cabe ressaltar, ainda, a possibilidade do uso de instrumentos baseados em tecnologia e dos atendimentos e treinamentos *on-line*. A literatura vem apontando que os recursos virtuais, como os aplicativos móveis, podem ser excelentes ferramentas facilitadoras do processo de aprendizagem em supervisão, incluindo o *feedback* e os instrumentos avaliativos (Barletta et al., 2021). Essas autoras listaram uma série de vantagens e potencialidades no uso desses instrumentos, desde atividades preparatórias antes do encontro supervisionado, atividades educativas, reflexivas e de treinamento durante a supervisão e atividades para monitoramento, manutenção e generalização da aprendizagem após a sessão de supervisão. Maltoni et al. (2022), ao descreverem como os recursos digitais podem auxiliar à saúde nos diferentes tipos de serviços psicológicos, ressaltaram que tais ferramentas podem ser usadas tanto para intervenções *on-line* quanto para presenciais. No caso da supervisão, *softwares* como o iSupe e o TheraPlatform oferecem espaços semelhantes às salas de espelho unilateral, permitindo a observação direta, e aplicativos como o Tools4life incorporam escalas avaliativas e espaços para *feedback* escritos (Barletta et al., 2022).

Documentos clínicos

O registro das informações pertinentes ao atendimento e à supervisão clínica é uma atividade inerente à profissão (American Psychological Association [APA], 2007; Resolução CFP nº 0001/2009), porém, a literatura tem apontado o mau uso desse recurso em diferentes campos de atuação do psicólogo (Almeida et al., 2008; Mesquita & Deslandes, 2010). A qualidade dos registros de prontuário e das notas de sessão encontrados na pesquisa de Barletta, Paixão et al. (2012) corroboram o entendimento de que há necessidade de enfatizar o treino sobre o que escrever, e como escrever, em especial durante os estágios clínicos supervisionados. Na pesquisa dessas autoras, ao revisarem os prontuários de uma clínica-escola em um período de dois anos, foi encontrada uma série de dificuldades. Entre os problemas, podem ser listados a ausência em um registro de sessão que apresentasse informações fundamentais para entender o que havia sido realizado e a produção de relatos extensos e extremamente detalhados, o que desfocava do que realmente era importante e, por vezes, destacava informações que não eram relevantes para o trabalho clínico. Esses resultados, entre outros problemas encontrados, mostraram o quanto é importante treinar o terapeuta iniciante a elencar e anotar informações que possam ser necessárias para o entendimento do processo clínico e do paciente, sem abandonar aspectos centrais e sem deixar de abordar assuntos tangenciais.

Com essa perspectiva, Barletta et al. (2018) apresentaram um registro de sessão estruturado que contempla informações essenciais a serem observadas em um atendimento de TCC. A proposta dessas autoras é proporcionar o aumento da sensibilidade e da discriminação do aluno aprendiz sobre elementos essenciais no processo terapêutico, bem como sobre a forma de anotá-los nos documentos. Cavalcante (2019) soma novos desafios ao registro com a inclusão da possibilidade de notas cursivas e digitadas, pois além de dominar as ferramentas tecnológicas (competências individuais), é necessário o suporte ofertado pela instituição e/ou supervisores.

Como uma proposta de facilitar o gerenciamento dos atendimentos clínicos na clínica-escola da Universidade de São Paulo, desde o início dos anos 2000, utiliza-se o *software* PsicoUsp (Herzberg, 2006). De acordo com essa autora, o *software* tem por objetivo facilitar o gerenciamento do fluxo de pessoas, incluindo pacientes, estagiários, terapeutas formados e supervisores, bem como contribuir em aspectos operacionais, incluindo cadastramento de sala, cadastramento de familiares e formulários clínicos – prontuário e notas de sessão, fichas de controle, testes e avaliações socioeconômicas. Entre os diferentes tipos de gerenciamento do atendimento clínico, a autora destaca que o programa oportuniza administrar o tipo de atendimento, a especialidade, o profissional que realizou o atendimento e o andamento da atividade (p. ex., encerrado, fase inicial, em espera). O *software* facilita também o gerenciamento de profissionais que supervisionam (e quem são os seus supervisionandos e pacientes). Além de proporcionar a identificação e gestão do funcionamento da clínica-escola e o fluxo de pessoas, também facilita a coleta de dados de pesquisa e o planejamento de ações sejam de gerenciamento ou de intervenção (Barletta, Paixão et al., 2012).

Contudo, nem todas as instituições e serviços de psicologia disponibilizam *softwares*. Com o intuito de facilitar o treino da escrita em notas de sessão, bem como de aumentar o repertório sobre a discriminação de informações importantes, especialmente no novo formato de intervenção clínica ofertada no LaPICC-USP, o formulário para as notas de sessão foi revisto. Desde 2020, foi proposto o registro estruturado das sessões clínicas, para que fosse condizente com os objetivos do atendimento e as metas educativas do estágio. Assim, as notas de sessão foram adaptadas do modelo proposto por Barletta et al. (2018), conforme a Figura 11.2. Entende-se que esse formato contribui para o desenvolvimento do raciocínio clínico, o planejamento de sessão e o preparo da supervisão.

De maneira semelhante ao uso das notas de sessão de forma estruturada, na experiência obtida pela equipe do LaPICC-USP ao longo de mais de 10 anos de formação de terapeutas e supervisores, também foi reconhecida a importância de rever as notas de supervisão. Além disso, uma vez que a intervenção clínica passou a seguir um programa de oito, seis ou quatro encontros, de forma síncrona ou assíncrona,

LaPICC-USP
Laboratório de Pesquisa e Intervenção Cognitivo-Comportamental

Supervisor/a: ____________

NOTAS DE SESSÃO

Data do atendimento: ___/___/___ Nº da sessão _____

Nome do/a estagiário/a: ______________________________

Nome do/a paciente(s): ______________________________

Protocolo de atendimento: ____ grupo ansiedade ____ grupo professores

____ grupo compaixão ____ individual

Metas da sessão:

Ponte com a sessão anterior:	Agenda da sessão:

Revisão do plano de ação:

Desenvolvimento da sessão (anotações relevantes):

Novo plano de ação para a semana:	*Feedbacks* e resumo final:

FIGURA 11.2 Nota de sessão estruturada.
Fonte: Adaptada de Barletta et al. (2018).

a depender do estágio (Neufeld et al., 2022), a supervisão também passou a seguir um programa com metas educativas previamente estabelecidas. O uso de notas estruturadas de supervisão (Fig. 11.3), adaptadas do material clínico elaborado por Barletta (2011), também facilitou o planejamento das atividades a serem executadas no tempo disponível de supervisão. Ou seja, as notas de supervisão foram utilizadas como uma ferramenta para facilitar o ritmo e o uso do tempo de forma adequada e eficaz.

Ainda com base na experiência da equipe do LaPICC-USP ao longo dos últimos dois anos, com o uso de formulários e registros adaptados para a proposta educativas dos programas de estágio clínico, também reconheceu-se que o processo facilitou a sistematização e elaboração de outras documentações exigidas em serviços-escola e que perpassam pelas competências organizativas do supervisor. Sabe-se, por exemplo que, assim como no atendimento presencial, os pacientes atendidos de forma *on-line* precisam de documentações que apresentem os detalhamentos do processo de atendimento. Quando o processo terapêutico é realizado em serviços-escola, é necessário que o supervisor tenha acesso a essas documentações para que possa verificar e orientar o preenchimento dos documentos por parte dos estagiários. Essa é uma habilidade básica a ser desenvolvida pelo psicólogo durante o processo de estágio.

As notas de sessão e supervisão podem facilitar o gerenciamento e a organização dos documentos a serem incluídos no prontuário. Entre os documentos necessários estão: a) a evolução do caso, documento no qual as principais intervenções e queixas trabalhadas em sessão são descritas de forma sucinta, porém informativa e coerente; b) o TCLE, no qual o paciente consente com os termos de atendimento oferecidos pelo serviço; c) o histórico do atendimento, que consiste em um documento/resumo que reúne informações sobre o atendimento e apresenta dados pessoais do paciente, queixa, processo terapêutico, diagnóstico, instrumentos utilizados para avaliação, número de faltas e encaminhamento após o encerramento do processo, bem como o nome do estagiário que realizou o atendimento, a disciplina/estágio no qual estava matriculado e os dados do supervisor responsável.

O estagiário organiza pastas individuais para os pacientes que está atendendo, de forma a armazenar os documentos e materiais referentes a esse atendimento. A pasta é devidamente identificada e compartilhada apenas com o supervisor direto e o supervisor titular, responsáveis pelo atendimento. Os documentos do prontuário são também compartilhados com a instituição, a fim de formar o prontuário oficial do paciente atendido. Outro registro facilitado a partir dessa sistematização diz respeito ao relatório final do atendimento, em que são explorados, de forma objetiva e resumida, os seguintes tópicos: fundamentação teórica, relato do caso (dados de identificação, motivo da consulta, visão transversal das cognições e comportamentos atuais), procedimentos, principais dificuldades do terapeuta, resultados e considerações finais. Como dica prática, podemos resumir que todo o processo organizativo, sistemático, de gerenciamento, planejamento e execução são habilidades relacionadas à gestão do processo supervisionado e devem ser consideradas como competências a serem desenvolvidas pelo supervisor em treinamento.

Ensino, formação e supervisão em psicologia **243**

NOTAS DE SUPERVISÃO

Nome do/a supervisor/a: _____ Nº da supervisão _____

Protocolo de atendimento: ____ grupo ansiedade ____ grupo professores
____ grupo compaixão ____ individual

ATIVIDADES DE SUPERVISÃO/PLANO DE AÇÃO

Alunos:

	P ou F	Perguntas supervisão	Gravação de sessão	Leitura	Atividade formativa	Avaliação	Outros*
1							
2							
3							
4							
O							
O							

Data: ____ Início: ____ Fim: ____

O observador   *combinado em supervisão

Metas da supervisão:

Ponte com a supervisão anterior:

Agenda da supervisão:

Desenvolvimento da supervisão (anotações relevantes):

Qual plano de ação (tarefa para casa ou pendência) para a próxima supervisão?

Resumo da supervisão – O que ficou de mais importante para cada um?

Observações finais da supervisora/avisos ou observações feitas em supervisão/*feedback* importante durante a supervisão:

Após a supervisão: qual o *feedback* dos/as supervisores/as observadores/as?

LaPICC-USP

FIGURA 11.3 Nota de supervisão estruturada.
Fonte: Adaptada de Barletta (2011).

Guarda e acesso a documentos e materiais de atendimento

Entre as atividades de gerenciamento do processo supervisionado clínico, que está diretamente ligado às questões éticas e legais da profissão, está a forma de guardar os documentos e quem tem acesso a esse material (Resolução CFP n° 010/2005). Toda a documentação referente ao atendimento tem acesso restrito, e apenas o estagiário que faz o atendimento, o supervisor direto e o supervisor titular têm acesso a esse conteúdo, que se encontra protegido por senhas. Ressalta-se que todo o processo de documentação e sua guarda segue rigorosamente as orientações do conselho profissional, norteado pela Resolução do CFP n° 11/2018.

Exemplificando com o programa de estágio clínico realizado no LaPICC-USP, durante o atendimento, os documentos, as gravações e os relatos de sessão são compartilhados entre estagiários e supervisores por meio de ferramentas de armazenamento em nuvem, como Google Drive e Dropbox, protegidos por senha e de acesso restrito apenas ao terapeuta e supervisores de cada caso. Essas ferramentas permitem a atualização em tempo real da documentação e, portanto, o acompanhamento do supervisor durante todo o processo. No caso do atendimento presencial, esses materiais são armazenados em pastas físicas de arquivo, com acesso restrito e protegidos com chaveamento, ficando guardados em locais que garantam o sigilo do conteúdo. É fundamental o acompanhamento e a conferência do preenchimento de toda a documentação referente ao atendimento por parte do supervisor. Documentar o atendimento e fazer isso de forma adequada também consiste em uma habilidade essencial a ser desenvolvida.

O aspecto de sigilo desses materiais e do atendimento é abertamente discutido com os estagiários, sempre reforçando a importância do não compartilhamento de arquivos e informações com pessoas não autorizadas. Os cuidados a serem tomados para resguardar o sigilo durante o atendimento e com a documentação também são abordados, como o uso de computadores e pastas com senha, de internet particular e antivírus atualizado, do uso de fone de ouvido durante o atendimento e de um local privativo para realizá-lo. É fundamental que seja feita a busca por informações específicas acerca dos trâmites internos de cada instituição sobre o armazenamento de dados de atendimentos clínicos. Existem diretrizes do CFP a serem cumpridas, mas há certo espaço para que as instituições insiram alguns requisitos específicos.

Na experiência da equipe do LaPICC-USP, o prontuário oficial do paciente é armazenado juntamente à instituição, e nele é necessário que seja contida a ficha de inscrição do indivíduo no serviço, o TCLE, a evolução do caso e o histórico de atendimento (documento/resumo). Os materiais utilizados durante o atendimento, relatos de sessão, relatórios de estágio, gravações, testes e instrumentos de avaliação devem ser organizados e armazenados pelo supervisor titular, garantindo a integridade e o sigilo desses documentos. Ressalta-se mais uma vez que, mesmo que cada instituição tenha trâmites específicos a serem seguidos, é de responsabilidade do supervisor conhecê-los e segui-los de forma adequada, instruindo os seus supervisionandos sobre os aspectos pertinentes a eles.

CONSIDERAÇÕES FINAIS

A proposta deste capítulo foi apresentar alguns elementos, para além da supervisão em si, que também são importantes para o funcionamento adequado do processo supervisionado e de responsabilidade do supervisor. Procurou-se reforçar a importância da capacitação e lapidação de competências para fornecer a prática supervisionada em TCC, bem como a ideia de que a gestão da supervisão também deve ser inclusa como uma das competências a ser desenvolvida. A gestão perpassa pela organização, sistematização, planejamento e gerenciamento de um programa supervisionado, possibilitando sua operacionalização de acordo com o cenário institucional. Para tanto, é necessário que o supervisor conheça os valores e contexto da instituição na qual a supervisão está sendo ofertada, de forma a conduzir uma gestão dos recursos disponíveis capaz de promover um treinamento compatível com a expectativa, assim como identificar as barreiras para gerenciar a busca de soluções possíveis e plausíveis.

O desenvolvimento de competências de gestão do supervisor clínico inclui as ações administrativas do próprio processo supervisionado (p. ex., a geração de demanda, distribuição e organização de atendimentos e o gerenciamento da equipe) de acordo com os objetivos estabelecidos. Nesse processo, incluem-se também as atividades burocráticas, como o cuidado documental com relatórios, formulários e avaliações 360°, e o arquivamento seguro dos materiais. Uma vez que o foco do capítulo permeou organizações de serviços públicos e/ou espaços de educação formal, como pode ser visto nos exemplos e vinhetas apresentadas, alguns elementos da gestão não foram contemplados. Porém, entende-se que esses aspectos, como a administração financeira e empreendedora do espaço e/ou programa de supervisão ofertado, também são conhecimentos necessários aos supervisores. Além disso, para o supervisor que recebe colegas para supervisão em um contexto de sua prática privada, talvez alguns desses elementos não se apliquem (p. ex., a busca por pacientes), porém, ainda assim, é entendimento das autoras que um programa de supervisão sempre demanda uma gestão, em diferentes níveis de complexidade, na qual organização, sistematização, planejamento e gerenciamento são habilidades fundamentais.

A proposta foi trazer à tona a importância da gestão como competência do supervisor, aspecto pouco discutido na literatura da área. Não se pretendeu fechar a discussão sobre a temática, muito menos apresentar um único modelo a ser seguido, e sim possibilidades a partir da experiência das autoras em diferentes processos supervisionados.

REFERÊNCIAS

Almeida, F. F.; Cantal, C., & Costa, A. L. C., Jr. (2008). Prontuário psicológico orientado para o problema: Um modelo em construção. *Psicologia: Ciência e Profissão, 28*(2), 430-442.

American Psychological Association (APA). (2007). Record keeping guidelines. *American Psychologist, 62*(9), 993-1004.

Antunes, R. T., & Carvalho, E. J. G. (2008). O gestor escolar. In E. J. G. Carvalho, L. D. Paini, M. J. Croce, N. Altoé, & S. R. C. Carbello (Orgs.), *Gestão escolar* (pp. 7-26). Secretaria de Estado da Educação do Paraná.

Barletta, J. B. (2011). *Supervisão de estágio clínico: Desenvolvimento de competências em terapia cognitivo-comportamental* [Monografia de pós-graduação lato sensu não publicada]. Faculdade de Ciências Médicas de Minas Gerais.

Barletta, J. B., Araújo, B. M., & Neufeld, C. B. (no prelo). Survey of cognitive-behavioral therapy clinical supervisors' profile in Brazil. *Revista Estudos de Psicologia (Campinas)*.

Barletta, J. B., Fonseca, A. L. B., & Delabrida, Z. N. C. (2012). A importância da supervisão de estágio clínico para o desenvolvimento de competências e terapia cognitivo-comportamental. *Psicologia: Teoria e Prática, 14*(3), 153-167.

Barletta, J. B., Paixão, A L. R., Feitosa, E. P. S., Oliveira, K. S., & Santos, L. A. (2012). O prontuário psicológico como recurso para pesquisa e atuação: Repensando a formação da competência profissional. *Revista Psicologia e Saúde, 4*(2), 135-142.

Barletta, J. B., Fonseca, A. L. B., & Nobre-Sandoval, L. A. (2018). Estratégias de ensino e de aprendizagem para a formação de terapeutas cognitivo-comportamentais. In N. G. Araújo, J. P. Rubino, & M. I. S. Oliveira. (Orgs.), *Avaliação e intervenção na clínica em terapia cognitivo-comportamental: A prática ilustrada* (pp. 460-480). Sinopsys.

Barletta, J. B., & Neufeld, C. B. (2020). Novos rumos na supervisão clínica em TCC: Conceitos, modelos e estratégias baseadas em evidências. In FBTC, Neufeld, C. B., Falcone, E. M. O., & Rangé, B. (Orgs.), *PROCOGNITIVA - Programa de Atualização em Terapia Cognitivo-Comportamental*: Ciclo 7 (pp. 119-158). Artmed Panamericana. (Sistema de educação continuada a distância, v. 3).

Barletta, J. B., Gauy, F. V., Velasquez, M. L., & Neufeld, C. B. (2021). Estratégias pedagógicas para fomentar o desenvolvimento de competências do terapeuta cognitivo-comportamental. In FBTC, C. B. Neufeld, E. Falcone, & B. Rangé (Orgs.), *PROCOGNITIVA: Programa de Atualização em TCC: Ciclo 8* (pp. 115-168). Artmed Panamericana. (Programa de Educação continuada à Distância, v. 2).

Barletta, J. B., Szupszynski, K. D. R., & Neufeld, C. B. (2022). Formação, treinamento e supervisão clínica remotos. In C. B. Neufeld, & K. D. R. Szupszynski (Orgs.), *Intervenções on-line e terapias cognitivo-comportamentais* (pp. 62-84). Artmed.

Cavalcante, W. Q. (2019). *Uso da tecnologia no trabalho do psicólogo: Uma comparação entre o registro cursivo e digitado* [Monografia de graduação não publicada]. Centro Universitário de Brasília.

Corrie, S., & Lane, D. A. (2015). *CBT supervision*. SAGE.

Doca, F. N. P., & Costa, A. L., Jr. (2006). *Psicodiagnóstico institucional da Enfermaria do Centro de Clínicas Pediátricas do Hospital Universitário de Brasília* [Manuscrito não publicado].

Herzberg, E. (2006). PsicoUsp: Programa de gerenciamento de clínica-escola: Aplicações para supervisores e para pesquisa. In E. F. M. Silvares (Org.), *Atendimento psicológico em clínica-escola* (pp. 43-68). Alínea.

Ferreira, P. (2017). Conceito e evolução do marketing. In P. Ferreira, & D. Agapito (Orgs.), *Manual de gestão de marketing: Da teoria à ação* (pp. 13-20). Sílabas & Desafios.

Ferreira, I. M. F., Almeida, N. O., Barletta, J. B., Versuti, F. M., & Neufeld, C. B. (2021). Critérios para acreditação/certificação e formação do supervisor de terapia cognitivo-comportamental ao redor do mundo e as implicações para o contexto brasileiro. *Revista Brasileira de Terapias Cognitivas, 17*(1), 48-57.

Kennerley, H., Clohessy, S., Butler, G., Muse, K., & Rakovshik, S. (2009). *Supervisor Competency Scale (SCS): A tool for fostering good practice in CBT supervision.* https://www.octc.co.uk/innovations/supervisor-competency-scale-scs

Maltoni, J., Szupszynski, K. D. R., & Neufeld, C. B. (2022). Aplicativos e recursos para intervenções online. In C. B. Neufeld, & K. D. R. Szupszynski (Orgs.), *Intervenções on-line e terapias cognitivo-comportamentais* (pp. 299-316). Artmed.

Mellman, L. A. (2003). Psychotherapy competencies: Development and implementation. *Academic Psychiatry, 27*(3), 149-153.

Mesquista, A. M. O., & Deslandes, S. F. (2010). A construção dos prontuários como expressão da prática dos profissionais de saúde. *Saúde e Sociedade, 19*(3), 664-673.

Mill, D., Brito, N. D., Silva, A. R., & Almeida, L. F. (2010). Gestão da educação a distância (EaD): Noções sobre planejamento, organização, direção e controle da EaD. *Vertentes, 35*, 9-23.

Milne, D. L., & Reiser, R. (2016). Supporting our supervisors: Sending out an SOS. *The Cognitive Behaviour Therapist, 9*(19), 1-12.

Neufeld, C. B., Barletta, J. B., Mendes, A. I. F., Amorim, C. A., Rios, B. F., Amaral, E., ... Szupzynski, K. P. D. R. (2022). Propostas de intervenção e formação de terapeutas e supervisores: Overview dos programas on-line do LaPICC-USP. *Revista Brasileira de Terapias Cognitivas, 18*(1), 114-121.

Neufeld, C. B., Mendes, A. I. F., Pavan-Candido, C. C., Gorayeb, R. P., Palma, P. C., Nardi, P. C., ... Cavenage, C. C. (2014). Do atendimento à população à formação de terapeutas, supervisores e pesquisadores: A implementação de um laboratório de pesquisa e intervenção. In Neufeld, C. B. (Org.), *Intervenções e pesquisas em terapia cognitivo-comportamental com indivíduos e grupos* (pp. 25-41). Sinopsys.

Resolução CFP nº 010/2005. Código de ética profissional do psicólogo. https://site.cfp.org.br/wp-content/uploads/2012/07/Co%CC%81digo-de-%C3%89tica.pdf

Resolução CFP nº 001/2009. Dispõe sobre a obrigatoriedade do registro documental decorrente da prestação de serviços psicológicos. https://site.cfp.org.br/wp-content/uploads/2009/04/resolucao2009_01.pdf

Resolução CFP nº 11, de 11 de maio de 2018. Regulamenta a prestação de serviços psicológicos realizados por meios de tecnologias da informação e da comunicação e revoga a Resolução CFP N.º 11/2012. https://site.cfp.org.br/wp-content/uploads/2018/05/RESOLU%C3%87%C3%83O-N%C2%BA-11-DE-11-DE-MAIO-DE-2018.pdf

Santos, R. S. V. (2017). *Avaliação 360 graus como ferramenta da gestão estratégica de pessoas: Análise na empresa Contec Contabilidade, no município de Itaituba/PA* [Trabalho de conclusão de curso]. Faculdade de Itaituba.

Stecca, F. L. P. A., & Ávila, L. V. (2015). *Gestão de marketing.* Universidade Federal de Santa Maria.

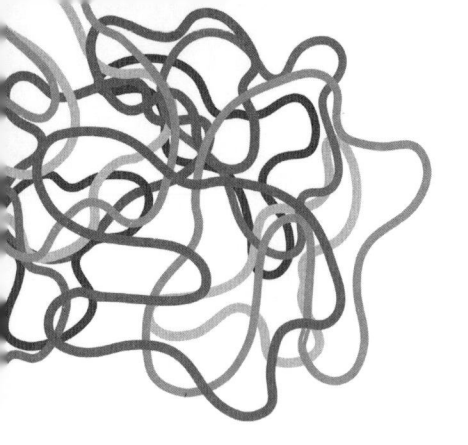

# 12

Supervisão em TCC no formato grupal
O que podemos aprender com os fatores de grupo?

Carmem Beatriz Neufeld
Isabela Lamante Scotton
Janaína Bianca Barletta

A supervisão no formato grupal configura-se como uma prática bastante comum, notadamente nos contextos das universidades e/ou organizações e instituições de treinamento de terapeutas, orientadas principalmente pela boa relação custo-benefício. Entretanto, é comum que os benefícios desse formato para os supervisionandos superem em muito esse fator, trazendo vantagens como a possibilidade de acesso a variados casos, estratégias de manejo e estilos/habilidades dos outros membros do grupo de supervisão, a descoberta de que suas dificuldades não são únicas, o compartilhamento de experiências exitosas e a construção de uma via de mão dupla no processo de desenvolvimento de competências, que nem sempre é fácil e prazeroso. Outro benefício relacionado à supervisão em grupo, ressaltado por Proctor (2008), reside no fato de que o grupo promove maior diversidade cultural, o que permite identificar aspectos capazes de influenciar o processo terapêutico e, por isso, são muito importantes.

Além disso, assim como na terapia de grupos, os membros do grupo de supervisão podem beneficiar-se dos fatores terapêuticos, também conhecidos por fatores grupais, que são elementos envolvidos no complexo processo de mudança do indivíduo, que ocorrem por meio das interações entre os membros (Yalom & Leszcz, 2020). Esses fatores, em muitas modalidades de grupo, constituem vantagens da prática grupal sobre a individual (Neufeld et al., 2017).

A terapia cognitivo-comportamental em grupos (TCCG) é composta por aspectos técnicos e aspectos relacionados ao processo grupal. Os aspectos técnicos são caracterizados por todos os elementos específicos do procedimento da intervenção (p. ex., se é estruturada, colaborativa e baseada em metas de desenvolvimento, se utiliza *feedbacks* e resumos, se há medidas de evolução e planos de ação extrassessão), bem como a escolha, com base em evidências, das estratégias e técnicas específicas a serem utilizadas para endereçar as demandas do grupo. O processo caracteriza-se pelas interações entre os membros e pelas reações de cada grupo, que é único, à aplicação dessa estrutura e técnicas. É no processo do grupo que ocorrem os fatores terapêuticos (Bieling et al., 2008; Neufeld et al., 2017).

Uma vez que a literatura sugere que a supervisão em TCC utilize um modelo que siga os mesmos princípios de uma sessão de psicoterapia (Sokol & Fox, 2016), entende-se que a supervisão em grupos, assim como uma intervenção em TCCG, deve considerar tanto os aspectos técnicos quanto os aspectos de processo grupal. Nesse sentido, a supervisão segue uma estrutura similar à da TCCG: *link* com a supervisão anterior, medição do humor, estabelecimento colaborativo da agenda, verificação do plano de ação, atividades previstas na agenda (p. ex., discussão de casos clínicos, exercícios experienciais, atividades formativas e reflexivas), elaboração de novo plano de ação e resumo da supervisão. Vale ressaltar que o *feedback* é fornecido ao longo de todo o encontro supervisionado (Barletta et al., 2012).

Quanto aos aspectos do processo grupal, a TCCG pressupõe que os fatores terapêuticos interagem com a intervenção cognitivo-comportamental propriamente dita e, portanto, influenciam no desfecho da intervenção. Da mesma maneira, entende-se que os fatores terapêuticos também operam no grupo de supervisão, entremeando-se com o uso das estratégias mencionadas. Assim, os resultados são o produto das estratégias formais da TCC mais o processo das interações no contexto grupal (Neufeld et al., 2017). De acordo com Bieling et al. (2008), a atividade em grupo sempre é considerada um processo, independentemente do tipo e/ou das características do grupo. Todavia, os fatores grupais se movem de maneira singular em cada grupo e se relacionam com o desfecho da intervenção que está sendo realizada, uma vez que cada conjunto é único. Dessa forma, pode-se dizer que os fatores grupais têm substancial influência sobre a relação estabelecida entre os participantes.

É fundamental, portanto, que o profissional que trabalha com grupos, seja no próprio formato da supervisão, seja com terapeutas de grupo, saiba identificar e manejar tais fatores, visando favorecer e aprimorar as funções formativa e restauradora da supervisão (Barletta & Neufeld, 2020; Loades & Armstrong, 2016). Segundo a literatura, o líder – terapeuta ou supervisor clínico – desempenha um papel central na dinâmica da intervenção e do próprio grupo. Assim, conforme a condução realizada, a intervenção oferecida pode acabar sendo um processo individual realizado em um contexto grupal; ou seja, apesar de algumas pessoas estarem reunidas, tem-se uma proposta pouco interativa ou que pode dizer respeito a apenas uma das pessoas naquele agrupamento (Bieling et al., 2008). O equilíbrio entre o que será grupal e o que será individualizado é, em geral, um grande desafio para quem exibe poucas habilidades com os fatores grupais e os aspectos de processos grupais envolvidos na supervisão.

A depender das características de cada grupo, torna-se essencial a habilidade do líder no manejo dos fatores grupais. Trata-se de um recurso importante para favorecer a condução propícia e para aumentar as possibilidades de desenvolvimento no ambiente grupal. Portanto, Valentino et al. (2016) ressaltam que a competência com a qual o supervisor maneja os componentes grupais afeta a qualidade da experiência em grupo, podendo maximizar o aprendizado.

Ao explorar a supervisão em grupo, entende-se que suas características e objetivos assemelham-se às da modalidade de grupos de orientação e/ou de treinamento. Essa modalidade, descrita por Neufeld (2011), visa fortalecer o conhecimento, as habilidades e as atitudes ligadas ao objetivo primordial da intervenção, isto é, é orientada à mudança e, normalmente, fechada. Ou seja, no caso da supervisão, estamos falando de um grupo da modalidade de treinamento que tem por objetivo fomentar as competências clínicas em TCC. Por serem, em geral, fechados, os fatores grupais são essenciais para favorecer a complexa interação entre os participantes. Assim, o supervisor pode apenas reproduzir os modelos de uma supervisão individual com várias pessoas ou pode enaltecer os recursos disponíveis inerentes ao formato grupal para aprimorar o processo da supervisão.

Partindo do exposto, este capítulo tem por objetivo apresentar os fatores grupais relacionados à TCC e sua importância na supervisão clínica no formato grupal. Para tanto, será apresentada a definição dos fatores grupais e uma contextualização com a TCCG e, na sequência, será discutida a relação da supervisão com alguns fatores grupais específicos. Também serão enfatizados o uso desses fatores pelo supervisor com exemplos e dicas práticas, bem como o manejo do supervisor em relação aos perfis de supervisionandos considerados difíceis no contexto grupal.

FATORES TERAPÊUTICOS NA TCCG

Os fatores terapêuticos foram propostos por Yalom e Leszcz em um trabalho originalmente publicado em 1970, sendo que o livro que sintetiza esses estudos foi revisado e, em 2020, teve publicada sua sexta edição. Esses autores, ancorados em teorias psicodinâmicas e humanistas, caracterizaram os fatores terapêuticos como um processo complexo que advém da interação das experiências humanas que ocorrem nas relações dentro do grupo (Yalom & Leszcz, 2020). Para essa perspectiva, o processo interpessoal estabelecido no grupo é a intervenção por si só, portanto o principal (e talvez único) mecanismo de mudança (Bieling et al., 2008), ideia que se assemelha a da psicoterapia psicodinâmica individual, partindo da proposta que a fala, por si só, alivia sintomas e angústias, levando à cura. Com base nessa orientação teórica, foi proposta a existência de 11 fatores terapêuticos interdependentes (Yalom & Leszcz, 2006).

Diferentemente dessa perspectiva, em TCCG, de forma geral, os grupos tendem a ser organizados com certa homogeneidade, em especial no que diz respeito à problemática, formulando metas terapêuticas comuns aos participantes, ou seja, características que aumentem o pertencimento. A isso se dá o nome de homogeneidade de objetivo. Cabe ressaltar que não se descartam as diferenças entre as pessoas (elas são fundamentais), porém, a proposta de trabalho em TCCG segue o mesmo rumo para todos os participantes do grupo, respeitando as diferenças individuais e subjetivas de cada um. Portanto, entende-se que os programas, os tratamentos e/ou as intervenções empiricamente embasadas, que dão norte ao programa de grupo, são tão importantes quanto a relação interpessoal estabelecida no grupo (Bieling et al., 2008). Dessa forma, esses dois aspectos (relação terapêutica e intervenções baseadas em evidências) são pilares da intervenção em TCC (Barletta & Neufeld, 2020; Beck, 2021), seja para o atendimento individual ou em grupo, coadunando-se aos axiomas da teoria. No entanto, como ressalta Neufeld (2011), a cada grupo que se forma, nasce um novo sistema, um sistema único no qual um processo se materializará. Então, até quando um mesmo programa, com as mesmas técnicas e mesmos objetivos, é aplicado a dois distintos grupos, os resultados e a interação serão sempre únicos.

Partindo desse entendimento, os fatores terapêuticos, doravante chamados de fatores grupais ou do processo grupal, compõem um pilar importante, uma vez que caracterizam o funcionamento do grupo, permitindo ao terapeuta utilizar estratégias adequadas e incluir o próprio grupo no processo de resolução de problemas (Bieling et al., 2008). Mais uma vez, com base nos princípios da TCC, fomenta-se o empirismo colaborativo do grupo e a customização da intervenção às necessidades dos participantes, sem descartar as melhores estratégias descritas na literatura (Barletta & Neufeld, 2020). Dessa forma, os fatores do processo grupal propostos por Yalom foram revisitados sob a perspectiva da TCCG, a qual encontrou dados de existência de oito desses fatores (Bieling et al., 2008; Neufeld et al., 2017), com exceção da catarse, da recapitulação corretiva do grupo familiar primário e dos fatores existenciais.

Entre os fatores de grupo preconizados pela TCCG, a **instilação de esperança** foi considerada crucial no sucesso de qualquer intervenção (seja ela terapêutica ou educacional). Consiste na crença e confiança dos membros na eficácia da intervenção, ou seja, na possibilidade de que eles enxerguem "a luz no fim do túnel" e desenvolvam a credibilidade em sua própria melhora. Já a **universalidade** pode ser entendida como a percepção dos participantes do grupo sobre as semelhanças a respeito de suas dificuldades e problemas, contribuindo para a normalização destes, diminuindo a sensação de isolamento e a percepção de que dificuldades similares (tão intensas ou mais) nunca foram vivenciadas por outras pessoas (Bieling et al., 2008; Neufeld et al., 2017; Singh, 2014; Yalom & Leszcz, 2020). Esse fator favorece a percepção de que não se é extremamente diferente dos outros, diminuindo a solidão e aumentando a percepção de apoio e pertencimento.

O **compartilhamento de informações** tem sido considerado outro aspecto central no contexto grupal, uma vez que se dá pela oportunidade de um membro do grupo acessar informações fornecidas por outros participantes ou pelo terapeuta. De acordo com Yalom e Leszcz (2006), pode ser realizado por meio da instrução e do aconselhamento direto. Em TCC, a instrução geralmente é feita por meio do processo psicoeducativo (Bieling et al., 2008), enquanto o aconselhamento direto (Yalom & Leszcz, 2020), bastante utilizado na perspectiva psicodinâmica, não é uma proposta pertinente na TCC, já que ilide com o empirismo colaborativo. Este, por sua vez, é um elemento essencial da relação terapêutica na TCC, pois promove o envolvimento das pessoas de forma ativa, bem como a avaliação experiencial (Kazantzis et al., 2017). Entende-se que o compartilhamento de informações tem por objetivo favorecer a base de conhecimentos adequados e explicar ou clarear a problemática, mas também permitir a alteração de padrões de pensamento disfuncionais e estruturar o grupo (Singh, 2014).

Outro fator de grupo é o **altruísmo**, isto é, uma atitude solidária que permite a ação em prol dos outros. Refere-se à oportunidade de um membro do grupo de ajudar os outros membros, em uma relação na qual tanto quem recebe a ajuda quanto quem a fornece são beneficiados (Bieling et al., 2008; Yalom & Leszcz, 2020). É esse fator que permite o cuidado genuíno, a expressão empática, a validação das dificuldades e o acolhimento das necessidades alheias. Entende-se que o altruísmo também fortalece a coesão e a autorrevelação no contexto grupal em um ambiente mais seguro e acolhedor.

Em relação às **habilidades de socialização**, pode-se dizer que o grupo se caracteriza como um microcosmo social, no qual os padrões interpessoais dos membros emergem nas interações de uns com os outros e, nesse contexto, oportuniza a lapidação de habilidades sociais. Esse desenvolvimento pode ser oportunizado tanto por atividades específicas para essa finalidade, incluindo *role-play*, quanto por modelação (observação de um modelo). Ou seja, o **comportamento imitativo**, também elencado como um fator do processo grupal que tem a base na aprendizagem vicária e no aprendizado social de Bandura, é um importante elemento no desenvolvimento interpessoal (o modelo observado pode ser tanto o terapeuta/coordenador quanto os outros membros do grupo). Quanto mais significativa a pessoa observada, mais facilmente a modelação ocorre, favorecendo o **aprendizado interpessoal** (Bieling et al., 2008; Singh, 2014). De acordo com Neufeld (2011), esses três aspectos (habilidades de socialização, comportamento imitativo e aprendizado interpessoal) oportunizam a vivência de novas maneiras de se relacionar e interagir no contexto do grupo, o que pode ser ampliado para outros âmbitos do cotidiano dos participantes.

Vale ressaltar que a socialização no grupo permite que a pessoa receba *feedback* e compreenda as consequências de suas ações imediatamente (Bieling et al., 2008); e se isso for feito de maneira adequada, promove-se o desenvolvimento em um contexto emocionalmente seguro. Sabe-se que *feedback* é um aspecto fundamental na aprendizagem de adultos (Sudak, 2016). Dessa forma, para além dos comportamentos novos e mais adaptativos, os participantes também têm a oportunidade de processar a reavaliação de distorções cognitivas sobre seu próprio desempenho (Neufeld et al., 2017), refletindo, consequentemente, nas crenças de autoeficácia. Somado a isso, o ambiente seguro, validante e acolhedor favorece a aplicação de técnicas de socialização e possibilita a exposição sem julgamento – quando um comportamento inadequado surge não há uma punição, e sim uma reflexão compassiva e mudança. Neufeld (2011) reforça que o altruísmo e a universalidade, quando estão presentes no contexto grupal, permitem um ambiente emocionalmente seguro.

Por último, podemos citar a **coesão grupal**, descrita como "a atração que os membros têm pelo grupo e pelos outros" (Bieling et al, 2008, p. 21). A cola para tal atração está no comportamento empático, promovido pela confiança, aceitação e apoio entre os participantes. Portanto, segundo esses autores, a coesão fomenta os relacionamentos significativos no grupo, formulada como um vínculo de apego ou conexão emocional entre eles (Yalom & Leszcz, 2020). A coesão contribui com o compartilhamento de informações pessoais dentro do grupo, fortalece a autorrevelação e a exposição, favorece a permissão para participar de atividades experienciais e avaliativas e promove a sensação de conforto, pertencimento e aceitação (Bieling et al., 2008; Singh, 2014). Além disso, tem sido associada com maior adesão ao tratamento, maior participação na sessão, menor probabilidade de abandono e melhores desfechos e resultados (Christensen et al., 2021). Para esses autores, a coesão na TCCG pode ser comparada à aliança terapêutica na TCC individual, uma vez que ambas permitem a relação interpessoal adequada para o processo terapêutico.

Outros fatores que influenciam os processos e desfechos do grupo (Burlingame, Fuhriman & Johnson, 2004), coerentes com a perspectiva da TCC, baseados em evidências e de acordo com os axiomas da teoria, também foram propostos. De acordo com o modelo de Burlingame, MacKenzie e Strauss (2004), para que o desfecho da intervenção grupal seja positivo, dois pilares devem suportá-lo: os "princípios do processo de pequenos grupos", nos quais os fatores de grupo descritos anteriormente estão operando, e a "teoria formal da mudança", que diz respeito ao programa utilizado, ao plano de tratamento e à sessão. Dessa forma, esses dois pilares, por sua vez, estão diretamente associados a três componentes específicos essenciais para o desfecho do grupo: fatores estruturais, aspectos relacionados aos pacientes e liderança do terapeuta (Bieling et al., 2008).

Os **fatores estruturais** referem-se aos princípios segundo os quais a intervenção será estruturada. Isso implica abordar questões como duração da sessão e do programa de intervenção, frequência, escolha do programa ou protocolo a ser utilizado, número de participantes e cenário. A TCC pressupõe que a escolha do programa a ser utilizado seja embasada na melhor evidência disponível para determinada demanda. Com relação aos **pacientes/participantes**, é importante que suas características sejam bem observadas no momento de seleção e prescrição desse tipo terapia, já que podem influenciar suas interações e até comprometer o andamento do grupo (p. ex., pessoas com um repertório de comportamentos socialmente habilidosos podem ter maior facilidade de interação). O último fator refere-se ao estilo de **liderança do terapeuta**, que inclui a competência social do profissional (Bieling et al., 2008; Neufeld et al., 2017).

Vale ressaltar que liderança não significa ser autoritário, e sim ter manejo para envolver os participantes no próprio processo, fomentar um clima saudável no grupo, fortalecer os fatores terapêuticos do processo grupal, equilibrar a participação de todos com uso do empirismo colaborativo, descoberta guiada e socratização do diálogo, bem como lidar com rupturas da relação interpessoal (Barletta & Neufeld, 2020; Kazantis et al., 2017; Scotton et al., 2021). Ou seja, a maneira como a proposta de mudança é encaminhada pelo terapeuta favorece a construção grupal e seu desenvolvimento, assim como a tomada de decisão no direcionamento do tratamento, mediados pelos fatores de grupo (Bieling et al., 2008; Neufeld et al., 2017). Mais uma vez, destaca-se que tanto os oitos fatores terapêuticos salientados por Yalom e Leszcz (2020) quanto os fatores propostos por Burlingame, Fuhriman e Johnson (2004) são complementares para o desfecho do processo grupal e estão diretamente associados aos princípios da TCC, unindo a relação interpessoal e a sistematização (programas, estrutura, técnicas, etc.) como pilares para a melhor entrega da TCCG.

Supervisão no formato grupal e os fatores de grupo

A supervisão em psicoterapia é considerada o método mais importante de treinamento de terapeutas, uma vez que, para profissionais iniciantes, é o momento de focar no desenvolvimento de conhecimentos, habilidades e atitudes clínicas, enquanto para terapeutas mais experientes, é o momento em que há a manutenção de competências e promoção da melhora de desempenhos (Sokol & Fox, 2016). Para tanto, o modelo seguido na supervisão em TCC é considerado um espelho do processo terapêutico nessa abordagem, pois é estruturada, tem foco no desenvolvimento do profissional, é organizada em torno de metas específicas, apoiada por uma aprendizagem clara e transparente e baseada no princípio do empirismo colaborativo para um trabalho conjunto, com uso de monitoramento e avaliação de desempenho (Barletta & Neufeld, 2020; Corrie & Lane, 2015). Pode-se dizer que a diferença entre a supervisão e a terapia está na finalidade, pois enquanto no processo terapêutico o objetivo é auxiliar o paciente no aumento do bem-estar, baseado no autoconhecimento, no manejo das dificuldades e na busca da solução de problemas, na supervisão busca-se promover o desenvolvimento de competências do terapeuta para capacitá-lo a auxiliar os pacientes no tratamento psicoterápico. Portanto, o supervisor, para além do desenvolvimento de competências clínicas, também necessita desenvolver àquelas específicas para fornecer um processo supervisionado adequado (para mais informações, ver Cap. 8).

Baseando-se nesse raciocínio, a supervisão no formato grupal segue os mesmos princípios da TCCG, isto é, foca-se na homogeneidade de objetivo, especialmente nas metas de aprendizagem e no nível de desenvolvimento do supervisionando, a fim de que o programa de supervisão possa formular objetivos comuns aos participantes e nortear uma proposta de trabalho que beneficie a todos. Vale ressaltar que não se deve descartar as diferenças entre as pessoas, uma vez que as características individuais são essenciais para o entrosamento grupal. Da mesma forma que na TCCG, as intervenções educativas empiricamente embasadas, que dão norte ao programa de aprendizagem de grupo, são tão importantes quanto a relação interpessoal estabelecida (Barletta et al., 2021).

Assim, parte-se da compreensão de que os fatores grupais que compõem um pilar importante na TCCG, já descritos neste capítulo, também são fundamentais na supervisão em grupo. Esses fatores (p. ex., coesão, compartilhamento de informações e universalidade), somados aos estruturais (aspectos relacionados aos terapeutas em treinamento e ao estilo de liderança do supervisor), permitem que a relação interpessoal ocorra em prol do grupo. Ao fazer esse paralelo, questiona-se quais são as competências necessárias ao profissional que fornece supervisão no formato grupal e se os treinamentos para exercer essa atividade fomentam o desenvolvimento desse tipo de manejo. No mesmo sentido, ao se recorrer à literatura da área, verifica-se que é esperado que o profissional que desempenha a função de supervisor tenha competência em fornecer a supervisão no formato grupal (American Psychological Association [APA], 2014; Barletta & Neufeld, 2020; Roth & Pilling, 2008); ou seja, deve gerenciar com destreza os fatores grupais. Grassby e Gonsalvez (2022) reforçam que o supervisor se beneficiaria com um treinamento específico voltado à modalidade grupal de supervisão. Esses autores ainda ressaltam que há pouca literatura sobre a temática, o que Singh (2014) corrobora, apontando que o treinamento em TCC tem sido, tradicionalmente, ofertado com foco na terapia individual, dando pouca atenção às competências essenciais para a facilitação de grupos. Entre as competências dos supervisores na facilitação de grupos está a promoção dos processos grupais para o desenvolvimento de competências terapêuticas do supervisionando (Scotton & Neufeld, no prelo).

Na contramão dessa diretriz, o estudo de Barletta et al. (2022) com 180 supervisores de TCC apresentou um resultado surpreendente em relação à supervisão grupal. A maioria dos respondentes fornecia supervisão em grupo, sendo que apenas 18,3% trabalhavam exclusivamente com supervisão individual. A duração de cada encontro, a frequência e a quantidade de participantes foi extremamente variada (p. ex., a duração da supervisão grupal variou de 30 minutos a cinco horas, e houve indicação de até 50 participantes na supervisão grupal). Sobre o tempo mais curto da supervisão, houve relato de que o encontro tinha por objetivo apenas tirar dúvidas. Houve, ainda, relatos de que se separava um tempo para cada participante apresentar individualmente seu caso e receber as orientações necessárias. Esses resultados levaram a alguns questionamentos sobre a estrutura do encontro, o modelo de supervisão seguido, o manejo de fatores grupais e a formação do supervisor para essa atividade, indo na mesma direção dos achados de Grassby e Gonsalvez (2022).

Na supervisão em grupo, ao se refletir sobre a necessidade de domínio dos fatores grupais pelo supervisor, podemos, inicialmente, elencar os fatores estruturais, a liderança do supervisor e o compartilhamento de informações. A estrutura da supervisão, semelhante à da terapia, é orientada por objetivos de aprendizagem, assim como concentra-se na psicoeducação, que favorece o desenvolvimento de habilidades e o alcance de metas de aprendizagem estabelecidas no processo supervisionado (Sokol & Fox, 2016). A esse exemplo, a agenda e o foco de trabalho claro são elementos que facilitam que o conteúdo seja trazido à tona, elucidando o compartilhamento de informações e favorecendo o entendimento de todos os participantes. Da mesma forma, o uso da socratização do diálogo pelo supervisor fortalece a interação colaborativa e a participação, somando-se na construção do desfecho esperado do processo supervisionado em grupo (Barletta et al., 2021; Singh, 214).

Outro aspecto que favorece a universalidade no grupo de supervisão é a homogeneidade, que permite o estabelecimento de metas comuns, tanto aos participantes quanto aos terapeutas em treinamento que estejam em um nível de desenvolvimento similar. Os aspectos citados favorecem a elaboração de um programa de supervisão pertinente, incluindo a definição das estratégias de ensino utilizadas. Por exemplo, caso haja terapeutas iniciantes e/ou iniciantes avançados, pode-se entender que há certa homogeneidade; porém, se no mesmo grupo houver terapeutas em nível proficiente ou *expert*, cujas necessidades de desenvolvimento ou lapidação de competências são bastante distantes daquelas dos terapeutas mais iniciantes, o supervisor provavelmente terá mais dificuldade de trabalhar. Assim, em grupos mais heterogêneos, é necessário utilizar estratégias de ensino que fomentem a evolução dos terapeutas mais iniciantes sem torná-las muito aquém da zona de desenvolvimento proximal dos terapeutas mais avançados. Caso isso aconteça, pode ser que os profissionais mais experientes se desmotivem e/ou entendam que a supervisão não está contemplando suas necessidades. Em contrapartida, se as estratégias de ensino forem aplicadas de maneira a deixar a proposta de evolução muito avançada para os terapeutas mais iniciantes, também pode haver desmotivação e percepção de que o processo é muito difícil e fora seu de alcance, podendo impactar negativamente na instilação de esperança. Assim, exige-se do supervisor maior manejo no favorecimento da universalidade e na instilação de esperança no grupo. Singh (2014) reforça que a universalidade tem como efeito a diminuição do estigma e da vergonha, assim como do isolamento entre os participantes. Esse efeito, por sua vez, fortalece a esperança de mudança, bem como promove a coesão grupal, ou seja, a conexão estabelecida entre os membros do grupo. Ressalta-se que a coesão grupal é considerada um dos fatores centrais para o sucesso terapêutico (e de supervisão) (Christensen et al., 2021).

Entre as habilidades do supervisor no manejo grupal e no gerenciamento dos fatores de grupo que potencializam o desfecho de aprendizagem significativa na supervisão está o uso da socratização do diálogo. Com essa estratégia, o supervisor pode incluir todos os participantes na discussão, potencializando a percepção de pertencimento. Além disso, ao rodar a palavra ou a pergunta, permite que o próprio grupo possa se (auto)auxiliar, aumentando possibilidades de caminhos, uma vez que facilita o compartilhamento das dificuldades semelhantes, a compreensão da experiência e do sofrimento do outro, a alusão a diferentes posicionamentos (dos membros do grupo) e a explicitação de diversas estratégias de soluções de problemas. Dessa forma, a normalização das dificuldades, o apoio social sem julgamento, a ajuda mútua, a instilação de esperança, o compartilhamento de informações, a empatia e o altruísmo podem aparecer. O resultado é o fortalecimento da coesão grupal (Feitosa & Barletta, 2010).

Assim, por meio de estratégias como coleta de evidências, questionamento socrático, avaliações sobre pensamentos e comportamentos disfuncionais e avaliações sobre planos de ação, a supervisão pode proporcionar a interação e participação ativa entre os membros sobre a demanda, facilitando o altruísmo (Neufeld et al., 2017). Isso também demanda que o supervisor trabalhe o equilíbrio de papéis, competência essencial ao terapeuta de grupos (Scotton & Neufeld, no prelo), incentivando que todos possam contribuir e evitando que apenas um indivíduo monopolize a fala, sem negligenciar a participação de uma ou mais pessoas menos participativas. O altruísmo fortalece a construção conjunta e a possibilidade de apoio entre os terapeutas em supervisão, favorece a elaboração e identificação dos problemas e dificuldades similares, permite que as diferenças e diversidades apareçam e fortalece o manejo pela interseção comum, sem desconsiderar as demandas individuais (Barletta et al., 2021).

O estabelecimento de regras no início do processo supervisionado e a frequência dos participantes são dois elementos associados aos fatores estruturais que também favorecem a coesão no grupo. A coesão, por sua vez, e de forma circular, permite que o participante se sinta seguro, sem se sentir ameaçado ou julgado, em expor suas dificuldades, fortalecendo a autorrevelação (que é fundamental para a mudança) (Barletta et al., 2021; Feitosa & Barletta, 2010; Singh, 2014). Ela permite que as diferenças relacionadas aos participantes apareçam no contexto supervisionado sem que isso seja um problema. Entende-se, portanto, que a coesão é um aspecto que favorece a receptividade da diversidade de maneira natural e respeitosa.

A coesão fortalece a aliança terapêutica, considerado o componente mais importante da relação terapêutica em TCC, que tem por base o empirismo colaborativo (Eubanks, 2022; Scotton et al., 2021). Consequentemente, ela permite que *feedbacks* possam ser dados e recebidos, favorecendo a mudança. Além disso, uma vez que a aliança de trabalho estabelecida na relação interpessoal em supervisão torna o contexto envolto de confiança, são promovidos o respeito, a colaboração, a revelação e a experiência emocional adequada (não aversiva) (Feitosa & Barletta, 2010; Singh, 2014). De acordo com Eubanks (2022), a ruptura na relação interpessoal no contexto clínico está associada à força da aliança estabelecida, incluindo o que a autora denominou de **pseudoaliança**, isto é, quando o paciente finge concordar apenas para não precisar discordar, porém não adere. Vale ressaltar que a aliança terapêutica permite a discordância sobre uma atividade, entendimento ou objetivo, mas de forma respeitosa, com a possibilidade de se chegar, em conjunto, a uma proposta significativa para todos (terapeuta e paciente). As autoras deste capítulo concordam que a aliança terapêutica é fundamental tanto na terapia, seja individual e/ou em grupo, quanto no processo supervisionado.

Um grupo de autores (Urmanche et al., 2021) fez um levantamento com 83 psiquiatras que estavam em estágio de TCC em nível avançado, utilizando alguns inventários (Working Alliance Inventory – Short, Session Evaluation Questionnaire e Group Climate Questionnaire) para identificar a aliança de supervisão e a ocorrência de rupturas, a percepção de segurança do grupo, a profundidade e suavidade do processo supervisionado, bem como a coesão grupal. Como principais resultados, foram identificados altos níveis de aliança de supervisão e poucas rupturas intergrupais, o que sugere o estabelecimento da coesão no grupo de supervisão. Os autores concluíram que explicitar a ruptura na supervisão e utilizar estratégias para reparo é desafiador e, por vezes, desconfortável, mas favorece a experiência mais significativa de aprendizagem. Eles sugerem que algumas estratégias de ensino, como a observação direta e o estudo das gravações de sessão e de supervisão, podem contribuir para o manejo de questões em cenários de ruptura.

Em supervisão, a instilação de esperança permite que o supervisionando vislumbre a possibilidade de desenvolvimento profissional. Entre os elementos que fortalecem esse fator estão:

a. Estabelecimento de metas possíveis de desenvolvimento em vez de metas irreais e quase mágicas, nas quais o terapeuta iniciante se compara com um colega *expert*, exigindo-se o mesmo saber e/ou fazer.
b. Motivação para o processo de aprendizagem, especialmente quando a proposta da supervisão não está nem aquém nem além das possibilidades do terapeuta, mas dentro da zona proximal de desenvolvimento. Para tanto, parte-se das competências já estabelecidas do supervisionando, daquilo que ele faz sozinho, para aquilo que ele pode fazer com orientação, seja para aumentar sua maestria (lapidação de competências) seja para estabelecer novo repertório (novas competências). Isso é diferente de propor alguma competência para a qual o terapeuta ainda não tenha a base ou maturação profissional para alcançar.

c. Fortalecimento da atitude, isto é, abertura do supervisionando para olhar para si como profissional, avaliar seu desempenho e experimentar as atividades de exposição (p. ex., observação direta) e reflexão.

Na supervisão em grupo, os participantes podem ser molas propulsoras da motivação para o processo de aprendizagem, ajudando a engajar nas atividades, a reforçar as potencialidades e a repensar as dificuldades (Barletta et al., 2021). Há também a oportunidade para o terapeuta processar a avaliação de distorções cognitivas sobre seu próprio desempenho (Neufeld et al., 2017). Tais distorções refletem padrões de funcionamento dos supervisionandos que podem impactar nas suas crenças de autoeficácia e no seu desempenho, fortalecendo o pensamento autocrítico em demasiado e diminuindo o pensamento autocompassivo.

Christensen et al. (2021) ressaltam a importância da modelação entre os pares (supervisionandos) na supervisão em grupo, uma vez que não há desnivelação na relação de poder, favorecendo a instilação de esperança. Assim, os terapeutas em treinamento, que muitas vezes se identificam com as dificuldades dos pares, ao verem os colegas sendo bem-sucedidos no aprendizado de novas habilidades, podem se sentir capazes, mais confiantes e/ou mais motivados. Na modelação, associado ao fator de grupo descrito como comportamento imitativo, é importante que o supervisor evidencie e reforce os comportamentos adequados, discriminando contingências e aumentando a probabilidade de serem imitados corretamente. É importante ressaltar que, quando um dos participantes apresenta um comportamento inadequado, isso deve ser motivo de reflexão com relação aos impactos para o grupo e/ou para a aprendizagem, ou mesmo de revisão de contrato e combinados. Entende-se que o supervisor, por ter maior *expertise* e, geralmente, ser considerado importante para o grupo de terapeutas em treinamento, pode usar seu manejo e liderança para dar contorno ao comportamento imitativo; nesse caso, pode se valer da autorrevelação para instilar esperança. Por exemplo, o supervisor pode resgatar e expor seu próprio processo de aprendizagem: "quando eu estava começando, também tinha muita dificuldade com esta técnica". Outra forma de promover a instilação de esperança em supervisão é ressaltando os pequenos avanços no desenvolvimento de competências dos supervisionandos, validando as dificuldades e dando suporte (Barletta et al., 2021). Portanto, torna-se essencial a qualificação do supervisor no uso de estratégias de ensino adequadas, como observação direta, atividades experienciais e *feedbacks* precisos (Barletta & Neufeld, 2020).

Quando o grupo de supervisão apresenta coesão e universalidade, compartilha informações e instila esperança, outros fatores grupais, como socialização e altruísmo, são facilitados. A ajuda mútua, a preocupação genuína com o bem-estar dos demais e do grupo como um todo e o apoio e suporte ofertados são elementos do altruísmo (Singh, 2014). Assim, a validação da dificuldade e a empatia tornam-se essenciais. De forma complementar, a socialização permite que as habilidades assertivas, o comportamento imitativo e o aprendizado interpessoal favoreçam a mudança. Portanto, em um ambiente emocionalmente seguro, é possível ensinar novos comportamentos e indicar mudança comportamental, bem como lapidar formas e possibilidades de interação.

O ambiente seguro, de acordo com Singh (2014), também é fortalecido a partir do estabelecimento de limites, já que promove a relação interpessoal de forma respeitosa. Mais uma vez, os fatores estruturais são relevantes para a promoção do ambiente seguro, incluindo os acordos iniciais, o contrato de supervisão, as questões éticas e relacionais apresentadas e a agenda do encontro supervisionado. O *feedback* também entra como uma estratégia fundamental para a promoção do ambiente seguro: somada à competência do supervisor em promover um *feedback* adequado e ensinar o grupo a fornecê-lo e a recebê-lo, a coesão permite que ele seja feito de maneira mais palatável, com menor criticismo e maior foco no desenvolvimento (Barletta et al., 2021).

Assim, o desenvolvimento de técnicas de socialização é um fator que está intimamente ligado à função formativa da supervisão no sentido de desenvolver e aprimorar o repertório de uma importante categoria de competências do terapeuta: as competências sociais. Estas se referem à forma de se relacionar, à postura e à conduta na relação com o paciente (Honorato & Barletta, 2016; Scotton et al., 2021). Na supervisão, portanto, são trabalhadas diretamente essas competências (p. ex., postura ética do terapeuta, estabelecimento da aliança terapêutica e habilidades de comunicação, assertividade e escuta empática), pois é momento no qual o supervisor dispõe de diversas estratégias para fomentá-las.

Vale ressaltar que os diversos fatores grupais interagem entre si, resultando em um contexto em que há oportunidade de desenvolvimento (Singh, 2014). Dessa forma, resumindo a ligação entre os fatores grupais, a universalidade, fortalecida pelos fatores estruturais, evidencia as semelhanças entre os participantes, incluindo as dificuldades, conectando-os (coesão) emocionalmente e criando o vínculo de apego entre eles. Por sua vez, a coesão deixa o ambiente de grupo mais seguro e confortável, com a sensação de pertencimento e aceitação, o que favorece o compartilhamento de informações, inclusive pessoais, com a autorrevelação, a instilação de esperança, o altruísmo, a socialização e a aprendizagem interpessoal. A depender da perícia do supervisor e seu estilo de liderança, há maior probabilidade de fortalecer os fatores grupais em prol do desenvolvimento e alcance de metas, aproveitando, inclusive, as características dos participantes para impulsionar esse processo de mudança e aprendizado. Salienta-se que os fatores grupais se movem e se inter-relacionam de formas peculiares em cada grupo distinto, porém impactam, inegavelmente, tanto os relacionamentos quanto a aprendizagem (Barletta et al., 2021). Assim, recorre-se, mais uma vez, para a *expertise* e liderança do supervisor para o melhor aproveitamento, bem como para a importância da formação do supervisor clínico.

Como lidar com papéis difíceis ocupados por supervisionandos no grupo?

A literatura em TCCG indica que um dos possíveis problemas que podem ocorrer em grupos está relacionado à presença de pacientes difíceis (Bieling et al., 2008). Isso significa dizer que esses indivíduos assumem papéis que, pelas suas manifestações, apresentam um desafio para o processo grupal, para os outros membros e para a condução do grupo, podendo minar a efetividade do tratamento se não forem manejados adequadamente. No contexto das intervenções grupais, são propostos seis perfis de papéis difíceis assumidos pelos pacientes: o calado, o arrogante, o ajudante, o descrente, o errante e o membro não apropriado para o grupo (Bieling et al., 2008, Neufeld et al., 2017; Neufeld & Perón, 2022).

Neufeld (2011) destaca que tais papéis não devem gerar um estigma referente à pessoa que o ocupa, pois eles, na verdade, são do grupo, e não dos sujeitos – embora determinadas pessoas possam ter características semelhantes às dos papéis que ocupam no grupo. Sendo os papéis parte do processo grupal, eles podem circular entre os participantes, e diferentes pessoas podem assumir papéis semelhantes, a depender do movimento grupal que se apresenta. Assim, parece válido salientar que os papéis não necessariamente refletem o perfil ou a personalidade individual em sua totalidade ou em outros contextos, mas que, dentro daquele grupo, o indivíduo assume determinado papel. Por exemplo, o "arrogante" pode não agir dessa maneira em outros contextos de vida. Entretanto, também é importante destacar que as características do papel tendem a ser congruentes com algumas características da personalidade do indivíduo. Outro exemplo é que, dificilmente, uma pessoa tipicamente otimista assumirá no grupo o papel do descrente; a questão é que ela pode apresentar algumas características de personalidade que, no grupo, podem ser potencializadas. Ressalta-se, ainda, que, apesar de desafiadores, cada papel tem uma função quando adequadamente compreendidos, identificados e manejados pelo líder. Compreender esses papéis possibilita que o líder não tome para si ou "personalize" comportamentos inadequados, mas maneje e direcione essas atitudes para adereçar de maneira favorável o processo do grupo (Neufeld & Perón, 2022). Nesse sentido, é fundamental para o coordenador de grupo (o supervisor) ter conhecimento sobre esses papéis, a fim de evitar personificar e estigmatizar um supervisionando em específico.

Nas supervisões em grupo, os papéis podem, de maneira semelhante, se fazer presentes. Ressalta-se que os aspectos relacionados aos participantes podem influenciar as interações do grupo, favorecendo ou dificultando o alcance dos objetivos (Bieling et al., 2008; Burlingame, MacKenzie & Strauss, 2004). As autoras deste capítulo também identificaram outros dois papéis de difícil manejo na situação de supervisão em grupo, o ansioso e o perfeccionista. Sublinha-se que alguns papéis podem se sobrepor, em alguma medida. A seguir, características desses papéis e maneiras de lidar com eles serão apresentadas. Muitas das sugestões são baseadas no apresentado por Bieling et al. (2008), Neufeld (2011) e Neufeld et al. (2017) para manejo de participantes de grupos de intervenção e também na experiência das autoras na condução de grupos terapêuticos e de supervisão, com adaptações ao contexto de supervisão.

O papel do supervisionando calado refere-se àquele que permanece em silêncio na maior parte do tempo, participando minimamente. A pessoa pode ser tímida e estar desconfortável no contexto grupal, ou possuir pouca abertura ao processo de supervisão, refletindo essa participação mais cautelosa. Nesses casos, o supervisor pode observar ao longo dos encontros, sondando possíveis razões para a escassa participação. Muitas vezes, pode ser que o supervisionando mais tímido, com o tempo, sinta-se mais confortável no ambiente de supervisão, ou aquele mais cauteloso torne-se mais aberto, à medida que o supervisor cria um ambiente seguro. Para facilitar o envolvimento desse indivíduo, quando este compartilha algo, e aumentar o conforto no grupo, o supervisor pode conectar aquela experiência à dos outros integrantes com frases no estilo: "mais alguém tem essa dificuldade que [nome do supervisionando] está trazendo?". É útil também que o supervisor expresse empatia e reforce pequenas comunicações desse participante, trazendo a reflexão para o grupo, ou validando possíveis erros ou dificuldades apresentadas por ele. Ademais, pode-se abordar diretamente com o membro seus sentimentos sobre estar no grupo de supervisão, levantando questões com as quais outros participantes podem se relacionar, aumentando a coesão e o conforto. Cabe ressaltar a importância de que sejam feitos movimentos sutis, que irão progressivamente tornar-se mais explícitos, na direção de convidar a pessoa calada a participar, pois o efeito desse papel sobre o grupo, em geral, é de comprometimento da participação de outros integrantes e da coesão grupal.

O papel do arrogante é desempenhado por aquele terapeuta-aprendiz que tende a monopolizar o tempo do grupo com as próprias questões ou manifestar falas que, de maneira direta ou indireta, desqualificam o líder ou outros membros, em um movimento de acreditar que sua opinião ou seu jeito de lidar estão corretos e os dos outros, não. Esses indivíduos, além de prejudicarem a si mesmos pela interferência na agenda de supervisão, também dificultam a participação dos colegas, prejudicando a coesão grupal e a motivação para o engajamento na supervisão.

Bieling et al. (2008) sugerem estratégias sutis ou explícitas de contenção nesses casos. Primeiramente, podem ser usadas as sutis, como não reforçar a fala com perguntas, balançar a cabeça ou fazer contato visual. Ainda, se a pessoa no papel do arrogante interromper a fala de alguém, o supervisor pode redirecionar a atenção do grupo para quem foi interrompido, como: "[nome do interrompido], pode nos contar o que fez naquele momento?". Se essas estratégias não forem suficientes, o supervisor pode ser mais explícito: "deixe-me interrompê-lo aqui; você levantou uma dúvida interessante, será que mais alguém tem essa dúvida?", "preciso interrompê-lo por um momento, pois estou preocupado com o tempo e gostaria de dar a oportunidade para os outros terapeutas também tirarem suas dúvidas, tudo bem?". O supervisor pode, ainda, apontar que existem mais tópicos da agenda a serem abordados. Cabe ressaltar que tais intervenções na fala da pessoa que se encontra no papel do arrogante deve ser sempre acolhedora e amena, apesar de assertiva e direta, pois a forma de manejo desse papel acaba tendo um efeito importante sobre os demais (intervenções muito duras podem levar à diminuição da participação).

Além disso, quando o indivíduo no papel de arrogante fizer comentários desqualificantes sobre outro membro, o supervisor pode direcionar a fala para que o grupo o questione. Por exemplo, se ele comenta algo do tipo "acho que esta estratégia que o [nome do outro membro] usou com o paciente foi errada", o supervisor pode dizer para o restante do grupo: "o que vocês acham sobre a estratégia usada aqui? Concordam com a fala do [papel arrogante]?". Assim, a adequabilidade baseada nas evidências da literatura científica podem continuar sendo discutidas com todos. A desqualificação também pode ser direcionada à intervenção sugerida pelo supervisor ou a própria capacidade deste, com falas como: "não sei se isso vai funcionar com o meu paciente". Nesses casos, é quando ele de fato assume sua função no grupo, possibilitando que o líder mostre sua capacidade de liderar. Muitas vezes, é comum o líder tentar se justificar ou provar que é capaz, o que é uma armadilha. Em momentos como esse, o supervisor pode sentir certa urgência de se defender ou se justificar, e é importante que, em vez disso, ele mantenha uma postura tranquila, acolhendo a fala do supervisionando e seguindo a mesma estratégia de trazer a discussão com base em evidências para o grupo.

Há ainda as situações nas quais o membro no papel de arrogante comunica sua insatisfação a partir de comportamentos não verbais, sem expressar diretamente sua discordância ou insatisfação. Se isso for recorrente, o supervisor pode manejar perguntando diretamente: "tenho a impressão de que você está incomodado com algo, [nome do membro no papel de arrogante]. Você gostaria de compartilhar com o grupo o que está pensando?". E o manejo poderia seguir a mesma direção mencionada anteriormente, de acolher a opinião dele e processá-la com o grupo.

Já em relação ao papel do ajudante, alguns "subtipos" podem ser observados. Um deles refere-se àquele membro que frequentemente dá conselhos aos outros, ou mesmo ao supervisor, sobre o que deveriam fazer. Em alguns casos, conselhos adequados podem ser encorajados, porém é comum que muitos deles não sejam úteis para o desenvolvimento das habilidades terapêuticas. Por exemplo, um terapeuta pode sugerir a outro terapeuta do grupo que utilize uma estratégia inadequada com o paciente dele. Nesses casos, o supervisor pode novamente levar a sugestão para que o grupo discuta e dê *feedbacks* com base no que foi aprendido. O supervisor também pode perguntar ao membro que benefícios ou custos ele vislumbra como decorrentes do conselho seguido, levando também essa discussão ao restante do grupo. Assim, a sugestão inútil pode ser manejada de forma construtiva e processada no grupo para reforçar os princípios e estratégias terapêuticas que estão sendo aprendidas.

O outro subtipo do papel do ajudante é aquele que, na tentativa de ser útil, frequentemente faz recapitulações e afirmações que se aplicam a todos. Por exemplo, falas como "todos nós temos dificuldades com essa técnica" ou "nós, terapeutas, nos cobramos demais", sugerindo coisas, absorvendo a experiência grupal a partir de seu próprio arcabouço e deixando de focar em seus próprios sentimentos e pensamentos. Generalizações podem não contemplar a experiência de todos os membros, e alguns podem não se sentir confortáveis para discordar ou sentir que não se encaixam, prejudicado, por exemplo, a coesão e a universalidade. Nesses casos, é importante que o supervisor incentive cada um a focalizar em suas próprias experiências, com perguntas como "é assim para você?", "você tem dificuldades com essa técnica?", "você acha que se cobra demais?", "o que os outros membros pensam sobre isso?", "é assim para vocês também?". Ao mesmo tempo que o líder realiza o adequado manejo desse participante, lidando com as supergeneralizações e os muitos conselhos, ele tem a oportunidade de modelar a noção de que cada um precisa olhar para si e para a diversidade das suas experiências. Essa é a função do ajudante no grupo, oferecer ao líder essa oportunidade.

Ainda, é importante observar que, quando o ajudante está atuando com muita frequência, isso geralmente é indicativo de um afeto negativo flutuante na sessão. O ajudante acaba sendo um "para-raios" desse afeto, demonstrando certa urgência de "resolver" ou evitar o clima desagradável e partindo para conclusões precipitadas, com generalizações que objetivam minimizar o desconforto, privando os membros do grupo de processar, eles próprios, essas questões. Nesse sentido, observa-se uma ansiedade do indivíduo, que está diretamente associada à intolerância ao desconforto, fazendo que seu papel do ajudante se sobreponha relativamente ao papel do ansioso. O supervisor, ao manter uma postura tranquila e acolhedora e manejar o papel do ajudante, permite que as experiências sejam processadas adequadamente pelo grupo.

O supervisionando descrente é aquele que ou não acredita na supervisão, ou não acredita na teoria que está sendo discutida. Também pode haver dúvidas de sua parte com relação à técnica que está sendo proposta para o tratamento do paciente, à melhora do paciente em questão ou à sua capacidade de aplicar o que está sendo aprendido. É comum que esses terapeutas digam coisas como "já tentei essa técnica", "já tentei de tudo e ele não melhora" (e que tipicamente resistam a novas tentativas), ou mesmo "não acredito neste conceito". Neufeld e Perón (2022) e Bieling et al. (2008) apontam que o descrente pode também ser um membro que ocupa o papel de calado ou arrogante. A esse exemplo, se um supervisionando deixa de preparar a sessão (e/ou se preparar para a supervisão), de fazer alguma intervenção prevista no programa que está utilizando, ou relatar que não acredita naquele conteúdo (ou estratégia), o supervisor precisará fortalecer a possibilidade de o próprio terapeuta reavaliar, baseado em elementos factuais, a falta de adesão ao programa (ou ao conteúdo) e seu impacto para o paciente (e para a aprendizagem).

Ajudar o supervisionando a buscar evidências que suportam a intervenção escolhida, refletir sobre as necessidades do paciente e rever seus próprios esquemas, sem ofendê-lo, pode ser um desafio. Caso o terapeuta responda com agressividade, é importante que o supervisor intervenha logo que o comportamento aparecer, acolhendo brevemente as frustrações e validando os sentimentos que surgirem, usando, porém, estratégias assertivas capazes de oferecer limites adequados. Colocar um limite, de forma respeitosa e reflexiva sobre as consequências da agressividade (como a percepção de desrespeito), é fundamental para o participante e para o grupo, pois favorece mudanças de comportamento e contribui para a coesão e a modelação de comportamentos sociais. Ressalta-se que, a partir da identificação dos papéis que os participantes exercem em determinado grupo de supervisão, o treinamento de habilidades do supervisor no manejo do grupo torna-se fundamental. De acordo com Burlingame, Fuhriman e Johnson (2004), o treinamento passa pela liderança do terapeuta, incluindo: estrutura da supervisão, objetivo da aprendizagem, atividades interventivas educacionais, habilidades sociais (como empatia e assertividade), empirismo colaborativo e descoberta guiada.

A função do papel do descrente no grupo é conectar com a possibilidade de falhas, fundamental para que o líder do grupo exerça seu papel de instilar esperança, acolher falhas e restaurar confiança. O impulso inicial nesse tipo de situação é frequentemente tentar "convencer" o descrente de que as coisas não são como ele pensa, a partir de argumentação verbal, o que geralmente se mostra contraproducente, pois recrudesce o papel e dá ao grupo a falsa impressão de que erros, falhas ou desesperança não serão tolerados. O papel do líder é abrir espaço para as dificuldades, acolhê-las e inclusive reforçá-las, para que após todos terem trazido à tona suas dificuldades ele possa instilar esperança mostrando o quanto o grupo tem tentado e se esforçado, retomando a possibilidade de novas tentativas, com eventuais falhas, que fazem parte do processo.

O errante é aquele supervisionando com participação inconsistente no grupo por faltar com frequência, chegar atrasado ou sair mais cedo (no formato *on-line*, pode ser o que tem dificuldade para seguir as orientações, como a de manter a câmera aberta). Este papel de participante é o único que, de certa forma, "afronta" a liderança, pois desafia a estrutura do grupo e prejudica a condução e a coesão de forma direta. Assim, deve-se intervir nesses comportamentos o quanto antes, principalmente no caso de terapeutas em formação, que precisam ser devidamente orientados e supervisionados, inclusive para que a intervenção com o paciente não seja iatrogênica (Barletta & Neufeld, 2020). Além disso, um supervisionando no papel de errante pode reforçar (pelos motivos errados) uma crença dele ou de outras pessoas de que a supervisão e/ou a intervenção não foram efetivas.

Uma estratégia pertinente consiste em estabelecer, logo no início do processo, um contrato de supervisão e regras bem definidas, que devem ser aplicadas de forma consistente, para que os comportamentos do papel do errante não "contaminem" os demais. Além disso, tão logo percebido esse perfil, deve-se abordar o membro individualmente para identificar as dificuldades que podem estar interferindo na sua participação no grupo (p. ex., se o participante desempenha também o papel de descrente ou tem dificuldades logísticas/práticas, como horários, desorganização, transporte, e de motivação). Devem ser discutidas alternativas para viabilizar a participação consistente do terapeuta nas supervisões, levando-se em consideração o contexto da supervisão: é uma atividade obrigatória (no caso dos estágios de graduação) ou trata-se de um contexto particular em que o terapeuta procurou arbitrariamente a supervisão? No segundo caso, pode-se discutir a adequabilidade da supervisão no atual momento do terapeuta e as possibilidades alternativas.

A existência de um membro no papel de não adequado para o grupo pode se dar de diversas formas. Um exemplo é um terapeuta em formação que destoa cognitivamente, de forma acentuada, dos demais ou alguém que esteja em um momento de desenvolvimento profissional diferente (p. ex., um aluno de graduação em um grupo de profissionais mais experientes ou um aluno que ainda não tenha conhecimento básico na teoria em um grupo de estagiários de quarto ou quinto ano). Esse descompasso também pode decorrer da não homogeneidade de objetivo em relação ao grupo (p. ex., quando o tipo, modalidade ou finalidade de supervisão não é exatamente o que o indivíduo está buscando no momento) ou, como ocorre em muitos cursos de graduação, da obrigatoriedade de se passar por um estágio com o qual não se identifica.

Com o papel do errante, o manejo varia justamente de acordo com o contexto da supervisão. No caso da supervisão de um estágio obrigatório, do qual o aluno não escolheu participar, é necessário que o supervisor reconheça que os comportamentos inadequados ou a falta de engajamento não se tratam de algo pessoal, e busque trabalhar com modelagem, ou seja, reforçando comportamentos e atitudes adequadas e extinguindo as inadequadas. Pode-se também usar a modelação, reforçando os comportamentos adequados de outros membros e o ganho obtido a partir deles. Em contrapartida, quando o terapeuta opta voluntariamente pela supervisão, deve-se dar *feedback* individualmente e discutir alternativas de supervisão que melhor atendam às suas necessidades, como supervisão individual ou mudança para outro grupo.

Em relação a papéis difíceis comumente encontrados no contexto das supervisões, mais especificamente, um dos tipos identificados pelas autoras é o perfeccionista. Trata-se do terapeuta que tem dificuldade em aceitar que a intervenção não será perfeita ou que precisa repassar minuciosamente o roteiro de sessão em supervisão, sendo que as intervenções e atividades da própria supervisão parecem não ser suficientes para ele. Frequentemente isso é percebido em terapeuta/estagiário iniciante, que espera sair do estágio "sabendo tudo" sobre como atender pacientes, muitas vezes ignorando que está em uma fase inicial de aquisição de competências e que o percurso profissional requer aprimoramento constante, mesmo para os terapeutas mais experientes.

Ter um supervisionando no papel perfeccionista no grupo pode ser um desafio, pois ele pode monopolizar o tempo da supervisão (não como no caso do papel arrogante, mas por esperar atingir o máximo do seu "preparo"), além de surtir efeito negativo nos outros membros por eliciar uma autocobrança irrealista no grupo. O perfeccionista pode, ainda, influenciar na coesão grupal, devido às inconvenientes demandas excessivas na supervisão. Entretanto, se corretamente manejado pelo supervisor, o papel perfeccionista pode funcionar de maneira a elevar o nível e incentivar o supervisor a se superar em seus conhecimentos e habilidades. Esse manejo pode se dar, por exemplo, fazendo-se "psicoeducação" com o terapeuta que desempenha esse papel. É importante discorrer sobre a aquisição de competências nas diferentes fases, que em cada uma delas é esperado um nível específico de *performance* (Scotton & Neufeld, no prelo) e que no caso dele não é esperado *expertise* clínica. Além disso, é importante destacar a formação continuada e abertura para novas supervisões como competência essencial do terapeuta (Scotton et al., 2021). Pode ser útil trabalhar técnicas que visem à flexibilização de pensamentos "tudo ou nada" em relação às próprias intervenções, podendo-se utilizar o *feedback* dos outros integrantes do grupo em relação ao seu desempenho, quando se mostra excessivamente autoexigente. Eubanks (2022) aponta que uma das possibilidades é visitar as gravações para que se possa focar no comportamento e em suas consequências no grupo (seja na relação interpessoal, seja na aprendizagem), em vez de tornar o processo pessoal.

Na experiência das autoras deste capítulo, essa orientação descrita por Eubanks (2022) pode ser corroborada em uma situação de supervisão com estagiários de graduação, na qual a estratégia didática foi a de rever a gravação de uma sessão clínica durante a supervisão grupal. A atividade teve como intuito a colaboração do grupo, possibilitando que todos pudessem dar *feedbacks* realistas em relação à *performance* do participante no papel perfeccionista, destacando pontos positivos e pontos de melhoria. Nesse processo, conforme descrito na literatura (Neufeld et al., 2017), foi possível reavaliar as distorções cognitivas e expectativas irrealistas sobre o desempenho do participante, o que permitiu ressignificar o senso de autoeficácia, bem como a elaboração de possíveis mudanças comportamentais. De forma ampliada, os outros integrantes do grupo puderam refletir sobre o seu repertório e desempenho para além do apresentado pelo participante (papel perfeccionista) na sessão gravada. Entende-se que isso foi possível pela coesão grupal estabelecida previamente e pelo altruísmo e universalidade compartilhada entre os membros desse grupo supervisionado (Feitosa & Barletta, 2010), o que favoreceu o ambiente seguro para exposição, acolhendo as dificuldades e colaborando com o desenvolvimento.

Já o membro no papel ansioso é aquele terapeuta ou estagiário que frequentemente antecipa possíveis catástrofes que poderiam ocorrer nas suas intervenções, sempre questionando ("e se...?") e checando obsessivamente o planejamento (não necessariamente por perfeccionismo, mas por medo de que as coisas deem errado ou por não saber como intervir). Outro comportamento comum para esse tipo de funcionamento é ficar remoendo o que aconteceu na sessão, esperando por reasseguramento e validação constantes do supervisor. A avidez por aprender e aplicar técnicas "avançadas" e um descuido com a aprendizagem de competências básicas também podem ser observadas – quase como se houvesse uma "corrida contra o relógio" e não fosse possível "perder tempo com o básico" afinal, "supervisão paga no futuro profissional é muito cara". Este papel, se não manejado adequadamente, costuma causar os mesmos efeitos negativos que os gerados pelo papel perfeccionista em uma supervisão grupal. Entretanto, apesar de os dois papéis terem uma interseção, nem sempre se sobrepõem. Além disso, a função do ansioso, quando bem "administrada", pode ser o de prever, de fato, possíveis imprevistos na sessão de intervenção e preparar melhor os membros do grupo para lidar com eles.

O papel do ansioso representa, para o líder, a oportunidade de dar a devida atenção e valor ao planejamento das sessões e das supervisões. Assim, o principal manejo do supervisor é "descatastrofizar". É importante que, em um primeiro momento, as catastrofizações e angústias sejam expressas e ventiladas e, à medida que a regulação emocional seja incluída como atividade na supervisão, o grupo aumente seu manejo com tais reações esquemáticas, juntamente com a devida ênfase no planejamento das sessões. Entende-se que, como segundo passo, a atividade possa engendrar um raciocínio de resolução de problemas e manejo de distorções, a partir do empirismo colaborativo. Neufeld et al. (2017) sugerem o levantamento de evidências, a avaliação dos pensamentos e comportamentos potencialmente disfuncionais e, na sequência, a elaboração de planos de ação adequados àquela situação. Vale destacar que, caso o participante apresente ansiedade que não parece ser resolvida com o manejo na supervisão, o supervisor pode sugerir, em uma conversa individual, novas estratégias, incluindo a terapia pessoal. Esta última sugestão não se aplica apenas ao papel do ansioso, mas a todos os comportamentos problemáticos quando exacerbados. Além da sugestão de terapia individual, a inclusão de estratégias de autorreflexão e autoprática na supervisão (ver Cap. 6 para mais detalhes sobre esses conceitos e sua prática) também acaba tendo um papel potencializador dos processos grupais saudáveis.

Levando em consideração que esses papéis de difícil manejo são desafiadores para o supervisor, salienta-se, mais uma vez, a importância da formação profissional específica para a atividade de supervisão. Sabe-se que a liderança do supervisor é um fator de grupo essencial na TCCG (Bieling et al., 2008; Burlingame, MacKenzie & Strauss, 2004) e, consequentemente, na supervisão em formato grupal. O manejo do supervisor para equilibrar os papéis (Scotton & Neufeld, no prelo), favorecendo o processo de aprendizagem e desenvolvimento do grupo, é uma das competências esperadas desse profissional, porém, sabe-se que são de extrema complexidade (Barletta et al., 2021).

CONSIDERAÇÕES FINAIS

Este capítulo teve como objetivo discutir sobre os fatores de processo grupal presentes em grupos de supervisão em TCC, para o que, em geral, não é dado vazão na literatura. Entende-se que, da mesma forma que é competência essencial do terapeuta de grupos conhecer e manejar tais fatores, esse atributo também se faz fundamental ao supervisor de grupos, uma vez que eles interagem com os aspectos técnicos da supervisão capazes de influenciar positiva ou negativamente seus resultados e sua efetividade. É importante ressaltar que o capítulo não visa esgotar a discussão, e sim prover aos supervisores reflexões importantes acerca dos fatores de grupo.

Nesse sentido, de forma reflexiva e com o intuito de favorecer a qualidade da supervisão, sugerimos fortemente que o profissional que oferta supervisão em formato grupal avalie se sua proposta está ocorrendo como um grupo ou como um agrupamento. Além disso, vale identificar como está o manejo dos fatores grupais, avaliar as características dos participantes e pensar sobre como aperfeiçoar o processo no sentido da potencialização de aprendizagem e desenvolvimento.

REFERÊNCIAS

American Psychological Association (APA). (2014). *Guidelines for clinical supervision in health service psychology*. http://apa.org/about/policy/guidelines-supervision.pdf

Barletta, J. B., Araújo, R. M., & Neufeld, C. B. (no prelo). Levantamento do perfil de supervisores clínicos de terapia cognitivo-comportamental no Brasil. *Estudos de Psicologia (Campinas)*.

Barletta, J. B., Fonseca, A. L. B., & Delabrida, Z. N. C. (2012). A importância da supervisão de estágio clínico para o desenvolvimento de competências em terapia cognitivo-comportamental. *Psicologia: Teoria e Prática, 14*(3), 153-167.

Barletta, J. B., & Neufeld, C. B. (2020). Novos rumos da supervisão clínica em terapia cognitivo-comportamental: Conceitos, modelos e estratégias baseadas em evidências. In FBTC, C. B Neufeld, E. M O. Falcone, & B. Rangé (Orgs.), *PROCOGNITIVA - Programa de Atualização em TCC: Ciclo 7* (pp. 119-158). Artmed Panamericana. (Sistema de educação continuada à distância, v. 2).

Barletta, J. B., Scotton, I. L., & Neufeld, C. B. (2021). *Fatores grupais na supervisão em grupo na perspectiva da TCC*. In XIII Congresso Brasileiro de Terapias Cognitivas: Ampliando fronteiras e integrando terapias cognitivas e contextuais.

Beck, J. S. (2021). *Terapia cognitivo-comportamental: Teoria e prática* (3. ed.). Artmed.

Bieling, P. J., McCabe, R. E., & Antony, M. M. (2008). *Terapia cognitivo-comportamental em grupos*. Artmed.

Burlingame, G. M., MacKenzie, K. R., & Strauss, B. (2004). Small group treatment: Evidence for effectiveness and mechanisms of change. In M. J. Lambert (Ed.), *Bergin & Garfield's handbook of psychotherapy and behavior change* (5th ed., pp. 647-696). Wiley.

Burlingame, G. M., Fuhriman, A. J., & Johnson, J. (2004). Process and outcome in group counseling and psychotherapy: A perspective. In J. L. DeLucia-Waack, D. A. Gerrity, C. R. Kalodner, & M. T. Riva (Eds.), *Handbook of group counseling and psychotherapy* (pp. 49-61). SAGE.

Christensen, A. B., Wahrén, S., Reinholt, N., Poulsen, S., Hvenegaard, M., Simonsen, E., & Arnfred, S. (2021). "Despite the differences, we were all the same". Group Cohesion in Diagnosis-Specific and

Transdiagnostic CBT Groups for Anxiety and Depression: A qualitative study. *International Journal of Environmental Research and Public Health, 18*(10), 5324.

Corrie, S., & Lane, D. A. (2015). *CBT supervision.* SAGE.

Eubanks, C. F. (2022). Rupture repair. *Cognitive and Behavioral Practice, 29*(3), 554-559.

Feitosa, E. P. S., & Barletta, J. B. (2010). *Importância de fatores de grupo para psicólogos em Aracaju/SE: Um estudo exploratório* (pp. 80-81). In Anais do XIV ALAMOC - Congresso Latino-Americano de Análise e Modificação do Comportamento.

Grassby, S., & Gonsalvez, C. (2022). Group supervision is a distinct supervisor competency: Empirical evidence and a brief scale for supervisory practice. *Australian Psychologist, 57*(6), 352-358.

Honorato, A. R. R., & Barletta, J. B. (2016). Estratégias de ensino e competências desenvolvidas na supervisão clínica em terapia cognitivo-comportamental: Uma revisão integrativa da produção nacional. In A. L. B. Fonseca, M. S. S. Mariano, & J. B. Barletta (Orgs.), *Comportamento, desenvolvimento e cultura: Análise de contexto* (pp. 125-147). CRV.

Kazantzis, N., Dattilio, F. M., & Dobson, K. S. (2017). *The therapeutic relationship in cognitive-behavioral therapy: A clinician's guide.* Guilford.

Loades, M. E., & Armstrong, P. (2016). The challenge of training supervisors to use direct assessments of clinical competence in CBT consistently: A systematic review and exploratory training study. *The Cognitive Behaviour Therapist, 9*(27), 1-20.

Neufeld, C. B. (2011). Intervenções em grupos na abordagem cognitivo-comportamental. In B. Rangé (Org.), *Psicoterapias cognitivo-comportamentais: Um diálogo com a psiquiatria* (2. ed., pp. 737-750). Artmed.

Neufeld, C. B., Maltoni, J., Ivatiuk, A. L., & Rangé, B. (2017). Aspectos técnicos e o processo em TCCG. In C. B. Neufeld, & B. Rangé (Orgs.), *Terapia cognitivo-comportamental em grupos: Das evidências à prática* (pp. 33-56). Artmed.

Neufeld, C. B., & Péron, S. (2022). Terapia cognitivo-comportamental em grupos. In FBTC, C. B. Neufeld, E. M. O. Falcone, & B. Rangé (Orgs.), *PROCOGNITIVA - Programa de Atualização em Terapia Cognitivo-Comportamental: Ciclo 8* (pp. 37-59). Artmed Panamericana. (Sistema de educação continuada à distância, v. 4).

Proctor, B. (2008). *Group supervision: A guide to creative practice.* SAGE.

Roth, A. D., & Pilling, S. (2008). *A competence framework for the supervision of psychological therapies.* http://www.ucl.ac.uk/CORE/

Scotton, I. L., Barletta, J. B., & Neufeld, C. B. (2021). Competências essenciais ao terapeuta cognitivo-comportamental. *Psico-USF, 26*(1), 141-152.

Scotton, I. L., & Neufeld, C. B. (no prelo). Competências do psicoterapeuta de grupos: uma revisão narrativa. *Revista Brasileira de Psicoterapia.*

Singh, S. (2014). Delivering group CBT-competencies and group processes. *Journal of Cognitive-Behavioral Psychotherapy and Research, 3*(3), 150-155.

Sokol, L., & Fox, M. G. (2016). Training CBT supervisors. In D. M. Sudak, R. T. Codd III, J. Ludgate, L. Sokol, M. G. Fox, R. Reiser, & D. L. Milne (Orgs.), *Teaching and supervising cognitive behavioral therapy* (pp. 227-242). Wiley.

Sudak, D. M. (2016). Core competencies in cognitive behavioral therapy training. In D. M. Sudak, R. T. Codd, III, J. Ludgate, L. Sokol, M. G. Fox, R. Reiser, & D. L. Milne (Orgs.), *Teaching and supervising cognitive behavioral therapy* (pp. 25- 36). Wiley.

Urmanche, A. A., Minges, M., Eubanks, C. F., Gorman, B. S., & Muran, J. C. (2021). Deepening the group training experience: Group cohesion and supervision impact in alliance-focused training. *Group Dynamics: Theory, Research, and Practice, 25*(1), 59-73.

Valentino, A.L., LeBlanc, L.A. &, Sellers, T. P. (2016). The benefits of group supervision and a recommended structure for implementation. *Behavior Analysis in Practice, 9*(4), 320-328.

Yalom, I. D, & Leszcz, M. (2006). *Psicoterapia de grupo: Teoria e prática*. Artmed.

Yalom, I. D., & Leszcz, M. (2020). *The theory and practice of group psychotherapy*. Basic Books.

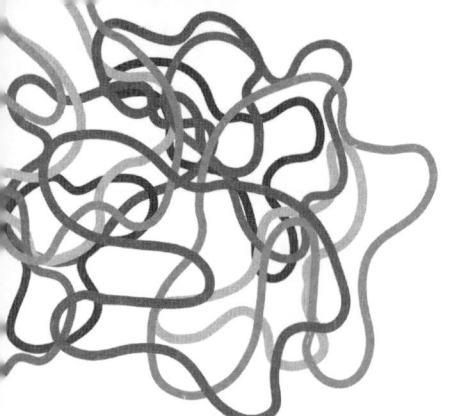

13

Aspectos culturais na supervisão e treinamento
Desenvolvendo competências para abordar gênero e sexualidade

Ramiro Figueiredo Catelan
Aline Sardinha
Janaína Bianca Barletta
Carmem Beatriz Neufeld

Ao se buscar as diretrizes da American Psychological Association ([APA], 2014), a competência para trabalhar com a diversidade cultural e toda sua complexidade é indicada como um dos domínios profissionais e critérios de supervisão. Embora o olhar da comunidade clínica sobre a diversidade tenha se ampliado, ainda hoje, no contexto da psicologia clínica, há uma lacuna na formação dos profissionais no que diz respeito ao desenvolvimento e sensibilidade às diversidades culturais.

A esse exemplo, Neufeld et al. (2021), em seu estudo sobre como os aspectos culturais brasileiros afetam tanto o treinamento como a prática clínica em terapia cognitivo-comportamental (TCC), apontaram que o foco inicialmente ficou direcionado a valores e cultura norte-americanos e europeus, lugares onde essa terapia teve seu nascimento e principal desenvolvimento teórico. Por um lado, houve uma reprodução de protocolos ao redor do mundo, sem necessariamente abranger e agregar as características populacionais de diferentes nacionalidades, regionalidades, religiões, etnias, etc. Por outro lado, cada vez mais, a TCC tem buscado incluir aspectos culturais de um grupo ou indivíduo, a fim de customizar a sua aplicabilidade com o intuito de ser pertinente e eficiente à demanda específica, porém sem se desvincular de seus princípios e axiomas.

Para tanto, ainda que de forma inicial, Naeem et al. (2016) propuseram diretrizes com etapas para a adaptação cultural da TCC: a) iniciando com um levantamento sobre a comunidade para conhecer as especificidades, características e valores, com métodos qualitativos envolvendo múltiplos respondentes, a fim de produzir orientações para adaptações dos manuais; b) passando, em seguida, para a adaptação cultural de manuais e protocolos de pesquisas clínicas já existentes, com testes *in loco* na cultura específica; c) organizando os dados, incorporando as questões técnicas e filosóficas da TCC, os fatores culturais e os marcadores sociais da desigualdade (p. ex., gênero, sexualidade, religião, acesso ao serviço de saúde, políticas públicas) para refinar, adequar e viabilizar a proposta terapêutica para contextos culturais específicos; e d) por último, realizando ensaios clínicos randomizados a fim de verificar a eficácia e o refinamento das diretrizes.

Partindo da ideia de que a cultura é um fator importante no fomento de expectativas, na atribuição de sentidos e percepções, no enfrentamento às dificuldades cotidianas, no estilo de vida e nas relações estabelecidas (Naeem, 2019), torna-se essencial compreendê-la no processo psicoterápico. Esse olhar corrobora a própria perspectiva de Beck (2004), que aponta que a realidade sociocultural específica é uma ancoragem para o estabelecimento de crenças individuais, o que, por consequência, impacta na compreensão do indivíduo e de sua comunidade.

Sabe-se ainda que não se pode falar de uma única cultura, e sim de um fenômeno complexo e multifacetado, uma vez que existem subculturas, isto é, características que abrangem comunidades específicas que, por sua vez, fazem parte de um grupo cultural maior (Neufeld et al., 2021). Crenshaw, em 1989, com seu interesse em compreender como diferentes aspectos culturais operam juntos nas discriminações e desigualdades para mulheres negras, sistematizou o conceito de interseccionalidade (Assis, 2019). Assim, ao depreender que não apenas um, mas diferentes sistemas e aspectos culturais ocorrem ao mesmo tempo e criam desigualdades que estruturam posições relativas às minorias, é fortalecido o entendimento de que a interseccionalidade gera opressões e diminui o empoderamento de maneira mais intensa (Crenshaw, 2002). Essa autora solidificou a noção de que não basta identificar os marcadores sociais, é preciso compreender como eles interagem entre si (Fig. 13.1). Esse entendimento em psicoterapia e na supervisão clínica pode favorecer o cuidado efetivo e a busca de estratégias e manejos de cotidianos vivenciados com múltiplas exclusões. Vale ressaltar que no processo psicoterápico é importante compreender e estar sensível à experiência do indivíduo, observando como cada aspecto relacionado às questões culturais e grupais (p. ex., poder, privilégio e opressão) dialogam com a construção das respectivas identidades sociais.

A Figura 13.1 representa diferentes marcadores sociais de desigualdade que podem ocorrer simultaneamente em diferentes culturas e comunidades. A figura original proposta por Crenshaw (2012) apresenta no círculo inferior a "localidade geográfica", apontando para aspectos culturais da região sul dos Estados Unidos. Na figura aqui apresentada, a substituição pelo termo "religiosidade" foi proposta em função da diversidade vivida no contexto brasileiro, apenas como exemplo, mas vale ressaltar os inúmeros aspectos que podem ser considerados.

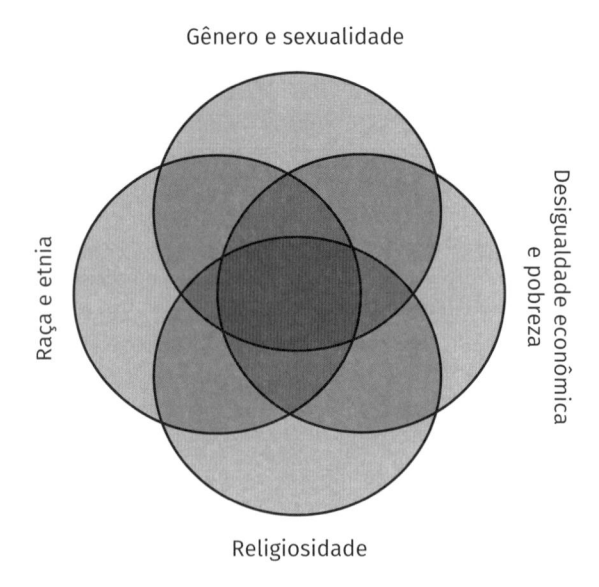

FIGURA 13.1 Interseccionalidade.
Fonte: Elaborada com base em Crenshaw (2012).

A partir dessa breve introdução sobre a importância do entendimento e da sensibilidade às diferenças culturais, este capítulo tem como objetivo apresentar um modelo para o desenvolvimento de competências terapêuticas relacionadas a elementos de gênero e sexualidade. Para tanto, em um primeiro momento, serão discutidos aspectos culturais, perfazendo as nuances entre o conceito de competências multiculturais e humildade cultural. Na sequência, serão apresentados os pilares básicos do gênero e da sexualidade. Também será lançado um amplo olhar para os principais aspectos da supervisão e treinamento de terapeutas com ênfase na diversidade sexual e de gênero. Ao final, serão disponibilizadas algumas atividades e dicas práticas.

CULTURA, MULTICULTURALISMO E O MITO DA UNIVERSALIDADE

O conceito de cultura é alvo de controvérsia teórica e amplamente discutido há décadas. A perspectiva adotada neste capítulo considera que a cultura "pode ser definida como um conjunto de elementos que medeiam e qualificam qualquer atividade física ou mental que não seja determinada pela biologia e que seja compartilhada por diferentes membros de um grupo social" (Langdon & Wiik, 2010, p. 175). Isso significa que uma cultura envolve uma série de: 1) símbolos, linguagens e construtos cognitivos; 2) padrões comportamentais e interacionais; 3) normas e prescrições; 4) valores e princípios; e 5) experiências internalizadas e incorporadas. Esses elementos apresentam variação contextual em termos de seu aprendizado, são compartilhados por uma determinada comunidade e sofrem um processo de padronização que os torna "naturalizados" (Mintz, 2010).

O multiculturalismo, ou pluralismo cultural, é a ideia de que existe uma ampla diversidade de perspectivas culturais em uma determinada sociedade (Taylor, 1992). A perspectiva multicultural mostra-se desafiante em sociedades que giram em torno do monoculturalismo, ou seja, a hegemonia de uma única visão cultural, que pode resultar na visão distorcida de que o multiculturalismo é uma ameaça à identidade nacional e aos valores tradicionais (incluindo a inexistente e utópica "família tradicional").

Alguns países desenvolvem leis, ações e regulamentos para proteger identidades culturais específicas, que costumam ser marginalizadas socialmente, visando à equidade e à antidiscriminação. Perspectivas sociais multiculturalistas reconhecem a existência de diversas identidades sociais que constituem as pessoas e fomentam o aceite de múltiplos códigos de conduta, bem como a garantia do acesso à educação e ao mercado de trabalho, que se mostram muitas vezes entraves quando há prevalência de um discurso monocultural (Raguso, 2005). Isso guarda uma relação próxima com a história da psicoterapia como um suposto processo universal. O estabelecimento de uniformização e padronização de tratamentos baseados em evidências foi fundamental para que o número de pesquisas compromissadas com a testagem de processos psicoterápicos aumentasse expressivamente, contribuindo para a qualidade do desenvolvimento de intervenções. No entanto, cada vez mais tem-se discutido a importância de promover tratamentos culturalmente adequados, sensíveis e empáticos, que abordem as especificidades de grupos minoritários, já que a maior parte dos protocolos possui generalização limitada de suas evidências a participantes de diferentes grupos culturais, não podendo ser aplicados de forma universal, acrítica e sem adaptações (Cardemil, 2010).

Os estudos multiculturais sobre avaliação e tratamento psicológico surgiram a partir da década de 1970 para questionar qual o pressuposto de normalidade utilizado para estabelecer os critérios de universalidade comumente usados em pesquisas. Quem faz parte da norma? Os achados derivados de amostras utilizadas nos estudos podem ser generalizados para outros grupos populacionais? Se analisadas as características sociodemográficas de estudos em avaliação psicológica, por exemplo, percebe-se que muitos dos sujeitos de pesquisa são pessoas brancas, que compõem um grupo étnico/racial específico, divergente em muitos aspectos de comunidades de pessoas negras e latinas nos Estados Unidos. Seriam as pessoas brancas sinônimo de normalidade e universalidade a ponto de servirem de parâmetro para informar intervenções direcionadas a outros grupos sociais? (Malgady & Colon-Malgady, 2008).

COMPETÊNCIAS MULTICULTURAIS

Um processo de psicoterapia ou *counseling* multicultural pode ser definido

> [...] tanto como um papel de ajuda como um processo que utiliza modalidades e define metas consistentes com as experiências de vida e valores culturais das/os clientes, reconhece suas identidades para incluir dimensões individuais, grupais e universais, defende o uso de estratégias e papéis universais e específicos da cultura no processo de cura e equilibra a importância do individualismo e coletivismo na avaliação, diagnóstico e tratamento das/os clientes e seus respectivos sistemas (Sue & Torino, 2005, p. 6; tradução nossa).

Competências multiculturais são habilidades terapêuticas para se comunicar, interagir, negociar e intervir de forma apropriada e sensível com clientes de diferentes *backgrounds* culturais e identitários. Envolvem sensibilidade cultural para o respeito e valorização da diversidade humana, oferecendo intervenções apropriadas para, por exemplo, minorias sociais, étnicas/raciais e de gênero/sexualidade. O desenvolvimento de competências multiculturais é relevante para o trabalho com indivíduos LGBT (lésbicas, *gays*, bissexuais e transgênero) e permite compreender como as diversas identidades culturais e marcadores sociais da diferença (p. ex., raça, classe social, idade, orientação sexual, localização geográfica) se agrupam/interseccionam e impactam a vida das pessoas e se manifestam no contexto clínico (American Psychological Association [APA], 2011; Sue et al., 2009).

Os objetivos de programas de desenvolvimento de competências multiculturais são: 1) construir maior autoconsciência e receptividade a diversas populações de clientes; 2) fomentar a excelência clínica e fortalecer a aliança terapêutica com os clientes; e 3) reduzir as disparidades em saúde por meio da melhoria da qualidade e do atendimento econômico para todas as populações. Nesses programas, deve haver uma definição ampla e inclusiva de diversidade populacional, abrangendo considerações sobre raça, etnia, classe, idade, gênero, orientação sexual, deficiência, idioma, religião e outros índices de diferença (Gilbert & Fortier, 2003).

O modelo das competências multiculturais proposto por Sue e Sue (2008) descreve três competências básicas para psicoterapeutas:

a. Consciência da(o) psicoterapeuta sobre seus próprios pressupostos, valores, vieses e preconceitos. É preciso que estejamos atentas(os) às avaliações cognitivas e crenças sobre a diversidade humana e diferentes grupos sociais, pois isso pode impactar no atendimento clínico. Visões específicas sobre o comportamento humano e critérios de julgamento do que é normal ou anormal informam as condutas psicoterápicas, o que requer que psicoterapeutas tenham seus vieses previamente analisados antes de conduzir psicoterapia com indivíduos de minorias sociais. Por exemplo, qual a responsabilidade que um psicoterapeuta branco, cisgênero e heterossexual terá diante de uma cliente negra, trans e bissexual? O psicoterapeuta é capaz de avaliar e reconhecer a intersecção que as identidades racial, de gênero e sexual podem acarretar na vida da cliente?

b. Compreensão da visão de mundo e da diversidade cultural de clientes e suas comunidades. A realidade cultural e variáveis relacionadas aos marcadores sociais da diferença ajudam a formatar o modo como cada pessoa pensa, toma decisões e se comporta. Considerando que muitas das teorias e intervenções psicológicas são produzidas a partir de uma matriz ocidental, branca e heterossexual, os pressupostos de realidade contidos nessas perspectivas podem não ser compatíveis com a visão de clientes pertencentes a determinados grupos sociais. Assim, é crucial que psicoterapeutas conheçam os hábitos, valores e crenças dos indivíduos e suas respectivas comunidades, não para adotá-las como sua própria cosmovisão, mas para observar, acolher e aceitar a diferença de uma maneira não julgadora. Por exemplo, nas comunidades *gays* dos grandes centros urbanos é comum o uso de aplicativos de relacionamento para encontrar sexo de modo fácil e rápido, o que estabelece uma série de dinâmicas sexuais bastante distintas daquelas encontradas nas comunidades heterossexuais. Ainda, pessoas trans podem ter uma série de necessidades de transição social e médica que podem ser relevantes no contexto da psicoterapia. Conhecer previamente particularidades culturais e contextuais, gírias e comportamentos típicos (tomando cuidado para não incorrer em generalizações) pode ajudar psicoterapeutas a acessar melhor as(os) clientes.

c. Desenvolvimento de estratégias e técnicas de intervenção adequadas. As chances de efetividade aumentam quando psicoterapeutas conseguem avaliar e formular adequadamente cada caso, para, a partir daí, selecionar alvos específicos e aplicar as melhores intervenções. Entretanto, nem todas as estratégias de psicoterapia são elegíveis para todas as pessoas. No que tange a certos clientes *gays* cis, por exemplo, intervenções que busquem questionar o conteúdo cognitivo podem ser interpretadas como invalidantes, devido à alta exposição a experiências de preconceito e hostilidade nos âmbitos familiar e comunitário. Uma abordagem multicultural poderia questionar a funcionalidade/utilidade do pensamento, em vez de seu conteúdo. Da mesma maneira, certos comentários ou autorrevelações feitas por um psicoterapeuta cis hétero a um cliente também cis hétero podem não fazer sentido ou não serem adequados a uma cliente lésbica cis ou a um cliente trans.

HUMILDADE CULTURAL

Em contraponto à noção de competências multiculturais, surgiu a proposição da humildade cultural como um paradigma crítico alternativo para pensar a gestão da diversidade no cuidado em saúde. Nesse modelo, a perspectiva de cultura envolve o reconhecimento das camadas de identidade cultural e o pressuposto de que trabalhar com diferenças culturais é um processo permanente e que dura toda a vida, e não poderia ser "adquirido" a partir de treinamento (Tervalon & Murray-Garcia, 1998).

A proposta da humildade cultural busca fomentar a habilidade de manter uma instância direcionada à outra pessoa, com abertura a aspectos culturais que são importantes para ela. Para entender nossos clientes, devemos também entender nossas comunidades, colegas e a nós mesmos. Isso requer humildade e reconhecimento dos desequilíbrios de poder que existem nas relações cliente-terapeuta e na sociedade. Além disso, há uma ênfase no desenvolvimento da auto-humildade em detrimento de buscar um estado de *awareness* e conhecimento sobre os grupos. O foco é a introspecção e a aprendizagem a partir da escuta, bem como a normalização do não saber enquanto se busca saber e crescer junto a cada cliente a partir da experiência vivida (Foronda et al., 2016).

Defensores do modelo da humildade cultural alegam que a ideia de competências multiculturais reforça uma noção de oposição entre *outsiders* (quem está "de fora", por exemplo, o terapeuta) *versus insiders* (quem está "dentro", por exemplo, o cliente). Um pressuposto desse modelo é a ideia de que todos temos uma identidade cultural e que as relações interpessoais, incluindo-se aqui a relação terapêutica e de supervisão, são necessariamente atravessadas pelo encontro dessas identidades e suas representações sociais. Nesse sentido, um dos elementos fundamentais de reflexão é o contato com a própria identidade cultural, especialmente para terapeutas e supervisores de grupos privilegiados em contraponto a uma naturalização da identidade cultural dos indivíduos pertencentes a tais grupos. Não são apenas os grupos minorizados que têm uma "cultura" que precisamos conhecer para melhor tratar. Todos nós somos frutos de uma cultura.

Assim, coloca-se em xeque o pressuposto de que é possível "adquirir" competência em uma cultura, ressaltando-se os riscos de programas de desenvolvimento de competências multiculturais acabarem em "receitas de bolo" que podem, inclusive, reforçar determinados estereótipos. Ao mesmo tempo, falta um modelo para sistematização operacional da humildade cultural e como trabalhá-la, além de uma escassez de evidências que sustentem esse paradigma e ausência de resultados específicos (Greene-Moton & Minkler, 2020). Defendemos que esses modelos não são mutuamente excludentes e que elementos de ambos podem ser incorporados com vistas ao desenvolvimento de um trabalho – tanto terapêutico quanto formativo – inclusivo e culturalmente abrangente.

PILARES DO GÊNERO E SEXUALIDADE

Aspectos da sexualidade

Existe uma série de teorias que tentam explicar os fenômenos relacionados a gênero e sexualidade. Inúmeras disciplinas contribuem para isso, como sociologia, antropologia, história, estudos culturais, filosofia, psicologia, entre outras. O consenso é difícil de ser alcançado devido à heterogeneidade desses fenômenos. A título de sumarização, procuramos aqui nos alicerçar nas definições correspondentes ao campo de estudos psicológicos, estabelecendo um amálgama conceitual a partir dos principais modelos teóricos disponíveis até o momento (APA, 2011).

Sexualidade é um conjunto de atitudes, desejos e tendências relacionadas à experiência romântica e/ou sexual. Costuma ser usada, de maneira geral, para descrever uma série de comportamentos e identidades assumidas pelos indivíduos nos seus contatos interpessoais. Orientação sexual é um termo abrangente para designar diferentes elementos associados à atração sexual; em outras palavras, para onde o desejo se direciona, de quem gostamos, com quem queremos ter relações afetivas e/ou sexuais (Levine, 2002).

Existem três elementos centrais na orientação sexual: identidade sexual, atração/desejo sexual e comportamento sexual. A primeira diz respeito à forma como cada pessoa categoriza, rotula e descreve sua própria orientação sexual (Morgan, 2013). A segunda fala do objeto de desejo/atração física e/ou romântica, sejam homens, mulheres, ambos, nenhum ou outros gêneros (Levine, 2002). A terceira se refere ao comportamento sexual: com quem as pessoas têm relações sexuais e/ou românticas (Mercer, 2014). Essa distinção é importante clinicamente. Por exemplo, um homem pode se identificar sexualmente como heterossexual, ter atração sexual exclusivamente por mulheres e se relacionar sexualmente com mulheres (por prazer) e homens (por trabalho sexual remunerado). Logo, cabe ao profissional conhecer essa distinção para não incorrer em estereotipias. Evitam-se os termos opção ou preferência sexual para designar orientação sexual, pois são imprecisos e incondizentes com a literatura científica. As práticas sexuais são preferências sexuais da pessoa nas suas relações sexuais (p. ex., gostos, posições, carícias, orgasmos, limitações).

Heterossexual, ou hétero, é a pessoa que sente atração por alguém do gênero oposto. Homossexual é a pessoa que sente atração por alguém do mesmo gênero. Tem-se dado preferência aos termos homem/menino *gay* e mulher/menina lésbica, por conta de um longo histórico de patologização da homossexualidade que está carregado na palavra homossexual (Herek et al., 1991). Na prática, vale o que fizer mais sentido para cada cliente. O termo homossexualidade é usado em alguns contextos para descrever a experiência geral de pessoas *gays*/lésbicas. O adjetivo homossexual tem sido utilizado para descrever o comportamento sexual, em detrimento da identidade sexual, preferencialmente categorizada pelos rótulos *gay*/lésbica.

Bissexual é a pessoa que sente atração por ambos os gêneros. Ressalta-se que indivíduos bissexuais não estão confusos, tampouco passando por uma "fase", conforme rege o senso comum, embora muitas pessoas refiram fluidez e variância na sua experiência sexual. Pansexual se refere à atração independentemente do gênero ou a outros gêneros que não os tradicionais masculino e feminino; não é uma categoria consensual e validada cientificamente, embora venha crescendo o número de pessoas que assim se identificam (Flanders et al., 2017). Assexual é uma pessoa que não sente desejo sexual ou o sente de maneira bastante reduzida, sem apresentar sofrimento com isso ou preencher critério para algum transtorno sexual (Prause & Graham, 2007). O espectro da assexualidade pode incluir pessoas que se denominam demissexuais, ou seja, que experimentam alguma atração sexual em contextos específicos, ou somente sob forte envolvimento afetivo (Chasin, 2015).

Práticas sexuais são preferências sexuais que independem da orientação sexual. Isso inclui gostos, posições, carícias, orgasmos, limitações, ou seja, a forma como cada pessoa escolhe fazer a gestão da sua vida sexual. Não é incomum que indivíduos, de forma corriqueira, se refiram ao sexo utilizando-o como sinônimo de relações sexuais com penetração. Sobre isso, esclarecemos que penetração vaginal ou anal não é sinônimo de sexo. Sexo oral é sexo, não simplesmente uma "preliminar", assim como a prática masturbatória (que pode envolver, ou não, penetração com o uso de *toys*, outros acessórios sexuais ou simplesmente os dedos). Nesta categoria também se enquadram práticas como o BDSM (sigla para *bondage*, disciplina, dominação, submissão, sadismo e masoquismo), que não necessariamente envolvem penetração. Nesse sentido, podemos utilizar o termo francês *gouinage*, que representa tipos variados de prazer sem penetração, para observar que existem diversas formas de sexo, que podem envolver todos os sentidos do corpo, não tendo relação ou se restringindo à prática da penetração (Catelan, 2021).

Aspectos morfológicos

Sexo (ou sexo designado ou sexo designado no nascimento) refere-se a elementos anatômicos e fenotípicos usados para designar uma criança como homem (sexo masculino) ou mulher (sexo feminino) no momento do nascimento (Ansara & Hegarty, 2012). Essa designação ocorre a partir da inspeção da genitália do bebê. Também costuma ser feita anteriormente ao nascimento por meio de exames de ultrassom ou sexagem fetal. O termo sexo biológico é usado em muitas circunstâncias para fazer menção ao sexo, mas tem sido evitado por não contemplar as complexas variações biológicas, anatômicas e cromossômicas que podem ocorrer.

O sexo designado masculino é atribuído quando a pessoa nasce com características anatômicas tipicamente atribuídas a homens, como pênis e saco escrotal. A determinação biológica do sexo designado masculino ocorre a partir dos cromossomos sexuais XY. Já o sexo designado feminino é atribuído quando a pessoa nasce com características anatômicas tipicamente atribuídas a mulheres, como vagina e vulva. A determinação biológica do sexo designado feminino ocorre a partir dos cromossomos sexuais XX.

Existem pessoas consideradas intersexo (ou *intersex*) ao nascerem, por não apresentarem as características necessárias para classificá-las como masculinas ou femininas. Elas apresentam um conjunto de variações cromossômicas, gonádicas, genitais, anatômicas e/ou nos hormônios sexuais. Algumas nascem com genitálias atípicas ou ambíguas, mas nem todas as pessoas intersexo são identificadas imediatamente ao nascimento (Hughes et al., 2006).

Aspectos de gênero

Identidade de gênero é o senso psicológico profundo, percepção e/ou identificação de uma pessoa como homem, mulher ou outra categoria de gênero presente em cada cultura. Na maioria das pessoas, a identidade de gênero está diretamente relacionada com o sexo designado no nascimento (Ansara & Hegarty, 2012). Por exemplo, ao nascer, uma pessoa tem o sexo designado masculino e, ao longo da vida, segue se identificando e se percebendo como homem. Essa correspondência entre sexo designado e identidade de gênero indica que a pessoa é cis (ou cisgênero).

Um homem cis (ou cisgênero) tem o sexo designado masculino (presença de pênis e saco escrotal) e se identifica como homem. Uma mulher cis (ou cisgênero) tem o sexo designado feminino (presença de vulva e vagina) e se identifica como mulher. São o que tradicionalmente conhecemos como homens e mulheres, representando a maior parte da população. Pessoas cuja identidade de gênero não está associada, alinhada ou congruente com o sexo designado são chamadas pessoas trans (ou transgênero) (American Psychological Association [APA], 2015). Mulheres trans são aquelas que nasceram com pênis, foram designadas homens no nascimento, mas se identificam como mulheres. Homens trans são aqueles que nasceram com vagina/vulva, foram designados mulheres no nascimento, mas se identificam como homens (Winter et al., 2016). Pessoas não binárias podem ser designadas homens ou mulheres no nascimento, e não se identificam com nenhum dos gêneros padronizados, ou se identificam com ambos, de forma contínua ou fluida (Matsuno & Budge, 2017). As travestis são pessoas que foram designadas homens no nascimento, apresentam uma expressão e identidade de gênero feminina, construindo seus corpos a partir desse referencial, mas não costumam se identificar nem como homens, nem como mulheres (embora um movimento recente busque afirmar o lugar de mulheres travestis, justamente para contrapor o mito do homem vestido de mulher).

Aspectos da diversidade

Diversidade sexual e de gênero é um termo guarda-chuva que se refere a um amplo espectro de orientações sexuais e identidades de gênero que transcendem os padrões normativos sociais. Essa nomenclatura tem sido usada, em alguns contextos, como sinônimo para descrever a população LGBT, que designa as comunidades de lésbicas, *gays*, bissexuais e transgênero, que no contexto internacional têm sido referidas como minorias sexuais e de gênero. LGB, sem o T, costuma ser usado na literatura internacional para se referir a lésbicas, *gays* e bissexuais que são cisgênero (ou seja, não são transgênero) (Catelan, 2021).

Durante décadas, a cultura ocidental patologizou expressões e identidades que rompessem com o padrão heteronormativo, ou seja, que coloca a heterossexualidade como uma regra compulsória e detrata indivíduos não heterossexuais. Criaram-se mitos culturais a respeito da existência de "homens e mulheres de verdade", que em muitos espaços seguem vigentes. Após os eventos ligados à revolta de Stonewall, em 1969, na qual a comunidade LGBT nova-iorquina se revoltou contra a intolerância e a discriminação sofridas, os movimentos sociais e profissionais da psicologia e psiquiatria começaram a pressionar a APA para que removesse a homossexualidade do *Manual diagnóstico e estatístico de transtornos mentais* (DSM), o que aconteceu em 1973 (Drescher, 2015). O diagnóstico de homossexualismo (termo em desuso) somente foi removido da *Classificação internacional de doenças*, da Organização Mundial da Saúde, na década de 1990 (World Health Organization [WHO], 1992).

SUPERVISÃO BASEADA EM EVIDÊNCIAS APLICADA À DIVERSIDADE SEXUAL E DE GÊNERO

A partir do exposto até o momento, entende-se que é fundamental fomentar as competências multiculturais de profissionais que se propõem a ofertar psicoterapia, favorecendo o cuidado adequado e ético, bem como a validação de seus clientes. Logo, essa competência é considerada essencial em supervisão (APA, 2014). Para tanto, Hardy (2016) reforça que o processo supervisionado não pode ter como premissa de que *one size fits all*, já que esta proposta provavelmente levaria a um efeito danoso no cliente e no terapeuta em supervisão (ver mais informações sobre efeitos indesejados da supervisão clínica no Cap. 10). Nesse sentido, leva-se em consideração toda a complexidade de múltiplas diferenças, identidades, visões de mundo e experiências, desde o cliente, supervisionando e supervisor (APA, 2014).

Para preparar o terapeuta para o trabalho efetivo com os clientes, a supervisão deve fomentar sensibilidade às diferenças e fortalecer o desenvolvimento da competência multicultural, incluindo, por exemplo, a pluralidade de gênero, sexual, religiosa e racial, e não apenas aspectos que representam o *mainstream*. Logo, parte-se do entendimento de que a competência multicultural é um imperativo ético no processo supervisionado, porém, não é contemplada facilmente pelo/a supervisor/a e/ou pelo/a terapeuta. Hardy (2016) apresenta elementos essenciais na estrutura da supervisão, para que se possa trazer à tona a diversidade cultural no trabalho clínico, a partir de uma perspectiva relacional, denominada Multicultural Relational Perspective (MRP), com as seguintes características: a) é um conceito multidimensional de cultura, abrangendo aspectos relacionados a gênero, orientação sexual, etnia, religião, raça, classe, entre outros; b) é dinâmica, fluida, inter-relacionada e multidirecional, já que cada dimensão influencia a outra, de forma ativa, podendo ser modificada a todo momento (dessa forma, caracteriza-se a peculiaridade de cada cliente); c) é um princípio organizador, uma vez que todos(as) pertencem a uma ou mais comunidades culturais, sejam reconhecidas ou não, sendo influenciados por tais culturas; d) é multifacetada e multifuncional, podendo fortalecer (ou não) o senso de pertencimento, sendo um marcador de orgulho ou de vergonha; e e) além de fornecer o senso de pertencimento presente, pode conectar o indivíduo a sua história e nortear o vislumbre do futuro.

Uma vez que a supervisão é um processo intencional de desenvolvimento, a sensibilização às competências multiculturais também deve ser aprimorada de maneira deliberada e, portanto, estar presente em suas metas educativas. Para tanto, é necessário que modelos de supervisão e estratégias de ensino sejam baseados em evidências, no intuito de tornar o processo educativo eficaz e efetivo (Barletta & Neufeld, 2020; Bernard & Goodyear, 2014). A fim de tornar a supervisão e o treinamento culturalmente sensíveis, compete ao supervisor:

a. Introduzir, logo no início do processo supervisionado, as dimensões culturais, para que se possa reconhecer e validar identidades e experiências do grupo (Hardy & Bobes, 2016). Desenvolvido por Hays (2008), o modelo ADDRESSING é uma estrutura que facilita reconhecer e compreender as complexidades da identidade cultural, que pode ser útil nessa tarefa. Esse modelo traz diferentes marcadores sociais para que o indivíduo reflita sobre sua condição de pertencimento, ou não, a essas categorias e as relações de privilégio e opressão delas advindas. O acrônimo ADDRESING é formado pelas iniciais, em inglês, das seguintes palavras/expressões: idade/geração (A), deficiências físicas/intelectuais desenvolvimentais (D), deficiências adquiridas (D), religião (R), etnia (E), orientação sexual (S), *status* socioeconômico (S), pertencimento a um grupo indígena (I), nacionalidade (N) e gênero (G). O modelo contribui para uma compreensão mais abrangente da identidade cultural de cada pessoa. Nesse sentido, o supervisor e o supervisando podem compreender as camadas de opressão e privilégio da sua própria identidade cultural, bem como suas interseccionalidades, e refletir sobre como (e não se) elas se manifestam na relação de supervisão e em cada relação terapêutica.

b. Entender que a diversidade em supervisão (e também em terapia) é uma constante, isto é, uma normativa e não uma exceção, que favorece a abertura ao surgimento às questões sexual e de gênero, por exemplo, bem como potencializa a sensibilidade às semelhanças e às diferenças que possam surgir em supervisão e que podem impactar na relação interpessoal e de construção nesse processo (APA, 2014).
c. Manter o contexto emocionalmente seguro e confortável (Barletta et al., 2020), a fim de permitir que a conversa aberta sobre diversidade e opressões socioculturais possa emergir sem se deparar com uma audiência punitiva. Isso implica em uma compreensão empática, validação e facilitação de diálogos difíceis sobre diferenças multiculturais em supervisão, seus efeitos e estereótipos (APA, 2014), bem como a abertura do(a) supervisor(a) em receber *feedback*, a fim de reavaliar sua própria postura, permitindo-se ser vulnerável nesse papel (Hardy & Bobes, 2016). Esses autores ressaltam que supervisores modelam a sensibilidade cultural ao se mostrarem vulneráveis, uma vez que demonstram respeito ao outro, conexão e engajamento ao se permitirem abraçar as diferenças, rever possibilidades e proporcionar mudanças. Na mesma linha de pensamento, Oshiro et al. (2021) reasseguram que a habilidade de vulnerabilizar-se diante do outro é fundamental para o terapeuta modelar o cliente para relações seguras no cotidiano; logo, entende-se que processo similar acontece em supervisão.
d. Atentar-se para as relações de poder e privilégio em supervisão (APA, 2014; Corrie & Lane, 2015), a partir do estabelecimento de uma interação interpessoal colaborativa e genuína, a fim de minimizar a desigualdade estabelecida. Também é importante manejar as rupturas interpessoais (Barletta et al., 2022), reconhecendo, dessa forma, que as relações são transculturais (Hardy & Bobes, 2016) e adotando uma postura de compaixão, humildade e curiosidade em supervisão, a fim de aumentar a compreensão e conexão com e entre os(as) participantes.
e. Autoconhecimento e autorreflexão (APA, 2014; Barletta et al., 2022). São importantes para identificar, examinar e rever os próprios preconceitos e suposições prévias rigidamente estabelecidas que podem interferir na sensibilidade cultural permitida em supervisão, bem como nas reações frente às questões culturais (incluindo diversidade sexual e de gênero) que podem surgir no processo supervisionado. Segundo Oshiro et al. (2021), o autoconhecimento é fundamental para o desenvolvimento de habilidades sociais do terapeuta, que promove intimidade e afeto na relação, nos limites adequados da profissão, já que permite o processo de vulnerabilização e conexões seguras. Mais uma vez, traça-se o paralelo para supervisões e desenvolvimento de competências multiculturais, já que os(as) supervisores(as) podem ser modelos de abertura à visitação, autoexploração e compreensão

de posturas preconceituosas, bem como de busca de mudança, desenvolvimento e refinamento de competências multiculturais.
f. Considerar os possíveis desconfortos dos terapeutas em treinamento quanto às dimensões culturais (Hardy & Bobes, 2016). É possível que respostas emocionais desagradáveis surjam, portanto, permitir e gerenciar o manejo emocional, a fim de dar sentido e facilitar a aprendizagem, torna-se fundamental ao supervisor. Assim, é essencial que os(as) supervisores(as) estejam familiarizados(as) com as pesquisas e estudos sobre as temáticas que dizem respeito às competências multiculturais e de diversidade em supervisão e treinamento e sobre os modelos baseados em competências que integram a diversidade, com o manejo em facilitar o trânsito de supervisionandos nas tensões geradas entre as diferenças (APA, 2014).

Ao compreender que é preciso um contínuo treinamento e aprimoramento de competências para exercer a função de supervisionar a prática clínica (ver mais informações sobre metassupervisão no Cap. 14), busca-se recursos baseados em evidências, a fim de proporcionar a qualidade da prática ofertada (Barletta & Neufeld, 2020; Bernard & Goodyear, 2014). Rocha et al. (2016) reforçam que a prática baseada em evidências (PBE) na psicologia é uma proposta já descrita no código de ética e, portanto, deveria traduzir a atividade cotidiana, inclusive na supervisão. Em contrapartida, Barletta et al. (2021) apontam o quanto essa recomendação pode apresentar certa dificuldade na sua aplicabilidade, em especial no Brasil, uma vez que há uma lacuna na pesquisa e na oferta de treinamento prático de supervisão. Outro aspecto que não favorece a supervisão baseada em evidências (SBE), apontado por esses autores, é a pouca valorização na nossa cultura em sustentar e disseminar a importância do treinamento profissional para atuar em supervisão. Tal aspecto encontra eco na comunidade, que mantém a ideia de que a experiência clínica é o suficiente para treinar supervisores. Por exemplo, não há diretrizes que orientem o treinamento em supervisão no Brasil, tampouco critérios para quem pode exercer essa prática, com exceção da necessidade de um registro ativo no Conselho Regional de Psicologia e, preferencialmente, experiência clínica.

A despeito das lacunas apresentadas, entende-se que a SBE segue os mesmos pilares da PBE: dados de pesquisas de qualidade, perícia profissional e características, cultura e preferências do cliente (Milne, 2018; Rocha et al., 2016). Ao olhar para os pilares da PBE e da SBE, ressalta-se as competências multiculturais como uma dimensão inerente dessa prática (APA, 2014; Barletta & Neufeld, 2020), não sendo possível falar de peculiaridades do cliente e do(a) supervisionando(a) sem fazer uma relação direta com a diversidade e a pluralidade que podem emergir em terapia e em supervisão.

Milne (2018) é um dos principais pesquisadores de treinamento e supervisão clínica e tem sustentado a importância da SBE. Esse autor elaborou um *framework* de SBE, em que os elementos se retroalimentam. A fim de levantar evidências de sustentação ao modelo proposto, Milne et al. (2008) apresentaram, à época, uma síntese das melhores evidências encontradas a partir de uma revisão de literatura que incluiu 24 estudos empíricos. Os resultados contaram com 35 variáveis contextuais definidas como moderadores (que foram citadas, mas não manipuladas nos estudos), com 26 intervenções de supervisão definidas como mediadores ou tratamentos (variável independente) e com 28 resultados definidos como mecanismos de mudança (variável dependente). A partir das análises, os autores concluíram que a aprendizagem experiencial tem papel central na supervisão clínica, apontando-a como principal ferramenta de desenvolvimento de competências na SBE.

Além disso, Milne et al. (2008) entenderam que a supervisão é um processo complexo com múltiplas possibilidades e modelos, ressaltando que o ambiente de trabalho e suas características é uma das influências mais críticas e com menor nível de controle. Além disso, fazer a medição do nível de desenvolvimento em supervisão é essencial. Milne (2018) salienta que a medição em supervisão deve abarcar a avaliação de necessidades, de competência, da psicoterapia (processo e resultados) e do próprio processo supervisionado.

Partindo da SBE e da importância do desenvolvimento de competências multiculturais para uma supervisão que possa acolher, treinar, refletir e minimizar os possíveis impactos negativos para o supervisionando e o cliente, é importante promover a segurança e o respeito no ambiente de supervisão para que questões referentes à diversidade sexual e de gênero possam ser levantadas sem desconforto ou adversidade (Santana et al., 2023). Para tanto, esses autores ressaltam a necessidade: a) da avaliação inicial de necessidades do grupo a ser supervisionado (Barletta & Neufeld, 2020); b) do manejo do supervisor em fomentar uma supervisão culturalmente sensível (Hardy & Bobes, 2016), conforme descrito anteriormente; c) do autoconhecimento e compreensão do próprio funcionamento do supervisor (Barletta et al., 2020, Oshiro et al., 2021) frente a essa temática; e d) do treinamento em supervisão (Barletta et al., 2021).

Santana et al. (2023), em sua revisão, apresentam dois modelos específicos de intervenção que podem ser utilizados para treinamento em supervisão com foco na diversidade sexual e de gênero. Um deles é o modelo PLISSIT, de acolhimento e intervenção de baixa intensidade, que tem quatro pilares: parte da permissão em trazer a temática, fornece informações à medida que sejam úteis para refletir e/ou resolver as questões levantadas, sugere possíveis mudanças e encaminha para intervenções de alta intensidade, caso seja necessário. Em sua versão estendida, tais elementos são circulares, dinâmicos, e não mais lineares. O outro modelo é o Sexuality Attitude Reassessment (SAR), cuja proposta é, de forma gradual, no treinamento e no atendimento, aprofundar o conhecimento sobre a diversidade sexual e de gênero e conhecimentos correlatos, ressignificando o entendimento sobre a sexualidade humana e ampliando a sensibilidade a diferentes possibilidades, assim como reduzindo a ansiedade sobre abordar a temática.

Como forma de dica prática, sugerimos que supervisores utilizem materiais didáticos disponíveis no mercado brasileiro para minimizar um possível desconforto de terapeutas ao abordar a diversidade sexual e de gênero. Por exemplo, o *Baralho da sexualidade* (Sardinha, 2017) é um excelente recurso com múltiplas funções que pode ser utilizado na supervisão de terapeutas com atendimentos que perpassam questões sexuais. Outro instrumento, que pode ser utilizado em conjunto com o anterior ou sozinho, são os *cards Diversidade sexual e de gênero* (Catelan, 2021), que apresentam informações sobre a população LGBT. Tais recursos podem facilitar a abordagem e o alcance da temática e a compreensão de informações sobre diversidade sexual e de gênero com menor tensão e maior conforto entre os participantes, ampliar o planejamento de terapia que inclua o assunto e fortalecer sensibilidade à diversidade, de forma respeitosa, ética e científica.

ATIVIDADES E DICAS PRÁTICAS

Para ilustrar alguns dos processos mencionados na seção anterior, apresentaremos, a seguir, um exemplo fictício de como poderiam ser construídas atividades em uma supervisão em grupo visando o desenvolvimento de competências e humildade cultural, no paradigma da SBE.

Atividade 1: reconhecer, normalizar e validar a experiência cultural do grupo

- O supervisor realiza uma breve explanação sobre a importância dos aspectos multiculturais em supervisão e introduz os conceitos de cultura, identidade cultural, competências culturais e humildade cultural.
- Individualmente, cada participante mapeia sua própria identidade cultural, utilizando o modelo ADDRESSING, e registra uma experiência pessoal de privilégio e outra de opressão relacionadas à cada categoria.
- Em grupo, todos (supervisor e cada supervisionando) devem se apresentar em primeira pessoa, dentro da sua identidade cultural, e relatar suas experiências de privilégio e opressão, enquanto os demais escutam empaticamente.
- Após a fala de todos os participantes, cada um faz, individualmente, um exercício de autorreflexão acerca da experiência pessoal de escuta das diferentes vivências culturais dos demais, respondendo às seguintes perguntas:
    - Quais foram as emoções que eu experimentei ouvindo cada um desses relatos?

- Quais foram os pensamentos, as crenças e os valores que cada uma dessas emoções gerou? Com qual dessas falas eu experimentei maior identificação? Por quê?
- Com qual dessas falas eu tive mais facilidade de empatizar? Por quê?
- Com qual dessas falas eu tive mais dificuldade de empatizar? Por quê?
- Eu consigo imaginar quais seriam as minhas dificuldades de estabelecer uma relação terapêutica efetiva com um paciente que tivesse experiências semelhantes a essas?

Atividade 2: refletir sobre estressores de minorias e interseccionalidades

- Leitura e discussão em grupo de um texto sobre estressores de minorias e interseccionalidade.
- Identificação das interseccionalidades vividas pelos participantes, a partir das identidades culturais identificadas na atividade 1.
- Partilha sobre as experiências de estresse de minorias e interseccionalidades de cada integrante do grupo.
- Exercício de autorreflexão individual sobre cultura *versus* indivíduo. A partir da experiência de opressão relatada pelos colegas, tentar identificar o percentual daquela experiência que você atribuiria a aspectos psicológicos daquela pessoa ou a aspectos socioculturais.
- Reflexão conjunta sobre o exercício de autorreflexão.

Atividade 3: identificar e refletir sobre as influências da identidade cultural do participante nas suas crenças pessoais sobre gênero e sexualidade

Material: *Baralho da sexualidade*

- Cada participante responde individualmente às seguintes perguntas do baralho:
    - Meu gênero é...
    - Eu me sinto atraído por pessoa do sexo...
    - Eu considero meu corpo...
    - Como eu me vejo sexualmente?
    - Eu aprendi sobre sexo...
    - Na minha religião, sexo...
    - Na minha família, sexo...
    - Qual a importância do sexo no relacionamento?

- As mulheres são sexualmente...
- As mulheres podem/devem...
- Os homens são sexualmente...
- Os homens podem/devem...
- Exercício de autorreflexão individual, com base nas seguintes questões:
  - Como as minhas crenças sobre sexualidade interferem na minha prática?
  - Como elas interferem nas possibilidades de relação terapêutica com pacientes com queixas sexuais ou com questões relacionadas aos estressores de gênero?
- Exercício de autoprática individual, com base nas seguintes questões:
  - Quais são as distorções cognitivas presentes nas minhas crenças sobre gênero e sexualidade?
  - Quais são as evidências das minhas vivências que confirmam essas crenças?
  - Quais são as evidências dos meus estudos e vivências, ou vivências dos pacientes, que desconfirmam essas crenças?
- O supervisor se coloca à disposição para conversar individualmente com os participantes, caso alguém identifique algum entrave importante na prática clínica advindo dessas crenças.

Atividade 4: identificar e refletir sobre os mitos sobre sexualidade e gênero

Materiais: *Baralho da sexualidade* – mitos sexuais e *cards Diversidade sexual e de gênero*

- O supervisor pode utilizar todas as cartas, ou selecionar cartas específicas a partir das demandas observadas nos grupos.
- As cartas são colocadas no centro da mesa. Cada participante lê o conteúdo de uma carta e todos discutem sobre como aquele mito se reflete nas queixas de seus pacientes e nas dificuldades terapêuticas vivenciadas pelos profissionais.

CONSIDERAÇÕES FINAIS

A proposta deste capítulo foi ressaltar a necessidade de as questões multiculturais estarem presentes no processo supervisionado. Mais especificamente, com o intuito de apresentar um modelo para o desenvolvimento de competências terapêuticas relacionadas a elementos de gênero e sexualidade, o capítulo apresentou um panorama sobre a temática. Foram apresentadas definições e considerações da literatura sobre os aspectos culturais e o mito da universalidade, as competências multiculturais, a humildade cultural e os pilares de gênero e sexualidade para, então, adentrar a supervisão aplicada à diversidade sexual e de gênero.

Com o objetivo de fornecer ferramentas ao leitor, aumentar suas possibilidades de reflexão sobre a temática e facilitar a aplicabilidade do que foi discutido no cotidiano, ao final do capítulo foram apresentadas quatro atividades práticas e exercícios. Esperamos que este capítulo possa contribuir para a compreensão, a importância e a necessidade de incorporar na prática clínica os aspectos multiculturais e a diversidade sexual de gênero, tanto no atendimento terapêutico quanto em supervisão clínica.

REFERÊNCIAS

American Psychological Association (APA). (2011). Guidelines for psychological practice with lesbian, gay, and bisexual clients. *American Psychologist, 67*(1), 10-42.

American Psychological Association (APA). (2014). *Guidelines for clinical supervision in health service psychology.* http://apa.org/about/policy/guidelines-supervision.pdf

American Psychological Association (APA). (2015). Guidelines for psychological practice with transgender and gender nonconforming people. *American Psychologist, 70*(9), 832-864.

Ansara, Y. G., & Hegarty, P. (2012). Cisgenderism in psychology: Pathologising and misgendering children from 1999 to 2008. *Psychology & Sexuality, 3*(2), 137-160.

Assis, D. N. C. (2019). *Gênero, sexualidade e educação: Interseccionalidades.* UFBA.

Barletta, J. B., Cardoso, B. L. A., & Neufeld, C. B. (2020). Supervisão clínica de terapeutas de casais sob enfoque cognitivo-comportamental. In B. L. A. Cardoso, & K. Paim (Orgs.), *Terapias cognitivo-comportamentais para casais e famílias* (pp. 271-294). Sinopsys.

Barletta, J. B., & Neufeld, C. B. (2020). Novos rumos na supervisão clínica em TCC: conceitos, modelos e estratégias baseadas em evidências. In FBTC, Neufeld, C. B., Falcone, E. M. O., & Rangé, B. (Orgs.), *PROCOGNITIVA - Programa de Atualização em Terapia Cognitivo-Comportamental:* Ciclo 7 (pp. 119-158). Artmed Panamericana. (Sistema de Educação Continuada à Distância, v. 3).

Barletta, J. B., Rodrigues, C. M. L., & Neufeld, C. B. (2021). A formação de supervisores em terapia cognitivo-comportamental. *Revista Brasileira de Orientação Profissional, 22*(1), 61-72.

Barletta, J. B.; Rebessi, I. P., & Neufeld, C. B. (2022). A contratransferência no processo supervisionado em terapia cognitivo-comportamental. *Revista Brasileira de Psicoterapia, 24*(1), 49-62.

Beck, A. T. (2004). Além da crença: Uma teoria de modos, personalidade e psicopatologia. In P. M. Salkovskis (Ed.), *Fronteiras da terapia cognitiva* (pp. 21-40). Casa do Psicólogo.

Bernard, J. M., & Goodyear, R. (2014). *Fundamentals of clinical supervision* (5th ed.). Pearson Education.

Cardemil, E. V. (2010). Cultural adaptations to empirically supported treatments: A research agenda. *The Scientific Review of Mental Health Practice, 7*(2), 8-21.

Catelan, R. F. (2021). *Diversidade sexual e de gênero: 100 cards informativos sobre gênero e sexualidade.* RicCards.

Chasin, C. J. D. (2015). Making sense in and of the asexual community: Navigating relationships and identities in a context of resistance. *Community and Applied Social Psychology, 25*(2), 167-180

Corrie, S., & Lane, D. A. (2015). *CBT supervision.* SAGE.

Crenshaw, K. (2002). Documento para o encontro de especialistas em aspectos da discriminação racial relativos ao gênero. *Revista: Estudos Feministas, 10*(1), 171-188.

Crenshaw, K. (2012). A interseccionalidade na discriminação de raça e gênero. https://static.tumblr.com/7symefv/V6vmj45f5/kimberle-crenshaw.pdf

Drescher, J. (2015). Out of DSM: Depathologizing homosexuality. *Behavioral Sciences, 5*(4), 565-575.

Flanders, C. E., LeBreton, M. E., Robinson, M., Bian, J., & Caravaca-Morera, J. A. (2017). Defining bisexuality: Young bisexual and pansexual people's voices. *Journal of Bisexuality, 17*(1), 39-57.

Foronda, C., Baptiste, D. L., Reinholdt, M. M., & Ousman, K. (2016). Cultural humility: A concept analysis. *Journal of Transcultural Nursing, 27*(3), 210-217.

Gilbert, M. J., & Fortier, J. P. (2003). *Principles and recommended standards for cultural competence education of health care professionals*. California Endowment.

Greene-Moton, E., & Minkler, M. (2020). Cultural competence or cultural humility? Moving beyond the debate. *Health Promotion Practice, 21*(1), 142-145.

Hardy, K. V. (2016). Toward the development of a multicultural relational perspective in training and supervision. In K. V. Hardy, & T. Bobes (Eds.), *Culturally sensitive supervision and training: Diverse perspectives and practical applications* (pp. 3-10). Routledge.

Hardy, K. V., & Bobes, T. (2016). Core competencies for executing culturally sensitive supervision and training. In K. V. Hardy, & T. Bobes (Eds.), *Culturally sensitive supervision and training: Diverse perspectives and practical applications* (pp. 11-15). Routledge.

Hays, P. A. (2008). *Addressing cultural complexities in practice: Assessment, diagnosis, and therapy* (2nd ed.). American Psychological Association.

Herek, G. M., Kimmel, D. C., Amaro, H., & Melton, G. B. (1991). Avoiding heterosexist bias in psychological research. *American Psychologist, 46*(9), 957-963.

Hughes, I. A., Houk, C., Ahmed, S. F., & Lee, P. A. (2006). Consensus statement on management of intersex disorders. *Journal of Pediatric Urology, 2*(3), 148-162.

Langdon, E. J., & Wiik, F. B. (2010). Antropologia, saúde e doença: Uma introdução ao conceito de cultura aplicado às ciências da saúde. *Revista Latino-Americana de Enfermagem, 18*(3), 459-466.

Levine, R. A. (2002). Context and culture in psychological research. *New Directions for Child and Adolescent Development*, (96), 101-106.

Malgady, R. G., & Colon-Malgady, G. (2008). Building community test norms: Considerations for ethnic minority populations. In L. A. Suzuki, & J. G. Ponterotto (Eds.), *Handbook of multicultural assessment: Clinical, psychological and educational applications* (3rd ed., pp. 34-51). Wiley.

Matsuno, E., & Budge, S. L. (2017). Non-binary/genderqueer identities: A critical review of the literature. *Current Sexual Health Reports, 9*, 116-120.

Mercer C. H. (2014). Sexual behaviour. *Medicine, 42*(6), 291-293.

Milne, D. L. (2018). *Evidence-based CBT supervision: Principles and practice*. Wiley.

Milne, D. L., Aylott, H., Fitzpatrick, H., & Ellis, M. V. (2008). How does clinical supervision work? Using a "best evidence synthesis" approach to construct a basic model of supervision. *The Clinical Supervisor, 27*(2), 170-190.

Mintz, S. W. (2010). Cultura: Uma visão antropológica. *Tempo, 14*(28), 223-237.

Morgan, E. M. (2013). Contemporary issues in sexual orientation and identity development in emerging adulthood. *Emerging Adulthood, 1*(1), 52-66.

Naeem, F. (2019). Cultural adaptations of CBT: A summary and discussion of the special issue on cultural adaptation of CBT. *Cognitive Behaviour Therapist, 12*, e40.

Naeem, F., Phiri, P., Nasar, A., Gerada, A., Munshi, T., Ayub, M., & Rathod, S. (2016). An evidence-based framework for cultural adaptation of cognitive behaviour therapy: Process, methodology and foci of adaptation. *World Cultural Psychiatry Research Review, 11*(1/2), 61-70.

Neufeld, C. B., Barletta, J. B., Scotton, I. L., & Rebessi, I. P. (2021). Distinctive aspects of CBT in Brazil: How cultural aspects affect training and clinical practice. *International Journal of Cognitive Therapy, 14,* 247-261.

Oshiro, C. K. B., Vartanian, J. F., Sartor, M. S., & Silva, E. F. (2021). A psicoterapia analítica funcional (FAP). In C. K. B. Oshiro, & T. A. S. Ferreira (Orgs.), *Terapias contextuais comportamentais: Análise funcional e prática clínica* (pp. 28-45). Manole.

Prause, N., & Graham, C. A. (2007). Asexuality: Classification and characterization. *Archives of Sexual Behavior, 36*(3), 341-356.

Raguso, F. (2005). *O desafio do multiculturalismo: Entre a identidade e o reconhecimento.* Universidade do Minho.

Rocha, M. M., Gauy, F. V., & Pereira, R. F. (2016). Prática baseada em evidência na formação. In E. F. M. Silvares, M. H. S. Melo, & S. S. Lörh (Orgs.), *Supervisão e formação em psicologia* (pp. 151-175). Juruá.

Santana, E. P., Barletta, J. B., Catelan, R. F., & Sardinha, A. (2023). Supervisão clínica e treinamento no campo da sexualidade: Práticas passadas, atuais e futuras. In R. Catelan, & A. Sardinha (Orgs.), *Manual de gênero e sexualidade na psicoterapia: Fundamentos teóricos e intervenções clínicas.* Sinopsys.

Sardinha, A. (2017). *Baralho da sexualidade: Conversando sobre sexo com adolescentes e adultos.* Sinopsys.

Sue, D. W., & Sue, D. (2008). *Counseling the culturally diverse: Theory and practice* (4th ed.). John Wiley & Sons.

Sue, D. W., & Torino, G. C. (2005). Racial-cultural competence: Awareness, knowledge, and Skills. In: R. T. Carter (ed.). *Handbook of racial-cultural psychology and cousenling: Training and practice* (pp. 3-18). John Wiley & Sons.

Sue, S., Zane, N., Nagayama Hall, G. C., & Berger, L. K. (2009). The case for cultural competency in psychotherapeutic interventions. *Annual Review of Psychology, 60*(1), 525-548.

Taylor, C. (1992). *Multiculturalismo: examinando a política de reconhecimento.* Piaget.

Tervalon, M., & Murray-Garcia, J. (1998). Cultural humility versus cultural competence: A critical distinction in defining physician training outcomes in multicultural education. *Journal of Health Care for the Poor and Underserved, 9*(2), 117-125.

Winter, S., Diamond, M., Green, J., Karasic, D., Reed, T., Whittle, S., & Wylie, K. (2016). Transgender people: Health at the margins of society. *Lancet, 388*(10042), 390-400.

World Health Organization (WHO). (1992). *The ICD-10 classification of mental and behavioural disorders: Clinical descriptions and diagnostic guidelines.* World Health Organization.

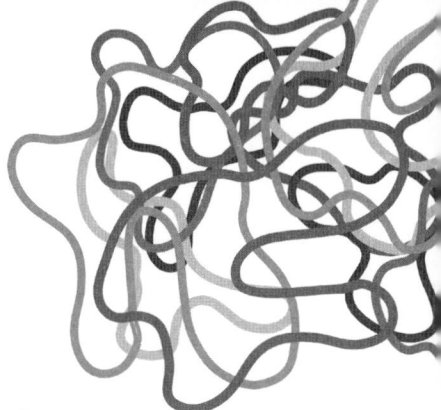

14

Supervisão da supervisão ou metassupervisão
Atividade essencial para a preparação e a lapidação do supervisor clínico

Janaína Bianca Barletta
Fabiana Romanini
Roberta Gonçalves Joaquim
Carmem Beatriz Neufeld

Cada vez mais tem sido divulgada a importância do treinamento do profissional para exercer a atividade de supervisor clínico em psicoterapia e/ou em saúde mental. Sabe-se que a prática supervisionada é essencial para o desenvolvimento de competências de psicoterapeutas (Silvares et al., 2016) e também de outros profissionais que vão atuar com saúde mental, como enfermeiros, por exemplo (Buus et al., 2016). Durante muito tempo, acreditou-se que para ser supervisor bastava ter recebido supervisão ou mesmo ter experiência de atuação na área; hoje, sabe-se que tais aspectos são necessários, porém não são suficientes para preparar o profissional para tal função (Barletta, Rodrigues, & Neufeld, 2021; Falender, 2018).

De acordo com Power (2013), a regulação da supervisão foi uma proposta britânica liderada pela British Association for Counselling and Psychotherapy (BACP), que reforçou sua necessidade e obrigatoriedade no país. Corroborando esse entendimento, uma estratégia do governo britânico foi o lançamento do programa intitulado Improving Access to Psychological Therapies (IAPT) para facilitar a implantação e disseminação das psicoterapias baseadas em evidências (Barletta & Neufeld, 2020). Entre suas atividades, pesquisas sobre as competências necessárias ao terapeuta e ao supervisor foram traçadas, resultando, por exemplo, nos mapas de competência do Roth e Pilling (2008).

Ao longo dos últimos anos, novos *frameworks* com foco nas competências de supervisão surgiram, como o Guidelines for Clinical Supervision in Health Service Psychology (American Psychological Association [APA], 2014) e o Supervision Competence Framework: User Guide (British Association for Counselling and Psychotherapy [BACP], 2021). Esses guias são organizados com base nos aspectos conceituais e em dados de pesquisas (Borders, 2014) e têm como objetivo clarificar o delineamento e norte do processo supervisionado eficaz.

Atualmente, considera-se essencial o treinamento de supervisores clínicos, a fim de garantir um processo educativo que promova competências clínicas, bem como minimize iatrogenias, prejuízos, inadequações ou danos ao terapeuta supervisionado e a quem receberá intervenção psicoterápica (Barletta, Rodrigues & Neufeld, 2021). Ainda assim, percebe-se uma inconsistência entre esse entendimento e o que tem sido praticado, uma vez que a literatura tem apontado que, mesmo em países com maior sistematização e credenciamento de supervisores, há uma grande parte de profissionais que exercem tal prática sem treinamento prévio (Bearman et al., 2020; Falender, 2018). Portanto, ainda é comumente identificada, especialmente em países sem essa conscientização estabelecida, que a função de supervisionar outros profissionais ou terapeutas em formação esteja sendo aprendida durante a própria prática supervisionada. Um problema dessa maneira de aprender é o impacto negativo que ela pode ocasionar em quem recebe a supervisão e em quem recebe o atendimento psicoterápico (Barletta & Neufeld, 2020; Newman, 2013). Por exemplo, no estudo de Ellis et al. (2014), 363 terapeutas que recebiam supervisão clínica responderam a um questionário, dos quais 93% afirmaram ter recebido supervisões inadequadas e 35%, supervisões danosas (mais informações sobre supervisões com consequências indesejadas estão descritas no Cap. 10).

Com a proposta de identificar critérios para o treinamento de supervisores de terapia cognitivo-comportamental (TCC), Ferreira et al. (2021) fizeram um levantamento documental de diretrizes disponíveis em associações de TCC ao redor do mundo. Como resultado, foram analisados documentos de quatro associações, sendo uma norte-americana e três europeias, cujos principais pontos passaram por: a) treinamento da prática clínica, incluindo tempo de credenciamento como terapeuta e estudos teóricos; e b) treinamento da prática supervisionada, incluindo modelos e teoria de supervisão, experiência prática em supervisão e recebimento de supervisão da supervisão. Esse resultado sugere que ainda há poucas diretrizes sobre o treinamento do supervisor, em especial de TCC, mas que a supervisão da supervisão é uma atividade reconhecida nesse processo.

Ainda que o conceito de supervisão da supervisão seja mais recente, de acordo com Power (2013), sua prática já era comum, uma vez que supervisores procuram pares para sanar dúvidas de maneira informal. Porém, com a disseminação das propostas da supervisão baseada em evidências e da supervisão baseada em competências, o treinamento do supervisor clínico ganhou força e, consequentemente, a **supervisão da supervisão**, que também é conhecida por **metassupervisão** (Newman, 2013). A BACP (2021) utilizou uma terceira terminologia para essa prática, chamando-a de **consultoria de supervisão**. A atividade ainda não tem um padrão específico de como deve ser realizada, porém algumas associações já apontam a obrigatoriedade para a formação de supervisores. A título de exemplo, o UK Council for Psychotherapy ([UKCP], 2018) descreveu como responsabilidades do supervisor receber supervisão adequada de sua supervisão, manter-se em desenvolvimento contínuo e atualizado e estar alerta para suas próprias limitações e esgotamento, a fim de fazer encaminhamentos necessários para uma prática ética.

Baseado no exposto, este capítulo tem como objetivo discorrer sobre a supervisão da supervisão, a fim de ressaltar aspectos essenciais para essa prática, bem como propiciar uma reflexão sobre sua importância. Para tanto, inicialmente será abordado o propósito da prática, a partir de um resgate da literatura, como um fio condutor para os aspectos seguintes. Na sequência, serão apresentados elementos cruciais para a supervisão da supervisão, com base na literatura e na experiência das autoras.

OBJETIVO DA SUPERVISÃO DA SUPERVISÃO

A supervisão da supervisão tem como proposta lapidar e manter as competências dos supervisores em treinamento, sejam supervisores iniciantes, sejam supervisores mais experientes, bem como ajudá-los em suas dificuldades na prática supervisionada (Newman & Kaplan, 2016). Esses autores reforçam que este não é o único recurso pedagógico para treinamento e preparação do supervisor; porém, torna-se fundamental ao se identificar que a prática mantém a consistência do desenvolvimento do profissional ao longo de sua carreira, já que *workshops* e cursos são propostas educativas mais pontuais. Entende-se que cursos e *workshops* são excelentes pontos de partida para a formação do supervisor, pois proporcionam conhecimento, atividades procedimentais e reflexão, porém, caso não haja manutenção dos aprendizados, a tendência é que se retorne às práticas comportamentais anteriores (Rakovshik & McManus, 2010). A pesquisa realizada por Bennett-Levy e Padesky (2014) reforça esse entendimento, ao considerar que *workshops* são ineficazes para aumento de competências, salvaguardando quando são acompanhados, *a posteriori*, de atividades que promovam a manutenção das reflexões. Em supervisão, no caso dos terapeutas, e em supervisão da supervisão, no caso dos supervisores, há propostas educativas intencionalmente planejadas que promovem a reflexão, para além de outras atividades. Isto é, a supervisão da supervisão favorece a manutenção e generalização do fornecimento da prática supervisionada baseada em competências, o que, por sua vez, fundamenta-se nas melhores evidências científicas, culturais e educativas.

Uma vez que a supervisão é um processo multifacetado, de forma geral, entende-se que a supervisão da supervisão favorece o desenvolvimento de habilidades para a realização da supervisão em TCC (Newman, 2013). Entre elas, podemos citar as habilidades interpessoais no contexto supervisionado, os aspectos éticos e interculturais, o uso de observação direta, *feedback* e medidas de avaliação de desempenho, a visão geral das responsabilidades da função de supervisor, o reconhecimento da atividade burocrática, incluindo documentação e administração da supervisão clínica, o uso de estratégias didático-pedagógicas adequadas e o cuidado na segurança do supervisionando e do paciente. Na mesma direção, Roth e Pilling (2008) reforçam que a pessoa que está à frente da supervisão clínica em TCC precisa desenvolver os seguintes aspectos:

a. Competências gerais de supervisão, como aplicabilidade dos princípios educacionais, prática ética, competência cultural e trabalho com a diferença, conhecimento do contexto organizacional no qual a supervisão ocorre e dos valores embutidos nesse cenário, avaliação do nível de desenvolvimento e competências do terapeuta em supervisão, abertura para refletir sobre sua própria limitação e estabelecimento e manutenção da aliança em supervisão. Esse último aspecto envolve a habilidade em estruturar supervisões, ajudar o terapeuta a apresentar o caso clínico com informações pertinentes, facilitar a reflexão do terapeuta em formação e fazer uso adequado do *feedback* construtivo.
b. Competências específicas de supervisão, como favorecimento do desenvolvimento do terapeuta em habilidades clínicas específicas, uso de observação direta, condução de grupos supervisionados e aplicabilidade de elementos base da TCC.
c. Reconhecimento e fornecimento da supervisão de acordo com modelos e contextos específicos, o que inclui a importância de não deixar o terapeuta à deriva, abarcando o gerenciamento de casos, quando necessário, e lançando mão de aspectos da supervisão de acordo com as necessidades da intervenção, seja de baixa intensidade ou alta intensidade.
d. Metacompetência, que está diretamente relacionada com as adaptações que o supervisor precisa fazer para maximizar a capacidade de aprendizagem do terapeuta em treinamento, partindo da ética, evidências e características do atendimento e do paciente.

Dessa forma, torna-se fundamental que a metassupervisão ou supervisão da supervisão leve em consideração quatro aspectos fundamentais para o treinamento do supervisor: o terapeuta em treinamento, o supervisor clínico, o processo supervisionado e o contexto (Fig. 14.1).

Terapeuta
- Nível de desenvolvimento
- Potencialidades
- Dificuldades
- Estilos de aprendizagem

Supervisão
- Metas educativas
- Estratégias de ensino
- Avaliação de competências

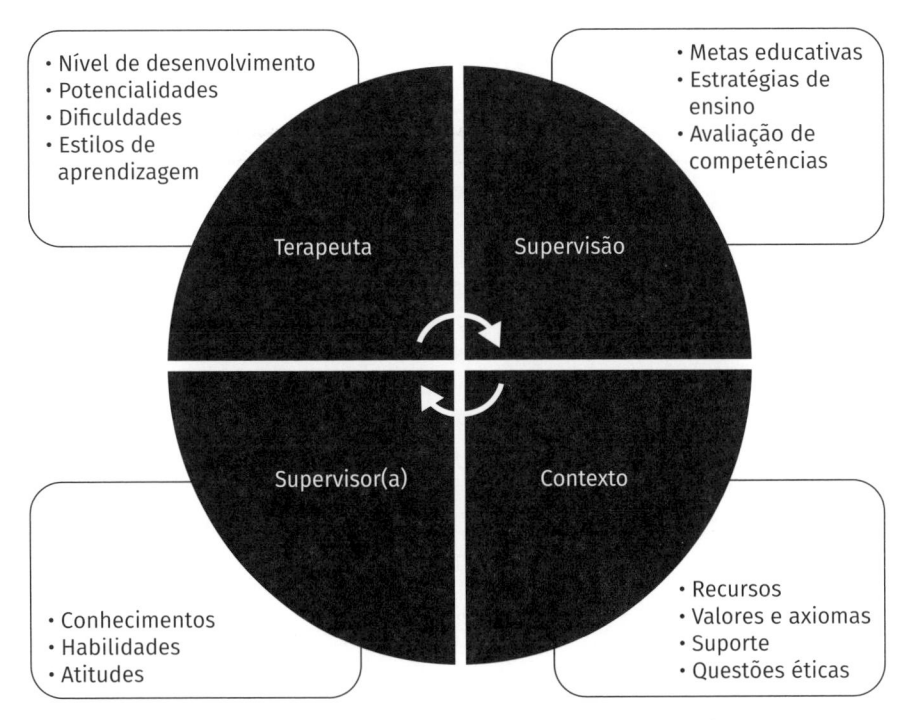

Supervisor(a)
- Conhecimentos
- Habilidades
- Atitudes

Contexto
- Recursos
- Valores e axiomas
- Suporte
- Questões éticas

FIGURA 14.1 Aspectos fundamentais no treinamento do supervisor.

Partindo desse primeiro olhar sobre a supervisão da supervisão, a seguir serão apresentados alguns focos considerados fundamentais a serem executados na metassupervisão, uma vez que poderão ajudar no contorno do processo de desenvolvimento e no delineamento de metas a serem alcançadas, a saber: avaliação de necessidades em metassupervisão, auxílio ao planejamento da supervisão, estratégias de ensino e aprendizagem para o desenvolvimento de competências abertas e observação da relação interpessoal em supervisão. A título de organização, neste capítulo, os termos supervisão da supervisão e metassupervisão são utilizados de maneira intercambiável e como sinônimos para indicar o mesmo processo. Além disso, o profissional que oferece a supervisão da supervisão será descrito como metassupervisor, enquanto o profissional que recebe a supervisão da supervisão será chamado de supervisor em treinamento. Por último, ao longo do texto, os termos terapeuta ou *trainee* indicarão o profissional que está recebendo a supervisão ofertada pelo supervisor em treinamento.

AVALIAÇÃO DE NECESSIDADES EM METASSUPERVISÃO

Essa é uma etapa importante que norteará todo o processo de capacitação do supervisor em treinamento. Levantar o conhecimento, as habilidades e atitudes prévias do profissional, bem como suas demandas, é a base para ajudá-lo a lapidar competências e favorecer o alcance das metas educativas estabelecidas. Dessa forma, conhecer o *background* do supervisor em treinamento, tanto como terapeuta quanto como supervisor, sua percepção de seus pontos fortes e dificuldades, os valores que norteiam sua prática, suas metas de desenvolvimento, o modelo de supervisão que segue, a relação interpessoal estabelecida em supervisão e as estratégias pedagógicas e métodos avaliativos que mais utiliza cotidianamente são aspectos que guiarão os pontos a serem enfatizados na metassupervisão. Uma vez que não há apenas um instrumento estabelecido para a avaliação inicial a ser utilizado na metassupervisão, sugerimos uma sequência de questões a fim de auxiliar nessa etapa, conforme segue.

a. *Background* do supervisor em treinamento:
   i. Sobre a inserção na TCC: há quanto tempo você está formado? Há quanto tempo atende em TCC? Qual é seu nível de treinamento clínico (p. ex., se fez alguma formação ou especialização na área)? Participa de intervisão ou grupos de estudo? Recebe supervisão da prática clínica?
   ii. Sobre a inserção na atividade supervisionada em TCC: há quanto tempo você fornece supervisão? Qual é sua experiência nessa prática? Você já participou de algum curso ou *workshop*? Qual é sua formação em supervisão? Participa de intervisão ou grupos de estudo sobre supervisão? Já recebeu alguma metassupervisão?
b. Percepção da própria prática supervisionada:
   i. Sobre os pontos fortes: o que você coloca em prática com facilidade na supervisão? Quais são suas características e habilidades que você considera como pontos fortes em supervisão?
   ii. Sobre os pontos de dificuldade: o que você coloca em prática com dificuldade na supervisão? Quais são suas características e habilidades que você considera como pontos a serem revistos ou melhorados em supervisão? O que você percebe que tem dificuldade e, por isso, não usa em supervisão?
c. Valores que norteiam a prática:
   i. Qual concepção teórica entre as TCCs há por trás das suas atividades profissionais? Qual é o modelo de supervisão utilizado? Quais aspectos do contexto são importantes e levados em consideração no processo supervisionado? Como você espera que a supervisão irá dar suporte para o

terapeuta em treinamento? O que não pode faltar na supervisão que você fornece? O que o terapeuta em treinamento deve fazer (quais os comportamentos esperados dele)? O que o terapeuta em treinamento não deve fazer (quais comportamentos não se aplicam à função de terapeuta em treinamento)?
  d. Metas de desenvolvimento e aprendizagem:
     i. Quais motivos fizeram você a buscar a metassupervisão? Em termos profissionais, como supervisor, quais objetivos você pretende alcançar? Quais habilidades, conhecimentos e atitudes você deseja priorizar no seu desenvolvimento atual? Pensando no terapeuta que está em supervisão com você, como são estabelecidos os objetivos de aprendizagem? Como você avalia o desenvolvimento ou o alcance das metas estabelecidas com seus terapeutas em treinamento?
  e. Estratégias didático-pedagógicas:
     i. Quais atividades educativas você utiliza em supervisão? Quais atividades educativas você tem mais facilidade (ou dificuldade) de colocar em prática em supervisão? Quais atividades educativas instrucionais você utiliza (ou não utiliza)? Quais atividades educativas experienciais, com modelagem e modelação, você utiliza (ou não utiliza)? Quais atividades educativas reflexivas, autoguiadas e de autoprática você utiliza (ou não utiliza)? Você utiliza alguma atividade educativa de observação direta (gravação de sessão, transcrição de sessão, sala de espelho unilateral, etc.)? Em caso positivo, qual? Em caso negativo, qual o motivo de não utilizar? Como você avalia e/ou mede o desenvolvimento do terapeuta em treinamento? Você utiliza algum instrumento para medir as competências clínicas dos terapeutas, como a Escala de Terapia Cognitiva (CTS, do inglês Cognitive Therapy Scale), também chamada de Escala de Avaliação de Terapia Cognitiva (CTRS, do inglês Cognitive Therapy Rating Scale) (Young & Beck, 1980)?
  f. Características da supervisão:
     i. Qual modalidade de supervisão você fornece, isto é, individual ou em grupo? Se for em grupo, quantas pessoas, em média, compõem o grupo? Você fornece supervisão presencial, *on-line* ou de forma híbrida? Qual é o público-alvo dos terapeutas de sua supervisão (p. ex., profissionais que atendem crianças, profissionais que atendem adultos, programas de intervenções preventivas, alguma problemática específica)?
  g. Relação interpessoal:
     i. A relação terapêutica é considerada, na sua supervisão, um elemento importante a ser observado pelo terapeuta? Como você trabalha as questões relacionadas ao empirismo colaborativo, *feedback* e descoberta guiada, em terapia e em supervisão? Você acredita que é importante promover a

atitude e abertura do terapeuta a olhar para si e para sua contratransferência ativada no atendimento? Você acredita que é importante promover a sua atitude e abertura como supervisor para olhar para si e para sua contratransferência ativada em supervisão? Você utiliza algum instrumento para avaliar a relação terapêutica do *trainee*, como o Inventário Cognitivo-Comportamental para Avaliação da Aliança Terapêutica (Araújo & Lopes, 2015)? E para avaliar a relação interpessoal em supervisão, como o Inventário de Aliança de Trabalho em Supervisão (SWAI, do inglês Supervisory Working Alliance Inventory) (Efstation et al., 1990) ou o Questionário de Relação em Supervisão (SRQ, do inglês The Supervisroy Relationship Questionnarire) (Palomo et al., 2010)? Você acha importante tornar o terapeuta sensível às rupturas na relação terapêutica? Se sim, como você trabalha essa questão em supervisão?
h. Questões administrativas:
   i. Você utiliza alguma nota ou registro de supervisão? Você solicita as notas ou registros de sessão do terapeuta? Você trabalha com as formulações de caso e conceitualizações cognitivas dos atendimentos dos terapeutas? Como você faz a formulação dos problemas de supervisão? Como você arquiva os registros e documentos? Quais aspectos do contexto são importantes para o planejamento e execução da supervisão que você fornece?

Após contextualizar a experiência, o conhecimento e as atividades exercidas do supervisor em treinamento sobre o processo supervisionado é possível estabelecer nortes a serem priorizados na metassupervisão. Entre esses aspectos pode ser ressaltado o próprio planejamento da supervisão da supervisão, de maneira conjunta entre o metassupervisor e o supervisor em treinamento, com foco nas necessidades e potencialidades ressaltadas.

AUXÍLIO AO PLANEJAMENTO DA SUPERVISÃO

Um dos focos de trabalho na metassupervisão é ajudar o supervisor em treinamento a elaborar um plano de supervisão que leve em consideração as características dos terapeutas, do processo e do contexto (Fig. 14.2). Assim, partindo das informações levantadas na avaliação inicial de necessidades do supervisor em treinamento, é possível planejar o trabalho da supervisão da supervisão. Por exemplo, pode-se estabelecer metas educativas e estratégias pedagógicas mais apropriadas àquele treinamento em específico, incluindo leituras, vídeos demonstrativos, gravação da supervisão, *role-play* e atividades vivenciais, jogos e avaliações de competência em supervisão.

Ensino, formação e supervisão em psicologia 301

```
┌─ Planejamento da supervisão clínica ─┐        Em nível individual:
                                                 nível de
                                                 desenvolvimento,
                                                 conhecimentos,
                                                 habilidades e
     ▼              ▼              ▼             atitudes em TCC,
Objetivos do(a)   Contexto:     Avaliação de    dificuldades, objetivos
supervisor(a) a serem  duração, tempo,  necessidades   de aprendizagem
desenvolvidos ao  número de    dos(as) terapeutas
longo da supervisão  participantes                 ▼
                                                 Em nível grupal:
                                                 nível de
                                                 desenvolvimento do
                                                 grupo (estabelecer
     ▼              ▼              ▼             ponto de partida),
    Estabelecimento de metas educativas em supervisão   objetivos de
                                                 aprendizagem
```

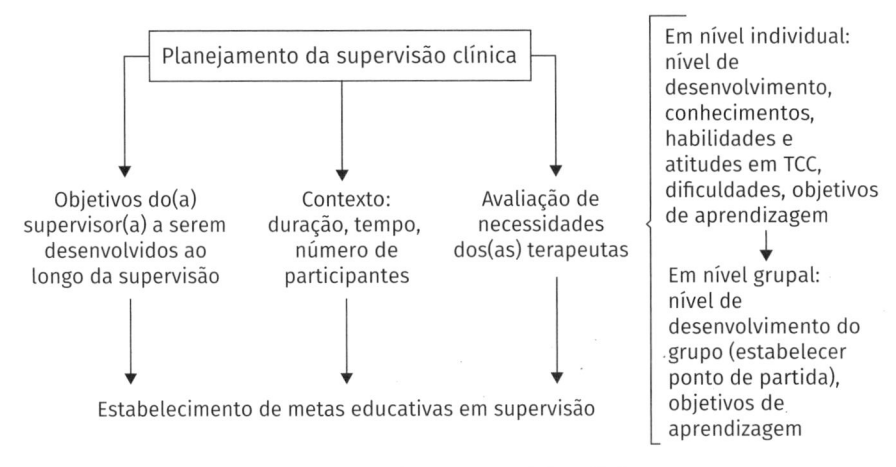

FIGURA 14.2 Elementos para planejar a supervisão clínica.

Informações inicialmente levantadas na avaliação de necessidades, como as potencialidades e dificuldades do supervisor em treinamento, o contexto em que a supervisão está inserida e as características do terapeuta (ou grupo de terapeutas) em supervisão, tornam-se a base para o metassupervisor ajudar na construção do planejamento de supervisão. Para um supervisor em treinamento iniciante, ou que ainda irá iniciar a supervisão, talvez seja necessário fornecer ajuda para que ele conheça os principais aspectos de uma supervisão, fortaleça o entendimento teórico, atividades educativas e avaliativas básicas e desenvolva habilidades gerais de supervisão, por exemplo. Nesse sentido, ajudá-lo a fazer um planejamento da supervisão, com metas de aprendizagem e estratégias educativas, partindo de aspectos essenciais apresentados na literatura, como os 10 passos apresentados por Gordon (2012), pode favorecer o desenvolvimento de um programa de supervisão adequado. Para um supervisor em treinamento com alguma experiência, considerado em nível intermediário, fortalecer recursos já utilizados por ele e desenvolver habilidades que ainda estão em construção tornam-se o foco do processo. Um supervisor em treinamento com mais experiência e treinamentos já realizados, provavelmente tenha mais desenvolvida sua habilidade de planejar a supervisão, logo, pode ser necessário pensar, por exemplo, em atividades pedagógicas mais específicas e adequadas para o que foi proposto na supervisão.

Outros materiais, independentemente do nível do supervisor em treinamento, também podem ser usados para facilitar o desenvolvimento de programas de supervisão, como os *planners Promovendo a supervisão baseada em competências cognitivo--comportamentais: caderno do supervisor* (Gauy et al., no prelo) e *Desenvolvendo-se como terapeuta cognitivo-comportamental:* planner *do terapeuta* (Kaji-Markenfeldt et al., no prelo). Ambos norteiam um processo supervisionado de 20 encontros e ajudam tanto o supervisor quanto o terapeuta a identificarem metas, nível de desenvolvimento, avaliação de competências e atividades a serem exercidas, facilitando o planejamento da supervisão.

De acordo com a experiência das autoras, uma das dúvidas que mais aparece na metassupervisão é a dificuldade do supervisor em treinamento de planejar o processo como um todo. Ou seja, é comum que o profissional saiba estruturar o encontro supervisionado, mas tenha dificuldade em visualizar e estabelecer aonde quer chegar ao final do processo de supervisão, isto é, o que espera que os terapeutas minimamente alcancem em nível de desenvolvimento. Nesse cenário, muitas vezes, os supervisores em treinamento deixam de fazer um planejamento do processo, focando apenas em cada encontro supervisionado à medida que eles acontecem. É comum, nesses casos, que os supervisores em treinamento relatem se sentirem perdidos, tenham pensamentos distorcidos sobre sua competência e autocrítica demasiada. Como resultado de não fazer um planejamento do processo de supervisão, os supervisores deixam de identificar o nível de desenvolvimento do terapeuta, as questões institucionais e outras variáveis que podem interferir no estabelecimento de metas de aprendizagem. A vinheta a seguir exemplifica uma atividade realizada em metassupervisão para ajudar o supervisor em treinamento a planejar o processo supervisionado. Ressalta-se que ela não representa necessariamente uma metassupervisão específica, mas um aglomerado de vivências reais remodelado de situações fictícias.

> **VINHETA 14.1**
>
> Lucas, ao iniciar a metassupervisão, apresentou como queixa a sensação de estar perdido no processo, de não saber como fazer para colocar em prática o que está lendo sobre supervisão baseada em competências. Ao longo da avaliação de necessidades, a metassupervisora levantou algumas informações sobre Lucas como terapeuta e como supervisor. Há sete anos, ele iniciou seus atendimentos clínicos em TCC e, há três anos, foi convidado para ser supervisor clínico na graduação de psicologia em uma instituição de ensino superior particular de sua cidade. Atualmente está cursando pós-graduação em TCC, porém estudava sozinho ou participava de *workshops* rápidos até então. Seu contato prévio com a teoria foi na graduação. No primeiro ano como supervisor, o foco central do processo supervisionado era a discussão de casos, nas quais os alunos relatavam verbalmente os atendimentos, e Lucas os orientava sobre o que fazer. Outra atividade era a discussão de textos, e, às vezes, era feito algum *role-play*. Como processo avaliativo, Lucas conta que se baseava na participação, presença e entrega do relatório final.

O terapeuta reforçou que se espelhou no mesmo modelo com o qual estava acostumado, recebido nas supervisões realizadas ao longo da sua experiência profissional, nas quais, *a priori*, não identificava nada de errado. Com o tempo, porém, começou a perceber que os alunos tinham muita dificuldade em executar elementos característicos da TCC e que, ao final do estágio, algumas lacunas permaneciam. Assim, ele entendeu que aquele modelo de supervisão talvez não fosse o adequado ou o ideal para seguir. Somado a isso, começou a ler e estudar sobre supervisão clínica e, na mesma época, com a pandemia de covid-19, os estágios supervisionados se tornaram estudos de caso, conforme solicitação da instituição. Com a liberação dos atendimentos *on-line* para alunos e, *a posteriori*, o retorno das atividades presenciais, Lucas se sentiu perdido.

Um dos pontos que fortaleciam sua frustração era a expectativa de que os alunos de graduação, após um ano de estágio clínico, deveriam finalizar o processo supervisionado como "legítimos" terapeutas cognitivo-comportamentais, com todas as competências essenciais de TCC amplamente desenvolvidas, incluindo as habilidades do processo terapêutico e as competências genéricas e específicas da abordagem. De acordo com Sudak (2016a), as habilidades do processo terapêutico incluem pleno domínio em estabelecer uma aliança terapêutica nos preceitos da TCC, em aplicar práticas culturalmente competentes, em ter base em princípios éticos e da profissão, em usar as avaliações diagnósticas, em estabelecer metas SMART (acróstico em inglês descrito no artigo de Doran [1981] e muito utilizado até os dias atuais, que se refere a específico, mensurável, alcançável, relevante, tempo determinado), em gerenciar os problemas e pontos estanques na terapia e em preparar para o término. Já as competências genéricas em TCC dizem respeito à capacidade de autorreflexão, ao autocuidado como terapeuta, ao monitoramento do progresso de rotina da terapia (com o intuito de melhorar os cuidados ofertados), a fazer a formulação de caso que identifique os problemas transversais e longitudinais do paciente, a fomentar o treino de habilidades para o paciente, a utilizar análises cognitivas e funcionais do comportamento e, por último, a buscar por supervisão sempre que necessário. Ainda de acordo com essa autora, as competências específicas de TCC abarcam desde a descoberta guiada, a colaboração e o uso de questionamento socrático, a estruturação da sessão de modo a favorecer a eficiência do processo e a colaboração no trabalho terapêutico (incluindo o plano de ação entre as sessões), a conceitualização cognitiva como guia de planejamento, o trabalho com ativação comportamental, reestruturação cognitiva, exposição e prevenção de respostas até a compreensão dos fundamentos teóricos e científicos para intervenções adequadas.

Logo, o primeiro passo com Lucas foi olhar para os níveis de desenvolvimento de terapeutas, a partir da escala proposta por Deyfrus e Deyfrus, em 1986 (Barletta, Gauy et al., 2021; Corrie & Lane, 2015; Sudak, 2016b), e identificar onde se encontravam seus alunos (sem experiência, novato, iniciante avançado, competente, proficiente e *expert*). Ao entender que esses níveis fazem parte do mesmo contínuo e que são dinâmicos, ou seja, há uma transição e evolução entre os níveis, podendo ter diferentes habilidades mais ou menos desenvolvidas, pode-se identificar o que precisa ser enfatizado no desenvolvimento. De forma geral, pode-se usar a régua a seguir:

0. Alguém sem experiência, que não tem conhecimento, habilidades ou atitudes clínicas em TCC ou aplica a habilidade inadequadamente.
1. Apresenta muitas lacunas no desempenho clínico e dificuldades significativas, isto é, uma habilidade limitada com muitos problemas aparentes.
2. Apresenta nível básico de habilidades, porém com várias inconsistências ao desempenhar a atividade clínica; prende-se excessivamente às regras ensinadas, desconsiderando fatores situacionais, individuais e culturais.
3. Demonstra desempenho mais adequado e competente, com mais propriedade teórica e procedimental, porém com inconsistências visíveis e algumas dificuldades.
4. Há apropriação teórica e procedimental, desempenho clínico competente, com pequenas e poucas inconsistências.
5. Claramente habilidoso, demonstra desempenho clínico proficiente e efetivo, com consistência alta e dificuldades mínimas.
6. Demonstra excelente *performance*, de maneira constante, frente às diferentes demandas e problemáticas clínicas, isto é, apresenta nível de habilidade consistentemente alto e evidente.

Com a identificação do nível de desenvolvimento dos alunos, baseada nas características (alunos de graduação), nas disciplinas prévias (contato ou não com TCC), na experiência prévia de atendimentos (se realizado algum estágio supervisionado clínico), foi solicitado a Lucas que pensasse em alguns outros aspectos. Foram eles:

a. Contexto/instituição: avaliar a instituição de oferta da supervisão e identificar os recursos disponibilizados e/ou as barreiras impostas.
b. Terapeutas em treinamento: a partir do nível de desenvolvimento dos alunos do grupo de estágio, identificar as potencialidades e dificuldades do *trainee* (ou do grupo de *trainees*).
c. Estratégias didáticas: identificar as estratégias, procedimentos e instrumentos possíveis de serem usados na supervisão.
d. Alcance de desenvolvimento: com base nas informações anteriores, identificar o que os alunos minimamente devem alcançar para avançar um passo no nível de desenvolvimento.

Para melhor responder a esses quesitos de forma útil e visual, na metassupervisão, Lucas e a metassupervisora preencheram, conjuntamente, o quadro a seguir.

Traçando a linha de base			
Contexto/ instituição	**Terapeutas em treinamento**	**Estratégias didáticas**	**Alcance de desenvolvimento**
Em qual contexto a supervisão acontece? Quais os recursos disponíveis e possíveis de serem utilizados? Quais as barreiras encontradas?	Qual o nível de desenvolvimento dos *trainees*? Quais as dificuldades apresentadas por eles? Quais as potencialidades apresentadas? Quantos *trainees* estarão na supervisão *versus* duração do encontro? Qual o nível de motivação dos *trainees*?	Quais as estratégias de ensino utilizadas? Quais os métodos avaliativos utilizados? Quais estratégias didáticas podem ser incorporadas? Quais seriam o treino, a disponibilidade e a habilidade necessários do supervisor para lançar mão dessas estratégias adequadamente?	Quais as metas de ensino e desenvolvimento estabelecidas? As metas estão pertinentes ao processo (nível dos *trainees*, tempo de duração do processo supervisionado, tempo e frequência de cada encontro e quantidade de participantes)?

Com esse diagnóstico inicial como linha de base, pode-se traçar objetivos de aprendizagem e estratégias educativas pertinentes. Consequentemente, fazer o planejamento do processo supervisionado, com base em expectativas realistas, permitiu que Lucas pudesse se sentir mais seguro de suas escolhas em supervisão, menos à deriva como supervisor e mais próximo de um modelo de supervisão que permitisse o desenvolvimento do *trainee*.

Fazer um planejamento da supervisão, tendo clareza do nível de desenvolvimento dos terapeutas para possibilitar o estabelecimento de metas de aprendizagem realistas, levando em consideração o tempo de duração do programa de supervisão, as condições (recursos e barreiras) disponíveis e as estratégias didático-pedagógicas possíveis de serem utilizadas, favorece a consistência do aprendizado. Isso implica dizer que, ao fazer um planejamento do processo supervisionado, o supervisor pode se sentir perdido e muitas vezes à deriva. O termo supervisão à deriva, utilizado por Pugh e Margetts (2020), refere-se à lacuna do uso de práticas baseadas em evidências e componentes centrais no processo supervisionado. Podemos citar como exemplo dessas práticas a avaliação de competências (incluindo observação direta com monitoramento), o *feedback* e as estratégias educativas experienciais. Esses autores ressaltam que a supervisão clínica em TCC não é um processo de aprendizagem pela fala (exclusivamente), e sim de ação, e, para tanto, o planejamento torna-se essencial.

Outra dúvida bastante comum, também relativa à experiência das autoras, especialmente com supervisores em treinamento que tiveram uma experiência prévia com base no modelo tradicional (focada apenas no relato e discussão de casos clínicos) e o mantiveram para fornecer suas supervisões, é a dificuldade de equilibrar o tempo de supervisão para incluir o gerenciamento de casos e as estratégias para fomentar o desenvolvimento de habilidades clínicas. Muitos supervisores em treinamento, nessa situação, avaliam que se o terapeuta não relatar o caso, detalhadamente, em todos os encontros supervisionados, ficará necessariamente à deriva (acredita-se que esse entendimento possa estar baseado nos valores e na aprendizagem do modelo tradicional de supervisão). Em contrapartida, sentem-se culpados por não promover o desenvolvimento de competências clínicas, ou fazê-lo apenas em momentos pontuais, quando sobra tempo (vislumbrando o modelo de supervisão baseado em competências). Alguns supervisores em treinamento já descreveram esse momento como se eles estivessem no "limbo", presos ao modelo tradicional de supervisão sem saber como aplicar o modelo de supervisão baseado em competências. Em outra situação semelhante, foi feita a analogia com o afogamento: se uma pessoa estiver se afogando e você for ajudá-la sem saber como, a pessoa que está se afogando pode, no desespero e na tentativa de se segurar em você, levá-lo junto e afogar você também. Ao transpor esse cenário para a supervisão, os supervisores em treinamento muitas vezes se percebem tentando ajudar mas não tendo ferramentas para fazer diferente do tradicional, bem como cobrando-se a fazer rigorosamente o que a literatura atual da área apresenta. Ou seja, eles podem se sentir como se estivessem "se afogando" junto do terapeuta. Uma vez que a função formativa está entre as funções essenciais da supervisão, pode-se dizer que a percepção de afogar-se ou estar no limbo está ligada à percepção de que a supervisão não está cumprindo esse objetivo essencial. A função formativa aponta que a supervisão deve promover o desenvolvimento de competências e o repertório profissional do terapeuta (Barletta & Neufeld, 2020).

Ao não cumprir a função formativa, a supervisão torna-se inadequada, alertam Barletta & Neufeld (2020). Dessa forma, ela não atende ao critério de desenvolvimento, gerando um impacto direto para o terapeuta e para quem recebe a terapia, pois não há como garantir o tratamento psicoterápico de qualidade. Esse entendimento fortalece a importância da metassupervisão e de outras atividades de treinamento para a função de supervisor. Também vale ressaltar que conhecer o contexto e a instituição nas quais a supervisão ocorre, bem como os valores que a sustentam, torna-se essencial para o planejamento (ver mais informações sobre aspectos de gestão no Cap. 11) e sua flexibilidade na adequação do processo à demanda de aprendizagem. Isso implica dizer que, por vezes, tenta-se aplicar o modelo de supervisão baseado em competências rigorosamente alinhado às regras e protocolos gerais ensinados, sem levar em consideração os fatores situacionais, o que pode acarretar dificuldade de discriminação do que é útil no momento e/ou na adaptação do processo (estratégias pedagógicas, conteúdo, reflexão guiada, etc.) ao supervisor em treinamento e ao ambiente laboral (Corrie & Lane, 2015).

ESTRATÉGIAS DE ENSINO E APRENDIZAGEM PARA O DESENVOLVIMENTO DE COMPETÊNCIAS ABERTAS

Um modelo bastante utilizado para o desenvolvimento de habilidades em TCC, desde a aquisição até o refinamento do repertório do terapeuta, foi proposto por Bennett-Levy (2006) e é conhecido como modelo declarativo-procedural-reflexivo (DPR). Esta proposta favorece a compreensão de que diferentes dimensões de competência são desenvolvidas em tempos, ritmos e maneiras distintas. Isso implica dizer que, dependendo do objetivo da sessão de supervisão, diversas atividades podem ser realizadas. Assim, se o objetivo for aumentar o conhecimento sobre determinado assunto, atividades como leitura, palestras e estudos de caso são excelentes. Se o objetivo do encontro supervisionado for desenvolver habilidades procedimentais, são indicadas atividades práticas e experienciais, como *role-play*, dramatizações e a própria experiência clínica. Se o objetivo tiver como foco o sistema reflexivo, são fundamentais as atividades de autoprática e autorreflexão, bem como uma supervisão socrática (Barletta & Neufeld, 2020; Corrie & Lane, 2015).

Logo, um dos objetivos da metassupervisão é auxiliar o supervisor em treinamento na escolha e no planejamento das melhores atividades pedagógicas. Para tanto, leva-se em consideração os objetivos e as metas de aprendizagem elencados previamente no processo supervisionado, o nível de desenvolvimento do terapeuta e as competências e/ou dimensões que se pretende fomentar na sessão de supervisão. Além disso, treinar as estratégias pedagógicas em metassupervisão, em especial aquelas relativas à aprendizagem experiencial e à observação direta, pode lapidar o repertório do supervisor em treinamento.

Ao falar sobre estratégias experienciais, Barletta e Neufeld (2020) indicam o *role-play*, o ensaio comportamental e as atividades simuladas. Pugh e Margetts (2020) apontam o trabalho com a cadeira vazia como outra possibilidade importante, que deve ser inclusa no repertório didático-pedagógico do supervisor. Para esses autores, essas estratégias podem ser chamadas de métodos baseados na ação. Friedberg e Brelsford (2013) fazem uma ressalva, *a priori*, para o uso do *role-play*, mas que pode ser estendida para todas as estratégias experienciais: a atividade deve ser representativa da realidade do terapeuta e de suas interações clínicas para que haja conexão emocional e aprendizagem significativa. Se não há essa conexão, a estratégia perde as características da aprendizagem experiencial e torna-se uma atividade intelectualizada, isto é, apenas cognitiva. Ainda que também seja bastante útil e importante para a instalação de comportamentos, perde-se o alcance da aprendizagem, em especial na transposição do comportamento aprendido para o *setting* terapêutico e na sua generalização para diferentes momentos.

Como estratégias relativas à observação direta, incluem-se coterapia, observação na sala de espelho unilateral (com uso ou não de ponto eletrônico), gravação da sessão de terapia por vídeo e/ou áudio e transcrição da sessão clínica (Barletta & Neufeld, 2020). A observação direta permite vislumbrar o comportamento clínico em si e o desempenho do terapeuta, possibilitando que o supervisor forneça *feedbacks* adequados, com foco no comportamento e em suas repercussões. Para tanto, sempre que há uso de observação direta, é necessário que haja uma análise por alguém treinado (p. ex., o supervisor), a fim de favorecer a qualidade e a precisão dos *feedbacks*. Os *feedbacks* acompanhados de discussão, reflexão e identificação de alternativas para o manejo clínico são excelentes. Barletta, Gauy et al. (2021) apresentam uma forma de análise, avaliação e *feedback* por escrito da transcrição, a partir de um protocolo elaborado pelo grupo de estudos e pesquisa TrimTabPsi.

Além disso, medidas como a CTS (Young & Beck, 1980) e sua versão revisada (CTS-R, do inglês Cognitive Therapy Scale-Revised) (James et al., 2001), além da Assessment of Core CBT Skills (ACCS) (Muse, McManus, Rakovshik & Kennerley, 2014), tornam-se fundamentais para avaliação, monitoramento e *feedback* da competência clínica do terapeuta via observação direta. Há medidas para avaliar competências para problemas ou populações específicas, conforme ciclo de vida, tais como: Cognitive Therapy Scale for Psychosis (CTS-Psy) (Haddock et al., 2001), Cognitive Behaviour Therapy Scale for Children and Young People (CBTS-CYP) (Stallard et al., 2014) e Cognitive Therapy Rating Scale for Children and Adolescents (CTRS-CA) (Friedberg & Thordarson, 2014). Ressalta-se que tanto a CTRS-CA quanto a CTS-Psy também são escalas desenvolvidas a partir da CTS.

A dificuldade existente no Brasil é a lacuna de instrumentos em português, seja pela escassez de versões traduzidas, validadas e adaptadas culturalmente, seja pela falta de instrumentos genuinamente brasileiros. Entre os poucos instrumentos traduzidos e adaptados culturalmente para avaliação de terapeutas temos a CTS, nomeada como Escala de Avaliação em Terapia Cognitivo-Comportamental (Moreno & Sousa, 2020) e sua versão revisada CTS-R (Reis e Barbosa, 2016), e um instrumento brasileiro para terapeutas de grupo, intitulado Escala de Competência do Terapeuta em TCC em Grupos (ECTCCG) (Scotton & Neufeld, 2019). Vale ressaltar a importância dessa escala, uma vez que há escassez de instrumentos para avaliar competência terapêutica em TCCG no cenário mundial (ver Cap. 9 para mais informações).

Além de treinar e acompanhar o que foi realizado na supervisão pelo supervisor em treinamento, o metassupervisor pode, como forma de modelação do comportamento e demonstração da atividade, utilizar os instrumentos mencionados no parágrafo anterior na própria supervisão da supervisão (Fig. 14.3). Logo, o uso de *role-play*, vídeos demonstrativos, trabalho com cadeira vazia, gravação e análise da sessão de supervisão e medidas de competência do supervisor são exemplos de estratégias pedagógicas bem-vindas na metassupervisão.

Entre as medidas de competências do supervisor, podem ser citadas: Supervisor Competency Scale (SCS) (Kennerley et al., 2009); Supervision: Adherence and Guidance Evaluation (SAGE) (Milne & Reiser, 2014); The Supervisor Evaluation Scale (SES) (Corrie & Worrell, 2012 citado em Corrie & Lane, 2015); a versão curta de oito itens da Supervision Evaluation and Supervisory Competence Scale (SE-SC8) (Gonsalvez, 2021); e The Generic Supervision Assessment Tool (GSAT) (Hamilton et al., 2021). A GSAT tem três diferentes versões: a escala para ser utilizada como autoavaliação pelo próprio supervisor, a escala utilizada pelo terapeuta como forma de *feedback* para o supervisor e a escala usada por terceiros/observadores treinados (p. ex., pelo metassupervisor). Faz-se a ressalva de que ainda não há tradução, validação e adaptação cultural dessas medidas.

A prática da gravação de sessão de supervisão e sua escuta a partir de uma escala de competência em que o *feedback* pode ser dado e recebido por pares de supervisores em treinamento e pelo metassupervisor promove uma reflexão do processo de desenvolvimento. Esse entendimento corrobora os apontamentos de Barletta, Gauy et al. (2021), que reforçam a ideia de que essa atividade deve ser realizada conjun-

ESCUTAR	ROLE-PLAY	REESCREVER	DEBRIEFING
• Ouvir/ver partes específicas da sessão de supervisão gravada • Ouvir a sessão de supervisão inteira • *Feedback* do metassupervisor • Tomada de decisão de estratégias educativas	• *Role-play* com base na gravação • *Feedback* da encenação • Troca de papéis no *role-play* • *Feedback* da encenação • Elencar novas possibilidades de atuação em supervisão	• Reelaborar perguntas e falas das transcrições da supervisão • Desenvolver um diálogo socrático • Identificar diferentes estratégias educativas • Usar jogos e baralhos clínicos	• Formular problemas encontrados • Refletir sobre competências do supervisor: *scaffolding skills*, descoberta guiada, direcionamentos tomados • Autorreflexão sobre a própria atuação como supervisor

FIGURA 14.3 Como usar a gravação e transcrição em metassupervisão.
Fonte: Adaptada de Barletta, Gauy et al. (2021).

tamente e de forma colaborativa, baseada na descoberta guiada e com foco nas potencialidades e reelaboração do que pode ser colocado em prática de forma diferente daquela feita na gravação. Além disso, essa atividade educativa fortalece: a) a compreensão e clareza do próprio desenvolvimento de competências; b) a diversidade do repertório do supervisor em treinamento, já que aumenta o manejo em diferentes situações; c) a busca de soluções de problemas e da tomada de decisão baseada em evidências; e d) a atitude aberta para a autorreflexão do supervisor em treinamento, de forma equilibrada, autocompassiva, com menos pensamentos de julgamento e sem autocrítica demasiada.

Assim, entende-se que as estratégias experienciais e baseadas na ação, somadas às estratégias de observação direta em metassupervisão, podem fortalecer o treino de competências do supervisor. Isso inclui o desenvolvimento de habilidades essenciais, como *feedback* adequado e construtivo, uso da descoberta guiada, escolha de estratégias pedagógicas baseadas nas metas educativas de supervisão e lapidação de *scaffolding skills*, entre outras. Por *scaffolding skills* entende-se o quanto o supervisor combina e entrecruza diferentes estratégias de ensino e suporte para melhor atender às necessidades do terapeuta em desenvolvimento (Barletta & Neufeld, 2020; James et al., 2008).

OBSERVANDO A RELAÇÃO INTERPESSOAL EM SUPERVISÃO

Como último item a ser destacado neste capítulo, porém não menos significativo, reforça-se a importância da relação interpessoal capaz de dar suporte ao processo de elaboração do repertório profissional. É consenso na literatura que a relação entre supervisor e *trainee* é fundamental para o processo de ensino-aprendizagem de qualidade, fortalecendo a importância da aliança de trabalho nesse contexto (Corrie & Lane, 2015; Overholser, 2004). Crook-Lyon e Potkar (2010) ressaltam que três elementos devem ser fortalecidos para que haja uma aliança em supervisão que permita o desenvolvimento do terapeuta: a) estabelecimento conjunto de metas no processo supervisionado; b) aceite das atividades supervisionadas, a partir da compreensão dos motivos de cada estratégia pedagógica pelos participantes; e c) qualidade do vínculo afetivo-emocional estabelecido, a fim de promover segurança, confiança e proximidade necessárias ao processo de aprendizagem. Para tanto, o uso de *feedbacks* claros, com foco no desempenho, e construtivos, a partir de uma postura de apoio e de incentivo, torna-se essencial (Haberstroh & Duffey, 2016).

Os profissionais que ofertam supervisão no formato grupal também precisam ser treinados e ficar atentos para o relacionamento interpessoal. O supervisor, nesse contexto, atua como um coordenador de grupo, sendo importante lançar mão de competências de manejo de grupo, como liderança que respeite a individualidade e fomente a coesão dos participantes, o gerenciamento de fatores grupais e o uso de empirismo colaborativo e da descoberta guiada como elementos que permitam rodar a palavra entre todos (ver Cap. 12 para mais informações sobre a supervisão em grupo).

Uma vez que pode ser traçado um paralelo entre a supervisão e a prática clínica em TCC, acomoda-se a perspectiva do trabalho colaborativo e participativo, como uma equipe integrada, para que haja mudança e engajamento de todos os participantes (Barletta et al., 2022; Kazantzis et al., 2017). Portanto, no processo metassupervisionado, a relação interpessoal e as habilidades em estabelecer uma aliança terapêutica de qualidade, por parte do supervisor em treinamento, precisam ser alvos de desenvolvimento (ver Cap. 6 para mais informações sobre relações interpessoais e educativas na formação do terapeuta e do supervisor).

Entre os aspectos a serem observados na metassupervisão está a facilitação do olhar do supervisor em treinamento para possíveis elementos que possam prejudicar a relação interpessoal (p. ex., a ansiedade do terapeuta, em especial a do terapeuta novato). De acordo com Haberstroh e Duffey (2016), o alto nível de ansiedade do terapeuta pode impactar negativamente na aliança terapêutica e na aprendizagem – por exemplo, a participação do *trainee* em atividades experienciais, expositivas e de observação direta durante a supervisão, estratégias fundamentais para o desenvolvimento de competências, pode ser dificultada. Isso inclui as gravações de sessão, o *role-play*, o relato de dificuldades no atendimento, a abertura em receber, ouvir e/ou aceitar *feedback*. A ansiedade também pode aumentar as chances de rupturas interpessoais na supervisão, impactando na não aceitação dos apontamentos feitos pelo supervisor em treinamento, no fortalecimento de percepções negativas sobre o comportamento do supervisor e na intensidade de críticas e autocríticas.

Uma das propostas em metassupervisão é lapidar a habilidade do supervisor em treinamento em estabelecer uma aliança de trabalho e manejar as (possíveis) rupturas interpessoais. Entre os comportamentos a serem treinados estão a estruturação da supervisão, a comunicação clara, a habilidade de dar e receber *feedback*, o monitoramento, acompanhamento e avaliação da evolução do *trainee*, a autorrevelação, quando pertinente, a exposição gradativa das dificuldades e dos desafios, a audiência não punitiva e o uso do humor adequado (não irônico ou sarcástico) (Haberstroh & Duffey, 2016). Ter como base do relacionamento o empirismo colaborativo, usar a descoberta guiada e manejar a contratransferência do terapeuta e do supervisor em treinamento também são comportamentos a serem treinados em metassupervisão (Barletta et al., 2022).

Para tanto, entre as estratégias utilizadas em metassupervisão para aumentar a abertura e sensibilidade sobre a relação interpessoal do supervisor em treinamento, podem ser considerados: a) o planejamento de estratégias pedagógicas para esse fim; b) a modelação a partir do estabelecimento de uma aliança colaborativa e do manejo de rupturas interpessoais; e c) o cuidado com o supervisor em treinamento, com sua compreensão e suas reações esquemáticas contratransferenciais durante o processo.

CONSIDERAÇÕES FINAIS

A metassupervisão não é a única ferramenta utilizada para treinar a função de supervisão, porém as autoras deste capítulo a consideram de fundamental importância para o desenvolvimento de supervisores em treinamento. Contudo, ainda há poucas descrições e estudos a respeito dessa prática e, no Brasil, existe uma lacuna na sua disseminação. Portanto, este capítulo teve como intuito apresentar a metassupervisão de forma mais prática, descrevendo, conceituando e levantando reflexões sobre essa prática. As dicas, os exemplos de perguntas e as atividades, bem como as formas de executar as propostas de uma metassupervisão descritas ao longo do texto, têm por objetivo facilitar a visualização e a compreensão do leitor sobre a atividade profissional em questão.

A partir dos elementos destacados, entende-se que a metassupervisão possibilita aumentar a perspectiva sobre o papel do supervisor em treinamento, pois o leva a adquirir conhecimentos, habilidades e atitudes mais amplas a respeito tanto de questões burocráticas e administrativas, passando pelo funcionamento da supervisão em si (incluindo processo, planejamento, competências a serem treinadas, medições, relações interpessoais, etc.), quanto da importância de identificar fatores situacionais, do contexto e culturais. Ainda que a metassupervisão seja importante, se não se propuser a ocorrer em um processo baseado em evidências, sistemático e com foco no desenvolvimento de competências profissionais, mas ainda assim flexível o suficiente para adaptar-se ao contexto e responder às necessidades do aprendiz, pode ser tão danosa e iatrogênica quanto uma supervisão inadequada e/ou à deriva. Portanto, acredita-se que este capítulo alcançou seu objetivo ao acender uma luz sobre a temática, descrever estratégias práticas no processo de ensino-aprendizagem e mostrar possibilidades, sem fechar em um único caminho.

REFERÊNCIAS

American Psychological Association (APA). (2014). *Guidelines for clinical supervision in health service psychology.* http://apa.org/about/policy/guidelines-supervision.pdf

Araújo, M. L., & Lopes, R. F. F. (2015). Desenvolvimento de um inventário cognitivo-comportamental para avaliação da aliança terapêutica. *Revista Brasileira de Terapias Cognitivas, 11*(2), 86-95.

Barletta, J. B., & Neufeld, C. B. (2020). Novos rumos na supervisão clínica em TCC: Conceitos, modelos e estratégias baseadas em evidências. In FBTC, Neufeld, C. B., Falcone, E. M. O., & Rangé, B. (Orgs.), *PROCOGNITIVA - Programa de Atualização em Terapia Cognitivo-Comportamental: Ciclo 7* (pp. 119-158). Artmed Panamericana. (Sistema de educação continuada à distância, v. 3).

Barletta, J. B., Gauy, F. V., Velasquez, M. L., & Neufeld, C. B. (2021). Estratégias pedagógicas para fomentar o desenvolvimento de competências do terapeuta cognitivo-comportamental. In FBTC, Neufeld, C.

B., Falcone, E., & Rangé, B. (Orgs.), *PROCOGNITIVA - Programa de Atualização em Terapia Cognitivo-Comportamental: Ciclo 8* (pp. 115-168). Armed Panamericana. (Sistema de educação continuada à distância, v. 2).

Barletta, J. B., Rodrigues, C. M. L., & Neufeld, C. B. (2021). A formação de supervisores em terapia cognitivo-comportamental. *Revista Brasileira de Orientação Profissional, 22*(1), 61-72.

Barletta, J. B., Rebessi, I., P. & Neufeld, C. B. (2022). A contratransferência no processo supervisionado em terapia cognitivo-comportamental. *Revista Brasileira de Psicoterapia, 24*(1), 49-62.

Bearman, S. K., Bailin, A., & Sale, R. (2020). Graduate school training in CBT supervision to develop knowledge and competencies. *The Clinical Supervisor, 39*(1), 66-84.

Bennett-Levy, J. (2006). Therapist skills: A cognitive model of their acquisition and refinement. *Behavioural and Cognitive Psychotherapy, 34*(1), 57-78.

Bennett-Levy, J., & Padesky, C. A. (2014). Use it or lose it: Post-workshop reflection enhances learning and utilization of CBT skills. *Cognitive and Behavioral Practice, 21*(1), 12-19.

Borders, L. D. (2014). Best practices in clinical supervision: Another step-in delineating effective supervision practice. *American Journal of Psychotherapy, 58*(2), 151-162.

British Association for Counselling and Psychotherapy (BACP). (2021). *BACP supervision competence framework: User guide.* https://www.bacp.co.uk/media/10931/bacp-supervision-competence-framework-user-guide-feb21.pdf

Buus, N., Lynch, L., & Gonge, H. (2016). Developing and implementing 'meta-supervision' for mental health nursing staff supervisees: Opportunities and challenges. *The Cognitive Behaviour Therapist, 9*(e22), 1-15.

Corrie, S., & Lane, D. A. (2015). *CBT supervision*. SAGE.

Crook-Lyon, R. E., & Potkar, K. A. (2010). The supervisory relationship. In Ladany, N., & Bradley, L. J. (Eds.), *Counselors* (4th ed., pp. 15-52). Routledge.

Doran, G. T. (1981). There's a S.M.A.R.T. Way to Write Management's Goals and Objectives. *Management Review, 70*, 35-36.

Efstation, J. F., Patton, M. J., & Kardash, C. M. (1990). Measuring the working alliance in counselor supervision. *Journal of Counseling Psychology, 37*(3), 322-329.

Ellis, M. V., Berger, L., Hanus, A. E., Ayala, E. E., Swords, B. A., & Siembor, M. (2014). Inadequate and harmful clinical supervision: Testing a revised framework and assessing occurrence. *The Counseling Psychologist, 42*(4), 434-472.

Falender, C. A. (2018). Clinical supervision: The missing ingredient. *American Psychologist, 73*(9), 1240-1250.

Ferreira, I. M. F., Almeida, N. O., Barletta, J. B., Versuti, F. M., & Neufeld, C. B. (2021). Critérios para acreditação/certificação e formação do supervisor de TCC ao redor do mundo e as implicações para o contexto brasileiro. *Revista Brasileira de Terapias Cognitivas, 17*(1), 48-57.

Friedberg, R. D., & Brelsford, G. M. (2013). Training methods in cognitive behavioral therapy: Tradition and invention. *Journal of Cognitive Psychotherapy: An International Quarterly, 27*(1), 19-29.

Friedberg, R. D., & Thordarson, M. A. (2014). *Cognitive Therapy Rating Scale for Children and Adolescents (CTRS-CA)*. Center for the Study and Treatment of Anxious Youth.

Gauy, F. V., Barletta, J. B., Vilela, J. B., & Kaji-Markenfeldt, A. (no prelo). *Promovendo a supervisão baseada em competências cognitivo comportamentais: Caderno do Supervisor.*

Gonsalvez, C. J. (2021). A short scale to evaluate supervision and supervisor competence-The SE-SC8. *Clinical Psychology & Psychotherapy, 28*(2), 452-461.

Gordon, P. K. (2012). Ten steps to cognitive behavioural supervision. *The Cognitive Behaviour Therapist, 5*(4), 71-82.

Haberstroh, S., & Duffey, T. (2016). Establishing and navigating relationships in online supervision. In T. Rousmaniere, & E. Renfro-Michel (Eds.), *Using technology to enhance clinical supervision* (pp. 87-101). Wiley Blackwell.

Haddock, G., Devane, S., Bradshaw, T., McGovern, J., Tarrier, N., Kinderman, P., ... Harris, N. (2001). An investigation into the psychometric properties of the Cognitive Therapy Scale for Psychosis (CTS-Psy). *Behavioural and Cognitive Psychotherapy, 29*(2), 221-233.

Hamilton, S., O'donovan, A., Briggs, L., & Slattery, M. (2021). *Generic Supervision Assessment Tool (GSAT): User manual.* https://www.gsatresources.com/

James, I. A., Blackburn, I. M., &. Reichelt, F. K (2001). *Manual of the revised cognitive therapy scale (CTS-R).* https://www.ed.ac.uk/files/atoms/files/ctsrmanual.pdf

James, I. A., Milne, D., & Morse, R. (2008). Microskills of clinical supervision: Scaffolding skills. *Journal of Cognitive Psychotherapy, 22*(1), 29-36.

Kaji-Markenfeldt, A., Gauy, F. V., Barletta, J. B., &Vilela, J. B. (no prelo). *Desenvolvendo-se como terapeuta cognitivo-comportamental: Planner do terapeuta.*

Kazantzis, N., Dattilio, F. M., & Dobson, K. S. (2017). *The therapeutic relationship in cognitive-behavioral therapy a clinician's guide.* Guilford.

Kennerley, H., Clohessy, S., Butler, G., Muse, K., & Rakovshik, S. (2009). *Supervisor Competency Scale (SCS): A tool for fostering good practice in CBT supervision.* https://www.octc.co.uk/innovations/supervisor-competency-scale-scs

Milne, D. L., & Reiser, R. P. (2014). SAGE: A scale for rating competence in CBT supervision. In C. E. Watkins, Jr., & D. L. Milne (Eds.), *The Wiley international handbook of clinical supervision* (pp. 402-415). Wiley-Blackwell.

Moreno, A. L., & Sousa, D. A. (2020). Adaptação transcultural da Cognitive Therapy Rating Scale (escala de avaliação em terapia cognitivo-comportamental) para o contexto brasileiro. *Revista Brasileira de Terapias Cognitivas, 16*(2), 92-98.

Muse, K., McManus, F., Rakovshik, S., & Kennerley, H. (2014). *Assessment of Core CBT Skills (ACCS): User manual.* https://www.accs-scale.co.uk/

Neufeld, C. B., Barletta, J. B., Scotton, I. L., & Rebessi, I. P. (2021). Distinctive aspects of CBT in Brazil: How cultural aspects affect training and clinical practice. *International Journal of Cognitive Therapy, 14,* 247-261.

Newman, C. F. (2013). Training cognitive behavioral therapy supervisors: Didactics, simulated practice, and "meta-supervision". *Journal of Cognitive Psychotherapy: An International Quarterly, 27*(1), 5-18.

Newman, C. F., & Kaplan, D. A. (2016). *Supervision essentials for cognitive-behavioral therapy.* American Psychological Association.

Overholser, J. C. (2004). The four pillars of psychotherapy supervision. *The Clinical Supervisor, 23*(1), 1-13.

Palomo, M., Beinart, H., & Cooper, M. J. (2010). Development and validation of the Supervisory Relationship Questionnaire (SRQ) in UK trainee clinical psychologists. *British Journal of Clinical Psychology, 49*(Pt 2), 131-149.

Power, A. (2013). Supervision of supervision: How many mirrors do we need? *British Journal of Psychotherapy, 29*(3) (2013), 389-404.

Pugh, M., & Margetts, A. (2020). Are you sitting (un)comfortably? Actionbased supervision and supervisory drift. *The Cognitive Behaviour Therapist, 13,* e17.

Rakovshik, S. G., & McManus, F. (2010). Establishing evidence-based training in cognitive behavioral therapy: A review of current empirical findings and theoretical guidance. *Clinical Psychology Review, 30*(5), 496-516.

Reis, G. A., & Barbosa, A. J. G. (2016). Competências de terapeutas cognitivo-comportamentais de idosos. In E. R. Freitas, A. J. G. Barbosa, & C. B. Neufeld (Orgs.), *Terapias cognitivo-comportamentais com idosos* (pp. 305-325). Sinopsys.

Roth, A. D., & Pilling, S. (2008). *A competence framework for the supervision of psychological therapies.* University College London.

Scotton, I. L., & Neufeld, C. B. (2019). *Construção de um instrumento de avaliação de competências do terapeuta cognitivo-comportamental em grupos* [Projeto de mestrado]. Universidade de São Paulo.

Silvares, E. F. M., Gauy, F. V., & Peixoto, A. C. A. (2016). Supervisão: Questões conceituais, metodológicas e práticas. In E. F. M. Silvares, M. H. S. Melo, & S. S. Löhr (Orgs.), *Supervisão e formação em psicologia* (pp. 13-32). Juruá.

Stallard, P., Myles, P., & Branson, A. (2014). The cognitive behaviour therapy scale for children and young people (CBTS-CYP): Development and psychometric properties. *Behavioural and Cognitive Psychotherapy, 42(03),* 269-282.

Sudak, D. M. (2016a). Core competencies in cognitive behavioral therapy training. In Sudak, D. M., Codd, R. T., III, Ludgate, J., Sokol, L., Fox, M. G., Reiser, R., & Milne, D. L. (Orgs.), *Teaching and supervising cognitive behavioral therapy* (pp. 25-36). Wiley.

Sudak, D. M. (2016b). Measures of competence in cognitive behavioral therapy. In Sudak, D. M., Codd, R. T., III, Ludgate, J., Sokol, L., Fox, M. G., Reiser, R., & Milne, D. L. (Orgs.), *Teaching and supervising cognitive behavioral therapy* (pp. 67-83). Wiley.

UK Council for Psychotherapy (UKCP). (2018). *UKCP practice guidelines for supervisors.* https://www.psychotherapy.org.uk/media/4gaauxer/ukcp-practice-guidelines-for-supervisors-2018.pdf

Young, J., & Beck, A. (1980). *Cognitive therapy scale: Rating manual.* University of Pennsylvania.

PARTE III
Supervisão baseada em evidências em diferentes contextos da formação em psicologia

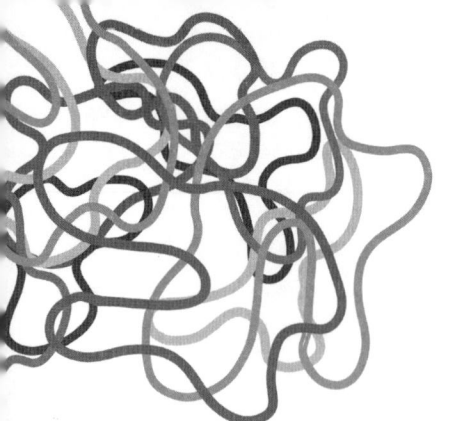

15

Supervisão em psicologia na saúde pública
Do estágio curricular à residência multiprofissional na atenção primária

Lauriane dos Santos Moreira
Ana Karina C. R. de-Farias
Jaciela Margarida Leopoldino

O Sistema Único de Saúde (SUS), a partir de sua criação em 1990, trouxe um novo modelo de saúde pública para o Brasil. Contrariando as intervenções de cunho apenas curativo e nucleadas nas ciências biológicas, o SUS propôs uma visão integral de ser humano. A saúde passou a considerar seus determinantes e condicionantes, como moradia, saneamento básico, lazer, renda, educação, meio ambiente, entre outros, analisando que a organização do País em relação aos aspectos sociais e econômicos expressa os níveis de saúde da população (Lei nº 8.080, de 19 de setembro de 1990, 1990).

A ideia de uma medicina como ciência que comportaria toda a diversidade de manifestações humanas no campo da saúde foi colocada em xeque, abrindo espaço, pela homologação da Lei nº 8.080, para as demais áreas (p. ex., educação física, fisioterapia, serviço social, psicologia, terapia ocupacional). O modelo de saúde foi ampliado para além da perspectiva saúde *versus* doença, compreendendo os sujeitos como inseridos em um contexto social que constrói o seu modo de ser no mundo. Nesse enfoque, conforme Alves et al. (2014), a psicologia se insere, com o desafio de alargar o seu modo de intervir, tendo como objetivo maior a saúde global dos sujeitos, e não somente o tratamento de transtornos mentais por psicoterapia individual.

Como profissão regulamentada no Brasil, a psicologia é bastante recente (Lei nº 4.119, de 27 de agosto de 1962, 1962). Inicialmente, ela esteve voltada para problemas referentes à educação e ao contexto do trabalho, utilizando-se de testes psicológicos que mensuravam características de alunos e trabalhadores, de modo classificatório. Na atualidade, quando o assunto é psicologia, os leigos imaginam o consultório particular, mas também o estudante da graduação almeja esse contexto como seu futuro local de atuação (Figueiredo & Santi, 2002).

A psicologia também tem se engajado na luta em favor dos direitos humanos, inicialmente articulada por profissionais vinculados à academia e por estudantes. Esse enfrentamento foi impulsionado pelo golpe militar de 1964, que instalou uma ditadura no País, resultando em direitos perdidos, levando parte da categoria a defender a formulação de políticas públicas dignas para a sociedade brasileira (Campos, 2009; Vasconcelos, 1987). Contudo, a ideia de psicologia exclusivamente clínica, "de consultório", persiste. Há um desacerto entre as demandas sociais e a formação que os acadêmicos têm recebido nos diversos cursos de graduação pelo País, o que impacta na sua inserção em políticas públicas, com destaque para a saúde (Alves et al., 2014; Dimenstein & Macedo, 2012; Medeiros et al., 2014; Pitombeira et al., 2016; Sousa, 2006). Esse contexto justifica o incentivo à formação de psicólogos em saúde pública.

Por meio da articulação entre o Ministério da Saúde e o Ministério da Educação, os serviços do SUS são considerados espaços de educação contextualizada e de desenvolvimento profissional, por meio da integração ensino-serviço, de modo que os recursos humanos para atuação em saúde pública no Brasil sejam formados por meio da qualificação de pessoas em todos os níveis de ensino (Lei nº 8080, de 19 de setembro de 1990, 1990).

A Portaria nº 198/GM, em 13 de fevereiro de 2004 (2004), instituiu a Política Nacional de Educação Permanente em Saúde (PNEPS), estratégia de formação e desenvolvimento de trabalhadores para a saúde pública, que promove qualificação da atenção e da gestão a partir da identificação das necessidades de cada contexto. A PNEPS propõe a transformação das práticas e da educação na saúde, de forma articulada entre o SUS e as instituições de ensino. Diversos projetos se desenvolveram a partir da PNEPS, como Vivências e Estágios na Realidade do SUS (VER-SUS) e Programa de Educação pelo Trabalho para a Saúde (PET-Saúde).

Destaca-se, como possibilidade de qualificação de trabalhadores para o SUS, os estágios curriculares e as residências multiprofissionais, espaços que a psicologia tem ocupado, favorecendo uma formação profissional mais comprometida na realização dos princípios e das diretrizes do sistema. A integração ensino-serviço potencializa movimentos de reestruturação dos currículos das diversas graduações em saúde, primando por integralidade do cuidado, atuação e reflexão interdisciplinar e opção pelas metodologias ativas de ensino-aprendizagem (Medeiros et al., 2014).

O acompanhamento por um profissional mais experiente de graduandos e pós-graduandos no SUS, com foco na preservação e promoção de saúde, conduzindo à formação em serviço a partir de dados de vigilância em saúde e da realidade territorial, é aprimorada quando pautada pelas metodologias ativas. Essa perspectiva metodológica defende a construção de uma trajetória de significado, desenvolvendo não somente competências cognitivas para o trabalho, mas especialmente afetivas, psicomotoras e atitudinais (Lima, 2005). Conforme Soeiro et al. (2018), o profissional formado a partir dessa visão costuma ser proativo (aberto, interessado, engajado), crítico (problematizador), reflexivo (questionador), solidário e respeitoso (colaborador), além de comprometido (responsável pelo seu processo de aprendizagem).

A reorientação do modelo de atenção à saúde com foco na articulação de ações de promoção, preservação e recuperação da saúde, a partir da concepção ampliada do processo saúde-doença, requer a construção de processos educacionais que promovam mudanças na formação de profissionais da saúde. O caráter crítico-reflexivo da psicologia e o fato de a área ser composta por diversos saberes e fazeres, além da inserção histórica em campos variados de atuação, favorece essa transformação no SUS (Santana et al., 2016). Os processos inovadores de aprendizagem constituem ferramentas importantes para o desenvolvimento de capacidades profissionais que atendam às demandas educacionais e às necessidades de saúde da comunidade.

Neste capítulo, será feita uma breve caracterização do SUS, bem como a inserção da psicologia nesse contexto. Serão apresentados os aspectos essenciais da supervisão na área da saúde pública para a psicologia, enfatizando os estágios e as residências multiprofissionais, as competências a serem alcançadas e as formas de avaliação apropriadas, com foco na Atenção Primária em Saúde (APS) e seu papel de porta de entrada do SUS, de centro de comunicação da Rede de Atenção à Saúde (RAS) e de coordenadora do cuidado.

SAÚDE PÚBLICA, PSICOLOGIA E A INTEGRAÇÃO ENSINO-SERVIÇO

Diversos países organizaram sistemas de saúde hierarquizados e regionalizados, especialmente desde meados dos anos 1970, seguindo orientações da Organização Mundial da Saúde (OMS) (Vasconcelos, 1987), entre os quais o Brasil. Impulsionado pela crise sanitária nacional, que teve seu auge entre as décadas de 1970 e 1980 (Amarante, 1998; Carvalho, 2013; Ceccim & Ferla, 2008; Luz, 1991), o SUS foi finalmente criado em 1990. A Constituição Federal de 1988 (Brasil, 1988), que redemocratizou o País, trouxe as bases nas quais o SUS se respalda. A saúde passou a ser um direito de todas as pessoas, devendo ser garantida pelo Estado. As ações e os serviços do SUS, regulamentados a partir da Lei nº 8.080, de 19 de setembro de 1990 (1990) e da Lei nº 8.142, de 28 de dezembro de 1990 (1990), estabelecem princípios, diretrizes e objetivos para o seu funcionamento.

Conforme a Lei nº 8.080, de 19 de setembro de 1990 (1990), no seu Parágrafo Único, Art. 3º, "dizem respeito também à saúde as ações que, por força do disposto no artigo anterior, se destinam a garantir às pessoas e à coletividade condições de bem-estar físico, mental e social". Forjar a saúde das pessoas apartada das condições sanitárias do espaço social não é mais possível, o que reestrutura as orientações nesse campo e traz também as variáveis simbólica, ética e política ao diálogo, tirando o caráter absoluto do discurso biológico (Birman, 2005). Assim, a concepção de saúde coletiva diz respeito a um espaço social no qual se concentram abordagens e pesquisas que constroem análises críticas ao modelo biomédico, que tece relações entre saúde e sociedade e faz frente aos determinantes sociais (Silva et al., 2019).

A aproximação da realidade de vida das pessoas, defendida pela saúde coletiva, suscita indicadores sociais e de necessidades de saúde de indivíduos, famílias e grupos, percebendo suas vulnerabilidades e potencialidades, em uma lógica de territorialização. A intervenção em saúde pública está atenta aos problemas e necessidades do contexto, cuja busca por soluções envolve ativo engajamento comunitário (Bertolozzi & Francolli, 2004).

Compreender a saúde pelos seus determinantes sociais quer dizer que as práticas devem considerar não somente os indivíduos, mas também os grupos. No Brasil, a perspectiva da saúde coletiva foi construída em conjunto com o engajamento da sociedade civil, em um período ainda ditatorial, no qual a questão democrática era o centro do debate. Nesse ínterim, a Associação Brasileira de Saúde Coletiva (ABRASCO) foi fundada em 1979, fortalecendo, a partir desse espaço formal, o avanço da área (Vieira-da-Silva et al., 2014).

Contudo, o fato de a saúde pública ser construída social e historicamente deflagra que se trata da luta de determinados valores contra outros, suscitando a necessidade de que os profissionais tenham um posicionamento manifesto em defesa da vida (Campos, 2000). Ainda é um desafio dentro do SUS ter essa compreensão ampliada de saúde em todos os níveis de atenção – atenção primária, atenção secundária e atenção terciária (Kirchner & Farias, 2022).

O arranjo produtivo do SUS se pauta na hierarquização da rede de serviços de saúde, uma de suas diretrizes. A Portaria nº 4.279, de 30 de dezembro de 2010 (2010), estabeleceu orientações para organização da RAS, reafirmando a necessidade de uso racional dos recursos e o "foco gerencial dos entes de governança", de modo que as características tecnológicas de menor densidade correspondem à APS, as de densidade intermediária ocorrem na atenção secundária em saúde e, finalmente, na atenção terciária se encontram aquelas de maior densidade.

Os serviços de APS são limitados diante das diversas necessidades de saúde da população, devendo ser apoiados e complementados por ações ambulatoriais e hospitalares, no local e tempo adequados. Porém, para os objetivos deste capítulo, destaca-se a APS, que oferta cuidados primários em saúde, diante de problemas comuns, sendo a porta de entrada do SUS, além de centro de comunicação da RAS e coordenadora do cuidado em saúde (Portaria nº 4279, de 30 de dezembro de 2010, MS 2012a). As Unidades de Saúde da Família (USF) são dispostas o mais próximas possível dos locais de residência das pessoas. As ações de saúde, individuais e coletivas, primam pela "promoção e a proteção da saúde, a prevenção de agravos, o diagnóstico, o tratamento, a reabilitação e a manutenção da saúde" (Anexo da Portaria nº 4279, de 30 de dezembro de 2010, 2010, p. 2).

Visando à operacionalização desse nível de atenção em saúde, algumas áreas estratégicas de atuação foram definidas para todo o território nacional, com destaque para eliminação da hanseníase, controle de tuberculose, hipertensão e diabetes melito, além da eliminação da desnutrição infantil, do cuidado específico aos diferentes ciclos de vida e perfis da população (p. ex., saúde da criança, da mulher, do idoso) e da promoção da saúde por meio, por exemplo, de atividades educativas. Essas frentes estratégicas podem ser extrapoladas, conforme pactuações definidas nas Comissões Intergestoras Bipartites (CIBs), seguindo as prioridades de cada local (MS, 2012a).

A APS é constituída por equipes da Estratégia Saúde da Família (ESF), compostas por médico e enfermeiro (generalistas ou especialistas em saúde da família), auxiliar ou técnico de enfermagem, agentes comunitários de saúde (ACSs) e profissionais de saúde bucal (MS, 2012a). Além desses profissionais, a gestão municipal é autônoma para compor equipes multiprofissionais com categorias profissionais e carga horária conforme sua decisão, desde a publicação da Nota Técnica do Ministério da Saúde 03/2020 (MS, 2020), que extinguiu o Núcleo Ampliado de Saúde da Família e Atenção Básica (NASF-AB). Essa situação é vista por Abdala et al. (2021) com pessimismo, uma vez que o desmonte do NASF, em muitos municípios, pode enfraquecer a presença da psicologia na APS.

Para ocupar esse lugar com qualidade e consciência do seu papel, é preciso compreender os eventos históricos que resultaram na criação do SUS, bem como possíveis movimentos que pretendem enfraquecê-lo. O direito à saúde, como os demais direitos humanos (Organização das Nações Unidas [ONU], 1948), na atualidade, não carecem mais de justificativa quanto à relevância, mas, conforme Bobbio (2004), há ainda necessidade de protegê-los, uma vez que o problema não é mais da esfera filosófica, mas da política. Então, surge o questionamento: estagiários e residentes que atuam na APS trazem consigo da graduação esse entendimento?

Rosato (2011) discute que a psicologia no Brasil, a partir de seu texto legislativo inaugural, esteve preocupada com a construção de perfis psicológicos, por meio de testagem, atravessada por viés individual, neutro e tecnicista, sem consideração da produção histórica de ser humano e de contexto social. Ainda que esse cenário tenha sido superado pelas Diretrizes Curriculares Nacionais (DCNs) dos cursos de graduação em psicologia em vigência, predomina a expectativa de que o psicólogo seja o especialista da intimidade, ao mesmo tempo em que há escassez de politização na formação.

O aumento no número de graduados em psicologia nas últimas décadas e as mudanças no mercado de trabalho têm exigido dessa ciência e profissão ampliação das possibilidades de atuação, inserindo-a nas políticas públicas. Essa reinvenção de práticas "psi" tem modificado, nos microespaços em que circula, as perspectivas sobre o potencial da psicologia, superando técnicas tradicionais e incentivando leituras críticas sobre os contextos institucionais e a formulação de intervenções frente às problemáticas identificadas. No entanto, são verificadas resistências acerca de transformar fazeres e saberes historicamente arraigados, o que coloca os profissionais da psicologia perante o desafio de demonstrar as possibilidades de atuar para além da expectativa social (Brigagão et al., 2011).

Superar a fragmentação da atividade humana, como propõe Lane (2006), afastar-se do chamado "especialismo", é necessário para que a psicologia não perca a noção do todo social e consiga desenvolver atividades comunitárias, as quais, conforme discute Pereira (2001), podem ser realizadas por diversas áreas do conhecimento, objetivando uma ação coletiva que possibilite a migração da passividade para o engajamento social. Nessa perspectiva, quando a psicologia atua pelo viés comunitário, da educação popular, reeduca a si mesma e a sociedade em novos valores.

A prática da psicologia em contextos institucionais e comunitários, como a APS, requer compreensão sobre educação popular, uma vez que o entrelaçamento entre o sujeito e o contexto social é um fato, permeado por diferentes disciplinas em interação e em um contexto pós-moderno de questionamento do papel da ciência diante de uma sociedade que ainda luta por garantia de direitos, especialmente à saúde. A clínica psicológica tradicional não é suficiente, pois os movimentos políticos também constroem a subjetividade (Braga, 2009; Pereira, 2001).

As instituições de ensino superior precisam assumir sua responsabilidade social diante da realidade nacional, com suas características culturais e econômicas, qualificando seus estudantes acerca da saúde pública (Duarte, 2015; Sousa, 2006). É evidenciada a necessidade de uma formação em psicologia que qualifique o pensar teórico e a prática baseada no diálogo com os direitos humanos, para que seja possível a construção de uma sociedade mais justa e digna (Rosato, 2011).

As parcerias entre as instituições de ensino e os serviços têm sido estabelecidas, historicamente, para possibilitar o cumprimento dos estágios obrigatórios para os cursos da área da saúde, em uma divisão estanque, na qual os docentes são responsáveis pela parte teórica e os profissionais do campo pela supervisão da prática, sendo esse processo formativo pautado em um modelo tradicional de currículo, denominado conteudista. No entanto, quando o currículo é orientado por competências, em uma abordagem dialógica, constrói-se uma trajetória de significado, na qual a aprendizagem não é baseada na transferência de conteúdos, mas no desenvolvimento de desempenhos a partir do enfrentamento de situações reais e complexas do trabalho e da constante reflexão da prática (Lima, 2005).

Para a continuidade dos avanços alcançados desde a reforma sanitária, Ceccim e Feuerwerker (2004) defendem uma reforma semelhante no contexto da educação, fomentando uma formação na qual o desempenho técnico e profissional seja respaldado em ciência e ética, ao mesmo tempo em que é humanístico. Os autores propõem o conceito de quadrilátero da formação em saúde, que deve abranger ensino, gestão setorial, práticas de atenção e controle social como base para uma política de educação no SUS.

A formação em saúde, nessa perspectiva, visa à mudança da sua concepção hegemônica em direção ao interacionismo e à problematização do saber e do fazer para se construir práticas pautadas na integralidade, na humanização e na inclusão da comunidade. A rede de serviços deve se configurar de modo criativo, genuíno, favorecendo a participação dos movimentos sociais, bem como a avaliação acerca da satisfação das pessoas assistidas pelos cuidados ofertados (Ceccim, 2005).

A partir do quadrilátero da formação, a concepção de organograma é deixada de lado, dando lugar à roda, considerando que ensino, gestão, práticas e controle social conduzem fluxos, têm interlocutores e espaço-tempo específicos, motivados por diferentes razões. Uma vez que as instâncias de saúde e de ensino estejam comprometidas com essa proposta, implicam-se mais eticamente na promoção de mudanças em si mesmas (Ceccim & Feuerwerker, 2004).

As fronteiras entre ensino e cidadania se misturam, uma vez que ensinar é também um ato de cidadania, que dispara as dimensões cognitiva e afetiva no pensar, no aprender, no conhecer, dando contornos éticos e significativos aos territórios de saúde em que indivíduos e coletivos se inserem (Ceccim & Ferla, 2008). Os movimentos de mudança na graduação, nas residências uni e multiprofissionais, na pós-graduação em geral e, também, na educação técnica, devem caminhar em compasso com as necessidades e os direitos de saúde das pessoas, bem como com a universalização e equidade da oferta de ações e de serviços pelo SUS (Ceccim, 2005).

Diante de possíveis lacunas na formação em saúde pública no Brasil, nesse caso tendo como foco a psicologia, a supervisão apresenta-se como estratégia bastante potente no desenvolvimento de estagiários e residentes. Alves et al. (2014) explicam que a supervisão é essencial, pois permite oferecer suporte e orientação no início do desenvolvimento de práticas profissionais, havendo também a oportunidade de identificar temáticas preteridas no processo de formação e trabalhá-las.

SUPERVISÃO DE ESTAGIÁRIOS E RESIDENTES DE PSICOLOGIA NO SUS

No contexto do SUS, o estágio curricular, a residência multiprofissional, as competências almejadas e a avaliação têm importante destaque. Assim, as especificidades da supervisão de estagiários e de residentes de psicologia serão discutidas a seguir.

Estágio curricular

Os estágios obrigatórios supervisionados são previstos nas DCNs dos cursos de graduação em psicologia (Resolução do Conselho Nacional de Educação e Câmara de Educação Superior nº 5, de 15 de março de 2011, 2011), visando garantir que as competências do perfil de egresso sejam alcançadas. A graduação deve ter 4 mil horas, sendo 20% delas destinadas aos estágios, os quais são ofertados de acordo com as ênfases curriculares adotadas no projeto pedagógico do curso (PPC). Não é obrigatória a realização de estágio no SUS, pois essa oferta está relacionada às características da instituição e da região em que se situa, além das demandas sociais vislumbradas.

Nesse contexto, ao se refletir sobre o modelo de formação que compreenda o agir profissional a partir de uma visão ética e política, os currículos orientados por competências colocam os estudantes em cenários de prática profissional desde o início da graduação, com atividades educacionais promotoras de desempenhos, ou seja, capacidades desenvolvidas pela ação. O estudante progride quando desenvolve maior autonomia e propriedade sobre as áreas de competência, o que é fomentado pela parceria estreita entre instituição de ensino e serviços de saúde e, também, por haver espaço para reflexão e teorização por meio da prática, resultando no estabelecimento de ensino-aprendizagem (Lima, 2005).

Para uma formação em saúde desde a graduação que promova profissionais autônomos, críticos, reflexivos e conscientes do seu papel junto à sociedade, a lógica de possibilitar apenas algumas experiências pontuais em serviços do SUS, por vezes ao final do curso, durante os estágios obrigatórios, não é suficiente. Conforme Sousa (2006), há a responsabilidade social das instituições de ensino superior de qualificar seus estudantes acerca da saúde pública, especialmente com o recorte da realidade nacional, com suas características culturais e econômicas.

Em todo caso, cada experiência dentro do SUS deve ser aproveitada ao máximo, e a figura do supervisor (e o seu manejo) são cruciais. Duarte (2015) entende a supervisão como um dispositivo que promove uma práxis que questiona a relação estabelecida entre universidade, sociedade e a própria formação. A autora analisa que é um momento de desenvolver "o olhar e a escuta", mas também de assumir as ansiedades geradas pela impotência, pela dúvida, pelo questionamento de si, ao confrontar-se com o real, com a prática, não somente com os textos sobre ela.

As lacunas da formação em saúde pública costumam ser identificadas, e devem ser trabalhadas em conjunto com o supervisor, porém, o conteúdo teórico da supervisão precisa se restringir a temas que deixaram de ser privilegiados no processo de formação, como saúde pública, saúde coletiva e, sobretudo, políticas públicas do SUS e da rede intersetorial com a qual dialoga (Alves et al., 2014).

A formação do estagiário em um campo de saúde pública é sentida por ele com certo embaraço diante de um contexto desconhecido. No entanto, por meio dos diversos momentos coletivos, com os integrantes da equipe ou na atuação direta com as pessoas que buscam o serviço de saúde, o estagiário constrói percepção de si como um profissional, dialogando de maneira interdisciplinar e coletiva em direção à clínica ampliada. Experiências como reuniões de equipe, visitas domiciliares e a diversidade de pessoas com as quais se tem contato são significativas e favorecem o desenvolvimento profissional (alguns programas que recebem estagiários e, futuramente, podem vir a receber residentes com a finalidade de treinar competências para atuação nesses contextos, são descritos em Barreto, 2019; Farias et al., 2022; Lupatini & Zazula, 2021; Martins et al., 2019; Soares et al., 2019).

Compondo esse cenário, a complexidade de algumas demandas com as quais o estagiário precisa lidar podem trazer frustração e descontentamento, o que também marca essa trajetória (Sousa, 2006). Os supervisionandos costumam relatar medos variados, como do desconhecido e de não atender às expectativas. Assim, a postura do supervisor deve ser de facilitação, suporte e respeito, demonstrando disponibilidade para acolher e dialogar. A perspectiva de Freire (1996), em *Pedagogia da autonomia*, traz diretrizes que aprimoram o processo de supervisão, como o incentivo ao protagonismo, o acolhimento, a postura crítica e reflexiva, a integração teoria-prática, entre outras, todas atravessadas pela dimensão ética (Pitombeira et al., 2016).

Em relatos de experiência na APS, as principais atividades desenvolvidas por estagiários de psicologia têm sido a participação em reuniões de equipe, o reconhecimento das demandas territoriais, a construção de planos de ação diversos, as visitas domiciliares, o atendimento individual e em grupo, as atividades de educação em saúde (Alves et al., 2014; Campos & Daltro, 2015; Costa & Moreira, 2021; Duarte, 2015; Medeiros et al., 2014; Pitombeira et al., 2016; Santana et al., 2016), as intervenções para promoção de saúde mental em conjunto com ACSs (Ribeiro et al., 2019) e também as experiências na gestão, a partir da coordenação do NASF-AB (Belém et al., 2019; Nascimento et al., 2020).

A supervisão de estagiários, diante da diversidade de possibilidades de atuação na APS, suscita reflexões variadas; por vezes, como assinalam Alves et al. (2014), oriundas do contexto informal que permeia as experiências que estão sendo ali vividas, como política partidária, história geral, arte e cultura, sendo um espaço rico para intercâmbio de ideias e afetos, bem como para o fortalecimento de vínculos. A vinculação dos estagiários é favorecida quando sua inserção ocorre desde o princípio da graduação, e ele conhece o território e a rede de serviços de saúde, na proposta de currículo orientado por competências, a qual requer disposição tanto da equipe da universidade quanto dos discentes para rever as concepções político-pedagógicas tradicionais.

Residência multiprofissional

No contexto das residências, desde meados dos anos 2000, a formação de trabalhadores para o SUS tem se fortalecido, com destaque para a proposição das residências multiprofissionais em saúde*. Diversos programas pelo País ofertam vagas para psicologia e outras profissões (MS, 2006; Lei nº 2.240, de 23 de março de 2016, 2016; Portaria Conjunta SEMUS/FESP nº 001, de 04 de fevereiro de 2016, 2016). As residências se constituem como oportunidade de formação para o mundo do trabalho, de educação em serviço, apresentando como eixo principal a prática profissional. Nessa perspectiva, requerem um processo de ensino-aprendizagem crítico-reflexivo, que permita a reflexão sobre a própria prática (Ceccim et al., 2011; Silva & Dalbello-Araújo, 2019).

Os programas de residência multiprofissional têm atividades práticas, teórico-práticas e teóricas, as quais são cumpridas em carga horária semanal de 60 horas, perfazendo um total de 5.670 horas que devem ser concluídas em 24 meses, pela lógica da integração ensino-serviço-comunidade, a qual é alcançada por meio de parcerias com gestores, trabalhadores do SUS, universidades e pessoas em geral que acessam o sistema (Resolução CNRMS nº 5, de 7 de novembro de 2014, 2014).

Essa modalidade de pós-graduação, por muitos anos, esteve atrelada apenas à medicina, porém, atualmente, os profissionais das residências são variados, conforme discutem Dallegrave e Kruse (2009), e as identidades de médicos e não médicos são vistas em oposição, havendo privilégio para a primeira. Além disso, as residências multiprofissionais em saúde, no Brasil, enfrentam diversos desafios, como a caracterização do trabalho pela divisão parcelar e de lógica toyotista de organização e gestão, o que fragmenta o processo, marcado por múltiplas e microespecialidades (Dallegrave & Kruse, 2009; Silva, 2018; Silva & Dalbello-Araújo, 2019). Paralelamente, esforços têm sido implementados para superar essa lógica, como a Política Nacional de Humanização (PNH) (Cheade et al., 2013).

Em geral, o residente é um profissional recém-formado, que chega com conhecimentos e habilidades, porém nem sempre os desempenhos mínimos exigidos para atuação em saúde pública foram contemplados durante o processo de graduação. O preceptor, então, o apoia na prática para que tenha maior segurança, muitas vezes servindo de modelo não somente técnico, mas, especialmente, ético (Botti & Rego, 2008).

---

* A regulamentação das residências multiprofissionais em saúde ocorreu por meio das seguintes portarias: Portaria Interministerial Ministério da Educação e Ministério da Saúde nº 45, de 12 de janeiro de 2007; Portaria Interministerial Ministério da Educação e Ministério da Saúde nº 506, de 24 de abril de 2008; Portaria Interministerial Ministério da Educação e Ministério da Saúde nº 698, de 19 de julho de 2007; Portaria Interministerial Ministério da Educação e Ministério da Saúde nº 1077, de 12 de novembro de 2009; Resolução da Comissão Nacional de Residência Multiprofissional em Saúde nº 2, de abril de 2012.

Os programas de residência multiprofissional devem se organizar integrando diversas profissões no seu saber-fazer, orientados por estratégias pedagógicas que se configuram em linhas de cuidado, na atuação em rede e com manejo da clínica ampliada. As metodologias adotadas devem construir competências compartilhadas, mirando a necessidade de aprimoramento da formação, da atenção e da gestão na saúde (Resolução da Comissão Nacional de Residência Multiprofissional em Saúde nº 2, de abril de 2012, 2012). Os projetos pedagógicos das instituições que ofertam esse tipo de residência precisam integrar tanto os núcleos de saberes quanto as práticas das diversas profissões do programa, contemplando atividades teóricas, práticas e teórico-práticas, organizadas por um eixo integrador comum a todas as profissões ou por um ou mais eixos que integrem a área de concentração do programa, além de eixos que correspondam aos núcleos de saberes de cada profissão, de modo a preservar a sua identidade (Resolução da Comissão Nacional de Residência Multiprofissional em Saúde nº 2, de abril de 2012, 2012).

Para ilustrar, o Programa de Residência Multiprofissional em Saúde da Família e Comunidade (PRMSFC), da Fundação Escola de Saúde Pública de Palmas (FESP) (Palmas, 2021), adota a proposta de currículo orientado por competências e apresenta estratégias para o alcance do perfil de competência do programa. Além da parte prática, há unidades educacionais teóricas que fornecem embasamento conceitual para o desenvolvimento das atividades, fomentam a construção de pesquisas e incentivam a busca por conhecimento. Por exemplo, na unidade educacional Gestão do Cuidado em Atenção Primária à Saúde, a perspectiva multiprofissional é trabalhada em ocasiões de ensino-aprendizagem com residentes de diferentes categorias profissionais, com a mediação de um tutor. Em Integralidade no Cuidado Individual, o foco são as especificidades da atuação no SUS pela perspectiva de cada categoria profissional, como a psicologia, que dispõe de espaço privilegiado para discutir temáticas da profissão em interface com o SUS, por meio da mediação de um tutor que também é psicólogo. O aporte teórico é ofertado por um psicólogo mais experiente, que subsidia a atuação do residente de psicologia no cenário em que está inserido. No entanto, elucida-se que no cenário de prática, o acompanhamento do psicólogo residente não ocorre especificamente por outro psicólogo, mas por um preceptor da equipe multiprofissional, sendo essa uma característica marcante dos programas de residência multiprofissional.

A literatura, assinala Rudá (2018), precisa ser mais pujante no que se refere à complexidade da formação em psicologia por meio da residência, pois em seu estudo foram encontradas poucas publicações a respeito. O autor destaca que o processo formativo é complexo, por envolver diferentes aspectos, como o teórico-técnico, o interpessoal e o ético-político, além do desafio da interdisciplinaridade, que é condição de uma residência multiprofissional.

A figura de um profissional que acompanha os residentes tem sido destacada, uma vez que ele possibilita contextos de aprendizagem a partir de intervenções diversas, as quais são permeadas por momentos de reflexão que aprimoram a prática e sua apreensão (Ribeiro & Prado, 2013). Consulta multiprofissional, acolhimento de residentes e ações que integram as diversas unidades educacionais de um programa de residência têm sido avaliadas como boas práticas que um preceptor pode proporcionar, além do incentivo ao diálogo a partir de diferentes atores e categorias profissionais, de modo a construir atenção integral à saúde das pessoas (Arnemann et al., 2018).

A psicologia inserida em um programa de residência multiprofissional também pode promover estranhamento diante da variedade de modos de atuação, especialmente àquelas que inquietam o fazer clínico tradicional, individualista, demonstrando contextos amplos nos quais os profissionais podem atuar. A adoção de uma perspectiva teórico-metodológica baseada em promoção da saúde, educação permanente, popular e por competências articula-se para promover uma aprendizagem significativa, envolta de afetos e sentidos, que traz um horizonte de possibilidades para a psicologia no SUS (Gadelha et al., 2018).

As intervenções de psicólogos nas residências multiprofissionais na APS têm sido bastante diversificadas, havendo intervenções com ACSs (Sousa & Leopoldino, 2020), promoção de educação em saúde por meio de sala de espera (Silvestre & Prestes, 2020) e promoção de acessibilidade de pessoas com deficiência auditiva à APS (Menten & Nunes, 2020). Além disso, têm sido comuns relatos de experiência que apontam visitas domiciliares, atendimentos individual e em grupo, consultas compartilhadas e atividades de educação permanente em saúde como as principais atividades de psicólogos na residência multiprofissional em conjunto com outras categorias profissionais que compõem a equipe (Abdala et al., 2021; Lupatini & Zazula, 2021). Ao mesmo tempo, tem havido denúncias acerca do sucateamento do SUS e dos desafios do trabalho interdisciplinar pelas fragilidades da graduação (Abdala et al., 2021; Ferreira & Soares, 2021; Lupatini & Zazula, 2021).

Conforme Bezerra e Cury (2020), a experiência de psicólogos inseridos em residências multiprofissionais de saúde, com potencialidades e desafios, tem resultado em transformação pessoal e profissional por meio da dedicação integral ao serviço, construção de atuações interdisciplinares e de cuidado coletivo, apropriação do fazer da psicologia a partir das estratégias do serviço de saúde no qual está inserida e também a existência de tensão relacionada às diversas exigências e estratégias de ensino e serviço.

Competências almejadas e avaliação

As competências a serem desenvolvidas para atuação no SUS contemplam um conjunto de capacidades que envolve atuar em equipe e integrar conhecimentos de diversos campos profissionais, identificar e propor intervenções diante de demandas individuais e coletivas, comunicar-se de maneira efetiva e respeitosa com todos os atores e, especialmente, comprometer-se com a construção do SUS pela defesa da qualidade dos serviços ofertados, da vida das pessoas e da sociedade em geral (Coelho et al., 2018).

A atuação da psicologia no SUS, especialmente na APS, tem subvertido a lógica tradicional da clínica, demonstrando diversas possibilidades de promover saúde em diálogo com outras categorias profissionais e considerando a realidade dos territórios nos quais se insere. Porém, apesar do aumento no número de psicólogos atuantes no SUS (Dimenstein & Macedo, 2012), a formação em nível de graduação ainda está aquém da realidade encontrada por estagiários e residentes nos serviços de saúde. Essa constatação coloca supervisores e preceptores diante do desafio não somente de acompanhar e orientar a prática dos recém-chegados, mas também de trabalhar aspectos teóricos sobre saúde pública não contemplados na graduação.

Assim, faz parte do papel de supervisor e preceptor avaliar os conhecimentos dos estagiários e residentes sobre temas básicos em saúde pública, como a concepção de saúde coletiva, a clínica ampliada, a integralidade do cuidado, a história do SUS e a sua organização e as principais práticas da psicologia nesse contexto, além da compreensão de saúde como um direito. Essa avaliação ocorre para identificar quais pré-requisitos ainda precisam ser contemplados, sendo chamada por Bloom et al. (1975) de avaliação diagnóstica. Apesar de estágio e residência serem focados na prática, é necessário também, paralelamente, oportunizar momentos de aprofundamento em temas básicos, de modo que estagiários e residentes vislumbrem atuações não limitadas às "quatro paredes do consultório", ou seja, que se alinhem às diretrizes do SUS e sua perspectiva ampliada sobre saúde. Movimentos coletivos, como reuniões de equipe e encontros periódicos para supervisão da prática, são contextos nos quais as lacunas temáticas podem ser trabalhadas.

A atuação interdisciplinar, em diálogo com diversas categorias profissionais, também integra capacidades que o supervisor ou preceptor precisa suscitar nos estudantes e psicólogos que acompanha. Isso porque, no SUS, as pessoas devem ser vistas em sua integralidade, de modo que apenas o saber-fazer da psicologia, assim como o de qualquer outra profissão, não é suficiente, especialmente quando colocado como único atributo ou como mais importante do que outras capacidades.

Conforme Bezerra e Cury (2020), quando a psicologia se insere no contexto de saúde pública, depara-se com um ambiente que exige flexibilidade, com capacidade de interação com outras categorias profissionais. Os limites próprios de cada profissão são transcendidos, rumo à integração de conhecimentos de diferentes áreas. Realizar consultas compartilhadas, discutir casos em equipe, construir projetos de educação em saúde em conjunto com demais profissionais, são oportunidades que o supervisor ou preceptor pode facilitar para favorecer a atuação interdisciplinar.

A compreensão de que as pessoas se desenvolvem em uma comunidade que tem características próprias, desde as geográficas até as culturais, é fundamental para promover saúde, o que também pode ser trabalhado durante a supervisão ou preceptoria. O lugar de onde cada um vem atravessa o seu modo de ser e precisa ser legitimado nas práticas do SUS. Ou seja, as pessoas têm histórias, e, quando chegam a uma USF em busca de atendimento, carregam consigo não apenas uma queixa biológica, uma dor física, por exemplo, mas também seus afetos, sua cultura, uma compreensão particular de saúde, entre tantas outras facetas que devem conduzir o profissional de saúde a percebê-las como únicas e, por isso mesmo, acolhidas na sua diversidade. Conhecer, então, o território de saúde em que se atua é fundamental, realizando, por exemplo, visitas domiciliares e às principais instituições da região, dialogando com outras políticas públicas que têm atuação no local, visitando a praça, o comércio, a igreja, a fim de conhecer a comunidade e produzir práticas de saúde que façam sentido para as pessoas que ali vivem.

Na trajetória de estagiários e residentes no SUS, convém realizar avaliações periódicas, para ampliar a aprendizagem em tempo oportuno, direcionando os próximos passos, o que é chamado de avaliação formativa, constituindo-se como elemento regulatório do processo de ensino-aprendizagem. Nesse tipo de avaliação, identifica-se, de forma qualitativa, causalidades e imprecisões de uma situação de aprendizagem, buscando seu aperfeiçoamento, afastando-se do viés de classificação e julgamento bastante comuns nos processos tradicionais de avaliação (Gomes et al., 2018). Paralelamente, também pode ser feita a avaliação somativa, que fornece ao estagiário ou residente um *feedback* sobre o nível de aprendizagem atingido até dado momento, geralmente com intenção de conferir certificação ou mudança de ciclo de aprendizagem, tendo como estratégia, por exemplo, a atribuição de um conceito, a partir da avaliação do conjunto de capacidades alcançadas, as quais são previstas no perfil de competência.

Ao mesmo tempo em que a supervisão pode favorecer o preenchimento de lacunas teóricas da graduação e fomentar a atuação interdisciplinar e a consideração da realidade territorial, as instituições formadoras também precisam avançar em relação à quantidade e à qualidade da identificação e intervenção a partir das necessidades de saúde, o que deve ser contemplado na matriz curricular. As políticas públicas de saúde são as que mais empregam psicólogos no País, seguidas da assistência social (Daltro & Pondé, 2017), de tal maneira que uma formação pautada na clínica tradicional não prepara os psicólogos para essas oportunidades de trabalho e de transformação social.

Um modelo educacional baseado em competências tem o currículo orientado para o alcance de um perfil, o qual pauta todas as decisões tomadas. Em vez de conduzido para o alcance de objetivos permeados por processos instrucionais, como ocorre no modelo tradicional, currículos orientados por competências desenvolvem capacidades por meio da ação, seja real ou simulada, em um contexto no qual se pode observar e explorar a combinação de capacidades (Ribeiro et al., 2018). Ou seja, não basta ampliar os conteúdos sobre o SUS nos currículos da graduação em psicologia, é preciso também transformar a metodologia de aprendizagem, oportunizando experiências que permitam a ação, a reflexão e a autonomia.

Estagiários e residentes engajam-se na prática principalmente quando veem sentido no que fazem, de modo que a ação pedagógica deve instigar "o respeito à vida e a dignidade humanas, igualdade de direitos e justiça social, diversidade cultural e social e o senso de solidariedade humana e corresponsabilidade pelo futuro" (Coelho et al., 2018, p. 11). A sua atuação precisa ser compreendida como parte de um todo que, com potência para mudar a realidade local, também pode transformar o País – perspectiva prevista pelo compromisso social da profissão. A partir desse viés, o olhar é "calibrado" tanto para análise dos problemas quanto para a proposição de intervenções, de modo a reconhecer saberes e práticas inadequadas, bem como desenhar novas estratégias de atuação.

Os movimentos de adequação das matrizes curriculares têm sido verificados, junto às propostas de currículos orientados por competências, porém ainda de maneira tímida (Lima & Ribeiro, 2018), especialmente se comparados às demandas que o SUS traz para a psicologia, como discutido. Até haver menor disparidade entre a formação ofertada e às necessidades dos serviços de saúde, supervisores e preceptores têm um papel bastante importante, por serem os facilitadores desse deslocamento de estagiário ou residente em direção a práticas de saúde capazes de oferecer integralidade do cuidado e articulação ensino-serviço-comunidade.

Destaca-se que a qualidade do relacionamento com a equipe, e especialmente com o supervisor/preceptor, parece influenciar no comprometimento do estagiário e do residente com a sua atuação no SUS. Essa relação deve ser horizontal, empática, amistosa, diretiva quando necessário e permeada pela defesa inegociável dos princípios do SUS. Lima e Padilha (2018) analisam que dar espaço às emoções no processo de aprendizagem, compreendendo que cada sujeito é legítimo no seu modo de ser, favorece a tolerância à diversidade tanto de valores quanto de ideias. O supervisor/preceptor ganha na interação com seus supervisionandos quando exerce a escuta sem preconceitos e dá espaço para as emoções, e não somente aos aspectos racionais, o que favorece o aprendizado de todos os envolvidos.

Ao longo dessa relação entre supervisor e estagiários, ou entre preceptor e residentes, que se propõe a avaliar o desenvolvimento de capacidades para atuação no SUS, é importante questionar se todos os envolvidos estão sendo considerados, se os interessados na avaliação estão representados, se há alguma parte excluída, se há desequilíbrios importantes relacionados ao poder, se há métodos de controle desses desequilíbrios e se há deliberações reflexivas, bem como se estas são consideradas e estendidas (House & Howe, 2003, citado por Gomes et al., 2018). Também é necessário verificar como fazer as pessoas participarem da avaliação e como torná-la autêntica, identificando o envolvimento das partes no processo (House & Howe, 2003, citado por Gomes et al., 2018).

No Quadro 15.1, há uma proposta de sistematização das principais orientações discutidas neste capítulo acerca do modo como a supervisão e a preceptoria podem se dar para estagiários e residentes de psicologia no contexto do SUS.

QUADRO 15.1 Supervisão de estagiários e residentes em saúde pública

Dimensões	Características
Aspectos essenciais da supervisão	Modelo de ensino-aprendizagem crítico-reflexivo
Evidências que sustentam as melhores práticas supervisionadas	Planejamento e intervenção pautados nas necessidades de saúde e perfil de competência, evidenciando a melhor prática para determinado contexto
Modelos de supervisão adequados	Relação horizontal entre supervisor/preceptor e estagiário/residente, no qual o último assume o protagonismo pelo seu processo de aprendizagem
Competências a serem alcançadas	Competências nas áreas da atenção que compreendem cuidado individual e coletivo, gestão, educação em saúde e pesquisa
Formas de avaliação	Formativa e somativa

O acompanhamento de estagiários e residentes de psicologia no SUS, em especial na APS, com base nas características aqui defendidas, pode favorecer o que sugere o Conselho Federal de Psicologia ([CFP], 2019) para a atuação nesse contexto, que é trabalhar afastando-se de práticas assistencialistas e filantrópicas, diminuindo as distâncias entre as pessoas atendidas e os profissionais, guiando-se pela realidade brasileira, pelos saberes que circulam nos territórios e em colaboração com outros profissionais e demais pessoas que acessam o SUS.

A seguir, será apresentada uma possibilidade de construção de saber multi ou interdisciplinar, na qual estagiários e residentes podem atuar junto a seus preceptores e outros membros da equipe.

EXEMPLO DE ATUAÇÃO MULTIPROFISSIONAL

O Projeto Terapêutico Singular (PTS) tem por objetivo avaliar e planejar ações de saúde que levem em consideração as especificidades de um indivíduo, família ou comunidade. Trata-se de articular os conhecimentos das diferentes áreas da saúde em um todo coerente, organizado em conjunto com o indivíduo ou grupo, permitindo uma atenção integral e humanizada*. Essa atenção deve, por sua vez, ser revista e reformulada sempre que necessário (MS, 2012b; Pinto et al., 2011; Universidade Aberta do SUS [UNA-SUS], n.d.).

Um PTS deve apresentar um diagnóstico situacional sobre determinado caso (como se encontra o indivíduo, família ou coletividade em um dado momento, incluindo suas demandas, necessidades, vulnerabilidades e potencialidades). A partir disso, são descritas as metas da atuação e possíveis estratégias que permitam seu alcance. A divisão de tarefas e a corresponsabilidade usuário(s)-equipe também são apresentadas no documento – geralmente, o integrante com mais afinidade com o(s) usuário(s) fica responsável por verificar se o acompanhamento do tratamento está de acordo com o PTS e se há necessidade de mudanças. Enfatiza-se a necessidade de protagonismo do usuário e o aumento de sua autonomia na relação com o mundo que o cerca. O PTS é um instrumento de trabalho primordial nas equipes multiprofissionais da APS, nos Centros de Atenção Psicossocial (CAPS), no Programa de Atenção Integral à Saúde da Pessoa Idosa e nos Serviços de Atenção Domiciliar (SAD), por exemplo (Rede Humaniza-SUS, 2015).

A definição e os objetivos de um PTS só podem ser alcançados por meio de uma discussão entre os diferentes profissionais e usuários. Esse é um excelente momento para o matriciamento da equipe por um profissional externo especialista em determinado assunto, bem como para a participação ativa do residente, em interação com seu supervisor e demais membros da equipe.

A realização de um PTS não costuma ser treinada na maioria dos cursos de graduação em áreas da saúde. Em psicologia, a análise do comportamento – abordagem que busca os (múltiplos) determinantes do comportamento na história de interações organismo-ambiente, em três níveis de variação e seleção (filogenético, ontogenético e cultural) – pode contribuir para o treinamento de profissionais na sua realização. Os analistas comportamentais clínicos defendem a necessidade de uma formulação ou diagnóstico comportamental para cada um de seus clientes (sejam individuais, casais ou famílias). A formulação consiste na realização de análises funcionais moleculares (micro) e molares (macroanálises ou análises de padrões comportamentais), identificando relações entre comportamentos emitidos pelo(s) cliente(s) e variáveis ambientais contingentes** a ele(s) (Fonseca, & Nery, 2018; Moraes, 2010; Nery, & Fonseca, 2018).

Pontos comuns entre o PTS e a formulação comportamental são apresentados por Farias (2015), conforme descrito a seguir.

---

* Para uma definição operacional de humanização, que realmente permita sua implementação e avaliação, veja Marcolini et al. (2022).
** Contingência é uma relação de dependência entre eventos ambientais ou entre eventos ambientais e eventos comportamentais (Skinner, 1982, 2003).

- Integração e organização de análises.
- Análises individuais, singulares e únicas.
- Visão global/molar do processo de adoecimento e do tratamento.
- Maior abertura para "negociação" com o usuário do que nos modelos tradicionais de diagnóstico.
- Centrados no usuário e não no profissional ou no modelo teórico.
- Respeito aos saberes e recursos dos usuários e de sua comunidade.
- Levantamento de hipóteses a serem constantemente testadas e revisadas.
- Subsídio a intervenções:
    - objetivos de avaliar para permitir curar, reabilitar, aliviar sofrimento, prevenir danos futuros;
    - estabelecimento de metas claras para o tratamento/processo.
- Manutenção/aumento de autonomia do sujeito.
- Vínculo profissional-usuário como recurso terapêutico.
- Corresponsabilização profissional-usuário.
- Avaliações parciais e avaliação final do tratamento implementado.

Um maior intercâmbio entre análise do comportamento, psicologia da saúde, psicologia hospitalar e demais áreas da saúde pode ser bastante proveitoso para o trabalho em equipe e para eficiência e eficácia mais elevadas do tratamento ao paciente. Esse intercâmbio contribuiria para:

- Preocupação com previsão e controle (ciência).
- Busca por relações singulares entre indivíduo e seu ambiente amplo.
- Estratégias de coleta e análise de dados.
- Modelos e regras para treino de formulações de casos complexos.
- Disponibilização de estratégias de formação dos profissionais.

Nesse sentido, um preceptor ou supervisor treinado na realização de formulações comportamentais pode fornecer subsídios mais consistentes para estagiários e residentes em equipes multiprofissionais de saúde.

CONSIDERAÇÕES FINAIS

A inserção da psicologia na APS ganhou força a partir da criação do NASF (Portaria nº 154, de 24 de janeiro de 2008, 2008) e, apesar de ter sido descontinuado, o profissional da área ainda tem composto as equipes multiprofissionais das USFs, contexto no qual se oportunizam estágios curriculares e residências multiprofissionais. Esses estudantes de graduação e pós-graduação são acompanhados por um supervisor ou preceptor de suas práticas, função que carece de literatura que sistematize os seus aspectos essenciais, proposta deste capítulo.

A partir da investigação em relatos de experiência diversos, citados anteriormente, da atuação de estagiários e residentes no SUS, conclui-se que a supervisão em psicologia no contexto da saúde pública brasileira deve se pautar em quatro dimensões principais: consciência histórica e social acerca da criação do SUS, capacidade de atuação interdisciplinar, conhecimento do conceito de comunidade e noção de território de saúde, e relacionamento horizontal não só com a comunidade e equipe da USF, mas especialmente com o supervisor/preceptor, o qual avança nessa interação quando adota uma postura freireana, que promove autonomia e, logo, o desenvolvimento de competências e a avaliação bidirecional. Desse modo, a psicologia se alinha aos princípios e às diretrizes do SUS.

Ceccim (2005) sinaliza que é preciso dialogar com as práticas e concepções de saúde hegemônicas, para então problematizá-las durante a própria atuação e não apenas de modo abstrato. Assim, é possível construir novas maneiras de trabalho no SUS, visando à integralidade do cuidado, humanização e qualidade nas práticas, bem como à garantia de equidade e demais marcos da reforma sanitária nacional.

A articulação entre perfil de competência, necessidades de saúde, prática profissional em cenários autênticos e simulação da prática, ou seja, o modelo educacional baseado em competências, expressa a integração teoria-prática, pois busca desenvolver capacidades profissionais pautadas nas necessidades e desafios relevantes do cenário de atuação (Lima et al., 2018), neste caso, os serviços do SUS. Uma vez que se compreenda a proposta de currículos orientados por competência e os ganhos para a prática profissional, e, consequentemente, para a sociedade que dela se beneficia, a educação bancária, conforme discute Freire (1987), perde seu espaço.

O processo de formação em saúde precisa, portanto, reconhecer a história de construção do SUS, que tem como condição a defesa da vida, dos direitos humanos e da democracia, a valorização dos movimentos sociais e da educação popular. Não se trata – apenas – de aprender o trabalho técnico, mas especialmente de se tornar um profissional em saúde crítico e reflexivo, que se permite demonstrar humanidade. E a proposição de avaliação democrática e profícua nessa trajetória de formação, que busque problematizar a "hegemonia cognitiva" (Gomes et al., 2018), favorece o desenvolvimento das capacidades desejadas para atuação na saúde pública brasileira.

Quando o supervisor ou preceptor, mediador nessa trajetória de formação de novos profissionais de saúde, assume que não há respostas prontas ou únicas, propicia um ambiente de relações horizontais, estimula a reflexão da prática e permite a circulação de afeto. Dessa forma, é provável que os estagiários e residentes acompanhados por ele se tornem flexíveis, sensíveis e criativos para lidar com os diversos desafios do SUS.

REFERÊNCIAS

Abdala, C. A., Medeiros, A. J. F., Couto, M. D. M., & Melo, A. F. (2021). A psicologia na residência multiprofissional em atenção primária à saúde: Relato de uma experiência complexa perpassada pela pandemia de COVID-19. *Práticas e Cuidado: Revista de Saúde Coletiva*, 2(e13163), 1-21.

Alves, R. F., Gaião, E. S., Santos, G. C., Soares L. M. R. (2014). Proposta de estágio supervisionado para atuação de psicólogos na saúde pública. *Revista da Abordagem Gestáltica: Phenomenological Studies*, 20(1), 21-30.

Amarante, P. (Org.). (1998). *Loucos pela vida: A trajetória da reforma psiquiátrica no Brasil*. Fiocruz.

Arnemann, C. T., Kruse, M. H. L., Gastaldo, D., Jorge, A. C. R., Silva, A. L., Margarites, A. G. F. ... Condessa, R. L. (2018). Práticas exitosas dos preceptores de uma residência multiprofissional: Interface com a interprofissionalidade. *Interface - Comunicação, Saúde, Educação*, 22(Suppl 2), 1635-1646.

Barreto, C. (2019). Programa de autocuidado e saúde preventiva: Uma abordagem na escola, família e comunidade. In A. K. C. R. Farias (Org.), *Ciências da saúde: O trabalho de equipes multiprofissionais* (pp. 55-111). Juruá.

Belém, E. C., Moura, R. B., & Moreira, L. S. (2019). A psicologia na gestão do SUS: Experiência de estágio em coordenação de NASF-AB. In: *Anais da XIX Jornada de Iniciação Científica* (pp. 197-200). Centro Universitário Luterano de Palmas. https://fswceulp.nyc3.digitaloceanspaces.com/jornada-de-iniciacao-cientifica/2019/artigos/humanas/a-psicologia-na-gestao-do-sus-experiencia-de-estagio-em-coordenacao-de-nasf-ab.pdf

Bertolozzi, M. R., & Francolli, L., A. (2004). Vigilância à saúde: Alerta continuado em saúde coletiva. *Revista Mundo Saúde*, 28(1), 14-20.

Bezerra, M. C. S., & Cury, V. E. (2020). A experiência de psicólogos em um programa de residência multiprofissional em saúde. *Psicologia USP*, 31(e190079), 1-9.

Birman, J. (2005). A physis da saúde coletiva. *Physis: Revista de Saúde Coletiva*. 15(Supl), 11-16.

Bloom, B. S., Hasting, J. T., & Madeus, G. F. (1975). *Evaluación del aprendizaje*. Troquel.

Bobbio, N. (2004). *A era dos direitos*. Elsevier.

Botti, S. H. O., & Rego, S. (2008). Preceptor, supervisor, tutor e mentor: Quais são seus papéis? *Revista Brasileira de Educação Médica*. 32(3), 363-373.

Braga, T. B. M. (2009). *Supervisão de supervisão: Grande angular fenomenológica na cartografia de práticas clínicas em contextos institucionais e comunitários* [Tese de doutorado]. Universidade de São Paulo. https://www.teses.usp.br/teses/disponiveis/47/47131/tde-20012011-105803/pt-br.php

Brasil. (1988). *Constituição da República Federativa do Brasil de 1988*. https://www.planalto.gov.br/ccivil_03/constituicao/constituicao.htm

Brigagão, J., Nascimento, V. L. V., & Spink, P. K. (2011). As interfaces entre psicologia e políticas públicas e a configuração de novos espaços de atuação. *Revista de Estudos Universitários – REU*. 37(1), 199-215.

Campos, A. F., & Daltro, M. (2015). A clínica ampliada no enfoque da Gestalt-terapia: Um relato de experiência em supervisão de estágio. *Revista Psicologia, Diversidade e Saúde*, 4(1), 59-68.

Campos, G. W. S. (2000). Saúde pública e saúde coletiva: Campo e núcleo de saberes e práticas. *Ciência e Saúde Coletiva*, 5(2), 219-230.

Campos, R. H. F. (org.) (2009). *Psicologia social comunitária: Da solidariedade à autonomia*. Vozes.

Carvalho, G. (2013). A saúde pública no Brasil. *Estudos Avançados*, 27(78), 7-26.

Ceccim R. B., Kreutz, J. A., & Mayer, M., Jr. (2011). Das residências integradas às residências multiprofissionais em saúde: Vasculhando fios embaraçados entre 2005 e 2010 para destacar o componente educação. In R. Pinheiro, A. G. Silva, Jr. (Orgs.), *Cidadania no cuidado: O universal e o comum na integralidade das ações de saúde* (pp. 257-292). CEPESC/UERJ.

Ceccim, R. B. (2005). Educação permanente em saúde: Desafio ambicioso e necessário. *Revista Interface: Comunicação, Saúde e Educação, 9*(16), 161-177.

Ceccim, R. B., & Feuerwerker, L. C. M. (2004). O quadrilátero da formação para a área da saúde: Ensino, gestão, atenção e controle social. *Physis: Revista de Saúde Coletiva, 14*(1), 41-65.

Ceccim, R. B., & Ferla, A. A. (2008). Educação e saúde: Ensino e cidadania como travessia de fronteiras. *Trabalho, Educação e Saúde, 6*(3), 443-456.

Cheade, M. F. M., Frota, O. P., Loureiro, M. D. R., & Quintanilha, A. C. F. (2013). Residência multiprofissional em saúde: A busca pela integralidade. *Revista Cogitare Enfermagem, 18*(3), 592-595.

Coelho, I. B., Padilha, R. Q., & Ribeiro, E. C. O. (2018). Desafios na educação de profissionais de saúde no século XXI. In V. V. Lima, & R. Q. Padilha (Orgs.), *Reflexões e inovações na educação de profissionais de saúde* (Vol. 1, pp. 1-14). Atheneu.

Conselho Federal de Psicologia (CFP). (2019). *Referências técnicas para atuação de psicólogas(os) na atenção básica à saúde*. CFP.

Costa, A. M., & Moreira, L. S. (2021). Relato de experiência sobre atuação em equipe multiprofissional de Unidade de Saúde da Família: A perspectiva do estágio de psicologia. In: *Congresso Acadêmico de Saberes em Psicologia – CAOS: Psicologia e Atuação Psicossocial em Situações de Emergência* (pp. 611-626). https://fswceulp.nyc3.digitaloceanspaces.com/caos/2021/artigos/relato-de-experiencia-sobre-atuacao-em-equipe-multiprofissional-de-unidade-de-saude-da-familia-a-perspectiva-do-estagio-de-psicologia.pdf

Dallegrave, D., & Kruse, M. H. L. (2009). No olho do furacão, na ilha da fantasia: A invenção da residência multiprofissional em Saúde. *Revista Interface: Comunicação, Saúde e Educação, 13*(28), 213-237.

Daltro, M. R., & Pondé, M. P. (2017). Internato em psicologia: Aprender-a-refletir-fazendo em contextos de prática do SUS. *Revista Psicopedagogia, 34*(104), 169-179.

Dimenstein, M., & Macedo, J. P. (2012). Formação em psicologia: Requisitos para atuação na atenção primária e psicossocial. *Psicologia: Ciência e Profissão, 32*(Esp.), 232-245.

Duarte, D. A. (2015). A supervisão enquanto dispositivo: Narrativa docente do estágio profissional em psicologia do trabalho. *Interface - Comunicação, Saúde, Educação 19*(52), 133-144.

Farias, A. K. C. R. (2015). Plano terapêutico singular na internação domiciliar: Contribuições da análise do comportamento. In *14º Congresso Brasileiro Interdisciplinar de Assistência Domiciliar (CIAD)* [Painel]. Universidade de São Paulo.

Farias, A. K. C. R., Souza, J. R., Jaime, A. F. C. C., Prado, J. A., & Córdova, T. A. (2022). Da assistência básica à atenção domiciliar: Possíveis contribuições da análise do comportamento. In A. K. C. R. Farias, & L. F. Kirchner (Orgs.), *Análise do comportamento aplicada na atenção primária, secundária e terciária à saúde* (pp. 233-259). Artmed.

Ferreira, I. S. S., & Soares, C. T. (2021). Residência multiprofissional em saúde e formação de psicólogos para o SUS. *Psicologia: Ciência e Profissão, 41*(Esp), e219139.

Figueiredo, L. C., & Santi, P. L. R. (2002). *Psicologia: Uma nova introdução*. EDUC.

Fonseca, F. N., & Nery, L. B. (2018). Formulação comportamental ou diagnóstico comportamental: Um passo a passo. In A. K. C. R. Farias, F. N. Fonseca, & L. B. Nery (Orgs.), *Teoria e formulação de casos em análise comportamental clínica* (pp. 23-48). Artmed.

Freire, P. (1987). *Pedagogia do oprimido* (17. ed.). Paz e Terra.

Freire, P. (1996). *Pedagogia da autonomia: Saberes necessários à prática educativa*. Paz e Terra.

Gadelha, A. K. S., Bezerra, A. C., Paula, G. L. C., & Luz, P. C. M. (2018). Vivências na rede de saúde e psicologia: Interações da residência multiprofissional em saúde da família. *Revista de Políticas Públicas*, 17(1), 110-118.

Gomes, R., Petta, H. L., & Pereira, S. M. S. F. (2018). Práticas avaliativas: Bases conceituais na formação profissional em saúde. In V. V. Lima, & R. Q. Padilha (Orgs.), *Reflexões e inovações na educação de profissionais de saúde* (Vol. 1, pp. 101-110). Atheneu.

Kirchner, L. F., & Farias, A. K. C. R. (2022). Níveis de atenção básico, secundário, terciário: contextos para a aplicação da análise do comportamento. In A. K. C. R. Farias, & L. F. Kirchner (Orgs.), *Análise do comportamento aplicada na atenção primária, secundária e terciária à saúde* (pp. 1-17). Artmed.

Lane, S. T. (2006). *O que é psicologia social*. Brasiliense.

Lei nº 4.119, de 27 de agosto de 1962. (1962). Dispõe sobre os cursos de formação em Psicologia e regulamenta a profissão de psicólogo. https://www.planalto.gov.br/ccivil_03/leis/1950-1969/l4119.htm

Lei nº 8.080, de 19 de setembro de 1990. (1990). Dispõe sobre as condições para a promoção, proteção e recuperação da saúde, a organização e o funcionamento dos serviços correspondentes e dá outras providências. http://www.planalto.gov.br/ccivil_03/leis/l8080.htm

Lei nº 8.142, de 28 de dezembro de 1990. (1990). Dispõe sobre a participação da comunidade na gestão do Sistema Único de Saúde – SUS e sobre as transferências intergovernamentais de recursos financeiros na área da saúde e dá outras providências. http://www.planalto.gov.br/ccivil_03/LEIS/L8142.htm

Lei nº 2.240, de 23 de março de 2016. (2016). Reestrutura o programa integrado de residências em saúde e o programa municipal de bolsas de estudo e pesquisa para a educação pelo trabalho, instituídos pela Lei nº 2010, de 12 de dezembro de 2013, e dá outras providências. https://fesp.palmas.to.gov.br/documents/e9c0b0af0d5cf545e9356175bfc9676d.pdf

Lima, V. V. (2005). Competência: Distintas abordagens e implicações na formação de profissionais de saúde. *Interface - Comunicação, Saúde, Educação*, 9(17), 369-379.

Lima, V. V., & Padilha, R. Q. (2018). Trajetória das práticas educacionais. In V. V. Lima, & R. Q. Padilha (Orgs.), *Reflexões e inovações na educação de profissionais de saúde* (Vol. 1, pp. 15-24). Atheneu.

Lima, V. V., & Ribeiro, E. C. O. (2018). Currículo: Território de intencionalidades educacionais. In V. V. Lima, & R. Q. Padilha (Orgs.), *Reflexões e inovações na educação de profissionais de saúde* (Vol. 1, pp. 37-46). Atheneu.

Lima, V. V., Ribeiro, E. C. O., & Padilha, R. Q. (2018). Estrutura curricular na formação de profissionais de saúde. In V. V. Lima, & R. Q. Padilha (Orgs.), *Reflexões e inovações na educação de profissionais de saúde* (Vol. 1, pp. 47-56). Atheneu.

Lupatini, S. C., & Zazula, R. (2021). Atuação do psicólogo no núcleo de apoio a saúde da família: Uma experiência em um programa de residência multiprofissional. *Revista Psicologia, Diversidade e Saúde*, 10(1), 117-127.

Luz, M. T. (1991). Notas sobre as políticas de saúde no Brasil de "transição democrática": Anos 80. *Physis: Revista de Saúde Coletiva*, 1(1), 77-96.

Marcolini, J. V. P., Sahão, F. T., & Kienen, N. (2022). Prática humanizada: Comportamentos a constituírem a atuação de profissionais nos serviços de saúde. In A. K. C. R. Farias, & L. F. Kirchner (Orgs.), *Análise do comportamento aplicada na atenção primária, secundária e terciária à saúde* (pp. 53-74). Artmed.

Martins, N. F., Farias, A. K. C. R., Lacerda, T. L., Ribeiro, I. A., Tinazi, M. A. P., Souza, F. D. Z. S., & Rodrigues, M. P. B. (2019). Cartilha do cuidador: Ajudando a cuidar em casa. In A. K. C. R. Farias (Org.), *Ciências da saúde: O trabalho de equipes multiprofissionais em diferentes contextos* (pp. 227-251). Juruá.

Medeiros, M. A. T., Campos-Braga, F. C., & Moreira, M. I. B. (2014). A integralidade como eixo da formação em proposta interdisciplinar: Estágios de nutrição e psicologia no campo da saúde coletiva. *Revista de Nutrição, 27*(6), 785-798.

Menten, K. M. G., & Nunes, J. R. (2020). NASF na promoção da acessibilidade de pessoas com deficiência auditiva à atenção básica. In S. R. Dodero, E. S. Maciel, & F. R. P. Quaresma (Orgs.), *Plano integrado de residências em saúde – PIRS: A experiência de Palmas, Tocantins* (Vol. 1, pp. 73-84). CRV.

Ministério da Saúde (MS). (2006). *Residência multiprofissional em saúde: Experiências, avanços e desafios.* https://bvsms.saude.gov.br/bvs/publicacoes/residencia_multiprofissional.pdf

Ministério da Saúde (MS). (2012a). *Política nacional de atenção básica.* https://bvsms.saude.gov.br/bvs/saudelegis/gm/2017/prt2436_22_09_2017.html

Ministério da Saúde (MS). (2012b). *Melhor em casa: A segurança do hospital no conforto do seu lar.* https://189.28.128.100/dab/docs/geral/CAD_VOL2_CAP1.pdf

Moraes, D. L. (2010). Caso clínico: Formulação comportamental. In A. K. C. R. Farias (Org.), *Análise comportamental clínica: Aspectos teóricos e estudos de caso* (pp. 171-178). Artmed.

Nascimento, A. P. C., Moreira, L. S., & Fragoso, V. M. (2020). Experiência na gerência do núcleo ampliado de saúde da família e atenção básica (NASF-AB). In *Congresso Acadêmico de Saberes em Psicologia – CAOS. Psicologia e Profissão: A avaliação Psicológica em Destaque* (Vol. 5, pp. 174-187). https://ulbra-to.br/caos/artigo/experiencia-na-gerencia-do-nucleo-ampliado-de-saude-da-familia-e-atencao-basica-nasf-ab/

Nery, L. B., & Fonseca, F. N. (2018). Análises funcionais moleculares e molares: Um passo a passo. In A. K. C. R. Farias, F. N. Fonseca, & L. B. Nery (Orgs.), *Teoria e formulação de casos em análise comportamental clínica* (pp. 1-22). Artmed.

Organização das Nações Unidas (ONU). (1948). *Declaração universal dos direitos humanos.* Assembleia Geral da ONU.

Palmas. Secretaria da Saúde. (2021). *Projeto político pedagógico do programa de residência multiprofissional em saúde da família e comunidade.* Fundação Escola de Saúde Pública de Palmas.

Pereira, W. C. C. (2001). *Nas trilhas do trabalho comunitário: Métodos, teorias e práticas.* Vozes.

Pinto, D. M., Jorge, M. S. B., Pinto A. G. A., Vasconcelos, M. G. F., Cavalcante, C. M., Flores, A. Z. T., & Andrade, A. S. (2011). Projeto terapêutico singular na produção do cuidado integral: Uma construção coletiva. *Texto Contexto Enfermagem, 20*(3), 493-302.

Pitombeira, D. F., Barroso, R. E. C., Xavier, A. S., & Oliveira, P. R. S. (2016). Psicologia e a formação para a saúde: Experiências formativas e transformações curriculares em debate. *Psicologia: Ciência e Profissão, 36*(2), 280-291.

Portaria Conjunta SEMUS/FESP nº 001, de 04 de fevereiro de 2016. (2016). Institui o plano municipal de educação permanente no âmbito da Rede Municipal de Saúde de Palmas e dá outras providências. https://fesp.palmas.to.gov.br/documents/9f082c3c93ea96533585b61bf69bc451.pdf

Portaria Interministerial Ministério da Educação e Ministério da Saúde nº 45, de 12 de janeiro de 2007. (2007). Dispõe sobre a residência multiprofissional em saúde e a residência em área profissional da saúde e institui a Comissão Nacional de Residência Multiprofissional em Saúde. https://www.gov.br/saude/pt-br/composicao/sgtes/deges/legislacao/2018-e-antes/2007/portaria-45-12012007.pdf/view

Portaria Interministerial Ministério da Educação e Ministério da Saúde nº 698, de 19 de julho de 2007. (2007). Dispõe sobre a residência multiprofissional em saúde e a residência em área profissional da saúde, e institui o programa nacional de bolsas para residências multiprofissionais e em área profissional da saúde e a Comissão Nacional de Residência Multiprofissional em Saúde. https://www.gov.br/saude/pt-br/composicao/sgtes/deges/legislacao/2018-e-antes/2007/portaria-698-20072007.pdf/view

Portaria Interministerial Ministério da Educação e Ministério da Saúde nº 506, de 24 de abril de 2008. (2008). Altera o Art. 1º da Portaria Interministerial Nº 45/MEC/MS, de 12 de janeiro de 2007, que dispõe sobre a residência multiprofissional em saúde e a residência em área profissional da saúde. https://www.gov.br/saude/pt-br/composicao/sgtes/deges/legislacao/2018-e-antes/2008/portaria506-240408altera45.pdf/view

Portaria Interministerial Ministério da Educação e Ministério da Saúde nº 1.077, de 12 de novembro de 2009. (2009). Dispõe sobre a residência multiprofissional em saúde e a residência em área profissional da saúde, e institui o programa nacional de bolsas para residências multiprofissionais e em área profissional da saúde e a Comissão Nacional de Residência Multiprofissional em Saúde. https://www.gov.br/saude/pt-br/composicao/sgtes/deges/legislacao/2018-e-antes/2009/portaria-n-1077-12-novembro-2009.pdf/view

Portaria nº 154, de 24 de janeiro de 2008. (2008). Cria os núcleos de apoio à saúde da família – NASF. https://bvsms.saude.gov.br/bvs/saudelegis/gm/2008/prt0154_24_01_2008.html

Portaria nº 198/GM, em 13 de fevereiro de 2004. (2004). Institui a política nacional de educação permanente em saúde como estratégia do Sistema Único de Saúde para a formação e o desenvolvimento de trabalhadores para o setor e dá outras providências. https://www.nescon.medicina.ufmg.br/biblioteca/imagem/1832.pdf

Portaria nº 4.279, de 30 de dezembro de 2010. (2010). Estabelece diretrizes para a organização da Rede de Atenção à Saúde no âmbito do Sistema Único de Saúde (SUS). https://bvsms.saude.gov.br/bvs/saudelegis/gm/2010/prt4279_30_12_2010.html

Rede Humaniza-SUS (2015). *Projeto terapêutico singular*. https://redehumanizasus.net/90468-projeto-terapeutico-singular/

Resolução CNRMS nº 5, de 7 de novembro de 2014. (2014). Dispõe sobre a duração e a carga horária dos programas de residência em área profissional da saúde nas modalidades multiprofissional e uniprofissional e sobre a avaliação e frequência dos profissionais de saúde residentes. https://pesquisa.in.gov.br/imprensa/jsp/visualiza/index.jsp?jornal=1&pagina=34&data=10/11/2014

Resolução da Comissão Nacional de Residência Multiprofissional em Saúde nº 2, de abril de 2012. (2012). Dispõe sobre diretrizes gerais para os programas de residência multiprofissional e em profissional de saúde. http://portal.mec.gov.br/index.php?option=com_docman&view=download&alias=15448-resol-cnrms-n2-13abril-2012&Itemid=30192

Resolução do Conselho Nacional de Educação e Câmara de Educação Superior nº 5, de 15 de março de 2011. (2011). Institui as diretrizes curriculares nacionais para os cursos de graduação em psicologia, estabelecendo normas para o projeto pedagógico complementar para a formação de professores de psicologia. https://normativasconselhos.mec.gov.br/normativa/pdf/CNE_RES_CNECESN52011.pdf

Ribeiro, E. C. O., Lima, V. V., & Padilha, R. Q. (2018). Formação orientada por competência. In V. V. Lima, & R. Q. Padilha (Orgs.), *Reflexões e inovações na educação de profissionais de saúde* (Vol. 1, pp. 25-36). Atheneu.

Ribeiro, K. R. B., & Prado, M. L. (2013). A prática educativa dos preceptores nas residências em saúde: Um estudo de reflexão. *Revista Gaúcha de Enfermagem. 34*(4), 161-165.

Ribeiro, L. G. C., Oliveira, C. C., & Moreira, L. S. (2019). Intervenção com os agentes comunitários de saúde, em um CSC de Palmas - TO. In *Anais da IV Jornada Interdisciplinar do Programa de Pós-graduação PPGCOM – UFT*.

Rosato, C. M. (2011). Psicologia e direitos humanos: Cursos e percursos comuns. *Revista da Faculdade de Ciências Humanas e da Saúde PUC-SP, 20*(1), 11-27.

Rudá, C. (2018). A residência como modalidade de formação em psicologia no Brasil: Uma revisão integrativa da literatura. *Revista Psicologia, Diversidade e Saúde, 7*(3), 442-452.

Santana, A. L., Rocha, M. A., Bernardes, J. S., & Ribeiro, M. A. T. (2016). Estágio curricular em saúde e em psicologia: Análise de documentos de domínio público. *Revista Athenea Digital, 16*(3), 507-528.

Silva, C. A., & Dalbello-Araújo, M. (2019). Programa de residência multiprofissional em saúde: O que mostram as publicações. *Revista Saúde Debate, 43*(123), 1240-1258.

Silva, L. B. (2018). Residência multiprofissional em saúde no Brasil: Alguns aspectos da trajetória histórica. *Revista Katálysis, 21*(1), 200-209.

Silva, M. J. S., Schraiber, L. B., & Mota, A. (2019). O conceito de saúde na Saúde Coletiva: Contribuições a partir da crítica social e histórica da produção científica. *Physis: Revista de Saúde Coletiva. 29*(1), 1-19.

Silvestre, C. F., & Prestes, L. I. N. (2020). Oportunizando espaços de educação em saúde por meio da sala de espera. In S. R. Dodero, E. S. Maciel, & F. R. P. Quaresma (Orgs.), *Plano integrado de residências em saúde – PIRS: A experiência de Palmas, Tocantins* (Vol. 1, pp. 27-40). CRV.

Skinner, B. F. (1982). *Sobre o behaviorismo*. Cultrix.

Skinner, B. F. (2003). *Ciência e comportamento humano*. Martins Fontes.

Soares, M. R. Z., Corrêa, B. A., Silva, E. L., & El Rafihi-Ferreira, R. (2019). Cuidadores de pacientes com câncer: Intervenção em grupo. In A. K. C. R. Farias (Org.), *Ciências da saúde: O trabalho de equipes multiprofissionais* (pp. 330-340). Juruá.

Soeiro, E., Oliveira, J. M., Schiesari, L. M. C., & Oliveira, M. S. (2018). Papéis do educando e do educador nas metodologias ativas. In V. V. Lima, & R. Q. Padilha (Orgs.), *Reflexões e inovações na educação de profissionais de saúde* (Vol. 1, pp.73-82). Atheneu.

Sousa, T. S., & Leopoldino, J. M. (2020). Agentes comunitários de saúde e a resiliência no contexto do trabalho. In S. R. Dodero, E. S. Maciel, & F. R. P. Quaresma (Orgs.), *Plano integrado de residências em saúde – PIRS: A experiência de Palmas, Tocantins* (Vol. 1, pp. 41-52). CRV.

Sousa, V. D. (2006). *O psicólogo e a saúde pública: Uma leitura fenomenológica das vivências cotidianas de estagiários na atenção básica* [Tese de doutorado]. Pontifícia Universidade Católica de Campinas. https://repositorio.sis.puc-campinas.edu.br/handle/123456789/15612

Universidade Aberta do SUS (UNA-SUS) (n.d.). Atenção Integral à pessoa idosa. *Projeto Terapêutico Singular*. https://app4.unasus.gov.br/ppuplayer4_idoso/uploads/recursos/SE_UNASUS_0002_IDOSO_CADERNETA/15/assets/lib/docs/folheto_PTS.pdf

Vasconcelos, E. M. (1987). *O que é psicologia comunitária*. Brasiliense.

Vieira-da-Silva, L. M., & Paim, J. S., & Schraiber, L. B. (2014). O que é saúde coletiva? In J. S. Paim, & N. Almeida-Filho (Orgs.), *Saúde coletiva: Teoria e prática* (pp. 3-12). MedBook.

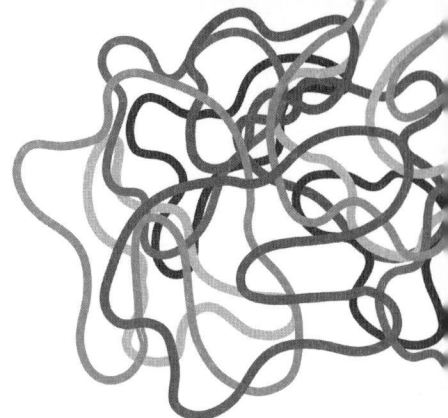

16

Supervisão na área educacional
Pressupostos e experiências

Fabiana Maris Versuti
Luciana Carla dos Santos Elias
Eliza França e Silva
Patricia Oliveira de Lima Bento

A psicologia escolar/educacional é um dos diferentes campos possíveis de atuação em psicologia e historicamente vem se constituindo, sofrendo as influências sócio-históricas de nosso país. Sua área de atuação foi sendo desenvolvida com muita criticidade, tendo como foco o compromisso social. Assim, devemos refletir inicialmente sobre como está estabelecida a psicologia escolar/educacional nas grades curriculares, como estão sendo formados os futuros psicólogos e quais as reais possibilidades de atuação. Nesse contexto, faz-se necessário pensar na construção da trajetória do profissional que irá atuar nessa área. As Diretrizes Curriculares Nacionais (DCNs) da psicologia (Conselho Federal de Psicologia [CFP], 2018), baseadas em habilidades e competências a serem desenvolvidas ao longo da formação, apontam indicadores de um perfil do profissional esperado, o qual envolve conhecimento generalista, criticidade, atuação abrangente e pluralista, inovação e atenção às necessidades locais e regionais, entre outras características. Neste capítulo, focaremos na supervisão na área escolar.

A psicologia escolar/educacional tem uma relação bidirecional e de parceria com o campo da educação. Segundo Barbosa e Marinho-Araújo (2010), ambas têm interesses em comum, principalmente em relação aos processos de aprendizagem, relações interpessoais e intervenções, devendo haver uma constante articulação entre elas, de forma a cumprir os objetivos de promoção e proteção ao desenvolvimento do escolar e demais atores do contexto educacional.

PERCURSO HISTÓRICO

Ao longo do seu percurso histórico, reflexões acerca da formação e atuação do psicólogo buscaram atrelar criticidade a fenômenos educacionais em suas diversas facetas (institucional, pedagógica, social, política e econômica), a fim de desconstruir modelos de atendimentos clínicos individualizados e psicodiagnósticos, que décadas atrás eram práticas recorrentes, caracterizando uma visão adaptacionista. A partir de 1980, tal perspectiva passou a ser altamente criticada, bem como foi sinalizado o seu desserviço. Então, outros construtos e pressupostos teóricos passaram a oferecer fundamentos para a área, com destaque para a psicologia crítica (Souza et al., 2016).

Após anos de luta e construção da área, baseada em estudos científicos, a psicologia escolar/educacional ganhou o posicionamento que buscava (Lei nº 13.935, de 11 de dezembro de 2019; Projeto de Lei nº 326/2019) e o reconhecimento da sua importância no contexto educacional, podendo contribuir em mediações e intervenções de situações relativas ao alunado, professorado e de gestão. Além disso, a pandemia de covid-19 acarretou mudanças significativas para os contextos educativos, evidenciando ainda mais as diferenças sociais e a necessidade de apoio especializado, tendo a psicologia escolar/educacional e o serviço social papel central nesse cenário.

De modo específico, o Projeto de Lei nº 326/2019 dispõe a respeito da implantação do serviço de psicologia nas escolas da rede pública do estado de São Paulo, visando disponibilizar a realização de atendimentos voltados para alunos e educadores com dificuldades psicossociais (p. ex., agressividade, *bullying*, depressão, hiperatividade). Já a Lei nº 13.935, de 11 de dezembro de 2019, determina que toda a rede de educação básica deve contar com psicólogo escolar e assistente social, em um enfoque de trabalho multidisciplinar. Há de se destacar que esta lei tramitou por cerca de 10 anos até ser aprovada.

Desde então, instituições como o Conselho Federal de Psicologia (CFP), a Associação de Psicologia Escolar e Educacional (ABRAPEE), o Conselho Federal de Serviço Social (CFESS) e os conselhos regionais de psicologia (CRPs) vêm desenvolvendo debates e atuações no sentido não só da efetivação da lei, mas também das diretrizes de atuação profissional. A psicologia escolar/educacional tem como desafio estabelecer um fazer que converse com as políticas de educação e promova saúde mental, aprendizagem e desenvolvimento dos diferentes atores do contexto educativo, ou seja, estabelecer o fazer de um campo de produção de saberes relativos ao fenômeno psicológico do processo educativo, que tem por objeto a escola e as relações que nela se estabelecem (Antunes, 2008).

Em 2019, o CFP lançou a edição revisada das *Novas referências técnicas para atuação de psicólogas(os) na educação básica* (Conselho Federal de Psicologia [CFP], 2019). O material elucida uma atuação pautada no compromisso com a transformação e melhoria da qualidade da educação no País, em todos os níveis, sendo empregado para esse fim o saber específico da psicologia para questões da educação. Esse saber fundamenta-se no entendimento da função social da escola, na dimensão social e subjetiva do processo de ensino-aprendizagem e nos múltiplos determinantes da atividade educacional, buscando um trabalho interventivo que abranja toda a comunidade escolar – gestores, professores, pais, funcionários e estudantes. Assim, segundo o documento, essa atuação poderia dar-se nos seguintes âmbitos: elaboração, avaliação e reformulação do projeto político-pedagógico; intervenção no processo de ensino-aprendizagem; trabalho na formação de educadores (formação continuada e temáticas específicas) e educação inclusiva e com grupos de alunos (no cotidiano da escola e nas dificuldades no processo de escolarização, contemplando diversas temáticas sociais e subjetivas). Tais diretrizes de atuação estão de acordo com as disposições das DCNs da psicologia visando à formação de profissionais com capacidade para o pensamento crítico e à transformação da realidade.

A literatura tem apontado a necessidade de uma formação comprometida com o social, que promova a compreensão da área e seus campos de atuação, tendo articulação constante entre aspectos teóricos e práticos, de acordo com as demandas presentes, promovendo constantes aproximações e discussões a respeito das diversas possibilidades em relação à psicologia escolar/educacional e a realidade da sociedade brasileira, possibilitando a consolidação das aprendizagens dos futuros profissionais dessas áreas (Gomez & Braz-Aquino, 2020). Fernandes et al. (2018) apontam que as habilidades e competências a serem desenvolvidas nos cursos de psicologia que têm como foco a formação generalista precisam abarcar a diversidade do campo, ou seja, possibilitar ao aluno desenvolver recursos para atuar nas diversas áreas da profissão. As autoras sinalizam a importância de definir quais fundamentos e práticas serão oferecidas e apropriadas pelos alunos nesses cursos, fazendo-se a devida relação com o núcleo comum de formação.

O CFP (2018) destaca outros pontos importantes propostos nas DCNs: a) a interação contínua entre teoria e prática, por meio de experiências diferenciadas desde o primeiro ano, possibilitando o desenvolvimento gradual das competências e habilidades fundamentais para a profissão; b) a garantia de formação que inclua atividades curriculares presenciais, possibilitando uma perspectiva interdisciplinar, que contemple uma lógica formativa, integrada e dialógica, quebrando a fragmentação de conteúdo; c) as metodologias de ensino-aprendizagem diversas e que possibilitam a autonomia e o protagonismo dos alunos, colocando os docentes como parceiros do processo de aprendizagem; e d) a articulação constante entre formação científica, ética e tecnológica nos diversos contextos da sociedade. Os pontos destacados devem ser considerados não só na formação geral do psicólogo, mas também nas diferentes áreas, entre as quais está a psicologia escolar/educacional.

Na formação em psicologia, de maneira a preparar os alunos para a futura prática profissional, os estágios são essenciais. A Lei nº 11.788, de 25 de setembro de

2008 (p. 1), estabelece as normas a serem seguidas para a execução dos estágios de formação profissional na graduação, classificando essa atividade como "ato educativo escolar supervisionado, desenvolvido no ambiente de trabalho, que visa à preparação para o trabalho produtivo de educando que esteja frequentando o ensino regular". Nos estágios, deve haver um grupo de atividades relacionadas à formação, supervisionadas pelos membros do corpo docente da instituição, os quais farão a mediação entre as atividades e o desenvolvimento de habilidades importantes para o exercício profissional, tendo como base a ética e o compromisso social.

No âmbito da psicologia escolar/educacional, até o momento, não existem resoluções sobre como atuar na formação de estagiários, mas tem-se que as atividades devem seguir indicações da lei anteriormente citada, em diálogo com as DCNs, buscando, assim: a) o incentivo a interdisciplinaridade, interprofissionalismo, multidisciplinaridade e promoção de políticas públicas de maneira crítica, por meio da mescla entre teoria e prática; b) a orientação realizada por professores do corpo docente da instituição; c) a orientação docente por profissionais com formação em psicologia e CRP referente ao setor da localização da instituição, qualificação e experiência profissional; d) a possibilidade de atuação do estudante no campo profissional; e) a garantia de diversidade e fortalecimento das perspectivas de políticas públicas; f) a obrigatoriedade do estágio, o qual deve ser organizado ao longo do curso e iniciado a partir do terceiro semestre; e g) a apresentação dos estágios em núcleo comum e núcleo específico. Com relação a este último ponto, os grupos de estágio do núcleo comum devem ser compostos por, no máximo, 10 alunos, com duração máxima de 2 horas semanais; e caso a supervisão ocorra individualmente, a duração máxima deve ser de 30 minutos semanais. Da mesma forma, os grupos de estágio do núcleo específico devem ter no máximo 10 integrantes, porém, a duração máxima pode ser de 4 horas semanais, ficando a supervisão individual também com duração máxima de 30 minutos semanais. Ressalva-se que qualquer supervisão ou atividade realizada deverá ser embasada em preceitos éticos da psicologia (Lei nº 11.788, de 25 de setembro de 2008).

A partir do exposto, é clara a preocupação com a formação dos psicólogos e, no recorte deste capítulo, inclui-se a formação desses profissionais para atuação em contextos educativos, o que perpassa a formação teórico-prática, com a realização de estágios e supervisão. Assim, serão descritos a seguir os procedimentos de supervisão e as experiências em psicologia escolar, antes e durante a pandemia de covid-19.

PRÁTICAS DE ESTÁGIO EM CONTEXTOS ATUAIS

No que tange aos estágios, sabe-se que cada instituição de ensino superior (IES) tem suas particularidades, como as ênfases propostas (apesar do núcleo comum), o corpo docente, o número de alunos, os convênios com diferentes campos, entre outras.

Dessa forma, as considerações apresentadas nesta seção são circunscritas a uma instituição pública de ensino do interior paulista, que possui duas ênfases curriculares. Dessas duas possibilidades oferecidas, os estágios de psicologia escolar/educacional (três opções) estão ligados à ênfase de processos e práticas psicossociais. O que será descrito aqui refere-se à prática de duas docentes (primeira e segunda autoras deste capítulo).

Nessa IES, após a seleção de estágio, conduzida por uma comissão em parceria com os docentes/supervisores, dá-se início às atividades de estágio e supervisão propriamente ditas. Todas as atividades de estágio são desenvolvidas com a supervisão semanal das docentes/supervisoras. As supervisões ocorrem uma vez por semana, em dia e horário preestabelecido para todo o ano letivo, tendo a duração de três a quatro horas, a depender do número de estagiários (embora exista um número máximo de vagas de estágio, não necessariamente preenchidas). Elas são baseadas em pressupostos teórico-práticos adotados pelas supervisoras dos estágios e na literatura sobre o tema (American Psychological Association [APA], 2014; CFP, 2019; Silvares, Melo & Löhr, 2016). Segundo Silvares, Gauy e Peixoto (2016), a supervisão envolve uma relação avaliativa e hierárquica, que se estende ao longo do tempo, com o propósito claro de fortalecer o funcionamento do futuro profissional. As autoras destacam dimensões a serem consideradas nas supervisões, como a teórica, a de tarefas do supervisor e a de desenvolvimento dos supervisionandos.

A partir dos pressupostos e da literatura, estabelecemos um modelo de supervisão que vem se estruturando ao longo dos anos, buscando a promoção de recursos no estagiário por meio de uma formação teórico-prática comprometida com o social, que reflete sobre questões éticas, respeita as diferenças individuais dos supervisionandos, pauta o relacionamento estabelecido no estágio em práticas dialógicas, reflete sobre o papel do supervisor e faz avaliações iniciais, processuais e finais do estágio e dos estagiários. O processo de supervisão vai se moldando às necessidades postas em cada etapa de desenvolvimento do estágio e dos estagiários, focalizando as demandas principais do momento. Contudo, no caso das experiências relatadas, toda supervisão contempla o seguinte roteiro:

1. Acolhimento inicial dos alunos.
2. Retomada do cronograma de planejamento de ações, ou seja, retomada do que havia sido planejado e do que foi executado.
3. Relatos das atividades, por meio da leitura das transcrições das atividades, somados a relatos verbais espontâneos (não menos importantes).
4. Articulações entre as ações narradas e as questões teórico-práticas fundamentadas na literatura da psicologia escolar/educacional (frequentemente também são necessárias leituras de outras áreas, devido às interseções existentes). A literatura utilizada, constante nas referências da disciplina, deve ser previamente lida – ela é apontada pelo supervisor e/ou trazida pelo aluno

no momento (o que sinaliza, entre outros aspectos, seu envolvimento na situação, cabendo ao supervisor compreender tal comportamento a partir de suas análises processuais, mais detalhado no item 8).
5. Análises e avaliação do processo e avanços alcançados, relativos tanto ao produto da prática na instituição quanto às questões de habilidades e competências do estagiário. Esse momento exige muito da *expertise* profissional e das habilidades de docência do supervisor; seu repertório é essencial para promover aprendizagens, diminuir ansiedade, motivar as futuras ações, auxiliar nos erros, guiar ações remediativas, elogiar e apontar avanços e desafios. Frequentemente surgem questões de relacionamento na instituição e com os pares do estágio, as quais devem ser acolhidas e mediadas no coletivo; no entanto, em algumas situações, por questões éticas, faz-se necessária uma supervisão individual.
6. Retomada do planejamento inicial e cronograma para discutir e elaborar as próximas ações ou dar continuidade ao que está sendo realizado. Nessa etapa, trabalhar com a capacidade de planejamento e flexibilidade dos estagiários é importante, pois as instituições educacionais (p. ex., escolas, organizações não governamentais) são dinâmicas e têm um ritmo próprio, o qual só pode ser acompanhado com considerável envolvimento.
7. Encerramento da supervisão com sinalização das diferentes tarefas a serem executadas pelas duplas de estagiários e pelo supervisor.
8. Fechamento do supervisor, momento no qual são realizadas anotações, interpretações e avaliações no que tange às ações na instituição (compromisso ético e social) e aos estagiários (dificuldades, avanços, diferenças individuais, necessidades, entre outras demandas). O encerramento de cada supervisão é um balizador para a próxima etapa e para o processo de formação.

É importante salientar que, antes do início das atividades de estágio, logo após a seleção dos alunos, é realizada uma reunião e feito um contrato verbal com todo o grupo. Assim, são estabelecidas as funções dos estagiários (grupal e individual), as obrigações de ambas as partes (supervisionandos e supervisor), as metas de desenvolvimento profissional e o compromisso ético-social com a instituição onde será realizada a formação prática. Nesse encontro, também são discutidas as regras de funcionamento do grupo, as quais sofrem mudanças ao longo do estágio. A literatura aponta a importância dos contratos verbal ou por escrito com os estagiários, estando associados à redução de ansiedade em relação ao processo de estágio, a um maior envolvimento com as tarefas e a um clima de abertura para o diálogo (Milne, 2009). A experiência também tem sinalizado que esse momento é crucial para a decisão do supervisionando permanecer ou não no estágio.

O estágio ocorre preferencialmente em duplas (a experiência sinalizou que isso é protetivo no processo de formação e melhor aceito pelas instituições). No entanto, as supervisões são coletivas (de seis a oito alunos), de forma a garantir a integração e compreensão das ações executadas e a promover a mediação entre pares no processo de formação.

Já descritas as fases gerais da supervisão, para uma melhor compreensão da dinâmica do processo, na sequência encontram-se resumidas as etapas essenciais realizadas no desenvolvimento de um estágio.

1. Acolhimento dos estagiários e levantamento de expectativas: nessa etapa, a meta é criar um ambiente de acolhimento e compartilhamento entre os alunos por meio de rodas de conversa e dinâmicas. Também são retomadas as regras iniciais do grupo e feitas demais combinações necessárias.
2. Treinamento intensivo de formação: são realizadas aulas (dialógicas) para a retomada de conteúdos e atualizações teóricas, ministradas pela docente/supervisora responsável e por profissionais convidados com experiência na área. Trabalham-se questões teórico-práticas buscando potencializar habilidades já desenvolvidas e promover outras ainda em desenvolvimento (verificadas na avaliação de seleção de estágio e no processo das etapas 1 e 2). Esse treinamento pode abranger quatro a dez aulas de duas horas cada, a depender das características do grupo.
3. Visitas à instituição: a supervisora, juntamente com os alunos, realiza uma ou mais visitas à escola (de acordo com a disponibilidade da instituição e dos alunos) para conversas iniciais com a equipe gestora ou algum representante (diretora, vice-diretora, coordenadora pedagógica ou coordenadora de projetos).
4. Inserção no campo: as duplas de alunos passam a ir à escola em dias e horários combinados e a conhecer o bairro no qual fica a instituição e seus respectivos recursos (p. ex., posto de saúde, comércio, locais de lazer, igrejas). O objetivo é inteirar-se das possibilidades da comunidade e da rotina da escola e estabelecer diálogos com diferentes atores na medida do possível (sempre se apresentando como estagiário de psicologia escolar e explicando brevemente as possibilidades de auxílio).
5. Início da caracterização institucional: os alunos passam a realizar diferentes atividades com o objetivo de começar a compreender o funcionamento da instituição e verificar suas demandas. São desenvolvidas atividades como observações em sala de aula (com e sem um guia de observação), entrevistas semiestruturadas com os diferentes atores da instituição e comunidade escolar, aplicação de instrumentos que possam auxiliar na coleta de informações sobre recursos e dificuldades presentes na escola e relacionamentos (p. ex., clima escolar), leitura do projeto político pedagógico e de outros documentos que a gestão permitir, buscando conhecer a história da escola e dos alunos. Os estagiários também participam de reuniões de pais e encon-

tros de horário pedagógico coletivo, recreios e outras atividades que auxiliem a caracterizar o funcionamento da instituição e suas demandas. Essa etapa pode ter duração de um a três meses, dependendo do tamanho da instituição e recursos dos estagiários. O limite de três meses foi pensado de forma a permitir que os alunos desenvolvam diferentes atividades que contribuam com sua formação e com o desenvolvimento de recursos da instituição. Anteriormente, a caracterização institucional era realizada sem um tempo definido, mas a experiência mostrou que, algumas vezes, o tempo gasto nessa etapa era grande, sobrando pouco para as intervenções mais sistemáticas. O antigo formato gerava frustração nos alunos (que desenhavam intervenções e não conseguiam executá-las em sua totalidade) e nas instituições (que recebiam devolutiva e ficavam com projetos elaborados e executados parcialmente, dado que concluí-los no ano seguinte não era uma certeza, devido a questões institucionais).
6. Discussão das informações obtidas e elaboração de um plano de intervenção: o objetivo do plano é propor intervenções que possam auxiliar a instituição frente às demandas identificadas, levando em consideração as reais possibilidades dos estagiários em executá-las (limitação do tempo que dispõem para atuar na instituição, o que frequentemente representa um período da semana).
7. Apresentação do projeto para a instituição: em reunião com a equipe gestora, é apresentado e discutido o projeto elaborado. Nesse encontro, busca-se um diálogo com a equipe da instituição de forma a verificar o aceite da proposta e as reais possibilidades de executá-la.
8. Redefinição do projeto: a partir do resultado da reunião com a equipe gestora, são realizados ajustes no projeto de intervenção, o qual é novamente apresentado à instituição com um cronograma flexível. Somente depois de tudo estar acordado é que se dá início às intervenções planejadas.
9. Desenvolvimento das atividades: execução das intervenções planejadas, que variam de acordo com as demandas levantadas. Frequentemente são realizadas intervenções como formação de professores (em temas pertinentes solicitados por eles e pelos estagiários), grupos de pais (com foco em questões do desenvolvimento, inclusão escolar e práticas educativas que potencializam o aprendizado, entre outros), oficinas com os alunos (por meio de atividades psicopedagógicas que objetivam resgatar a motivação para o aprendizado, desenvolver habilidades básicas para a alfabetização e habilidades sociais, entre outras), projetos transversais (sobre temas como violência, drogas, sexualidade, inclusão escolar), pertencimento à escola, auxílio direto à gestão (em atividades que vão desde a mediação de conflitos até o planejamento de atividades pedagógicas) e grupos de acolhimento aos professores.

10. Avaliações processual e final das atividades: são realizadas com base nos relatos dos atores envolvidos e estagiários, bem como nas observações relativas a eles, e eventualmente com a aplicação de instrumentos.
11. Encerramento das atividades e relatório para a instituição: consiste em um *feedback* oral e por escrito à instituição.
12. Relatório de estágio: documento a ser apresentado como atividade final de estágio, que consiste na descrição e avaliação, pelo aluno, das atividades realizadas e das suas aprendizagens, considerando seus recursos iniciais e os desenvolvidos durante o processo. Nessa etapa, os alunos não realizam avaliação formal e entrevista, como na seleção para o estágio, e sim uma autoavaliação e um diálogo sobre sua participação, focando em suas habilidades e competências ao final da experiência.

As etapas relatadas foram aplicadas aos estágios anteriores à pandemia de covid-19, sendo as avaliações do processo de formação e da qualidade de extensão sempre referidas como positivas. Frente às limitações impostas pela crise sanitária, foram necessários ajustes, criatividade, aprendizagens diversas, muita persistência e flexibilidade. A partir desse novo cenário, destacamos as experiências realizadas que evidenciam a adaptação das práticas de supervisão no contexto escolar em decorrência do contexto pandêmico. O primeiro ponto a se recordar foi o fechamento das escolas, com professores e alunos buscando formas de ensino-aprendizagem em casa, diante de uma situação ansiogênica, tendo poucos recursos materiais disponíveis (o que foi frequente em grande parte do País). Este era o contexto da nova e desafiadora empreitada, somado a questões legais e regulatórias da educação dirigidas às escolas e às IES. Após um período de latência, essencial para digerir e buscar recursos de enfrentamento, as atividades de estágio foram retomadas (antes do fechamento das escolas, os alunos haviam dado início à inserção no campo, realizando três visitas a uma escola pública estadual, localizada na periferia de uma cidade de grande porte do interior paulista).

Reiniciamos a inserção no novo contexto, agora o virtual. Os alunos foram conhecer as atividades em andamento (p. ex., aulas pelo WhatsApp, gravadas e compartilhadas, aulas na TV veiculadas pela Secretaria da Educação do Estado de São Paulo, materiais físicos disponibilizados na escola para as famílias, ligações telefônicas para orientar famílias no auxílio aos alunos) e conversar com os diferentes atores (p. ex., por telefone, videoconferência e *e-mail*), buscando caracterizar a situação e compreender as vivências. Após essa inserção, elaboraram um plano de ações, posteriormente apresentado para os gestores, os quais prontamente acolheram a proposta. Aqui, vale destacar e agradecer a parceria estabelecida e facilitada pelos gestores da instituição.

Inicialmente, os estagiários desenvolveram um projeto de ligações (telefonemas) de acolhimento aos professores, pais e alunos. Ao mesmo tempo, tomou-se conhecimento do projeto Ligação do Bem e de seus idealizadores (educadores do norte do País), com os quais estabeleceu-se parceria e troca de conhecimento – distantes geograficamente, mas próximos no ideal de proteger os atores da educação. Uma segunda ação foi a elaboração de materiais a serem disponibilizados *on-line* para os alunos. Esses materiais tratavam de atividades de alfabetização e de recreação, estas últimas deveriam ser conduzidas com as crianças pelas famílias, a fim de informar e ajudar a diminuir as angústias e ansiedades postas pela situação. Todo o material foi encaminhado para o diretor, que o disponibilizou no *site* da escola. Uma terceira ação foi realizar um ciclo de *lives* para a comunidade escolar, tratando de assuntos diversos trazidos pelos pais nas ligações de acolhimento (p. ex., manejo de comportamento, auxílio aos filhos nas lições e *burnout* parental). Concomitantemente às *lives*, foram realizados encontros virtuais com os professores para discutir questões sobre as vivências docentes. Todas essas ações foram avaliadas e reformuladas durante o processo, sendo também avaliadas, ao final, pela comunidade escolar e pelos estagiários. Os alunos concluíram as atividades de estágio com seus relatórios e assim fechou-se o ano de 2020 – o que inicialmente parecia impossível, não só foi possível, pois estar presencialmente na escola é fonte de motivação, como possibilitou grandes aprendizagens.

Em 2021, foram realizadas atividades na mesma escola, inicialmente *on-line* e posteriormente presenciais. No que tange às atividades *on-line*, a experiência anterior possibilitou arriscar outros voos. Após a inserção virtual na escola, foi elaborado um novo projeto, com atividades pensadas para serem executadas *on-line*, como formação continuada de professores sobre o tema violência (solicitado pelo gestor, de acordo com orientações da Secretaria da Educação do Estado de São Paulo), rodas de conversa com professores (com foco em suas novas habilidades docentes), ligações de acolhimento (a todos os atores, como em 2020), elaboração de cartilhas sobre práticas educativas para os pais e sobre violência para os alunos, bem como grupos de orientação aos pais.

No segundo semestre de 2021, a escola iniciou o modelo híbrido de ensino, então outra inserção no campo foi realizada e um novo projeto de intervenção foi apresentado aos gestores da instituição. Foram propostas e executadas diferentes ações voltadas a minimizar o sofrimento dos professores (medo e ansiedade frente a volta às aulas e preocupações com defasagem de aprendizagem e falta de motivação das crianças). Essas ações ocorreram no horário de trabalho pedagógico coletivo (a cada 15 dias) e em outros horários combinados. Já com os alunos, foram organizadas oficinas de linguagem, utilizando técnicas e recursos lúdicos focados no resgate, no envolvimento e no sentido da aprendizagem. Essas oficinas ocorreram em espaço aberto, uma vez por semana, com a duração de uma hora. Por fim, com as famílias, os estagiários encontraram mais dificuldades de contato. A intenção deles era estabelecer um grupo de pais para tratar de questões como, por exemplo, negligência familiar, entretanto, não houve adesão; assim, confeccionou-se cartilhas sobre os tipos de violência (distribuídas na escola e nos grupos de WhatsApp da escola). As atividades foram avaliadas pelos diferentes atores e pelos estagiários, sendo apontadas como muito importantes naquele momento. Os professores relataram mudanças de comportamento dos alunos quanto à motivação em relação ao aprendizado e da sua própria mudança como agentes de educação. Todas as etapas mencionadas foram executadas e avaliadas como positivas pelos supervisionandos e pelo supervisor.

Desde o início da pandemia, as supervisões foram realizadas de forma *on-line*, na modalidade síncrona, por meio de videoconferência, com duração de três horas semanais, seguindo pressupostos da literatura que trata de atendimentos e supervisões *on-line* (Rafihi-Ferreira & Emerich, 2016; Souza et al., 2020). Antes de iniciar as atividades de estágio *on-line* e de supervisão, todos os estagiários da IES envolvida passaram por treinamentos oferecidos pela comissão coordenadora de curso e pela própria supervisora. Nesses momentos, foram tratadas as questões éticas próprias da condição e as possibilidades de atuação, seguindo as resoluções do CFP e da Associação Brasileira de Ensino de Psicologia (ABEP). O formato das supervisões seguiu o mesmo roteiro apresentado para os estagiários. Vale destacar que a supervisora teve, em 2021, o auxílio de duas alunas de pós-graduação em psicologia da IES (as quais realizaram, então, suas atividades de estágio docente), o que foi fundamental para a execução com excelência do estágio, dado que, além da participação na supervisão síncrona *on-line*, ambas deram apoio de forma assíncrona na elaboração das diferentes atividades.

Vale ressaltar que tanto a supervisão no modelo presencial como a supervisão no modelo *on-line* têm como objetivo a promoção do desenvolvimento do futuro profissional, cabendo ao supervisor mediar o desenvolvimento de habilidades e competências do supervisionando e monitorar a qualidade do trabalho realizado por ele na instituição.

Outro campo de estágio no contexto pandêmico foi desenvolvido junto a um laboratório de estudos e pesquisas vinculado a uma universidade pública que atua em âmbito nacional, com avaliações de impacto de políticas sociais e programas específicos das áreas de primeira infância, desenvolvimento integral, gestão escolar e violência e criminalidade. O referido laboratório tem parcerias e desenvolve projetos para governos em níveis municipal e estadual, tendo como principais objetivos: a) estudar, construir e validar instrumentos de coleta de dados em larga escala; b) organizar pesquisas de campo para coletas de dados em larga escala; c) analisar os dados coletados para a produção de evidências científicas; e d) acompanhar e assessorar membros do setor público educacional (p. ex., secretarias, diretorias de ensino, equipes gestoras) na elaboração de planos de ação baseados em evidências. Em 2021, tivemos nessa escola uma equipe de cinco estagiários de psicologia no laboratório e duas psicólogas (pesquisadoras do laboratório), além da docente (primeira autora do capítulo), que permitiu uma atuação dos estagiários vinculados aos objetivos descritos, bem como o desenvolvimento de pesquisas bibliográficas, elaboração de cronogramas e participação na produção de relatórios técnicos.

Sobre o trabalho de supervisão, foi possível realizar as supervisões *on-line*, conforme modelo descrito anteriormente, abordando aspectos teóricos e éticos da área. Os estagiários também participaram de seminários internos *on-line* realizados semanalmente, para que pudessem experienciar a dinâmica de um laboratório de pesquisa. Em linhas gerais, fornecemos aos supervisionandos uma experiência adequada com processos e práticas psicossociais na área de políticas públicas educacionais, envolvidos no trabalho em um laboratório de pesquisa interdisciplinar, mesmo em um contexto adverso. As atividades propostas aprimoraram conhecimentos nas áreas de pesquisa acadêmica e de políticas públicas educacionais. De modo específico, ao final do estágio, reconhecemos que os discentes foram capazes de identificar ferramentas da área da psicologia que contribuem com as discussões e coletas de dados, trabalhar em projetos conforme demandas das secretarias municipais e produzir ferramentas e relatórios de acordo com as necessidades específicas de cada projeto. Em síntese, foi uma atuação multidisciplinar na área educacional que rompeu com modelos tradicionais, e seus desdobramentos devem ser alvo de investigações futuras.

CONSIDERAÇÕES FINAIS

Este capítulo apresentou aspectos relevantes da supervisão na área da psicologia escolar/educacional, com destaque para conteúdos regulatórios da formação e atuação profissional, assim como aspectos teóricos que dão base para a estruturação das supervisões. Além disso, descreveu experiências de supervisão na área contemplando diferentes instituições e níveis educacionais, apresentando aspectos estruturais e processuais das supervisões (contextos, práticas, habilidades e competências desenvolvidas e resultados alcançados na formação e nas ações de extensão à comunidade). Ademais, experiências realizadas no contexto da pandemia de covid-19 foram destacadas, e os aprendizados obtidos fomentam o debate na área e contribuem para uma formação técnica de excelência pautada na ética e no compromisso social. Por fim, esperamos contribuir para a reflexão sobre a importância da supervisão teórico-prática na formação de psicólogos.

REFERÊNCIAS

American Psychological Association (APA). (2014). *Guidelines for clinical supervision in health service psychology*. http://apa.org/about;policy/guidelines-supervision.pdf

Antunes, M. A. M. (2008). Psicologia escolar e educacional: História, compromissos e perspectivas. *Cadernos de Psicopedagogia, 6*(11).

Barbosa, R. M., & Marinho-Araújo, C. M. (2010). Psicologia escolar no Brasil: Considerações e reflexões históricas. *Estudos de Psicologia (Campinas), 27*(3), 393-402.

Conselho Federal de Psicologia (CFP). (2018). *Revisão das diretrizes curriculares nacionais para os cursos de graduação em Psicologia*. https://site.cfp.org.br/wp-content/uploads/2018/07/RELAT%C3%93RIO-FINAL-REVIS%C3%83O-DAS-DIRETRIZES-CURRICULARES-NACIONAIS-PARA-OS-CURSOS-DE-GRADUA%C3%87%C3%83O-EM-PSICOLOGIA.pdf

Conselho Federal de Psicologia (2019). *Referências técnicas para a atuação de psicólogas(os) na educação básica*. https://site.cfp.org.br/wp-content/uploads/2019/08/EducacaoBASICA_web.pdf

Fernandes, S. R. F., Seixas, P. S., & Yamamoto, O. H. (2018). Psicologia e concepções de formação generalista. *Psicologia da Educação*, (47), 57-66.

Gomes, A. R., & Braz-Aquino, F. S. (2020). Formação em psicologia escolar: Um estudo de levantamento em universidades públicas do Nordeste. *Gerais: Revista Interinstitucional de Psicologia, 13*(2), 1-18.

Lei nº 11.788, de 25 de setembro de 2008. (2008). Dispõe sobre o estágio de estudantes e dá outras providências. http://www.planalto.gov.br/ccivil_03/_ato2007-2010/2008/lei/l11788.htm

Lei nº 13.935, de 11 de dezembro de 2019. (2019). Dispõe sobre a prestação de serviços de psicologia e de serviço social nas redes públicas de educação básica. http://www.planalto.gov.br/ccivil_03/_ato2019-2022/2019/lei/L13935.htm

Milne, D. (2009). *Evidence-based clinical supervision: Principles and practice*. BPS Blackwell.

Projeto de Lei nº 326/2019. (2019). Dispõe sobre a implantação de serviços de psicologia e assistente social nas escolas da rede pública estadual. https://www.al.sp.gov.br/propositura/?id=1000260397

Rafihi-Ferreira, R. E., & Emerich, D. R. (2016). Supervisão à distância em Psicologia. In E. F. M. Silvares, & S. S. Löhr (Orgs.), *Supervisão e formação em psicologia* (pp. 57-64). Juruá.

Silvares, E. F. M., Melo, M. H. S., & Löhr, S. S. (Orgs.). (2016). *Supervisão e formação em psicologia*. Juruá.

Silvares, E. F. M., Gauy, F. V., Peixoto, A. C. A. (2016). Supervisão: Questões conceituais, metodológicas e práticas. In E. F. M. Silvares, & S. S. Löhr (Orgs.), *Supervisão e formação em psicologia* (pp. 57-64). Juruá.

Souza, M. P. R., Gomes, A. M. M., Checchia, A. K. A., Lara, J. S. A., & Roman, M. D. (2016). Psicólogos em secretarias de educação paulistas: Concepções e práticas. *Psicologia Escolar e Educacional, 20*(3), 601-610.

Souza, V. B., Silva, N. H. L. P., & Monteiro, M. F. (2020). *Psicologia on-line: Manual para a prática clínica*. Ed. das Autoras.

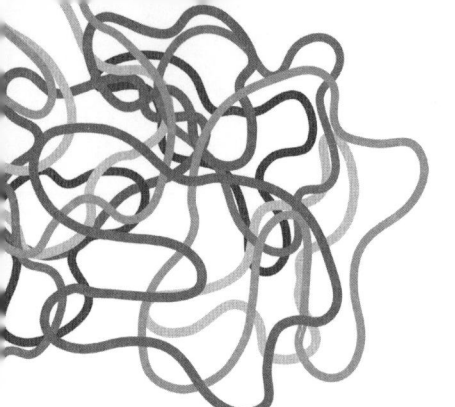

# Supervisão na área de psicologia organizacional e do trabalho baseada em evidências

Thaís Zerbini
Marina Greghi Sticca

Na área de psicologia organizacional e do trabalho (POT), a integração do conhecimento científico produzido com a prática profissional, em diferentes tipos de organizações, sempre foi uma preocupação de pesquisa (Caetano & Santos, 2017). O desenvolvimento da POT se deu, em parte, pelo esforço de resolver problemas concretos advindos de contextos de trabalho. No entanto, apesar da necessidade de integração entre pesquisa e prática profissional, verifica-se uma lacuna entre o conhecimento produzido e as práticas profissionais implementadas nas organizações (Zerbini, 2017).

Apesar do aperfeiçoamento do ensino de graduação e pós-graduação nas últimas décadas no Brasil, nota-se que a prática nas organizações e em políticas adotadas continuam fundamentadas pela abordagem tecnicista e prescritiva (Gershoff, 2014). Os psicólogos que atuam na área de gestão de pessoas e/ou recursos humanos permanecem realizando intervenções nos níveis técnicos e operacionais, com pouca possibilidade de atuação política e estratégica; além disso, há o risco da disseminação de práticas não apoiadas em fundamentos teóricos testados cientificamente (Gondim, et al., 2020; Zerbini, 2017). A Figura 17.1 ilustra a lacuna entre a teoria e a prática em POT.

Para Zerbini (2017), tal cenário destaca-se como uma questão transversal à área de POT, que merece debate e insistente busca por identificar causas e possíveis soluções. Portanto, um dos desafios e propostas deste capítulo é, além de indicar teorias e metodologias, levantar questões no sentido de superar os desafios da transferência de conhecimento produzido em POT e de, posteriormente, aplicar a metodologia nos mais diversos contextos que envolvem supervisão (p. ex., políticas nacionais, organizações públicas e privadas).

Diagrama (Figura 17.1):

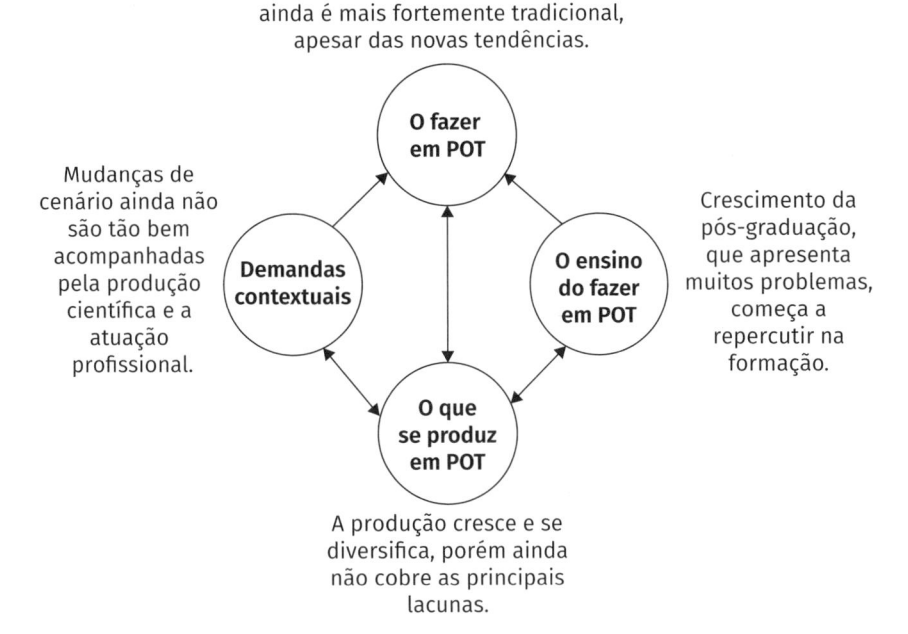

- Atuação em POT ainda é mais fortemente tradicional, apesar das novas tendências. → **O fazer em POT**
- Mudanças de cenário ainda não são tão bem acompanhadas pela produção científica e a atuação profissional. → **Demandas contextuais**
- Crescimento da pós-graduação, que apresenta muitos problemas, começa a repercutir na formação. → **O ensino do fazer em POT**
- A produção cresce e se diversifica, porém ainda não cobre as principais lacunas. → **O que se produz em POT**

FIGURA 17.1 Teoria e prática em POT.
Fonte: Elaborada com base em Gondim et al. (2010).

Zerbini (2017) propõe algumas questões que devem ser discutidas sobre o que é preciso ser feito em pesquisas e atuações profissionais futuras e inserido em agendas de pesquisa da área. São elas:

a. O ensino tem levado em consideração:
   i. Os vínculos de trabalho atuais dos profissionais?
   ii. As formas como eles atuam e com quem eles atuam?
   iii. As atividades que mais frequentemente realizam?
   iv. A oferta de conhecimentos e instrumentos já existentes?
b. A pesquisa tem oferecido os conhecimentos e instrumentos para formar profissionais aptos a atender as demandas existentes?
c. Os alunos e profissionais de POT:
   i. Têm acesso ao ensino, ao conhecimento e a instrumentos?
   ii. Compreendem e são capazes de transferir os conhecimentos para o trabalho?
   iii. Identificam como e para quem deve ser feita a disseminação dos resultados de pesquisa?

d. De que formas é possível provocar impacto social, econômico e político a partir dos resultados de pesquisa encontrados?

e. Qual é o papel dos pesquisadores, das agências de fomento, dos profissionais, da sociedade e demais grupos de interesse na transferência do conhecimento produzido para as organizações e empresas?

A preocupação em relação à articulação da pesquisa com a prática profissional vem sendo discutida nos últimos anos em outras áreas da psicologia, além da POT. Estudos sugerem que existe uma dissociação entre a investigação, tanto básica como aplicada, em relação à prática psicológica (Mustaca, 2014), sendo que os psicólogos confiam mais em sua experiência e nas opiniões de colegas do que na literatura científica disponível (Chambless & Ollendick, 2001; Melnki et al., 2014; Stewart & Chambless, 2009). Dessa forma, o profissional fundamenta sua prática na sua formação universitária, experiência profissional e intuição, sem recorrer às evidências científicas.

Na área de gestão e comportamento organizacional, o debate para aplicar os conhecimentos científicos às práticas profissionais na área de saúde surgiu a partir de um movimento de valorização da prática baseada em evidências, inspirado por princípios e métodos da medicina baseada em evidências (Sackett et al., 2001). A pesquisa em psicologia baseada em evidências (PBE) é uma abordagem voltada para a tomada de decisão com base na melhor evidência disponível para o cuidado com o cliente (Melnik et al., 2014), por meio da aplicação de princípios empiricamente baseados de avaliação psicológica, formulação de caso, relação terapêutica e intervenção (APA Presidential Task Force on Evidence-Based Practice, 2006).

A prática baseada em evidências demanda competências do profissional para traduzir problemas reais concretos em questões, sistematizar a busca por evidências que respondam a essa questão e que levem a respostas plausíveis, bem como analisar criticamente a confiabilidade e relevância de tais informações, incorporando-as ao processo de decisão, e avaliar as consequências da decisão tomada. De acordo com essa abordagem, além das questões éticas, estes quatro tipos de evidências devem ser consideradas: informação científica, dados da organização, experiência profissional/pessoal e valores/preocupações dos envolvidos na decisão (Russell, 2012).

A maioria dos psicólogos que atuam na área de POT afirma que sua prática profissional é baseada em evidências, no entanto, a natureza e a qualidade das evidências utilizadas é que devem ser analisadas (Briner & Rousseau, 2011). A área de POT dispõe de um amplo conjunto de evidências de qualidade razoável que vem sendo refinado e avaliado criticamente nas últimas décadas, por meio da realização de revisões com metanálises que indicam o valor das evidências sistemáticas, achados de pesquisa acumulados e análises críticas (Judge & Illies, 2002; Judge et al., 2002).

Além disso, Caetano e Santos (2017) indicam alguns fatores que podem ampliar as lacunas entre a pesquisa e a prática profissional: a) as tensões na comunidade acadêmica em relação a tipos de delineamentos de pesquisa e seus efeitos; b) a forma como o conhecimento científico é disseminado – os resultados de pesquisa tendem a ser publicados em revistas científicas que não são de fácil acesso aos profissionais; e c) as contribuições nos artigos não são descritas de forma palatável para que possam ser transpostas facilmente para a prática profissional. Outro fator importante é a insuficiente familiaridade com o processo de produção do conhecimento e a baixa aquisição de competências relacionadas à pesquisa científica por grande parte dos alunos da área de psicologia. Portanto, para que os psicólogos utilizem o conhecimento na sua prática profissional e tenham amplo domínio de metodologia científica para uma interface produtiva entre ciência e prática, é necessário que se inclua, na formação do aluno, o ensino de competências para lidar com problemas de amostragem, observação, registro, interpretação de dados, análises estatísticas, níveis de evidências, revisões sistemáticas, metanálises e avaliação crítica de artigos científicos (Witter, 2007).

Especificamente na área de POT, existe uma lacuna entre o que é ensinado na graduação e os resultados de pesquisas recentes (Charlier et al., 2011). Há um vasto conjunto de informações pouco confiáveis, com baixo rigor e validade científica, o que gera nos profissionais dificuldades para analisá-las e selecionar as que têm melhores evidências científicas para embasar seus processos de decisão ou intervenção. Como superar, então, os desafios da transferência de conhecimento produzido em POT?

As discussões feitas por Zerbini (2017) indicam que é necessário que professores e supervisores da área, bem como os responsáveis por políticas e diretrizes de cursos de graduação e pós-graduação de psicologia, façam uma autocrítica em relação à inserção de disciplinas e estágios na área de POT nas estruturas curriculares existentes nas instituições de ensino superior (IES). Sabe-se que a POT e suas áreas de atuação específicas ainda são menos valorizadas em termos de quantidade de disciplinas e de outras atividades de formação do que outras áreas da psicologia (Bendassoli et al., 2010). O impacto pode ser observado na desvinculação de conteúdos abordados em disciplinas de POT com as demandas de atuação do profissional no mercado de trabalho. A formação dos egressos, consequentemente, fica prejudicada, bem como sua atuação no contexto de organizações e trabalho (O&T).

Bendassoli et al. (2010) destacam, ainda, uma questão relacionada à produção científica da área. Mesmo existindo um aumento na oferta de cursos de pós--graduação, os resultados de pesquisa ainda não chegam de forma palatável aos profissionais que atuam no mercado de trabalho, sendo transmitidos, em sua maioria, por meio de artigos científicos que apresentam uma linguagem peculiar e complexa para aqueles que não realizaram cursos de mestrado e doutorado, dificultando o acesso às teorias e ferramentas produzidas. Dessa forma, além de prejuízos na compreensão de teorias e métodos, há sérios problemas do processo de implementação de políticas e práticas adequadas às orientações mais atuais nas organizações e nas IES.

A disseminação dos resultados de pesquisas, portanto, deveria ser feita pelos próprios pesquisadores, associações científicas ou até mesmo pelas agências de fomento, ao transformarem seus achados em informações compatíveis com as demandas práticas da sociedade, indo além de apenas publicar com vistas às exigências de mensuração de desempenho. A divulgação pode ser feita por diferentes meios, já que vivemos em uma era em que recursos tecnológicos e redes sociais dominam o processo de transmissão de informações. A questão novamente é transformar essas informações em conhecimento prático para os profissionais, caso contrário, outras pessoas e instituições o farão (p. ex., diferentes mídias e pessoas com competências políticas), porém sem o conhecimento técnico necessário para tal. Apenas dessa maneira seria possível começar a pensar em impactos significativos na sociedade (Zerbini, 2017).

Outro aspecto fundamental são as revisões sistemáticas da literatura, as quais consistem em importantes ferramentas no processo de diminuir a lacuna entre teoria e prática em POT. Os resultados das revisões sistemáticas contribuem para testar e desenvolver teoria e identificar modelos explicativos. Também são úteis na indicação tanto do que é conhecido quanto dos tópicos/problemas sobre os quais faltam evidência ou qualidade (e que por isso demandam novos estudos), bem como na contribuição para que um conjunto de resultados de pesquisa se torne acessível aos profissionais.

A integração da educação baseada em evidências na formação dos alunos, tanto em disciplinas teóricas quanto nos estágios profissionalizantes, é outra estratégia fundamental. Por exemplo, nos estágios profissionalizantes, o desenho do projeto e do plano de estágio deve ser focado, além de no desenvolvimento de competências gerais e específicas em POT, na apropriada definição dos problemas práticos e na proposição de alternativas de intervenção a partir da análise crítica das evidências existentes (Borges-Andrade & Carvalho-Freitas, 2020). No entanto, essas evidências podem ser insuficientes ou inadequadas para dar resposta ao problema. Nesse caso, podem ser desenvolvidos projetos de pesquisa para testar hipóteses derivadas da teoria ou dos resultados, buscando resolver o problema. Também é importante que os supervisores de estágio se instrumentalizem teórica e metodologicamente para orientar as atividades no planejamento, processo e avaliação do estágio (Gondim et al., 2020), visando favorecer o ciclo entre ensino, pesquisa e prática. O avanço no campo de conhecimento da POT também é apoiado na pesquisa básica e aplicada, as quais podem ser conduzidas nos estágios profissionalizantes.

Em relação aos profissionais, estes devem se atualizar constantemente em relação aos resultados de pesquisa produzidos em suas áreas de atuação. A colaboração com pesquisadores, por meio de parcerias de pesquisa para identificar problemas concretos e/ou disseminar conhecimento, é uma estratégia positiva para enriquecer a prática profissional. Ao incorporar a POT no seu trabalho, os profissionais podem se beneficiar, uma vez que a ferramenta é capaz de promover qualidade nas decisões empresariais e auxiliar, de forma crítica, na avaliação das informações advindas de diferentes fontes (p. ex., conhecimento científico, dados coletados na organização, experiência no processo de decisão).

A demanda pela prática na gestão baseada em evidências tem sido crescente nos diferentes campos de atuação profissional dessa área. Por exemplo, conforme já destacado, as revisões sistemáticas podem ser utilizadas para os profissionais se manterem bem informados e para os pesquisadores identificarem, justificarem e formularem mais hipóteses de pesquisas. Assim, viabiliza-se um ciclo de integração entre formação, por meio de estágios profissionalizantes (busca de solução de problemas existentes na prática), teoria (conjunto de postulados, princípios que explicam um fenômeno) e pesquisa (abordagens e estratégias metodológicas para exploração e testes empíricos).

FERRAMENTAS E PRÁTICAS DE FORMAÇÃO PARA ATUAÇÃO DO PSICÓLOGO COMO SUPERVISOR EM POT

O estágio profissionalizante curricular é uma das práticas específicas para a formação do psicólogo organizacional e do trabalho e está previsto para ocorrer nos períodos finais da graduação. Apresenta-se como via para desenvolver competências básicas para o exercício profissional, principalmente para o desenvolvimento de atitudes, condutas e comportamentos alinhados a valores ético-morais (Gondim et al., 2020).

Segundo Zerbini et al. (2020), o supervisionando já pode ter um conjunto de conhecimentos que subsidiam a práxis e alimentam seus processos de crítica e reflexão sobre a prática. Diante disso, é importante realizar um processo de acompanhamento e avaliação para retomar o que foi adquirido ao longo do curso, além de evidenciar as futuras aquisições advindas das experiências no estágio.

Durante o processo, o supervisor pode utilizar as premissas da POT baseada em evidências para subsidiar o desenvolvimento de competências técnicas essenciais relacionadas à investigação científica e à intervenção. Também podem ser desenvolvidas competências transversais, como a capacitação para o uso de fontes de informação (p. ex., por meio do desenvolvimento de estratégias de busca com uso de palavras-chave adequadas, esgotando as possibilidades de mapeamento do tema a ser investigado) e para a leitura e interpretação de comunicações científicas. Por meio dessas competências, o conhecimento pode ser aplicado na prática.

No Quadro 17.1 são apresentadas sugestões de etapas e questionamentos que podem ser realizados pelo supervisor nos estágios em POT.

QUADRO 17.1 Etapas de supervisão e questões norteadoras para os supervisores

Etapas de supervisão	Questões norteadoras
1. Elaborar os projetos de estágio	O estágio tem potencial para atender as necessidades de formação dos alunos? Quais competências os estudantes podem desenvolver no estágio e que irão contribuir com seu futuro profissional? A organização tem condições de oferecer suporte para o desenvolvimento dessas competências?
2. Estabelecer os objetivos instrucionais, indicando as habilidades que serão aprendidas pelos alunos e os comportamentos observavéis que eles terão que manifestar nas situações de estágio	Quais são os resultados esperados do estágio? Quais competências serão desenvolvidas? Quais comportamentos serão considerados na avaliação dos estagiários?
3. Escolher a metodologia e os recursos de ensino-aprendizagem com a participação dos estudantes	Quais recursos serão adotados durante o processo de ensino-aprendizagem? Quais atividades serão realizadas para assegurar o desenvolvimento das competências?
4. Definir procedimentos para acompanhamento do estágio	Quais procedimentos serão adotados para o acompanhamento do estágio?
5. Definir procedimentos para avaliação	Como mensurar a aprendizagem dos alunos? Que procedimentos avaliativos são mais adequados para avaliação dos estágios?

Fonte: Elaborado com base em Gondim et al. (2020).

Ao elaborar o projeto de estágio, os supervisores devem identificar quais competências podem ser desenvolvidas pelos estagiários, bem como se a organização na qual ele será realizado tem condições de oferecer suporte para o desenvolvimento de tais competências. Na segunda etapa, são estabelecidos os objetivos instrucionais e as habilidades e comportamentos observavéis que serão manifestados pelos alunos ao longo do estágio. Nessa etapa, podem ser definidas competências técnicas e socioemocionais (*soft skills*) voltadas para a investigação científica e para a intervenção baseada em evidências.

Como destacado no início deste capítulo, deve-se indicar aos (futuros) profissionais leituras que promovam o embasamento teórico na área, buscando sempre relacioná-lo com a prática. Essa ação promove discussões sobre as diferenças dos contextos sociais nos quais cada profissional está inserido e exige o desenvolvimento de habilidades intra e interprofissionais. Também devem ser definidas estratégias de ensino-aprendizagem, como aulas teóricas, leituras e elaboração de estratégias de busca e aplicação às bases de dados para buscar informações de problemas identificados na prática.

Deve ser trabalhada com os alunos a importância da prática baseada em evidências na área de gestão e POT. Durante o acompanhamento do estágio, é necessário apresentar as vantagens da incorporação dessas premissas no trabalho dos psicólogos que atuam na área, lembrando que podem usar, por exemplo, revisões sistemáticas para se manterem bem informados e para identificar, justificar e formular hipóteses de pesquisas, bem como propor diagnósticos e estratégias de intervenção nos contextos organizacionais.

Quanto ao registro das atividades específicas do estágio, deve-se estimular a escrita de relatórios e o preenchimento de diários de campo, de forma que seja possível realizar uma posterior avaliação de aprendizagem, por meio de constantes *feedbacks*, com o intuito de cobrir lacunas de competências identificadas nos relatos dos estudantes, compreendendo os aspectos de fundamentação teórica e os relativos à atuação profissional em termos de habilidades e atitudes (Zerbini et al., 2022).

EXEMPLO DE APLICAÇÃO: DISCIPLINA POT BASEADA EM EVIDÊNCIAS

O objetivo deste relato de experiência é demonstrar como a disciplina de pós-graduação POT Baseada em Evidências foi estruturada e ofertada pelo Programa de Pós-graduação em Psicologia da Faculdade de Filosofia, Ciências e Letras de Ribeirão Preto da Universidade de São Paulo (PPGP/FFCLRP/USP). Elaborada em 2021 pelos professores Jorge Fernando Pereira Sinval[*] e Thaís Zerbini e ministrada pelos professores Jorge Fernando Pereira Sinval, Thaís Zerbini, Marina Greghi Sticca e Raíssa Bárbara Nunes Moraes de Andrade, a disciplina foi oferecida no segundo semestre de 2021 a 15 alunos regularmente matriculados.

---

[*] O professor doutor Jorge Fernando Pereira Sinval faz parte do corpo docente do Instituto Universitário de Lisboa (ISCTE) e mantém parcerias com diversos países.

O objetivo geral da disciplina consistia em capacitar os alunos para discutir a importância da POT baseada em evidências para o desenvolvimento de pesquisas empíricas na área. Os objetivos específicos eram elaborar protocolos de revisão sistemática com base em metanálise, seguindo critérios de padrões internacionais da psicologia baseada em evidências, e aprimorar conhecimentos de metodologia de pesquisa.

Compreendendo 15 aulas, em um total de 90 horas, a disciplina foi dividida em três unidades e respectivos objetivos educacionais:

- Unidade 1 - Psicologia Baseada em Evidências:
  - Discutir as principais limitações e tendências teóricas e empíricas relacionadas à psicologia baseada em evidências.
  - Diferenciar os graus de evidência nos estudos da psicologia.
  - Descrever a pirâmide de evidências em estudos de psicologia.
- Unidade 2 - POT Baseada em Evidências:
  - Discutir sobre as decisões baseadas em evidências em contexto organizacional.
  - Discutir os principais temas e alvos de pesquisas baseadas em evidências na área de POT.
  - Discutir os principais delineamentos de pesquisas e análises de dados em estudos de POT com as melhores evidências.
- Unidade 3 - Revisão Sistemática com Metanálise:
  - Descrever etapas de uma revisão sistemática de literatura com metanálise.
  - Realizar protocolos de revisão sistemática, diferenciando tipos de estudos (quanto ao grau de evidência), com base em problemas reais.

A justificativa da disciplina consiste justamente nos recentes avanços observados nas áreas de tecnologia, informática e comunicação, que tanto contribuíram para a globalização, a terceirização e o desemprego, e têm provocado significativas alterações no comportamento humano nos contextos de O&T. Dessa forma, organizações contemporâneas, IES e órgãos governamentais passaram a investir maciçamente nas áreas de pesquisa e desenvolvimento (P&D). Nesse sentido, é de fundamental importância desenvolver competências relacionadas à pesquisa que objetiva explicar o desempenho humano em O&T, sobretudo a POT baseada em evidências. Isso ganha fundamental importância em um mundo em que a quantidade de informação é gigantesca, pois os estudos de revisão sistemática são essenciais para a sintetização do grau de evidência sobre os temas de POT.

Como atividades de aprendizagem, os alunos precisaram apresentar um artigo sobre temáticas de POT baseada em evidências, elaborar uma resenha crítica de uma revisão sistemática em POT e desenvolver um protocolo de revisão sistemática com base na lista de controle PRISMA-P (Moher et al., 2015).

Além das aulas expositivas, exercícios e leituras complementares, a disciplina recebeu palestrantes nacionais e estrangeiros, renomados e reconhecidos pelo seu trabalho em PBE, conforme detalhado no Quadro 17.2. Outro elemento essencial na formação do psicólogo para o uso da informação na tomada de decisão é a capacitação para a utilização das fontes de informação. Foram apresentadas as premissas de uma revisão sistemática, e a parte prática de capacitação dos alunos nesse quesito incluiu a elaboração de um protocolo de revisão sistemática.

Ao final da disciplina foi realizada a avaliação da relevância do tema para a formação dos alunos de pós-graduação e para a sua atuação como docentes/supervisores e pesquisadores. Os alunos avaliaram de forma positiva a disciplina em relação aos conteúdos e às técnicas de ensino adotadas.

QUADRO 17.2 Aulas expositivas, exercícios, leituras e palestrantes nacionais e estrangeiros da disciplina POT Baseada em Evidências

Aula/conteúdo	Leituras e atividades
Introdução à disciplina	Apresentações de professores e alunos Leitura e discussão do programa Decisão conjunta sobre a reprodução dos textos e atividades
Psicologia Baseada em Evidências	Palestra do professor convidado Rob Briner: Psicologia Organizacional e do Trabalho Baseada em Evidências
POT Baseada em Evidências	Exposição oral dialogada: professor e alunos (Martínez-Taboas, 2014; Melnik et al., 2014; Mustaca, 2014)
	Exposição oral dialogada: professor e alunos (Briner & Rousseau, 2011; Rousseau, 2006; Sampaio & Sabadi, 2014)
	Exposição oral dialogada: professor e alunos (Caetano & Santos, 2017; Rousseau & McCarthy, 2007)
Psicologia Baseada em Evidências	Palestra da professora Tamara Melnik: Psicologia Baseada em Evidências no Brasil (Melnik et al., 2019)
POT Baseada em Evidências	Apresentação, pelos alunos, de artigos científicos relacionados à temática POT Baseada em Evidências Discussão dos textos apresentados

(Continua)

QUADRO 17.2 Aulas expositivas, exercícios, leituras e palestrantes nacionais e estrangeiros da disciplina POT Baseada em Evidências *(Continuação)*

Aula/conteúdo	Leituras e atividades
Revisão sistemática com metanálise	Exposição oral dialogada: professor e alunos (Carvalho et al., 2019; Silva & Otta, 2014)
	Exposição oral dialogada: professor e alunos (Moher et al., 2015; Pacheco et al., 2018)
	Palestra do professor Jorge Fernando Pereira Sinval: Revista Sistemática de Literatura - Uma Aplicação à POT (Sinval et al., 2021)
Orientação para elaboração de um protocolo de revisão sistemática	Entrega da resenha de uma revisão sistemática sobre um tópico POT com metanálise

CONSIDERAÇÕES FINAIS

A POT, assim como outros campos científicos, apresenta uma fraca ligação entre o conhecimento científico produzido e as práticas profissionais adotadas nas organizações. Neste capítulo, foram identificados fatores que contribuem para o aumento dessa lacuna entre o mundo acadêmico e a prática profissional. Buscou-se apresentar possibilidades para criar pontes e, principalmente, desenvolver abordagens e metodologias para auxiliar os supervisores/docentes no desenvolvimento de competências nos alunos por meio da POT baseada em evidências.

Como estratégias para os supervisores e para as IES, ressalta-se: a) a análise crítica sobre a inserção de disciplinas e estágios na área de POT nas estruturas curriculares existentes; b) a instrumentalização teórica e metodológica dos supervisores para orientar suas atividades no planejamento, processo e avaliação do estágio; e c) a inclusão da POT baseada em evidências na formação dos alunos. Tudo isso com vistas a desenvolver competências profissionais para traduzir problemas reais concretos em questões, a sistematizar a busca por evidências que respondam a essas questões e que levem a respostas plausíveis e a obter uma análise crítica da confiabilidade e relevância das informações, incorporando-as ao processo de decisão e avaliando as consequências da decisão tomada.

Para os profissionais, sugere-se: a) o uso de revisões sistemáticas da literatura como fonte de informação para decisão na prática; b) a utilização de fontes de informações diversas; e c) a atualização constante por meio de acesso a informações confiáveis e científicas. Dessa forma, espera-se que este capítulo contribua para que os supervisores possam implementar, durante o processo de formação dos alunos, a POT baseada em evidências.

REFERÊNCIAS

APA Presidential Task Force on Evidence-Based Practice (2006). Evidence-based practice in psychology. *American Psychologist, 61*(4), 271-285.

Bendassoli, P. F., Borges-Andrade, J. E., & Malvezzi, S. (2010). Paradigmas, eixos temáticos e tensões na PTO no Brasil. *Estudos de Psicologia, 15*(3), 281-289.

Borges-Andrade, J. E., & Carvalho-Freitas, N. M. (2020). Elaborando projetos de estágio. In S. M. G. Gondim, T. Zerbini, J. E. Borges-Andrade, & G. S. Abbad (Orgs.), *Manual de orientação para docentes-supervisores de estágios em psicologia organizacional e do trabalho* (pp. 116-131). Artesã.

Briner, R. B., & Rousseau, D. M. (2011). Evidence-based I-O psychology: Not there yet. *Industrial and Organizational Psychology, 4*(1), 3-22.

Caetano, A., & Santos, S. C. (2017). The gap between research and professional practice in work and organizational psychology: Tensions, beliefs, and options. In E. R. Neiva, C. V. Torres, & H. Mendonça (Eds.), *Organizational psychology and evidence-based management: What science says about practice* (pp. 1-22). Springer.

Carvalho, L. F., Pianowski, G., & Santos, M. A. (2019). Guidelines for conducting and publishing systematic reviews in psychology. *Estudos de Psicologia (Campinas), 36* e180144.

Chambless, D. L., & Ollendick, T. H. (2001). Empirically supported psychological interventions: Controversies and evidence. *Annual Review of Psychology, 52*, 685-716.

Charlier, S. D., Brown, K. G., & Rynes, S. L. (2011). Teaching evidence-based management in MBA programs: What evidence is there? *Academy of Management: Learning Education, 10*(2), 222-236.

Gershoff, E. T. (2014). Why we don't talk with the public and policymakers, and why we should. *APS Observer, 27*(5), 11-13.

Gondim, S. M. G., Borges-Andrade, J. E., & Bastos, A. V. B. (2010). Psicologia do trabalho e das organizações: Produção científica e desafios metodológicos. *Psicologia em Pesquisa, 4*(2), 84-99.

Gondim, S. M. G., Zerbini, T., Borges-Andrade, J. E., & Abbad, G. S. (Org.). (2020). *Manual de orientação para docentes-supervisores de estágios em psicologia organizacional e do trabalho*. Artesã.

Judge, T. A., & Ilies, R. (2002). Relationship of personality to performance motivation: A meta-analytic review. *Journal of Applied Psychology, 87*(4), 797-807.

Judge, T. A., Heller, D., & Mount, M. K. (2002). Five-factor model of personality and job satisfaction: A meta-analysis. *Journal of Applied Psychology, 87*(3), 530-541.

Martínez-Taboas, A. (2014). Evidence based practices in psychology: Benefits and challenges for Latin America. *Revista Costarricense de Psicología, 33*(2), 63-78.

Melnik, T., Meyer, S. B., & Sampaio, M. I. C. (2019). Teaching experience report: The first discipline in Brazil on the evidence-based practice in psychology offered by the Institute of Psychology of the University of São Paulo. *Psicologia: Teoria e Pesquisa, 35*, 1-5.

Melnik, T., Souza, W. F., & Carvalho, M. R. (2014). The importance of evidence-based practices in psychology: Conceptual aspects, evidence levels, myths and resistance. *Revista Costarricense de Psicología, 33*(2), 79-92.

Moher, D., Shamseer, L., Clarke, M., Ghersi, D., Liberati, A., Petticrew, M., ... PRISMA-P Group. (2015). Preferred reporting items for systematic review and meta-analysis protocols (PRISMA-P) 2015 statement. *Systematic Reviews*, 4(1), 1-9.

Mustaca, A. E. (2014). Evidence-based practices: Past, present and future. *Revista Costarricense de Psicología*, 33(2), 93-108.

Pacheco, R. L., Latorraca, C. O. C., Martimbianco, A. L. C., Pachito, D. V., & Riera, R. (2018). PROSPERO: Base of registration of protocols of systematic reviews: Descriptive study. *Diagnóstico & Tratamento*, 23(3), 101-104.

Rousseau, D. M. (2006). Is there such a thing as "evidence-based management"? *Academy of Management Review*, 31(2), 256-269.

Rousseau, D. M., & McCarthy, S. (2007). Educating managers from an evidence-based perspective. *Academy of Management Learning & Education*, 6(1), 84-101.

Russell, C. J. (2012). *Evidence-based human resource management*. University Readers.

Sackett, D. L., Straus, S. E., Richardson, W. S., Rosenberg, W., & Haynes, R. H. (2001). Evidence-based medicine: How to practice and teach EBM. *Churchill Livingstone*, 16(3), 155-156.

Sampaio, M. I. C., & Sabadi, A. A. Z. P. (2014). Evidence-based psychology: Scientific knowledge in decision-making. *Revista Costarricense de Psicología*, 33(2), 109-121.

Silva, G. A., & Otta, E. (2014). Systematic review and meta-analysis of observational studies in psychology. *Revista Costarricense de Psicología*, 33(2), 137-153.

Stewart, R. E., & Chambless, D. L. (2009). Cognitive-behavioral therapy for adult anxiety disorders in clinical practice: A meta-analysis of effectiveness studies. *Journal of Consulting and Clinical Psychology*, 77(4), 595-606.

Sinval, J., van Veldhoven, M., Oksanen, T., Azevedo, L. F., Melnik, T., Atallah, A. N., & Marôco, J. (2021). Interventions for improve recovery from work in healthy workers. *Cochrane Database of Systematic Reviews*, 12, CD014518.

Witter, G. P. (2007). Resenha: Psicoterapia: Pesquisa e prática. *Psicologia: Reflexão e Crítica*, 20(3), 523-524.

Zerbini, T. (2017). *Avaliação e efetividade de ações educacionais ofertadas a distância: Importância, resultados de pesquisa e tendências* [Tese de doutorado]. Universidade de São Paulo.

Zerbini, T., Peixoto, A. A. L., Mourão, L., & Queiroga, F. (2020). Acompanhando e avaliando as atividades de estágio. In S. M. G. Gondim, T. Zerbini, J. E. Borges-Andrade, & G. S. Abbad (Orgs.), *Manual de Orientação para docentes-supervisores de estágios em psicologia organizacional e do trabalho*. Artesã.

Zerbini, T., Sticca, M. G., Coelho, F. A., Jr., Martins, L. B., Marcon, S. R. A, & Macêdo, K. B. (2022). Gestão do teletrabalho e ensino remoto: Ações de aprendizagem formal e informal como ferramentas de intervenção. In M. N. Carvalho-Freitas, D. R. C. Bentivi, E. A. Ribeiro, M. M. Moraes, R. Di Lascio, & S. C. Barros (Orgs.), *Perspectivas teórico-práticas da psicologia organizacional e do trabalho* (pp. 121-148). Artesã.

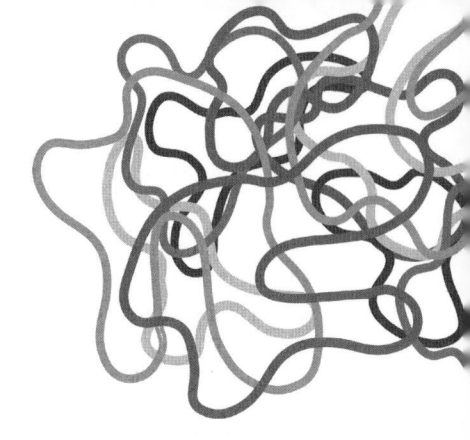

18

Supervisão em psicologia da saúde

Maria Cristina Miyazaki
Neide Micelli Domingos
Leda Maria Branco
Eduardo Santos Miyazaki
Carla Rodrigues Zanin
Carla Giovanna Belei-Martins

A supervisão faz parte do processo educativo de futuros psicólogos e de jovens profissionais da área. É um componente fundamental da formação, uma estratégia particular de ensino que é essencial para a formação em psicologia (Barletta et al., 2012; Bernard & Goodyear, 2009; Silvares et al., 2016).

A supervisão é reconhecida como uma atividade profissional, realizada por psicólogos experientes em uma área de atuação (p. ex., psicologia da saúde, terapia cognitivo-comportamental [TCC]). Em psicologia clínica e da saúde, os objetivos da supervisão incluem desenvolver habilidades e competência clínica para avaliar e intervir terapeuticamente frente a diferentes problemas relacionados à saúde dos pacientes, formar a identidade profissional e promover resultados positivos nas intervenções realizadas (Callahan & Watkins, 2018a; Falander & Shafranske, 2021; Gauy et al., 2015).

De acordo com a American Psychological Association (APA) (2014, p. 2), a supervisão pode ser definida como:

> Uma prática profissional realizada mediante uma relação colaborativa, que possui tanto componentes facilitadores como avaliativos, se estende por um período de tempo, tem como objetivos aprimorar a competência profissional e a prática baseada em evidências do supervisionando, monitorar a qualidade dos serviços prestados por ele, proteger o público e atuar de forma a restringir o ingresso na profissão.

Como apontam Falender e Shafranske (2021), é importante diferenciar supervisão de outras atividades que também contribuem para a formação profissional. Essas atividades incluem:

1. **Consultoria**: ocorre quando um consultor (p. ex., médico, psicólogo, fonoaudiólogo ou outro profissional, especialista no problema a ser discutido) "é chamado para fornecer um parecer em termos de diagnóstico, tratamento ou reabilitação" a um consulente – aqui, um psicólogo – que tem dúvidas em relação a um caso ou problema específico (American Psychological Association [APA], 2010, p. 223; Falender & Shafranske, 2020). O supervisionando precisa compreender que **não é papel do consultor supervisionar o caso, apenas fornecer sua opinião** como especialista em relação ao problema do paciente em questão. Além disso, o consultor não é responsável pelo caso*, e **suas orientações ou informações não devem ser acatadas sem a aprovação do supervisor**. É importante, portanto, que o supervisor oriente o supervisionando sobre a responsabilidade pelo caso, que é dele, supervisor, e que só ele tomará as decisões clínicas (Falender & Shafranske, 2021).
2. **Consultoria entre colegas**: também denominada equivocadamente como supervisão entre colegas, ocorre quando um profissional mais experiente discute um caso com um colega mais jovem. Também nessa situação, as orientações devem ser discutidas com o supervisor, que definirá o que deve ser feito em relação ao caso em questão.
3. **Mentoria**: também denominada tutoria, é uma prática comum em escolas de medicina, embora eventualmente seja realizada também em cursos de psicologia. A mentoria não tem como foco os pacientes atendidos pelo estudante, como no caso da supervisão em psicologia clínica e da saúde, mas o desenvolvimento global do aluno, que é acompanhado por um mentor desde o seu ingresso na universidade (Silva & Miyazaki, 2022). Mentoria pode ser definida como:

    > [...] uma relação pessoal recíproca em que um professor universitário mais experiente, geralmente mais velho, atua como guia, modelo, professor e protetor de um estudante ou de um professor geralmente mais jovem e com menos experiência. O mentor fornece ao mentorando conhecimento, orientação, aconselhamento e desafios, e o apoia na busca por se tornar um membro pleno de determinada profissão (Johnson, 2016, p. 23).

Embora o supervisor possa, muitas vezes, assumir também o papel de mentor, "orientar e fornecer *feedback* avaliativo como mentor é diferente quando essas tarefas são realizadas pelo supervisor, [uma vez que] as orientações do supervisor **devem**

---

* O supervisor é a pessoa responsável pelos casos que supervisiona.

ser cumpridas e as avaliações têm consequências" (Falender & Shafranske, 2021, p. 8).

É importante salientar que, "embora seja difícil imaginar que um supervisor seja também o terapeuta do supervisionando, isso acontece. É preciso ser claro: realizar psicoterapia de um supervisionando é, em nossa opinião, uma violação ética" (Falander & Shafranske, 2021, p. 8). Embora o supervisor possa ser empático e auxiliar na autorregulação do supervisionando, quando este relata um caso difícil (p. ex., abuso sexual), o supervisor não atua como seu terapeuta. Quando deseja ou necessita fazer psicoterapia, o estudante deve procurar um terapeuta com quem não tenha relação acadêmica. Professores e supervisores, portanto, não são candidatos adequados para serem terapeutas de seus alunos e supervisionandos.

Por muito tempo, acreditou-se que não havia necessidade de treinamento para que um profissional pudesse atuar como supervisor. Entretanto, a crença de que experiência e competência clínica são suficientes para uma atuação efetiva como supervisor finalmente se modificou. Hoje, há uma ênfase na supervisão como atividade profissional que requer habilidades e competências específicas, que precisam ser desenvolvidas (APA, 2014; Falander & Shafranske, 2021). Este capítulo tem como objetivo discutir a supervisão como parte da formação de psicólogos da saúde, tanto em nível de graduação como na pós-graduação *lato sensu*.

O PSICÓLOGO COMO PROFISSIONAL DA SAÚDE

O psicólogo é reconhecido como um profissional da saúde pela Resolução CNS nº 287, de 08 de outubro de 1998 (1998)**. De acordo com o Art. 200 da Constituição Federal de 1988 e Lei nº 8.080/1990, a "ordenação da formação de recursos humanos na área da saúde é competência do Sistema Único de Saúde (SUS)" (Resolução nº 597, de 13 de setembro de 2018, 2018, p. 1).

Assim como para as demais profissões da área, as Diretrizes Curriculares Nacionais (DCNs) para a formação do psicólogo são objeto de discussão e de deliberação do Conselho Nacional de Saúde (CNS). Segundo o CNS:

> a formação para o SUS deve pautar-se nas necessidades de saúde da população, no respeito à garantia de direitos e na dignidade humana e que, para tanto, requer uma formação interprofissional, humanista, técnica, científica e de ordem prática presencial, permeada pela integração ensino, serviço, comunidade, experienciando a diversidade de cenários/espaços de vivências e práticas (Resolução nº 597, de 13 de setembro de 2018, 2018, p. 1).

** São considerados profissionais da saúde: assistentes sociais, biólogos, biomédicos, profissionais de educação física, enfermeiros, farmacêuticos, fisioterapeutas, fonoaudiólogos, médicos, médicos veterinários, nutricionistas, odontólogos, psicólogos e terapeutas ocupacionais.

Ao elaborar seu parecer técnico sobre as novas DCNs da psicologia (Resolução nº 597, de 13 de setembro de 2018, 2018, p. 3), o CNS reconhece que se trata de uma ciência multifacetada, com uma "diversidade de possibilidades tanto no que se refere às suas bases epistemológicas e metodológicas quanto às suas áreas de atuação". O parecer enfatiza que "é fundamental a inserção da/o estudante nas políticas públicas vinculadas à saúde, à educação, ao trabalho, à assistência social, à justiça, entre outras".

As DCNs da psicologia são flexíveis e permitem que cada curso elabore seu projeto pedagógico visando necessidades regionais e a vocação da instituição. Assim, além "do núcleo comum de formação, que fornece a base comum para todo o território nacional, as ênfases curriculares [podem ser] escolhidas por cada instituição de ensino superior, de acordo com as características e necessidades da comunidade em que se insere" (Resolução nº 597, de 13 de setembro de 2018, 2018, p. 3).

Embora a saúde seja hoje um importante empregador de psicólogos nas esferas municipal, estadual e federal, uma formação adequada para atuar na área ainda está aquém do desejado (Mello & Teo, 2019; Miyazaki, Domingos et al., 2020). Uma revisão da literatura nacional, realizada por Mello e Teo (2019, p. 1), concluiu que "a prioridade dos estudos [em psicologia da saúde] está na atuação e não na formação profissional, embora saliente-se que ambas estão intrinsicamente vinculadas". Além disso, "segundo os estudos analisados, os profissionais replicam, em sua atuação [na saúde], os modelos de clínica tradicional, hegemônica, aprendidos no seu processo de formação".

Para discutir a formação do psicólogo para atuar na saúde e, consequentemente, o processo de supervisão necessário para que essa formação seja adequada, será apresentado como exemplo o curso de graduação em psicologia da Faculdade de Medicina de São José do Rio Preto (FAMERP) e o curso de especialização *lato sensu* da instituição em psicologia da saúde.

Uma das ênfases do curso de graduação da instituição é a psicologia na saúde. Existem disciplinas que a fundamentam e seus estágios têm como cenários de ensino o SUS, tanto a atenção básica, em uma parceria com a Secretaria de Saúde de São José do Rio Preto, como o ambiente hospitalar de alta complexidade.

CURSO DE GRADUAÇÃO EM PSICOLOGIA E A SUPERVISÃO EM SAÚDE

A FAMERP é uma autarquia estadual de regime especial, com cursos de graduação em medicina (desde 1968), enfermagem (desde 1991) e psicologia (desde 2017). Oferece 61 programas de residência médica, 26 cursos de pós-graduação *lato sensu* (p. ex., curso de aperfeiçoamento em psicologia da saúde, com bolsa institucional), cinco programas de residência multiprofissional***, três com vagas para psicólogos e bolsa do Ministério da Saúde (atenção ao câncer, saúde da criança e reabilitação) e três programas de pós-graduação *stricto sensu*: ciências da saúde, enfermagem e psicologia e saúde.

São cenários de prática da instituição relacionados à psicologia da saúde a Fundação Faculdade Regional de Medicina (FUNFARME) e as Unidades de Saúde da Secretaria de Saúde de São José do Rio Preto (atenção básica). A FUNFARME assiste a 460 municípios, de 17 estados brasileiros, e realiza aproximadamente 150 mil atendimentos por ano. Trata-se de um complexo composto pelo Hospital de Base (hospital geral de alta complexidade), pelo Hospital da Criança e Maternidade, pelo Instituto de Reabilitação Lucy Montoro e pelos ambulatórios.

Durante o curso, a aprendizagem de psicologia da saúde envolve cursos teóricos e atividades práticas supervisionadas em cenários do SUS (Quadro 18.1). Além disso, os estudantes podem realizar estágios extracurriculares em diferentes áreas da saúde ao longo de todo o curso, bem como iniciação científica com projetos relacionados a saúde/doenças. Para ser um bom psicólogo da saúde, é preciso ser também um bom clínico, competente para realizar avaliações e intervenções clínicas. Assim, outra ênfase na formação do psicólogo é a psicologia clínica.

QUADRO 18.1 Conteúdos teóricos e práticos dedicados à psicologia da saúde e ao desenvolvimento do comportamento profissional do estudante durante o curso de psicologia da FAMERP

Série	Conteúdos teóricos (disciplinas) e práticos (estágios supervisionados)
1ª série	**Saúde e sociedade:** estrutura e funcionamento do SUS, com visitas a unidades de saúde nos diferentes níveis de complexidade.
	Autorregulação e saúde mental: voltada para o bem-estar do estudante. Inclui: adaptação à universidade; identificação, monitoramento e manejo de emoções; enfrentamento do estresse; habilidades sociais; hábitos de vida saudáveis; otimismo e esperança; gratidão; propósito e sentido de vida; conexão social; empatia; resiliência; autocompaixão e ciência da compaixão.
2ª série	**Psicologia da saúde I** (cenário de prática: Unidade Básica de Saúde [UBS]) Histórico, evolução e estágio atual da psicologia da saúde. Modelo biomédico e modelo biopsicossocial de saúde e doença.

(Continua)

*** As **residências multiprofissionais e em área profissional da saúde**, criadas a partir da promulgação da Lei nº 11.129 de 2005, são orientadas pelos princípios e diretrizes do SUS, a partir das necessidades e realidades locais e regionais, e abrangem as profissões da área da saúde.

QUADRO 18.1 Conteúdos teóricos e práticos dedicados à psicologia da saúde e ao desenvolvimento do comportamento profissional do estudante durante o curso de psicologia da FAMERP *(Continuação)*

Série	Conteúdos teóricos (disciplinas) e práticos (estágios supervisionados)
2ª série	Fisiologia do estresse, relações entre estresse, saúde e doença, estratégias de enfrentamento do estresse. Relação entre comportamento e saúde. Possibilidades de atuação do psicólogo na saúde, com ênfase na atenção básica. NR-32**** **Estágio supervisionado** (ensino baseado em projetos) Visita a UBS e comunidade nas quais será realizado o estágio. Entrevistas com profissionais e pacientes para identificar necessidades. Elaboração de projeto de atuação na atenção básica, com base em necessidades identificadas na respectiva UBS/comunidade. Implantação do projeto elaborado. Avaliação dos resultados e apresentação à UBS.
3ª série	**Psicologia da saúde II** (cenário de prática: atenção secundária e alta complexidade) Breve histórico do serviço de psicologia do Hospital de Base. Habilidades e competências para o trabalho na saúde (Hospital de Base). Psicologia da saúde *versus* psicologia hospitalar. Atendimento na alta complexidade: o papel do psicólogo. Trabalho em equipes. Comunicação e saúde. **Estágio supervisionado** Observação do trabalho do psicólogo em diferentes áreas de atuação. Discussão dos casos cujos atendimentos foram observados. Atendimento de pacientes, de acordo com o nível de conhecimento e competência do estudante (p. ex., psicoeducação, entrevistas com pacientes e familiares selecionados pelo supervisor). **Processos grupais:** subsídios teóricos e práticos (*role-play*) para coordenar atividades grupais nos contextos de saúde, organizacional, educacional e comunitário.

(Continua)

**** A NR-32 (NR 32 - Segurança e Saúde no Trabalho em Serviços de Saúde, 2005) estabelece "as diretrizes básicas para a implementação de medidas de proteção à segurança e à saúde dos trabalhadores dos serviços de saúde, bem como daqueles que exercem atividades de promoção e assistência à saúde em geral".

QUADRO 18.1 Conteúdos teóricos e práticos dedicados à psicologia da saúde e ao desenvolvimento do comportamento profissional do estudante durante o curso de psicologia da FAMERP *(Continuação)*

Série	Conteúdos teóricos (disciplinas) e práticos (estágios supervisionados)
3ª série	**Psicologia social, comunitária e institucional:** aspectos teóricos, práticos e de pesquisa em psicologia comunitária. **Estágio supervisionado** Atendimento comunitário supervisionado.
4ª série	**Ética:** ética e bioética; ética pessoal, profissional e dilemas éticos; Código de Ética Profissional do Psicólogo.
	Neurociências: introdução à neurociência cognitiva e do comportamento.
5ª série	**Supervisão em psicologia da saúde:** atendimento supervisionado de casos de pacientes internados no Hospital de Base e no Hospital da Criança e Maternidade e/ou atendidos nos ambulatórios. **Atendimento familiar:** atendimento supervisionado de famílias nos contextos clínico e da saúde. **Neuropsicologia:** atendimento supervisionado de casos em neuropsicologia. **Intervenção em crise:** atendimento supervisionado de casos atendidos pela Delegacia de Defesa da Mulher de São José do Rio Preto e Projeto Acolher (vítimas de violência sexual atendidas no ambulatório do Hospital de Base). **Atendimento clínico interdisciplinar de profissionais da saúde:** atendimento clínico individual realizado em TCC e análise do comportamento e medicação (quando necessário). Realizado por psicólogos e residentes de psiquiatria a profissionais da saúde da instituição (Hospital de Base, Hospital da Criança e Maternidade e ambulatórios), supervisionados por dois psicólogos e um psiquiatra.

Para que os estudantes desenvolvam as habilidades e competências necessárias para atuar como psicólogos da saúde, são propostos objetivos educacionais para cada etapa do curso, baseados na taxonomia revisada de Bloom (Anderson et al., 2001). A Figura 18.1 apresenta o caminho de aprendizagem percorrido pelo estudante ao longo do curso nos domínios cognitivo, afetivo e psicomotor.

Competência para a prática profissional pode ser definida como "o uso habitual e criterioso de conhecimentos de comunicação, habilidades técnicas, raciocínio clínico, emoções, valores e reflexão na prática diária em benefício do indivíduo e da comunidade a ser atendida" (Epstein & Hundert, 2002, p. 243). Essa definição é compatível com a taxonomia revisada de Bloom, que classifica os objetivos de

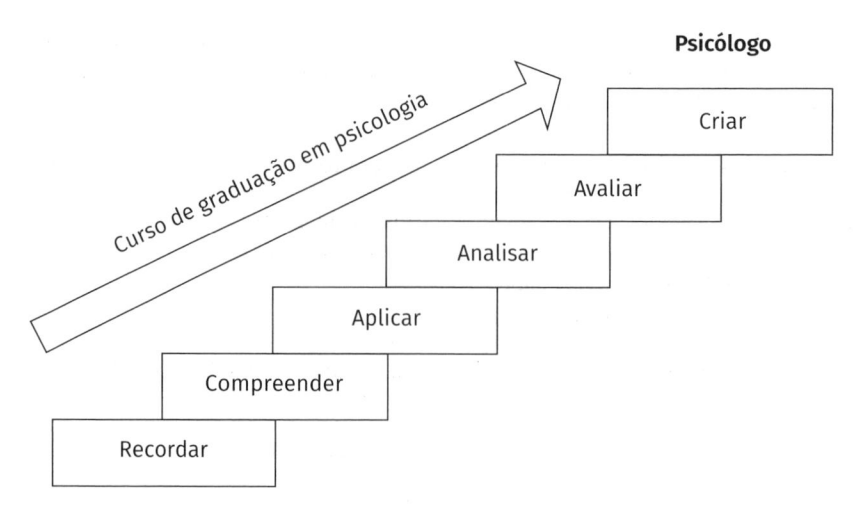

FIGURA 18.1 Representação da taxonomia revisada de Bloom, da tarefa mais simples (recordar) para a mais complexa (criar).
Fonte: Elaborada com base em Anderson et al. (2001).

aprendizagem nos domínios cognitivo, afetivo e psicomotor (Anderson et al., 2001). Isso significa que, para ser um profissional competente, é necessário mais do que conhecimento técnico (nível cognitivo). Ser um profissional competente inclui valores, atitudes e, dependendo da profissão, habilidades psicomotoras.

Durante a graduação, os estudantes são avaliados nos três domínios. O cognitivo é avaliado por meio de atividades cada vez mais complexas, compatíveis com os objetivos educacionais de cada disciplina ao longo do curso. As avaliações são realizadas em sala de aula (p. ex., provas, seminários), por meio de tarefas atribuídas pelo professor ou pelo supervisor (p. ex., relatórios de estágio) e pela observação do desempenho do estudante em diferentes cenários de ensino (p. ex., ambulatório, clínica, hospital, comunidade). O domínio psicomotor, pelas características da psicologia, é o menos abordado ao longo do curso (p. ex., aplicação de testes, observado pelo supervisor). Já o domínio afetivo é fundamental para a prática profissional; sua aprendizagem ocorre ao longo de todo o curso, principalmente pelo ensino do comportamento profissional pelos docentes e supervisores, os quais devem ser modelos adequados de profissionalismo. Isso é enfatizado em treinamentos docentes semestrais, e o comportamento dos estudantes é observado e modelado durante o curso, especialmente durante as supervisões de estágio.

Um instrumento para a avaliação de comportamentos sociais profissionais elaborado pela Association for Psychological Science (Sleight & Ritzer, 2004) é utilizado pelos supervisores a fim de acompanhar e fornecer *feedback* aos estudantes ao longo do curso.

CONSIDERAÇÕES SOBRE O TRABALHO DO PSICÓLOGO EM INSTITUIÇÕES DE SAÚDE: HOSPITAIS DE ENSINO DE ALTA COMPLEXIDADE E SEUS AMBULATÓRIOS

Tem havido, nas últimas décadas, uma inserção crescente de psicólogos em instituições de saúde, desde a atenção básica até a alta complexidade. Essas instituições têm características particulares, que diferem muito de contextos habituais de atuação do psicólogo (p. ex., clínica).

Trabalhar em um hospital de ensino de alta complexidade significa trabalhar com profissionais de diversas áreas (p. ex., enfermeiros, médicos de diferentes especialidades, fisioterapeutas, assistentes sociais, nutricionistas), todos atuando em um ritmo acelerado. A comunicação entre profissionais pode ocorrer formalmente (p. ex., por meio do prontuário eletrônico, durante reunião da equipe), ou informalmente (p. ex., o médico solicita, ao encontrar o psicólogo no café, que este avalie determinado paciente, que vai fazer uma cirurgia e apresenta intensa ansiedade). Além disso, o atendimento a determinados pacientes de uma equipe interdisciplinar pode fazer parte da rotina do psicólogo. São exemplos da atuação do psicólogo em diferentes contextos, para pacientes internados em um hospital de alta complexidade e seu ambulatório, bem como para profissionais da saúde, estão disponíveis na literatura, publicados pelos supervisores da instituição. São exemplos: equipe interdisciplinar de transplante de fígado (Miyazaki, Santos Junior, & Miyazaki, 2020); Unidade de Terapia Intensiva (Miyazaki, Di Bernardo, et al., 2021); dor crônica (Miyazaki et al., 2021; Miyazaki et al., 2018); luto (Santos et al., 2021); epilepsia na infância (Borges & Miyazaki, 2010a, 2010b); asma na infância (Miyazaki et al., 2002); gravidez tardia (Pinto et al., 2015); e *burnout* em profissionais da saúde (Miyazaki et al., 2019). Estudantes de psicologia da FAMERP participam de equipes durante sua formação (p. ex., observando o trabalho do psicólogo que é membro efetivo da equipe, realizando psicoeducação, avaliação e intervenção), sempre sob supervisão.

A seguir, serão discutidos aspectos fundamentais para a prática da psicologia da saúde, bem como o papel do supervisor em relação ao desenvolvimento dessas competências pelo estudante. Esses fatores envolvem: profissionalismo; habilidades de comunicação e de relacionamento; habilidades para trabalhar em organizações complexas; questões éticas e relativas ao sigilo profissional; avaliação psicológica; e intervenção psicológica.

Profissionalismo

A formação em psicologia visa preparar o profissional para prestar serviços de qualidade à população. Dedicar-se ao bem-estar dos pacientes, acima dos interesses pessoais, requer habilidades técnicas e conhecimento científico, mas também competência ética e humanista.

O termo profissionalismo foi inicialmente utilizado na medicina, a partir das duras críticas que a profissão sofreu em termos de deficiência em valores e ética. Atualmente, é utilizado também por outras categorias profissionais, inclusive psicólogos, e refere-se a princípios como: primazia pelo bem-estar do paciente e de seus familiares; empoderamento do paciente para participar ativamente das decisões a serem tomadas em relação a sua condição e seu tratamento; competência profissional; honestidade; confidencialidade; estabelecimento apropriado de vínculos; prática baseada em evidências; manejo adequado de conflitos; responsabilidade profissional e colaboração interprofissional (Belar, 2013; Gorayeb et al., 2017).

O supervisor tem o dever de proteger o cliente, assegurando que o supervisionando preste serviços de qualidade à população. Ele é também "um modelo para o supervisionando em termos de prática conscienciosa e ética da psicologia". Ser um modelo de profissionalismo, aderir aos mais elevados princípios éticos e modelá-los no supervisionando são, portanto, tarefas do supervisor (Falender & Shafranske, 2021, p. 209).

Habilidades de comunicação e de relacionamento

É esperado que o psicólogo tenha habilidades efetivas de comunicação para formar vínculos positivos, lidar com situações complexas, perceber e gerenciar seus sentimentos. Assim, é papel do supervisor:

- Expor o estudante ao trabalho realizado em equipes, inicialmente por meio da observação das atividades de um psicólogo treinado durante a realização das suas tarefas (ver Miyazaki et al., 2017).
- Atribuir, gradualmente, tarefas ao supervisionando e observar e avaliar a sua atuação, fornecendo *feedback*.
- Identificar problemas ou dificuldades relacionadas ao comportamento do estudante (p. ex., dificuldade para estabelecer vínculo adequado com o paciente), discutir e treinar habilidades deficitárias. Quando necessário, pode sugerir que o estudante procure ajuda profissional (p. ex., psicoterapia).
- Avaliar a redação e o uso de uma linguagem técnica para apresentar dados, elaborar relatórios e redigir projetos, que também fazem parte das habilidades de comunicação.

Desde os primeiros anos da graduação, os estudantes devem ser treinados em relação a essas habilidades, com *feedback* individual dos professores e supervisores dos estágios básicos em relação às atividades realizadas (p. ex., seminários, relatórios, provas). As habilidades apresentadas pelo estudante na 1ª série do curso de graduação podem ser vistas como uma linha de base com a qual seu desempenho posterior será comparado. Identificar dificuldades e auxiliar o estudante a superá-las, reconhecendo seus esforços e sua competência, são comportamentos fundamentais dos professores e dos supervisores para o desenvolvimento global do futuro profissional.

Comunicar-se efetivamente inclui expressar sentimentos e necessidades, mantendo o respeito pelo outro e comportando-se de forma profissional em diferentes contextos, inclusive vestindo-se apropriadamente. A forma como o supervisor expressa seus sentimentos e suas necessidades e demonstra respeito pelo outro é fundamental para modelar comportamentos profissionais no estudante.

Quando estudantes apresentam dificuldades, é preciso definir de forma clara o comportamento esperado, fornecer *feedback* individual, treinar habilidades (p. ex., *role-play*) e propiciar a observação direta de modelos adequados (p. ex., observar atendimentos a pacientes realizados por psicólogo competente em psicologia da saúde; observar comportamentos de psicólogos competentes em psicologia da saúde durante reuniões de equipes interdisciplinares).

Habilidades para trabalhar em organizações complexas

O trabalho em organizações complexas, como hospitais, também demanda habilidades fundamentais, que incluem comunicação adequada e respeito por colegas, gerenciamento do tempo, de tarefas e de pessoas, e *know-how* para delegar responsabilidades. O trabalho na saúde requer que o profissional conheça o funcionamento do SUS, as políticas de saúde e as adotadas pela instituição. É papel do supervisor auxiliar o estudante a desenvolver essas habilidades, expondo-o, gradualmente, a situações reais.

Questões éticas e relativas ao sigilo profissional

O Conselho Federal de Psicologia (CFP) é o órgão responsável por orientar e fiscalizar as atividades dos psicólogos brasileiros. O Código de Ética Profissional do Psicólogo pauta a "conduta profissional em prol do respeito às pessoas e aos seus direitos fundamentais, tendo em vista a felicidade e a realização das mesmas" (Muniz, 2018, p. 135).

Como existem inúmeros contextos de saúde e modelos de atendimento ao paciente, questões éticas também podem variar na prática da psicologia da saúde. É importante que, independentemente do contexto, o psicólogo mantenha a sua identidade profissional e a sua adesão ao código da ética da profissão.

Serão apresentados a seguir os aspectos relacionados à prática profissional ética da psicologia, apontados por Ashton e Sullivan (2018), que precisam ser abordados pelos supervisores na formação de psicólogos da saúde. Estes incluem: prontuário, sigilo, benefícios *versus* prejuízos, competência cultural e o fato de o atendimento ser realizado por um estudante em treinamento, com supervisão.

Em relação ao **prontuário**, o supervisionando precisa aprender a:

- Incluir apenas o conteúdo que os demais profissionais necessitam ter acesso para fornecer atendimento adequado e de qualidade.
- Explicar ao paciente porque o prontuário é necessário e quem terá acesso às informações incluídas no registro.
- Usá-lo para comunicar-se com os demais profissionais da saúde.
- Redigir as observações sobre o paciente dirigidas aos outros profissionais como se o paciente fosse lê-las.
- Manter uma linguagem neutra, voltada para o comportamento do paciente.
- Acessar prontuários apenas quando isso for necessário para o atendimento ao paciente.
- Informar o paciente sobre o importante papel do prontuário no auxílio à comunicação entre os profissionais e sobre os benefícios de um atendimento feito por uma equipe.

As orientações relacionadas ao **sigilo profissional** que devem ser feitas pelo supervisor abrangem:

- Incluir, de forma sucinta, no prontuário informações relevantes sobre o paciente, preservando sempre a sua privacidade e dignidade.
- Educar os outros profissionais sobre as obrigações éticas do psicólogo.
- Cooperar com os demais membros da equipe de saúde, porém fornecer apenas as informações estritamente necessárias sobre o paciente.
- Proteger o paciente quanto à curiosidade dos outros membros da equipe.

A relação de **benefícios *versus* prejuízos** no atendimento precisa ser discutida sob determinados ângulos:

- Os princípios da beneficência (obrigação ética de maximizar o benefício e minimizar o prejuízo), da não maleficência (causar o menor prejuízo ou agravos à saúde do paciente), da autonomia (respeitar a capacidade de decisão do paciente) e da justiça (distribuição equilibrada de recursos, equidade).
- A necessidade de tomar decisões compartilhadas, quando no trabalho em equipes interdisciplinares.
- A importância de manter, de forma consistente, a comunicação entre a equipe e o paciente.
- O fornecimento de recomendações que auxiliem a otimizar os procedimentos de outros profissionais (p. ex., em contextos de transplante de órgãos, cirurgia estética, cirurgia bariátrica).

A **competência cultural** também precisa ser abordada na supervisão, incluindo reflexões sobre a necessidade de:

- Reconhecer as características culturais de diferentes grupos sociais (p. ex., LGBTQIA+), bem como suas necessidades e concepções acerca do processo saúde-doença.
- Avaliar o letramento funcional em saúde (LFS) dos pacientes, ou seja, as competências cognitivas e sociais que determinam motivação e capacidade "em obter acesso, processar e compreender informações e serviços básicos de saúde necessários para tomar decisões adequadas em saúde. O LFS também está relacionado às habilidades para entender os aspectos do autocuidado e dos cuidados no sistema de saúde para tomar tais decisões" (Passamai et al., 2012, p. 301).
- Utilizar diferentes estratégias para fornecer psicoeducação ao paciente.
- Realizar uma autoavaliação sobre preconceitos em relação a comunidades minoritárias e vulneráveis.
- Realizar educação continuada sobre competência cultural e populações diversas.

O fato de o **atendimento ser realizado por um estudante em treinamento** deve ser abordado com o paciente, bem como a questão da supervisão. Assim, os estudantes precisam ser treinados para esclarecer sobre sua condição (de estudante) e abordar a supervisão como parte inerente à sua formação como psicólogo.

Avaliação psicológica

Em psicologia da saúde, uma avaliação psicológica pode ser realizada em diferentes situações, como nas complicações psicológicas decorrentes de doenças orgânicas (p. ex., delírio após internação em UTI após cirurgia cardíaca), reações psicológicas decorrentes de doenças ou de procedimentos médicos (p. ex., depressão após amputação de um membro) ou queixas somáticas em quadros de transtornos mentais (p. ex., insônia e pouca energia em depressão).

As avaliações mais comumente realizadas em um hospital de alta complexidade[+] incluem: a) identificar necessidades para uma intervenção que será realizada pelo próprio psicólogo (p. ex., psicoeducação, orientação familiar, desenvolvimento de habilidades do paciente para adesão a tratamentos e/ou para enfrentamento de doença crônica); b) identificar se há necessidade de encaminhar o paciente a outro profissional (p. ex., parecer de um neurologista, no caso de paciente com queixa de cefaleia crônica); c) fornecer dados para outros profissionais antes de uma interven-

---

+ Hospital de Base, Fundação Faculdade de Medicina de São José do Rio Preto.

ção (p. ex., cirurgia bariátrica); e d) fornecer dados para uma equipe interdisciplinar, que precisa tomar uma decisão quanto ao melhor tratamento para o paciente (p. ex., transplante de órgãos). A avaliação realizada pelo psicólogo da saúde deve englobar componentes biológicos ou físicos (p. ex., efeitos colaterais de medicação, impacto de uma doença crônica sobre o funcionamento psicossocial), afetivos (p. ex., depressão concomitante a uma doença crônica) e comportamentais (p. ex., habilidades para aderir a um regime terapêutico complexo).

Belar e Deardorff (1995) fornecem um modelo abrangente de avaliação em psicologia da saúde, que pode ser utilizado pelo supervisor para nortear a aprendizagem do estudante ou do jovem profissional em programa de treinamento em serviço (p. ex., residência multidisciplinar). Essa avaliação precisa integrar dados de diferentes domínios (biológico ou físico, afetivo, cognitivo e comportamental) provenientes do paciente, da família, do contexto sociocultural e do sistema de saúde. Os componentes do modelo são:

- **Domínio biológico ou físico:**
    - Paciente (p. ex., idade, sexo/gênero, aparência, estado de saúde, medicamentos utilizados, história de doenças, cirurgias).
    - Família (p. ex., características do contexto familiar, recursos econômicos, história de doenças).
    - Sistema de saúde (p. ex., características do contexto onde o tratamento está sendo realizado, procedimentos médicos, disparidade nos cuidados de saúde).
    - Contexto sociocultural (p. ex., rede de suporte social, exposição à violência, recursos financeiros).
- **Domínio afetivo:**
    - Paciente (p. ex., humor, sentimentos em relação a si mesmo, à doença e ao tratamento, história de transtornos mentais).
    - Família (p. ex., sentimentos da família em relação ao paciente, à doença e ao tratamento).
    - Sistema de saúde (p. ex., sentimentos dos profissionais em relação ao paciente, à doença e ao tratamento).
    - Contexto sociocultural (p. ex., sentimentos da cultura em relação ao paciente, à doença e ao tratamento).
- **Domínio cognitivo:**
    - Paciente (p. ex., conteúdo dos pensamentos, escolaridade, conhecimentos sobre a doença, crenças em relação à saúde, filosofia de vida).
    - Família (p. ex., conhecimentos sobre a doença e o tratamento, expectativas em relação ao paciente, à doença e ao tratamento).
    - Sistema de saúde (p. ex., nível de conhecimento dos profissionais).

- Contexto sociocultural (p. ex., estágio atual do conhecimento em relação à doença do paciente, atitudes culturais/religiosas em relação ao paciente e à doença).
- **Domínio comportamental:**
  - Paciente (p. ex., prática regular de atividade física, interação com família, amigos, profissionais e colegas de trabalho).
  - Família (p. ex., participação nos cuidados ao paciente, interação familiar).
  - Sistema de saúde (p. ex., nível de escolaridade e treino dos profissionais, competência cultural).
  - Contexto sociocultural (p. ex., políticas de emprego, leis que regulamentam cuidados de saúde fornecidos à população, hábitos de saúde).

Intervenção psicológica

Na área da saúde, enfatiza-se a prática baseada em evidências, que começou na medicina no início do século XX. Em 2005, uma força tarefa da APA definiu a prática baseada em evidências em psicologia (PBEP) como "a integração entre as melhores pesquisas, o conhecimento e a experiência do profissional e as características do paciente" (APA Presidential Taskforce on Evidence-Based Practice, 2006, p. 273).

No Brasil, Melnik e Atallah (2011) publicaram o livro *Psicologia baseada em evidências: provas científicas da efetividade da psicoterapia*, no qual apontam como a PBEP "tira a ênfase da prática apenas na intuição, na experiência clínica não sistematizada e nos principais teóricos" (Melnik & Atallah, 2011, p. 3). Para Gorayeb et al. (2017, p. 17), a PBEP "é uma forma de transpor a lacuna entre pesquisa e prática clínica, organizando e trazendo [dados de pesquisas] para o dia a dia do consultório, do hospital e dos demais locais interessados em saúde". Isso equivale a dizer que é papel do supervisor orientar o supervisionando em relação a intervenções baseadas em evidências para os diferentes problemas psicológicos encontrados em pacientes internados, atendidos em ambulatórios ou UBSs.

Exemplos de evidências da efetividade da prática da psicologia na saúde são encontrados na literatura nacional e internacional, e justificam a utilização de estratégias de intervenção junto a pacientes com diferentes problemas de saúde e seus cuidadores, como pais de crianças com doenças crônicas (Law et al., 2019), pacientes em hemodiálise e com depressão maior (Duarte et al., 2009), dor crônica (Lim et al., 2018), entre outras condições que frequentemente coexistem com problemas de saúde (Hofmann et al., 2012).

Para ser psicólogo da saúde é necessário ter formação clínica de qualidade, associada a uma boa formação na área da saúde. Quando o estudante realiza um curso de graduação que contempla adequadamente a psicologia da saúde, o que não é comum no Brasil, seu repertório para atuar na área é desenvolvido ao longo da formação e aprimorado em programas de pós-graduação, como a residência multiprofissional e os cursos de especialização com treinamento em serviço.

O serviço de psicologia do Hospital de Base (FAMERP) oferece um curso de aperfeiçoamento para psicólogos, que concede o título de especialista em psicologia da saúde aos estudantes que concluírem 40 horas semanais de treinamento supervisionado em serviço durante um ano (total de 1.929 horas), com bolsa da própria instituição (em 2022, o valor da bolsa para o aperfeiçoando era de R$1.300,00). Da carga horária semanal, 20% das horas são dedicadas a aulas teóricas e discussão de casos. A supervisão é realizada por psicólogos especialistas em psicologia da saúde, mestres e doutores. Durante as atividades, os psicólogos aprendem a trabalhar em equipes com profissionais de outras áreas, como residentes médicos, participantes de residência multiprofissional e aperfeiçoandos (a instituição oferece aperfeiçoamento nas áreas de educação física, enfermagem, farmácia, fisioterapia, fonoaudiologia, nutrição, psicologia, serviço social e terapia ocupacional). A supervisão em psicologia da saúde difere, em muitos aspectos, da supervisão clínica tradicional. Na área da saúde, o supervisor pode observar diretamente o comportamento do supervisionando em uma situação real.

No início do aperfeiçoamento da FAMERP, o psicólogo observa o supervisor realizar suas tarefas, como atender pacientes no leito ou em salas de atendimento nas enfermarias (p. ex., realizar avaliação psicológica de paciente candidato a transplante; psicoeducação); acompanhar as visitas de equipes interdisciplinares e a participação do psicólogo em residência multidisciplinar nos atendimentos; no ambulatório de especialidades (p. ex., ambulatório de transplante de fígado, clínica de dor); atender famílias; atender grupos de pacientes (p. ex., grupo de sala de espera); participar de reuniões de equipes. O psicólogo assume cada vez mais responsabilidade pelos atendimentos, inicialmente sendo observado pelo supervisor e, gradualmente, conquistando maior autonomia. A supervisão ocorre no próprio local, após o atendimento ou em horários determinados.

Os objetivos do aperfeiçoamento são:

> Capacitar o profissional para a atuação qualificada e diferenciada na área da saúde, promovendo o aperfeiçoamento do desempenho profissional nas diversas áreas que integram, apoiam ou gerenciam a prestação de serviços de saúde. Estimular o desenvolvimento de uma visão crítica e abrangente do SUS, orientando sua ação para a melhoria das condições de saúde da população. Aprimorar o processo de formação, considerando as diretrizes e princípios do SUS, de modo que desenvolvam uma compreensão ampla e integrada das diferentes ações e processos de trabalho na instituição [de saúde] (Miyazaki, Domingos et al., 2020, p. 4).

Atualmente, todos os supervisores foram formados pelo Programa de Aperfeiçoamento, anteriormente denominado Programa de Aprimoramento Profissional e subsidiado pelo Governo do Estado de São Paulo. A maioria realizou mestrado em psicologia e saúde e doutorado em ciências da saúde, psicologia clínica, psicologia do desenvolvimento, etc., com dissertações e teses voltadas para problemas da saúde. A formação dos supervisores, então, inclui tanto uma especialização em psicologia da saúde, que compreende a parte prática de prestação de serviços para o SUS, como mestrado e doutorado. A pós-graduação *stricto sensu* permite que os supervisores realizem pesquisas sobre problemas reais do seu contexto de trabalho e realizem uma prática baseada em evidências.

Outro aspecto importante é que as exigências do supervisor devem considerar o estágio de formação do supervisionando, isto é, a série da graduação ou pós-graduação que ele está cursando.

O repertório comportamental desejado do futuro profissional inclui comportamentos que facilitam a interação com outras pessoas ou grupos e que requerem ter consciência de si mesmo, do outro, do relacionamento e da tarefa a ser desenvolvida. Envolve habilidades para comunicar-se de forma efetiva com o outro, ser capaz de desenvolver vínculos positivos com as pessoas, lidar adequadamente com situações complexas (p. ex., famílias que acabaram de receber uma notícia de óbito, conflitos interpessoais no trabalho), autorregulação e percepção de si mesmo como profissional.

CONSIDERAÇÕES FINAIS

A necessidade de uma prática baseada em evidências, enfatizada na área da saúde, levou Callahan e Watkins (2018b, p. 211) a levantar a seguinte questão: "será que a formação em psicologia da saúde pode ser caracterizada como baseada em evidências?".

Em geral, as habilidades de comunicação e de relacionamento interpessoal, fundamentais para uma prática competente em psicologia, são pouco enfatizadas durante a formação profissional. Quando o estudante não teve contato com modelos adequados anteriormente, precisa receber *feedback* durante a supervisão. Muitos professores sentem-se desconfortáveis para fornecer esse tipo de supervisão ao estudante, porém essa é uma tarefa que precisa ser aprendida e desempenhada de forma adequada pelo supervisor.

Apesar dos avanços, a formação adequada para trabalhar na saúde pública ainda é um desafio no Brasil e ocorre principalmente em nível de pós-graduação, com os cursos de especialização e os programas de residência. O trabalho do psicólogo na saúde, entretanto, requer competências e habilidades cujo desenvolvimento deve iniciar-se durante a graduação.

Para ser um bom supervisor, o profissional deve desenvolver e aprimorar constantemente suas habilidades e sua competência para a função. A maioria dos supervisores aprendeu a supervisionar a partir de modelos positivos de supervisores durante sua própria formação e a evitar as atitudes e comportamentos inadequados, pouco úteis e muitas vezes prejudiciais, de outros.

Embora aprender por modelação seja importante, é insuficiente para desenvolver a competência necessária para ser supervisor. Ser um supervisor competente requer ampla quantidade de leituras pertinentes, um preparo formal incluindo tanto componentes didáticos quanto experienciais, bem como a oportunidade de receber *feedback* de outros sobre seu desempenho, inclusive dos supervisionandos (Kaslow, 2014, p. 1). Como afirma Kaslow (2014, p. 1), ex-presidente da APA, "chegou a hora de os psicólogos transformarem a supervisão, de uma prática aprendida por osmose, para uma competência profissional distinta".

Ashton (2016), uma experiente supervisora em psicologia da saúde, fez importantes considerações sobre supervisão na área. No Brasil, os autores deste capítulo têm supervisionado psicólogos em programas de treinamento em serviço (p. ex., residência multiprofissional) para a área da saúde desde a década de 1990 (Miyazaki et al., 2018). Assim, o supervisor em psicologia da saúde precisa:

- "Considerar o estágio de formação do estudante ao supervisionar, ... balanceando autonomia com treino apropriado" (Ashton, 2016, p. 1).
- Favorecer o trabalho interprofissional, propiciando oportunidades para o trabalho em equipes multi ou interdisciplinares (Miyazaki et al., 2018).
- "Discutir importantes temas profissionais durante a supervisão" (Ashton, 2016, p. 1) (p. ex., aprimoramento das políticas de saúde, proteção ambiental).
- Dar ao supervisionando a oportunidade de trabalhar com diferentes supervisores (Ashton, 2016).
- Identificar e apontar os pontos fortes do supervisionando (Ashton, 2016; Miyazaki et al., 2018).
- "Auxiliar o supervisionando a desenvolver uma rede de contatos profissionais" (Ashton, 2016, p. 1).
- Estar sempre aberto para novas ideias (Ashton, 2016).
- Auxiliar o supervisionando a desenvolver resiliência para o trabalho na saúde (Ashton, 2016; Miyazaki et al., 2018).
- Treinar habilidades de liderança (Ashton, 2016; Miyazaki et al., 2018).
- Fornecer oportunidades de aprendizagem estruturadas e consistentes (Ashton, 2016; Miyazaki et al., 2018).
- Engajar o supervisionando em pesquisas, avaliação dos resultados de intervenções e prática baseada em evidências (Ashton, 2016; Miyazaki et al., 2018).
- Modelar autocuidado e equilíbrio pessoal (Ashton, 2016; Miyazaki et al., 2018).

Estudos sobre supervisão começaram a ser realizados há pouco tempo, inclusive no Brasil. Ainda não é possível responder afirmativamente à questão proposta por Callahan e Watkins (2018b, p. 211): "será que a formação em psicologia da saúde pode ser caracterizada como baseada em evidências?". Podemos, entretanto, afirmar que estamos no caminho.

REFERÊNCIAS

American Psychological Association (APA). (2010). *Dicionário de psicologia*. Artmed.

American Psychological Association (APA). (2014). *Guidelines for clinical supervision in health service psychology*. https://www.apa.org/about/policy/guidelines-supervision.pdf

Anderson, L. W., Krathwohl, D. R., Airasian, P. W., Cruikshank, K. A., Mayer, R. E., Pintrich, P. R., ... Wittrock, M. C. (2001). *A taxonomy for learning, teaching, and assessing: A revision of Bloom´s taxonomy of educational objectives*. Longman.

APA Presidential Taskforce on Evidence-Based Practice (2006). Evidence-based practice in psychology. *American Psychologist, 61*(14), 271-285.

Ashton, K. (2016). Health psychology, the next generation: Supervision in the hospital setting. https://www.apadivisions.org/division-31/publications/toolkit/supervision-integrated-care.pdf

Ashton, K., & Sullivan, A. (2018). Ethics and confidentiality for psychologists in academic health centers. *Journal of Clinical Psychology in Medical Settings, 25*(3), 240-249.

Barletta, J. B., Fonseca, A. L. B., & Delabrida, Z. N. C. (2012). A importância da supervisão de estágio clínico para o desenvolvimento de competências em terapia cognitivo-comportamental. *Psicologia: Teoria e Prática, 14*(3),153-167.

Belar, C. (2013). A new professionalism. *Monitor on Psychology, 44*(7), 48.

Belar, C., & Deardorf, W. (1995). *Clinical health psychology in medical settings: A practioner´s guidebook*. American Psychological Association.

Bernard, J. M., & Goodyear, R. K. (2009). *Fundamentals of clinical supervision*. Pearson Education.

Borges, K. K., & Miyazaki, M. C. (2010a). Quando a epilepsia começa na infância. In E. A. P. Souza. (Org.), *Epilepsia e trabalho* (pp. 15-27). Yendis.

Borges, K. K., & Miyazaki, M. C. (2010b). Epilepsia na infância: Orientação para pais e professores. In E. A. P. Souza. (Org.), *Epilepsia e trabalho* (pp. 29-39). Yendis.

Callahan, J. L., & Watkins, C. E., Jr. (2018a). The science of training II: Prepracticum and practicum training. *Training and Education in Professional Psychology, 12*(4), 231-244.

Callahan, J. L., & Watkins, C. E., Jr. (2018b). Evidence-based training: The time has come. *Training and Education in Professional Psychology, 12*(4), 211-218.

Duarte, P. S., Miyazaki, M. C., Blay, S. L., & Sesso, R. (2009). Cognitive-behavioral group therapy is an effective treatment for major depression in hemodialysis patients. *Kidney International, 76*(4), 414-421.

Epstein, R. M., & Hundert, E. M. (2002). Defining and assessing professional competence. *JAMA, 287*(2), 226–235.

Falender, C. A., & Shafranske, E. P. (2020). Consultation in psychology: A distinct professional practice. In C. A. Falender, & E. P. Shafranske (Eds.), *Consultation in psychology: A competency-based approach* (pp. 11-35). American Psychological Association.

Falender, C. A., & Shafranske, E. P. (2021). *Clinical supervision: A competency based-approach*. 2nd ed. American Psychological Association.

Gauy, F. V., Fernandes, L. F. B., Silvares, E. F. M., Marinho-Casanova, M. L., & Löhr, S. S. (2015). Perfil dos supervisores de psicologia em serviços-escola brasileiros. *Psicologia: Ciência e Profissão, 35*(2), 543-556.

Gorayeb, R., Miyazaki, M. C., & Teodoro, M. (2017). Formação profissional para uma prática competente em psicologia clínica e da saúde. In SBP, M. C. Miyazaki, R. Gorayeb, & M. Teodoro (Orgs.), *PROPSICO - Programa de Atualização em Psicologia Clínica e da Saúde: Ciclo 1* (pp. 11-36). Artmed Panamericana. (Sistema de Educação Continuada à Distância, v. 1).

Hofmann, S. G., Asnaani, A., Vonk, I. J., Sawyer, A. T., & Fang, A. (2012). The efficacy of cognitive behavioral therapy: A review of meta-analyses. *Cognitive Therapy and Research, 36*(5), 427-440.

Johnson, W. B. (2016). *On being a mentor: A guide for higher education faculty* (2nd ed.). Routledge.

Kaslow, N. (2014). Becoming a better supervisor. *APA Monitor, 45* (8),5.

Law, E., Fisher, E., Eccleston, C., & Palermo, T. M. (2019). *Psychological interventions for parents of children and adolescents with chronic illness*. https://www.cochranelibrary.com/cdsr/doi/10.1002/14651858.CD009660.pub4/full?highlightAbstract=psychology%7Cpsycholog

Lim, J. A., Choi, S. H., Lee, W. J., Jang, J. H., Moon, J. Y., Kim, Y. C., & Kang, D. H. (2018). Cognitive-behavioral therapy for patients with chronic pain: Implications of gender differences in empathy. *Medicine, 97*(23), e10867.

Mello, R. A., & Teo, C. R. P. A. (2019). Psicologia: Entre a atuação e a formação para o Sistema Único de Saúde. *Psicologia: Ciência e Profissão, 39*, e186511.

Melnik, T., & Atallah, A. N. (2011). *Psicologia baseada em evidências: Provas científicas da efetividade da psicoterapia*. Santos.

Miyazaki, E. S., Banaco, R. A., & Siqueira, J. L. D. (2021). Terapia de aceitação e compromisso para dor crônica. In SBP, R. Gorayeb, M. C. Miyazaki, & Teodoro, M. (Orgs.), *PROPSICO – Programa de Atualização em Psicologia Clínica e da Saúde: Ciclo 5* (pp. 93-130). Artmed Panamericana. (Sistema de Educação Continuada à Distância, v. 1).

Miyazaki, M. C. O. S., Domingos, N. A. M., Branco, L. M., & Nagamine, K. (2019). Burnout em médicos. In A. V. Carvalho (Org.), *Terapia cognitivo-comportamental na síndrome de burnout: Contextualização e intervenções* (pp. 351-370). Sinopsys.

Miyazaki, M. C. O. S., Domingos, N. A. M., Branco, L. M., & Pinto, M. J. C. (2020). Formação do psicólogo para as áreas da saúde e hospitalar. In M. N. Baptista, R. R. Dias, & A. S. D. Baptista (Orgs.), *Psicologia hospitalar: Teoria, aplicações e casos clínicos* (3. ed., pp. 1-13). Guanabara Koogan.

Miyazaki, M. C. O. S., Di Bernardo A.P.A., Domingos, N. A. M., Lobo, S. A., Costa, M. P., Miyazaki, E. S., & Branco, L. M. (2021). Aspectos psicológicos na unidade de terapia intensiva. In J. L. S. Valiatti, J. L. G. Amaral, & L. F. R. Falcão (Org.), *Ventilação mecânica: Fundamentos e prática clínica* (2. ed., pp. 694-699). Guanabara Koogan.

Miyazaki, M. C. O. S., Gorayeb, R., Santos, R., Jr., & Nakao, R. T. (2017). O trabalho do psicólogo em equipes de saúde. In SBP, R. Gorayeb, M. C. Miyazaki, & Teodoro, M. (Orgs.), *PROPSICO – Programa de Atualização em Psicologia Clínica e da Saúde: Ciclo 3* (pp. 43-76). Artmed Panamericana. (Sistema de Educação Continuada à Distância, v. 1).

Miyazaki, M. C. O. S., Risso, K. R., Salomão, J. B., Jr. (2002). Características y tratamiento del asma en la infancia. In V. E.Caballo, & M. A.Simón (Org.), *Manual de psicología clínica infantil y del adolescente* (pp. 349-359). Pirâmide.

Miyazaki, M. C. O. S., Santos, R., Jr., & Cury, P. M. (2018). O trabalho do psicólogo em equipes interdisciplinares de dor crônica. In E. M. F. Seidl, M. C. O. S. Miyazaki, A. T. Ramos-Cerqueira, & N. A. M. Domingos (Org.), *Psicologia da saúde: Teorias, conceitos e práticas* (pp. 155-170). Juruá.

Miyazaki, M. C. O. S., Santos, R., Jr., & Miyazaki, E. T. (2020). Atuação do psicólogo em unidade de transplante de fígado. In M. N. Baptista, R. R. Dias, & A. S. D. Baptista (Orgs.), *Psicologia hospitalar: Teoria, aplicações e casos clínicos* (3. ed., pp. 223-234). Guanabara Koogan.

Muniz, M. (2018). Ética na avaliação psicológica. *Psicologia: Ciência e Profissão, 38* (Esp.), 133-146.

NR 32 - Segurança e Saúde no Trabalho em Serviços de Saúde. (2005). Portaria MTb nº 485, de 11 de novembro de 2005. https://www.gov.br/trabalho-e-previdencia/pt-br/composicao/orgaos-especificos/secretaria-de-trabalho/inspecao/seguranca-e-saude-no-trabalho/normas-regulamentadoras/nr-32.pdf

Passamai, M. P. B. Sampaio, H. A. C., Dias, A. M. I., & Cabral, L. A. (2012). Letramento funcional em saúde: Reflexões e conceitos sobre seu impacto na interação entre usuários, profissionais e sistema de saúde. *Interface - Comunicação, Saúde, Educação, 16*(41), 301-314.

Pinto, M. J. C., Simões, L. R., & Miyazaki, M. C. O. S. (2015). Gravidez tardia. In T. Rudinicki, C. R., I. Patrão, & F. Pimenta. (Org.), *Ciclo de vida da mulher* (pp. 86-106). Sinopsys.

Resolução CNS nº 287, de 08 de outubro de 1998. (1998). https://bvsms.saude.gov.br/bvs/saudelegis/cns/1998/res0287_08_10_1998.html

Resolução nº 597, de 13 de setembro de 2018. (2018). https://www.in.gov.br/materia/-/asset_publisher/Kujrw0TZC2Mb/content/id/52748594/do1-2018-11-30-resolucao-n-597-de-13-de-setembro-de-2018-52748138

Santos, R., Jr., Lins, C. F. M., Miyazaki, E. S., & Santos, L. L. (2021). Avaliação e intervenções psicológicas em situações de luto. In SBP, R. Gorayeb, M. C. Miyazaki, & Teodoro, M. (Orgs.), *PROPSICO – Programa de Atualização em psicologia Clínica e da Saúde: Ciclo 5* (pp. 131-162). Artmed Panamericana. (Sistema de Educação Continuada à Distância, v. 5).

Silva, E. F. S., & Miyazaki, M. C. O. S. (2022). Implantação de mentoria em uma faculdade de medicina: Perspectiva de mentores e estudantes. *Revista Brasileira de Educação Médica, 46*(1), e030.

Silvares, E. F. M., Gauy, F. V., & Peixoto, A. C. A. (2016). Supervisão: Questões conceituais, metodológicas e práticas. In E. F. M. Silvares, M. H. S. Melo, & S. S. Löhr (Orgs.), *Supervisão e formação em psicologia* (pp. 13-32). Juruá.

Sleight, M. J., & Ritzer, D. R. (2004). *Beyond the classroom: Developing students' professional social skills.* Association for Psychological Science. https://www.psychologicalscience.org/observer/beyond-the-classroomdeveloping-students-professional-social-skills

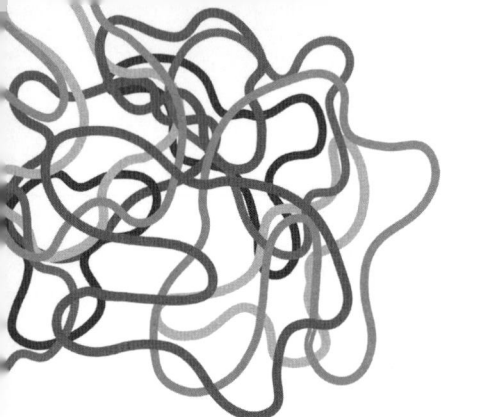

19

A prática da supervisão em neuropsicologia

Andressa Antunes
Annelise Júlio-Costa
Leandro Fernandes Malloy-Diniz
Laiss Bertola

Um dos maiores desafios para a formação e supervisão em neuropsicologia consiste em delimitar, de antemão, seu objeto, método e diferenças em relação a outras práticas em saúde. Ao contrário do que é difundido em graduações e outras formações, a neuropsicologia não é um ramo da psicologia. Trata-se de uma disciplina científica de natureza interdisciplinar e seu objeto é o estudo das manifestações cognitivo-comportamentais e emocionais da atividade do sistema nervoso (Haase et al., 2012). Por mais que o neuropsicólogo use recursos frequentemente associados à avaliação psicológica (p. ex., testes de inteligência e inventários de personalidade), o raciocínio clínico do neuropsicólogo, seja na avaliação ou na intervenção, é norteado por conhecimentos específicos que não são contemplados de maneira suficiente por qualquer graduação isolada.

No Brasil, não há consenso sobre os pontos fundamentais que norteiam a formação e atuação do neuropsicólogo. Há tentativas formais de conselhos de classe, como o Conselho Federal de Psicologia (Resolução CFP nº 002/2004) e o Conselho Federal de Fonoaudiologia (Resolução CFFa nº 466, de 22 de janeiro de 2015), para aferir conhecimentos, atestar atuação prática e atribuir o título de especialista em neuropsicologia para profissionais com essas graduações. A Sociedade Brasileira de Neuropsicologia também tem se preocupado em avaliar profissionais que atuam na área, concedendo aos peritos que comprovam conhecimentos e atuação na área um certificado de proficiência sem caráter de especialidade. Essa certificação é ofertada a profissionais da saúde e educação que atuam nas áreas clínica e de pesquisa em neuropsicologia.

A construção de um consenso que forneça diretrizes básicas para a formação e atuação do neuropsicólogo no Brasil ainda é um sonho distante, e sua falta impacta diretamente na estrutura das supervisões clínicas para aqueles que estão iniciando suas atividades na área. A diversidade de formações atreladas às confusões conceituais e metodológicas fazem com que muitos supervisionandos cheguem com casos nos quais os fins foram substituídos pelos meios. Um emaranhado de testes aplicados sem qualquer justificativa, atrelados a uma parca conceitualização clínica, inviabilizam o processo de orientação/supervisão.

A supervisão é procurada, principalmente, para essa conceitualização dos casos, ou seja, para analisar as informações coletadas e interpretá-las à luz da teoria (Gates & Sendiack, 2017). Nem é preciso dizer que essa é a etapa mais difícil de todo o processo, visto que o entendimento depende da qualidade das informações coletadas e exige um conhecimento amplo por parte do profissional. Assim, aquele que almeja trabalhar com avaliação neuropsicológica deve, ao longo da sua carreira, aprofundar o conhecimento em diversas áreas.

Neste capítulo, apresentamos alguns pontos fundamentais para a formação básica do neuropsicólogo e, em seguida, elementos norteadores da supervisão em neuropsicologia clínica para atuação com crianças, adolescentes, adultos e idosos.

QUESTÕES GERAIS SOBRE A FORMAÇÃO BÁSICA E CONTINUADA EM NEUROPSICOLOGIA

Nenhuma graduação é suficiente para garantir a atuação em neuropsicologia. Este dado não é apenas uma realidade brasileira. Em uma pesquisa de levantamento realizada por Shultz et al. (2014), apenas 27% dos estudantes de pós-graduação em neuropsicologia relataram ter recebido treinamento clínico especializado. Em outros contextos, como na Europa, essa também é uma queixa comum. Hokkanen et al. (2020) destacam a falta de oportunidades de treinamento formal, além da heterogeneidade nas formações, como um problema importante para a formação de neuropsicólogos. No Brasil, essa lacuna tem sido uma queixa informal frequente entre neuropsicólogos que concluem suas especializações em cursos que primam pela carga horária teórica sem a oportunidade de treinamento clínico; e, quando este ocorre, geralmente é realizado em ambulatórios de especialidades onde a diversidade de pacientes com queixas cognitivas, comportamentais e emocionais dificilmente é contemplada.

A discussão sobre formação e supervisão em neuropsicologia tem sido tema recorrente em algumas sociedades científicas e grupos de pesquisadores em diferentes contextos. Por exemplo, a American Psychological Association (APA), em interface com a Clinical Neuropsychology Synarchy (Smith, 2019), e a American Academy of Clinical Neuropsychology (Nelson et al., 2015) apresentam propostas para composição de uma taxonomia e matriz de competência não apenas para o supervisionando, mas também para os supervisores que conduzirão o treinamento.

Entre as competências mencionadas nas propostas citadas, Smith (2019) destaca as relacionadas ao conhecimento e às aplicações. São elas:

- Conhecimentos: neuropsicologia do comportamento, teoria do processamento de informação, neurociência afetiva/cognitiva, neurociência social, neurologia comportamental, caracterização cognitiva, comportamental e emocional de quadros neurológicos e psiquiátricos, neuroquímica, neurofarmacologia, neuroendocrinologia, neuropsicologia cultural, técnicas de neurodiagnóstico, efeitos de diversas condições médicas sobre o sistema nervoso, potenciais efeitos do contexto e da motivação na testagem, efeito de medicações sobre o sistema nervoso, psicometria, conhecimento das relações entre déficits cognitivos e suas implicações para o dia a dia do paciente, intervenções baseadas em evidências, bem como a base teórica e metodológica de intervenções para módulos neuropsicológicos específicos, e promoção de comportamentos que potencializam a saúde geral.
- Aplicações: análise e refinamento conceitual de questões de encaminhamento, considerando especificidades profissionais dos encaminhadores, e apresentação do paciente, identificação de pontos fundamentais para observação, análise de registros documentais sobre o paciente, seleção de fontes de informação (incluindo testes e outras medidas) tendo como base a prática baseada em evidências, perícia na administração, correção e interpretação de instrumentos de avaliação, formulação de encaminhamentos com base na avaliação, elaboração de documentos escritos, identificação de alvos terapêuticos e seleção dos melhores procedimentos para esses alvos, identificação e minimização de barreiras para intervenções, conciliação entre as melhores práticas de intervenção e as características culturais e preferências dos pacientes e estruturação de medidas de avaliação dos resultados das intervenções, bem como a consideração dos elementos éticos envolvidos tanto na avaliação quanto na intervenção.

Com base no exposto, entende-se que o profissional precisa ter um conhecimento amplo que exige constante atualização, dominar diversas técnicas e ser flexível para adaptá-las às necessidades de cada caso. Essas competências não são adquiridas rapidamente, exigem treino e experiência, por isso, a supervisão passa a ter um papel importantíssimo para garantir a qualidade do atendimento ao paciente e dar ao profissional o direcionamento de como melhorar as suas habilidades clínicas (Bodin et al., 2022). É fundamental que o supervisor não apenas domine os conhecimentos e aplicações listados, mas também garanta a atualização continuada de sua formação (p. ex., no formato de cursos regulares, participação em congressos, leitura dos principais periódicos da área e, sempre que possível, participação ativa na produção de conhecimento).

A supervisão em neuropsicologia é uma atividade central no treinamento clínico e de competências de um profissional (Nelson et al., 2015). O nível de supervisão a ser oferecido varia de acordo com o grau de experiência e a formação do profissional, podendo ser utilizadas desde as etapas de prática de testagem e escrita do laudo até as etapas de raciocínio clínico, diagnóstico e delineamento/implementação de intervenções (Nelson et al., 2015). Existem diferentes modelos de supervisão que atendem a diferentes demandas profissionais. Os profissionais podem solicitar supervisão para a estruturação do protocolo, compreensão e interpretação de testes específicos, raciocínio clínico e diagnóstico, escrita do laudo e/ou implementação de intervenções.

Considerando as especificidades da neuropsicologia conforme a fase do desenvolvimento, destacamos as características da supervisão em neuropsicologia da infância e adolescência, bem como em neuropsicologia de adultos e idosos.

SUPERVISÃO DE ATENDIMENTOS INFÂNCIA E ADOLESCÊNCIA

A avaliação neuropsicológica infantil (ANI) é um processo complexo, tanto no que se refere à condução de cada etapa quanto na conceitualização e raciocínio clínico do caso.

Diversas etapas compõem a ANI, entre elas:

- Anamnese com os responsáveis (ou quaisquer cuidadores, se necessário).
- Relato da escola.
- Relato de profissionais que acompanham a criança.
- Aplicação e análise de questionários de heterorrelato.
- Observação do comportamento no consultório. Em alguns casos, também é necessária a observação em outros ambientes, como escola ou casa.
- Aplicação de testes e tarefas com a criança.
- Em alguns casos, inclui-se a análise de outros materiais, como vídeos e laudos antigos.

Algumas etapas da ANI são semelhantes àquelas da avaliação de outras faixas etárias, contudo, a condução do trabalho é diferente. Na anamnese, por exemplo, o profissional precisa explorar o perfil atual do paciente e entender como as queixas se relacionam com os fatores contextuais (Antunes et al., 2018). Deve-se investigar se já foi dada a oportunidade para desenvolver determinada habilidade e que tipo de suporte foi oferecido – isso é crucial, pois não se pode, por exemplo, considerar um déficit no desenvolvimento se a estimulação oferecida não foi adequada. O isolamento social decorrente da pandemia de covid-19 é um bom modelo para esse entendimento, uma vez que a privação de estímulos das crianças que nasceram durante a pandemia gerou atrasos em marcos do desenvolvimento da linguagem e motores (Deoni et al., 2021). Percebemos, também, esse período como um fator crônico de estresse, que se transformou em catalisador para a manifestação precoce de alguns sintomas em crianças com vulnerabilidade para transtornos do neurodesenvolvimento e psiquiátricos (Fegert et al., 2020; Palacio--Ortiz et al., 2020).

Na ANI, deve-se adotar uma compreensão sistêmica das queixas, uma vez que as habilidades da criança estão em desenvolvimento e que o ambiente no qual ela está inserida impacta diretamente esse processo. Assim, na anamnese, é preciso compreender o estilo parental, a estrutura da rotina e as atividades que a criança frequenta. Ainda nessa perspectiva sobre o desenvolvimento, o profissional também precisa explorar o histórico da criança para verificar se os principais marcos do neurodesenvolvimento foram alcançados (Antunes et al., 2018). Para a faixa etária da adolescência, é crucial adicionar uma entrevista com o próprio paciente, no sentido de entender sua autopercepção em contraposição aos relatos parentais. Para evitar constrangimentos ou comportamentos de esquiva, é interessante fazer a entrevista em meio à testagem, deixando o processo mais fluido.

A escolha do protocolo de avaliação e a dinâmica das sessões no consultório também podem ser um desafio à parte, isso porque há diversas limitações intrínsecas à faixa etária para a condução da avaliação formalizada. Quanto mais nova a criança ou quanto maior o comprometimento cognitivo, menos ela consegue realizar uma sequência de testes sem interrupção, logo, é necessário intercalar as atividades com momentos lúdicos. A ludicidade deve ser implementada não somente como um intervalo para descanso, mas também como uma forma de explorar a socialização, o estilo do brincar e a regulação emocional da criança. Já na adolescência, é fundamental fazer uma imersão genuína no mundo dos jovens (p. ex., tendências, gostos) por meio dos diálogos. Além disso, validar o conhecimento de mundo deles e contrapor argumentos sem desvalorizá-los torna-se essencial para o vínculo.

A ausência de protocolos estruturados para a condução das etapas da avaliação é um desafio para o profissional, já que ele passa a conduzi-la conforme a sua experiência ou sugestão do supervisor, tendo poucos parâmetros para analisar a qualidade do trabalho. Ao olhar para o cenário nacional, observa-se uma grande variação na condução do processo e algumas divergências na escolha de técnicas e instrumentos. O supervisor em neuropsicologia precisa estar atento a essas limitações da área para promover em seu supervisionando um olhar crítico e um raciocínio embasado cientificamente e, por consequência, fomentar a tomada de decisão mais assertiva para cada caso (Gauthier et al., 2021).

É fundamental que o profissional entenda que ele atua na área da saúde, especificamente a saúde mental, logo, deve adotar uma postura de diálogo interdisciplinar e pautar a sua atuação nos princípios propostos pela Organização Mundial da Saúde (OMS). Posto isso, o profissional deve dominar o real significado do que é saúde e do que é um transtorno. A construção desse raciocínio não é tão óbvia quanto parece, visto que hoje entendemos saúde e transtorno em uma abordagem biopsicossocial, segundo a qual são considerados não somente os déficits e a incapacidade da pessoa, mas também a relação destes com as barreiras do ambiente e o impacto em suas atividades e ocupações. Esse entendimento foi postulado pela OMS com a Classificação Internacional de Funcionalidade, Incapacidade e Saúde (CIF; World Health Organization [WHO], 2007).

Desse modo, é evidente o papel do supervisor na orientação tanto de profissionais recém-formados quanto na condução de avaliações de casos complexos. A experiência e o conhecimento do supervisor garantem a qualidade do serviço oferecido pelo supervisionando, tendo em vista que a avaliação não oferece resultados exatos sobre o caso, mas dados que devem ser interpretados clinicamente. Supervisionar um profissional em ANI carrega uma grande responsabilidade e, por isso, exige do supervisor habilidades que vão além daquelas exigidas para realizar uma boa avaliação. A grande questão é: aqueles que se intitulam supervisores em ANI são realmente capacitados para isso? Com uma breve busca de artigos científicos sobre o assunto, nota-se que o treinamento de supervisores clínicos em neuropsicologia é mundialmente negligenciado (Bodin et al., 2022). Isso significa que há poucos modelos sistematizados sobre as habilidades que ele deve desenvolver.

O supervisor em ANI deve adotar práticas didáticas para conduzir o seu supervisionando em um raciocínio reflexivo sobre a tomada de decisão de cada etapa da avaliação. Deve mostrar-se atento ao conhecimento do supervisionando para orientá-lo sobre a sua formação e o tipo de conhecimento ou técnica que ele deve aprender/desenvolver. Além disso, deve orientá-lo quanto a questões técnicas, éticas e legais – especialmente no que tange aos direitos de pessoas com algum transtorno. Por fim, é fundamental ter boas habilidades de escrita para auxiliar o supervisionando na elaboração dos laudos neuropsicológicos (Gauthier et al., 2021).

Gates e Sendiack (2017) propuseram uma estrutura de práticas que podem ser adotadas pelo supervisor para aprimorar o processo de orientação dos profissionais, esse modelo, contextualizado ao público infantil, é descrito nos itens a seguir.

- Reflexão sistêmica: o supervisor deve construir, junto ao supervisionando, um raciocínio multidimensional e sistêmico sobre o caso e auxiliar o supervisionando na coleta de dados e interpretação dos seguintes tópicos:
    - fatores contextuais específicos do paciente;
    - estilo disciplinar dos cuidadores;
    - estrutura da rotina;

- tipos de estímulos oferecidos;
- perfil sociocultural;
- recursos financeiros;
- perfil psicológico dos cuidados;
- crenças dos cuidadores que podem afetar o próprio perfil da criança e a recepção do diagnóstico.

- Tomada de decisão técnica: é papel do supervisor orientar o supervisionando:
    - na seleção e interpretação de instrumentos e escolha de estratégias de avaliação por meio de brincadeiras e propostas de atividades;
    - na integração das diversas fontes de informação (relatos, observação, análise de materiais e resultados dos instrumentos);
    - na conceitualização do caso à luz dos modelos cognitivos e teorias do desenvolvimento;
    - no diagnóstico diferencial baseado em evidências científicas;
    - na seleção das indicações de intervenções e orientações para a família;
    - nas diretrizes para a elaboração do laudo;
    - na escolha de estratégias para a entrega do laudo para a família.

Modelo de prática

O supervisor precisa estar familiarizado com as diretrizes técnicas e éticas da prática clínica para que, assim, consiga orientar sobre o uso apropriado de testes, a forma de arquivar os dados, as regras sobre sigilo e a apresentação das informações no laudo. Ele também deve direcionar o supervisionando em relação a políticas públicas, leis de assistência, inclusão escolar e plano de saúde.

O supervisor tem a função de ser um guia para o profissional, alguém que vai estimular um raciocínio reflexivo e não apenas entregar um entendimento pronto. Tem o papel de um professor que ensina o profissional a refletir sobre o seu trabalho, postura, falhas e acertos, e que, principalmente, ensina a desenvolver o raciocínio clínico. Em nossa prática como supervisores, tentamos criar junto ao supervisionando um passo a passo do raciocínio clínico que evita vieses de fonte de informação e proporciona um entendimento com base nos comportamentos da criança.

É comum o profissional focar na busca de sintomas de transtornos ou construir o perfil do paciente dando foco maior nos resultados dos testes. Todavia, essas duas atitudes geram interpretações falhas. No primeiro caso, o profissional já filtra e seleciona as informações, não se atentando à análise holística. Já no segundo caso, exclui o entendimento funcional das habilidades, ou seja, como as habilidades se manifestam na vida real do paciente. Por isso, nas supervisões, ensinamos a caracterizar as habilidades cognitivas e o perfil de comportamento do paciente por meio dos relatos e observação, para, somente depois disso, interpretar os resultados dos instrumentos. Essa análise é feita sem a tentativa de identificar sintomas e sem tentar entender a causa do perfil; em outras palavras, é uma análise descritiva de potencialidades e dificuldades. Somente após essa construção de perfil é que passamos a interpretar os dados e a compreender se há comportamentos que se enquadram como sintomas de algum transtorno.

SUPERVISÃO DE ATENDIMENTOS DE ADULTOS E IDOSOS

No cenário do atendimento de adultos e idosos, é mais frequente a solicitação de supervisão dos profissionais para o fechamento do raciocínio clínico e diagnóstico do caso atendido. É comum que essa solicitação ocorra quando o profissional considera que sua avaliação está finalizada e que é necessário apenas o auxílio na compreensão final do caso.

Quando isso ocorre, significa que o profissional realizou o processo de raciocínio clínico de forma segura e robusta desde o início da avaliação, porém precisa de suporte para avaliar eventuais nuanças consequentes da conclusão diagnóstica. Ou seja, o profissional acredita deter todas as informações necessárias ao raciocínio clínico final, impondo ao supervisor o desafio de, por vezes, desenvolver o raciocínio clínico com peças faltantes no quebra-cabeça. Essa postura, extremamente comum, normalmente deveria ser esperada e realizada por profissionais que estão no nível intermediário ou avançado de competências clínicas para atuar com esse nicho em específico, a fim de que a supervisão possa cumprir seu papel técnico e ético (American Psychological Asssociation [APA], 2022; Nelson et al., 2015). Infelizmente, com o público de adultos e idosos, é frequente que a solicitação de supervisão ocorra nesse modelo, sem que o profissional tenha domínio do nicho (nos aspectos teóricos e práticos), gerando desafios na prática da supervisão. Diante dessa realidade, é comum que o supervisor pontue que o profissional pode se beneficiar de supervisões completas dos casos atendidos, bem como de cursos e leituras específicas, a fim de desenvolver as habilidades centrais necessárias a um neuropsicólogo (Gates & Sendiack, 2017).

Desafios e possíveis caminhos em supervisão de atendimentos de adultos e idosos

Serão abordados a seguir os desafios impostos pelo tipo de supervisão mais frequentemente solicitado, para que tanto supervisores quanto supervisionandos possam buscar formas de mitigar os percalços e tornar o processo de supervisão e atendimento ao cliente mais eficaz e ético.

O primeiro desafio imposto é a ausência de informações compreensivas sobre o cliente, sua história clínica e a história dos sintomas. Esses dados, normalmente coletados na anamnese inicial, são cruciais para o delineamento do protocolo de testagem e interpretação dos resultados. É frequente a necessidade de revisitar informações ou coletar novos dados com os clientes e seus informantes, sendo comum que o profissional que acreditava ter realizado o raciocínio clínico de forma avançada veja-se sem determinadas informações, as quais poderiam ter sido solicitadas nas sessões de anamnese, de forma a permitir um processo mais refinado de diagnóstico diferencial (destacamos aqui que esse diagnóstico diferencial não se refere exclusivamente a diagnósticos nosológicos, mas muito mais aos processos cognitivos e comportamentais subjacentes às queixas apresentadas). Dessa forma, a avaliação dada por concluída precisa ser reaberta para que novas informações sejam coletadas e proporcionem um melhor fechamento do caso. Caso isso não seja possível, a supervisão terá que lidar com dados faltantes que impactarão na conclusão do caso e delineamento de intervenções.

Também é importante que supervisionandos e supervisores evitem lidar com respostas a perguntas referentes à história clínica com expressões como "Eu acho que..." ou "Parece que...". Ressaltamos que o supervisor analisa o cliente por meio do olhar e das informações coletadas pelo profissional, e que incertezas nas respostas impactam diretamente o raciocínio clínico. Nesses momentos, é preciso deixar claro a existência ou não dessas informações previamente coletadas. Algumas soluções para o desafio da ausência de informações são: a) que o profissional busque desenvolver suas habilidades de anamnese, de detalhamento cognitivo e comportamental, e saiba incluir perguntas de diagnósticos diferenciais no decorrer da sessão ou da avaliação; b) que o profissional inicie a supervisão do caso após uma primeira anamnese, tendo o suporte do supervisor para refinar essa etapa da avaliação e iniciar as demais munido de um perfil do cliente que seja compreensivo; e c) que o profissional não considere o caso finalizado para o cliente e informantes antes de realizar a supervisão, evitando, assim, deixar margem para a realização de novas sessões ou contatos para sanar dúvidas.

Alinhado com esse primeiro desafio, podemos incluir a questão específica dos informantes. É comum que, ao atender adultos e idosos com queixas sutis, o profissional considere que não é necessário entrevistar informantes. No entanto, sabemos que informações sobre a ocorrência de sintomas no cotidiano podem ser super ou subvalorizadas pelos clientes, uma vez que eles procuram a avaliação por apresentarem queixas. Ouvir informantes, por mais que também tenham suas imprecisões, é rico e informativo para a compreensão mais ampla das queixas e do seu impacto na vida do cliente (Board of Directors, 2007). Uma forma ética de fazer isso é explicar para o cliente qual o papel do informante na avaliação, garantir a ele o sigilo de suas informações e envolvê-lo como ator principal na escolha de quem será(ão) o(s) informante(s). Por exemplo, é comum adultos procurarem atendimento mediante suspeita de quadros do neurodesenvolvimento, para os quais a obtenção de informações sobre o desenvolvimento desde a infância é crucial. Da mesma maneira, quando temos núcleos de sintomas relacionados à personalidade, por exemplo, o relato de pessoas que convivem com o cliente enriquece a compreensão de como eles se manifestam nas relações interpessoais.

O segundo desafio enfrentado pelo supervisor que recebe um caso para supervisão ao final do processo envolve a confiança. É necessário confiar que o profissional domina as técnicas de aplicação, correção e interpretação dos testes e escalas incluídos no protocolo (e que a escolha dos instrumentos foi realizada com parcimônia e precisão) (American Psychological Asssociation [APA], 2020). Quando há apenas um momento para fechamento do caso, no qual todas as informações disponíveis devem ser consideradas, não há tempo suficiente para a conferência desses aspectos. Uma vez que a quantificação é uma fonte de informação muito utilizada na avaliação, é preciso que essa etapa seja realizada com qualidade e sem erros. Algumas soluções para esse desafio são: a) por meio de material escrito solicitado para a realização da supervisão é possível verificar erros mais visíveis de pontuação e de conversão de escores, e outras questões técnicas de testagem, e corrigi-las a tempo; b) o profissional realiza supervisão para a escolha inicial do protocolo de testagem e tem a oportunidade de compreender como aplicar e/ou corrigir testes que não domina, aprendendo como utilizar e incorporar os resultados em sua avaliação e raciocínio; e c) o profissional realiza cursos de qualidade sobre os testes a serem utilizados e/ou estuda e pratica o uso antes da primeira aplicação com um cliente.

Um terceiro desafio é a ausência de uma observação clínica bem detalhada. Apesar de a observação clínica ou comportamental ser uma fonte de informação fundamental, é comum que ela fique esquecida ou não seja realizada/valorizada como poderia. É importante que, na supervisão, a observação seja trazida e considerada. A supervisão também é um momento de proporcionar ao profissional o aprendizado sobre o que observar, auxiliá-lo a diferenciar comportamentos parecidos no relato e instigar situações que o permitam ver "ao vivo" as queixas trazidas. Diante da alta demanda de adultos e idosos por suspeitas de transtornos psiquiátricos, uma observação clínica que possibilite distinguir, por exemplo, entre apatia e depressão ou entre agitação por ansiedade e por outra manifestação clínica, é essencial para a construção da imagem do cliente, para que o supervisor possa, de fato, auxiliar no raciocínio. Algumas soluções para esse desafio são: a) o profissional anotar e levar suas observações para a supervisão, bem como o supervisor solicitá-las; b) o profissional realizar supervisão no início do atendimento, para que aprenda a observar as sutilezas das queixas sendo manifestadas nos comportamentos em sessão; e c) o profissional estudar sobre as nuanças que diferenciam comportamentos parecidos ao olhar leigo.

Além dos desafios e das soluções propostas, há outros pontos que permitem realizar uma supervisão de qualidade com o público de adultos e idosos. Assim como no público de crianças e adolescentes, é necessário ter cuidado para não buscar confirmar diagnósticos conhecidos e frequentes. Em todo processo de supervisão é preciso haver o convite a um raciocínio diferencial excludente de múltiplas etiologias possíveis para o perfil cognitivo, evitando vieses no processo. Por exemplo, quadros demenciais (neurocognitivos maiores) tornam-se "similares" com a evolução, apresentando múltiplos déficits cognitivos, e, consequentemente, a queixa mais popular, de esquecimento (Salmon & Bondi, 2009). Se essa queixa não é explorada sobre o que é considerado esquecimento, como ele ocorre e outros detalhes, o profissional e supervisor podem supor que se trata de queixas de memória episódica. E, se as queixas não são cronologicamente organizadas, ficará fácil e tentador intuir que se trata de uma demência por doença de Alzheimer, uma vez que nela há queixas de esquecimentos e múltiplos déficits cognitivos. O mesmo ocorre com adultos com suspeita de transtorno de déficit de atenção/hiperatividade (TDAH) que relatam inquietude e desatenção. Essas queixas devem ser exploradas e incluídas em uma visão ampla de desenvolvimento, evitando que outros diagnósticos, capazes de explicar melhor os sintomas, sejam excluídos sem cautelosa verificação.

Podemos, então, listar alguns pontos que podem auxiliar no caminho de uma boa supervisão, que proporciona aprendizado ao profissional e consequente refinamento da qualidade do serviço prestado aos clientes. São eles:

- Profissional e supervisor constroem o perfil cognitivo e comportamental por meio do relato antes de incluírem resultados de testes. A compreensão real das queixas amplas (p. ex., esquecimentos e desatenção) é crucial para o raciocínio clínico.
- Profissional e supervisor empenham-se para construir uma linha do tempo (cronologia) dos sintomas, destacando dificuldades novas, intensificação de perfil prévio, mudanças sutis, melhorias, entre outros. É preciso caracterizar o que tem acontecido nos últimos anos com clareza e ordem.
- Profissional e supervisor empenham-se para compreender o nível pré-mórbido do cliente, voltando no tempo e construindo uma imagem longitudinal do desenvolvimento (dentro das possibilidades).
- Profissional garante um atendimento e uso de técnicas de testagem com rigor e qualidade, desde a aplicação até a conversão de escores.
- Profissional e supervisor constroem o perfil atual levando em consideração, pelo menos, a tríade básica de informações (anamnese, observação e testagem), e não focam apenas nos resultados dos testes.
- Profissional e supervisor avaliam sintomas psiquiátricos e neuropsiquiátricos para além de depressão e ansiedade.
- Profissional e supervisor avaliam as consequências funcionais das queixas, verificando o impacto cotidiano das dificuldades.
- Supervisor auxilia o profissional na compreensão dos diferentes diagnósticos diferenciais possíveis para aquele perfil e quais são os aspectos que contribuem para a exclusão de um outro diagnóstico.

- Supervisor indicar literatura científica de qualidade para o estudo e desenvolvimento do profissional.
- Supervisor procurar evitar os próprios vieses durante o processo e auxiliar o profissional na identificação dos vieses dele.
- Supervisor instiga e proporciona ao profissional a atenção e o desenvolvimento de uma prática neuropsicológica que respeita e contempla as diferenças dos clientes.

A segunda demanda mais frequente com esse público é para auxílio e correção do laudo (Postal et al., 2018). Isso ocorre, muitas vezes, por termos de lidar com longos históricos de desenvolvimento e modificações cognitivas e comportamentais, com múltiplos diagnósticos recebidos ao longo da vida, associados a diferentes tratamentos, com prejuízos funcionais que não são facilmente mensurados, e com múltiplos diagnósticos diferenciais possíveis. Diante desse cenário, é comum o profissional ter dificuldades para selecionar as informações relevantes de serem expostas no laudo, para construir a história de forma que traduza o raciocínio clínico e fique compreensível, para coordenar resultados da tríade de informações e para finalizar o processo evidenciando porque sua conclusão tem respaldo clínico-científico. Por exemplo, é sempre importante deixar claro o que levou a um possível diagnóstico nosológico, considerando todos os critérios de inclusão e exclusão, ou demonstrar porque pode parecer um determinado diagnóstico, mas que este não se sustenta quando são aplicados critérios de exclusão. Considerando que o laudo é o documento oficial que circulará como produto da avaliação, agindo também como a vitrine do serviço prestado, é possível compreender por que sua escrita é alvo frequente e recomendado de supervisão (Nelson et al., 2015; Shultz et al., 2014).

CONSIDERAÇÕES FINAIS

Os fundamentos da formação em neuropsicologia têm sido amplamente discutidos por diversas associações científicas em diferentes países. Em que pese os avanços em identificar pontos fundamentais para essa formação, ainda não existe um consenso que norteie os programas de formação na área. No Brasil, além dessa barreira compartilhada com outros contextos, esbarramos na falta de disciplinas e oportunidades de prática nos cursos de graduação. Muitas das demandas para supervisão refletem a formação tangencial em neuropsicologia e disciplinas relacionadas. A supervisão em neuropsicologia deve, portanto, partir da identificação das lacunas de formação do supervisionando, para que seja possível oportunizar a orientação necessária para a fundamentação do raciocínio clínico, seja na avaliação ou na intervenção.

REFERÊNCIAS

American Psychological Asssociation (APA). (2020). *APA guidelines for psychological assessment and evaluation.* https://www.apa.org/about/policy/guidelines-psychological-assessment-evaluation.pdf

American Psychological Asssociation (APA). (2022). *Guidelines for psychological practice with older adults.* https://www.apa.org/practice/guidelines/older-adults

Antunes, A. M., Júlio-Costa, A., & Malloy-Diniz, L. (2018). Compreendendo a queixa clínica em pré-escolares. In N. M., Dias & A. G., Seabra (Eds.), *Neuropsicologia com pré-escolares: Avaliação e intervenção* (Vol. 1). Pearson.

Board of Directors (2007). American Academy of Clinical Neuropsychology (AACN) practice guidelines for neuropsychological assessment and consultation. *The Clinical Neuropsychologist, 21*(2), 209-231.

Bodin, D., Stucky, K., & Bush, S. (2022). Introduction. In *Supervision in neuropsychology: Practical, ethical, and theoretical considerations.* Oxford University Press.

Conselho Federal de Fonoaudiologia (CFFa). (2015). *Resolução CFFa nº 466, de 22 de janeiro de 2015.* Dispõe sobre as atribuições e competências relativas ao profissional Fonoaudiólogo Especialista em Neuropsicologia, e dá outras providências. https://www.fonoaudiologia.org.br/resolucoes/resolucoes_html/CFFa_N_466_15.htm

Deoni, S., Beauchemin, J., Volpe, A., & D'Sa, V. (2021). *Impact of the COVID-19 pandemic on early child cognitive development: Initial findings in a longitudinal observational study of child health.* MedRxiv.

Fegert, J. M., Vitiello, B., Plener, P. L., & Clemens, V. (2020). Challenges and burden of the Coronavirus 2019 (COVID-19) pandemic for child and adolescent mental health: A narrative review to highlight clinical and research needs in the acute phase and the long return to normality. *Child and Adolescent Psychiatry and Mental Health, 14*(1), 1-11.

Gates, N. J., & Sendiack, C. I. (2017). Neuropsychology supervision: Incorporating reflective practice. *Australian Psychologist, 52*(3), 191-197.

Gauthier, B., Dupont, C., Gosselin, N., & de Guise, E. (2021). Neuropsychology supervision: A survey of practices in Quebec and a cross-cultural comparison. *The Clinical Neuropsychologist, 35*(7), 1232-1257.

Haase, V. G., de Salles, J. F., Miranda, M. C., Malloy-Diniz, L., Abreu, N., Argollo, N., ... Bueno, O. F. A. (2012). Neuropsicologia como ciência interdisciplinar: Consenso da Comunidade Brasileira de Pesquisadores/Clínicos em Neuropsicologia. *Neuropsicología Latinoamericana, 4*(4), 1-8.

Hokkanen L, Barbosa F, Ponchel A, Constantinou M, Kosmidis MH, Varako N, ... Hessen E (2020). Clinical neuropsychology as a specialist profession in European Health Care: Developing a benchmark for training standards and competencies using the europsy model? *Frontiers in Psychology, 11*, 559134.

Nelson, A. P., Roper, B. L., Slomine, B. S., Morrison, C., Greher, M. R., Janusz, J., ... Wodushek, T. R. (2015). Official position of the American Academy of Clinical Neuropsychology (AACN): Guidelines for practicum training in clinical neuropsychology. *The Clinical Neuropsychologist, 29*(7), 879-904.

Palacio-Ortiz, J. D., Londoño-Herrera, J. P., Nanclares-Márquez, A., Robledo-Rengifo, P., & Quintero-Cadavid, C. P. (2020). Psychiatric disorders in children and adolescents during the COVID-19 pandemic. *Revista Colombiana de psiquiatria (English ed.), 49*(4), 279-288.

Postal, K., Chow, C., Jung, S., Erickson-Moreo, K., Geier, F., & Lanca, M. (2018). The stakeholders' project in neuropsychological report writing: A survey of neuropsychologists' and referral sources' views of neuropsychological reports. *The Clinical Neuropsychologist, 32*(3), 326-344.

Resolução CFFa nº 466, de 22 de janeiro de 2015. (2015). Dispõe sobre as atribuições e competências relativas ao profissional Fonoaudiólogo Especialista em Neuropsicologia, e dá outras providências. https://www.fonoaudiologia.org.br/resolucoes/resolucoes_html/CFFa_N_466_15.htm

Resolução CFP Nº 002/2004. (2004). Reconhece a Neuropsicologia como especialidade em Psicologia para finalidade de concessão e registro do título de Especialista. https://site.cfp.org.br/wp-content/uploads/2006/01/resolucao2004_2.pdf

Salmon, D. P., & Bondi, M. W. (2009). Neuropsychological assessment of dementia. *Annual Review of Psychology, 60,* 257-282.

Shultz, L. A. S., Pedersen, H. A., Roper, B. L., & Rey-Casserly, C. (2014). Supervision in neuropsychological assessment: A survey of training, practices, and perspectives of supervisors. *The Clinical Neuropsychologist, 28*(6), 907-925.

Smith, G., CNS. (2018). Education and training in clinical neuropsychology: Recent developments and documents from the Clinical Neuropsychology Synarchy. *Archives of Clinical Neuropsychology, 34*(3), 418-431.

World Health Organization (WHO). (2007). International classification of functioning, disability, and health: Children & youth version. https://apps.who.int/iris/bitstream/handle/10665/43737/9789241547321_eng.pdf;jsessionid=B38416A716F1C9905CCE17123E5934D6?sequence=1

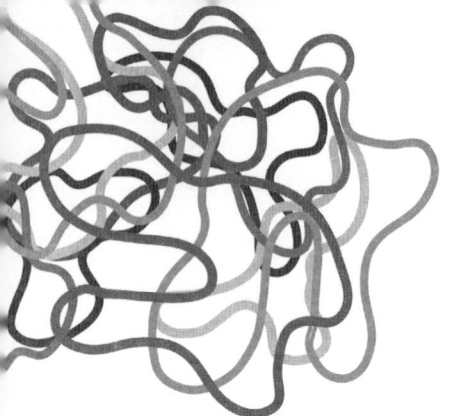

20

Supervisão em pesquisa
O que há de relevante?

Janaína Bianca Barletta
Fabiana Gauy
Carmem Beatriz Neufeld

A pesquisa científica é uma atividade reconhecidamente importante para o desenvolvimento de uma nação, com impactos em várias áreas, como saúde, tecnologia, educação e cultura. À medida que essa relevância foi se consolidando, o ensino da pesquisa foi ganhando espaço no cenário internacional. Na Austrália, por exemplo, o governo financiou uma proposta para fomentar habilidades próprias de pesquisa, no sentido de formar pesquisadores e outros profissionais que pudessem utilizar pesquisas. Para avaliar a qualidade do ensino da pesquisa, além de critérios como satisfação do aluno e adequação dos recursos, deu-se foco à eficácia da supervisão em pesquisa e dos supervisores dessa atividade. Essa preocupação com a educação, ou treinamento em pesquisa, levou à elaboração de programas de desenvolvimento de supervisores (Pearson & Brew, 2002).

É comum, em vários cenários em que há pesquisa, incluir estudantes em projetos e estudos maiores, financiados e/ou com parcerias comerciais e industriais, porém apenas aprendem a execução técnica para o experimento ou para aquela etapa da pesquisa. Logo, outra busca foi ampliar as habilidades de pesquisa, já que o desenvolvimento exclusivo de padrões técnicos de um experimento não leva, necessariamente, à compreensão e ao aprofundamento de raciocínio intelectual, da relação entre a teoria e os resultados de pesquisa, alcances e limitações. Espera-se que, ao final de um treinamento em pesquisa, os estudantes tenham desenvolvido distintos conjuntos de habilidades, como as específicas de pesquisa, as genéricas ou para a empregabilidade, as de trabalho em grupo e as de autoconfiança. A proposta que integra tais habilidades proporciona direcionamentos no desenvolvimento de treinamentos de supervisores (Pearson & Brew, 2002). As autoras ressaltam que as habilidades, ainda que diversas, são ensinadas (e aplicadas) de forma inter-relacionada, e não como atividades distintas, separadas, fragmentadas e sem conexão entre si.

Historicamente, os cursos de pós-graduação na modalidade *stricto sensu* – mestrado e doutorado – são os mais associados à supervisão em pesquisa. Contudo, mesmo o doutorado, grau mais elevado entre esses modelos, tinha na sua origem o objetivo de dar licença ao profissional para ensinar, não apresentando o foco em pesquisa que existe hoje. Foi somente a partir do século XIX que a Alemanha tornou-se pioneira em oferecer um doutorado em filosofia que incluía pesquisa em seu programa. Tal modelo influenciou na criação, nos Estados Unidos, do primeiro doutorado, concedido em 1861, já incluindo pesquisa em seu programa, que gerou o título de Doctor of Philosophy (o famoso Ph.D.). Neste, para o aluno avançar em um projeto de pesquisa, exigia-se a demonstração prévia de conhecimento, compreensão, habilidades de ponta e treinamento em pesquisa. Porém, foi nos programas de doutorado do Reino Unido, em 1917, que surgiram cursos mais especializados em áreas temáticas, nos quais se exigia a construção de uma tese seguida de um exame oral do trabalho e uma avaliação muito mais estruturada, monitorada por um supervisor (Cabral et al., 2020; Eley & Murray, 2009).

No Brasil, com a criação das primeiras universidades, a partir da década de 1930, influenciadas por professores estrangeiros, algumas poucas instituições de ensino incluíram em sua oferta os cursos de pós-graduação. No entanto, por não haver regulamentação do Ministério da Educação, o título decorrente desse nível de ensino era pouco reconhecido fora do mundo acadêmico. Em 1951, foi criada, por meio do Decreto nº 29.741, a Coordenação de Aperfeiçoamento de Pessoal de Nível Superior (CAPES) (Decreto nº 29.741, de 11 de julho de 1951), com a missão de expandir e consolidar os cursos de pós-graduação *stricto sensu*. Em 1965, o Ministério da Educação regulamentou esse nível de ensino. Nesse mesmo ano, foram fixadas pelo Parecer Sucupira (Parecer nº 977/65, 1965) as principais características da pós-graduação brasileira, diferenciando os graus de mestrado e doutorado, sendo o primeiro pré-requisito do segundo (Balbachevsky, 2005; Parecer nº 977/65, 1965). Em 1968, os programas de pós-graduação adquiriam novas características e maior autonomia institucional. O novo modelo passou a exigir do aluno a conclusão de créditos de disciplinas, qualificação diante de uma banca de professores e defesa pública, com pelo menos um professor externo ao departamento de origem do aluno (Balbachevsky, 2005; Cabral et al., 2020).

Segundo um levantamento de Cabral et al. (2020), ao longo das sete décadas da CAPES, houve um aumento no número de programas, cursos, matrículas e titulações. Ao longo desse período, por exemplo, houve um aumento de 419% no número de cursos *stricto sensu*, sendo que os cursos de mestrado acadêmico foram os que sempre apresentaram, anualmente, mais matrículas. Ao longo dos últimos 70 anos, houve um crescimento de 18 vezes no número de titulações de novos mestres e/ou doutores, por ano, a partir do aumento da oferta de programas de pós-graduação no Brasil. Todavia, essa ampliação foi assimétrica entre as regiões, sendo que os estados do Sul e do Sudeste, com exceção do Espírito

Santo, concentraram 67,85% das titulações. Esse estudo aponta que apesar dos dados promissores de aumento do número de profissionais capacitados, há ainda dois grandes desafios: a falta de simetria de crescimento no território nacional e a evasão estudantil.

Vale ressaltar que os dados apresentados por Cabral et al. (2020) indicam a demanda crescente de supervisores em pesquisa, que não se restringe apenas aos graus acadêmicos mais elevados associados à construção do conhecimento. Cabe também a esses profissionais a introdução no campo da pesquisa, por meio de atividades de iniciação científica dos alunos de graduação. Ou seja, sabe-se que nos cursos de graduação há a proposta de introduzir os alunos na prática de pesquisa. Esse olhar é de grande relevância por dois motivos: a) reconhecer a pesquisa como um pilar educativo essencial na educação superior (Fontes & Poleto, 2018); e b) compreender a pesquisa como elemento indissociável da formação profissional (Pearson & Brew, 2002). Ao entender a pesquisa como um pilar educativo, faz-se o paralelo com a investigação, a postura curiosa, as formas de análise e síntese, isto é, o pensamento crítico, embasado na ciência e adaptado ao estudo em si. Ao se reconhecer a pesquisa como pilar da formação profissional, para além da formação como pesquisador, atribui-se habilidades comunicativas e de trabalho em grupo, entre outras que também auxiliam na atividade laboral em si.

Além disso, a importância do ensino e da aprendizagem sobre pesquisa também está na aplicabilidade do fazer profissional. Por exemplo, o psicólogo clínico é um profissional que atua no auxílio ao paciente na busca de manejo e solução de problemas, com o intuito de favorecer a qualidade de vida e minimizar o sofrimento – ele avalia, conceitualiza, diagnostica o problema, apresenta e executa um tratamento psicoterápico (Beck, 2021). Para essa atividade, é importante que o psicólogo clínico, além de lançar mão das habilidades investigativas advindas do aprendizado da postura de pesquisador, tenha a habilidade de buscar estudos de tratamentos empiricamente sustentados, saiba ler criticamente a pesquisa (incluindo as análises de dados) e avaliar como ela pode ser aplicada de maneira adaptada à demanda clínica (Barletta, no prelo; Melnik & Neufeld, 2018). Com isso, entre as competências necessárias ao psicólogo clínico está o conhecimento em pesquisa, mesmo que ele não seja um profissional pesquisador. Tais habilidades também são requeridas em outras áreas da psicologia.

Partindo do reconhecimento da importância que a supervisão/orientação de pesquisa tem na formação profissional, o objetivo deste capítulo é trazer luz a esse tema, com o intuito de refletir sobre a qualificação do supervisor de pesquisa. Para tanto, considerando as diversas frentes as quais os supervisores precisam se engajar para se capacitarem, inicialmente serão abordadas as habilidades necessárias para o supervisor de pesquisa, seguidas pela relação interpessoal entre orientador e estudante e chegando até o treinamento de supervisores.

CONHECIMENTOS, HABILIDADES E ATITUDES DO SUPERVISOR DE PESQUISA

O supervisor em pesquisa, também chamado de orientador (ou mentor, nas grandes universidades norte-americanas e europeias), tem um papel fundamental no desenvolvimento do aluno e da produção do estudo (Machado et al., 2018), ainda que outras variáveis também sejam importantes, como os aspectos institucionais (p. ex., políticas de admissão, infraestrutura de apoio, currículo), os financeiros (p. ex., bolsas de estudo e financiamentos), os déficits no conhecimento e a postura proativa do corpo discente. Ao se considerar os orientadores e o corpo docente, ressalta-se que as supervisões inadequadas podem repercutir negativamente, gerando inclusive problemas emocionais do corpo discente, dificuldades de relacionamento e entraves na comunicação, os quais podem culminar em desfechos por vezes desastrosos, como *burnout* e evasão do aluno (Buttery et al., 2005). Ou seja, a supervisão de pesquisa é particularmente impactante, podendo tornar o aprendizado mais fluido, esperançoso e inspirador, ou mesmo aumentar e prolongar o estresse, a incerteza e o desconforto do processo (Eriksson, 2018).

Considerando-se essas questões, a partir da vivência das autoras, entende-se que exercer o papel de orientador de pesquisa não é uma atividade fácil. Em primeiro lugar, a função está diretamente associada com a de educador (ver Cap. 5 para mais informações sobre a formação do educador). Isto é, ensina-se e facilita-se o aprendizado sobre a atividade de pesquisa, sendo importante para o docente supervisor de pesquisas aprofundar-se em andragogia, fazer uso de metodologias didático-pedagógicas apropriadas, utilizar diferentes ferramentas e ter desenvolvido habilidades educativas inerentes ao processo de ensino e aprendizagem. Vale ressaltar que o nível de desenvolvimento em pesquisa no qual o aluno se encontra, conforme os itens a seguir, é um fator que também interfere nas escolhas didáticas do orientador:

a. Iniciação científica: o aluno ainda está começando na atividade de pesquisa, tem pouco conhecimento e experiência em estudos acadêmicos e precisa de suporte intenso. É muito comum identificar alunos de iniciação científica com trabalhos mais simples ou mesmo como auxiliares de etapas da pesquisa de um mestrando ou doutorando.
b. Mestrado: o principal foco é ensinar e formar a base como pesquisadores. Porém, trata-se de alunos que ainda precisam de apoio importante para aprender e refinar a atividade de pesquisa, ainda que com maior responsabilidade sobre seus afazeres do que os alunos da etapa anterior de ensino. É comum identificar trabalhos mais completos ou robustos do que os elaborados no período de iniciação científica, assim como replicações de estudos importantes. Esta é uma etapa, de acordo com o Programa de Pós-graduação

em Sistemas de Informação da Universidade de São Paulo (USP, 2023), considerada intermediária na formação do pesquisador.
c. Doutorado: etapa na qual o aluno já não é iniciante na pesquisa, tem diversas habilidades de pesquisa consolidadas e vai aprofundar um tema em seu estudo, o que exige, de forma mais acentuada, portanto, a produção de um trabalho inovador. Mesmo que com maior autonomia, o doutorando ainda necessita de suporte importante do orientador.

Uma vez que estamos falando de habilidades de pequisa, parte-se da premissa de que os conhecimentos, as habilidades e as atitudes relacionadas a essa prática, assim como as diversas competências de outros contextos, são passíveis de serem adquiridas e lapidadas (Bennett-Levy, 2006), em especial quando se lança mão de estratégias didádico-pedagógias adequadas para fomentá-las. Minayo (2018), ao retratar a função de supervisão de pesquisa, elenca algumas premissas, sendo que uma delas diz respeito ao processo educativo: mesmo que seja um processo de iniciação científica ou de monografia de graduação, os alunos têm conhecimentos e *background*, ou seja, não chegam sem bagagem acadêmica. Portanto, partir do que já se sabe, das experiências científicas prévias (mesmo que de áreas paralelas e tangenciais), reconhecendo pontos fortes e recursos dos alunos e compartilhando possibilidades de caminho, permite o desenvolvimento de uma aprendizagem significativa (ver Cap. 1 para mais informações sobre metodologias ativas no ensino superior).

Entre uma das competências importantes na prática pedagógica para o supervisor de pesquisa está a habilidade em fornecer e receber *feedback*, que, por sua vez, pode ser considerada um desafio. O *feedback* contínuo tem sido identificado como um componente crucial da relação interpessoal e da aprendizagem de adultos. Logo, quando ele é inadequado, entregue de maneira equivocada ou em momento inoportuno, pode ser percebido como negativo e até danoso pelos alunos, além de criar tensão na relação interpessoal entre supervisor e aluno e tornar-se impeditivo de aprendizagem. De maneira oposta, o *feedback* de alta qualidade promove aprendizado, (auto)reflexão sobre desempenho, percepção de suporte e apoio, conexão e diálogo, clareamento de objetivos, caminhos e direcionamento, bem como motivação e autoeficácia do estudante. Logo, a boa prática do *feedback* potencializa a autorreflexão, centra-se no aluno (nas suas potencialidades e dificuldades) e promove mudanças e melhorais em desempenho (Chugh et al., 2021, Kilminster & Jolly, 2000).

A esse exemplo, Bastola (2020) descreve que o *feedback* do supervisor de pesquisa muitas vezes está relacionado com tarefas consideradas árduas, como a redação da dissertação/tese ou de artigos científicos. Se o *feedback* do supervisor for útil e claro, ele pode facilitar o desenvolvimento da habilidade de escrita científica, bem como engajar o aluno na reflexão sobre o desempenho obtido e sobre o que pode ser feito diferente para alcançar o objetivo final. Se o *feedback* não for muito claro ou for emitido com mais adjetivos e menos descrição de comportamento, pode ser considerado dúbio, agressivo, confrontativo, personalizado, ou seja, pode não favorecer a resolutividade e proatividade do aluno. Na revisão de literatura realizada por Chugh et al. (2021), entre os problemas mais frequentemente encontrados no *feedback* realizado pelos supervisores de pesquisa, na percepção dos alunos, estão:

a. Pouca precisão no *feedback*, sendo fornecido de maneira vaga, pouco diretiva, confusa e sugerindo o entendimento de que o trabalho não foi lido pelo orientador.
b. Forma de realização do *feedback*, podendo ser percebido como mais duro, crítico, rude e até agressivo, o que pode ter duas consequências no comportamento do aluno para além da falta de aprendizado (p. ex., comportamentos de procrastinação/evitação e comportamentos perfeccionistas – ambos podendo acarretar desconforto e mal-estar).
c. Características do aluno, que por vezes torna-se demasidamente dependente do *feedback* do supervisor, especialmente quando este é visto como figura de autoridade. O aluno pode ter dificuldade em pedir mais esclarecimentos sobre um retorno vago ou dúbio, ou mesmo ter pouca abertura e predisposição em rever e avaliar seu desempenho a partir do *feedback*, recebendo-o sempre como ofensa, confronto ou intimidação.
d. Características do orientador e a manutenção da representação social e *status* da função, o que pode favorecer o estabelecimento de uma relação hierárquica e dar pouca atenção ao *feedback* claro e descritivo. Somado a isso, existe a possibilidade de que o orientador não tenha conhecimento suficiente para supervisionar determinado projeto de pesquisa (sem, no entanto, assumir essa limitação) ou tenha pouco interesse naquela temática. A sobrecarga de trabalho, as rupturas nas relações e a pressão da atividade são outros aspectos que podem impactar no *feedback* fornecido.
e. Expectativas distintas, que podem ser exarcebadas pelas diferenças multiculturais, como no entendimento da finalidade do *feedback*, no papel do supervisor e na disponibilidade do supervisor (muitas vezes, os alunos o imaginam como disponível a todo momento).

Assim, problemas de *feedback* podem ter impacto na comunicação entre aluno e supervisor, devido à figura de autoridade do orientador, agravada pela falta de sensibilidade do seu poder na relação e pela diversidade cultural, acadêmica e de resiliência do aluno, conforme demonstrado na Figura 20.1.

Em relação às diferentes expectativas, Minayo (2018) ressalta que os alunos não devem esperar que o orientador saiba responder a todas as perguntas, resolva todos os problemas, fique tranquilo em receber trabalhos mal feitos, aceite a falta de envolvimento, atrasos e inadimplências dos alunos frente aos compromissos, esteja disponível o tempo todo e saiba sempre ajudar em problemas emocionais. Buttery

Supervisor

Conteúdo
Feedback vago, pouco diretivo, pouco preciso

Abordagem
Feedback duro, excessivamente crítico e rude

Conhecimento
Falta de conhecimento do tema orientado

Impacto no aluno

Dependência
Necessidade de agradar ou evitar críticas

Procrastinação ou perfeccionismo
Pelo receio às críticas ou devido aos *feedbacks* vagos ou dúbios

Intimidação
Receio do *feedback* do orientador

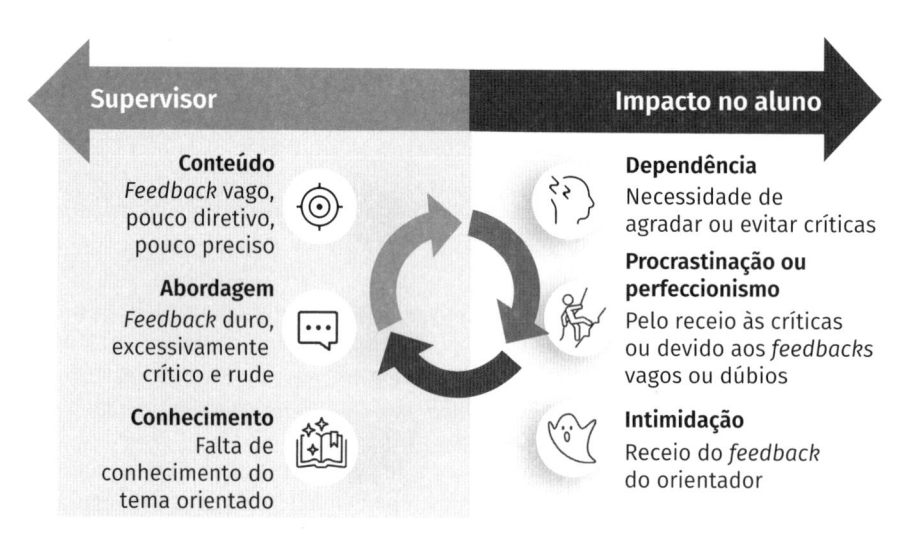

FIGURA 20.1 Problemas de *feedback* por parte do supervisor e impacto no aluno.

et al. (2005), de forma similar, reforçaram que um atrito comum entre supervisores e supervisionandos se deve à diversidade de habilidades de escrita, às expectativas em relação ao trabalho a ser realizado e ao acompanhamento do supervisor. Há alunos que esperam que o supervisor faça as análises dos dados e escreva sua tese, outros esperam uma quantidade enorme de supervisão, o que simplesmente não é possível.

Além da competência pedagógica, com base na prática das autoras, é importante que o supervisor de pesquisa tenha outras habilidades, como: a) de pesquisa, incluindo temática, métodos de coleta e análise de dados, escrita científica, saber como e onde publicar, etc.; b) administrativas e de gestão, como conhecer políticas institucionais, prazos, critérios de aprovação; c) sociais e interativas, como empatia e assertividade, comunicação, liderança, trabalho em grupo; d) de suporte social e emocional, ou seja, de apoio, motivação, de potencialização de um ambiente emocionalmente seguro e instilador de esperança; e e) de supervisão, incluindo o estabelecimento de metas educativas e de produção, medidas e critérios de avaliaçao do processo, organização e direcionamento. Todas essas habilidades não são entendidas separadamente, isto é, seguindo o mesmo raciocínio de Barletta (no prelo), que reconhece que conhecimentos, habilidades e atitudes, nesse caso referente à pesquisa, interagem entre si para levar a competência em orientação e supervisão. Isto é, a qualidade da supervisão não ocorre a partir de uma competência específica ou de um aspecto singular isoladamente, mas pela interface, pelo manejo e pelo uso das competências conjuntamente (Barletta, no prelo).

Em países europeus, o aluno de mestrado e/ou doutorado tem uma dependência considerável do orientador, que geralmente é um cientista com mais tempo de dedicação e *expertise* em um tema específico no qual necessariamente o aluno se insere (Buttery et al., 2005). Esses autores apontaram quatro indicadores importantes que relacionam a qualidade da orientação com a eficácia do supervisor: a) estilo de supervisão, com reuniões de orientação constantes e sistemáticas, porém com flexibilidade e incentivo de autonomia do aluno no projeto; b) competência científica em relação ao projeto a ser desenvolvido pelo aluno, com familiaridade no tema do estudo, incluindo o conhecimento da literatura e experiência na área; c) habilidades sociais e educativas do orientador, incluindo ser acessível, dar apoio e suporte, fornecer e receber *feedback*, reconhecer erros e limites, ser organizado; e d) posição acadêmica, descrita como de excelência intelectual, incluindo envolvimento com pesquisa e publicações. Este último aspecto, ainda de acordo com os autores supracitados, pode sugerir uma facilidade de obtenção de financiamentos externos.

Como um dos critérios mais cristalizados para aferir o sucesso do pesquisador é por meio das publicações científicas, respalda-se o entendimento de que a publicação é um pré-requisito para qualquer pesquisador e que diversos programas de doutoramento têm como foco esse aspecto (Zaheer & Munir, 2020), fortalecido pelos critérios de avaliação dos programas de pós-graduação da CAPES. Partindo dessa perspectiva, Falaster et al. (2017) investigaram se a orientação de pesquisa pode ter influência na competência de publicação dos alunos de doutorado, fazendo um paralelo com a produção acadêmica do orientador e do orientando. Para tanto, os autores fizeram uma pesquisa de análise documental, identificando a produção acadêmica de 127 orientadores de doutorado de quatro diferentes universidades e 313 doutores que foram orientados por esses professores. Entre as principais conclusões, os autores sugerem que a produção do orientador não indicou impacto sobre a quantidade de publicações do recém-doutor, e sim, de forma significativa e positiva, sobre a qualidade da produção.

Com a proposta de identificar as características ideais do supervisor de pesquisa e do aluno (mestrando ou doutorando), Machado et al. (2018) fizeram um levantamento com 136 alunos de pós-graduação e 11 professores orientadores, que avaliaram 20 características em um questionário. As seis principais categorias para um orientador, em ordem de importância, apontadas por todos os participantes do estudo foram: a) ético, honesto e justo; b) acessível e disponível; c) competente, eficiente e preparado; d) desafiador, encorajador e motivador; e) educado e respeitoso; e f) comprometido, dedicado e esforçado. A partir desse ponto, a ordem de prioridade foi distinta na percepção dos estudantes e dos docentes. Em relação às características dos alunos, apenas as duas primeiras (em ordem de importância) foram semelhantes na percepção do orientador e do orientando: ético, honesto e justo; e comprometido, dedicado e esforçado. Esses resultados podem favorecer o delineamento das características dos pesquisadores, sejam alunos ou professores, bem como a expectativa sobre os papéis exercidos.

Ao buscar as características do orientador, Eley e Murray (2009), com base em discussões com supervisores de pesquisa experientes, extraíram alguns pontos associados à capacidade de autorreflexão com foco no desenvolvimento e aprimoramento do supervisor, na flexibilidade para ajustar o estilo da supervisão mantendo uma estrutura e planejamento em pesquisa, no cuidado com as interações entre pessoas e entre supervisionando e material de pesquisa, no uso de métodos avaliativos, na evasão e nas funções administrativas e éticas. No Quadro 20.1, a partir da descrição da literatura referenciada anteriormente, compilamos o conjunto de habilidades necessárias para uma supervisão de pesquisa eficaz.

QUADRO 20.1 Conhecimentos, habilidades e atitudes (CHAs) para uma supervisão em pesquisa eficaz

	CHAs	Descrição
Estilo do supervisor	Estrutura e planejamento em pesquisa	Planejar e estruturar as atividades de pesquisa a partir de encontros regulares presenciais ou *on-line*.
		Oferecer um modelo de cronograma de atividades e avaliação.
		Estimular as ideias originais e a individualidade/diversidade.
	Uso de métodos avaliativos	Usar avaliações adequadas para acompanhar e monitorar o desempenho dos alunos.
		Oferecer *feedbacks* contínuos.
Atitudes do supervisor	Flexibilidade para ajustar o estilo de supervisão	Avaliar as expectativas dos alunos.
		Considerar as diferenças individuais e a necessidade de ajustar o estilo de supervisão.
	Cuidado com as interações entre pessoas e entre supervisionando e material de pesquisa	Observar as reações e pistas dos alunos sobre a experiência e interação com o supervisor, entre supervisionandos e entre supervisionandos e material de pesquisa, o impacto dessas interações sobre os supervisionandos.
		Ser sensível às diversidades pessoais e culturais.
		Manter-se acessível e acolhedor.
	Autorreflexão com foco no desenvolvimento e aprimoramento profissional	Ser capaz de mudar sua prática ao longo do tempo, conforme os avanços de pesquisa e o desenvolvimento dos alunos.
		Refletir sobre sua *performance* e sobre o que pode aprender com cada atividade para melhorar.
		Reconhecer o valor do *feedback* e solicitá-lo, de maneira formal ou anônima.

(Continua)

QUADRO 20.1 Conhecimentos, habilidades e atitudes (CHAs) para uma supervisão em pesquisa eficaz *(Continuação)*

	CHAs	Descrição
Postura acadêmica e intelectual do supervisor	Evasão	Monitorar e prevenir evasão, seja por questões inerentes ao trabalho de pesquisa ou por questões emocionais/sociais.
	Funções administrativas	Entregar frequência e notas. Monitorar as taxas de conclusão, entregas e publicações/produções frutos do trabalho supervisionado.
	Funções éticas	Conhecer, respeitar e seguir as normas éticas de pesquisa e as documentações necessárias para que o trabalho mantenha-se dentro das regulamentações éticas.
	Habilidades como pesquisador	Ser criativo/flexível. Apresentar excelência intelectual. Apresentar envolvimento consistente em pesquisa. Publicar pesquisas relevantes para a área. Ser capaz de buscar/conseguir financiamento externo.
Projeto e tema	Competência em relação ao projeto do supervisionando	Apresentar competência científica. Ter familiaridade com a literatura acadêmica relevante. Ter experiência na área do projeto. Acompanhar o estado da arte na área.

Fonte: Elaborado com base em Eley e Murray (2009).

Para além das habilidades descritas anteriormente, Zaheer e Munir (2020) acrescentam a importância de um conjunto de habilidades que inclua a supervisão em pesquisa a distância/*on-line*. Isso se deve ao fato de tal modalidade ter crescido como uma iniciativa para aumentar o acesso da população à educação e à pesquisa, somado ao momento pandêmico que fez com que a orientação migrasse obrigatoriamente para essa via. Esses autores fizeram um estudo qualitativo com 16 supervisores de pesquisa, com o objetivo de identificar barreiras na orientação *on-line*. Entre os principais resultados, foram destacados como dificultadores os seguintes itens: tempo, restrições oficiais, contatos irregulares e descontinuados e a própria tecnologia. Tais barreiras impactam sobretudo na interação entre o orientador e o aluno, podendo representar um comprometimento ao processo.

Em contrapartida, quando há atitude aberta e flexível para uso das tecnologias da informação e comunicação (TICs), tanto por parte dos supervisores quanto dos alunos, a probabilidade de sucesso na orientação de pesquisa aumenta. De maneira semelhante, a dificuldade com a tecnologia foi avaliada em outros contextos de supervisão. Machado e Barletta (2015) realizaram uma pesquisa qualitativa com 19 terapeutas cognitivo-comportamentais que, durante a prática supervisionada da especialização, puderam escolher entre supervisão presencial ou *on-line*. Os autores identificaram as seguintes barreiras, similares às encontradas por Zaheer e Munir (2020): baixa qualidade da internet e manejo da tecnologia, pouca disciplina e falta de abertura e motivação para uso das TICs, favorecendo a justificativa para evitar encontros supervisionados, e esquiva da própria implicação na aprendizagem. Verificou-se que o impacto na relação interpessoal também é uma consequência importante.

Partindo dessas dificuldades, Barletta et al. (2022) discutiram a necessidade de domínio e manejo das TICs pelo supervisor, a fim de favorecer o processo educativo. Ainda que essas autoras tenham mantido o foco na supervisão clínica, as autoras do presente capítulo ressaltam que, para a supervisão em pesquisa, a habilidade com a tecnologia no contexto educacional também se torna crucial para o orientador.

RELAÇÃO ENTRE SUPERVISORES DE PESQUISA E ESTUDANTES

A relação estabelecida entre supervisores de pesquisa e estudantes é fundamental para a qualidade do processo de supervisão, pois os comportamentos dos orientadores que favorecem ou não um processo de supervisão efetivo estão relacionados, em grande parte, a habilidades de interação social e características pessoais dos supervisores (Beckert, 2002). De acordo com Minayo (2018, p. 1), a própria definição de orientação de pesquisa respalda a relação interpessoal: "orientação é inter-relação entre uma pessoa mais experiente academicamente – não um 'sabe-tudo' – e um estudante que dá início ou continuidade à carreira de pesquisador". Por esse motivo, dada sua importância no contexto de supervisão de pesquisa, a temática é destacada nesta seção.

Entende-se que os professores orientadores de pesquisa têm conhecimento, influência, maturidade, *status* e poder que os permitem assumir posições, direcionamentos e tomadas de decisão que afetam diretamente os estudantes, especialmente nas relações interpessoais estabelecidas (Sheldon et al., 2015). A esse exemplo, tem-se a carga de trabalho e o impacto emocional resultante da experiência da interação, que pode variar a depender do aluno, seu conhecimento e engajamento necessário para o trabalho de pesquisa, bem como das características pessoais (Askew et al., 2016) e das habilidades já citadas dos supervisores (Beckert, 2002; Eley & Murray, 2009).

Conforme demonstra-se na Figura 20.2, as variáveis estressoras da relação supervisor-aluno podem ser diferentes (ou ter pesos distintos), mas apresentar desfechos semelhantes. Diante dos atritos, supervisores e alunos podem entrar em *burnout*, com consequências laborais e emocionais, mudanças de programa e evasão. Corroborando esse entendimento, ressalta-se na literatura que a relação distante entre o supervisor de pesquisa e o aluno pode impactar no aprendizado e na compreensão do processo (Pearson & Brew, 2002), uma vez que podem aparecer mais ruídos na comunicação, bem como haver menor conexão e abertura para exposição de problemas e busca de soluções conjuntamente. Assim, comportamentos do orientador que favoreçam uma supervisão inefetiva são associados a rigidez, pouca empatia, falta de suporte e de acompanhamento das preocupações dos supervisionandos, mostrar-se indireto e intolerante e enfatizar a avaliação e os aspectos negativos dos alunos (Kilminster & Jolly, 2000; Whitman, 2001).

Portanto, na literatura, percebe-se o investimento em reconhecer as variáveis importantes para uma relação de qualidade no ambiente de supervisão em pesquisa e descrever uma diversidade delas há bastante tempo. Nigam et al. (1997), por exemplo, citaram que as características desejáveis de um supervisor de pesquisa clínica, a fim de possibilitar o estabelecimento de uma genuína interação entre supervisor e aluno, são: a) qualidades pessoais do supervisor, como abertura e confiabilidade; b) comportamentos expressos de interesse, motivação e iniciativa, facilitadores da relação supervisor-aluno; c) atitude curiosa, flexível e empática aos participantes da pesquisa (ou seja, no caso da orientação em pesquisa clínica, em relação ao paciente atendido pelo aluno); e d) postura intelectual aberta mediadora da aprendizagem do aluno. Nesse mesmo sentido, Sloan (1999) realizou um estudo que também teve o

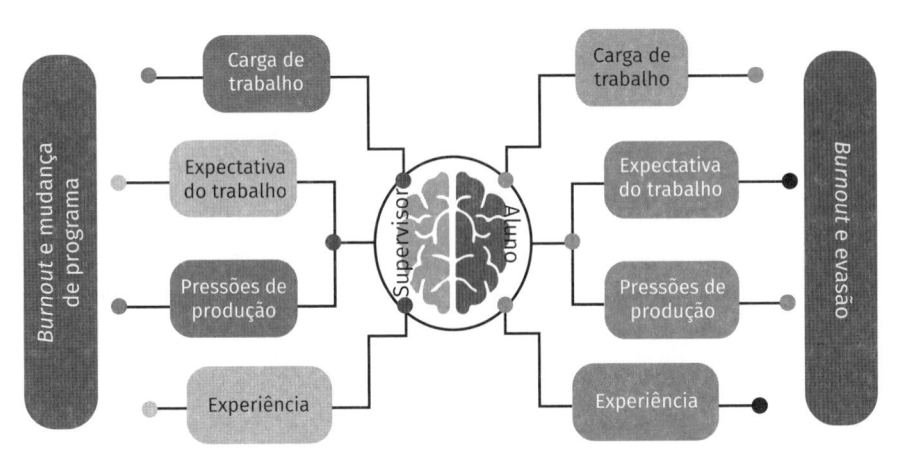

FIGURA 20.2 Variáveis comuns de atritos na relação entre supervisor e aluno.

objetivo de identificar as características de um bom supervisor a partir da perspectiva do supervisionando. Todos os participantes citaram que a supervisão abordava aspectos relevantes do tema da pesquisa, suporte emocional e desenvolvimento profissional. A maioria citou essas três características mais importantes para um supervisor: a) capacidade de deixar o aluno confortável em conversar sobre as próprias limitações; b) habilidade para desenvolver uma relação de apoio, confiança, empatia e reforço mútuo; e c) ser um modelo de inspiração de conhecimento e habilidades no assunto central da pesquisa.

Outros estudos sobre a temática em diferentes áreas, como os de Buttery et al. (2005), Kilminster e Jolly (2001) e Whitman (2001), recomendam algumas habilidades e padrões de interação dos supervisores que podem favorecer uma supervisão efetiva. São eles: fornecer *feedback* frequente, considerar os erros cometidos pelos supervisionandos como experiências bem-vindas de aprendizagem, discutir questões que gerem preocupações para seus alunos, ter empatia, disponibilidade e flexibilidade e compartilhar as dificuldades (Fig. 20.3).

Uma vez que a relação interpessoal em supervisão de pesquisa tem sido considerada um dos elementos-chave para o desfecho da aprendizagem e para a finalização da pesquisa, Leite e Martins (2006) procuraram identificar seu impacto na produção acadêmica a partir de uma pesquisa qualitativa. Assim, foram realizadas entrevistas estruturadas com sete orientadores e 15 alunos de três programas de pós-graduação de contabilidade do estado de São Paulo. Entre os principais resultados estão: a) a escolha da orientação passou pelas habilidades interpessoais dos professores, enquanto a escolha do orientando teve a competência técnica como principal cri-

FIGURA 20.3 Características desejáveis de um supervisor.

tério; b) os encontros supervisionados foram predominantemente sem sistematização e estrutura; c) a relação interpessoal mais percebida foi a hierarquizada e de autocracia; d) os alunos apontaram sentimentos de insegurança, angústia e solidão, isto é, falta de suporte, direcionamento e *feedback* dos orientadores; e) pressão para antecipar os prazos de defesa e conclusão; e f) falta de clareza sobre os papéis e responsabilidade dos alunos e dos supervisores/orientadores. Os autores concluíram que diversos problemas relacionados com a produção da pesquisa e aprendizagem estão diretamente associados a relação entre orientador e aluno.

Wrench e Punyanunt-Carter (2005) fizeram uma pesquisa com 153 alunos de pós-graduação com o objetivo de identificar as características de comunicação estabelecidas na supervisão de pesquisa, especificamente a forma como a agressão verbal e o humor usados na relação interpessoal podem impactar na aprendizagem do aluno. De maneira condizente à literatura analisada por esses autores, foi destacado que a agressão verbal tem influência negativa no ambiente de aprendizagem, bem como na credibilidade depositada no supervisor. Os autores também encontraram que o uso do humor pode favorecer a percepção dos alunos e aumentar a credibilidade no supervisor, ainda que não seja a variável mais importante, isto é, não tenha muita magnitude. Ressalta-se a importância do uso do humor de maneira equilibrada e sem sarcasmo, humilhação ou brincadeiras consideradas excessivas ou de mau gosto (Machado & Barletta, 2015; Natividade, 2019); o contrário pode ser compreendido como agressividade. Na revisão de Wrench e Punyanunt-Carter (2005) ainda foi possível verificar que o imediatismo da resposta do supervisor de pesquisa foi positivamente relacionado a competência do orientador, seu cuidado, boa vontade e confiabilidade.

Portanto, é essencial que o supervisor de pesquisa dê suporte emocional ao aluno, garantindo a função restauradora da supervisão (Barletta & Neufeld, 2020). Sabe-se, como refere Minayo (2018), que os supervisores não têm, necessariamente, formação em psicologia ou psiquiatria, e que não é sua função atuar como um profissional da saúde mental. Também se sabe que o *feedback* de desempenho, a correção de atividades de pesquisa, os apontamentos éticos e metodológicos e o pedido de mudança nem sempre desencadeiam no interlocutor uma reação de felicidade ou satisfação, o que é bastante diferente de humilhar, invalidar e desconsiderar o outro (Stone & Heen, 2016). Assim, pode-se dizer que a função restauradora do processo supervisionado implica que o supervisor de pesquisa faça todas as correções possíveis, de maneira a promover o desenvolvimento e a aprendizagem do aluno, de forma ética, sempre resguardando o cuidado e o respeito (Barletta & Neufeld, 2020; Schofield & Grant, 2013) – ou seja, que cuide da relação interpessoal para que ela seja promotora de saúde. Mais uma vez, não estamos falando em ter de suscitar no aluno sentimentos agradáveis, mas de não causar danos e de respeitar e dar suporte sempre que possível e necessário. Para tanto, lapidar as habilidades sociais pode ser um fator importante para os supervisores de pesquisa.

Ao tangenciar a saúde mental e sua relação com a pós-graduação e o aprendizado em pesquisa, verifica-se que esse aspecto tem recebido atenção crescente na literatura. Peixoto et al. (2022), a partir de uma revisão sistemática integrativa de literatura, analisaram oito artigos sobre a temática, publicados entre 2007 e 2020. Entre eles, cinco identificaram níveis elevados de estresse em mais da metade dos participantes. Em dois dos estudos, a relação com o orientador foi considerada um gatilho importante para o estresse, corroborando a ideia de que dificuldades e rupturas na relação interpessoal têm potencial significativo para efeitos indesejados em saúde mental (Silva et al., 2018). Zotesso (2022) fez um levantamento sobre sofrimento psicológico e adoecimento emocional com 189 estudantes de pós-graduação de três universidades públicas do estado de São Paulo. A partir de um questionário elaborado para essa pesquisa, buscou-se identificar a incidência de diversos problemas emocionais, incluindo estresse, pensamentos depressivos e suporte social. Como principal achado, e de maneira semelhante aos resultados de Peixoto et al. (2022), a autora encontrou indicativos de estresse em mais de 50% dos participantes. Entre as questões relacionadas ao sofrimento, foram elencados aspectos acadêmicos (alta competitividade no ambiente universitário, alta pressão para publicações, baixo suporte de bolsas e agências de fomento, exigência de regime de dedicação exclusiva), aspectos relacionais e de suporte social (pouca troca de afeto e baixa valorização do estudante) e aspectos psicológicos (desesperança).

Da mesma forma, Eriksson (2018) identificou que as exigências e expectativas conflituosas, especialmente as relacionadas aos estilos de liderança e inter-relações com os supervisores, têm sido associadas à prevalência de problemas de saúde mental nos alunos de pós-graduação. Essa autora reforça a necessidade de repensar a supervisão de pesquisa, de forma que ela possa favorecer um processo de aprendizagem saudável, baseando-se em um modelo salutar de orientação. Como há poucas diretrizes para a supervisão em pesquisa, a autora apresenta o modelo chamado de The Collegial Model, baseado na teoria salutogênica e focado nos recursos e capacidades dos alunos em detrimento das deficiências (modelo contrário ao usualmente aplicado no meio acadêmico). A proposta da orientação em pesquisa, segundo esse modelo, é fortalecer o senso de coerência, a resolução de problemas e a identificação e uso dos recursos dos alunos. Equilibrar a relação de poder, favorecendo a aprendizagem colaborativa e compartilhada com foco no objetivo comum, é uma das habilidades esperadas do supervisor de pesquisa nesse modelo para criar condições salutares de manejo de estresse e de competências de pesquisa nos alunos. Para tanto, os supervisores precisam aumentar suas possibilidades de orientação, e uma forma de fazer isso é por meio de treinamentos e investimentos continuados na sua formação como educador, para além da pesquisa em si.

TREINAMENTO DE SUPERVISORES DE PESQUISA

Os orientadores foram treinados a fazer pesquisas especialmente quando realizaram seus estudos de mestrado e doutorado, porém, com raras exceções, não foram formados para assumirem a função de orientação de pesquisa (Massi & Giordan, 2017). Esses autores questionam a premissa recorrente no Brasil de que há uma aquisição automática de competências para orientar pesquisas por parte daqueles que receberam essa orientação. Trata-se de um pressuposto considerado inadequado, que, de forma similar, também pode ser percebido em outras formações de supervisores, como a do supervisor clínico (ver Caps. 5 e 14 para mais informações). Essa ideia mantém o treinamento para supervisionar como algo distante, com poucas ou mesmo nenhuma ação formativa ou programas oficiais ofertados. Somado a isso, Massi e Giordan (2017) ainda ressaltam que as mudanças nas exigências das pós-graduações e nas responsabilidades de docentes e orientadores de mestrado e doutorado (p. ex., prazos curtos e intenso volume de trabalho) repercutem na condução e ensino dos alunos nesse contexto. De forma semelhante, Minayo (2018) confirma que, no Brasil, a orientação de pesquisa acadêmica ainda é vista, tratada e mantida de forma "amadora", o que leva ao pouco suporte e a um inadequado monitoramento do processo educativo entregue aos alunos. A autora ainda ressalta que esse ciclo fortalece a falta de profissionalismo, mantendo a aprendizagem para supervisionar pesquisa como incidental e distante da expectativa de uma formação intencional e sistemática.

Mesmo que em outros países a formação de supervisores de pesquisa esteja mais organizada, ainda há uma lacuna sobre essa prática. Por exemplo, para Pearson e Brew (2002, p. 138), a pedagogia em supervisão de pesquisa tem sido a "presença ausente", portanto, devem ser revistos tanto a forma como ocorre o processo de ensino e aprendizagem quanto os métodos didático-pedagógicos, assim como as propostas curriculares, a relação interpessoal entre supervisor e aluno e o contexto educacional. Por sua vez, essas autoras ressaltam que o papel do supervisor de pesquisa é cercado de complexidades, uma vez que as práticas de pesquisa se alteram, impactando, assim, os arranjos da supervisão. Portanto, é necessário identificar o que os supervisores estão fazendo e por que, para que se possa pensar em melhores propostas educativas em pesquisa. Entre os possíveis elementos a serem revistos estão o planejamento da supervisão/orientação de pesquisa adequada ao nível de desenvolvimento do aluno, o estabelecimento de metas de aprendizagem e competências a serem desenvolvidas, mecanismos de *feedback* e avaliação, bem como as estratégias didáticas e as metodologias ativas de ensino pertinentes.

Na pesquisa de Bianchetti (2022), 562 orientadores de doutorado de 74 programas brasileiros de pós-graduação em educação responderam a um questionário com 15 perguntas fechadas (sobre formação e atuação como orientador) e três perguntas abertas (sobre organização e relação com grupos de pesquisa e formação de supervisores de pesquisa). Como principais resultados, podem ser destacadas as atividades dos grupos de pesquisa, as quais abrangem discussão de textos e andamento das pesquisas, produção acadêmica, especialmente de artigos, organização e participação em eventos, bem como as atividades obrigatórias dos bolsistas e as de extensão. Mais de 90% dos participantes indicaram os grupos de pesquisa como um espaço importante para a formação de orientadores, em especial pela natureza do encontro, ainda que alguns participantes tenham reforçado que não há uma proposta educativa intencional, e sim que a aprendizagem acontece como uma consequência do grupo.

Ao falar de pedagogia em orientação de pesquisa, pela complexidade e variabilidade da função, alguns pontos são destacados, entre os quais a preferência do orientador em estar mais ou menos atuante na organização da pesquisa. Assim, há diferenças no estilo de orientação *hands-off*, no qual o estudante é o responsável pela sistematização da pesquisa, e *hands-on,* no qual o orientador é mais presente na estruturação e organização do estudo. Outras propostas são os modelos tradicionais, que envolvem a díade orientador e aluno, a supervisão em grupo (mais de um aluno em orientação conjunta e concomitante com o orientador) e o modelo misto (independentemente do número de alunos, ocorre com uso das TICs) (Massi & Giordan, 2017). Entende-se, por exemplo, que o próprio uso das TICs é um aspecto que precisa ser treinado, uma vez que os recursos disponíveis, se não utilizados apropriadamente, podem não alcançar seu objetivo ou potencial para ensino (Barletta et al., 2022) (ver Cap. 2 para mais informações sobre a mediação da internet no processo de ensino-aprendizagem).

Outro aspecto que também tem sido considerado um dificultador, ao se pensar na supervisão/orientação de pesquisa, são os programas de pós-graduação interdisciplinares, que têm se tornado mais comuns. Isso porque, na interdisciplinaridade, geralmente, conta-se com orientador e coorientador, o que pode representar mais um desafio nas relações interpessoais e nas orientações recebidas. Ademais, esses programas envolvem diferentes metodologias, comitês de pesquisas, disciplinas e construções teóricas (Massi & Giordan, 2017).

Ressalta-se, ainda, as orientações e supervisões realizadas com pesquisas que envolvem temas mais sensíveis e/ou que podem gerar posicionamentos discordantes (e até incompatíveis) entre supervisor e aluno, como aborto, violência, questões de gênero e política. Logo, as dissimilaridades podem aumentar os conflitos nas opiniões e relacionamentos, bem como os ruídos na comunicação, e diminuir a confiança entre orientador e aluno (Buttery et al., 2005; Machado et al., 2018). Todos esses elementos sugerem a necessidade de um processo educacional para a função de orientar pesquisas com menor possibilidade de gerar efeitos indesejados ou iatrogênicos (ver Cap. 10 para mais informações sobre efeitos indesejados em supervisão clínica).

Portanto, entende-se que as habilidades sociais e de resolução de problemas são aspectos a serem desenvolvidos pelos orientadores de pesquisa, buscando transformar as discordâncias em algo positivo. Ou seja, ter diferentes posicionamentos, *a priori*, deve ser considerado um elemento importante para a construção de saberes, pois permite vislumbrar diferentes ângulos do conhecimento e da produção acadêmica e ratifica a máxima de que toda a "unanimidade pode ser considerada burra". Porém, para isso, é preciso sair da relação hierárquica rígida e inflexível, para uma construção conjunta, com habilidades para administrar as diferenças, manejar os conflitos e transformar as possibilidades (Machado et al., 2018).

Uma vez que a supervisão em pesquisa é uma atividade que merece ser exercida com profissionalismo, baseando-se em uma ação não apenas técnico-profissional, mas também relacional e de conexão com dois ou mais pesquisadores de diferentes níveis de desenvolvimento (Minayo, 2018), deve-se aumentar as oportunidades para os orientadores lapidarem suas competências para a função. Kiley (2011) reforçou a importância do treinamento de supervisores de pesquisa ao apresentar uma revisão dos programas de doutoramento na Austrália. Oito universidades que ofertavam, à época, programas de treinamentos para supervisores de pesquisa foram analisados. Entre os pontos mais comuns dos treinamentos, foram encontrados relações interpessoais (supervisor e aluno), esclarecimento de metas, expectativas, funções e responsabilidades, avaliação e monitoramento do progresso do trabalho e aspectos institucionais e das políticas das universidades. Outras questões também puderam ser encontradas em alguns treinamentos, ainda que com menor frequência, como o manejo das rupturas na relação entre supervisor e aluno, as questões multiculturais, a formação de equipes de pesquisa, a propriedade intelectual e autoria de publicações, a orientação de outros supervisores de pesquisa e a forma como a banca de defesa ocorre (incluindo a seleção dos examinadores). A lacuna observada nesses treinamentos foi em temas como ética e plágio. Outro dado encontrado foi relativo aos coordenadores de pós-graduação dessas universidades, que se reuniam regularmente com o objetivo de compartilhar estratégias e buscar soluções de problemas dos programas de doutorado. Ao final, a autora identificou que os achados sugeriram que houve relação direta entre a qualidade da supervisão/orientação em pesquisa e sua conclusão, reforçando a necessidade de treinar e dar suporte aos supervisores de pesquisa.

Giordan e Massi (2018) analisaram a orientação de pesquisa, ofertada por 15 tutores, e os trabalhos de final de um curso *on-line* de especialização. Cada tutor orientou 10 cursistas, em ambiente virtual com diversas ferramentas (*chat*, fóruns, materiais, etc.). Para treinar os tutores na tarefa de orientação, foi realizada uma discussão coletiva, que versou sobre as temáticas: a) autonomia e direcionamento; b) tema de pesquisa; c) sequência didática; d) metodologia de pesquisa; e e) correção do projeto e do trabalho final. Ao final da atividade de orientação, os tutores responderam a um questionário que foi analisado qualitativamente. Entre os principais achados, pode-se dizer que foi reassegurada a importância do treinamento para supervisão de pesquisa, em especial para quem ainda não havia vivenciado o processo de orientação previamente. Como destaque, foi vista a necessidade de manter o suporte aos orientadores ao longo das supervisões de pesquisa, gerando aumento de confiança dos profissionais.

Ressalta-se que, no contexto da pesquisa, soma-se a pressão intensa à atividade de orientação, na forma de prazos curtos, quantidade e qualidade de publicações, validação do currículo acadêmico compatível com o cargo, participação em eventos científicos, criticidade do ambiente acadêmico, busca incessante por resultados (positivos) de suas pesquisas e outras atividades paralelas (docência, cargos administrativos, relatórios, etc.). Logo, pode-se dizer que o manejo da pressão, a regulação emocional e o autocuidado, assim como o estabelecimento de prioridades, organização cotidiana e equilíbrio do bem-estar, podem ser conteúdos e práticas necessárias no treinamento em orientação de pesquisa. Dessa forma, com base no descrito até aqui, somado à experiência em supervisão de pesquisa e em formação de formadores das autoras, ratificamos a necessidade de apoiar os orientadores, com investimento em treinamentos e possibilidades de aperfeiçoar competências profissionais, o que, por sua vez, aumenta a qualidade da orientação e o bem-estar dos alunos e dos próprios docentes.

CONSIDERAÇÕES FINAIS

A pesquisa é uma atividade inerente à academia e reconhecidamente importante. Supervisionar uma pesquisa não é uma tarefa simples. Devido ao crescimento do trabalho e das habilidades específicas do ofício de supervisor de pesquisa, é essencial refletirmos sobre o tema. A relação entre supervisor e aluno em uma orientação de pesquisa é, inegavelmente, fator importante para a eficácia da supervisão, ou seja, tem impacto significativo ao longo do processo e para seu desfecho. Entre os elementos da relação orientador-aluno, destacaram-se o *feedback*, que deve ser claro e contínuo, e a participação ativa do aluno no processo.

Apesar de a premissa "quem sabe pesquisar, sabe supervisionar a pesquisa" ser bastante difundida no País, sabemos que a atividade de supervisão é muitas vezes árdua e carece de apoio e recursos. Trata-se de uma atividade demorada e desafiadora, que exige do orientador criatividade para auxiliar na elaboração de ideias na investigação, bem como estabelecer um plano de efetivação do estudo científico e da aprendizagem do aluno. Portanto, ao longo do capítulo, a proposta foi a de fortalecer a ideia da necessidade de programas de treinamento mais estruturados, que possam favorecer o desenvolvimento do supervisor de pesquisa.

Para tanto, nossa intenção foi mostrar que é necessário que o orientador possa aprimorar seus conhecimentos, habilidades e atitudes, tais quais resumidamente podemos elencar: a) de pesquisa (métodos de pesquisa, técnicas de coleta e análise de dados, escrita científica, como e onde publicar, ter afinidade com temas e projetos que orienta); b) educativas (estratégias didático-pedagógicas, avaliação do nível de desenvolvimento do aluno, estabelecimento de metas educativas, *feedback*, avaliação de desempenho); c) administrativas (organização e gestão de prazos, de tempo e de tarefas, critérios de aprovação, políticas institucionais); d) interpessoais (empatia, assertividade, comunicação, liderança, trabalho em equipe); e) de apoio (suporte social e emocional); f) de supervisão (regularidade e sistematização de reuniões de pesquisa, flexibilidade e abertura para incorporar a tomada de decisão conjunta e autonomia do aluno); e g) de autocuidado (regulação emocional, manejo de estresse, atitudes autorreflexivas e autocompassivas).

De forma geral, sugerimos que os supervisores possam repensar sobre os pontos apresentados, fazendo um balanço de seus conhecimentos, habilidades e atitudes com dois propósitos: valorizar seu próprio trabalho a partir da identificação de pontos fortes e competências já desenvolvidas e planejar maneiras de treinar competências que podem ser lapidadas. Reconhecer seu próprio estilo de supervisão e as necessidades dos alunos para fornecer o melhor contexto de aprendizagem possível pode ser um passo inicial.

REFERÊNCIAS

Askew, C., Dixon, R., McCormick, R., Callaghan, K., Wang, G. Y., & Shulruf, B. (2016). Facilitators and barriers to doctoral supervision : A case study in health sciences. *Issues in Educational Research; 26*(1), 1-9.

Balbachevsky, E (2005). A pós-graduação no Brasil: Novos desafios para uma política bem-sucedida. In C. Brock, & S. Schwartzman (Orgs.), *Os desafios da educação no Brasil* (pp. 275-304). Nova Fronteira.

Barletta, J. B. (no prelo). Competências clínicas essenciais em psicoterapia e a necessidade do aprimoramento continuado. In SBP, R. Gorayeb, M. C. Miyazaki, & M. Teodoro (Orgs.), *PROPSICO - Programa de Atualização em Psicologia Clínica e da Saúde*. Artmed Panamericana.

Barletta, J. B., Szupszynski, K. D. R., & Neufeld, C. B. (2022). Formação, treinamento e supervisão clínica remotos. In C. B. Neufeld, & K. D. R. Szupszynski (Orgs.), *Intervenções on-line e terapias cognitivo-comportamentais* (pp. 62-84). Artmed.

Barletta, J. B., & Neufeld, C. B. (2020). Novos rumos na supervisão clínica em TCC: Conceitos, modelos e estratégias baseadas em evidências. In Neufeld, C. B., Falcone, E. M. O., & Rangé, B. (Orgs.), *PROCOGNITIVA - Programa de Atualização em Terapia Cognitivo-Comportamental: Ciclo 7* (pp. 119-158). Artmed Panamericana. (Sistema de Educação continuada à Distância, v. 3).

Bastola, M. N. (2020). Engagement and challenges in supervisory feedback: Supervisors' and students' perceptions. *RELC Journal, 53*(1), 1-15.

Beck, J. S. (2021). *Terapia cognitivo-comportamental: Teoria e prática* (3. ed.). Artmed.

Beckert, M. (2002). Relação supervisor-supervisionando e a formação do terapeuta: contribuições da psicoterapia analítico-funcional (FAP). In H. J. Guilhardi, N. C. Aguirre (Org.), *Sobre comportamento e cognição: Contribuições para a construção da teoria do comportamento* (Vol. 9, pp. 245-256). Esetec.

Bennett-Levy, J. (2006). Therapist skills: A cognitive model of their acquisition and refinement. *Behavioural and Cognitive Psychotherapy, 34*(1), 57-78.

Bianchetti, L. (2022). Grupos de pesquisa e formação de orientadores: Depoimentos de pesquisadores. *Cadernos de Pesquisa, 52*, e08943.

Buttery, E. A., Richter, E. M., & Leal, W., Filho (2005) An overview of the elements that influence efficiency in postgraduate supervisory practice arrangements. *International Journal of Educational Management, 19*(1), 7-26.

Cabral, T. L. O., Silva, F. C.; Pacheco, A.S. V., & Melo, P. A. (2020). A Capes e suas sete décadas: Trajetória da pós-graduação stricto sensu no Brasil. *Revista Brasileira de Pós-graduação, 16*(36), 1-22.

Chugh, R., Macht, S., & Harreveld, B. (2021). Supervisory feedback to postgraduate research students: A literature review. *Assessment & Evaluation in Higher Education, 47*(5), 683-697.

Decreto nº 29.741, de 11 de julho de 1951. (1951). Institui uma comissão para promover a Campanha Nacional de Aperfeiçoamento de pessoal de nível superior. https://www2.camara.leg.br/legin/fed/decret/1950-1959/decreto-29741-11-julho-1951-336144-publicacaooriginal-1-pe.html

Eley, A. R., & Murray, R. (2009). *How to be an effective supervisor: Best practice in research student supervision.* Open University.

Eriksson, M. (2018). Research supervision as a mutual learning process: Introducing salutogenesis into supervision using 'The Collegial Model'. *Health Promotion International, 34*(6), 1-7.

Falaster, C., Ferreira, M. P., & Gouvea, D. M. R. (2017). O efeito da publicação científica do orientador na publicação de seus orientandos. *Revista de Administração Contemporânea, 21*(4), 459-480.

Fontes, L. A. X., & Poleto, S. S. (2018). A importância da pesquisa científica no processo de formação superior. *Revista da FAESF, 2*(2), 85-93.

Giordan, M., & Massi, L. (2018). Formação e atuação do tutor como orientador de pesquisa na educação on-line. *ETD - Educação Temática Digital, 20*(2), 495-517.

Kiley, M. (2011). Developments in research supervisor training: Causes and responses. *Studies in Higher Education, 36*(5), 585-599.

Kilminster, S. M., & Jolly, B. C. (2000). Effective supervision in clinical practice settings: A literature review. *Medical Education, 34*(10), 827-840.

Leite, G. A., Filho, & Martins, G. A. (2006). Relação orientador-orientando e suas influências na elaboração de teses e dissertações. *Revista de Administração de Empresas, 46*(spe), 99-109.

Machado, G. I. M. S., & Barletta, J. B. (2015). Supervisão clínica presencial e online: Percepção de estudantes de especialização. *Revista Brasileira de Terapias Cognitivas, 11*(2), 77-85.

Machado, D. P., Tonin, J. M. S., & Clemente, A. (2018). Orientador e orientando ideais: Similaridades e dissimilaridades na percepção de professores e alunos. *Revista Contemporânea de Contabilidade, 15*(35), 32-47.

Massi, L., & Giordan, M. (2017). Formação do orientador de pesquisas acadêmicas: Um estudo bibliográfico nacional e internacional. *Revista Brasileira de Pós-Graduação, 14*(33), 1-19.

Melnik, T., & Neufeld, C. B. (2018). A prática da psicologia baseada em evidências e a terapia cognitivo-comportamental. In FBTC, C. B. Neufeld, E. M. O. Falcone, & B. P. Rangé (Orgs.), *PROCOGNITIVA - Programa de Atualização em Terapia Cognitivo-Comportamental: Ciclo 4* (pp. 9-30). Artmed Panamericana. (Sistema de Educação Continuada à Distância, v. 4).

Minayo, M. C. M. (2018). Orientação de mestrandos e doutorandos como atividade profissional. *Cadernos de Saúde Pública, 35*(10), e00135719.

Natividade, M. M. C. (2019). *O humor é uma coisa séria: Contributos do humor para o ensino/aprendizagem de Espanhol língua estrangeira* [Relatório de mestrado]. Universidade do Porto. https://repositorio-aberto.up.pt/bitstream/10216/124303/2/367676.pdf

Nigan, T., Cameron, C. P. M., & Leverette, J. S. (1997). Impasses in the supervisory process: A resident's perspective. *American Journal of Psychotherapy, 51*(2), 252-270.

Parecer nº 977/65 (1965). Definição dos cursos de pós-graduação. https://www.gov.br/capes/pt-br/centrais-de-conteudo/parecer-cesu-977-1965-pdf

Pearson, M., & Brew, A. (2002). Research training and supervision development. *Studies in Higher Education, 27*(2), 135-150.

Peixoto, M. T., Souza, B., & Soares, T. C. (2022). Interface entre estresse e produção do conhecimento: O adoecimento de pós-graduandos brasileiros. *Enciclopedia Biosfera, 19*(40), 189-206.

Schofield, M. J., & Grant, J. (2013). Developing psychotherapists' competence through clinical supervision: Protocol for a qualitative study of supervisory dyads. *BMC Psychiatry, 13*(12), 1-9.

Sheldon, K. M., Garton, B., Orr, R., & Smith, A. (2015). The advisor quality survey: Good college advisors are available, knowledgeable, and autonomy supportive. *Journal of College Student Development, 56*(3), 261-273.

Silva, T. D., Pereira, J. M., & Miranda, G. J. (2018). O estresse em graduandos de ciências contábeis e administração. *Advances in Scientific and Apllied Accounting, 11*(2), 330-350.

Sloan, G. (1999). Good characteristics of a clinical supervisor: A community mental health nurse perspective. *Journal of Advanced Nursing, 30*(3), 713-722.

Stone, D., & Heen, S. (2016). *Obrigada pelo feedback: A ciência e a arte de receber bem o retorno de chefes, colegas, familiares e amigos*. Portfolio-Penguin.

Universidade de São Paulo. (2023). *Programa de Pós-Graduação em Sistemas de Informação*. http://ppgsi.each.usp.br

Whitman, S. M. (2001). Teaching residents to use supervision effectively. *Academic Psychiatry, 25*(3), 143-147.

Wrench, J., & Punyanunt-Carter, N. M. (2005). Advisor-advisee communication two: The influence of verbal aggression and humor assessment on advisee perceptions of advisor credibility and affective learning. *Communication Research Reports, 22*(4), 303-313.

Zaheer, M., & Munir, S. (2020). Research supervision in distance learning: Issues and challenges. *Asian Association of Open Universities Journal, 15*(1), 131-143.

Zotesso, M. C. (2022). *Sofrimento psicológico em pós-graduandos: Aspectos emocionais e comportamentais* [Tese de doutorado]. Universidade Estadual Paulista Júlio de Mesquita Filho. https://repositorio.unesp.br/bitstream/handle/11449/204451/zotesso_mc_dr_bauru_par.pdf?sequence=7&isAllowed=y

Índice

As letras *f*, *q*, *t* indicam, respectivamente, figuras, quadros e tabelas

A

Adolescentes, atendimento neuropsicológico, 393-397
Adultos, atendimento neuropsicológico, 397-401
Altruísmo, 252
Aplicativos, 10
Apoio social, 72
Aprendizado interpessoal, 252
Aprendizagem. 5-8
    baseada em equipes, 8-9
    baseada em problemas, 6-8
    baseada em projetos, 8
    em espiral, 5-6
Assertividade, 114-115
Atuação do psicólogo em instituições de saúde, 377-385
Avaliação, 11-12, 139-141, 236-239, 298-300, 381-383
    avaliações 360°, 236-239
    da simulação, 139-141
    de necessidades na metassupervisão, 298-300
    do conhecimento nas metodologias ativas, 11-12
    psicológica em psicologia da saúde, 381-383

B

Biofeedback, 67-68
Briefing na simulação, 139-141

C

Captação de pacientes, 235-236
CHAs e supervisão, 94q, 412-413q
Ciclo, 37f, 229f
    de aprendizagem de Kolb, 37f
    dinâmico da gestão em supervisão clínica, 229f
Coesão grupal, 253
Cognitive Therapy Scale Revised (CTS-R), 184-186
    versão brasileira, 186-193, 197-198

propriedades psicométricas, 187-193
tradução e adaptação, 186-187
Compartilhamento de informações, 252
Competências, 157-171, 177-193
    avaliação em supervisão clínica, 177-193
        Cognitive Therapy Scale Revised (CTS-R), 184-186
        Cognitive Therapy Scale Revised (CTS-R) – versão brasileira, 186-193, 197-198
    implementação de uma supervisão baseada em, 163-169
    modelos e estratégias para o desenvolvimento de, 159-162
    supervisão baseada em, 157-171
Comportamento imitativo, 252
Comunicação, 114, 378-379
    habilidades de, 378-379
Conhecimento, 11-12, 72
    avaliação nas metodologias ativas, 11-12
Consultoria, 370
Crianças, atendimento neuropsicológico, 393-397
Cultura, supervisão e treinamento, 272-290
    competências multiculturais, 276-277
    cultura, multiculturalismo e mito da universalidade, 274-275
    humildade cultural, 278
    pilares do gênero e sexualidade, 279-282
    aspectos da diversidade, 282
    aspectos da sexualidade, 279-280
    aspectos de gênero, 281
    aspectos morfológicos, 280-281
    supervisão baseada em evidências, 282-287

D

Debriefing na simulação, 139-144
Diagnóstico institucional para planejamento e gerenciamento, 230-233
Diálogo socrático, 114
Docência, 83-104
    experiência do LAPICC-USP, 95-103
    formação docente, 89-92
    monitoria como estratégia, 98-102
    transformações na representação da, 86-89
Documentos clínicos, 239-243

E

Empatia, 115
Empirismo colaborativo, 113-114
Ensino-serviço, integração, 320-324
Escape room e treinamento de terapeutas, 57-80
    jogos sérios e gamificação, 58-71
    aplicação no ensino, 61-66
    aplicação no ensino na área de saúde mental, 66-71
    relato de experiência, 71-79
    componentes do jogo, 77-79
    dinâmica do jogo, 73
    mecânica do jogo, 73-77
Escuta ativa, 114
Esperança, instilação de, 251

Estágio, 325-326, 346-354
  curricular, 325-326
  práticas de, 346-354
Estratégias, 3-10, 307-310
  de ensino e aprendizagem, 307-310
  estratégias pedagógicas para aplicativos, 10
  aprendizagem ativa, 3-10
  aprendizagem baseada em equipes, 8-9
  aprendizagem baseada em problemas, 6-8
  aprendizagem baseada em projetos, 8
  aprendizagem em espiral, 5-6
  gamificação, 9-10
  sala de aula invertida, 4-5
Ética, 379-381
Exergames, 67
Experiências, relatos de, 47-52
Expectativas de resultados, 72

F

Facilitadores, 72
Feedback na simulação, 139-141
Ferramentas, 23-30, 361-363
Formação, 35-53, 89-92, 102-103, 361-363, 391-393
  básica e continuada, 391-393
  de supervisor clínico, 102-103
  docente, 89-92
  ferramentas e práticas de, 361-363
  lato sensu do terapeuta cognitivo--comportamental, 35-53
Formulários, 236-239

G

Gamificação, 9-10, 58-71
  aplicação no ensino, 61-66
  aplicação no ensino na área de saúde mental, 66-71
Gênero e sexualidade, 279-282
  aspectos da diversidade, 282
  aspectos da sexualidade, 279-280
  aspectos de gênero, 281
  aspectos morfológicos, 280-281
  supervisão aplicada à diversidade, 282-287
Geração de demanda, 235-236
Gestão como competência do supervisor, 225-245
  aspectos organizativos, 233-245
  documentos clínicos, 239-243
  formulários e avaliações 360°, 236-239
  geração de demanda e captação de pacientes, 235-236
  guarda e acesso a documentos e materiais de atendimento, 244-245
  diagnóstico institucional para planejamento e gerenciamento, 230-233
Grupos, supervisão em, 254-260

H

Habilidades, 252, 378-379
  de comunicação e de relacionamento, 378-379
  de socialização, 252
  para trabalhar em organizações complexas, 379
Humildade cultural, 278

I

Idosos, atendimento neuropsicológico, 397-401
Impedimentos, 72
Instilação de esperança, 251
Instituições de saúde, atuação do psicólogo em, 377-385
  avaliação psicológica, 381-383
    habilidades de comunicação e de relacionamento, 378-379
    habilidades para trabalhar em organizações complexas, 379
    intervenção psicológica, 383-385
    profissionalismo, 377-378
    questões éticas e relativos ao sigilo profissional, 379-381
Integração ensino-serviço, 320-324
Intervenção psicológica, 383-385
Intervenções em saúde, 19-23
  e uso das TICs, 19-23

J

Jogos sérios e gamificação, 58-71
  aplicação no ensino, 61-66
  aplicação no ensino na área de saúde mental, 66-71

L

LAPICC-USP, 95-103
Lato sensu, formação do terapeuta cognitivo-comportamental, 35-53

M

Mentoria, 370
Metas, 72
Metassupervisão, 293-312
  auxílio ao planejamento da supervisão, 300-307
  avaliação de necessidades, 298-300
  estratégias de ensino e aprendizagem, 307-310
  objetivo, 295-297
  relação interpessoal em supervisão, 310-312
Metodologias ativas, 2-14
  avaliação do conhecimento nas, 11-12
  estratégias pedagógicas para aplicativos, 10
  aprendizagem ativa, 3-10
  aprendizagem baseada em equipes, 8-9
  aprendizagem baseada em problemas, 6-8
  aprendizagem baseada em projetos, 8
  aprendizagem em espiral, 5-6
  gamificação, 9-10
  sala de aula invertida, 4-5
  na área da psicologia, 12-13
Modelo, 22f, 161f
  cristal de competências de supervisão, 161f
  Stepped Care, 22f
Monitoria como estratégia docente, 98-102

N

Neuropsicologia, 390-401
  formação básica e continuada, 391-393
  supervisão, 393-401

atendimentos de adultos e idosos, 397-401
atendimentos na infância e adolescência, 393-397

O

Organizações complexas, 379

P

Percurso histórico, 344-346
Pesquisa, 404-423
    conhecimentos, habilidades e atitudes do supervisor, 407-414
    relação entre supervisores e estudantes, 414-418
    treinamento de supervisores, 419-422
Pirâmide de competências clínicas de Miller, 160f
Planejamento da supervisão, 300-307
Prática, 112-1180, 170-171
    clínica e supervisionada, 112-118
    deliberada, 170-171
Problemas, aprendizagem baseada em, 6-8
Profissionalismo, 377-378
Projetos, aprendizagem baseada em, 8
Pseudoaliança, 258
Psicologia da saúde, 369-387
    atuação do psicólogo em avaliação psicológica, 381-383
    habilidades de comunicação e de relacionamento, 378-379
    habilidades para trabalhar em organizações complexas, 379
    instituições de saúde, 377-385

    intervenção psicológica, 383-385
    profissionalismo, 377-378
    questões éticas e relativos ao sigilo profissional, 379-381
    curso de graduação e supervisão, 372-376
    psicólogo como profissional de saúde, 371-372
Psicologia escolar/educacional, supervisão, 343-354
    percurso histórico, 344-346
    práticas de estágio, 346-354
Psicologia organizacional e do trabalho, supervisão, 356-366
    exemplo de aplicação, 363-366
    ferramentas e práticas de formação, 361-363

R

Realidade aumentada (RA), 67
Realidade virtual (RV), 67
Relação interpessoal em supervisão, 156f
Relacionamento, habilidades de, 378-379
Relações educativas, 108-126
    estabelecimento de relações significativas, 121-124
    na prática clínica e supervisionada, 112-118
    no ensino superior, 109-112
    parentais, 118-121
Residência multiprofissional, 327-329

S

Sala de aula invertida, 4-5

Saúde pública e supervisão em
    psicologia, 318-336
    exemplo de atuação, 333-335
    integração ensino-serviço,
        320-324
    supervisão, 324-333
        competências almejadas e
            avaliação, 329-333
        estágio curricular, 325-326
        residência multiprofissional,
            327-329
Sigilo profissional, 379-381
Simulação, 130-146
    avaliação, 139-141
    briefing, 139-141
    debriefing, 139-144
    feedback, 139-141
    histórico, definição e conceitos
        fundamentais, 133-136
    no ensino da psicologia e das
        psicoterapias, 141-146
    planejamento, 137-139
    telessimulação, 136-137
Socialização, habilidades de, 252
Stepped Care, modelo, 22f
Superaudição, 154
Supervisão clínica, 23-30, 36-53,
    93-104, 152-173, 199-403
    atividades e dicas práticas,
        171-173
    baseada em competências,
        157-171, 177-193
        prática deliberada, 170-171
    consequências indesejadas,
        199-222
        a supervisão adequada,
            202-204
        definições e conceitos,
            204-209
        desdobramentos para
            terapeutas, 214-215
        efeitos iatrogênicos, 209-214
        ética e formulação dos efeitos
            iatrogênicos, 215-217
        perspectivas e pesquisas
            futuras, 220-221
        prevenção, 217-219
        supervisão inadequada e/ou
            prejudicial, 204-220
    e gestão, 225-245
    e uso de TICs, 23-30
    em neuropsicologia, 390-401
    em pesquisa, 406-425
    focada em casos, 153-156, 169
        papel atual, 169
    formação, 93-104
    metassupervisão, 293-312
    modo grupal, 248-269
    na saúde pública, 318-336
    reflexões, 36-46
    relatos de experiência, 47-52
SUS *ver* Saúde pública e supervisão em
    psicologia

T

Tecnologias da informação e
    comunicação (TICs), 18-31
    como ferramentas para ensino
        e supervisão baseados em
        competências, 23-30
    em intervenções em saúde,
        19-23
Telessimulação, 136-137
Teoria da aprendizagem gamificada,
    64f
Terapeuta cognitivo-comportamental,
    formação *lato sensu*, 35-53

reflexões sobre supervisão clínica, 36-46
relatos de experiência de supervisão, 47-52
   Centro de Terapia Cognitiva Veda (CTC Veda), 49-50
   Espaço Integrar, 51-52
   Núcleo de Ensino e Pesquisa em Neurociência (NEPNEURO), 47-49
   Pontifícia Universidade Católica do Rio de Janeiro (PUC-Rio), 50-51

Terapia cognitivo-comportamental (TCC), jogos baseados em, 67
Terapia cognitivo-comportamental em grupos (TCCG), 248-254
Treinamento de terapeutas, 57-80
   e *escape room*, 57-80
      jogos sérios e gamificação, 58-71
      relato de experiência, 71-79

U

Universalidade, 251